Lyall Watson

Der unbewußte Mensch

Gezeiten des Lebens – Ursprung des Wissens
Lifetide

Mit einem Vorwort von Vera F. Birkenbihl

CIP-Titelaufnahme der Deutschen Bibliothek

Watson, Lyall:
Der unbewußte Mensch : Gezeiten des Lebens – Ursprung des
Wissens – Lifetide / Lyall Watson. – Landsberg am Lech : mvg-
Verl., 1989
   (mvg-Paperbacks ; 401)
   Einheitssacht.: Lifetide ‹dt.›
   ISBN 3-478-04010-8
NE: GT

Titel der amerikanischen Originalausgabe: »Lifetide«
erschienen bei Hodder und Stoughton, London.

© by Lyall Watson

© Gesamtdeutsche Rechte beim Umschau Verlag, Frankfurt/Main

Veröffentlicht mit Genehmigung des Umschau Verlages
in der Taschenbuch-Reihe der Modernen Verlagsgesellschaft

mvg – Moderne Verlagsgesellschaft mbH
München/Landsberg am Lech
Umschlaggestaltung: Gruber & König, Augsburg
Druck- und Bindearbeiten: Presse-Druck Augsburg
Printed in Germany 040 010/4891002
ISBN 3-478-04010-8

Inhaltsverzeichnis

Vorwort von Vera F. Birkenbihl 8
Die Unterströmung: Vorbesichtigung 9

Teil I
Der Rand der Welt 15
Implosion im Tennisball 17
1. Kapitel: Die Saat – Ursprünge im Raum 24
2. Kapitel: Der Boden – Leben auf der Erde 51
3. Kapitel: Die Blüte – Evolution 73

Teil II
Der Schöpfer wird bestätigt 101
Geistige Viren? 103
4. Kapitel: Fühlen – Sensitivität 110
5. Kapitel: Denken – Bewußtheit 139
6. Kapitel: Wissen – Bewußtsein 172

Teil III
Die Gezeiten und wir 207
Vier-dimensionale FRED-igkeit 209
7. Kapitel: Geheimes Einverständnis – Das bewußte Sein. 214
8. Kapitel: Illusion – Das persönliche Unbewußte 239
9. Kapitel: Täuschung – Das kollektive Unbewußte 268

Teil IV
Unser eigener Mythos 307
Namen auf der Landkarte 309
10. Kapitel: Evokation – Die Hervorrufung der
                Vergangenheit 314
11. Kapitel: Invokation – Die Erfahrung der Gegenwart .. 344
12. Kapitel: Provokation – Die Gestaltung der Zukunft... 383

Die Gezeitenmarke: Rückblick 410

Bibliographie 417
Register 439

Vorwort von Vera F. Birkenbihl

Sie halten ein faszinierendes Buch in Händen! Es war viele Jahre lang ein »Geheimtip« in den USA, bis es dort (vor allem durch Mundwerbung begeisterter Leser!) zum Bestseller wurde. Der brillante Biologe Lyall Watson besitzt nämlich die seltene Fähigkeit, wissenschaftliche Inhalte so zu präsentieren, daß der Leser neben diesen Informationen ein neues Verständnis seiner selbst (sowie seiner »Rolle« in dieser Welt) erhält. Deshalb schrieb einer der Kritiker in den USA (Graham Lord im *Sunday Express*) über dieses Buch, es sei »mind-blowing«. Lassen Sie mich versuchen, Ihnen diesen Begriff (wenn Sie ihn noch nicht kennen) nahezubringen, denn er beschreibt dieses Buch ausgezeichnet. Das englische *mind* wird oft mit *Geist* übersetzt, aber es umfaßt eigentlich sämtliche geistigen Prozesse, also all Ihr Denken, Fühlen, Wollen, Sehnen!

Wenn nun durch Ihr gesamtes geistiges Erleben ein frischer Windhauch zieht, der Sie einerseits hellwach macht, während er andererseits Spuren fremdartiger Gerüche und Geräusche mit sich bringt – dann haben Sie eine Beschreibung der Quintessenz dieses Buches!

Es wird Sie nicht nur informieren, sondern in-Form-ieren; d. h. es kann Sie verändern: Es kann Ihre Einstellungen zu sich, zu Ihrer Umwelt, zu Ihren zukünftigen Möglichkeiten und damit Ihren gesamten geistigen Horizont erweitern!

Wenn ich das Buch meinen Seminarteilnehmern empfehle, dann fragen sie immer: »Wovon handelt es?« – Nun, das ist schwer zu beantworten, weil dieses Buch ein so großes Spektrum umfaßt: Es handelt von der *Biologie des Bewußtseins,* aber es handelt ebenso vom *Universum,* von seinen Anfängen, von seiner Entwicklung und seinem Potential wie auch vom *gewaltigen*

Potential des menschlichen Geistes. Es beginnt bei den ersten »Samen des Lebens« und spannt einen gewaltigen Bogen bis hin zu sogenannten *para-normalen Phänomenen* (die nur so lange *para-normal* genannt werden, wie sie dem »normalen« Menschen *noch* nicht möglich sind...). Es handelt von der Welt und von unserem *In-dieser-Welt-Sein!* Deshalb geht dieses Werk jeden denkenden Menschen an!

Einen Rat möchte ich Ihnen noch geben; er stammt von Colin Wilson (dem Autor des ebenfalls faszinierenden Buches *Das Okkulte*), der in seiner Rezension dieses Buches von Lyall Watson gesagt hat: »... Beginnen Sie dieses Buch nicht erst spätabends zu lesen, sonst werden Sie die halbe Nacht wachbleiben!«

*Das kollektive Unbewußte ist allen
gemeinsam, es ist das Fundament dessen, was
das Altertum als »Sympathie aller Dinge«
bezeichnet hat.*

CARL GUSTAV JUNG, *Erinnerungen, Träume, Gedanken*

Die Unterströmung:
Vorbesichtigung

Die Wissenschaft kennt keine absoluten Wahrheiten mehr. In den letzten Jahren ist sie aus den Kinderschuhen ihrer Selbstgewißheit herausgewachsen, hat sie philosophische Reife erlangt. Wir sind gefaßt, unsere Unwissenheit einzugestehen, und mehr noch: Wir sind bereit, uns mit dem Faktum abzufinden, daß wir manche Dinge nie wissen werden. Und das macht gar nichts aus.

Ausgestattet einzig mit dem Unsicherheitsprinzip und einer Unmenge verborgener Fakten, scheinen wir heute besser denn je gerüstet, die neblige Randzone des Unbekannten stellenweise zu durchstoßen: Nicht auf der Suche nach Wissen – da sind wir, das ist nun klar, einer Selbsttäuschung erlegen –, sondern in der bescheidenen Hoffnung, den Bereich unseres Verstehens klarer umreißen zu können.

So erscheint es auch stimmig, wenn bei diesen neuen Bemühungen die aufwendigsten Programme – die von rein praktischen und militärischen Erwägungen getragenen –, die in ausgefeilten Versuchen von großer wissenschaftlicher Genauigkeit auf die komplexeste Technologie zurückgreifen, wenn also gerade dieser Aufwand die einfachsten und poetischsten Wahrheiten zutage fördert. Sie laufen – so ein Physiker – auf die Erkenntnis hinaus, daß wir »nicht über die Natur sprechen können, ohne über uns selbst zu sprechen«.[99]*

Wir beginnen uns als einbezogen zu begreifen, fangen an, das Universum und unser Teilsein in ihm als dynamisches, untrennbares Ganzes zu erfahren: als ewig sich bewegenden, lebendigen, zugleich geistigen und materiellen Organismus.

Ich freue mich darüber und bedaure nur, daß die Kunde

---

*Die hochgestellten Zahlen beziehen sich auf das durchnumerierte Literaturverzeichnis am Ende dieses Buches.

von dieser neuen Bewußtheit sich nicht so rasch überallhin verbreitet, wie es ihr zukäme. Sieht man von ein paar erfreulichen Ausnahmen wie Fred Hoyle und Carl Sagan ab, sind die Naturwissenschaftler ein nüchterner, emsiger und trockener Verein; jeder treibt still für sich im Kämmerlein gewissenhaft und methodisch seine Forschungen voran. Nur selten — meist in der gelösten Atmosphäre von Konferenzabschlußpartys — lassen sie sich einmal zu vorsichtiger Spekulation herbei: Und das, obwohl sie längst freudestrahlend der Welt die ihnen offenbarten Wunder hätten mitteilen sollen. Manchmal wachsen ihnen ihre Entdeckungen über den Kopf, und sie geben ehrfürchtig und bewundernd klein bei. Bis aber die Wissenschaftler wieder wie einst in Syrakus freudeschreiend durch die Straßen laufen, lastet die Verantwortung auf Mittlern wie mir, die in manche der Geheimnisse eingeweiht sind und zwischen den sorgsam verschlüsselten Zeilen lesen können.

Es ist eine schwere Verantwortung, und man darf mit dem entgegengebrachten Vertrauen nicht leichtfertig Mißbrauch treiben, indem man aus dem Neuen Versatzstücke herauspickt, die diese oder jene politische Strömung oder persönliche Meinung am besten stützen. Nichtsdestoweniger kann ich die Fakten nicht leidenschaftslos betrachten, denn sie gehen mir zu weit unter die Haut. Ich kann nur hoffen, daß meine Interpretation den Suchenden wie der Suche gleichermaßen Gerechtigkeit widerfahren läßt.

So ist dies Buch über das Universum und über uns ein hoffnungslos ehrgeiziges Unterfangen. Es bietet eine Synthese aus einigen jüngeren Entdeckungen und einer Darlegung dessen, was ich infolge einer langen Beschäftigung mit der Natur und den Wissenschaftlern glaube. Es behandelt allgemeine Prinzipien, nicht »Naturgesetze«, denn es besteht ein begründeter Verdacht, daß es solche Invariablen überhaupt nicht gibt. Und es befaßt sich hauptsächlich mit Kräften, die durch unser gegenwärtiges Bewußtsein hindurch wirken und die dies Bewußtsein möglicherweise bedingt haben. Das Themenmaterial fällt weitgehend in einen Bereich, der als »das Übernatürliche« klassifiziert wird. Denn ich behaupte mit Carl Gustav Jung, daß allein der Teil von uns, der unseren Wurzeln eng verbunden ist, das Unbewußte ausmacht, und daß dieser Teil sich bei normalen Menschen am klarsten in sogenannten okkulten

Phänomenen manifestiert. Anhand der in allen Wissenschaften vom Leben entwickelten Verfahren werden wir noch viel über die Natur lernen: Die wirklichen Einsichten aber scheinen mir in anormalen Erfahrungen zu liegen, in den Ausfransungen an der Randzone des Verstehens. Die Wahrheit, oder unsere beste Annäherung an sie, wird irgendwo in den Unterströmungen des Lebens mitgetragen – und die Flut läuft auf.

In einem Augenblick der Schwäche bezeichnet Sigmund Freud gegenüber Jung kurz vor ihrer Trennung das Okkulte als tückische »schwarze Schlammflut«.[301] Es verstörte ihn, wie es noch heute viele Menschen verstört. Ich meine dagegen, daß dem Übernatürlichen hauptsächlich aufgrund von Mißverständnissen anrüchige Eigenschaften zugeschrieben werden und daß das Etikett »schwarz« fehlweisend und unnötig ist. Mir gefällt allerdings die Gezeitenmetapher. Ich werde sie daher auf das gesamte Spektrum der verborgenen Kräfte anwenden, die das Leben in all seinen wundersamen Formen prägen. Die Wirbel und Strudel der Natur sind es, die zusammenfließen und den Lebensstrom bilden. Sie sind die Bestandteile der Lebensflut. Die klassische psychoanalytische Deutung des Traumbilds von einer steigenden Flut würde lauten, der Traum weise auf eine auflaufende Emotion hin. Wenn wir die Gezeitenmetapher ausdehnen und den Geist als einen Ozean begreifen, der auf ein körperliches Ufer aufläuft, dann läßt sich vom periodischen Steigen und Sinken des Interesses am Okkulten wohl sagen, es sei derzeit dicht an der Hochwassermarke und komme vielleicht schon einer Springflut gleich. Jung beschrieb dies in astrologischen Begriffen als Manifestation »psychischer Wandlungsphänomene, die jeweils am Ende eines platonischen Monats und zu Anfang des nachfolgenden auftreten«.[300] Als eine Wachablösung seitens der Götter, die immer dann erfolgt, wenn eine langfristige Umformung der kollektiven Psyche stattfindet.

Meiner Meinung nach haben wir solch einen Zeitpunkt erreicht: Nicht weil es irgendwelche Zeichen oder Omen gäbe, sondern weil wir auf einer kritischen Stufe unseres Realitäts- und Selbstverständnisses angelangt sind. Auf einer Art evolutionärem Deich, der gerade stark genug zu sein scheint, um die Lebensflut einzudämmen. Entweder gehen die Wasser zurück, um mit dem nächsten Zyklus wiederzukehren, oder irgend etwas wirbelt sie im kritischsten Zeitpunkt auf und treibt Flutwellen über den Damm, die das Antlitz des Landes dahinter auf immer verändern.

Charles Darwin hat eine solche Welle ausgelöst, Freud eine weitere. Die Auswirkungen beider sind heute noch zu spüren. Ich vermute indessen, was diesmal die Wasser über die Deichkrone treiben könnte, ist eher eine Dünung am Grunde, eine allgemeine Bewußtseinsumschichtung infolge tiefer Wellenbewegungen im menschlichen Geist. Und vielleicht weil ich Biologe bin und besonders feinfühlig die kleinen Wellen in meinem eigenen Teil des Teichs registriere, messe ich besondere Bedeutung jenen neuen Einsichten bei, die uns das Problem im Rahmen einer sinnvolleren Perspektive sehen lassen.

Bei eingehender Prüfung lassen diese Trends zusammengenommen ein Bild von uns und unseren Ursprüngen entstehen, das sich von unserem derzeitigen erheblich unterscheidet. Möglicherweise ist diese neue Sicht genauso schief wie die alte und wird zu gegebener Zeit abgelöst werden müssen, doch solange sie währt, hat sie den heilsamen Effekt, uns wieder zum Denken zu zwingen; einige tiefgreifende, grundlegende Annahmen über das Leben zu revidieren; uns klar zu werden, daß jeder von uns bezogene Wissenschaftsstandpunkt nur zeitweilige Gültigkeit besitzt und auf fragwürdigen Glaubensartikeln fußt. Noch in unseren materialistischsten Augenblikken sind wir sonderlich religiöse Wesen.

Unglaublich, was wir alles auf Treu und Glauben hinnehmen. Aber in einer zunehmend komplexeren Welt haben wir keine andere Wahl. Für den Fachmann ist es schon schwer, in seinem Bereich mit der Literatur Schritt zu halten, und es ist so gut wie ausgeschlossen, überdies noch andere Disziplinen im Auge zu behalten. Aber dies Faktum könne wir getrost hinnehmen. Es genügt, wenn wir uns eingestehen, daß wir uns unsere Umwelt nach Bequemlichkeitsgesichtspunkten einrichten; und daß unsere gegenwärtige Sicht der Wirklichkeit kaum mehr ist als eine Arbeitshypothese, die durch Konsens für den Augenblick angenommen und gegebenenfalls beliebig austauschbar ist. Diese Macht besitzen wir noch, und Stück um Stück – oft unbewußt – üben wir sie aus.

Immer wieder stolpern die Menschen über die Dinge, finden sie Antworten auf Fragen, die sie sich nicht einmal bewußt gestellt haben. Jüngste Entdeckungen der Zellbiologie und Genetik zum Beispiel weisen eine erstaunliche Autonomie auf dieser Ebene nach, eine sonderbare molekulare Handlungsfreiheit, die alle mechanistische Theorie zur Lächerlichkeit verdammt: zu einer wunderbaren Lächerlichkeit, denn daran zeigt sich gerade jetzt, da wir den Denkanstoß nötig hatten, daß wir und unser Lebenssystem ganz erheblich außergewöhnlicher sind als viele Leute zugeben wollen.

Die alltäglichen Dinge, die wir für gesichert halten und zu begreifen meinen, erweisen sich als ungreifbar und rätselhaft. Überrascht stellen wir fest, daß trotz jahrelanger intensiver und aufwendiger Forschung niemand die Antworten auf die grundlegendsten und einfachsten Fragen zu geben weiß: auf Fragen wie die, was uns schlafen läßt, oder weshalb wir dazu neigen, unsere Träume zu vergessen, oder wie wir etwas erinnern. Jedesmal wenn ein Forschungsstrang unmittelbar vor einer definitiven Entdeckung, am Endpunkt jahrhundertelanger Spekulation zu stehen scheint, springt in einer immer kleiner werdenden Ineinanderschachtelung von Rätselboxen unerwartet die scheinbar letzte auf – um den Ausblick auf ein komplettes Universum dahinter zu eröffnen. Alles, was uns umgibt, ist voller Rätsel und Zauber.

Ich sehe darin keinen Anlaß zu verzweifeln, keinen Grund, mich in esoterische Formeln oder Erinnerungen an die Zukunft zu flüchten. Im Gegenteil, die Unmöglichkeit, mundgerechte Antworten zu finden, weckt in mir einen leidenschaftlichen Stolz auf unsere doppelbödige Biologie; macht mich entschlossen, die alten Fragen neu und sinnvoller zu formulieren zu versuchen; und erfüllt mich mit unausgesetzter Verwunderung und Entzücken darüber, daß wir Teil eines so tiefgreifenden und umfassenden Ganzen sind.

LYALL WATSON,
Oxford

TEIL I

Der Rand der Welt

Ich hatte das Gefühl, an den Rand der Welt gestoßen zu sein. Was mich aufs brennendste interessierte, war den anderen Staub und Nebel, ja sogar Grund zur Ängstlichkeit.
Angst wovor? Ich konnte keine Erklärung hiefür finden. Es war doch nicht unerhört oder welt-erschütternd, daß es vielleicht Ereignisse gab, welche die beschränkenden Kategorien von Zeit, Raum und Kausalität überschritten?

CARL GUSTAV JUNG, *Erinnerungen, Träume, Gedanken*

Abb. 1 zu Seite 18/19

Implosion im Tennisball

Venedig ist mir immer unwirklich vorgekommen.

Der Gleichzeitigkeit von schwerem Brokat und bröckelnden Fassaden, weichem Licht und dunklem Wasser, lachhaft altertümlichem Mobilar und ultramodernem Glas haftet etwas Unstetes an, eine Vergänglichkeit wie bei einem Traumbild. Was mich indes am meisten beunruhigt, ist der Gesichtsausdruck der gemeißelten Köpfe, die von allen Brücken und Bauten herabstarren. Steinäugige Gorgonen und Giganten mit heraushängenden Zungen und Fangzähnen. Groteske haarlose Köpfe, in deren Mienenfalten das Vergnügen an längst vergessenen Scherzen gefroren ist. Totenköpfe, Karnevalsmasken. Und, über einem Fenster im ersten Stock unweit Santa Maria dei Miracoli, das tränenüberströmte Gesicht eines Kindes.

Im Blickfeld dieses Kopfes wohnt jenseits der Straße eine ungewöhnliche Familie. Ungewöhnlich für Italien, denn sie hat nur ein Kind. Und ungewöhnlich nach jedwedem Maßstab, denn mit fünf Jahren hat dies kleine Mädchen allem zu widersprechen begonnen, was wir über Raum, Zeit und Kausalität wissen.

Das ist teils vielleicht meine Schuld. Die italienische Ausgabe meines ersten Buchs über das Okkulte erschien im Mai 1974. Im Spätherbst jenes Jahres kaufte der Vater des Mädchens ein Exemplar von *Supernatura* (dt. *Geheimes Wissen*), um es nach Dienstschluß auf seiner täglichen Fahrt zum Tennisplatz zu lesen. Die Tennissaison ging zu Ende, aber das wirkliche Spiel hatte gerade erst begonnen. Und als es anfing, als die fünfjährige Claudia etwas absolut Einzigartiges erfand, wandte sich ihr Vater nicht an den Priester sondern an mich. Aus seinem Brief sprach eine Mischung von Stolz und Schrekken, die ich unmöglich übersehen konnte.

Die Familie wohnt in einer Dreizimmerwohnung mit hohen Räumen, in denen die Gerüche guter Küche schweben. Während wir gemütlich bei einem Fischgericht und Polenta zusammensaßen, konnte ich Claudia beobachten, und sie hatte Gelegenheit, sich an mich zu gewöhnen. Sie war klein für ihr Alter und hatte wuscheliges Haar. Besonders fiel ihre völlige Selbstbeherrschung auf; sie war unnatürlich still für ein Kind. Wenn sie mit ihren Händen nicht gerade etwas Notwendiges tat, lagen sie ruhig in ihrem Schoß oder auf dem Tisch. Sie schien durch ihre riesengroßen schwarzen Augen zu leben, die beunruhigend wissend blickten. Ihr Blick musterte mich, sezierte mich, sichtete die Bestandteile und registrierte die nützlichen für späteren Gebrauch; dann wandte er sich wieder nach innen den wirklich belangvollen Dingen zu.

Nach dem Abendessen blätterte Claudia in einem Magazin, und ich unterhielt mich mit ihrem Vater. Im Gespräch öffnete er ganz beiläufig eine Schachtel Tennisbälle, die auf einem Ecktisch lag. Er rollte einen der Bälle über den Teppich auf das Foto, das Claudia gerade betrachtete. Sie widmete ihm einen ihrer sezierenden Blicke, legte fast resigniert die Illustrierte beiseite und wandte sich dem Ball zu. Sie hielt ihn zärtlich an die Wange, und dann balancierte sie ihn auf der linken Hand, während sie ihn sanft mit der rechten streichelte, als wäre er ein kleines Pelztier, eine Schlafmaus, die es aus unzeitigem Winterschlaf zu wecken galt. Es war eine anmutige Szene, ein fesselndes Bild von den Hoffnungen und Ängsten der Jugend, wie Lorenzo Lotto sie vier Jahrhunderte zuvor in eben dieser Umgebung auf die Leinwand gebracht hat. Doch meine versunkene Betrachtung wurde jäh unterbrochen. Tiefer Schreck und Fassungslosigkeit rissen mich in die Gegenwart zurück, als die Schlafmaus alle Regeln durchbrach und Reaktion zeigte.

Erst war da noch ein Tennisball: die vertraute, weißliche, pelzige Kugel, gekennzeichnet nur durch die mäandernde Naht. Dann war es plötzlich ganz anders. Es gab ein kurzes Implosionsgeräusch, sehr weich, wie von einem im Dunkeln gezogenen Korken – und Claudia hielt etwas völlig anderes in der Hand. Eine glatte, dunkle Gummikugel, deren früheres Oberflächenmuster sich nur ahnen ließ, eine Art Negativ, ein Hinter-den-Spiegeln-Eindruck von einem Tennisball.

Claudia schien nicht überrascht, eher befriedigt, als sie den umgeformten Ball ihrem Vater gab, der ihn mir reichte. Ich war mir nicht sicher, ob ich das Ding haben wollte, bis mir klar wurde, was es mit ihm auf sich hatte. Etwas Derartiges hatte ich nie zuvor gesehen, erkannte es aber trotz des unvertrauten Gesichtswinkels sofort wieder. Es war kein nackter, irgendwie enthaarter Tennisball, sondern ein umgestülpter: einer, dessen Inneres nach außen gewendet war und dessen Luftinhalt nichtsdestoweniger unter Druck stand.* Ich drückte ihn, und er hielt. Ich ließ ihn fallen, und er sprang zurück. Ich nahm ein Messer vom Eßtisch, durchstach die Gummihülle und ließ die Luft entweichen. Dann schnitt ich rund um die Kugeloberfläche, und da war er, bedeckte die Innenfläche, an der er eigentlich nichts zu suchen hatte: der übliche weiche Tennisballflaum.

Später am Abend wiederholte Claudia leicht widerstrebend das Experiment, und ich konnte einen intakten umgestülpten Tennisball als Talisman in mein Hotel mitnehmen. Zwei Tage lang hockte er dort wie ein Mandala auf dem Kaminsims, ungerührt, aber nicht, ohne mir zu spotten. Eine Kugel, das klassische Symbol von Totalität und Ordnung, die eigentliche Gestalt der Seele – aber diese hier war von dem Kind umgeformt und durch das Wissen umgestaltet worden, daß etwas in die Ordnung eingegriffen hatte, das nicht ganz das war, was es zu sein schien.

Es beunruhigt mich immer noch. Ich weiß genug über Physik, um zu begreifen, daß man nicht eine rundum intakte Kugel von innen nach außen umstülpen kann wie einen Socken: jedenfalls nicht in dieser Wirklichkeit.

Allerdings gibt es einen Zweig der Geometrie, die Topologie, die sich nicht so sehr mit Form und Größe von Figuren beschäftigt als mit der Weise ihres Zusammenhangs. Sie befaßt sich mit den Faktoren, die unverändert bleiben, wenn ein Gegenstand eine stetige Verformung durch Biegen, Strecken oder Drehen durchläuft. Und in der topologischen Analyse ist es möglich, sich eine aus Ansammlungen von Punkten bestehende mathematische Kugel vorzustellen, die sich umstülpen läßt, indem man die eine Seite der Kugel durch die andere hindurchstößt. Wenn man die Grundregel befolgt, daß die Umgestaltung bewirkt werden muß, ohne das Gebilde zu zerreißen oder zu zerbrechen, erhält man indes selbst bei solch einer theoretischen Übung einen gewundenen Grat auf einer Oberflächenseite der Kugel.

Erst in den letzten Jahren ist einem französischen Mathematiker der Beweis gelungen, daß sich eine hypothetische, unendlich elastische Hohlkugel auf einem einzigen indirekten Weg umstülpen läßt. Bei diesem Verfahren quält man die Kugel durch ein Dutzend absonderliche, sattelähnliche Formen, deren Seiten mehrfach durcheinander hindurchwandern. Bei genauer Beachtung und lebhaftem Vorstellungsvermögen kann man sich annähernd – und nur annähernd – die Schritte dieses Vorgangs vorstellen. Indes hat er offenkundig keine Entsprechung in dem, was wir als objektive Realität erachten. Keinesfalls hätte jemand ihn ersinnen können, der in Bildern statt in mathematischen Symbolen denkt. Und es liegt eine spezifische Rechtmäßigkeit, eine Art natürlicher poetischer Gerechtigkeit in dem Umstand, daß der Mann, der das Problem der Kugelumstülpung auf diese Weise gelöst hat, blind ist.[384]

Mein Un-Tennisball ist für mich eine Art Symbol geworden. Die Manifestation eines neuen, eines alternativen Herangehens an das Leben. Eine andere Art, die Dinge zu sehen.

Ich grüble nicht mehr, wie die Transformation vonstatten geht, ich brenne nicht mehr darauf, Claudias Mikrowellen-Emissionen oder elektrische Hautwiderstände zu messen. Aus Forschungen über die wachsende Gruppe derer, die Metall verbiegen und Pendel schwingen lassen, habe ich ohnedies gelernt, daß sich selten sehr viel mehr gesichert belegen läßt, als daß derlei Dinge bisweilen geschehen – meist wenn man nicht mit ihnen rechnet –, daß sie aber selten beweiskräftig genug ablaufen, um Leute zu überzeugen, die sehr rigide mechanische Beweise ihrer Realität fordern.

Auf gängige wissenschaftliche Weise läßt sich unmöglich belegen, daß diese Dinge geschehen oder nicht geschehen. Es bleibt nur die unbequeme Zuflucht zu der Vorstellung, daß es andere Wirklichkeiten gibt, von denen manche für völlig objektiven »Common sense« bei weitem zu heikel und rätselhaft sind. Diese Systeme transzendieren die gewöhnliche Logik und Sprache, die nie weit genug gehen. Werner Heisenberg, der Entdecker der Unschärferelation, hat gesagt: »Jedes Wort und jeder Begriff, so klar sie zu sein scheinen, hat nur einen begrenzten Anwendbarkeitsbereich.« Das fällt uns schwer zu akzeptieren. Und weil unsere verschlissene Vorstellung von der Wirklichkeit – wir schleppen sie derzeit weiter wie einen bequemen alten Schuh – so viel müheloser zu handhaben ist als die Wirklichkeit selbst, neigen wir dazu, die beiden zu verwechseln. Wir halten unsere Mythen und Symbole für die Sache selbst.

Die größte Schwierigkeit, in die die naturwissenschaftliche Methode uns gebracht hat, ist ihre implizite Annahme, die Beobachter und Experimentatoren ständen außerhalb ihrer Forschungsgegenstände und seien »von ihnen unabhängig«. Mit gutem Grund wird bezweifelt, daß dies stimmt oder je gestimmt hat. Die Quantenphysik äußert sich ziemlich klar zu dieser Frage: Wenn man etwas will, verändert man durchs Wollen unweigerlich das, was man will. Wenn man beweisen will, daß der Tennisball »wirklich« umgestülpt worden ist, muß man ihn aufschneiden und seine wahre Natur zerstören. Übrig bleiben dann einzig ein paar äußere Hüllen, die rasch zu der Struktur zurückkehren, die man von ihnen erwartet; zu jener Beschreibung von Wirklichkeit, die die meisten von uns allgemein zu geben und als ausschließliches Faktum zu akzeptieren gelernt haben.

Doch für jeden, der – wie ich in Venedig – vom Zauber berührt worden ist, können die Dinge nie wieder ganz das sein, was sie waren.

Ich halte die Transformation in Ehren und versuche Wege zu finden, um sie stattfinden zu lassen, sie in eine evolutionären Sehweise einzupassen, in der Begriffe wie Ursache und Wirkung nicht völlig bedeutungslos sind. Aber das ist nicht leicht. Das Streben nach Gültigkeit durch Beweis ist dem Zauber, der Magie zutiefst fremd. Ich befinde mich im Einklang mit den Trobriandern, für die die Bedeutung eines Zauberspruchs nicht in seinen Ergebnissen, seinem Beweis liegen, sondern in seiner Existenz selbst. »In der Anwendbarkeit seines Erbes, in seiner Stellung innerhalb der Handlungsstruktur, in seiner Invokation durch die richtige Person, in der Wahrnahme und Verwirklichung seiner mythischen Grundlage.«[340]

Es hilft mir, meine illusorische Gewißheit teilweise abzuschütteln, wenn ich eine Weile die Augen schließe. Newton konnte noch sicher sein, daß die »Fakten« außerhalb des kompromittierenden Bereichs des menschlichen Geistes eine stetige Zeitlosigkeit und Ewigkeit besitzen; wir können heute indes weiter blicken und uns eine solch dogmatische Haltung nicht leisten. Es wird immer klarer, daß Dinge zu beobachten sie verändern heißt; und etwas definieren und verstehen ist gleichbedeutend damit, es über alle Kenntlichkeit hinaus zu entstellen. Daher muß der erste Schritt eines neuen Erkenntnisansatzes in einer andersgearteten, weniger zudringlichen Beobachtungsmethode bestehen.

»Wenn du malst«, sagte Picasso, »schließe deine Augen und singe. Maler sollten sich die Augen ausstechen, wie man es bei Kanarienvögeln macht, damit sie besser singen.«[333] Hans Arp hat geschrieben: »Bei geschlossenen Lidern strömt die innere Bewegung unbeeinträchtigt in die Hand. In einem abgedunkelten Raum kann man leichter einer Anleitung folgen als im Freien. Der Dirigent innerer Musik, der große Zeichner prähistorischer Bilder arbeitete mit einwärts gewendetem Blick. Dadurch gewinnen seine Zeichnungen an Transparenz; stehen sie der Durchdringung offen, der plötzlichen Eingebung, der Wiedererlangung der inneren Melodie, der kreisenden Annäherung; und all dies wird in eine einzige große Erregung umgewandelt.«[101]

Mir erscheint die kreisende Annäherung, der Seitenblick, sinnvoll. Wenn wir die Kluft zwischen der alten Naturwissenschaft und neuen Notwendigkeiten überbrücken wollen, werden wir die Dinge anders betrachten müssen – wie Blinde und Künstler es immer getan haben: dessen bin ich mir sicher.

Wenn sie einen Gegenstandkomplex auf einer Fläche abbilden, wenden die meisten westlichen Künstler in alphabetischen Gesellschaften – in denen jeder eine lineare, visuelle Von-links-nach-rechts-und-von-oben-nach-unten-Grundtendenz hat – die dreidimensionale Perspektive an. Sie zeigen nur, wie der Gegenstand von einem einzigen Punkt im Raum her in einem einzigen Moment der Zeit aussieht. Kurz, sie versagen. Voralphabetische Künstler dagegen, die keiner visuellen Konvention unterworfen sind, bilden den Gegenstand im Aufblick und Profil, von oben und unten, von hinten und vorn, von innen und außen ab – und das alles simultan. Die Indianer in British Columbia zergliedern einen Bären vollständig in Haut, Knochen, Eingeweide und Umwelt und rekonstruieren ihn so auf einer Fläche, daß jedes wichtige Element des Tierganzen erhalten bleibt. Die Ureinwohner Australiens betrachten einen Fisch mit Röntgenaugen, die seine gesamte Existenz offenlegen.

Die neuen Strömungen in der westlichen Kunst haben sich diese wertvollen Lehren zu eigen gemacht. Es ist jetzt an der Zeit, daß die westlichen Naturwissenschaften sich von ähnlichen hemmenden und überalterten Konventionen und Sichtweisen frei machen: Zeit, mit dem Aufbau einer Gewebebank für subjektive Erfahrungen zu beginnen, die wir unserem Reichtum an objektiven, experimentellen Erfahrungen an die Seite stellen: Zeit, daß wir den Wissenschaftskörper zu wirklichem Leben erwecken, indem wir ihm eine Seele einhauchen.

In diesem ersten Augenblick möchte ich mich mehr auf die Struktur konzentrieren als auf die Teile. Ich möchte versuchen, den Blick geradewegs durch das Wasser und die Wellen hindurch auf die Lebensgezeiten selbst zu richten – oder zumindest auf den Wirkmechanismus, der sie treibt.

1. KAPITEL

Die Saat
– Ursprünge im Raum

Die Sonne geht auf. In diesem kurzen Satz, in einem einzigen Faktum steckt genug Information, um die Biologie, Physik und Philosophie für alle Zeit auf Trab zu halten.

Er bedeutet – als Einstieg –, daß die Sonne scheint. Daß an ihrer Oberfläche in jeder Sekunde vier Millionen Tonnen Materie zerstört werden in einem rasenden nuklearen Sturm, der uns hier noch im Randbereich der Sonnenatmosphäre beutelt. Und die ganze Zeit hindurch nimmt die Masse unseres Sterns ab, ändern sich sein Volumen und seine Dichte. Er und alle anderen Sterne entwickeln sich ständig, denn Evolution ist ein kosmischer Vorgang.

Sonnenaufgang bedeutet auch, daß die Erde sich bewegt. Über die tägliche Eigendrehung des Planeten und seine jährliche Rotation um unseren lokalen Stern hinaus ist heute eine viel großartigere Bewegung erwiesen. Es scheint, daß die Erde sich in bezug auf das Universum als Ganzes bewegt und auch das Universum keineswegs statisch ist.

Im Jahre 1845 hat ein holländischer Meteorologe ein sinnreiches Experiment durchgeführt. Er engagierte eine Blaskapelle und ließ sie in der Nähe von Utrecht im offenen Wagen eines fahrenden Eisenbahnzuges stehend ein Konzert geben. Buys Ballot und seine Freunde hörten sich den Vortrag auf einer Plattform neben den Gleisen an und stellten, wie er vorausgesagt hatte, fest, daß das klingende Blech hochtöniger klang, während der Zug sich ihnen näherte, als es klang, nachdem der Zug die Zuhörer passiert hatte und sich von ihnen fortbewegte.

Mit erheblich geringerem Aufwand können Sie diesen Effekt selbst testen, indem Sie neben einer Straße auf das Motorengeräusch eines Lastwagens lauschen. Der Frequenzwandel beim Vorüberfahren geht auf den Doppler-Effekt zurück, der für Lichtwellen ebenso gilt wie für Schallwellen.

Wenn sich Ihnen ein helles weißes Objekt mit hinreichender Geschwindigkeit nähert, wird sein Licht zu Wellen kürzerer Länge verzerrt, die das Objekt mehr oder weniger violett erscheinen lassen. Entfernt es sich dann von Ihnen, nehmen die Wellenlängen zu, und der Gegenstand wirkt eher rot. Der Grad dieser Illusion, die man heute »Rotverschiebung« nennt, läßt sich dazu verwenden, die Geschwindigkeit zu berechnen, mit der sich das Objekt im Verhältnis zu Ihrer Position bewegt. Aufgrund dessen haben die Astronomen beweisen können, daß, abgesehen von einigen nahen Nachbarn, alle anderen Galaxien im Universum sich mit Geschwindigkeiten von vielen Millionen Kilometern pro Stunde von uns entfernen.

Das bedeutet nicht, unserem Teilstück des Raums hafte Abstoßendes an. Gleiches scheint sich überall abzuspielen. Soweit wir sagen können, eilen alle Galaxien auseinander, als sei das Universum in einer Art gigantischer Explosion begriffen. Diese Deutung kam bald nach 1929 auf, als der amerikanische Astronom Edward Hubble zeigte, daß die Geschwindigkeit, mit der sich andere Galaxien entfernen, zu ihrer Entfernung von uns unmittelbar proportional ist. Was bedeutet, daß ferne Galaxien in einer riesigen Entfernung Lichtgeschwindigkeit erreichen und aus unserer Sicht verschwinden müssen. Diese Entfernung, der Hubble-Radius, begrenzt unaufhebbar die Größe jenes Teils des Universums, über den wir Erfahrungen sammeln können. Es ist eine Kugel mit einem Radius von etwa 13 Milliarden Lichtjahren. Um zumindest ein wenig Überblick zu wahren, wollen wir diesen Bereich den »Kosmos« nennen.

Wenn die Bestandteile des Kosmos tatsächlich mit hoher Geschwindigkeit auseinanderstreben, müssen sie früher einmal dichter beieinander gewesen sein. Und da wir ihre relativen Geschwindigkeiten und Entfernungen kennen, können wir zurückrechnen, wann sie möglicherweise einmal in einem einzigen Punkt geballt gewesen sind. Dies ist die Grundlage der »Urknall«-Theorie vom Ursprung des Universums, und die beste derzeitige Schätzung datiert den Expansionsbeginn, was immer ihn ausgelöst haben mag, auf die Zeit vor etwa 18 Milliarden Jahren. Das ist eine unvorstellbar lange Zeit, doch um sie in einen für uns faßbareren Zusammenhang zu stellen, läßt sich sagen: Wir wissen durch Radiokarbondatierung der ältesten Steine auf unserem Planeten, daß die Erde etwa fünf

Milliarden Jahre alt ist. Nennen wir diese Zeitspanne vereinfachend ein *Geo*, dann ergeben sich für unsere Galaxie etwa 2,5 *Geo* und für den Kosmos etwas über drei *Geo*-Alter, was schon viel beruhigender klingt. Bei diesem Uranfang hat es uns zwar noch nicht gegeben, aber als völlige Neuerscheinung brauchen wir uns dennoch nicht zu fühlen.

Steven Weinberg, ein Astrophysiker der Harvard University, hat den Großteil unseres derzeitigen Wissens über den Ursprung des Kosmos in dem faszinierenden Buch *Die ersten drei Minuten* nach dem Urknall zusammengefaßt.[575]

Klar, daß wir uns diesen Urknall nicht als eine Art Schießpulverdetonation vorstellen können, die von einem eindeutigen Zentrum ausgeht, sich ausbreitet und die Gegenstände ihrer Umgebung mitreißt. Es war eine Explosion, »die gleichzeitig überall erfolgte, die von Anfang an den gesamten Raum erfüllte und bei der jedes Materieteilchen von jedem anderen Teilchen fortstrebte«. In der Tat hat am Anfang, in der ersten Hundertstelsekunde, die Temperatur des Universums etwa hundert Milliarden Grad Celsius betragen, was viel zu heiß war, als daß die Teilchen eine stabile Existenz hätten haben können. Sie wurden mit der gleichen Geschwindigkeit zerstört, mit der sie gebildet wurden.

Dieser Sturm von Schöpfung und Zerstörung wütete etwa drei Minuten lang in der kosmischen Teetasse weiter, bis die Temperatur auf bescheidene eine Milliarde Grad gesunken war. Dies war kühl genug, daß Kerne von Wasserstoff- und Heliumatomen beginnen konnten, sich zu bilden. Und erst später, viel später, etwa 700 000 Jahre nach dem Urknall und bei einer Temperatur um 3 500° Celsius konnten diese Kerne sich mit umherirrenden Elektronen verbinden und die ersten wirklichen Gasatome bilden. Unter dem Einfluß der Schwerkraft formierten sich diese Atome zu Wolken oder Klumpungen, die sich schließlich zu Galaxien verdichteten.

So lautet unser gegenwärtiger Mythos, und der beste für ihn verfügbare Beweis, für die Faktizität des Urknalls, besteht darin, daß wir heute noch seine Echos hören. Der Kosmos ist in Hintergrundstrahlung getaucht. Es gibt eine Art ständiges scheußliches universelles Zischen, ähnlich dem atmosphärischen Rauschen im Radio, das allem Anschein nach der ferne Nachhall jener frühen Explosion ist. Der Kosmos bewahrt eine Erinnerung an seine Ursprünge, die so schwach ist, daß sie erst 1965 bemerkt wurde. Und erst in den letzten Monaten konnte sie genau gemessen werden: mittels eines ultraempfindlichen Mikrowellenempfängers in einem U2-Aufklärungsflugzeug, das stetig in etwa 22 000 Meter Höhe flog, also oberhalb atmosphärischer Einflüsse.[229]

Das interessanteste Merkmal dieser Hintergrundstrahlung ist seine Gleichmäßigkeit in der Winkelverteilung, die sogenannte Isotropie. In Richtung des Wassermann-Sternbildes ist eine leichte Abnahme, im entgegengesetzten Himmelsgebiet des Löwen eine gleich große Zunahme zu verzeichnen. Daraus geht hervor, daß sich unsere Galaxie mit einer Stundengeschwindigkeit von 2,1 Millionen Kilometern auf den Löwen zubewegt. Ansonsten sind die Wellen in allen anderen Himmelsregionen insgesamt gleich. Der Urknall, dieses umwälzendste Ereignis überhaupt, ist aus heutiger Sicht eine befremdlich sanfte Explosion gewesen, viel eher ein fein abgestimmter Vorgang als eine zerstörerische Detonation. Eher wie das stetige Aufblasen eines Fußballs als wie die Explosion einer Bombe. Es gewinnt den Anschein, als sei der Kosmos gerade im Ausatmen begriffen, und wenn dies derzeitige Ausatmen – nach vielleicht weiteren zehn *Geos* – endet, wird er innehalten und dann einatmen. Der Vorgang wird dann umgekehrt verlaufen, wird einer zunehmenden Kontraktion weichen, die erst enden kann, wenn alle Materie erneut ein Stadium unendlicher Dichte erreicht; wenn es einen neuen Urknall und eine erneute unermeßliche Expansion gibt.

Wenn dies unsere Zukunft ist, muß unsere Vergangenheit genauso beschaffen gewesen sein. Es deutet alles nicht nur auf einen Kosmos, der sich entwickelt, der wächst und sich wandelt, sondern vielleicht auch auf ein oszillierendes Atmungssystem hin; eines, das sich ständig dehnt und sich wieder zusammenzieht. Und hätten wir die Fähigkeit, die Zyklen von Expansion und Kontraktion aus einem größeren, universellen Blickwinkel zu betrachten, dann würden auch sie sich wahrscheinlich als evolutionär erweisen. Für den Floh auf einem Hund ist es schwer, die einzelnen Atemzüge seines Wirts zu unterscheiden. Noch schwerer könnte der Floh erfassen, welche Rolle jedes Einatmen in der gesamten Lebensspanne des Hundes spielt. Und unmöglich könnte das Insekt auch nur ansatzweise begreifen, daß dieses einzelne Säugetier nur eines von Millionen ist, die eine weiterführende Rolle in der Evolution ihrer Art spielen.

Die Spirale schwingt sich ins Unfaßliche auf, wie immer man sie auch betrachtet; doch die Vorstellung von einem organischen System, einem lebenden und atmenden Kosmos, erscheint mir brauchbar. Sie hilft uns, das Leben auf der Erde als Teil einer größeren Ordnung und nicht als etwas Ausgefallenes und Einzigartiges zu sehen, zu dem es nur hier kommen konnte. Sie hilft uns ferner, eine Annahme zu erschüttern, die vielen Denkansätzen über den Ursprung des Lebens innewohnt: daß nämlich organische Evolution notwendig auf einem Planeten wie dem unseren erfolgen müsse, der mit einem Stern in Zusammenhang steht. Die jüngsten Erkenntnisse sprechen nicht nur gewichtig für eine außerirdische Genese, sondern lassen auch jeden Zusammenhang mit Himmelskörpern unwahrscheinlich erscheinen, indem sie den kosmischen Garten Eden in der Leere, irgendwo draußen im Raum zwischen den Sternen ansiedeln.

Den Großteil unseres Wissens über die Feinstruktur des Kosmos verdanken wir einem deutschen Physiker und Astronom, der entdeckte, daß das bei Brechung des Sonnenlichts durch ein Prisma entstehende Farbspektrum von festen, dunklen Absorptionsbändern interpunktiert ist. Joseph von Fraunhofer entdeckte und zeichnete 1814 die Lage mehrerer hundert dieser nach ihm benannten Linien auf, doch gelang erst dem Physiker Gustav Robert Kirchhoff 1859 der Nachweis, daß jedes Muster von Linien für ein spezifisches Element charakteristisch ist. Heute kennt die Spektralanalyse über zehntausend dieser Absorptionslinien und kann das ferne Vorhandensein fast jeder Substanz anhand ihres fernen, doch charakteristischen Fingerabdrucks ausweisen. Ein simples optisches Verfahren hat uns über den Kosmos ebensoviel gelehrt wie die größten Teleskope.

1.3
Der Weltraum
Wir haben zum Beispiel gelernt, daß der Raum alles andere als leer ist. Die Zwischenräume zwischen den Sternen sind von weitgehend aus Gas und Staub bestehenden Wolken interpunktiert, die im Verhältnis von etwa 100 : 1 vorkommen.[471] Die kosmischen Staubkörnchen selbst haben etwa die gleiche Dichte wie die Wellen des sichtbaren Lichts, und wo ihre

Häufigkeit groß ist, erscheinen sie – gewöhnlich in den Spiralarmen von Galaxien – als dunkle oder leuchtende Nebel. Der Pferdekopfnebel im Sternbild des Orion ist ein typisches Beispiel für diese Art von Lichtabsorption. Andernorts sind die Körnchen weiter gestreut und fast nicht nachweisbar.

Hat der Staub die gleiche Zusammensetzung wie das interstellare Gas – zu anderen Annahmen besteht kein Grund –, dann besteht er weitgehend aus Molekülen des Kohlenstoffs (C), Stickstoffs (N), Wasserstoffs (H) und Sauerstoffs (O). Und das ist ein interessantes und wohl bedeutsames Zusammentreffen. Die Körnchen im interstellaren Medium haben die gleiche Größe und Zusammensetzung wie einige der einfachsten Lebewesen auf der Erde, unsere irdischen Bakterien. Und selbst die komplexesten lebenden Organismen wie der Mensch sind davon im Grunde nicht sehr verschieden. Die gleichen vier Elemente machen 96 Prozent unseres Körpergewichts aus, davon einen Großteil in gelöster Form. Wie J. B. S. Haldane festgestellt hat, »besteht selbst der Erzbischof von Canterbury zu 65 Prozent aus Wasser«.[464]

Natürlich genügt es nicht, nur die richtigen Elemente in den richtigen Mengenverhältnissen zu haben. Das ist schon bei Schlamm gegeben. Es muß etwas hinzukommen, um dem Staub Leben einzuhauchen. Neue Anordnungen sind nötig, und da zu den vier Grundelementen der Kohlenstoff zählt, ist eine Vielzahl von Kombinationen möglich.

Kohlenstoffatome verbinden sich vorzugsweise mit vier anderen Atomen entweder ihrer eigenen oder anderer Art. Dies können sie in einfacher oder doppelter Bindung, offenkettig, linear, verzweigt oder in kompletten Ringen tun und so Moleküle mit bis zu mehreren Millionen Teilen bilden. Dies ist der Gegenstand der organischen Chemie: Sie befaßt sich mit Verbindungen, die lebende Organismen hervorbringen oder von solchen hervorgebracht werden; und dies sind die Arten von Reaktionen, die – das scheint heute gewiß – zwischen den Sternen im interstellaren Medium erfolgen.

Dieser Möglichkeit scheint man sich im Jahre 1973 bei einer Astronomenkonferenz in Cambridge, Massachusetts, hochgradig bewußt geworden zu sein.[217] Etliche Papiere bei diesem »Symposium über das staubige Universum« wiesen aus, daß im interstellaren Raum anscheinend eine Menge Atome fehlen. Immer wieder belegten die Spektralanalysen erheblich geringere Mengen Kohlen-, Sauer- und Stickstoff als vermutet wurden.

Neue Modelle wurden erwogen. Die vielversprechendsten von ihnen vermuteten, die vermißten Atome seien den Messungen entgangen, weil sie an der Oberfläche der interstellaren Staubkörnchen in einer Art molekularem Brei gebunden sind, den Mayo Greenberg »schmutziges Eis« getauft hat.[218] Damals gab es kaum experimentelle Belege für solche Ablagerungen auf kosmischen Körnchen. Doch inzwischen hat die Radioastronomie, die statt Lichtwellen Mikrowellen empfängt und auswertet und die durch die interstellaren Wolken hindurchsehen kann, die benötigten Beweise geliefert. Die ultrakurzen Radiowellen besitzen eine Art elektronisches Spektrum, in dem ebenso eindeutige Fingerabdrücke von Materie enthalten sind wie im optischen Spektrum und seinen Linien. Und in den letzten Jahren haben die Radioastronomen im interstellaren Raum eine ständig wachsende Liste einfacher organischer Moleküle nachgewiesen.[254]

Die ersten auf diese Weise entdeckten Substanzen waren nichts weiter als einfache Verbindungen der verbreitetsten Atome: Cyan (CN), Kohlenmonoxid (CO) und Cyanwasserstoff (HCN). Doch dann fand man Formaldehyd (H_2CO), und bald folgten Ameisensäure (HCOOH), Methanol (CH_4O), Acetaldehyd (CH_3CHO) und Ameisensäuremethylester ($HCOOCH_3$) nach. Man braucht nicht Chemiker zu sein, um zu sehen, daß die Linie zu immer komplexeren organischen Substanzen fortschreitet.[470]

In jüngster Zeit ist auch vermutet worden, einige in Teilen des Spektrums beobachtete Merkmale lassen sich durch die Annahme erklären, daß sich über diese gemischten Moleküle hinaus lange Ketten aus reinem Kohlenstoff akkumulieren, die gehäuft auf der Oberfläche des kosmischen Staubs eine Hülle aus klebrigem Teer bilden.[133] Dies würde es aufeinanderprallenden Staubkörnchen ermöglichen, aneinander haften zu bleiben und Körnchenklumpen zu bilden, in denen noch komplexere chemische Vorgänge möglich sind.[266] Ein weiterer Vorteil des interstellaren Teers besteht darin, daß er – ähnlich dem Teerbelag der Straßen an heißen Tagen – ultraviolette Strahlung absorbiert und seine Temperatur über die der Umgebung steigt, die im freien Raum dem absoluten Nullpunkt (−273° Celsius) nahekommt.

An der Oberfläche kosmischer Staubwolken könnten ein wenig Wärme und reichlich Strahlung Reaktionen auslösen, in denen Moleküle zerfallen und sich auf alle mögliche neue Art neu zusammensetzen. Doch könnte sich im kalten Herzen dichter interstellarer Wolken ein noch bedeutsamerer Vorgang abspielen.[207] Man hat lange angenommen, daß chemische Reaktionen Wärme benötigen und sich verlangsamen, wenn die Temperatur gesenkt wird. Dies stimmt: doch nur bis zu einem bestimmten Punkt. Wir wissen nun, daß es auch anders sein kann: wenn die Temperatur sich dem absoluten Höhepunkt nähert, findet eine sonderbare thermodynamische Inversion statt, und viele Prozesse beschleunigen sich sogar. Daher findet die komplexe frühe Entwicklung mit höherer Wahrscheinlichkeit innerhalb interstellarer Wolken statt als anderswo.

Das am weitesten akzeptierte Modell der Sternbildung lautet folgendermaßen: Die interstellaren Wolken kondensieren nach und nach, indem die Staubkörnchen unter dem Einfluß der Schwerkraft zueinanderstreben.[96] Körnchenklumpen neigen zu rascherer Ballung, und die größten akkumulieren sich bald zu einer Schicht in der Mittelebene der Wolke, die nun zu einem Sonnenurnebel wird. Die weiterbestehende Instabilität im Kern zwingt dann die Klumpen zu noch größeren Körpern in der Größenordnung von Asteroiden zusammen, und indem diese ihrerseits sich im Zentrum aggregieren, bildet sich ein Protostern. Dieser zieht sich weiter zusammen und wird dabei immer heißer, bis eine Dichte und Temperatur erreicht werden, in der thermonukleare Reaktionen einsetzen; dann wird die Masse zum Stern und beginnt zu scheinen.

Einige der Körnchenklumpen werden dabei zusammen mit ihren wachsenden organischen Materiefabriken unweigerlich »gebraten«, aber im Frühstadium einer Stern-Geburt bleibt die äußere Wolke ziemlich kühl und die Kohlenstoffmoleküle bleiben unbeeinträchtigt. Diese Schichten mit den ihnen innewohnenden Molekülen bilden die protoplanetarische Masse, die ihrerseits kondensiert und zusammenwächst und die so zur Bildung kleiner meteorähnlicher Körper und, mit der Zeit, regelrechter Planeten führt. Der neue Planetarbereich ist reich an Staub und komplexer organischer Materie, und indem der Zentralstern das System erwärmt, werden die normalen chemischen Reaktionen beschleunigt, und auf alle planetarischen Körper des Systems geht ein stetiger Regen kohlenstoffartiger Materie nieder.

Nach diesem Modell hätte ein geeigneter Planet mit wasserreicher Oberfläche viel früher als wir gemeinhin annehmen das Potential, Leben hervorzubringen. Möglicherweise hat sich unser Sonnensystem in der beschriebenen Weise herausgebildet, doch besteht zu diesem Punkt noch keine allgemeine Übereinstimmung. Manches spricht dafür, daß unsere Sonne vielleicht ein Stern der zweiten oder dritten Generation ist, der sein Rohmaterial aus den verstreuten Überresten ferner Supernovae bezogen hat. In diesem Fall könnten unsere Planeten einen völlig unabhängigen Ursprung haben, der vielleicht sogar in den Überresten eines Doppelsterns liegen könnte, eines Zwillingsbruders unserer Sonne, der im Frühstadium dieser Bruderschaft explodiert ist.

Eines Tages werden wir dieses Rätsel lösen, doch für den Augenblick und für diese Erörterung ist es ohne Belang, wie sich die Erde gebildet hat. Wichtig für uns ist vielmehr zu wissen, daß unser Planet – was auch immer zu seiner Enstehung geführt haben mag – weiter unablässig mit den Produkten interstellarer Kondensation berieselt wird.

Täglich kollidieren über hundert Millionen Meteore mit der Erde, und ungefähr hundert Tonnen außerirdischer Materie rieseln in unsere Atmosphäre ein.[354] Die meisten Eindringlinge verbrennen als Sternschnuppen in der Reibung mit unserer Luft, aber nichtsdestoweniger ist ein Großteil der Kruste des Planeten aus kosmischem Treibsand gebildet; jeden Tag senkt sich etwa eine Tonne davon langsam auf seine Oberfläche. Alles, was den Boden erreicht, nennt man Meteorit. Die meisten Meteoriten sind mikroskopisch klein, manche aber auch ziemlich massiv; der größte, je intakt geborgene fand sich in Grönland und wog 37 Tonnen. Annähernd die Hälfte aller makroskopischen Meteoriten sind metallischer Natur, zumeist aus Eisen oder Nickel, und die andere Hälfte besteht weitgehend aus Silikatgestein.

Die meisten steinigen Meteoriten enthalten kleine glasartige Einschlüsse, und etwa zwei Prozent von diesen nennt man kohlige Chondriten, weil sie beträchtliche Mengen organischer Materie enthalten.[8] Diese Anteile sind in der Tat außerordentlich hoch. Etwa 0,1 Prozent aller Materie, die je auf die Erde gefallen ist, ist organisch. Wenn wir vergleichsweise das Gesamtgewicht aller irdischen organischen Materie der Masse des Planeten selbst gegenüberstellen, macht der Anteil der Materie lebendigen Ursprungs nur 0,0000001 Prozent aus. Was bedeutet, daß die Meteore von einem Ursprungsort kommen, der eine Million Male organischer ist als die Erde selbst. Und das ist ein Punkt, den man eine Weile lang überdenken sollte.

Inzwischen sind mehrere eingehende Analysen kohliger Chondriten durchgeführt worden. Sie alle haben in den Einschlüssen ziemlich klar Verbindungen nachgewiesen: so Paraffine, langkettige aromatische Kohlenwasserstoffe wie Fettsäuren, Teer, Aminosäuren (die grundlegenden Vorläufer des Proteins) und sogar Porphyrine (die Bausteine des Chlorophylls).[265] Und Anfang 1977 arbeitete eine siebenköpfige internationale Wissenschaftlergruppe – Vertreter der Astronomie, Chemie und angewandten Mathematik – bei der Intensivuntersuchung eines unlängst in Afrika gefundenen Chondriten zusammen.[472] Sie fand darin eine organische Verbindung, ein aromatisches Polymer, dessen Spektraleigenschaften mit den aus interstellaren Abdunklungskurven längst bekannten identisch sind. Seine Fingerabdrücke sind einzigartig und unverwechselbar. Zum erstenmal haben wir damit den Beweis, daß manche Meteoriten ihren Ursprung in präsolaren interstellaren Wolken nehmen und zu den primitivsten festen Körpern im Universum zählen. Und mehr noch, wir haben den Beweis für einen kosmischen Handel, in dem komplexe organische Verbindungen – genau die für den Beginn von Leben notwendigen – im Raum hergestellt und auf die Erde exportiert werden.

Wenn man aufmerksam lauscht, kann man fast hören, wie die Saat gesät wird.

Ich wähle bewußt diese Analogie, weil möglicherweise die Güter, die wir auf diese Weise erhalten, mehr sind als bloßer Dünger. Es handelt sich vielleicht um Geschenkpakete, eine Art kosmischer Kokons, die die Saat des Lebens selbst enthalten.

Als die Welt den von Darwin ausgelösten Schock überwand und von der Auffassung Abstand zu nehmen gezwungen war, die Schöpfung habe eines Nachmittags im Jahre 4004 vor Christus stattgefunden, begannen die Wissenschaftler nach einem neuen Paradigma zu suchen. Vielleicht weil er in einer von Amts wegen atheistischen Gesellschaft lebte, die mechanistische Ansätze zu akzeptieren gewohnt war, wartete Alexander Oparin von der Moskauer Universität als erster mit einer stimmigen chemischen Theorie auf, die die Entstehung des Lebens auf der Erde aus unbelebter Materie erklärte.[410] Er meinte, daß die Uroberfläche der Erde einem ständigen Energiebombardement durch elektrische Stürme ausgesetzt gewesen sei, das Verbindungen zwischen einfachen anorganischen Molekülen auslöste und sie zu größeren, komplexeren präbiotischen Substanzen verknüpfte. Daß ferner diese neuen Moleküle überlebten, weil in der frühen Atmosphäre der Sauerstoff fehlte, der sie unter normalen Umständen aufgebrochen hätte.

Wie sich an Rost und Feuer deutlich zeigt, ist der Sauerstoff ein höchst reaktives Gas. Es schließt sich rasch mit anderen Molekülen zusammen und bildet neue chemische Verbindungen, und in der anorganischen Welt ist diese Reaktion unaufhebbar und unumkehrbar: Eine Einbahnstraße, die so weit führt, wie der Sauerstoff reicht. Wenn ein Stoff sich mit Sauerstoff verbindet, sagt man, er oxidiere. Stoffe mit hohem Wasserstoffanteil dagegen nennt man reduzierend. Organische Materie zählt zur letzteren Gruppe, und daher ist alles Lebende von der Definition her Endprodukt von Reduktion. Trotzdem leben wir in einer Sauerstoffatmosphäre. In einem sehr realen Sinne leben wir auf der Erde in einem Giftgas. Und schlimmer noch, manche von uns atmen das Zeug sogar.

Trotz seiner Giftigkeit hat der Sauerstoff nützliche Eigenschaften, und die meisten komplexen Organismen haben höchst ausgefeilte Methoden entwickelt, um sich vor seinen zersetzenden Wirkungen zu schützen. Im allgemeinen gelingt es uns, direkten Kontakt mit ihm zu meiden, denn wir weisen diese Aufgabe spezialisierten Mitarbeitern zu, die das Gas für uns arbeiten lassen, indem es in einem Atmungsvorgang Nahrung aufspaltet. Wir haben uns von ihren Diensten sogar in einem Ausmaß abhängig gemacht, daß wir ohne Sauerstoff nicht mehr überleben können. Wir sind – wie heute die meisten

Lebewesen auf der Erde – an ein aerobisches Dasein gebunden. Doch scheinen unsere ausgefeilten Spezialisierungen ziemlich junge Entwicklungen zu sein, und die ersten Lebewesen besaßen solche Schutzeinrichtungen wahrscheinlich nicht.

Es gibt immer noch Organismen, auf die Sauerstoff giftig wirkt. Sie leben an entlegenen Orten, etwa tief im Boden oder Meeresschlamm und im Innern anderer Organismen, wo fast kein Sauerstoff vorkommt. Keines dieser Lebewesen kommt über die Entwicklungsstufe einfacher Würmer hinaus, und wir fassen sie in der Gruppe der Zwangsanaeroben zusammen. Ein anderer Marxist – diesmal ein westlicher – kam zu dem Schluß, es könne sich bei diesen Lebewesen um direkte Nachfahren der allerersten überhaupt handeln, um Überbleibsel aus einer Zeit, in der die Umweltbedingungen anaerobisch waren.[231] J. B. S. Haldane meinte, die Synthese wasserstoffreicher organischer Verbindungen sei viel leichter zu verstehen, wenn man davon ausgeht, ihre Umwelt sei eine reduzierende, sauerstofffreie gewesen. Daher kennen wir heute diese Theorie von einer frühen Welt, die auf die Entwicklung von Sauerstoff produzierenden Pflanzen noch warten mußte, als Oparin-Haldane-Modell. Dies ist der Ansatzpunkt für den Großteil unserer experimentellen Versuche gewesen, im Laboratorium neues Leben zu erzeugen.

Haldane sah als Wiege des Lebens eine Ursuppe an, eine Art heißen verdünnten Brei aus einfachen Molekülen.[51] Daher nahm 1953 in der Universität von Chicago Stanley Miller sterilisiertes Wasser, fügte in einem Glasgefäß eine Atmosphäre aus Wasserstoff, Ammoniak und Methan hinzu und jagte eine Woche lang elektrische Funkenentladungen durch diese Mixtur. Das Experiment machte Geschichte.[377] Er erhielt verschiedene einfache Aminosäuren, und es ließ sich folgern, wenn dies in einer Woche in einem simplen Experiment möglich war, dann hatte der Urozean wahrscheinlich in Jahrmilliarden Zeit genug, komplexere Nukleinsäuren und darunter auch diejenigen entstehen zu lassen, die zu ständiger Selbstreproduktion fähig sind.[378]

In den letzten zwanzig Jahren sind noch viele erheblich ausgefeiltere Versuche durchgeführt worden.[183] Ribose- und Glukosezucker,[450] lange Aminosäureketten und sogar die Vorläufer der Desoxyribonukleinsäure (DNS), nukleoside Phosphate, sind alle durch Simulation der auf der Urerde vermuteten Bedingungen hergestellt worden. Doch handelt es sich bei all diesen Versuchen um Simulationen unter sorgfältig überwachten Bedingungen, und die meisten werden genau dann abgebrochen, wenn die Experimentatoren erhalten haben, was sie wollen. In der Frühphase unseres Planeten bestanden solche Kontrollen und Beschränkungen nicht, weshalb diese Versuche nicht notwendig als Beweise der Oparin-Haldane-Theorie anzusehen sind. Es gibt keinen astronomischen oder geologischen Beweis für eine reduzierende Uratmosphäre und im ältesten Sedimentgestein keine kohligen Ablagerungen. Die Urbedingungen auf der Erde haben vielleicht keinerlei Ähnlichkeit mit den im Labor simulierten gehabt: möglicherweise hat es nie eine Ursuppe gegeben.

Fred Hoyle und Chandra Wickramasinghe vom University College in Cardiff meinen, das Leben sei und werde immer noch von einem außerirdischen Ursprungsort hierher getragen.[267/267a] Sie halten prästellare Molekularwolken wie die im Orion-Nebel für die allernatürlichsten kosmischen Wiegen und meinen, daß »in solchen Wolken erfolgende Prozesse zur Auslösung und Verbreitung biologischer Aktivität im Milchstraßensystem führen«. Ferner argumentieren sie, interstellare Klumpungen von in Polymere gehüllten Staubkörnchen würden miteinander im Wettbewerb stehen, der zu gleichsam Darwinschen evolutionären Situationen und zum Überleben nur der Fähigsten führt. »Das einfachste sich selbst reproduzierende System aus Klumpungen anorganischer Körnchen, die durch organische Polymerhüllen verklebt sind, wird zum verbreitetsten in der Milchstraße.« Mit dem Ergebnis, daß unter den entsprechenden Bedingungen »die organischen Polymerfilme, die die einzelnen Körnchen trennen und zugleich ganze Klumpungen umschließen, sich zu biologischen Zellwänden entwickeln«. Und schließlich scheiden diese Systeme ihre Staubkörner aus und werden zu urtümlichen interstellaren Zellen.

Diese wirklich neuartige und radikale Idee beinhaltet allerdings immer noch zu einem Gutteil reine Spekulation. Im Grunde hat sie eine verblüffende Ähnlichkeit mit einer erfolgreichen Science-Fiction-Geschichte, die Hoyle selbst vor mehr als einem Jahrzehnt veröffentlichte und die von einer schwarzen Wolke erzählt, welche die Sonne einhüllt und sich als intelligent erweist. Doch hat manche Science-Fiction von gestern es in sich, gesichertes wissenschaftliches Faktum von heute zu werden. Die neuen Versuchsdaten über den Zusammenhang zwischen meteoritischen und interstellaren Spektren scheinen solche Spekulationen über den Ursprung des Lebens auf der Erde in der Tat einige Achtbarkeit – und in einem gewissen Grade sogar Glaubwürdigkeit zu verleihen.[594]

George Claus und Bartholomew Nagy von der Universität New York lösten 1961 durch die Veröffentlichung eines Aufsatzes Wirbel aus, in dem sie behaupteten, in einem Meteoriten Mikrofossilien gefunden zu haben. Sie beschrieben kleine Kreisformen, Schildformen, Zylinder und Sechsecke, die in Abschnitten zweier verschiedener kohliger Chondriten zu sehen seien, die 1864 und 1938 niedergingen. Sie sagten: »Der Umstand, daß die gleichen Typen organisierter Elemente sich sowohl im Meteoriten von Orgueil, der im gemäßigten Klima Südfrankreichs niederging, wie in dem von Ivuna, der 74 Jahre später im ariden tropischen Zentralafrika niederging, wiederfinden, läßt eine Kontamination durch morphologisch identische ortsansässige Mikroorganismen unwahrscheinlich erscheinen.«[112]

Jeder, der Zugang zu geeigneten Meteoriten und Hochleistungsmikroskopen hatte, begann daraufhin nach ähnlichen Beweisen zu suchen. Manchen gelang dies nicht, und sie kritisierten Claus und Nagy auf der Grundlage, die meisten von ihnen beschriebenen Formen hätten ebensogut künstlich beim Schneiden, Mahlen, Färben und Aufbringen ihrer Proben auf Objektträger entstanden sein können.[7] Zwar räumten auch sie ein, es fänden sich einige einfache Formen, die »eindeutig den Meteoriten eingeboren« seien, keine irdische Entsprechung besäßen und »in ein morphologisches Niemandsland« gehörten.

Was den Beweis eines außerirdischen Ursprungs der Meteoriteneinschlüsse am meisten erschwert, ist der Umstand, daß viele Meteoriten porös sind und auf ihrem Weg durch unsere Atmosphäre wahrscheinlich »atmen«. Zwei Forscher an der Universität von Chicago haben gezeigt, daß Pollen des gewöhnlichen Kreuzkrauts, wenn sie nach dem von Claus und

Nagy verwendeten Verfahren vorbereitet und eingefärbt werden, Formen hervorbringen, die weitgehend einigen der »organisierten Elemente« der beiden New Yorker ähneln. Vor die Wahl gestellt, ob entweder Kreuzkraut auf Asteroiden von der Art des *Kleinen Prinzen* gedeiht, oder ob die Meteoriten von Orgueil und Ivuna bei ihrer Ankunft auf der Erde mit Pollen »verschmutzt« worden sind, entschieden sie sich – keineswegs überraschend – für die letztere Alternative.[487] Es ist ein schwer zu lösendes Problem.

Eine jüngere Studie über die unlöslichen Teile des Orgueil-Meteoriten – inzwischen kann von ihm kaum noch etwas übrig sein – weist in ihm eine Chemikalie namens Sporopollenin nach, die auch in der mikrofossilen Spore einer Planktonalge in einer 350 Millionen Jahre alten tasmanischen Gesteinsprobe gefunden wurde.[80] Das Fossil ist durch die wissenschaftliche Namengebung – *Tasmanites punctatus* – in ein irdisches Klassifikationsschema eingeordnet worden, doch Chandra Wickramasinghe hat Größeres mit ihm vor: »Möglicherweise stellen solche Sporen primitive interstellare Protozellen in einem Stadium zeitweilig ausgesetzter Belebung dar. Ihr Eindringen in die Erdatmosphäre kann den Beginn allen Lebens auf unserem Planeten ausgelöst haben.«[588]

Er könnte Recht behalten. Vor zehn Jahren haben zwei Harvard-Geologen in einem sedimentären schwarzen Kieselschiefer, der beim Straßenbau in der Nähe von Barberton in Südafrika freigelegt wurde, einen winzigen bakterienähnlichen, geißelförmigen Organismus entdeckt.[34] Daran ist nichts Ungewöhnliches. Allenthalben finden Petrologen in Gesteinsproben einfache Lebensformen – manche Arten gelten schon als Indikatoren für möglichen Ölgehalt in Schichtlagerungen. Ungewöhnlich am Barberton-Fund ist nur, daß er in präkambrischem Gestein gemacht wurde, das *über drei Milliarden Jahre alt* ist.

Dies läßt zweierlei Schlüsse zu: Entweder ist dies der älteste bekannte Beweis biologischer Organisation unter den Fossilien. Oder das *Eobacterium isolatum,* das wie sein Name besagt, in einem Frühstadium der Planetengeschichte verblüffend einsam dasteht, kommt von anderswo. Es ist eindeutig ein echter lebender Organismus; niemand wird den Status der Bakterien als sich selbst reproduzierender Lebensform nehmen wollen. Aber ebenso eindeutig ähnelt es sehr stark den zylindrischen organisierten Elementen, die Claus und Nagy in ihren Meteoriten gefunden haben.

Zumindest eine weitere Informationsquelle über die sonderbaren Dinge in Meteoriten bleibt noch zu erforschen. Falls die genannten organischen Verbindungen Protozellen im Stadium ausgesetzter Belebung sind, lassen sie sich vielleicht wecken. Genau das haben sowjetische und amerikanische Wissenschaftler versucht.

Fred Sisler vom United States Geological Survey hat begonnen, aus dem Inneren kohliger Chondriten Proben zu nehmen. Er kommt zu dem Schluß, daß sich einige seiner Nährlösungen selbst nach langer Zeit, die die Proben steril gehalten waren, trüben, was auf das Vorhandensein lebender Mikroorganismen deutet. Und zumindest eines dieser aus unvorstellbarem Schlummer geweckten Dornröschen ist den irdischen Mikrobiologen völlig unbekannt. Niemand hat hier je etwas gesehen, das ihm ähnelt, und so dürfte es schwerfallen, dies als eine irdische Kontamination abzutun.[487]

Eine der Schwierigkeiten angesichts der frühesten Lebensformen – seien sie hier entstanden oder andernorts – besteht in ihrer Seltenheit. Eine einzelne Zelle oder Protozelle hätte sich nicht lange halten können, selbst wenn sie sich kräftig reproduzierte. Sie wäre aufgeschluckt worden und im unermeßlichen Urozean verloren gegangen. Die gesamte Kette des Lebens hat sich nicht aus einer einzelnen Adam-Zelle entwickelt, die mit der Essenz des Lebens gesegnet war. Wir müssen eine Vielzahl von Vorfahren gehabt haben. Natürlich wissen wir nicht, wie oft das Leben begann und fast wieder ausgeblasen worden wäre, ehe es richtig losging. Aber es scheint sicher, daß ihm, als es hier schließlich Wurzeln schlug, dies nur gelang, indem es eine Art Dichteschwelle überwand: Indem genug von ihm vorhanden war, um mit einem bestimmten Grad an »Aufreibung« fertig zu werden.

Die zufällige Ankunft isolierter Kleinportionen von Leben in Protozellen, denen sowohl die eisige Reise als auch das feurige Willkommen zu überleben gelang, wäre wahrscheinlich nicht ausreichend gewesen. Nicht, solange es nicht einer ganzen Masse von Protozellen gelang, gleichzeitig anzukommen. Und soweit wir wissen, gibt es nur eine Art, wie sich das bewerkstelligen läßt: Sie hätten Huckepack mit einem Kometen kommen müssen.

»Kometen sind dem Nichts so nahe, wie nur etwas ihm nahe sein kann, und doch sind sie etwas.«[11] Sie sind »ganz Geschrei und keine Wolle ... bloß leuchtende Vakuen«.[490] In der Tat bestehen sie aus kosmischem Staub und Gas, aus Ammoniak, Methan und Gefrorenem, die wie eine orbitierende Schneewehe in einem Kern von einigen Kilometern Durchmesser zusammengefaßt sind, dem ein diffuser Schweif von rund anderthalb Millionen Kilometern Länge anhängt. Soweit wir wissen, entstehen sie im interstellaren Raum und blitzen nur über unseren Himmel, wenn sie von vorbeiwandernden Sternen gestört werden, die sie auf eine Umlaufbahn um unsere Sonne schicken. Manche, die sich auf einer hyperbolischen Umlaufbahn befinden, kommen nur einmal zu Besuch, gleich himmlischen Gesetzesbrechern. Andere jedoch haben eine elliptische Umlaufbahn, die sie immer wieder zurückkehren läßt. Es war Edmond Halley, Professor der Geometrie in Oxford und Freund Newtons, der das Schema bemerkte und vorhersagte, ein Komet, den er selbst 1682 beobachtet hatte, werde 1757 wiederkehren. Der Komet kam, 15 Jahre nach Halleys Tod. Und gerade jetzt hat der Halleysche Komet wieder anderthalb Milliarden Kilometer weit draußen in der Leere an seinem entferntesten Punkt gewendet. 1986 werden wir ihn wiedersehen.

1.5
Kometen –
Brutstätten
von Leben
oder
Krankheit?

Kometen entstehen anscheinend in Helium- und Wasserstoffwolken, die von unserer Sonne und anderen Sternen in ihrer frühen, alles überstrahlenden Begeisterung ausgestoßen werden. Diese Dämpfe treiben zusammen mit einem feinen Rauch aus Eis und Silikaten durch den Kosmos, und im Vorüberziehen saugen sie gleich Schwämmen große Massen interstellarer Materie auf. Nach und nach wächst dies Material zu einem unterscheidbaren, wenn auch substanzlosen Kern zusammen, und präbiotische Moleküle, die, wie wir wissen, zwischen den Staubkörnchen existieren, kondensieren um Kerne aus Eis und bilden den Kern und die Koma eines eindeutigen Kometen. Möglicherweise machen organische Moleküle bis zu 30 Prozent der Masse eines Kometen aus: eine Konzentration, die die jeder anderen Situation im Universum einschließlich der Erdoberfläche übersteigt.

Es ist vielfach gemutmaßt worden, unser Planet verdanke seine Atmosphäre der unmittelbaren Kollision mit einem Kometen, bei der wir, der größere Körper, die Materalien des kleineren unter dem Einfluß der Schwerkraft angezogen und behalten haben. Nun legt Fred Hoyle nahe, daß es noch andere »enge Begegnungen gegeben hat und daß das irdische Leben gut und gern seinen Ursprung vor vier Milliarden Jahren durch die weiche Landung eines eisigen Kometen genommen haben kann, der primitive Organismen enthielt«.[267/267a] Es ist ein großer Sprung von präbiotischen Molekülen in interstellaren Wolken zu primitiven Organismen auf Kometen, aber unlogisch ist er nicht. Wenn ein Komet in die Nähe der Sonne kommt, schmilzt sein Eis, und es könnte sich mit dem gebundenen Staub zu einer Lösung organischer Moleküle verbinden, die, wie wir aus der Spektralanalyse des Kohoutek-Kometen aus dem Jahre 1973 wissen, Aminosäuren und heterozyklische Verbindungen enthält. Danach bewegt sich der Komet von seinem Perihelium wieder fort und kühlt ab. Diese Temperaturschwankung, dieser periodische Zyklus von Schmelzen, Verdampfen und erneut Gefrieren stellt eine der Grundbedingungen jedes evolutionären Systems dar – eine fluktuierende Umwelt, die als selektiver Druck wirken und Anpassung und Wandel fördern kann. Auf einem Nukleus in Kometenform dürfte die »natürliche Auslese« diejenigen Moleküle bevorzugen, die am besten befähigt sind, in den heißesten Phasen dem Zerfall und in den entgegengesetzten Perioden intensiver Kälte dem Erfrieren zu widerstehen. Während des Vorbeiziehens an der Sonne dürfte die Ultraviolettstrahlung auf den geschmolzenen Oberflächen des Kometen Polymerisationsreaktionen auslösen, was zur Herausbildung komplexerer Makromoleküle führt. Und alle solchen in einem Zyklus hervorgebrachten Neuerfindungen dürften in gefrorenem Zustand Überlebensrezepte bewahrt haben, die bei der nächsten Annäherung an die Sonne wieder benötigt werden. Im Endeffekt dürften sie gleich Genen sein, Teilchen mit Gedächtnis, die dazu beitragen, einfachere Moleküle zu den gleichen vorbestimmten Strukturen zusammenzufassen, die für langfristiges Überleben am besten geeignet sind.

Es besteht kein Grund, weshalb ein solcher Prozeß nicht Zyklus nach Zyklus Jahrmillionen lang fortschreiten sollte.

Und es besteht aller Grund zu der Annahme, daß sich aus einem solchen evolutionären System durchaus Leben entwickeln könnte.

Hoyle glaubt, dies sei geschehen, und er nimmt vielleicht ein wenig optimistisch an, daß dabei sogar Bakterien entstehen konnten. Eine Möglichkeit sieht er in einem photosynthetischen Bakterium, das in der Nähe des Apheliums gewachsen sein könnte, wo das Wasser noch nicht vereist, das Sonnenlicht aber knapp ist. Und in der Gegend des anderen Extrempunkts, des Periheliums des Kometen, könnte sich vielleicht ein thermophiles Bakterium wie die, die man heute in heißen Quellen findet, gebildet haben.

Sollten sich die Dinge tatsächlich so abgespielt haben, dann wäre es kaum schwierig gewesen, Lebensformen vom Kometen auf ein geeignetes Substrat auf einem Planeten wie dem unseren zu übertragen. Bei jedem Vorbeiziehen an der Sonne werden alle Kometen ihrer Oberflächenschicht entkleidet, von der Teile sich verflüchtigen und vom Sonnenwind fortgetragen werden. Doch ein Gutteil breitet sich auch in dem langen diffusen Schweif aus und bleibt unweigerlich an jedem festen Körper — etwa der Erde — haften, der durch diesen riesigen Dunstschweif hindurchzieht.

Diese Einschätzung der Kometen ist für die Wissenschaft revolutionär; für uralte Folklore jedoch ist das nichts Neues. Die Navajo-Indianer halten die Kometen für den Speichel des Schwarzen Gottes, des Schöpfers der Sterne, und sie tragen seine Saat in die dunklen Teile des Himmels.[230] Für die Buschmänner der Kalahari sind die Kometen heiße Asche von einer wohlriechenden Wurzel, die das »Mädchen der frühen Rasse« bei ihrer Arbeit der Sternbildung aufgewirbelt hat.[60] Und im Amazonasgebiet glauben die Tukano, die Kometen seien Zeichen himmlischen Geschlechtsverkehrs, und aus ihrer Vereinigung falle Dünger in Form von Tau auf die Erde.[449]

Allzeit und überall sind die Kometen ehrfürchtig und vielfach mit leichtem Bangen beobachtet worden. Viele Menschen in alten Zeiten wie heute sehen die Kometen nicht nur als Säer, sondern auch als Träger böser Saat an, als Vorboten von Pestilenz und Zerstörung. Es überrascht nicht, daß etwas so Widerspenstiges, so offenkundig Unvorhersagbares wie die Kometen schief angesehen wird. Und es verwundert nicht, wenn mit solchen bösen Ahnungen Befürchtungen von Krankheit und Tod einhergehen. Auch die Wissenschaft hat wenig getan, solche Ängste zu zerstreuen. Als 1910 zum bisher letzten Mal der Halleysche Komet erschien und als angekündigt wurde, unsere Bahn würde durch seinen – angeblich aus Giftgasen bestehenden – Schweif verlaufen, rechneten die Menschen weithin damit zu ersticken. Tausende Leute fühlten sich nach dem Verschwinden des Kometen eindeutig krank. Aber das war wohl eher eine Folge der zahlreichen ausschweifenden Weltuntergangspartys. Oder hatte es doch etwas mit dem Kometen zu tun? Können wir sicher sein, daß an der landläufigen Verknüpfung von Kometen mit Krankheit nicht doch etwas Wahres ist?

Gemeinhin wird geglaubt, größere Pandemien, wie die weltweiten Ausbrüche neuer Grippeformen, würden mit der zufälligen Mutation eines Virus an einem Ort beginnen und sich dann durch direkten Kontakt von Person zu Person ausbreiten. Das ist ein bequemes Modell, das den Gesundheitsbehörden eine Arbeitsgrundlage gibt – stimmig bewiesen aber ist es keineswegs. Der früheste nachweisliche Bericht von einer Grippewelle stammt aus dem Jahr 1173 aus England. Zwischen diesem Datum und dem Jahr 1875 liegen 94 Epidemien, von denen minimal 15 pandemisches Ausmaß hatten und den größten Teil Asiens und Europas betrafen, obwohl Kommunikation und Reisen langsam vor sich gingen und in vielen Gebieten praktisch nicht stattfanden.[257] Ähnliche Beschreibungen eines plötzlichen Ausbruchs und rascher globaler Verbreitung scheinen für viele frühe wie spätere Epidemien charakteristisch zu sein. Die berichtete Übertragungsgeschwindigkeit der Krankheiten ist schwer zu verstehen, wenn – wie üblich angenommen – die Infektion nur von Person zu Person oder durch Überträger wie Ratten und Läuse weitergegeben wird.[600] Die Luftfahrt heutzutage kompliziert das Bild beträchtlich, aber für die Zeit vor den Verbrennungsmotoren läßt sich die rasche pandemische Ausbreitung von Infektionskrankheiten fast unmöglich erklären, wenn man nicht andere Arten von Überträgern annimmt.

Fred Hoyle und Chandra Wickramasinghe meinen die Antwort zu kennen. Ihre Annahme: außerirdische biologische Invasionen sind eine regelmäßige Erscheinung. »Diese Invasionen könnten in Form neuer Viren- und Bakterieninfektionen erfolgen, die in unregelmäßigen Abständen unseren Planeten heimsuchen und in Form meteoritischer Klumpen auf die Erdoberfläche sinken.« Dieses Material rufe dann epidemische Krankheiten hervor, die im Grunde nichts anderes sind als »neue Versuche der Entfaltung von Leben auf Kometen, wobei die Infektion die Erde erreicht, wenn ihre Bahn die der Kometenschweife kreuzt«.[267]

Berichte über die plötzliche Ausbreitung von Seuchen und Pest finden sich in der Geschichtsschreibung aller Länder. Doch fürs erste müssen wir uns einmal klarmachen, was der Begriff »Seuche« bezeichnet, ehe wir schließen können, ob sie vielleicht außerirdischen Ursprungs sein könnte.

Der Mensch ist der Wirt eines wunderbaren Zoos von Lebewesen aller Formen und Größen. »Mikroben heften sich an uns, wo sie können, leben, wenn sie etwas im Schilde führen, auf ihre eigene Weise fern vom Land und vom Windeinfluß. Dort gedeihen sie – gewöhnlich mit einer gewissen Zurückhaltung – abhängig vom lokalen Klima und insbesondere vom Ausmaß der Nahrungsvorkommen.«[465] Die Betonung liegt für alle erfolgreichen Symbionten und Parasiten auf Maßhalten und guter Ökologie. Es ist schlecht fürs Geschäft, den eigenen Wirt zu töten. Und umgekehrt löst ein menschlicher Körper, der der Infektion so durchgreifend Widerstand leistet, daß der Möchtegernparasit nicht Fuß fassen kann, für den infektiösen Organismus eine andersgeartete Krise aus. Dieser Druck könnte den Organismus zu einer Art von Anpassung nötigen, die für den Wirt noch viel schädlicher wäre. So kommt es vor dem Hintergrund Jahrmillionen währender Gelegenheit, miteinander vertraut zu werden, gewöhnlich dazu, daß Parasit und Wirt zu einer vernünftigen wechselseitigen Gewöhnung gelangen: sie schließen Kompromisse zum gegenseitigen Vorteil.

Für unsere Erörterung bedeutet dies folgendes: Wir können getrost davon ausgehen, daß ein Organismus, der tödliche Krankheiten auslöst, schlecht angepaßt ist. Er befindet sich in einem Frühstadium der Anpassung an seinen menschlichen Wirt. Was umgekehrt folgern läßt, daß er »neu in seinem Job« sein muß und – wenn wir verschiedene andere Möglichkeiten ausgeschlossen haben – sogar neu auf unserem Planeten.

Seuche bedeutete im Mittelalter *Pasteurella pestis,* einen Bazillus, der sehr plötzlich auftrat und Millionen den Schwarzen Tod brachte, der die Bevölkerung Europas halbiert und Geschichte gemacht hat. Er wurde von Flöhen übertragen, die auf schwarzen indischen Ratten zu Hause waren und die mit den Schiffen überallhin reisten. Aber der Pestbazillus war an die Ratten nicht besser angepaßt als an seine menschlichen Wirte: Beide tötete er unterschiedslos, und nach vier Jahrhunderten seines Wütens verschwand er ebenso rasch wie er aufgetreten war.[399] Oberflächlich betrachtet, könnte der Pestbazillus von einem Kometen herstammen; indessen hat sorgfältige Detektivarbeit heutiger Medizingeographen erwiesen, daß das Bakterium ein alter Erdbewohner ist und immer noch in Zentralafrika in den Bauten von Nagetieren vorkommt, an die es sich perfekt angepaßt hat. Diese Wirte trifft eine Pestinfektion nicht schlimmer als uns unsere Kinderkrankheiten Mumps oder Masern. Sie erholen sich davon und bleiben zeitlebens immun. Anscheinend ist das Bakterium zur Plage geworden, nicht weil es oder sein menschlicher Wirt neu auf die Erde kamen, sondern weil sie sich einer neuen Situation stellen mußten. Die Umwelt veränderte sich, als die Menschen einerseits dazu übergingen, weiter und häufiger zu reisen, und sie andererseits in Behausungen in infrastrukturell schlechten, übervölkerten und rattenverseuchten Städten zurückkehrten.

Die Pockenepidemien in Mexiko und Peru, die es Cortes und Pizarro ermöglichten, mit einer Handvoll Leuten das Azteken- und das Inkareich zu erobern, müssen den Indianern wie eine übernatürliche Intervention vorgekommen sein: Denn sie erlebten, wie sie selbst starben, während die Krankheit den Spaniern nichts ausmachte. Unterdessen wissen wir einiges über erworbene Immunität und können sehen, daß auch dies ein gutes Beispiel ist, wie alte Krankheitserreger eifrig neue Weiden abgrasen. Da brauchen wir keine kosmische Lösung zu beschwören. Doch wird es erheblich schwieriger, wenn es darum geht, Aufstieg und Niedergang von Krankheiten zu erklären, die keine Zwischenwirte kennen, die anscheinend keiner ökologischen Veränderungen bedürfen und bei denen es keine individuelle Immunität gibt.

Das schwierigste Problem ist zugleich das offenkundigste: jenes Syndrom von Erkrankungen der Atmungswege, das wir je nach Schwere als Grippe oder auch als einfache Erkältung bezeichnen.

Mit Gewißheit läßt sich über die Erkältung eigentlich nur sagen, daß sie allgemein verbreitet ist – fast ständig hält sie pandemisches Niveau – und daß sie fast unmöglich zu beschreiben und zu klassifizieren ist. Man hält mindestens dreißig Viren für die Auslöser, und gegen einige von ihnen sind Impfstoffe entwickelt worden, die kurzfristige Immunität erzeugen. Das Problem indessen besteht darin, daß die Erreger in häufigen Intervallen Details ihres chemischen Aufbaus ändern, als seien sie verzweifelt bemüht, sich einer neuen Umgebung anzupassen und in ihr heimisch zu werden; oder darin, daß sie an vorderster Front ständig durch völlig neue, unvermittelt auftauchende Virusformen abgelöst werden. Wir Westler nehmen den Ursprung jeder neuen Schnupfen- und Hustenwelle gern an fernen, weniger hygienischen Orten wie Hongkong an; die Asiaten dagegen schreiben die gleichen Symptome der »englischen« oder »amerikanischen Grippe« zu. In Wahrheit weiß niemand genau, woher diese neuen Formen kommen. Sie könnten durchaus außerirdischen Ursprungs sein.

Der vielleicht beste Beweis für die »Invasion« von Infektionen liegt in dem Umstand, daß größere Pandemien kurzlebig sind – gewöhnlich dauern sie kaum länger als ein Jahr – und darin, daß sie nie die gesamte Bevölkerung befallen. Theoretisch müßte ein neues Virus in jedem Gemeinwesen, das es neu erreicht, das gleiche Unheil anrichten wie im zuerst befallenen Gebiet. Altetablierte Parasiten wie die Pocken tun genau dies, wohingegen völlig neue Krankheiten ihre Kraft einzubüßen scheinen, sobald sie durch eine Anzahl menschlicher Wirte hindurchgegangen sind. Hoyle und Wickramasinghe behaupten, »die primäre Staubinfektion durch Kometen ist die tödlichste, und die Übertragung von Person zu Person mindert sie zunehmend in ihrer Virulenz, was über einen begrenzten Zeitraum zu abnehmender Krankheitshäufigkeit führt«.[267]

Weiter vermuten sie, »das unvermittelte Auftauchen von Bezugnahmen auf Krankheiten in der Literatur ist ebenfalls insofern signifikant, als sie wahrscheinlich auf Zeitpunkte bestimmter Invasionen hindeuten«. Ferner ist interessant, daß viele frühe Epidemien – so die, die 429 v. Chr. Athen heimsuchte, und die, der 432 n. Chr. in Mittelchina zwei Drittel der Bevölkerung erlagen –, soweit wir aus den zeitgenössischen Darstellungen schließen können, keine heutigen Entsprechungen haben. Möglicherweise traten seltene Krankheiten, deren Ausbrüche zeitlich weit auseinanderliegen, immer dann auf, wenn unser Planet in die Nähe eines Kometen mit sehr langer Umlaufbahn gerät. Dagegen können kleinere Variationen einer geläufigen Infektion wie der Grippe darauf zurückzuführen sein, daß die Erde häufiger und regelmäßiger die Schweifbahn kurzfristigerer Kometen durchzieht.

Es ist schwierig, zwischen bestimmten Kometen und eindeutigen Krankheiten Verbindungen herzustellen. So scheint es infolge der regelmäßigen Begegnungen mit dem Halleyschen Kometen keine unmittelbar meßbaren Auswirkungen gegeben zu haben, es sei denn, man erkennt Hysterie als charakteristisches Symptom an. Doch besteht kein Grund zu der Annahme, wir müßten den »schuldigen« Kometen auch tatsächlich sehen. Es könnte zu Epidemien kommen, wenn die Erde durch Reststaub hindurchzieht, den längst weitergezogene Kometen hinterlassen haben. Oder die Krankheiten könnten von Kometen gesät worden sein und haben beträchtliche Zeit gebraucht, um zu reifen.

Auch könnten die Faktoren sehr komplex sein, die das jeweilige Muster einer von einer außerirdischen Invasion hervorgerufenen Infektion bestimmen. Wenn die infektiösen Organismen in einer diffusen Wolke aus Kometenpartikeln gestreut sind, könnte der Ausbruch der Krankheit rasch erfolgen und ihr Auftreten global sein. Andererseits könnte eine Ansammlung infektiöser Körnchen in Klumpen, die in einem begrenzten Gebiet niedergehen, stärker lokalisierte Wirkungen hervorrufen. Wahrscheinlich haben Luftströmungen und stetige Winde beträchtlichen Anteil daran, die Streuung unter Kontrolle zu halten, und wahrscheinlich dürften bestimmte Breiten unmittelbarer betroffen sein als andere. Es könnte bedeutsam sein, daß Grippeausbrüche tendenziell besonders heftig in den Bereichen der »stürmischen Vierziger« auftreten – in Breiten, die von ständigen starken Luftströmungen betroffen sind und die Gebiete wie die Vereinigten Staaten, den Großteil Europas, Korea, Japan und das entlegene Neuseeland umfassen. Mit Sicherheit ist die Grippe in all diesen Ge-

bieten sehr verbreitet, aber das könnte auch damit zusammenhängen, daß sie dicht bevölkert sind.

Überdies können lokale atmosphärische Bedingungen wie
Luftfeuchtigkeit und Inversionslagen oder sogar Luftver-
schmutzung zu ausgeprägten Unterschieden führen, wie lange
der infektiöse Staub benötigt, um sich abzusetzen. Und dies
könnte ein Muster hervorbringen, demzufolge der Ausbrei-
tungsherd der Krankheit in einem bestimmten irdischen Zentrum wie dem vielgeschmähten Hongkong zu liegen scheint,
das tatsächlich mit der Entwicklung des neuen Virus überhaupt nichts zu tun hatte.

Diese spekulative Verknüpfung von Kometen mit Krankheit wird durch erheblich mehr unanfechtbare Beweise untermauert werden müssen, ehe sie von den Epidemiologen ernstgenommen wird. Über sie läßt sich derzeit mit Gewißheit einzig sagen, daß sie ein reizvolles Modell darstellt, das einige
unserer ältesten und verwurzeltsten Auffassungen des Volks-
glaubens bekräftigt. Es beschreibt auch einen möglichen Mechanismus für die Streuung organischer Saat, die an einem
Punkt im Milchstraßensystem entstanden ist, an alle anderen
Orte. Und es weist auf die Möglichkeit hin, daß sehr einfache
Lebewesen oder zumindest ihre unmittelbaren Vorläufer früh
in unserer Geschichte·hier auf der Erde angekommen und den
Evolutionsprozeß in Gang gesetzt haben könnten. Und daß
sie hier immer noch weiter in vielerlei Weise eintreffen und lokale oder sogar dauerhafte Auswirkungen auf unsere sich entwickelnde Biosphäre nehmen könnten.

Ich glaube, dies Modell ist auch aus einem eher persönlichen menschlichen Grund von Bedeutung.

Zusammengenommen mit dem, was wir über den Ursprung
des Universums zu lernen beginnen, dient es uns als zwingende und gerade rechtzeitige Mahnung, daß unser Planet in
vieler Hinsicht einzigartig sein mag, daß wir aber nicht in
einem versiegelten Raumschiff leben, das von seiner Umwelt
durch unsere behagliche Luftblase abgeschirmt wird. Die Erde
wandert rasch durch Raum und Zeit, und dabei ist sie ständig
der komplexen Ökologie unserer Galaxie ausgesetzt, die Kometen und interstellaren Schutt enthält. Und der Raum zwischen den Sternen ist von Molekularwolken durchsetzt, die
organische Verbindungen enthalten – Verbindungen, die alles

liefern könnten, was zur Erzeugung sich selbst reproduzierenden Lebens erforderlich ist.

Das Modell hebt auch das Faktum hervor, daß der Kosmos als Ganzes universellen Gesetzen und Einflüssen unterworfen ist und eine bemerkenswerte Gleichförmigkeit aufweist – eher wie ein riesiger rhythmischer Organismus als wie eine disparate Ansammlung unverwandter Fragmente, die voneinander fortstreben.

Betrachten wir uns selbst in dieser Weise, so fangen wir vielleicht an, uns weniger einzigartig zu fühlen; aber wir sollten uns auch erheblich weniger einsam fühlen. »Der Mensch«, sagte Henry Thoreau, »ist bloß der Ort, an dem ich stehe – und daher sind die Aussichten unendlich.«

Das Leben auf der Erde beginnt uns weniger als »eine Offensive gegen die Wiederholungsmechanismen des Universums«[585] und weit mehr als ein integraler Bestandteil in einem unermeßlichen, fortschreitenden Evolutionsprozeß zu erscheinen:

Als eine ausgesäte Saat, die im Boden einer freundlichen Küste kräftig Wurzeln schlägt.

2. KAPITEL

Der Boden
– Leben auf der Erde

Staub zu Staub. Das Vorstellungsbild ist lebendig und der Verfall unumgänglich, aber es fällt schwer, sich vorzustellen, der Mensch sei aus dem Staub des Bodens erstanden – es sei denn, man glaubt an Wunder. Oder man ist Chemiker an der Universität von Glasgow.

2.1
Von Staub
zu Staub?

Die schwierigste Schranke, die das Leben – und jede Theorie über seinen Ursprung – überwinden muß, ist die Entwicklung eines Reproduktionssystems. Es ist klar, daß einfache organische Verbindungen spontan aus den fast überall im Universum vorhandenen Grundelementen entstehen können und dies auch tun.[268] Und es scheint sicher, daß einige von ihnen sich zufällig und unter dem Einfluß kosmischer Strahlung zu sogar einigermaßen komplexen Molekülen wie Aminosäuren vereinigen. Aber von da aus ist es noch ein riesiger Schritt zu etwas wie einem Protein, und die Barriere ist gleichermaßen beträchtlich, ob man sich diesen Schritt nun hier oder auf dem Kern eines Kometen vorstellt.

Um uns eine Vorstellung von der inhärenten Unwahrscheinlichkeit selbst eines relativ einfachen Proteins zu machen, wollen wir das Insulin betrachten, das aus 20 verschiedenen Aminosäuren besteht, die in einer bestimmten Konfiguration von 50 Einheiten Länge angeordnet sind. Stellen wir uns einen Planeten wie die Erde ohne Leben vor, auf dem die 20 entscheidenden Säuren entstehen oder auf dessen Oberfläche sie niederrieseln. Nehmen wir an, die Sonnenstrahlung sei kräftig genug, um diese Säuren zur Bildung von Zufallsketten zu veranlassen, von denen pro Sekunde zehn neue entstehen. Und lassen wir diesen Prozeß ununterbrochen fünf Milliarden Jahre lang andauern. Was meinen Sie, wird dabei herauskommen? Alexander Cairns-Smith in Glasgow rechnet, daß »selbst wenn die gesamte Erde aus nichts anderem als Aminosäuren bestanden hätte, die sich über den gesamten Zeitraum der Erdgeschichte willkürlich und alle zehn Sekunds neu gruppiert hätten, kaum eine Chance gegeben wäre, daß sich dabei auch nur einmal für das Zehntel einer Sekunde ein Insulinmolekül gebildet hätte.«[91] Ein Protein ist eine Struktur von solch gigantischer Unwahrscheinlichkeit, daß eine ungeleitete Natur wahrscheinlich auch dann nicht durch Zufall auf sie verfallen wäre, wenn das gesamte bekannte Universum eine Milliarde Jahre Zeit zum Experimentieren gehabt hätte. Die Wahrscheinlichkeit gegen das Eintreten dieses Ereignisses durch Zufall ist größer als $1 : 10^{80}$, eine Zahl, die größer ist als die aller Elektronen im Universum.[145]

Also hat offenkundig der blinde Zufall Hilfe bekommen. Aber von wem?

Die klassische wissenschaftliche Theorie vom Ursprung des Lebens, das Oparin-Haldane-Modell, nimmt an, vor den Anfängen organischer Evolution habe es eine lange Periode chemischer Entwicklung gegeben. Oparin sagt, »Materie verharrt nie in Ruhe, sie bewegt und entwickelt sich ständig, und in dieser Entwicklung geht sie von einer Form der Bewegung zur nächsten und dann wieder der nächsten über, und jede dieser Bewegungsformen ist komplizierter und harmonischer als die vorausgegangene. Das Leben erscheint daher als eine besondere, sehr komplizierte Bewegungsform der Materie, die sich als neue Eigenschaft in einem definitiven Stadium der allgemeinen Entwicklung der Materie herausbildet.«[410] Das ist eine bestechende Sichtweise eines Prozesses mit einer inhärenten Tendenz, auf organisches Leben zuzusteuern, aber sie erklärt nicht, wie ein Zufallssystem sich plötzlich in eines verwandeln soll, das der Selbstreproduktion fähig ist. Es wird daraus nicht klar, wie ein evolutionärer Prozeß ohne Reproduktionsfähigkeit unweigerlich oder potentiell in einen Prozeß übergeht, der diese Fähigkeit beinhaltet.

Es ist möglich, wie Hoyle für Kometen[267/267a] und Oparin für die frühe Erde[410] nahelegen, daß ein sich entwickelndes System eine besonders geeignete Umwelt herstellen könnte, in der irgendeine Art eines einfachen, sich selbst reproduzierenden Steuerungsorganismus, etwa eine Art Protovirus, sich herausbilden könnte. Doch ebenso wahrscheinlich würde das gleiche System – einfach weil es sich entwickelt und wandelt – einzig und allein darauf hinauslaufen, jede neue und nützliche Kombination ebenso schnell zu zerstören, wie es sie aufkommen läßt. Vorräte des Neuen würden eher dazu tendieren, zu vergehen als sich zu akkumulieren. Angesichts der hochgradigen Strahlung wäre die Chance, daß die frühen Biochemikalien zu hoffnungslosen Verfallsprodukten, wie Rohöl eines ist, zerfallen, um so größer gewesen, je länger sie der unwirtlichen Umwelt ausgesetzt gewesen wären. Ungefähr so dürfte die Erklärung aussehen, wie sich unsere Ölvorräte gebildet haben.

Cairns-Smith hegt große Vorbehalte gegen die These, das Leben könnte in einer Teersuppe entstanden sein, und er vermutet, die frühen Stoffwechselprozesse »wären von einer chemisch stark reaktiven Umwelt ernstlich behindert worden«. Er meint, jeder zufällig gebildete Zucker wäre rasch in klebrigen Karamel umgewandelt worden. Und er mutmaßt: »Eine Vor-Lebens-Suppe braucht es nie gegeben zu haben, und wenn es sie gab, besteht zwischen ihr und uns kein historischer Zusammenhang.«[93]

Sein größter Vorbehalt gegen die klassische Theorie ist der, daß sie ohne guten Grund annimmt, die heute allem Leben gemeinsame zentrale biochemische Maschinerie sei immer vorhanden gewesen und daß sie am Anfang aufgrund einer Art physiko-chemischen Zufalls zustande gekommen sei.

Es ist durchaus verständlich, wie die meisten Theoretiker dazu gekommen sind, das alte Modell zu übernehmen. Es ist unmöglich, von der Gleichförmigkeit des Stoffwechsels bei allem Lebenden nicht beeindruckt zu sein. Das Leben produziert eine verstandüberschreitende Vielfalt von Spezialeffekten, aber das vielleicht Außerordentlichste, was wir bisher über es begriffen haben, ist, daß es dies mit einem überraschend kleinen Arsenal an Tricks zuwege bringt. Zu guter Letzt reduziert sich alles auf das Vorkommen von vier Substanzen, den Nukleotiden, in allen Lebewesen; und diese Nukleotide sind zur eleganten Doppel-Helix-Form des Moleküls der Desoxyribonukleinsäure – der berühmten DNS – verknüpft.

Das ist der gemeinsame Faktor. Die DNS kommt nur in Lebewesen vor, und sie kommt in jedem von ihnen vor. Es gibt Detailunterschiede in der Art, in der die vier Nukleotide miteinander verbunden sind, und es sind diese subtilen Abweichungen, die die Vielfalt der lebenden Organismen hervorbringen. Doch die Basen sind identisch, ob sie nun in einem Apfel oder einem Affen, einer Maus oder einem Menschen vorkommen. Es gibt eine Grundeinheit allen Stoffwechsels, und es ist von höchster Bedeutung, daß die DNS – die Einheit selbst – das Molekül ist, das für die Steuerung der Reproduktion zuständig ist.

Reproduktion sorgt für Kontinuität, aber das ist noch keineswegs alles. Wenn es das wäre, dann wäre die Welt mit einer großen Zahl detailgetreuer Nachbildungen – Replikationen – eines ursprünglichen Organismus gefüllt. Aber es verhält sich anders – einfach weil es kein perfektes Kopiersystem gibt, weil immer Fehler passieren werden. Und sie müssen passieren, denn es sind diese Fehler selbst, die die Evolution ermöglichen.

Jeder kleine Fehler bringt im Endergebnis eine Variation hervor, irgendeine winzige Modifikation in Form, Größe oder Verhalten des Lebewesens. Die meisten dieser Änderungen sind tendenziell nachteilig, und ihre Eigentümer verschwinden von der Bildfläche, aber ab und zu kommt es zu einer Änderung, die den Organismus diesem oder jenem Aspekt seiner sich wandelnden Umwelt besser angepaßt macht. Er überlebt auf Kosten anderer, weniger gut angepaßter, und wird zahlreicher, bis diese Gruppe ihrerseits durch eine günstigere Änderung abgelöst wird, die durch einen weiteren kleinen Fehler in der Replikation zustande kommt.

Auf diese Weise funktioniert die natürliche Auslese. Es kommt zu Wandlungen, und die Bestangepaßten überleben. Und da es ein enorm breites Feld möglicher Anpassung gibt, bildet sich eine enorme Variationsbreite anpassungsfähiger Organismen heraus. Unser gegenwärtiger Formen- und Zahlenreichtum sind das Ergebnis einer langen und vielschichtigen Naturgeschichte. Doch inmitten dieser dynamischen Bewegung gibt es – teilweise verschleiert durch ihre Vielfalt – eine sonderbare Ausnahme. Alles wandelt sich – nur der Replikator selbst nicht. Die natürliche Auslese wirkt auf alles, nur nicht auf den gemeinsamen, zentralen biochemischen Mechanismus – die DNS. Das ist der Grund, weshalb sie immer noch allen Lebewesen gemeinsam ist. Und aus diesem Grunde ist stichhaltig vermutet worden, daß die DNS von Anfang an dagewesen sein muß.

Cairns-Smith weist einschränkend darauf hin, daß die DNS selbst ein sehr fragiles Molekül ist, das durch mechanische Belastung leicht zerstört werden kann; schon wenn sie in gelöster Form erschüttert wird, kann sie zerfallen. Auch nimmt sie sehr leicht Schaden durch ultraviolette Strahlen, die mit Sicherheit im Raum sehr stark sind und auch auf der Erde das Feld beherrscht haben, bevor genug Ozon gebildet war und als atmosphärischer Sonnenfilter wirkte. Daher dürfte die DNS, sofern es sie überhaupt schon gab, kaum das erste genetische Material gewesen sein.[92]

Die ersten einfachen Replikatoren, die urtümlichsten Gene, müssen verschiedene spezifische Eigenschaften besessen haben: Sie mußten sich unter einfachen Bedingungen selbst bilden können. Sie mußten Informationen aufnehmen und speichern können. Sie mußten diese Informationen in dieser oder jener Weise auf ihre Umwelt anwenden können. Sie mußten die Information replizieren können. Und sie mußten in der Lage sein, sich zu entwickeln und weiterzuentwickeln.

Die beiden letzten Erfordernisse sind fast ein Widerspruch. Replikation bedeutet, eine genaue Kopie von sich selbst herzustellen, identisch und unverändert in jeder Einzelheit. Und Evolution fordert ihrem Wesen nach Wandel und Veränderung. Doch liegt auf der Hand, daß in einer dynamischen Umwelt kein System lange Bestand haben kann, das sich am einen oder am anderen Extrem ausrichtet. Ist es völlig unflexibel, wird es bald verschlissen sein. Und ändert es sich zu sehr, so bricht es bald zusammen. Für eine dynamische Stabilität ist einerseits die Fähigkeit erforderlich, sich zu wandeln und neuen Anforderungen gewachsen zu werden, und andererseits die Eigenschaft erforderlich, lange genug unverändert zu bleiben, um aus bereits gemachten Fortschritten Nutzen ziehen zu können. Das System muß sich mit großer, aber nicht völliger Genauigkeit reproduzieren können: Es muß einen lebenswichtigen Webfehler haben.

Die DNS nun besitzt diese Eigenschaften, aber wenn es sie am Anfang noch gar nicht gegeben hat, muß etwas anderes an ihrer Stelle diese Funktionen wahrgenommen haben. Es muß einen verfestigten Mechanismus gegeben haben, der alle Notwendigkeiten erfüllt hat. Cairns-Smith weist aus, daß nur eine Art von Materie in der frühen, unentfalteten Welt alle erforderlichen Eigenschaften aufwies. Er meint, das Leben habe sich durch einen Prozeß der natürlichen Auslese entwickelt, der bei der Substanz des Planeten selbst ansetzte, beim Staub der Erde. Er sagt im Grunde, wenn es uns darum geht, unsere Vorfahren zu beweihräuchern, dann sollten wir lernen, die Kristalle ein wenig freundlicher zu betrachten.

2.2
Kristalle
»leben«!

Kristalle sind ein anschauliches, lebendiges Beispiel für die Fähigkeit von Materie, sich selbst zu organisieren. Sie sind regelmäßige geometrische Formen, die spontan zu entstehen und sich dann nach festgefügtem Muster zu replizieren scheinen.

Manche Substanzen kristallisieren leicht, andere lassen sich nur schwer dazu bringen, und wieder andere – so scheint es – bilden unter keinen Umständen Kristalle aus; allerdings braucht unsere Unfähigkeit, sie dazu zu bringen, einzig in unserem begrenzten Vorstellungsvermögen begründet zu liegen.

Zum Beispiel wurde vor 250 Jahren erstmals Glyzerin aus natürlichen Fetten extrahiert. Man gewann es in Form einer farblosen, süßen, öligen Flüssigkeit und verwendete es in der Medizin, zu Schmierzwecken und bei der Sprengstoffherstellung. Trotz Tiefkühlung, Wiedererhitzen und aller anderen kristallisationsauslösenden Verfahren und Hilfsmittel blieb das Glyzerin flüssig, und man nahm an, diese Substanz habe keine feste Form. Da geschah auf dem Transport von einer Fabrik in Wien und einem Kunden in London mit einem Faß Glyzerin etwas Seltsames: »Infolge einer ungewöhnlichen Kombination von Bewegungen, zu denen es rein zufällig in dem Faß gekommen ist . . .«, kristallisierte das Glyzerin aus.[410]

Der Kunde war wahrscheinlich wütend, die Chemiker aber beglückt. Sie ließen sich der Reihe nach Stückchen aus dem Faß kommen, um ihre eigenen Proben zu »befruchten«, die sich bei einer Temperatur von 18° Celsius in der gleichen Weise rasch verfestigten. Unter den ersten, die dies taten, befanden sich zwei Wissenschaftler, die sich mit Thermodynamik befaßten. Bald nach Eintreffen ihrer ersten Kristalle mit der Post und nach erfolgreicher Verwendung in einem ersten Kristallisationsversuch stellten sie fest, daß auch das ganze weitere Glyzerin in ihrem Labor spontan auszukristallisieren begann, obwohl sich ein Teil davon in luftdichten Behältern befand.[200] Sie erwähnten dies Vorkommnis beiläufig in einem Fachaufsatz über ein anderes Thema, doch haben sich inzwischen in vielen Teilen der Welt ähnliche unbeabsichtigte Metamorphosen zugetragen, und Glyzerinkristalle sind allgemein verbreitet.

Diese Erfahrung ist in der organischen Chemie keineswegs ungewöhnlich. Gestern noch war etwas unmöglich, und heute schon fällt es leicht. Manchmal gehen die Neuerungen auf die Einführung eines neuen Verfahrens zurück, zum Teil aber auch infolge der Existenz einer neuen Geistesverfassung. Glyzerin kristallisiert in Gegenwart einer körperlichen Saat, aber es scheint, als ob die ungewohnte Leichtigkeit, mit der der Vorgang vorkommt, zumindest zum Teil dem Vorhandensein einer neuen Haltung – einer Art geistiger Saat – geschuldet ist. Beide Saaten sind neu für die Welt, und sie werfen eine Art Henne-und-Ei-Problem auf. Es scheint, daß das Kristall zuerst erschien, naturwüchsig, und daß die Idee sich aus ihm entwickelte; wie wir aber weiter unten sehen werden, könnte es auch umgekehrt gewesen sein.

Die Evolution des Lebens stellt ein ähnliches Problem dar, und möglicherweise ist sie in der gleichen Abfolge vonstatten gegangen: Beginnend mit der Existenz eines geeigneten Kristalls, wahrscheinlich einem sehr kleinen, das in Wasser schwer löslich ist. Ein kolloidales Mineral wäre ideal, und in der Tat ist keines verbreiteter oder für die Erfordernisse eines urtümlichen Gens geeigneter oder im biblischen Sinne angemessener als der Lehm.

Am Anfang »stieg Feuchtigkeit von der Erde auf und wässerte die gesamte Fläche des Erdbodens«. Gestein an der Oberfläche begann zu verwittern und sich aufzulösen. So entstanden schwache Kieselsäurelösungen, die verrannen und durch poröse Betten ausgefiltert wurden, bis sie sich schließlich als übersättigte Lösungen sammelten und mit der Zeit als Ton auskristallisierten. Die Synthese des Tons vollzieht sich sehr langsam und ist immer noch kaum erforscht. Aber das Endprodukt unterscheidet sich gänzlich von den faserigen Silikaten wie Asbest und den dreidimensionalen, strukturierten Silikaten wie Feldspat, die den Großteil der Festbestandteile der Erdkruste ausmachen. Tone sind außergewöhnliche, geschichtete kristalline Strukturen, denen ein Mechanismus innewohnt, der fast einer angeborenen Neigung zu Evolution gleichkommt.[558]

Die meisten Kristalle bilden sich, weil ihre Bildung unvermeidlich ist. Zur Eisbildung zum Beispiel kommt es zwangsläufig. Die charakteristische Anordnung von Wassermolekülen in Eis ist der bestmögliche Kompromiß zwischen der Energie in ihnen und der Tendenz aller Systeme, ungeordnet zu werden. Eis ist für alle beteiligten Moleküle unterhalb einer Temperatur von 0° Celsius der Idealzustand, und bis er eintritt, schwirren sie umher und probieren verschiedene Anordnungen aus, bis sie die perfekte finden: Die Anordnung mit der maximalen Ordnung und Stabilität, in der alle Einheiten in einer Weise organisiert sind, die tendenziell ihren Fortbestand garantiert. In diesem Sinne beweisen Kristalle einen hohen Grad von Steuerung, aber Geordnetheit allein genügt nicht. Würde sie genügen, dann »müßte die Verwandlung von Lots Frau in eine Salzsäule als der dramatischste evolutionäre Fortschritt aller Zeiten begriffen werden«.[92] Die Salzsäule war unendlich geordneter als die Frau Lot, aber nicht notwendig höher entwickelt. Salz ist außerordentlich unambitiös; aber mit dem Ton, der zwar gleichermaßen anorganisch ist, verhält es sich ganz anders. Ton hat Pläne.

Tone besitzen eine dramatische Fähigkeit, nicht nur zu wachsen, sondern auch andere Moleküle zu absorbieren, und diese Fähigkeit variiert je nach ihrer Struktur. Cairns-Smith konstruiert eine mögliche evolutionäre Situation, derzufolge unterschiedliche Kristallisationsmuster drei Spezies Ton haben entstehen lassen, die er die Brüder Matschig, Klebrig und Klumpig nennt.[92] Alle drei Typen existieren in einem steinigen Bach, der ihre Nahrung heranschafft, eine Flut tonbildender Lösungen.

Bruder Matschig vertritt auf den ersten Blick die erfolgreichste Art; er besitzt eine lockere, offene Struktur, die reichlich Nahrung fängt. Er wächst rasch und breitet sich über weite Gebiete aus – bis es regnet, dann verschwindet er für immer: Ein Stoß seitens der Umwelt, und schon stirbt Matschig aus.

Klebrig ist wählerischer. Er hat aus dem Bach zusammen mit seiner Nahrung eine ganze Reihe zuckerähnlicher organischer Moleküle aufgenommen, die sich zufällig in der Nähe gebildet haben oder mit dem letzten Kometen mitgekommen sind. Mit ihrer Hilfe ist er in der Lage, sich an dem Felsbett festzuklammern und dagegen zu wehren, im Sturm fortgewaschen zu werden. Aber der Besitz dieser schäbigen Moleküle beeinträchtigt auch sein Größenwachstum und seine Einflußsphäre, und gebunden an seinen Standort wächst er sehr langsam. Bis der Bach seinen Lauf ändert. Dann trocknet Klebrig aus und wird fortgeweht.

Bruder Klumpig ist der Glückspilz unter den dreien. Er hat etliche von den organischen Molekülen in sich aufgenommen, was ihn leicht matschig und leicht klebrig zugleich macht und was ihm die Konsistenz eines schlecht gerührten Puddings voller stellenweiser Gerinnungsklumpen gibt. Wenn es regnet, brechen daher Teile von ihm weg und treiben mit dem Bach als Klumpen weiter. Sie siedeln sich weiter unten an und beginnen an tieferen Stellen als kleine Klumpigs zu wachsen, die unbeeinträchtigt bleiben, wenn der Bach seinen Lauf ändert. Klumpig überlebt verschiedenartigen selektiven Druck, weil seine Anpassung ihn gegen lokale Umweltveränderungen widerstandsfähiger macht als die anderen Arten Ton.

»Überleben der Bestangepaßten« ist in der Tat ein Motto, das noch stärker auf Tonkristalle zutrifft als auf entwickeltere Organismen. Vögel und Tiere sind nicht besonders gut fürs Überleben ausgestattet. Als Einzelwesen sind sie schlechte »Überleber«, bei weitem nicht so geschickt wie zum Beispiel Steine. »Ein grauer Stein«, sagte John Ruskin, »ist ein guter Sitzer.« Das ist ein guter Überlebenstrick, und es gibt überall genug Steine, die beweisen, wie wirksam dieser Trick ist. Sitzen ist eine gute Verhaltensweise, in jedem Aspekt und jeder Phase so eindeutig unterscheidbar wie das rasende Schwirren einer Libelle. Trotzdem nennen wir das eine belebt und das andere nicht, und das ist irreführend. »Das Leben zum Unterscheidungsmerkmal zwischen beiden zu machen«, bemerkt Sir Charles Sherrington, »ist die Grundlage dafür, sie beide falsch zu behandeln.«[486]

Der Überlebenstrick der Libelle besteht darin, sich zu bewegen und ihre Zahl zu vervielfältigen. Und wenn die Libellen stellenweise so häufig vorkommen wie Steine, so deshalb, weil sie sich reproduzieren. Sie erzeugen weitere Tiere von der eigenen Art immer wieder. Bruder Klumpig ist in vieler Hinsicht ein Mittelding zwischen dem Stein und der Libelle. Er vervielfältigt sich und wird zu einer Anzahl Tone, die durch ihren bloßen Umfang und ihre Dichte zu neuen Umweltfaktoren werden. Zwischen den benachbarten Klumpen wird Interaktion möglich. Es kann passieren, daß fremde Atome, etwa solche des Aluminiums, zwischen die der Kieselerde in ein Tonmolekül mit eingebaut werden. Jedes von ihnen bildet dann lokal eine negative elekrische Ladung, die, wenn ihr Potential groß genug wird, größere morphologische Wandlungen herbeiführen kann. Unter derartigem elektrischen Einfluß könnte der Ton sogar eine regelmäßige und vorhersagbare Faltung oder Wellung in seinem Aufbau hervorbringen, die mit der jeweiligen Aberration seiner Atome in unmittelbarem Zusammenhang steht.

Man braucht dem System nur ein neues Merkmal hinzuzufügen, etwa daß eine sich entwickelnde Kristallstruktur eine solche Neuerung automatisch duplizieren wird, und man hat in einem Tonlager alles, was für die Annahme und Weitergabe neuer Charakteristika erforderlich ist. Man hat dann ein evolutionäres System vorliegen, das von einem genetischen Mechanismus gesteuert wird.[94] Auf diesem anorganischen Niveau – in diesem Punkt hatte Lamarck recht – können erworbene Merkmale weitergegeben werden; aber dies trifft weitgehend deshalb zu, weil Kristalle sich nicht reproduzieren, sondern replizieren. Sie produzieren exakte Kopien von sich selbst und geben alle Informationen weiter, die sie zufällig aufgenommen haben. Sie sind beständig und replizieren sich mit höchster Genauigkeit. Aber wenn Umweltdruck ihnen irgendeinen Wandel eingeprägt hat, kopieren sie auch eventuelle Mängel und nehmen sie getreulich in ihr Gedächtnis auf.

Information in einem Tonlager wird von einzelnen Kristallen und von ihrer Versammlung als Ganzem weitergegeben; und sie wird weitgehend in der gleichen Weise gespeichert wie Musik in den Rillen einer Schallplatte. Das hat nichts mit Intelligenz zu tun, die ist nicht erforderlich. Die Kristalle sind ebensowenig »klug«, wie das Plastikmaterial der Schallplatte »musikalisch« ist. Alle musikalischen Eigenschaften, die sich der Platte entlocken lassen, hängen von der Fähigkeit des Materials ab, das bei der Pressung entstehende Rillenmuster anzunehmen und zu bewahren. Das Gedächtnis von Ton zeigt sich einzig in seiner Fähigkeit, ein Muster zu bewahren und seine Umwelt zu beeinflussen, wenn er in einer bestimmten Weise behandelt wird.

Diese Fähigkeit und das Muster sind wesentlich. Der amerikanische Chemiker Armin Weiss hat nachgewiesen, daß einige Tone – insbesondere die Glimmertypen – in der Lage sind, zwischen ihren Silikatschichten Strukturen organischer Moleküle aufzubauen. Er hat über achttausend verschiedene Derivate identifiziert, bei denen die Tone als Schablonen gewirkt und Ammonium-Ionen und Alkohole veranlaßt haben, sich zu organischen Bausteinen zu verfestigen.[577] Und Cairns-Smith beeilt sich zu Ehren seiner kristallinischen Vorfahren anzudeuten: »In einer solchen geeignete Monomere enthaltenden Anordnung erfolgende Reaktionen könnten Polymere mit einer genetisch gesteuerten Konfiguration hervorbringen, aus denen sekundäre Steuerungsstrukturen, Membranen und andere Zellstrukturen gebildet werden könnten.«[91] Und je mehr von dem Informationsgehalt der Silikate dann in die organischen Moleküle transformiert würde, desto mehr würde der Ton aufhören, die Kontrolle auszuüben, und er würde eine eher passive Rolle als schützender Meiler übernehmen. Dann könnten sich in der Tat in einem späteren Stadium Zellwände »infolge einer vagen Tendenz des äußeren Randes einer Ansammlung, gleich kaltem Brei dick zu werden, zu den höchst verfeinerten Ionen- und Molekülfiltern entwickeln, die die Grenzen der heutigen Zelle bewachen«.[92]

Dies Szenarium legt stark die Vermutung nahe, daß die heutige biochemische Gleichförmigkeit das Endprodukt der Evolution und nicht ihr Ausgangspunkt ist: Daß das Protein, das wir für das Ein und Alles des Lebens halten, vielleicht nur ein Behelfsmaterial ist, das in erster Linie deshalb gewählt wurde, weil zufällig Aminosäuren verfügbar waren. Die heutigen Proteine sind unglaublich vielseitig; sie bringen aus den gleichen Grundstoffen so verschiedenartige Strukturen wie Stachelschweinstacheln und Eiweiß hervor. Aber es sieht so aus, als könnten sie ihre wichtigste Eigenschaft von Urvater Ton geerbt haben. Das Leben ist nicht im Protein, sondern in der Musik, die ihm aufgeprägt ist; in seiner Fähigkeit, andere Moleküle zu erkennen und gewöhnliche Atome in einer außerordentlich genauen Weise zu binden. Was, wenn die

Kristalltheorie stimmt, genau das ist, was der Ton zu tun gelernt hat und was er an die ersten, sich in den Falten seiner Lagerstätten replizierenden komplexen Moleküle weitergegeben hat.

Es gewinnt den Anschein, als ob der allererste Organismus in unserem Lebenssystem die Erde selbst gewesen ist, in deren Körper sich ein Virus entwickelte: Ein neuer Stoffwechsel, der aus den Bestandteilen der Umwelt bezogen wurde und der schließlich lernte, in größerer Unabhängigkeit von seinem Wirt zu leben. Das Mutter-Erde-Konzept verlagert sich von Symbol und Mythos zu der dämmernden Erkenntnis, daß jeder einzelne von uns Füße aus Lehm hat und daß wir nicht auf einem Planeten leben, sondern auf einem Elternteil.

Natürlich werden gegen das Ton-Konzept viele formale Einwände erhoben. Die Verfechter der klassischen chemischen Theorie sind nicht so leicht bereit, von ihrem Standpunkt abzugehen, aber auch sie können nicht einfach über den Sachverhalt hinweggehen, daß die neue These am stichhaltigsten in jenen Bereichen ist, in denen die alte angreifbar war. Niemand hat je überzeugend die große Kluft zwischen Aminosäuren und voll funktionsfähiger, sich selbst reproduzierender Desoxyribonukleinsäure überbrückt, noch nicht einmal in den am besten überdachten und am sorgfältigsten überwachten Simulationen einer frühen Welt. Für die Kristalle als primitive Gene spricht insbesondere, daß sie die magische Eigenschaft der Selbstreplikation besitzen, und auf dieser Grundlage erscheint die schrittweise Entwicklung von Nukleinsäuren aus einfachen organischen Substanzen unter Kontrolle der Kristalle als wesentlich einfacheres und logischeres Gedankengebäude. Und die einfachen Lösungen sind meist die richtigen, sind diejenigen, die die Evolution am wahrscheinlichsten aus dem vergleichsweise simplen Katalog von Bedingungen auf der frühen Erde gewählt haben dürfte.

Die berühmten »Erdurbedingungs«-Experimente, bei denen in Funkenkammern organische Moleküle hergestellt werden, gelten gemeinhin als Beweis für chemische Evolution hier auf der Erde. Aber indem sie ausweisen, daß die Bausteine verblüffend einfach zu erzeugen sind, lassen diese Versuche auch um so stärker vermuten, daß diese Vorgänge auch an fast allen anderen Orten zustande gekommen sein könnten. Und unser neues Wissen über die interstellare Chemie belegt ziemlich eindeutig, daß dies auch der Fall war. Das Universum ist voller Grundsubstanzen des Lebens. Große kosmische Saatwolken treiben umher, die nur darauf warten, in geeignetem Boden Wurzeln zu schlagen.

Wahrscheinlich wäre es zum gegenwärtigen Zeitpunkt falsch, von Organismen dort draußen im All zu sprechen. Wir besitzen keine konkreten Beweise, daß die Evolution an irgendeinem anderen Ort außerhalb der Erde so weit gegangen ist, obwohl es überraschen würde, wenn sie es nicht getan haben sollte. Doch wir können immerhin die Existenz von komplexen organischen Molekülen im allgemeinen annehmen, von denen vielleicht einige die Entwicklungsstufe von Protoviren erreicht haben, auf der sie in der Lage sein könnten, ein andersgeartetes System zu »infizieren«. Die frühe Erde wäre dafür ein geeigneter Wirt gewesen. Ein Ort mit eigenen Modalitäten und Rhythmen, an dem die organische Materie – zusammengefaßt mit unserem Lehm und geleitet durch seine Geordnetheit – in der uns vertrauten Weise programmiert worden sein könnte.

Wir sind in gewissem Sinne zu einer geozentrischen Theorie zurückgekehrt. Wiederum beginnt das Leben auf der Erde den Eindruck zu erwecken, etwas ziemlich Ausgefallenes zu sein. Etwas, das vielleicht durch dem Kosmos als Ganzem gemeinsame Faktoren ausgelöst worden ist, aber in unserem eigenen Boden gekeimt und einzig diesem Planeten eigen geworden ist. Sollte die kosmische Saat irgendwo anders gleichfalls Wurzeln geschlagen haben, dürften dabei völlig andere Ergebnisse herausgekommen sein. Die Wahrscheinlichkeit, daß die gleichen Moleküle ins gleiche Substrat gefallen sein und die gleichen grundlegenden Polymere hervorgebracht haben könnten, ist ebensogroß wie die Wahrscheinlichkeit, daß Insulin sich zufällig organisiert – man kann sie vernachlässigen.

Protein wird aufgrund von Instruktionen gebildet, die in der DNS gespeichert sind – und DNS ist ein Produkt der Erde. Sie ist aus Lehm gemacht und allein für den Hausgebrauch hergestellt worden. Sie ist die Grundeinheit allen irdischen Stoffwechsels, doch dürfen wir nicht den Fehler begehen anzunehmen, daß sie immer diese Stellung eingenommen hätte oder es immer tun wird. Sie ist gegen lokalen Wandel nicht geschützt, und sie ist hier auf unserem Planeten auch kosmischem Einfluß ausgesetzt.

Derzeit herrscht große Sorge hinsichtlich der möglichen Auswirkungen von Forschungen mit umstrukturierter DNS. Viele fürchten, beim Herumpfuschen mit genetischem Material könnten wir Monstren auf die arglose Welt loslassen. Das könnte passieren, aber gleichermaßen vorsichtig müssen wir bezüglich des Imports von Lebenssystemen aus anderen Welten sein. Zwar besteht kaum die Möglichkeit, daß ein echter fremder Organismus – so es ihn gibt – den Lebewesen unseres Systems hinreichend ähnlich wäre, um auf unserer Erde Räuber oder Parasit werden zu können. Doch gibt es keinerlei Garantie, daß unsere Grundorganisation auch nur annähernd die beste mögliche Lösung für die Gegebenheiten unserer Lebenssphäre ist. Durchaus könnten sich andernorts andere, einfachere genetische Codes entwickelt haben, die, sofern sie hier eindringen könnten, möglicherweise unser gesamtes System verdrängen. Sollte Hoyle mit seiner Vermutung des außerirdischen Ursprungs der epidemischen Krankheiten recht haben, dann könnten wir bereits – oder sind es vielleicht immer noch – in kosmische Scharmützel verwickelt gewesen sein. Vermutlich ist unsere DNS selbst Gewinner eben eines solchen Wettstreits.

Krebs beginnt in einer Zelle, die sich entgegen den Anweisungen des Körpers teilt. Im Grunde ist der Krebs ein Parasit, der von unseren eigenen Geweben gebildet wird: ein »Mitglied der fünften Kolonne«, das nun von seinen Nachbarn entfremdet wird und im integrierten Gemeinwesen der Zellen, die den gesunden Organismus bilden, nicht mehr mitspielt. Die kanzeröse Zelle reproduziert sich selbst rasch und getreulich; wie ein modifiziertes Kristall wiederholt sie das neue Muster, bis ihre Nachkommen die lokalen Zellen an Zahl überwiegen und sie völlig verdrängen. Und es besteht begründeter Anlaß zu der Annahme, daß diese geänderten Instruktionen einer normalen Zelle von äußeren Auslösern eingegeben werden: von Karzinogenen, von denen viele wiederum Substanzen des Bodens sind.

In Wales ist der Lungenkrebs bei Männern viel häufiger, die in Steinbrüchen gearbeitet haben, in denen feingemahlener

Schiefer hergestellt wird.[514] Bei Ratten, Mäusen und Meerschweinchen hat man künstlich Tumoren induziert, indem man sie feinen Asbeststaub einatmen ließ oder ihnen diese Substanz in die Lungen einspritzte.[566] In Cheshire und Devonshire steht das Auftreten von Magenkrebs in unmittelbarem Zusammenhang mit bestimmten Haustypen und dem Boden um sie herum.[515] Untersuchungen wie diese lassen den Schluß zu, daß Krebs, die Folge einer Fremdlenkung normaler Wachstumsprozesse, häufig in organischen Systemen auftritt, die wieder in engen Kontakt mit Tonlagern aller Ausprägungen gekommen sind. Bauern, die mit den Händen in der Kieselerde des Bodens arbeiten, und Bergleute, die Asbest- und Schieferstaub einatmen, vergrößern den Gehalt dieses simplen Tons in ihren Geweben und entwickeln mit viel höherer Wahrscheinlichkeit Krebserkrankungen als ihre Ehefrauen und andere Leute, die in derselben Gegend leben, die gleiche Nahrung essen und die gleiche Luft atmen.

Die Urerde übt immer noch ihren strukturierenden Einfluß aus, und wenn sie bisweilen unsere DNS in einem unachtsamen Moment antrifft, kommt es zu weiteren Modifikationen. Krebs ist nur ein Beispiel dafür, daß der Wandel immer noch weitergeht und stattfindet. Infolge seiner schwerwiegenden, oft tödlichen Folgen ist er kaum zu ignorieren, aber wahrscheinlich gibt es über ihn hinaus noch viele andere Arten, in denen wir von unserem allgegenwärtigen Vorfahren tiefgreifend und vielfach wohltuend beeinflußt werden.

Wir sind in die Erde eingebettet. »Die Menschheit«, so ein Graffito jüngeren Datums, »treibt Inzest mit der Mutter Erde.«[16]

Dies zeigt sich am deutlichsten im Bergbau, der im Grunde eine Verletzung dieser Mutter darstellt und daher allerorten von den ausgeklügeltsten Riten und abergläubischen Vorstellungen begleitet wird. Das war immer so.[161] Das älteste bislang entdeckte Bergwerk ist die Mine bei Lion Cavern auf dem Ngwenya Ridge in Swaziland. Das dort gefundene Material läßt sich mit der Radiokarbonmethode nicht mehr datieren und ist auf ein Alter von vielleicht mehr als 100 000 Jahre geschätzt worden.[43] Der Schacht dringt über 13 Meter tief in den Körper der Erde ein und ist auf der Suche nach einem überaus symbolträchtigen blutroten Erz gegraben worden.

Das Alter der Mine erstaunt insofern, als infolge dieses Fundes das Alter des heutigen Menschen mit mehr als dem Dreifachen der bisherigen Schätzungen angesetzt werden muß und sich erweist, daß der Mensch seine Genesis und prägenden Jahre in Afrika erlebte und nicht in einem mythischen nahöstlichen Garten Eden. Doch am meisten fasziniert an der alten Mine, daß die Bergleute, nachdem sie gewonnen hatten, was sie wollten, den Schacht wieder sorgsam füllten und über 1000 Tonnen Steine und Erde dorthin zurückbrachten, wo sie sie gefunden hatten.[71]

Erdfarben scheinen in größerem Umfang zuerst in dieser Phase der Mittelsteinzeit in Afrika verwendet worden zu sein, wo sich plötzlich ein starker Bedarf an verschiedenen Mineralien entwickelte. Am meisten gefragt war Hämatit oder Eisenglanz, eine oxidierte Erde, die Eisen enthält, das nach oben in alte Tonlager eingedrungen ist. In einer seiner Formen ist der Eisenglanz weich und rot und gemeinhin als Blutstein oder Ocker bekannt; in einer anderen Form glitzert er durch blauschwarze Glimmerplättchen, wirkt bei Berührung fettig-schmierig und ist als Spekularit geläufig. Beide Erden besitzen starke magnetische Eigenschaften, die den alten Tonlagern superponiert sind. Man ist geneigt anzunehmen, daß sie den frühen Menschen außer durch ihr verblüffendes Erscheinungsbild auch dadurch reizten, daß er für sie empfänglich war. Vielleicht erkannte er in diesen Erden eine Spur eines uralten Musters wieder, das in ihm eine vertraute Saite anklingen ließ, und vielleicht hat er gleichermaßen stark auf die ihnen innewohnende neue Botschaft reagiert. Was immer die Gründe sein mochten, diese Böden haben einige außergewöhnliche Früchte getragen.

Ihre Verwendung hat nie beiläufigen, alltäglichen Charakter gehabt. Die Buschmänner der Kalahari durchqueren heute noch Wüsten, um Spekularit zu suchen und ihn sich in die Haare zu reiben. Die Ureinwohner an der Küste Australiens unternehmen größere Expeditionen mit siebzig und mehr Leuten und wandern durch Hunderte Meilen feindliches Hinterland zu geheiligten Ockerlagern; diese Lager sind dem Glauben nach in der »Traumzeit« angelegt worden, und sie durften nur von eingeweihten alten Männern bearbeitet werden, die sich den Lagerstätten auf allen Vieren näherten.[4] Diese Verwendung von Erde zu Verschönerungszwecken gehört zu den frühesten Belegen, anhand derer wir zeigen können, daß der frühe Mensch ein Bewußtsein für Dinge außerhalb der Sphäre der unmittelbaren Überlebensnotwendigkeiten besessen hat. Dies Bewußtsein scheint dem Bewußtsein unserer Sterblichkeit und der Praxis, unsere Toten feierlich zu begraben, vorausgegangen zu sein und hat unser Sterblichkeitsbewußtsein vielleicht überhaupt erst entstehen lassen.

Eine der frühesten bekannten Beerdigungen in der nördlichen Hemisphäre galt einem schwer arthritischen alten Moustérien-Neandertaler, der vor 64 000 Jahren starb. Er wurde in einer Höhle bei La Chapelle-aux-Saints im heutigen Südfrankreich beerdigt, und seine Leiche wurde rundum in roten Ocker eingepackt. Inzwischen liegen auch Belege für die älteste bekannte Bestattung überhaupt vor; sie stammen von der Border Cave in Swaziland, nicht weit von der frühesten Mine entfernt.[44] Das Skelett eines Kindes, das vor etwa 80 000 Jahren starb, wurde nicht nur mit einer durchbohrten Meeresmuschel – wahrscheinlich handelt es sich um einen Anhänger – begraben, sondern man hatte es auch mit Asche und Ocker bestäubt.[115]

Jeder Bestattungspraxis liegt die Annahme zugrunde, daß der Tod nicht das Ende ist, daß er eine Art Übergang bezeichnet.[572] Der frühe Mensch muß bemerkt haben, daß diese Umformung sehr häufig mit Blutverlust einsetzt; auch kann seiner Aufmerksamkeit nicht entgangen sein, daß Frauen, die allmonatlich Blut ließen, damit aufhörten, sobald neues Leben in ihnen keimte. Blut und Leben schienen eine untrennbare Einheit zu bilden, und daraus erwuchs bald ein Glauben an die Kraft des Bluts, Regenerierung und Neubelebung zu bewirken. Dieser Grundgedanke wohnt allen Opferungen inne, und er lebt heute noch fort in der Jünglingsweihe, in der Segnung des Weins und in sakramentalen Ritualen wie dem Abendmahl. Wahrscheinlich hat der Hämatit im frühen Ritual – und das früheste uns bekannte war eine zeremonielle Bestattung – als Blutersatz gedient. Eine australische Eingeborenenlegende erzählt von den Unthippa-Frauen, wie sie »veranlaßten, daß Blut in großen Mengen aus der Vulva floß und so Lager roten Ockers bildete«.[71]

Sehr rasch nahm die Verwendung von Ocker pandemische Ausmaße an. Die 35 000 Jahre alte »Red Lady of Paviland« ist im Universitätsmuseum in Oxford zu besichtigen: überzogen mit einer Schicht roten Erzes, »das den Boden einen halben Meter im Umkreis färbte«. Bei altsteinzeitlichen Begräbnissen in Bayern wurde vor 20 000 Jahren die Leiche mit Mammutzähnen umgeben und das gesamte Gebäude mit großen Mengen rotem Ocker zugeschüttet. In einer der frühesten bekannten Städte, in Çatal Hüyük in Anatolien, wurden die Toten vor achttausend Jahren im Freien liegen gelassen, bis die Geier die Knochen saubergepickt hatten. Dann wurden die Schädel in einem Heiligtum aufbewahrt, nachdem man sie mit Hämatit und Zinnober bemalt hatte. Ähnlich legten die nordamerikanischen Indianer ihre Toten auf Gestelle, nachdem sie deren Gesichter mit einer dicken Ockerschicht bemalt hatten. Die Grabkammern der Schang-Dynastie, die Truhen und Sarkophage etruskischer und römischer Gräber sind alle rot angemalt. Die Toten der homerischen Zeit und heute noch die Oberhäupter der katholischen Kirche tragen scharlachrote Leichenhemden.[71]

Angesichts all dieser Belege sah sich Raymond Dart zu der Feststellung veranlaßt, der Hämatit habe »eine phantastische kulturelle Entwicklungsgeschichte, die mit dem Begräbnisritual im Mousterien einsetzt und sich weiter über vielfältige Verwendungsformen in Kunst, Religion, Handel und Tauschhandel der späten Altsteinzeit erstreckt. Infolge seiner beherrschenden Mittlerrolle in der Verbreitung der Mythen, Riten und Mysterien der frühen Alchimie und Metallurgie hat er einen solchen Einfluß zugunsten von Kontinuität und sich erweiternder Vielfalt genommen, daß er in seiner prägenden Wirkung auf die Daseinsweise der Menschheit damals wie heute unter den Mineralien einzigartig dasteht.«[69]

Der unternehmungslustige und unorthodoxe Anthropologe Adrian Boshier ist auf ein vielsagendes Beispiel für die kulturellen Auswirkungen des roten Ockers heute gestoßen.[70] Jahrelang hat er beim Bakgatla-Volk im westlichen Transvaal gelebt und wurde schließlich von einem alten Bakgatla-Arzt als Lehrling angenommen. Seine Ausbildung schritt gut voran, bis sie in die Endphase kam, in der die notwendigen Rituale und Verrichtungen immer wieder unterbrochen oder unterlassen werden mußten, weil etwas Wesentliches fehlte. Anfangs nahm Boshier an, die Formeln seien in Vergessenheit geraten oder Teile der Zeremonie seien verlorengegangen, weil sie zu lange nicht durchgeführt worden war. Aber sein Lehrmeister beharrte, ihnen fehle einzig »das Blut der Erde«. Geduldiges Fragen brachte schließlich zutage, diese Substanz sei den Bakgatla einst von Händlern aus dem Süden und Osten gebracht worden, doch seien diese Männer – »hochgewachsen und von anderer Farbe« – schon seit langem nicht mehr gekommen.

Boshier begann den Verlauf der alten Handelsroute nachzuzeichnen, und nach jahrelanger Detektivarbeit konnte er sie 450 Kilometer weit bis nach Swaziland zurückverfolgen: Zu den alten Hämatit-Minen, die die Swazi *ibomvu* nennen – »das heilige Rot«. Er lud ein paar Tonnen roten Ocker auf einen Lastwagen und eröffnete die alte Handelsstraße neu, indem er das Erz zu seinem Volk im westlichen Transvaal schaffte. Tatsächlich aber leitete er durch diesen Transport noch weit mehr ein. Schon Stunden nach Erhalt des »Bluts der Erde« waren die Bakgatla emsig beschäftigt, Sitten neu zu beleben, die man generationenlang nicht mehr praktiziert hatte. Mit dem Ocker wurden Töpfe bestrichen, die man ohne ihn nicht herstellen oder benutzen konnte; die Töpfe waren für die rituelle Zubereitung von Nahrungsmitteln und Gebräus für Zeremonien nötig, die ohne sie nicht vorgenommen werden konnten. Rasch weitete sich der Kreis aus und bezog den gesamten Stamm in die Durchführung komplexer sozialer Muster des Feierns und der Erneuerung ein, und all das war durch die Verfügbarkeit einer Ladung farbigen Tons möglich geworden.

Die Erde, so scheint es, hat dem Leben vielleicht nicht nur in seinen Anfängen als Wiege gedient, sondern sie fährt auch fort zu leiten und zu steuern, Information zu transportieren und als kultureller Katalysator zu wirken.

2.4
Also doch:
Mutter Erde –
Gaia

Es war ebenfalls Boshier, der herausfand, weshalb die alte Mine in Swaziland gleich vielen anderen ihrer Art wieder aufgefüllt worden ist.[520] Die Swazi bauen in den alten Minen heute noch – gewöhnlich im geheimen – Hämatit ab, aus dem sie Eisen schmelzen. Sie glauben, jedwedes Graben störe eine gefiederte Schlange, den mächtigsten der Unterweltgeister. Auf der Erdoberfläche sei man zwar relativ sicher, aber in den

Stollen eines Bergwerks drohe große Gefahr von dieser Schlange und von allen Geistern, die menschliches Eindringen verübeln. Um folglich die Geister nicht unnötig zu erregen, graben die Swazi nie sehr tief und beginnen auch nie mit dem Bau einer neuen Mine, ehe sie nicht die entsprechenden Opfer dargebracht haben. Bei der Arbeit müssen täglich Opfer in Form von Wasser, Mehl und Tabak gebracht werden, und keinesfalls darf im oder in der Nähe des Bergwerks Erz geschmolzen werden, denn das wäre eine schwere Beleidigung. Und – das Wichtigste überhaupt – wenn die Arbeit abgeschlossen ist, muß der angerichtete Schaden behoben werden, indem man alle Stollen und den Schacht mit dem Gestein wieder auffüllt, das man aus ihnen entnommen hat. Die Rockschöße der Erde müssen geziemend wieder in Ordnung gebracht werden.

Der Mythologe Mircea Eliade weist auf die versteckte Übereinstimmung zwischen der Metallurgie und der Geburtshilfe hin.[159] Im Ägyptischen bedeutet das Wort *bi* »Vagina« und »Bergwerksstollen« zugleich, und in vielen Kulturen wird das aus einer Grube gewonnene Erz mit einem Embryo und der Schmelzofen mit dem Mutterleib gleichgesetzt. Aus weit verbreiteten Bildvorstellungen dieser Art geht immer wieder hervor, daß die Erde als gigantische Mutter, als respektgebietendes Wesen begriffen wird. In diesem Licht erscheint der Bergbau als äußerst kühnes Unterfangen und jede Art von Ackerbau als erheblich geringeres Sakrileg.

Der Sioux-Prophet Smohalla sagte: »Du forderst, ich solle in der Erde graben. Soll ich ein Messer nehmen und es meiner Mutter in die Brust stoßen? Du forderst, ich solle umgraben und die Steine fortnehmen. Soll ich ihr Fleisch verstümmeln, um an ihre Knochen zu gelangen?«[383] Eine Vielzahl von Mythen benennt Steine als die Knochen der Erdmutter. Der Grundgedanke dabei lautet, daß die Erde am Anfang alle Wesen geboren hat und daß die ersten Menschen eine Zeitlang im Körper der Mutter, tief in der Erde selbst gelebt haben. Noch heute fordert die Tradition in einigen Teilen Indiens, daß die Kranken und Betagten geheilt und regeneriert werden, indem man sie in ein Grab eingräbt, das wie der Mutterschoß geformt ist.[160] In vielen Sprachen wird der Mensch als »der Erdgeborene« bezeichnet, und man glaubt, daß die Kinder in Höhlen oder Erdspalten aus Steinen und Erde entstehen. Jedes Dorf, jedes Gebiet kennt seinen besonderen Fels oder Schrein, der Fruchtbarkeit gewährleistet, indem er Kinder »hervorbringt«. Selbst in vielen Teilen Europas noch kann man örtlich Hexen oder Hebammen finden, die werdende Mütter an solch eine Stelle führen.

In gewissem Sinne tut eine »biologische« Mutter nicht mehr, als ein Kind zu empfangen. Und wenn sie in enger Vertrautheit zu ihren Wurzeln lebt, wird sie bei der Geburt in vielen Ländern hocken oder knien und ihr Kind unmittelbar auf den Boden, in die Arme der großen Mutter selbst gebären. In Skandinavien und Deutschland, in Indien und Japan gibt es Rituale, bei denen das Neugeborene auf die Erde gelegt wird. Ihr obliegt es, den Erfolg zu beurteilen, zu befinden, ob die Geburt gültig ist und als normales und vollendetes Faktum gewertet werden kann. Und wenn solch ein Naturmensch stirbt, hat er das große Bedürfnis, zur Mutter zurückzukehren, im »heimatlichen Boden« beerdigt zu werden. Woraus sich die verbreitete Furcht erklärt, woanders begraben zu werden, sowie die offenkundige Zufriedenheit, die aus vielen Grabinschriften spricht: »Hier wurde er geboren, hier ist er gestorben.«[159] Staub zu Staub – wiederum.

Wenn die Erde die Mutter ist, wird der Vater gewöhnlich als Geist angesehen, als etwas Immaterielles, Vorüberziehendes. Er kann eine gefiederte Schlange sein wie Quetzalcoatl, der Götterfürst und das Symbol Mexikos. Oder eine vielköpfige Schlange wie die endlose Ananta, in der Hindu-Religion die Bewahrerin der Lebenskraft und Hüterin der Erdpforten.[599] Oder vielleicht ein beinloser Drachen oder etwas wie der Große Wurm von Spindlestone.[134] Und wenn er auch in der Unterwelt der Erde manifest sein mag, wenn er auch die »Schlange, die die Erde trägt« sein mag, so ist doch in jedem Falle seine Existenz hier auf der Erde flüchtig, und er verdankt sein wahres Sein der Sonne. Verdankt es Mitra, dem Befruchter unseres Planeten. Mutter Erde und Vater Sonne.

Die Zuni-Indianer nennen sich selbst »Kinder der Sonne«, und in ihrem Schöpfungsmythos, dem »ersten Anfang laut den Worten«, erzählen sie: »Am Anfang des Neu-Gemachten hat der Alles-Enthaltende in sich selbst empfangen und draußen im All gedacht, wobei Nebel des Wachstums, Dämpfe voller Wachstumskraft entwickelt und aufgewirbelt wurden... Er hat sich selbst in der Person und Gestalt der Sonne geschaffen, die wir für unseren Vater halten..., und mit der Erhellung des Raums verdichteten sich die großen Nebelwolken und sanken..., wobei sie das weltenthaltende Meer schwängerten.«[549]

Es wäre schwer, eine wissenschaftliche Beschreibung vom universellen Urknall, von der Akkumulation interstellarer Wolken unter dem Einfluß der Schwerkraft, vom Zusammenwachsen des kosmischen Staubs zu Sternen, von der Bildung der Planeten und der Geburt und Ankunft eines Kometen zu geben, die präziser wäre als diese. Und es wäre unmöglich, ein Bild zu entwerfen, das das Leben und den Menschen eleganter und liebevoller in seinen kosmischen Zusammenhang stellt.

Diese »Nebel des Wachstums« sind mit vielen Namen belegt worden. Sie sind »Kundalini«, »Schlangenströmung«, »tellurische Kraft« und »subtile Energie«, aber letztendlich besagen all diese Bezeichnungen dasselbe. Und alle scheinen sie mühelos in unseren neuen Mythos zu passen, den Cairns-Smith und Hoyle hervorgebracht haben: Der von Schlangenfäden aus organischen Molekülen berichtet, die aus dem interstellaren Raum herabtreiben, um von den Kristalltonen der Erde organisiert zu werden; um sie zu infizieren und zu beleben.

Und was den Erdgeist angeht, auch sein Name ist Legion. Es ist das Mana und der Prana der östlichen Metaphysik, der Schleier oder das universell formbare Medium der Okkultisten, die *anima mundi* der Alchimie. Seine heutigen Entdecker haben ihm alle ihre eigenen Namen gegeben, haben ihn animalischen Magnetismus, Od oder Orgonenergie genannt. Wilhelm Reich versuchte, ihn in Kisten aus Holz und Metall zu fangen, und August Strindberg jagte ihn mit einer Flasche flüssigen Bleiazetats auf dem Friedhof von Montparnasse.[375] Aber im Grunde ist er etwas ganz Einfaches, etwas drinnen in der Erde, vielleicht nicht mehr als ein Pulsschlag im Zusammenhang der Hauptsätze der Thermodynamik, der es unserem System, der Erde, dem Boden selbst, ermöglicht, geordnet zu bestehen.

»Als ob diese Erde in raschen, vollen Stößen« Leben in den Staub des Bodens hauchte.[114]

3. KAPITEL

Die Blüte
– Evolution

Jeder von uns ist ein mobiles Museum. Die Flüssigkeit in unseren Körpern ist eine perfekte Reproduktion jenes Urmeeres, in dem wir nach unserer Befreiung aus dem Lehm zur Reife gediehen. Die Konzentration von Natrium, Kaliumkarbonat und Chlorid in unserem Blut, der Kobalt, das Magnesium und das Zink in unseren Geweben sind die gleichen wie diejenigen, die einst im Urozean vorherrschten.

3.1
Das Meer
in jeder Zelle

Wir tragen diesen Ozean immer noch in uns herum, und dort ist er auf ewig gefangen, wie ein lebendes Fossil. Und in all diesen winzigen inneren Meeren vollziehen sich die gleichen alten Kämpfe noch weitgehend so, wie sie es vor drei Milliarden Jahren taten. Konkurrenz und Zusammenarbeit – und bisweilen gar regelrechter Krieg – finden zwischen Anordnungen organischer Verbindungen statt, und nur diejenigen, die über die größte Körperkraft oder den ausgeprägtesten Einfallsreichtum verfügen, die mit der hartnäckigsten chemischen Ausdauer überleben.

So verhalten sich die Dinge, und sie verhalten sich so schon seit sehr langer Zeit. Die Verbindungen, die unsere Stoffwechselbahnen herstellen, die Zucker und Fette, die Energie transportieren, die Aminosäuren, die unsere Proteine aufbauen, sind die besten, die die Zeit hervorbringen konnte. Sie sind die Sieger in einem Überlebenskampf, der schon fast ebenso lange währt wie die Erde besteht. Und in jeder Phase des Kampfes ist es den Siegern – denjenigen, die über einen neuen Trick oder Dreh verfügten – gelungen, infolge einer neuen Entwicklung den erlangten Vorteil für zukünftigen Gebrauch zu bewahren: durch die ersten Schutz-»Maschen«.[206]

Ohne Schutz hätten neugebildete Verbindungen nur fortfahren können, einander in rascher Folge und gegenseitig zu ersetzen, bis Sieger und Besiegte gleichermaßen von der Flut fortgespült worden wären. Es gab keine wirkliche Evolution, weder interstellare noch irdische, bis sich eine Art Schutzsystem gebildet hatte, das die hart erkämpften Vorteile vor Verlust und Verfall bewahrte. Am Anfang war dieses System wahrscheinlich sehr simpel. Vielleicht bestand es nur aus einer Ansammlung von Staubkörnchen, die vor kosmischer Strahlung einen gewissen Schutz boten. Später bedeckte vielleicht ein Schild oder eine Barriere die Teile eines neuen Polymers, die am meisten durch Hitze oder Schädigung gefährdet waren. Diese Funktion könnte sehr gut durch spezielle Struktur in einem Tonlager wahrgenommen worden sein. Doch als die Moleküle sich schließlich nach eigener Maßgabe zu replizieren lernten und in die Welt hinauswanderten, mußten sie etwas Anpassungsfähigeres, Elastischeres entwickeln – eben eine Membran.

Ohne Membran, ohne Zellwand, wäre wenig weitere Entwicklung möglich gewesen. Ohne Schutz all der wundersamen Maschinerie hätte es keine komplexer werdenden Anordnungen, keine Verfeinerungen, kein Wachstum durch »Versuch und Irrtum«, keinen Impuls gegeben, auf dem sich hätte aufbauen lassen. Die Wand isoliert einen kleinen Teil jenes Urozeans, der sich aus Urnebeln gebildet hatte und weiterhin »die gesamte Fläche des Erdbodens wässerte«. Sie trennte einen Fingerhut voll vom gesamten Rest ab, einen Bereich von weitaus handlicheren Proportionen, in dem eine gewisse Sicherheit herrschte.

Innerhalb dieser Grenzen hatten die frühen Polymere und Enzyme die Gewähr einer gewissen Kontinuität. Die Urmeere wurden plötzlich und auf Dauer genau in dem Zustand, in dem sie sich gerade befanden, konserviert. Durch die simple Maßnahme, einen winzigen Teil dieses Ozeans von seinem Hauptkörper abzusondern, wurden dieser Teil und sein Inhalt auf ewig gegen alle Umweltveränderungen geschützt, die seither stattgefunden haben. Eiszeiten kamen und gingen, Seen verschlammten und bildeten sich neu, und selbst die Luft hat sich verändert: Diese Urmeere aber bestehen weiter. Und in ihnen befindet sich ein archetypisches Wesen, der erste Reproduktionsfaktor. Immer noch treibt er die Dinge voran, trifft er sorgfältige Vorkehrungen, welche gewährleisten, daß die Wände Generation um Generation weiter aufrechterhalten werden. Quicklebendig stecken sie in jeder einzelnen Zelle, unsere Gründerväter, die unsterblichen Windungen der DNS.

Anfangs waren die frühen Replikatoren wie alles andere auch dem hektischen Wirrwarr der offenen Konkurrenz ungeschützt ausgesetzt. Doch dann bildeten sich die Zellwände, und sie schwammen in ihren privaten Planschbecken, geschützt durch Schranken aus Protein. Jedes Becken beherbergte seinen eigenen Replikator. In der Tat scheint die Schlußfolgerung unumgänglich, daß sie selbst es waren, die die Zellwände erfanden, die die Schranken zu ihrem eigenen Schutz entwarfen und errichteten. Sie bauten sich Vehikel, die ihren Fortbestand sicherten, Überlebensmaschinen für sich selbst, in denen sie lebten.

Die ersten dieser Vehikel bestanden wahrscheinlich aus nichts anderem als jener Membran, doch mit der Zeit und in Reaktion auf verschiedenartigen Umweltdruck wurden die Überlebensmaschinen immer mehr verfeinert. Bis wir heute, vier Milliarden Jahre später, über das gesamte Rüstzeug der Evolution verfügen. Und was ist aus jenen frühen Architekten geworden? Der Ethologe Richard Dawkins meint: »Sie starben nicht aus, denn sie sind unübertroffene Meister des Überlebens. Doch dürfen wir sie nicht frei im Meer umhertreibend suchen; diese ungezwungene Freiheit haben sie seit langem aufgegeben. Heute drängen sie sich in riesigen Kolonien, sicher im Inneren gewaltiger, schwerfälliger Roboter, hermetisch abgeschlossen von der Außenwelt; sie verständigen sich mit ihr auf gewundenen, indirekten Wegen, manipulieren sie durch Fernsteuerung. Sie sind in dir und in mir, sie schufen uns, Körper und Geist; und ihr Fortbestehen ist der letzte Grund unserer Existenz. Sie haben einen weiten Weg hinter sich, diese Replikatoren. Heute tragen sie den Namen Gene, und wir sind ihre Überlebensmaschinen.«[125]

Es fällt nicht leicht, sich mit der Vorstellung vertraut zu machen, daß wir in dieser Weise im Besitz anderer, verpachtet und besetzt sein sollen. Das geht uns Menschen gegen den Strich. Das Muster an Vollkommenheit im Tierreich nichts weiter als ein Taxi für eine Horde Chemikalien? Lächerlich! Und doch ist das Beweismaterial gewichtig und unzweideutig. Wir sterben, aber das Gen stirbt nicht. Es wird nie alt, sondern springt die ganze Generationenfolge hinunter von Körper zu

3.2
Lebewesen =
Überlebens-
maschinen
für Gene?

Körper. Es manipuliert jede dieser Generationen gemäß seinen eigenen Zwecken und hinterläßt entlang der »Autobahn« der Evolution eine lange Abfolge aufgegebener Fahrzeuge, die dort liegenbleiben und verrotten, bis ein anderer Gen-Passagier vorbeikommt und sich von den übriggebliebenen Teilen etwas herauspickt, um sich eine bessere Gen-Maschine zu bauen.

Diese Sichtweise der Genetik hat schon vor langem ihre Ausprägung in Samuel Butlers berühmter Beobachtung gefunden, daß »das Huhn nur das Mittel eines Eis ist, ein anderes Ei herzustellen«.[113] Der Körper ist nur das Mittel eines Gens, ein weiteres Gen zu erzeugen. Ein Organismus lebt nicht um seiner selbst willen. Seine primäre Funktion besteht noch nicht einmal darin, andere Organismen von der gleichen Art zu produzieren, sondern Gene zu replizieren, denen er als zeitweiliges Vehikel dient.

Und wie steht es um den freien Willen? Welchen Stellenwert hat das Individuum in der ganzen Angelegenheit? Bin ich nicht einzigartig, und habe ich nicht eine besondere Schicksalsbestimmung? Bis zu einem bestimmten Punkt: ja. Aber das Leben, selbst des größten Individuums, ist kurz, und was danach kommt, ist unauflöslich vermischt mit dem Leben der Partnerin, die man hat. Meine Kinder sind nur zur Hälfte die meinen, und die Enkel schon nur noch zu 25 Prozent. Das Beste, auf das ich hoffen kann, ist eine große Zahl an Nachkommen, von denen jeder einen kleinen Anteil von mir in sich hat sowie ähnlich kleine Teile einer großen Anzahl anderer Leute. Das Individuum selbst hat keine Zukunft. Wir sind bloß flüchtige Wesen. Selbst unsere Chromosomen, die uns an die Hand gegeben sind und auf die wir so übermäßig stolz sind, sind vergänglich. Bei jedem neuen Kartenausteilen geraten sie mehr in Vergessenheit. Nur die Karten selbst bleiben dieselben. Die Karten sind die Gene, und die Gene sind ewig.

In einem gewissen Sinne versagt das Gen dem Individuum sogar jedwede reale Existenz.

Ihr Körper besteht aus etwa 60 Milliarden Zellen, und jede einzelne von ihnen enthält eine Auswahl an genetischem Material. Einen kompletten Entwurf, um Sie noch einmal herzustellen, getreu bis ins letzte Detail. Diesen Satz von Plänen nennt man Genotypus, und die Ausformung der darin enthaltenen Instruktionen, den individuellen Organismus Phänotypus.

Es ist schwer, etwas so Komplexes wie einen Menschen in einfachen Begriffen abzuhandeln. Stellen wir uns daher vor, der Phänotypus, mit dem wir uns beschäftigen, sei ein Stein. Ein ganz gewöhnlicher ovaler Kieselstein, der im Bett eines Bergbaches liegt. Die Umwelt, in der der Stein sich befindet, ist durch das Wasser gegeben, das endlos vorbeifließt. Stellen wir uns weiter vor, die Charaktermerkmale des Steins seien bestimmt durch eine Struktur von Atomenergie, die seine Materie in einer bestimmten Form zusammenhält. Dies Muster, diese Struktur ist der Genotypus, in ihm liegt der Plan für den Stein. Den Genotypus können wir normalerweise nicht sehen. Das einzige, was wir wahrnehmen, ist die Form des Steins, sein Umriß, der bezeichnet ist durch Punkte, an denen das rasch fließende Wasser durch die Einwirkung von etwas, das ihm im Weg liegt, in wilde Wirbel geworfen wird.

Aber das ist nur ein Teil der Geschichte des Steins. Alle möglichen Einflüsse – der Anprall der Wellen, Temperatur- und Druckschwankungen, Formen des Energieaustauschs –, die unsichtbar sind und sich auch mit dem ausgefeiltesten Methoden vielleicht gar nicht messen lassen, wirken auf die Struktur des Steins ein. Uns bleibt nur die oberflächliche Wahrnehmung. Die Form des Steins, sein Phänotypus, ist in der Tat eigentlich nichts mehr als ein bequemer Begriff zur Beschreibung eines ziemlich schlecht umschriebenen Teils der Umwelt. Jenes Teils, in dem gerade die intensivsten Reaktionen zwischen der Umwelt und dem Genotypus stattfinden. Es ist ein Grenzbereich, ein Ort des Flusses und Wandels, an dem nichts gewiß ist und Realität nur von Augenblick zu Augenblick besteht. T. S. Eliot hat gesagt: »Das Tatsächliche ist tatsächlich nur für einen Moment in der Zeit und nur für einen Ort.«[163] Sofern man ihm überhaupt eine Bedeutung zuschreiben kann, ist das Individuum, das Einzelwesen nur von momentaner Bedeutung.

Dies ist vielleicht eine extreme Sichtweise, die gleichermaßen auf jedes einzelne Molekül der DNS zutrifft, dessen Leben sich in Monaten messen läßt. Aber die DNS ist der Replikator, der so oft als nötig exakte Kopien von sich selbst herstellt und theoretisch fünf Milliarden Jahre oder länger fortbestehen kann. Die DNS ist einzig dadurch eingeschränkt, wie weit ihr Erfindungsreichtum im Entwerfen von Vehikeln reicht, in denen sie unter allen Umständen überleben kann. Laut Dawkins: »Ein Affe ist eine Maschine, die für den Fortbestand von Genen auf Bäumen am Leben verantwortlich ist, ein Fisch ist eine Maschine, die Gene im Wasser fortbestehen läßt, und es gibt sogar einen kleinen Wurm, der für den Fortbestand von Genen in deutschen Bierdeckeln sorgt. Die DNS agiert recht mysteriös.«[125] Aber wir beginnen die Regeln des Spiels zu begreifen.

Um zu beginnen: Es ist nicht sinnvoll, sich die Gene als bewußte Wesen vorzustellen. Sie haben kein unmittelbares Wissen von uns und voneinander. Sie wissen nicht, daß sie in die Evolution einbezogen sind, sie schmieden keine Pläne für die zukünftige Entwicklung oder erträumen auch nicht neue Überlebensstrategien. Sie existieren einfach. Aber sie sind ungemein gesellig und finden sich zu Tausenden zusammen, um eine ihrer Maschinen auf ein bestimmtes Ziel hinzulenken. Und das gelingt ihnen, weil sie nach dem Prinzip der natürlichen Auslese operieren.

Seit Darwin und Wallace 1858 die Aufmerksamkeit auf sie gelenkt haben, ist sehr viel über die natürliche Auslese geschrieben worden, doch ist sie bestenfalls unzulänglich begriffen worden. Sie basiert auf dem Umstand, daß sich jede gegebene Population von Organismen durch Abweichungen auszeichnet. Und auf der Annahme, daß einige dieser Varianten auf Kosten anderer überleben werden. Sie sind besser an die Gegebenheiten angepaßt und werden sich daher erfolgreicher fortpflanzen. Aus diesem Grund sagt man von den erfolgreichen Varianten, sie würden durch einen natürlichen Prozeß selektiert. Der letztendlich einen evolutionären Wandel, eine beständige Modifikation innerhalb der Art bedingt. Doch diese kühne Behauptung, hinter der die meisten Biologen stehen, besagt nichts über den Verfeinerungsgrad innerhalb des Mechanismus oder über die feinsinnigen Kontrollen und Gleichgewichtsregulierungen, die er vornimmt. Man muß ihn dazu in Aktion sehen.

Hoch in den Rätischen Alpen in der Schweiz, im Oberengadin, gibt es einen herrlichen Lärchenwald. Normalerweise wachsen diese Nadelbäume in Form blaßgrüner Pyramiden bis hinauf an die Baumgrenze, aber einmal alle sieben oder acht Jahre werden ihre Nadeln infolge einer Bevölkerungsexplosion der *Zeiraphera griseana,* der grauen Lärchenmotte, braun- und kahlgefressen. In den letzten 20 Jahren haben ortsansässige Biologen sich intensiv bemüht, den Lebensverlauf dieser Motte zu erforschen, und unlängst ist ihnen eine faszinierende Entdeckung gelungen.[111] Die Eier schlüpfen im Mai, und die Larven ernähren sich von den Nadeln der Lärche, wobei sie in ungefähr 50 Tagen fünf Wachstumsstadien durchlaufen. Dann lassen sie sich zu Boden fallen, verpuppen sich auf dem Waldboden und schlüpfen 30 Tage später als erwachsene Tiere. Die graubraunen Motten leben fünf Wochen lang, legen unter schützenden Flechten auf der Rinde ihrer Wirtsbäume ihre Eier ab und sterben schließlich gegen Ende September.

Nichts besonderes an diesem Zyklus – aber was ihn außergewöhnlich macht, ist der Umstand, daß die Spezies in zwei klar unterscheidbaren Formen vorkommt, die die gleiche Entwicklungsabfolge im selben Waldstück zur selben Zeit durchlaufen. Die beiden Formen sind mit den Namen »Stark« und »Schwach« bezeichnet worden, und sie lassen sich anhand ihrer Stoffwechselumsätze unterscheiden. Die Varietät Stark bringt Raupen hervor, die kräftig zappeln, mehr fressen, weiter wandern und größer werden als ihre Schwachen Vettern. Die starken Motten fliegen häufiger und weiter, und sie legen mehr Eier mit einer höheren Erfolgsrate im Hinblick auf Überwintern und Schlüpfen.

Nach allen Regeln der natürlichen Auslese müßte die Varietät Schwach längst ausgestorben sein, doch die Forscher haben herausgefunden, daß die Schwachen eine Geheimwaffe besitzen. Mit ihrem weniger üppigen Stoffwechsel geht eine angeborene Resistenz gegen ein Granulosevirus einher, das in latenter Form in den Körpern aller Angehörigen der Art vorkommt. Und einmal alle sieben Jahre, wenn die Starken sich so üppig vermehrt haben, daß die Lärchen braun werden, übt die Bevölkerungsdichte ungewöhnlichen Druck auf die Insekten aus, und die kräftigen Motten erliegen dem Streß und der Viruskrankheit und sterben fast alle.

Dann treten im Engadin die Schwachen Erbe und Herrschaft an, aber auch sie werden in Schach gehalten durch eine parasitäre Wespe. Diese Wespe legt ihre Eier auf den Rücken von Mottenlarven ab, die in der Schwachen Varietät nicht stark genug sind, sich dagegen zu wehren. So beginnt der Zyklus von neuem mit dem höheren Fortpflanzungspotential und den größeren Verbreitungsfähigkeiten des Starken Typus, der nach und nach seine Überlegenheit in Hinsicht auf die Zahl wiedergewinnt, bis es erneut zur Bevölkerungsexplosion und zum Zusammenbruch kommt.[30]

Der springende Punkt an dieser Geschichte ist der, daß es zu dieser bemerkenswerten Kooperationssituation nie hätte kommen können, wenn die natürliche Auslese einzig für das Überleben der Stärksten sorgen würde. Eine oder beide Formen dieser Motte wären dann schlicht ausgestorben. Aber der Evolution geht es nicht um ihre Überlebensmaschinen, sondern sie wird einzig und letztlich nur durch die selbstsüchtigen Interessen der Gene bestimmt, die für die Spezies als Ganzes verantwortlich sind. Und solange der Genotypus erhalten bleibt, ist es diesen ichbezogenen Chemikalien vollkommen gleichgültig, welches Vehikel sie gerade transportiert, Hauptsache, sie kommen voran. Letztendliches Ziel und Zweck der Gene ist schlicht ihr eigenes Überleben.

3.3
Die Gene als
Superpro-
grammierer
ihres
biologischen
»Roboters«

Dawkins meint, die vom Gen ausgeübte Art der Kontrolle sei ähnlich der eines Programms, wie es benutzt wird, um einen Computer Schach spielen zu lassen.[125] »...ein Schachspielprogramm macht nicht viel Aufhebens davon, welchen materiellen Computer es benutzt, um seine Fähigkeiten zu zeigen.« Und ist das Programm erst eingegeben, wird der Computer sich selbst überlassen. Es erfolgt kein weiterer Eingriff außer dem, daß der Gegner, die Umwelt, seine Züge eintippt. Da es mehr mögliche Schachpartien gibt als Atome im Universum, ist es auch dem besten denkbaren Programm nicht möglich, alle wahrscheinlichen Züge zu antizipieren. Und es wäre gleichermaßen absurd, vom Computer zu erwarten, daß er sämtliche durch jede neue Stellung eröffneten Konfigurationen durchprobiert. Die Welt wäre an ihrem Ende, bevor der Computer die Liste auch nur zur Hälfte durchgespielt hätte. Das Höchste, was ein Programm leisten kann, besteht also darin, daß es dem Computer die Grundzüge des Spiels beibringt und ein paar Hinweise zu Strategie und Spieltechnik hinzufügt.

Die Gene können einzig im voraus ein Überlebensprogramm entwickeln. Dann können sie nur noch passiv in dieser »Rettungskapsel« hocken und es dem organischen Vehikel überlassen, alles übrige auf eigene Faust zu erledigen. Die Gene bauen sich selbst einen ausführenden Computer und programmieren ihn im voraus »mit Regeln und Ratschlägen, damit er es mit so vielen eventuellen Situationen aufnehmen kann, wie sie nur voraussehen können. Doch wie das Schachspiel, bietet auch das Leben zu viele verschiedene eventuelle Möglichkeiten, als daß sie alle vorausgesehen werden können.« Ähnlich dem Schachprogramm »müssen auch die Gene ihre Überlebensmaschinen nicht in spezifischen Fragen, sondern in den allgemeinen Strategien und Listen des Metiers Leben ›einweisen‹«.[125]

Das ist eine sehr langsame und ziemlich mittelbare Art der Kontrolle, die aber nichtsdestoweniger sehr tiefgreifend und wirksam ist. Die Gene gehen ein Wagnis ein mit jedem Programm, das sie entwickeln, denn sie können unmöglich alle Schwierigkeiten vorhersagen, in die jeder einzelne Computer mit Wahrscheinlichkeit gerät. Aber das Hasardspiel zahlt sich insgesamt aus, weil die Gene nur am Endergebnis interessiert sind. Sie setzen auf Gesamtgewinn am Ende einer langen Spielfolge. Also wägen sie ihre Chancen ab und setzen dementsprechend. Und die Spieler, die gewinnen, setzen weiter im nächsten Spiel. In der natürlichen Auslese bekommen die Gewinner alles.

Natürlich unterscheiden sich die Strategien ganz erheblich je nach Einsatz, Chancen und Gewinn. Ist der Gewinn hoch, kann es sich lohnen, eine große Investition zu wagen. »Ein Spieler, der sein gesamtes Hab und Gut auf eine Karte setzt, kann nur eine Menge gewinnen. Er kann auch nur eine Menge verlieren; im Durchschnitt sind jedoch Spieler, die mit hohem Einsatz spielen, nicht besser und nicht schlechter daran als andere Spieler, die mit niedrigeren Einsätzen um niedrigere Gewinne spielen.«[125] Das menschliche Männchen und die Auster sind in der Fortpflanzungsphase ihrer Spiele niedrig wettende Spieler. Beide werfen einen Nebel aus Millionen winzigen Samen aus und überlassen ihn den Launen der Gezeiten. Das menschliche Weibchen dagegen ist ein Spieler, der um hohe Einsätze wettet. Sie riskiert ihr gesamtes Fortpflanzungspotential in einem einzigen Einsatz eines Eis. Im Durchschnitt indessen neigen die Dinge zum Ausgleich, gegeben im Überleben annähernd eines neuen Menschen und einer neuen Auster.

Die Gene diktieren die Art, in der die Maschinen aufgebaut, und die Weise, in der sie betrieben werden. Bei ihnen liegt die letztliche Macht über das Verhalten. Doch da sie möglicherweise eine Generation lang warten müssen, um die Auswirkungen ihrer Steuerung und Kontrolle bewerten zu können, muß das einzelne Gen in unablässiger Folge Augenblicksentscheidungen treffen, was als nächstes zu tun ist. Die Gene geben die politischen Richtlinien und Anweisungen, wir sind ihre Ausführungsorgane. Doch mit dem Fortschreiten der Evolution ist der Exekutivapparat immer verästelter und komplizierter geworden, und das Management ist dazu übergegangen, immer mehr Entscheidungen auf eigene Faust zu treffen. Nervensysteme habe sich auf ein Niveau entwickelt, auf dem Lernen, Erinnern und Modellplanung möglich geworden sind; und sie übernehmen viele der politischen Entscheidungen. Und die logische Schlußfolgerung aus diesem Trend würde für die Gene lauten, eine sehr ausgeklügelte Überlebensmaschine mit nur einer einzigen, alles umfassenden Instruktion auszusenden: »Tue, was immer du für das Beste erachtest, um uns am Leben zu erhalten.« Aber keine Spezies auf der Erde hat bislang dieses Entwicklungsniveau erreicht.

Jedes Kriechwesen nach seiner Art: Wir alle werden mehr oder weniger durch einen Stellvertreter regiert: durch eine Dreibuchstabengottheit, die wir DNS nennen.

Der Sitz unserer Regierung, der Schrein unseres Gottes ist leicht zu sehen. Im Frühstadium der Entwicklung jeder einzelnen Zelle gerinnen das genetische Material und einige spezifische Proteine zu Fäden, die sich in einem Knäuel in der Nähe der Zellmitte ansiedeln.

Die Substanz in den Fäden nimmt leicht chemische Farbstoffe an und ist daher »der farbige Stoff« – Chromatin – genannt worden. Die Fäden selber sind die Chromosomen. Jedes von ihnen enthält Unmengen Informationen, genaue Anweisungen darüber, wie ein Organismus – etwa ein Mensch – aufzubauen und zu programmieren ist. In der gleichen Weise, in der die Zelle von ihrer Umgebung abgeschnitten ist, trennt auch eine Membran diese kleine »Informationsbibliothek« von der übrigen Zelle. Außerhalb der Membran ist das Zytoplasma, das Grundmaterial der Zelle mit verschiedenen kleinen Einschlüssen; und in ihr liegt der Zellkern, das innere Ka-

binett, in dem auf höchster Ebene die politischen Richtlinien-
entscheidungen getroffen werden.

Es trägt vielleicht ein bißchen zum Verständnis dazu bei,
wie etwas so vergleichsweise Einfaches wie Nukleinsäure so
weitreichende Wirkungen haben kann, wenn wir einmal kurz
betrachten, wie es dazu gekommen ist, daß die Nukleinsäure
sich dort im Mittelpunkt der Dinge angesiedelt hat.

Legen wir einen dünnen Mantel, eine Hülle aus Protein um
einen Strang DNS, erhalten wir ein Virus, das einfachste Bei-
nahe-Lebewesen, das wir uns vorstellen können. Und wenn
wir nun eine Anzahl dieser Selbstreplikatoren im Urozean
freilassen, haben wir bald eine sehr große Anzahl von ihnen.
Mit der Zeit haben wir dann nur noch sie, denn es bestehen
alle Chancen, daß die Viren in ihrer Zielstrebigkeit alle verfügbaren Rohmaterialien aufbrauchen, um weitere Angehörige ihrer eigenen Art herzustellen. Schließlich müssen sie in
einer Welt, in der es außer ihnen selbst nichts gibt, anfangen,
voneinander Notiz zu nehmen. Dabei sind drei Arten von Interaktion möglich. Entweder konkurrieren sie gegeneinander,
oder sie fressen sich gegenseitig auf, oder sie kooperieren. Ein
Virus kann andere hemmen, um so zuerst an Nahrung zu
kommen. Es kann andere Viren wie Nahrung behandeln und
Methoden entwickeln, sie aufzubrechen und zu verzehren.
Oder es kann mit ihnen zusammenarbeiten, um Zugang zu
neuen Materialien zu erlangen, indem sie Resultate erzielen,
die keines von ihnen allein erzielen könnte. Alle diese Reaktionen haben mit Sicherheit im frühen Ozean stattgefunden,
aber die beiden ersteren haben die Krise nur aufschieben können, so daß die Evolution letztendlich von einer Art Kooperation abhing. Von einer Urform des Zusammenlebens. Es gibt
immer noch Viren, die sich in dieser Weise verhalten.

Peyton Rous isolierte 1910 in einem Tumor, der in einer
Plymouth-Rock-Henne gewachsen war, ein Virus und fand
heraus, daß es einen ähnlichen Krebs erzeugte, wenn es Küken eingespritzt wurde. Dies war der erste Nachweis, daß ein
Virus an bösartigen Wucherungen auslösend beteiligt sein
konnte, und die Entdeckung löste in der Gemeinde der Krebs-
forscher großen Wirbel aus. Doch ließ das Interesse wieder
nach, als man herausfand, daß das Roussche Sarkomvirus
(RSV) bei keinem anderen Tier als dem Huhn Krebs auslöste.

Der Grund dafür wurde erst 1964 offenkundig, als Harry Rubin in Berkeley feststellte, daß tatsächlich nicht einmal das RSV Tumoren induzieren konnte, nicht einmal bei Hühnern.[467] Zumindest nicht ohne Unterstützung. Indem er eine Kultur auflöste, bis keine RSV mehr übrig waren, entdeckte Rubin, daß doch noch etwas da war. Ein anderes Virus, ein blinder Passagier, der heute als Rous Associated Virus (RAV) bezeichnet wird, kroch zusammen mit den RSV in die Hühnerzellen. Aus eigener Kraft konnte das RAV nicht in die Wirtszellen gelangen, es war gleichermaßen hilflos, aber es ist überaus ritterlich. Das RSV konnte ohne Hilfe in die Wirtszelle eindringen, konnte sich aber dort nicht reproduzieren. Es war chemisch außerstande, zusätzliche Proteinhüllen zu entwickeln. Also lieh das RAV dem RSV seinen Mantel. Gemeinsam haben sie in der Krebsbranche große Erfolge erzielt, und inzwischen hat die Forschung begonnen, mißtrauisch alle möglichen anderen Assoziationen zwischen ansonsten völlig unschädlichen Substanzen zu untersuchen.

Zusammenleben zum gegenseitigen Nutzen – gemeinhin Symbiose genannt – ist die bestmögliche Weise, dramatische evolutionäre Sprünge zu vollbringen. Bei keinem der beteiligten Partner erforderte die Symbiose grundlegende Wandlung im Genotypus, und doch führt sie zu einer Vergesellschaftung, die beide Beteiligten in ein ganzes Feld neuer Situationen stellt und neue Möglichkeiten fürs Überleben und fürs Wachstum bietet. Es ist kein Zufall, daß unter allen komplexen Organismen heute auf der Erde die Gruppe, der die hartgesottensten Pioniere angehören – diejenigen, die sich als erste in den widrigsten Umwelten der Erde ansiedeln –, die Gruppe der Symbionten ist. Man findet sie auf Gestein zwischen dem ewigen Schnee auf Berggipfeln, auf zutage tretenden Gesteinsschichten nicht weit von den Polen entfernt, und auf dem sonnengebratenen Wüstenboden, der zu heiß ist, als daß man ihn mit der Hand anfassen könnte. Man hat sie sogar in flüssigen Sauerstoff (−183° Celsius) getan oder sechs Jahre lang im Vakuum aufbewahrt, und doch haben sie überlebt. Es handelt sich um die »natürlichen Kunststoffe«, die wir Flechten nennen.

Wir kennen über 15 000 Arten Flechten, die jede ihren charakteristischen Phänotypus, ihre eindeutige Form, Farbe und

Größe besitzen; doch in gewissem Sinne sind sie alle illusionär.[331] Sie besitzen keine unabhängige biologische Realität, sondern setzen sich aus zwei klar unterschiedenen Pflanzen zusammen. Die eine ist eine Alge, eine winzige Art von Meerespflanze, die ihre eigene Nahrung durch Photosynthese herstellt. Und die andere ist ein Fungus, ein Pilz oder Parasit, der von anderen Organismen leben muß. Die beiden gemeinsam bilden ein drittes Lebewesen, das in Erscheinung und Lebensvollzug von seinen Bestandteilen völlig verschieden und an Umwelten angepaßt ist, in denen keine allein überleben könnte. In der Tat ist der Pilzpartner hinsichtlich seiner Ernährung vollständig von der Alge abhängig und kommt außer als Mitglied seiner kraftvollen Symbiosegemeinschaft nirgendwo in der Natur mehr vor.[1] Die Algen können allein leben, was einige von ihnen auch noch tun, aber sie profitieren von der Gemeinschaft, indem diese ihnen Schutz vor Strahlung, Austrocknung und mechanischer Verletzung bietet. Gemeinsam besitzen sie eine an Wunder grenzende Widerstandkraft. Manche Kolonien werden älter als 2000 Jahre und klammern sich gleich Altersflecken an nacktes Gestein.

Botanikern ist es gelungen, die beiden Komponenten im Labor zu trennen und sie unabhängig voneinander zu kultivieren; doch umgekehrt ist es überaus schwierig, eine Flechte neu zusammenzusetzen und funktionsfähig zu machen. 1966 gelang es Vernon Ahmadjian an der Universität Worchester, eine strauchartige Flechte dazu zu veranlassen, sich neu zusammenzufinden, indem er die beiden Bestandteile soweit aushungerte, bis sie gezwungen waren, sich zu verbinden, um zu überleben.[2] In der Natur gibt es bestimmte Arten Pilze, die in einer Art Versuchsehe in engem Kontakt mit Algenkolonien leben, und vielleicht hat die natürliche Auslese unter Zuhilfenahme einiger Härten auf solche Assoziationen zurückgegriffen, um die Symbiose herbeizuführen.

Und es erscheint wahrscheinlich, daß Umweltdruck von eben dieser Art auf die einfachsten Organismen diese zur Zusammenarbeit in neuer und produktiverer Weise veranlaßt hat.

Wie auch hinsichtlich der Theorien über den Ursprung der ersten Replikatoren gibt es viele Vorstellungen über die Entwicklung der derzeitigen komplexen Pflanzen- und Tierreiche. Die klassische Theorie dazu geht davon aus, daß ein früher Organismus seine eigene Nahrung herzustellen gelernt hat und daß dies pflanzenähnliche Bakterium sich nach und nach zu den Pflanzen weiterentwickelt hat; wobei irgendwo entlang des Wegs einige Zellen ihre Fähigkeit der Nahrungsproduktion wieder verloren und sich zu Pilzen und Tieren entwickelten.

Lynn Margulis von der Yale-Universität bezeichnet diesen Ansatz als den »botanischen Mythos«.[362]

Sie hält Mutation und natürliche Auslese als Auslöser der schrittweisen Entwicklung der meisten heutigen Organismen durchaus für möglich, meint aber, sehr weit unten im Stammbaum der Evolution gebe es eine grundlegende Diskontinuität, die sich unmöglich auf diese Weise erklären lasse. »Jede Form von Leben auf der Erde – Eiche und Elefant, Vogel und Bakterie – hat mit jeder anderen Form gemeinsame Vorfahren. Dieses Faktum ist durch mehr als ein Jahrhundert Evolutionsforschung schlüssig bewiesen worden. Zugleich gehört jedes Lebewesen in erster Linie der einen oder der anderen von zwei Gruppen an, die sich gegenseitig ausschließen.«[363] Die Kluft, um die es hier geht, ist groß und besteht nicht nur zwischen Tieren und Pflanzen, die in der Tat vieles gemeinsam haben, sondern zwischen allen fortgeschrittenen Zellorganismen und der Gruppe der Einfachen, die sich aus Bakterien und Blaugrünalgen zusammensetzt. Zwischen den Besitzenden und Nichtbesitzenden. Zwischen denen, deren Zellen Kerne besitzen, und denen, deren Zellen kernlos sind.

Die Zellen aller fortgeschritteneren Organismen – von Palmenbäumen wie von Menschen – sind größer, verfügen über Sexualsysteme, brauchen zum Leben Sauerstoff, entwickeln sich gemeinhin zu vielzelligen Zusammenschlüssen und besitzen einen Kern aus DNS, der von seiner eigenen schützenden Membran umgeben ist. Man nennt sie eukaryotische Zellen; dieser Name setzt sich aus zwei griechischen Wortstämmen zusammen und bedeutet schlicht, sie »haben einen echten Kern«. Die Zellen der Bakterien andererseits sind kleiner, verfügen nicht über Sexualsysteme, werden vielfach von Sauerstoff getötet, entwickeln selten vielzellige Strukturen und besitzen keinen Kern. Sie werden prokaryotische Zellen genannt – sie sind Zellen in einem »Vor-Kern«-Stadium.[541]

Margulis meint, im Präkambrium – also vor mehr als sechs-

3.5
Job-Sharing
in der Zelle

hundert Millionen Jahren – seien die Meere und Seen, der Boden und die Luft von einer Vielfalt von Organismen besiedelt gewesen, die ausschließlich den Prokaryoten angehörten. Keiner hatte Kerne, und alle hingen ziemlich weitgehend von der Nahrung ab, die die verbreiteten Blaugrünalgen produzierten, die als einzige Photosynthese praktizierten. Als die Nahrung knapp wurde, entwickelten sich viele verschiedene Arten von Beziehungen zwischen den Mikroben, und eine Folge von gemeinsamen Anstrengungen ließ schließlich die Eukaryoten entstehen. Margulis meint, daß die heute allen fortgeschrittenen Lebewesen gemeinsamen Zellen, sei es nun Sperma oder ein Spermwal, aus einem komplexen Gemeinwesen dreier solcher früher Prokaryoten bestehen, die nun dauernd zusammenleben und zusammenarbeiten.

Die drei, an die sie dabei denkt, sind 1. der Kern, der unsere DNS enthält; 2. die Mitochondrien, die Einschlüsse in unseren Zellen sind, die die Weise steuern, in der wir Sauerstoff verarbeiten; und 3. die Zilien, winzige geißelartige Gebilde, die manche unserer Zellen beweglich machen und andere in vielfältiger Weise sensitiv. Im Endeffekt sind diese drei Bestandteile das Gehirn, das Herz und eine Kombination von Beinen, Armen und Sinnesorganen der heutigen Zelle.

Das Sichzusammenfinden hat anscheinend mit einfachen Sauerstoff atmenden Bakterien begonnen, die ihren Wohnsitz in umhertreibenden Stückchen Eiweiß aufschlugen. Für sich genommen, hatte keiner der Beteiligten nennenswerte Folgen gezeitigt; gemeinsam jedoch bildeten sie zielgerichtete und klar unterscheidbare Zellen, etwa von der Art einer heutigen Amöbe. Anfangs war ihre Beziehung ein reines Arbeitsverhältnis, und sie blieben zusammen, um ihren Lebensunterhalt zu bestreiten. Doch dann begannen die Partner – das Protein und das Bakterium – ihre Gemächer neu zu dekorieren. Sie kamen zusammen wie die pflanzlichen Teilhaber in einer Flechte und brachten etwas völlig Neues hervor. Die Idee stammte offenbar vom Seniorpartner, denn zunächst bauten sie eine Wand, um seiner DNS ein Privatkontor zu geben. Dies ist das innere Heiligtum, das wir heute als Kern bezeichnen, und der Juniorpartner, seines Zeichens das Mitochondrium, wurde an einen Schreibtisch im äußeren Büro relegiert, wo er heute noch ein Auge auf den Brennstoff- und Energieverbrauch hält.[103]

Wahrscheinlich ist diese mit Kern ausgestattete frühe
Amöbe zu einem der größten Unternehmen am Ort geworden, ist durch die Ozeane getrieben und hat alle kleinen Kon-
zerne aufgeschluckt, auf die sie stieß. Bis sie sich schließlich
ein anderes Unternehmen einverleibte, das zu gut war, um
bloß als Rohstoffquelle aufgebraucht zu werden, und bis die
Amöbe sich entschloß, dies neuerworbene Unternehmen in
einer nützlichen und sinnvollen Weise vollständig ins eigene
System einzubauen. Margulis mutmaßt, es habe sich dabei um
eine andere Art von Bakterium gehandelt, eine zappelige
kleine Mikrobe in der Form eines Korkenziehers ohne Griff,
die in die Transportabteilung der Firma eintrat.[364] Sie heftete
sich selbst wie ein Propeller an die Außenwand, so daß der gesamte Konzern, statt sich weiter träge treiben zu lassen, nun
auf der Suche nach neuen und größeren Märkten rasch durchs
Wasser schwimmen konnte.

Sollten Sie meinen, diese ganze Idee sei ziemlich weit her-
geholt, steht Ihnen eine Überraschung bevor: Es gibt heute
noch ein Lebewesen, das in sehr weitgehenden Zügen dieser
frühen Kooperative entspricht.

Die meisten Pflanzen können aufgrund struktureller Trage-
balken aus Zellulose und Lignin aufrecht stehen. Alles, was
sich von Pflanzen ernährt, muß irgendwie mit diesen festen
Substanzen fertig werden, und viele Pflanzenfresser sind daher dazu übergegangen, große Mengen zu fressen, um die geringen Nährstoffmengen zu bekommen, die sie benötigen. Die
Raupe des Weidenbohrers *Cossus cossus* bohrt sich in die
Rinde von Ulmen und vergrößert sich im Laufe von drei Jahren auf das 72 000fache, aber sie muß eine riesige Menge
Holz fressen, um dies zu bewerkstelligen. Setzt man die Ul-
menkost ab und gibt ihr etwas Nahrhafteres, etwa rote Beete,
so reift sie innerhalb einiger Monate heran.[278] Dies Ernäh-
rungsverhalten ist eindeutig verschwenderisch, sowohl für den
Bohrer wie für die Ulme, und so haben viele Tierarten nach
Wegen gesucht, dies Problem zu umgehen. Niemand hat bisher Mittel und Wege gefunden, mit Lignin fertig zu werden,
aber es gibt einige Bakterien, die gelernt haben, Zellulose auf-
zuspalten, und viele Insekten stellen diese fleißigen Arbeiter in
Vergärungsfabriken an. Die Termiten sind die besten bekannten Arbeitgeber, und viele Termitenarten haben die hinteren

Teile ihres Verdauungsapparats völlig an eine ganze Reihe von Symbionten abgetreten, die nichts anderes tun als Zellulose zu verarbeiten, die die Insekten herbeischaffen, indem sie Bäume und Häuser niederreißen. Mit Hilfe ihrer Angestellten können manche Termiten sogar von einer reinen Zellulosekost, etwa Löschpapier, leben.

Bei der australischen Termite *Mastotermes darwiniensis* haben die Symbionten eine Arbeiterkooperative unter Leitung der *Mixotricha paradoxa* gebildet.[75] Das Unternehmen ist als geißelförmiges Protozoon klassifiziert, als schnell schwimmender, einzelliger Organismus, der scheinbar mit winzigen Haaren besetzt ist, die rhythmisch schlagen, um ihn vorwärts zu bewegen. Aber der paradoxe Artname ist auch das einzige, was dieses Kombinat vor Verfolgung nach dem Berufsbezeichnungsgesetz schützt, denn es ist kein gewöhnliches einzelliges Tier.

Ein genauerer Blick auf die wellenschlagenden Ruder auf den *Mixotricha* erweist, daß sie tatsächlich verlängerte Bakterien sind, die an die Oberfläche der Kolonie geschirrt sind und es ihr ermöglichen, in gerader Linie mit konstanter Geschwindigkeit durch die Flüssigkeit im Darm einer Termite zu gleiten, bis sie auf einen Zellulosesplitter stößt.[226] Dann tritt ein anderer Teil des Kombinats in Aktion. An der Basis jedes Ruders ist ein Loch von genau der richtigen Größe und Form, um ein anderes Bakterium zu beherbergen: In diesem Fall ein ovales, das anscheinend die Bewegung zu koordinieren hilft, die jede Zellulosemahlzeit zu einer Art Mundöffnung transportiert, von der sie verschlungen wird. Und darinnen befinden sich wieder andere Arten Bakterien, wieder andere Typen, die die eigentliche Vergärung vornehmen.

Vielleicht hat es einst ein freilebendes, protoplasmisches Stück Urahnen-Eiweiß gegeben, das einen eigenen Namen verdient hätte, aber das Tier, das wir heute als *Mixotricha paradoxa* kennen, ist ganz eindeutig eine Gemeinschaft ehedem unabhängiger Organismen, die heute unter einem Dach und in gemeinsamem Handeln versammelt sind, um ihre wechselseitigen Interessen zu fördern. Was daran wirklich erstaunt und mich jedesmal, wenn ich daran denke, erneut verblüfft und beunruhigt, ist der Umstand, daß jede menschliche Zelle in der gleichen Weise aufgebaut ist: aus getrennten Indivi-

duen, die immer noch in gewissem Grade ihr Eigenleben fort-
führen und ihre eigenen Sprachen sprechen. Unsere Mitochondrien – die kleinen Maschinen in unseren Zellen, die darüber entscheiden, wann und wie wir Sauerstoff umsetzen –
sind aus Proteinen aufgebaut, die ganz anders sind als alles
sonst in unserem Körper. Sie sind viel enger untereinander
und viel näher mit freilebenden Bakterien draußen in den
Flüssen verwandt als mit uns. Wir sind eine Kolonie, sind von
Fremden besiedelt.

Allerdings befinden wir uns nicht allein in dieser mißlichen
Lage.

Alle grünen Pflanzen haben ihre eigenen, unabhängigen Lo-
giergäste. Ohne diese Untermieter könnten sie weder grün
noch Pflanzen sein. Sie sind grün, schlicht und einfach, weil
sie das Pigment Chlorophyll in kleinen, scheibchenförmigen
Chloroplasten enthalten, die in den meisten ihrer Zellen beheimatet sind. Näher betrachtet, zeigen diese grünen Partikel
eine so bemerkenswerte Ähnlichkeit mit freilebenden
Blaugrünalgen, daß die Annahme gerechtfertigt erscheint, die
Pflanzen haben sie vielleicht erworben, als irgendwann einmal
ein Vorfahre im Urozean eine von ihnen geschluckt und seitdem gehalten hat. Und seitdem leistet die Alge in einer riesigen Folge von Nachkommen harte Arbeit, stellt sie Nahrung
her, indem sie Sonne verzehrt.

Einzellige Algen sind ungemein kosmopolitisch; sie leben in
Meeren, Seen, Wüsten, auf Gestein, in Schlamm oder Eis.
Manchmal kommen sie vereinzelt vor, meistens jedoch in mas-
senhaften Kolonien, die ganze Gebiete in einer charakteristischen Blüte färben. Bisweilen nehmen sie Zuflucht in anderen
Organismen oder werden eingeladen, sich ihnen anzuschlie-
ßen. Die Schnecke *Elysia viridis* verspeist die grüne Meeres-
alge *Codium fragile* und läßt einige von den Chloroplasten der
Pflanze in ihre Gewebe eingehen, so daß sie aussieht wie ein
kriechendes Blatt.[545] Und die requirierten Fabriken der
Pflanze fahren fort, photosynthetische Zucker zu produzieren: Zum Nutzen ihres neuen Wirts, der nun viel weniger auf
Nahrungssuche zu gehen braucht als andere Schnecken, die
immer noch auf eigene Faust arbeiten. In einigen kleinen Mee-
reswürmern, die entlang der Gezeitenlinie leben, gibt es blühende Algenkolonien. Andere finden sich im Schlund be-

stimmter Muschelarten. Manche tragen in der Behaarung von Zweizehenfaultieren zur Tarnung bei. Und viele Algen kooperieren mit Protozoen.

Unter den letzteren ist eines besonders interessant: ein gallertartiges kleines Kügelchen, das durch stehende Gewässer gleitet, indem es mit den Wimpern klimpert.[29]

Das *Paramecium bursaria* ist leicht zu identifizieren, denn es ist leuchtend grün und bezieht wie die Pflanzen seine Farbe aus Chlorophyll. Dies Protozoon ernährt sich von Algen und hat eine besondere Vorliebe für die verbreitete *Chlorella*, die es zu einem Großteil verdaut. Doch auf eine Weise, die wir immer noch nicht durchschauen, überleben einige Hundert Algen diese Behandlung unbeschadet und siedeln sich im Zytoplasma ihres Wirtes an. Dort setzen sie ihre normale photosynthetische Aktivität fort und können in schlechten Zeiten sogar genug Nahrung erzeugen, um außer sich selbst auch ihre Wirte am Leben zu erhalten. Umgekehrt profitieren sie von ihnen, wenn kein Sonnenlicht vorhanden ist, indem sie vom Körper des Protozoons zehren.[306]

Es ist möglich, Wirt und Gast voneinander fortzulocken und zu zeigen, daß sie jeder ein unabhängiges und angenehmes Leben führen können. Läßt man ihnen indessen freie Wahl, indem man sie in einer Kultur zusammenbringt, bilden sie bald wieder ein Team. Das Wirts-Protozoon nimmt Gäste auf oder läßt sie sich in seinem Innern vermehren, jedoch nur so lange, bis sie ihre angemessene Optimalzahl erreicht haben; danach wird jede weitere Chlorella, die hinzukommt, als Nahrung behandelt und verdaut. Eindeutig ist diese Vergesellschaftung keine rein zufällige Kapriole, sondern eine langwährende symbiotische Beziehung, die in einem delikaten ökologischen Gleichgewicht gehalten wird.

Zur Überbrückung der Kluft zwischen dieser Art von Vergesellschaftung, in der ein Organismus einen Nahrungshersteller unterhält, und der Situation der grünen Pflanze, in der Nahrung produzierende Partikel ständige Bestandteile des Metabolismus sind, brauchen wir nun nur noch zu beweisen, daß ein symbiotischer Partner in Form von Vererbung von Generation zu Generation weitergereicht wird.[532]

Dies geschieht oft. Eine Vielzahl Pflanzen, die auf sich gestellt außerstande sind, freien Stickstoff aus der Luft aufzunehmen, setzt Bakterien ein, um dies zu bewerkstelligen Auch die Bakterien für sich genommen, können dies nicht, aber Erbsen und Lupinen in Zusammenarbeit mit der *Rhizobium*-Bakterie haben einen neuen Phänotypus erfunden. Sie bilden besondere Wurzelknoten, in denen die Stickstoffbindung erfolgen kann. Diese Knötchen an den Wurzeln nehmen in der Tat eine Rosafärbung an infolge einer Substanz, die sehr weitgehend unserem Hämoglobin ähnelt, dem roten Blutfarbstoff, und genau dies macht die neue Chemie möglich. Aber jede neu keimende Pflanze muß wieder von vorn beginnen, muß ihre eigene Vergesellschaftung mit einer neuen Generation Bakterien herstellen. Einige tropische Angehörige der Krapp-Familie indessen haben eine neue Methode gefunden, die lebenswichtige *Rhizobium*-Bakterie in die Struktur ihres Samens einzubeziehen, so daß zum Beispiel die Keimlinge des Strauchs *Psychotria bacteriophylla* nicht nur väterliche DNS, sondern zugleich auch Mutters kleine Helfer vererbt bekommen.

Auf dem gegenwärtigen Stand der Naturgeschichte sind alle auslösenden Mechanismen vorhanden, die nötig sind für das Zusammenfinden freilebender Organismen, für ihre leistungsfähige Kooperation und sogar für ihre Reproduktion als körperschaftliches Ganzes. Lynn Margulis kommt zu dem Schluß, daß »die Mechanismen noch weitgehend unbekannt sind, aufgrund deren höchst unterschiedliche Partner einander begegnen, im Laufe der Zeit stabile Beziehungen entwickeln, von einem zum anderen Stoffwechselprodukte und sogar genetisches Material austauschen, die Stabilität und Eigentümlichkeit ihrer Vergesellschaftung sicherstellen und schließlich verschmelzen, so daß die ursprünglichen Partner wahrscheinlich kaum mehr trennbar und sie kaum mehr erkennbar sind«.[365] Aber nach und nach kommen selbst die zurückhaltendsten Biologen zu einem unweigerlichen Konsens. Eine Theorie, die noch vor wenigen Jahren »zu phantastisch klang, als daß man sie in feinen Biologenkreisen hätte erwähnen dürfen«, gewinnt inzwischen allgemeine Anerkennung.[591]

Inzwischen läßt sich wohl nicht mehr leugnen, daß alle eukaryotischen Zellen – also die Zellen jeden komplexen Lebewesens – soziale Gebilde sind, die vor über einer Milliarde Jahren entstanden sind, als bestimmte große Zellen eine ganze

Menge kleiner in sich einbezogen haben, die seither relativ unverändert auf oder in ihnen geblieben sind.

Etwas vage Vertrautes haftet der Vorstellung von einer kleinen Zelle an, die in eine große eintritt und dort bleibt, um etwas Neues hervorzubringen. Das Bild erinnert mich an die Sexualität: insbesondere an die Art und Weise, in der ein winziges Spermium in ein großes Ei eindringt und dort den gesamten Prozeß der embryonalen Entwicklung in Gang setzt. Permanente stabile symbiotische Beziehungen sind in einem realen Sinne »parasexuelle Phänomene«: Sie bringen innerhalb desselben Individuums zwei unabhängige Sätze Gene samt ihren getrennten Bauanleitungen zusammen. Bei der echten geschlechtlichen Fortpflanzung werden aus beiden Bauanleitungen Seiten herausgerissen und ein neuer Text in neuer Aufbindung herausgegeben. Dies geschieht zwar nie in annähernd derselben Weise bei selbst der fortgeschrittensten Symbiose, doch spricht Erhebliches dafür, daß bei der Vergesellschaftung selbst der grundlegend verschiedenen Arten zumindest in gewissem Grade genetische Kreuzung stattfindet.[365]

Als Aristoteles erstmalig einen Strauß sah, soll er gesagt haben: »Dieser große Vogel kann nur eine Kreuzung zwischen einer Stechmücke und einer Giraffe sein.« Das hat er wahrscheinlich scherzhaft gemeint, aber wir wissen, daß Mischlinge zwischen den Arten möglich sind, zumindest wenn die Arten eng verwandt sind. Löwe und Tiger *(Felis leo × Felis tigris)*, Pferd und Esel *(Equus caballo × Equus asinus)*, Espe und Pappel *(Populus tremoloides × Populus trichocarpa)* bringen Nachwuchs hervor, der die Merkmale beider Eltern teilt, gewöhnlich aber unfruchtbar und damit unfähig ist, sie weiterzugeben. Das sind schlechte Nachrichten für die Gene, und so werden in der Praxis gemeinhin verschiedenartige Barrieren zwischen ähnlichen Arten aufgebaut, die sie davon abhalten, sich an nahe Verwandte wegzuwerfen. Doch gibt es keinerlei Hinweise auf derartige Tabus oder Beschränkungen, die die Assoziation grundlegend unterschiedlicher Arten verhindern. Soweit es die Symbiose betrifft, ist es sogar um so besser, je unterschiedlicher sie sind. Wir beginnen überhaupt erst zu begreifen, welches evolutionäre Potential in solchen Liaisons liegt.

Natürliche Entwicklung und Wachstum von Orchideen

hängen fast völlig von der Durchwachsung der Keimlingswurzel durch einen Waldpilz ab. Der Erfolg vieler Nadelbäume ist gleicherart durch die Wurzelsymbiose mit einem Pilz bedingt, der eine förderliche Beziehung mit den Wurzeln der Jungbäume eingeht. Es ist sogar gemutmaßt worden, daß die Eroberung des trockenen Landes durch die grünen Pflanzen unmöglich ohne symbiotische Pilze wie diese hätte erfolgen können, die die ersten Pioniere geschützt und ernährt haben.[365]

Es ist nie leicht gewesen, eine Spezies zu definieren, doch in Symbiose wird es fast möglich. Eine Gruppe belgischer Pflanzengenetiker hat gezeigt, daß eine Abart der Senfpflanze *Arabidopsis thaliana*, die eine tödliche Erbkrankheit hat, durch Zusammenbringen mit Bakterien geheilt werden kann.[339] Die Züchtung kann das B_1-Vitamin Thiamin nicht produzieren, und ohne diesen lebenswichtigen Katalysator keimen zwar ihre Samen, aber die Keimlinge sterben bald. Doch viele Bakterien stellen Thiamin her, und wenn den Samen der Senfpflanze aus diesen Bakterien gewonnene DNS verabreicht wird, absorbieren sie die notwendigen Gene, bauen sie in ihren Genotypus ein und wachsen zu Pflanzen heran, die normale Samen entwickeln. Die Gene der Pflanze und der Bakterien kombinieren sich auf Dauer, bilden eine neue Einzelpflanze, die eigentlich eine neue Art repräsentiert.

Das ist eine umwerfende Entdeckung. Zuerst glaubten nur wenige Biologen an ihre Stichhaltigkeit, aber dasselbe Forscherteam hat sie anhand von Gerste noch einmal gemacht, und inzwischen haben andere den Beweis angetreten, daß bei Taufliegen (Gattung *Drosophila*) Mutationen stattfinden, wenn sie mit bestimmten Bakterien infiziert werden.[182] Zugegebenermaßen sind diese Resultate unter künstlichen Laboratoriumsbedingungen erzielt worden, doch unterdessen finden sich nach und nach Beweise, daß Gene in der Natur nicht annähernd so mißtrauisch über ihre Substanz und Reinheit wachen, wie wir einst annahmen.

Viele wildlebende Bakterien geben ihre DNS spontan in ein Wachstumsmedium oder in Pflanzenzellen ab, in denen sie sich zufällig gerade aufhalten.[519] Und viele andere Organismen nehmen vagabundierende DNS, auf die sie in dieser Weise stoßen, auf und machen guten Gebrauch von ihr. Es beginnt sogar den Anschein zu gewinnen, als sollten wir Viren als mobile Gene begreifen. Als Informationsträger, die nicht bloß nach dem Zufallsprinzip Tod und Krankheit austeilen, sondern die auch Nachrichten und Neuigkeiten bringen, unter denen auch gute sein können. Forschungen am National Cancer Institute in Maryland haben ergeben, daß die Chromosomen mancher Katzen – sowohl von wilden wie von Haustieren – Gene enthalten, die ganz anders sind als die aller anderen Katzen, aber identisch mit Genen, wie sie sich bei vielen höheren Primaten, etwa Pavianen und Affen, finden. Und wie sie auch von einem bestimmten Virus her bekannt sind. Die Forscher schließen daraus, daß »Viren unter natürlichen Bedingungen genetische Informationen zwischen Arten übertragen haben, die nur entfernt verwandt sind«.[47]

Dieser Austausch genetischer Information versetzt die Biologen bereits in einen Zustand höchster Verwirrung. Wir haben immer geglaubt, daß eine starke Ähnlichkeit zwischen zwei Arten bedeutet, sie müßten in jüngerer Vergangenheit gemeinsame Vorfahren gehabt haben. Und daß das Hauptproblem darin bestanden habe, diese engen Verwandten voneinander fernzuhalten, damit die jeweiligen Arten fortfahren konnten, reinen Nachwuchs zu erzeugen. In der klassischen Evolutionstheorie hat die Vorstellung keinen Platz, daß völlig verschiedene Arten in einen gemeinsamen Fortpflanzungszusammenhang treten könnten. Und bis in die jüngste Zeit hat nie jemand vermutet, daß die Ähnlichkeiten zwischen stark unterschiedlichen Gruppen mehr sein könnte als ein bloßer Zufall, den wir als konvergente Evolution bezeichnen. Doch nun schält es sich als klar abgrenzbare Möglichkeit heraus, daß die unabhängige Entwicklung von Stacheln bei den europäischen Igeln, den afrikanischen Stachelschweinen, den australischen Ameisenigeln und den nord- und südamerikanischen Stachelschweinen – allesamt Arten, von denen keine eine irgendwie geartete unmittelbare Beziehung zu irgendeiner der anderen hat – möglicherweise nicht bloßer Zufall, sondern die eindeutige Folge von »etwas in der Luft« ist.

Mit dem Beweis, daß der Storchenteich der Gene sehr viel größer ist als bislang angenommen, gerät in der Biologie alles in Bewegung. Nichts mehr ist heilig.

3.7
Der Gen-Pool

Ein wagemutiger Zellbiologe hat sogar gesagt: »Es gibt gewichtige Beweise, daß Organismen zu ihrer Evolution nicht auf Gene beschränkt sind, die zu ihrer eigenen Art gehören ... Der gesamte Gen-Pool der Biosphäre steht zur freien Verfügung.«[287] Wir sind nicht auf die Grenzen unseres eigenen Erbes beschränkt. Wir sind nicht nur dem Diktat unserer eigenen Regierungskörperschaft unterworfen. Wir sind wie alle anderen Lebewesen in einen wechselseitigen Interessenaustausch einbezogen. Zu guter Letzt beginnt die Naturwissenschaft die uralte Behauptung der Mystik ernst zu nehmen, daß alle wie einer sind. Wir sind nicht allein.

Lewis Thomas formuliert dies – wie gewöhnlich – mühelos und elegant: »Wir leben in einem tanzenden Nährboden aus Viren. Sie schwirren wie Bienen von Organismus zu Organismus, von Pflanze zu Insekt zu Säugetier zu mir und wieder zurück und ins Meer, und dabei schleppen sie Stücke aus einem Chromosomensatz von diesem, Genenschnüre von jenem mit, transplantieren sie DNS und reichen die Erbmasse umher, als wären sie auf einer Party.«[536] Viren sind vielleicht *das* Transportsystem des Organismus unserer Erde, ein Mechanismus, um den besten Informationsbits und dem neuesten Klatsch die weiteste Verbreitung unter uns zu verschaffen. Und vielleicht sollten wir die vereinzelten nachteiligen Auswirkungen, die gelegentlichen Viruskrankheiten, bloß als zufälligen Unglücksfall betrachten.

Diese Idee hat eine Einfachheit, eine innere Logik und nachgerade mythologische Folgerichtigkeit, die sie unwiderstehlich machen. Andauernd stoßen Forscher auf neue Beweise, daß wir – weit davon entfernt, uns selbst überlassene Inseln zu sein – unser möglichstes tun, um die Kontakte weiter aufrechtzuerhalten. Ich selbst habe gerade eine Wespe entdeckt, die ihre Endosymbionten – die nützliche Heerschar der Bakterien und Hefen in ihrem Darm – an ihren Nachwuchs weitergibt, indem sie jedes einzelne Ei, das sie legt, mit einem kleinen Klecks angereicherten Kots einreibt.[319] Ihr Genotypus nthält wahrscheinlich mittlerweile spezifische Instruktionen zu einer Verhaltensweise, die völlig darauf ausgerichtet ist, ein Erbstück mit auf den Weg zu geben: Ein Erbe, das die Wespengene selbst nicht transportieren können. Dies ist ein gutes Beispiel für Hilfe von außen, aber es scheint so, als hätten wir bisher unser eigenes inneres Potential beträchtlich unter-schätzt.

Wir wissen erheblich mehr über die Genetik der Taufliege *Drosophila* als über unsere eigene Erbmasse. Vielleicht wäre das anders, wenn man Menschen mit Bananenbrei in einer Flasche aufziehen und dazu bringen könnte, sich alle drei Tage fort-zupflanzen. Doch langsam fangen wir an, verschiedene Funk-tionen auf Karten unserer 46 Chromosomen abzutragen, und indem unser Wissen wächst, gehen selbst die vorsichtigsten Schätzungen davon aus, daß es in unseren Zellkernen eine Million oder mehr Gene geben muß, von denen wir einfach keinen Gebrauch machen.[119] Wir verfügen über enorme gene-tische Sparkonten, auf die wir vermutlich in Notzeiten zu-rückgreifen können. Oder vielleicht handelt es sich bei diesen unbenutzten Genen auch um eine Art Geschichtsschreibung, um Akten, in denen alles verzeichnet steht, was wir einmal ge-wesen sind. Allem Anschein zufolge gehören nur ein Prozent dieses Archivs ausschließlich uns. Die anderen 99 Prozent tei-len wir mit unserem nächsten lebenden Verwandten, dem Schimpansen. Und wie wir ist auch er unterteilt und verpach-tet an völlig Fremde. Auch ohne die Hilfe vagabundierender Viren tragen wir in uns die Saaten der Welt.

»Im Inneren unserer Zellen liegen die Mitochondrien. Sie geben ihnen Auftrieb, liefern die Oxidationsenergie, die uns zur Nutzung jeden strahlenden Tages ausschickt. Streng ge-nommen gehören sie uns gar nicht. Sie erweisen sich als kleine, eigenständige Wesen . . ., wahrscheinlich Bakterien, die in unsere Zellvorfahren hineingeschwommen und dort geblie-ben sind. Seither haben sie ihr Eigenleben weitergeführt, sich in ihrer eigenen Weise für sich reproduziert.«[536]

3.8
Freundliche
Besetzer: die
Mitochondrien

Die Mitochondrien sind faden- oder körnchenförmig und sehen dem *Paracoccus dentrificans* sehr ähnlich, einer Bakterie, die wir immer noch mit einem eigenen wissenschaftlichen Na-men würdigen.[288] Und mit Sicherheit enthalten sie ihre eigene DNS, die sich selbst reproduziert und von der unseren ziem-lich verschieden ist. Sie besitzen ihr eigenes, rivalisierendes Vererbungssystem, einen eigenständigen Genotypus, der gele-gentlich mit unserem im Kern Kontakt aufnimmt, weitgehend aber sein Eigenleben führt.[203]

Gewöhnlich sehen wir in ihnen versklavte Kreaturen, die wir gefangenhalten, damit sie uns bei der Atmung zur Hand gehen, wie die Chloroplasten der Pflanzen bei der Photosynthese helfen.[463] Lewis Thomas vermerkt: »Es ist gut für dies gesamte Unternehmen, daß die Mitochondrien und Chloroplasten klein, mäßig und beständig geblieben sind, denn in einem sehr grundsätzlichen Sinne sind diese beiden Organellen die wichtigsten Lebewesen auf Erden. Unter sich handeln sie die Produktion und die Verwendung des Sauerstoffs aus. Im Grunde schmeißen sie den ganzen Laden.« Und er fügt hinzu: »In einer Situation wie dieser kann man nicht formell sein, und besser versucht man es gar nicht erst. Es ist ein Rätsel. Sie sind einfach da, wandern in meinem Zellplasma umher, atmen zum Nutzen meines Fleisches: aber sie sind Fremde.«[536]

Und mit diesem Verhalten stehen sie nicht allein. Es gibt noch ander Organellen, etwa die Centriolen, die bei der Zellteilung helfen, und die Basalkörperchen, die in der Nähe jedes Ziliums oder Flagellums liegen und die ebenfalls ihre eigenen, getrennten Chromosomensätze haben.[408] Und wir wären uns ihrer noch nicht einmal bewußt, könnten sie nicht sehen, gäbe es da nicht den Umstand, daß wir einige unserer Sinnessysteme ausschließlich den Fähigkeiten eines weiteren Logiersystems verdanken.

Den Beweis dafür liefert das pantoffelförmige *Paramecium*, das sich infolge der Wellenschläge seines exquisiten Zilienbesatzes in Spiralen durch die Teiche bewegt. Stößt eines dieser Lebewesen auf ein Hindernis, oder ein sadistischer Forscher stachelt es böse an seiner Vorderseite, dann stoppt es und wendet seine Wimpern um auf Gegenrichtung. Dies wird durch Membranen ermöglicht, die jedes einzelne Zilium umgeben und die chemisch auf Reize reagieren, indem sie Kalzium aufnehmen oder abgeben.[140] Wir wissen inzwischen, daß die gleichen chemischen Reaktionen in den meisten unserer Sinnesorgane stattfinden, und elektronenmikroskopische Untersuchungen haben gezeigt, daß die lichtempfindlichen Stäbchenzellen in unserer Augennetzhaut, die chemosensitiven Härchen in der Membran unseres Geruchsorgans und die schwingungsempfindlichen Fasern in der Flüssigkeit des Innenohres und sogar der Schwanz jeder Samenzelle den gleichen Ursprung haben wie die Zilien des *Parameciums*.[139]

Sie alle haben eine charakteristische Struktur aus elf feinen länglichen Röhrchen, die in einem kreisförmigen Neunerring um ein Zentralpaar angeordnet sind. Und dieser Aufbau ist identisch mit dem flexibler Spirochäten-Bakterien, die man immer noch freilebend finden kann. Die Folgerung lautet: Diese Mikroben oder ihre Vorfahren gehörten zu denjenigen, die in den größeren Zellen eines unserer Vorfahren symbiotisch Wohnsitz nahmen, und in der Gemeinschaft jedes unserer Körper spielen sie heute noch relativ unabhängige Rollen.

Ich glaube, es ist nicht notwendig, diesen Punkt noch weiter auszuführen. Der Beweis ist da, und er steht. Nicht nur sind wir Nachfahren von Einzelzellen ohne Kern, sondern wir schleppen einige dieser Einzelzellen immer noch mit uns herum. Oder vielleicht sind auch sie es, die uns in diese günstige Lage gebracht haben. Ihr Vorhandensein in uns und ihre unmittelbare enge Beziehung zu ähnlichen Zellen außer uns werfen ganze Komplexe von Fragen nach Identität, Ehre und Würde auf. Da wir die gleichen Invasoren mit allen anderen Menschen und jedem Lebewesen, das auf den Menschen folgt, gemeinsam haben, können wir in einem bestimmten Sinne eine neue Affinität mit jedwedem Leben empfinden. Wir haben nahe Verwandte allerorten, die irgendwann einmal umgezogen sind.

Aber die Sache hat noch einen anderen Aspekt.

Wir beginnen zu begreifen, wie Lebewesen durch Informationsanordnungen organisiert sind, die in den Genen enthalten sind. In jenen ersten Replikatoren, die in einer Vielfalt von Überlebensmaschinen weiterleben. Wir wissen bereits eine ganze Menge über die spezifische Weise, in der unsere persönliche Erscheinung und unser Verhalten durch den in den Kernen jedes Einzelwesens enthaltenen Genotypus »Ich« bestimmt werden. Diese einzigartige Sammlung von Informationen kann man sich als das »Selbst« vorstellen und könnte der Ort sein, an dem unsere Bewußtheit und unser Bewußtsein entspringen. Doch nun stehen wir im Begriff, uns durch die Handlungen dieses eigentlichen und wesentlichen Zentrums eines anderen unabhängigen Systems bewußt zu werden, eines Genotypus, der enge Verbindung mit anderen Kräften außerhalb unserer individuellen Begrenzungen unterhält und der uns keinerlei Loyalität schuldet. Die Mitochondrien scheinen auch ohne unsere Hilfe als freilebende Bakterien existenzfähig zu sein. Wir indes sterben ohne sie innerhalb von Sekunden.

Im Grundaufbau unserer gemeinschaftlichen Organisation, in der symbiotischen Beziehung mehrerer mehr oder weniger unabhängiger Systeme, aus denen sich unser komplexer Organismus zusammensetzt, besteht ein grundlegendes Ungleichgewicht. Wir werden von den Gezeiten hin und her geschubst.

Letztendlich sind wir höchst verfeinerte Ökosysteme in einem heiklen ozeanischen Gleichgewichtszustand. Doch zu jedem Zeitpunkt im Leben und in der Bewußtheit jedes einzelnen Individuums bestehen Spannungen, die der unweigerliche Ausdruck einer anscheinend großen Kluft sind. Vielleicht – möglicherweise nach einer weiteren Milliarde Jahren Evolution – gleichen sich diese Unterschiede aus. Oder vielleicht stellen diese Spannungen einen grundlegenden Selektionsdruck der Umwelt dar, ohne den alles Leben auf der Erde zu einem riesigen homogenen geistlosen Hybriden verkommen wäre, der glücklich vor sich hin summt und die gesamte Oberfläche des Planeten bedeckt.

Wenn es so wäre, dann lebe der kleine Unterschied! Aber vergessen wir nicht, daß die Spannung besteht, und lassen wir sie eher für als gegen uns arbeiten.

Ich meine, daß die Kluft in unserem Geist wirklich, naturgegeben und – unter den gegebenen Umständen – auch unweigerlich ist. Vor dem Hintergrund unseres heutigen Wissens über den möglichen Ursprung des Lebens im All; über die Weise, in der die Rohstoffe von den Geweben der Erde geformt worden sind; und über die Entstehung komplexer Lebensformen aus disparaten Ursprüngen meine ich, wir haben alles, was wir brauchen, um begreifen zu können, wie wir und die Dinge hier laufen.

Im folgenden Abschnitt will ich zeigen, wie wir dieses Wissen nutzen können, um Identität, Geist, Bewußtsein und die tief wirkenden Gezeitenströmungen des Unbewußten zu erforschen.

TEIL II

Der Schöpfer wird bestätigt

Der Mensch ist vermöge seines reflektierenden Geistes aus der Tierwelt herausgehoben und demonstriert durch seinen Geist, daß die Natur in ihm eine hohe Prämie eben gerade auf die Bewußtseinsentwicklung gesetzt hat. Durch sie bemächtigt er sich der Natur, indem er das Vorhandensein der Welt erkennt und den Schöpfer gewissermaßen bestätigt. Damit wird die Welt zum Phänomen, denn ohne bewußte Reflexion wäre sie nicht.

Wäre der Schöpfer seiner selbst bewußt, so brauchte er keine bewußten Geschöpfe.

CARL GUSTAV JUNG, *Erinnerungen, Träume, Gedanken*

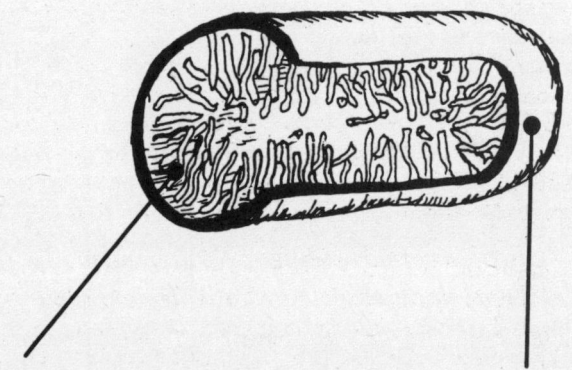

Flagellen oder Geißeln   becherförmiger Sack

Abb. 2 zu Seite 128/129

Geistige Viren?

Eine der beharrlichsten Anekdoten der Wissenschaft ist die von dem Biologen und dem Floh.

Ein Forscher untersucht das Verhalten eines großen und ungewöhnlich kooperativen Flohs. In jahrelanger Praxis und Selbstverleugnung sowie in Einübung der klassischen Konditionierungsverfahren hat er seinen Floh darauf trainiert, auf Kommando über eine Streichholzschachtel zu springen. Da er ein echter Wissenschaftler ist, fragt er sich, was dem Floh die Reaktionsfähigkeit gibt, wenn er ruft: »Spring!«. Sein Schluß: es muß das erste der drei Beinpaare sein. Um diese These auf die Probe zu stellen, reißt er ihm die beiden vorderen Beine aus und gibt erneut das Kommando zu Springen. Der Floh springt. In Revision seiner Hypothese reißt der Forscher ihm nun das mittlere Beinpaar aus. Wieder ruft er: »Spring!«, und der Floh springt, ohne an das Hindernis zu stoßen. Schließlich reißt er dem Floh in einem Anfall wissenschaftlichen Eifers auch noch das letzte Paar Beine aus, gibt ihm das Kommando. Diesmal weigert sich der Floh und springt nicht über die Streichholzschachtel. Daraus zieht der Wissenschaftler den unweigerlichen Schluß: Das Ausreißen der Hinterbeine macht das Tier taub.[142]

Lassen wir die Gefahr außer acht, aus Versuchsdaten fehlerhafte Schlüsse zu ziehen, und lassen wir die durch Verwendung und Behandlung von Versuchstieren aufgeworfenen ethischen Fragen beiseite, so illustriert diese Geschichte immer noch ein zentrales Dilemma der Biologie.

Bei der Untersuchung von Lebewesen neigen wir allzuoft dazu, sie letzten Endes zu töten. Mit Hilfe der Elektronenmikroskopie haben wir inzwischen praktisch jede biochemische Reaktion erfaßt, die in lebenden Zellen stattfindet; und doch wissen wir so gut wie nichts über das Geheimnis des Lebens im

Zusammenspiel dieser Teile. In der Tat geht aus einem neueren Aufsatz in einer Fachzeitschrift für Wahrnehmungspsychologie hervor, daß ein Gutteil dessen, was wir mit Hilfe des Elektronenmikroskops »sehen«, in jeder Hinsicht illusorisch ist.[252] Bestimmte wohlbekannte Substrukturen der Zelle – etwa die Membran, die netzförmige Plasmastruktur und die Poren des Kerns, die in überzeugendem Detailreichtum in den Illustrationen der meisten zytologischen Lehrbücher wiedergegeben sind – sind vielleicht bloß Artefakten, die von Schwermetallen produziert werden, die als Farbstoffe bei der Vorbereitung der Proben für das Mikroskop verwendet werden.

Unsere unbeholfenen Versuche, das Wesen des Lebens zu erforschen, erinnern peinlich an jemanden, der versucht, Elektrizität zu beschreiben, indem er die chemischen und physikalischen Eigenschaften des Eisens, Kupfers und Gummis bestimmt, aus denen ein Dynamo besteht.

Vielleicht werden wir das wahre Geheimnis des Lebens nie erfahren. Vielleicht erweist es sich am Ende als unmöglich, die Beziehung von Leben und Geist aufzudecken und zu verstehen. Und doch brauchen wir nicht völlig im dunkeln zu tappen. Es besteht kein Erfordernis, die Lebenseigenschaften einer Zelle, die Resultate des Lebensbesitzes, aus ihren Teilen abzuleiten. Zum Glück für uns wissen wir bereits ein wenig von dem, was wir erfahren wollen. Wir können den Motor in Betrieb beobachten.

Die ersten, die sachdienliche Fragen zum Thema Leben stellten und uns ein paar tastende Antworten hinterlassen haben, waren die alten Griechen. Obwohl seither zweieinhalb Jahrtausende vergangen sind, findet man einige der bedeutsamsten Aussagen über dies Thema immer noch in Schriften, die eine intellektuelle Kettenreaktion überlebt haben, die mit Thales von Milet begann und bei den großen Athenern, Platon und Aristoteles, endete.

Es war Pythagoras, ein Schüler des Thales, der als erster die wichtige Unterscheidung zwischen dem Besonderen und dem Allgemeinen eingeführt hat. Er sagte – im Effekt –, ein Dreieck ist ein Dreieck, und obgleich ein besonderes Dreieck im Detail von allen anderen verschieden sein mag, besitzt es eine allgemeine Eigenschaft, die jeder als »dreieckig« erkennen kann. Selbst eine Katze ist dazu in der Lage.[269] Irgendwo im Geist des Menschen und möglicherweise auch vieler anderer Arten gibt es daher ein »Idealdreieck«, mit dem alle anderen Dreiecke verglichen werden.

Platon – oder vielleicht Sokrates, denn vielfach sind die beiden unmöglich zu unterscheiden – arbeitete diesen pythagoreischen Ansatz zu seiner Theorie der Ideen weiter aus. *Idea* ist das griechische Wort für eine sichtbare Gestalt oder »Form«, und die Theorie geht davon aus, daß jeder materielle Gegenstand – von der Akropolis bis zu einem Tennisball einfach alles – nur eine unvollkommene und vergängliche Nachbildung eines ewigen Musters ist. Jedes Ding ist nur eine Abstraktion, eine zeitweilige Gestalt oder Idee, ist nach einer viel fundamentaleren Form hergestellt, die die einzig wahre Wirklichkeit darstellt.

Dies ist ein Konzept, das auf unheimliche Weise Schlüsse vorwegnimmt, wie sie derzeit aus Entdeckungen in der Quantenphysik gezogen werden, aber für Platon war es nur ein Mittel zum eleganten Zweck und Abschluß eines seiner Dialoge. Da, so argumentierte er, wir die Existenz eines Gegenstandes durch verschiedene Sinne erfahren können – wir können eine Nadel, die uns sticht, sowohl fühlen als auch sehen –, muß es ein Zentralsystem geben, das Erfahrung koordiniert. Für Platon war dies der *Nus*, die Vernunft, die für die Vereinigung von Wahrnehmung zuständig ist und sie zur Wirklichkeit der Ideen in Beziehung setzt.

Wir wissen heute aus Forschungen über die Entwicklung der Wahrnehmung, daß das, was ein erwachsenes Auge sehen und begreifen kann, weitgehend davon abhängt, was dies Auge im Säuglingsalter gesehen hat. In einem eleganten Experiment wurden Paare von zehn Wochen alten Kätzchen, die von ihren Müttern in völliger Dunkelheit aufgezogen worden waren, in einen Apparat gesetzt, in dem das eine Kätzchen sich frei bewegen konnte, während das andere in einer Gondel festsaß, die jeder Bewegung seines Partners folgte. Beide Tiere sahen die gleichen Dinge, aber dasjenige Kätzchen, das seine Umwelt in passiver Weise erfuhr – etwa wie jemand, der zu Hause vor dem Fernsehschirm sitzt –, hatte später nachweislich kein stichhaltiges Bild von der äußeren Welt und konnte die Wirklichkeit nicht bewältigen, bis es selbst Gelegenheit bekam, umherzulaufen und Dinge auf eigene Faust zu erkunden.[248] Wirklichkeit, so scheint es, ist nichts Selbstverständliches. Sie ist etwas, das wir, jeder neu für sich selbst, erlernen müssen.

Bei verschiedenen anderen Experimenten wurden Kätzchen Schutzbrillen aufgesetzt, die das Blickfeld einengten und die Tiere hinderten, Linien von einer bestimmten Ausrichtung wahrzunehmen. Im Erwachsenenalter waren diese Tiere dann nie in der Lage, etwas wahrzunehmen, das ihnen aus dem gleichen Richtungswinkel vorgehalten wurde.[247] Und wenn nur ein Auge in dieser Weise trainiert wird, übernimmt das andere Teile seiner Funktion und kompensiert den Mangel, indem es von der Blindstelle mehr sieht und weniger von den anderen Reizen wahrnimmt, die das bebrillte Auge aus eigener Kraft bearbeiten kann.[121] Zwischen den Augen wird Erfahrung ausgetauscht, um von der Umwelt soviel wie möglich zu erwerben. Daraus ergibt sich, daß selbst auf dieser schlichten physiologischen Ebene Platon wahrscheinlich recht hatte. Ein Muster, eine Idee wird im Gehirn gespeichert, und die Erfahrung liefert die Mittel, sie zu bestätigen. Inzwischen kommen uns unsere Sinnesorgane weniger wie Maschinen und eher wie Theorien über das Wesen unserer Umwelt vor.

Ein Baby *lernt* Sehen, es vermag es nicht von Anfang an einfach zu tun. Wir lernen, indem wir Dinge untersuchen, durch praktisches Herumprobieren. Schritt um Schritt lernen wir, die Signale, die auf uns einwirken, zu dechiffrieren, und interpretieren sie im Sinne realer Dinge. Wir lernen, Dinge unmittelbar zu erfahren und uns zu verhalten, als bestünde gar keine Notwendigkeit zum Dechiffrieren. Was letztlich bedeutet, daß eine Fledermaus unter Einsatz ihres Sonarsystems Hindernisse akustisch ebenso mühelos »sieht«, wie andere Säugetiere sie auf optischem Wege erfahren.

Wissen ist offenkundig nicht das gleiche wie Wahrnehmung und Empfindung, sondern es ist das Produkt eines Akts der Integration von Information, die durch die Sinne erworben wurde, des Abwägens der Information gegen frühere Erfahrung, und des Fällens eines begründeten Urteils über sie. Platon hat immer darauf bestanden, daß Vernunft und Urteilskraft nur auf Argumentation, auf Dialog fußen können; und daß diese Dialektik nicht zwischen Geist und Körper stattfinden könne, sondern ausschließlich im Geist. Wissen, so meinte er, ist das Produkt eines Streits zwischen dem Geist und sich selbst. Und da zu einem Streit immer zwei gehören – wie zu einer Argumentation –, müsse es zwei Teile des Geistes geben. In einer weiteren Inspiration, wie sie für die frühe griechische Philosophie charakteristisch ist, scheint er Freuds epochemachende Erkenntnis vorweggenommen zu haben: die von den zwei Seelenbereichen, dem Bewußten und dem Unbewußten.

Wir wissen heute sicher, daß das Gehirn komplexer Organismen als integrierendes Ganzes funktioniert, daß die Verantwortung für bestimmte Wahrnehmungen an bestimmte Zentren delegiert. Es gibt ein Sehzentrum im rückwärtigen Teil der Hirnrinde, es gibt Gehörzentren in den Schläfenlappen und sogar ein Sprachzentrum in der ersten und zweiten Windung der linken Hirnhälfte bei rechtshändigen Menschen. Von Woche zu Woche nehmen unsere anatomischen Karten und unser physiologisches Wissen an Detailreichtum zu. Gleichermaßen wächst unser Bewußtsein, daß diese mechanistischen Erkundungen keineswegs hinreichend sind. Es ist da noch etwas, das sich durch Skalpelle oder Elektroden nicht erfassen läßt. Völlige Blindheit, Taubheit oder Sprachverlust können infolge von Hysterie oder durch direkte Suggestion unter Hypnose auftreten.[58] Und für diese Phänomene gibt es anscheinend keine einfache körperliche oder physikalische Erklärung.

Wenn die materielle Wirklichkeit Produkt einer von Platons »Ideen« ist, und diese wiederum Formen sind, die sich von unserem Verstand kontrollieren lassen, wo immer sie auftreten, dann sind wir über kurz oder lang vor die erschreckende Möglichkeit gestellt, daß Wirklichkeit eigentlich vom Verstand geschaffen wird. Und daß wir sie einfach dadurch verändern können, daß wir unseren Verstand verändern.

Der Philosoph Karl Popper hat ein Dreiebenenmodell konstruiert, um den Geist und seine Auswirkungen zu erfassen.[438] Er geht davon aus, daß das physische Universum, das aus Kisten und Körpern und anderen offenkundigen Entitäten besteht, in der Welt eins existiert. Welt zwei beherbergt den Verstand in all seinen möglichen bewußten und unbewußten Zuständen. Und in der Welt drei enthalten sind die Inhalte des

Denkens, sämtliche Produkte des Geistes einschließlich der Mythen, Legenden und Theorien, der wahren wie der falschen. Viele der Gegenstände aus Welt drei können offenkundig in materieller Gestalt als Bücher oder Gemälde in Welt eins existieren, aber Popper meint überdies, sie besitzen eine unabhängige Realität.

Das wohl beste Beispiel ist die Sprache, die in chiffrierter Form in einer Welt-eins-Materialisation existieren kann oder in elektrischer Form als Welt-zwei-Phänomen im Gehirn eines Menschen. Aber sie existiert auch als Abstraktion, als etwas Selbständiges, in der Welt drei. Ein Mensch ist Welt eins, sein Verstand oder seine Seele ist Welt zwei, aber sein Name kann unendlich in der Welt drei weiterleben, lange nachdem die beiden ersten Lebensformen sich aufgelöst haben. Er kann sogar zu einer Bewegung werden, zu einer Quelle weiterer Aktivität und Materialisation in anderen Menschen. Indem er derart die Realität beeinflußt, läßt sich nicht leugnen, daß er seine eigene Realität besitzt.

Richard Dawkins hat dem Begriff »Mem« geprägt, um solch einen Welt-drei-Gegenstand, solch eine Einheit kultureller Transmission zu kennzeichnen.[125] Worte, Schlagworte, Moden, wissenschaftliche Theorien und Ideen für die Herstellung neuer besserer Mausefallen sind allesamt Meme. Und wie Dawkins ausführt, sind sie nichtphysischen Genen, abstrakter DNS gleich. Statt von Baby zu Baby zu springen, wandern sie von Gehirn zu Gehirn und replizieren sich durch Nachahmung. Sobald eine Idee einschlägt, beginnt sie sogar sich selbst fast ohne Hilfe der Welten eins und zwei zu verbreiten. Meme sind lebendig.

»Meme sollten nicht nur im übertragenen Sinne, sondern im technischen Sinn als lebendige Strukturen verstanden werden. Wenn jemand ein fruchtbares Mem in meinen Geist einpflanzt, so setzt er mir im wahrsten Sinne des Wortes einen Parasiten ins Gehirn und macht es auf genau die gleiche Weise zu einem Vehikel für die Verbreitung des Mems, wie ein Virus dies mit dem genetischen Mechanismus einer Wirtszelle tut... Und dies ist nicht einfach nur eine Redeweise – das Mem für, nehmen wir zum Beispiel einmal an, den ›Glauben an das Leben nach dem Tode‹ ist tatsächlich physikalisch verwirklicht – Millionen von Malen besteht es als eine bestimmte

Struktur in den menschlichen Nervensystemen auf der ganzen Welt.«[125] So Nick Humphrey.

Das ist – so glaube ich –, was Jung mit »Bestätigung des Schöpfers« gemeint hat. Gott existiert, und wenn nur in der Form einer Idee mit hohem Überlebenswert, oder der Kraft zur Selbstfortpflanzung in eben der Umwelt, die durch unsere Kultur und unsere Bedürfnisse gegeben ist. Vielleicht oder auch nicht zirkuliert heute noch eines von Platons Genen im Gen-Pool, aber viele seiner Meme bestehen fort, am Leben erhalten durch Replikation in einer Abfolge von Gen-Maschinen. Ideen besitzen eine Realität und ein evolutionäres Moment eigener Art. Daher möchte ich in diesem zweiten Abschnitt einen Blick auf die biologischen Ursprünge des Bewußtseins werfen. Und ich möchte dem wachsenden Wissen von unseren körperlichen Wurzeln ein Bewußtsein von einer weitergehenden psychischen Entwicklung an die Seite stellen, die einen gleichermaßen machtvollen Selektiondruck ausübt. Das gemischte Medium dieser beiden Prozesse ist es, das der Lebensflut seine Existenzgrundlage gibt.

4. KAPITEL

Fühlen
– Sensitivität

An einem regnerischen Tag Anfang 1951 wandte sich eine energische junge Frau an die Poliklinik des Johns Hopkins Hospital in Baltimore. Die Untersuchung der gerade 31jährigen Schwarzen ergab eine winzige rötliche Läsion an ihrem Gebärmutterhals. Man entnahm eine Gewebeprobe für die Biopsie. Ein paar Tage später stand fest: Die Wucherung, gerade zwei Zentimeter im Durchmesser, war kanzerös und mußte behandelt werden. Krebszellen im Körper sind zuweilen gutartig und bilden kaum mehr als einen lokalen Tumor aus. Diejenigen aber, die bei Henrietta Lacks wucherten, waren bösartig; rasch bildeten sie Metastasen überall in ihrem Körper. Trotz allem, was das Krankenhaus für sie leistete, war sie innerhalb von acht Monaten tot.[458]

Oder zumindest das meiste von ihr war tot. Das winzige Stück Fleisch, das ihr zur Untersuchung entnommen worden war – sozusagen schon vor der ersten der Strahlenbehandlungen, die sie erhielt, »gerettet« –, wurde vom Klinikgynäkologen an ein Laboratorium weitergeleitet, das George Gey betrieb, ein Pionier auf dem Gebiet der Gewebekultur. Dabei handelt es sich im wesentlichen um die Kunst, eine kleine Gruppe isolierter Zellen davon zu überzeugen, sie seien nicht in ein Reagenzglas in einem Brutofen eingesperrt, sondern seien immer noch Teil eines funktionierenden Organs innerhalb eines warmen lebenden Körpers, wo sie sich in sicherer Umgebung weiter vermehren können. Gey war ein Könner auf seinem Gebiet und ließ die Gebärmutterhalszellen in einem Reagenzglas wachsen, das er eigens entwickelt hatte. Nach einigen Wochen stellte er fest, daß er etwas ganz Besonderes in den Händen hielt. Die Zellen teilten sich schneller als alle anderen, die er je gesehen hatte. Mit ihrem Fortpflanzungsrhythmus von nur 24 Stunden hätten sie – optimale Kulturbedingungen und unbegrenzte Ausdehnungsmöglichkeiten vorausgesetzt – innerhalb weniger Jahre den gesamten Erdball überziehen können. In der Tat wäre dies um Haaresbreite passiert.

Um die wahre Identität der Henrietta Lacks zu verschleiern, wurde sie als Helen Lane geführt. Ihre Zellen, in der Kurzschrift der Gewebekultur unter der Bezeichnung HeLa bekannt, begannen fast auf Anhieb in der medizinischen Forschung eine wichtige Rolle zu spielen. An Gewebeproben lassen sich Experimente müheloser und rascher durchführen als an vollständigen Menschen. Und anhand einer wirklich verläßlichen Zellenabstammungslinie wie der HeLa, die sich als idealer Wirt für das Poliovirus erwies, konnte in weniger als einem Jahr ein wirksamer Impfstoff entwickelt und ab 1954 in Mengen hergestellt werden. Inzwischen ist die Kinderlähmung praktisch verschwunden, aber die HeLa-Zellinie stand noch ganz am Anfang ihrer Laufbahn. Schon bald war sie zur menschlichen Standard-Zellinie geworden, wurde sie in Millionen von Experimenten in Tausenden Laboratorien in der gesamten Welt verwendet.

HeLa fuhr fort, rasch und bereitwillig zu wachsen, und die Menschheit war überaus dankbar, bis man 1974 eine beunruhigende Entdeckung machte. Ein russisches Forscherteam sandte amerikanischen Kollegen einen Satz ausgesuchter menschlicher Gewebekulturen, die eine Substanz enthalten sollten, nach der alle mit Krebsforschung befaßten Wissenschaftler suchten: ein menschliches Krebsvirus. Doch wie sich ergab, handelte es sich um etwas anderes. Noch mehr beunruhigte, daß sämtliche der Gewebe – angeblich einer Vielzahl russischer Spender entnommen – eindeutig als Reinkulturen der unermüdlichen Helen Lane erkennbar waren.

Der kalifornische Genetiker Walter Nelson-Rees begann daraufhin, die Abkunft anderer Zellinien zurückzuverfolgen. Er stellte fest, daß auch viele von diesen nicht das waren, was sie zu sein schienen.[403] Bald fand man heraus, daß mehr als die Hälfte der gesicherten menschlichen Zellkulturen in namhaften Gewebebanken allerorten HeLa verdächtig ähnlich sahen. Wissenschaftler, die jahrelange Forschung Zellen gewidmet hatten, die sie für Nierenzellen aus Kansas City oder Brusttumoren aus Turin gehalten hatten, arbeiteten tatsächlich alle mit identischen Versionen jener unaufhaltsamen Gebärmutterhalszellen aus Baltimore. Verstörtheit und Neugier breiteten sich in der wissenschaftlichen Welt aus, als man feststellte, daß schon eine einzige HeLa-Zelle, die durch Unachtsamkeit mit einer Glaspipette auf eine sorgfältig ausgewiesene Kolonie anderer Art übertragen wurde, sich einnistete und innerhalb von Tagen in der Kolonie das Kommando übernahm. Und selbst Laboratorien, die nie mit HeLa gearbeitet hatten, konnten nicht sicher sein, daß sie nicht auch bei ihnen unter falschem Namen ihr Unwesen trieb.

Inzwischen sind die genetischen Unterscheidungsmerkmale der HeLa genau umschrieben, und die Fachwelt verfolgt mit Argwohn jedes Anzeichen von Infiltration und Subversion.[402] Die Krise ist vorerst bewältigt, aber »Helen Lane lebt«, und niemand hat bisher herausgefunden, was sie so aggressiv gemacht hat.

Unter bestimmten Laboratoriumsbedingungen läßt sich jede Zelle – stamme sie nun von einer Maus, einem Menschen, oder einer Mücke – dazu bringen, sich mit jeder anderen Zelle zu verschmelzen, gleichgültig wie fremd sie einander sind. Zytoplasma wandert von einer zur anderen, die Kerne verbinden sich, und das Gebilde wird für einige Zeit zu einer einzigen Zelle, zu einem Bastard mit den intakten Gensätzen aus zwei verschiedenen Quellen. Zellfusion ist heute ein wichtiges Werkzeug, dem wir ein Gutteil unseres derzeitigen Wissens im Bereich der Molekulargenetik verdanken. Derartige nützliche Chimären werden im allgemeinen durch die Zugabe einer besonderen Chemikalie erzeugt, die aus dem Proteinmantel des Sendai-Virus gewonnen wird.[165] Und das ist – zufällig! – ein Parainfluenzavirus höchst obskurer Herkunft, das plötzlich in Japan aufgetreten ist. Der genannte Stoff wirkt in gewisser Weise als Katalysator und provoziert schlecht zueinander passende Zellen zu dem widernatürlichen Akt, sich miteinander zu vereinigen. Helen Lane dagegen vollzieht Zellfusion ohne jeden solchen Anstoß von außen. Könnte es sein, daß der Krebs am Gebärmutterhals der Henrietta Lacks irgendwie durch ein Virus hervorgerufen wurde, dessen Merkmale jetzt Bestandteil von HeLa sind? Es erscheint wahrscheinlich. Und wenn das so ist, dann ist wahrscheinlich, daß es sich bei dem Virus um ein neues gehandelt hat, und es ist sogar möglich, daß es seinen Ursprung nicht auf der Erde hat.

Unter normalen Bedingungen kommt es überhaupt nicht zu Zellfusion. In jeder Unze (28 Gramm) guten Bodens finden sich 100 Millionen Bakterien, 30 Millionen Protozoen, eine Million Algen und weitere 100 Millionen Pilze, die sich allesamt auf engstem Raum drängen, als wären sie Teil eines organisierten Gewebes. Allein die Bakterien auf einem halben Hektar Boden können sich, zusammengenommen, auf mehrere Tonnen Gewicht belaufen. Man hat sogar vermutet, daß der Boden selbst ein lebender Organismus ist, bei dem die Huminsäure als Körperflüssigkeit fungiert, in der seine Zellen angesiedelt sind.[259] Doch trotz dieser Übervölkerung und Enge verschmelzen die Zellen verschiedener Arten nicht miteinander. Man trifft auf alle möglichen sonstigen Interaktionsformen. Sie fressen sich gegenseitig auf, arbeiten zusammen, passen sich einander an, treiben Austausch und Tauschhandel. Aber Verschmelzung? Nie.

Diese komplexe Ökologie zwischen einer weiten Vielfalt einfacher einzelliger Organismen höchst verschiedener Arten läßt den Schluß zu, daß die Zellen auf irgendeine Weise entscheidungsfähig sein müssen, durch was sich eine Spezies auszeichnet. Sie müssen über eine Art Erkennungssystem verfügen, das es ermöglicht, die einzelnen Arten voneinander zu unterscheiden, die eigene von anderen, das Ich vom Nicht-Ich. Selbst bei Einzelzellen muß es ein Rudiment von Identität geben.

4.2
Zellulare
Identität

Bei allen Wirbeltieren gibt es ein hochentwickeltes Immunsystem, in dem in unmittelbarer Reaktion auf Invasion seitens eines Fremdkörpers jeder einzelne Organismus, jeder Angehörige jeder Art mit Rückgrat, chemische Substanzen produziert. Dieser Fakt ist Allgemeinwissen geworden, seit die Chirurgie durch Herztransplantationen die Gewebeabstoßung zu einem diskussionswürdigen Thema erhoben hat. Diese Reaktion beinhaltet eindeutig eine klare Erkennung des Fremdgewebes durch die damit befaßten Chemikalien und weißen Blutkörperchen, denn beim nächsten Mal, wenn eine ähnliche Invasion stattfindet, erinnern sich die im Blut vorhandenen Antikörper an den Vorgang und stehen bereit, mit dem Eindringling kurzen Prozeß zu machen. Doch bei Wirbellosen sind Antikörper oder ähnliches nie nachgewiesen worden. Insekten und Mollusken begegnen jeder Invasion, als handle es sich um ein völlig neues Ereignis völlig neuer Art, dem man von Grund auf neu entgegentreten muß. Normalerweise wird eine Invasion als solche nur erkannt, wenn sie seitens einer anderen Spezies eines potentiellen Parasiten erfolgt. Und bis in die jüngste Zeit ist angenommen worden, daß jeder Wirbellose Zellen und Gewebe von jedem anderen Angehörigen seiner eigenen Art annehmen müsse. Aber das trifft nicht zu. Selbsterkennung gibt es sogar bei einfachen koloniebildenden Organismen wie etwa Korallen.[285]

Das einzelne Korallentier ist gewöhnlich ein kleines sackförmiges Lebewesen, das mit einer Anzahl Tentakeln ausgestattet ist, mit denen es seine Nahrung fängt. Polypen dieser Art finden sich in Kolonien zusammen, deren Größe von ihrer jeweiligen Art abhängt. Die Gorgonen, wie ihr Name sagt, sehen aus wie jene drei schrecklichen Schwestern, die in Baumform wachsen mit Tentakeln, die sich an den Verzweigungen ihrer Äste filzig verwirren. Die Kolonien wachsen langsam, indem sie neue Einzeltiere ausknospen, deren jedes sich in das Gebäude einbringt und von seinem Nachbarn automatisch als Teil des Systems anerkannt wird. Wird eine solche wachsende Kolonie in zwei Teile geschnitten, vereinigen sich die beiden sofort wieder, sobald sie Gelegenheit dazu bekommen. Es besteht eine eindeutige Gemeinschaftsidentität, aber diese erstreckt sich nicht auf andere Kolonien, nicht einmal auf solche von der gleichen Art.

Jacques Theodor von der Universität Paris hat herausgefunden, daß Zweige, die zwei individuellen Kolonien der Gorgone *Eunicella stricta* entstammen, sich nicht miteinander verbinden, obgleich Pfröpflinge, die einem Teil der Kolonie entnommen wurden, bereitwillig »anwachsen«, wenn sie irgendwo anders auf dieselbe Gemeinschaft aufgepfropft werden. Die fremden Äste fahren mit ihrem Eigenwachstum fort, doch wenn sie miteinander in Kontakt kommen, produzieren sie eine Schranke aus toten Zellen, eine Art Narbengewebe, das sie voneinander getrennt hält.[534]

Diese Erkennung findet augenscheinlich auf zellularer Ebene statt, denn wenn kleine Gewebeproben von Gorgonenkolonien isoliert werden, sind sie immer noch in der Lage, ihre eigene Sippschaft von Fremden zu unterscheiden. Sie verbinden sich mit Freunden, weigern sich aber, mit Fremden etwas zu tun zu haben. Tatsächlich verfallen beide Zellgruppen in einer solchen Konfrontation, und ihre Gewebe brechen zusammen; doch hat Theodor die faszinierende Entdeckung gemacht, daß dieser gegenseitige Rückzug nur dann stattfindet, wenn die Proben von gleicher Größe sind. Ist eine größer als die andere, zerfällt nur die kleinere. Indes wird sie dabei nicht von der größeren getötet, denn die verhält sich völlig passiv: Sie begeht schlicht Selbstmord. »Es handelt sich um Selbstzerstörung aufgrund von Zerfallsmechanismen, die gänzlich unter der Kontrolle des kleineren Partners stehen. Er wird nicht hinausgeworfen, nicht übervorteilt, nicht zum Teufel gejagt; er zieht es einfach vor, sich selbst hinauszukomplimentieren. Es ist nicht unbedingt ein Trost zu wissen, daß solche Dinge im Reich des Belebten passieren, aber es ist zumindest eine akzeptable Überraschung.«[536]

Dies bedeutet, daß es selbst auf der Ebene der Zellen Modalitäten gibt, die Kontakt, Kommunikation und Erkennung ermöglichen. Aber es zeigt auch ziemlich deutlich, daß es unzählige Vorteile gibt.

Kommen wir zurück zu der erwähnten Unze Boden mit ihren Hunderten Millionen Zellen: in ihr findet etwas höchst Interessantes statt, das nie in gleichermaßen reichen, aber homogeneren und weniger strukturierten aquarischen Umwelten passiert. Boden besitzt weniger Konstanz und mehr Struktur als Wasser. Die Größe der Körnchen, die Lufteinschlüsse, der Feuchtigkeitsgehalt und die Verteilung des eßbaren organischen Materials sind von Region zu Region unterschiedlich, und in derselben Region wechseln sie noch im zeitlichen Ablauf. Diese Vielfalt schafft eine ganze Bandbreite ökologischer Nischen und Anreize, die für evolutionäre Entwicklungen als Anstoß wirken. Und die rascheste und offenkundigste Tendenz zur Adaption liegt in der Kooperation, in der Ausbildung vielzelliger Strukturen.[67]

Wieder sehen wir, wie die Erde selbst Strukturen aufprägt, wie sie als Schablone für Wachstum und Wandel wirkt.

4.3
Gesellige
Bakterien

Es mag überraschen, aber es gibt sogar gesellige Bakterien. Bisweilen finden sich diese einfachsten unter den echten Lebewesen zu Gruppen zusammen und arbeiten auf ein gemeinsames Ziel hin. Der *Chondromyces aurantiacus* beginnt seine Existenz als kleine zitronenförmige Spore, die sich vom Winde treiben läßt und auf geeignetem feuchten Boden ansiedelt. Dort keimt die Spore, und wenn sie aufspringt, strömen mehrere tausend winzige stäbchenförmige Bakterien »hinaus wie die Flamme aus dem Rachen eines Drachen«.[65] Diese beginnen auf rätselhafte Weise ohne die Hilfe irgendeines sichtbaren Bewegungsapparats zu gleiten und bilden Kongregationen, die sich mit ähnlichen Vergesellschaftungen aus anderen Sporen verbinden. Dabei ernähren sich die einzelnen Bakterien und vervielfältigen sich, bis sie eine beträchtliche Zahl erreicht haben, die für das bloße Auge erkennbar ist und wie farbloser Schleim aussieht. Dieser Schleim sickert in den Boden, breitet sich erst in die eine, dann in die andere Richtung aus, und manchmal schwärmt er auch aus, als wäre er auf der Suche nach neuer Nahrung. Jedes der Bakterienstäbchen in der Masse versucht den Spuren eines anderen zu folgen, gleich einem Zug nahrungssuchender Wanderameisen, wobei sie sich Schleimpfaden entlang schleppen. Und so geht es, bis die Nahrung knapp wird. Dann passiert etwas Sonderbares.

Plötzlich unterbricht der Schleim seine Wanderung und beginnt, Stäbchen auf Stäbchen, sich selbst aufzuhäufen, wobei jedes einzelne Bakterium stärker Schleim absondert, bis die Organismen selbst oben auf einem schlüpfrigen Wolkenkratzer hocken, der fast einen Millimeter hoch in die feuchte Morgenluft aufragt. Dies klingt vielleicht nicht besonders beeindruckend, wenn man sich nicht vor Augen hält, daß jedes Einzelbakterium weniger als ein Tausendstel Millimeter lang ist. Übertragen wir diese Dimensionen auf menschliche Maßstäbe, so ist solch ein Schleimturm einem Gebäude von annähernd zweitausend Metern Höhe vergleichbar, was immerhin der fünffachen Höhe des World Trade Centers in New York entspricht. Und aus dieser grandiosen Höhe werden nun Bakteriensporen in die Luft abgegeben, die den Schleimzyklus anderorts von vorn beginnen.[132]

Niemand hat bisher herausgefunden, wie sich diese Bakterien verständigen und wie sie ihre gemeinsamen Entscheidungen treffen. Doch gibt es noch einen anderen Organismus, der nur wenig komplexer ist, aber viel besser bekannt: Er hat die Biologie in größtes Erstaunen versetzt.

Auch das *Dictyostelium discoideum* ist ein schleimiger Typ.

Gemeinhin als Schleimpilz bekannt, ist es in Wirklichkeit aber eine Amöbe. Im allgemeinen leben Amöben unabhängig und einzelgängerisch; sie schwärmen an feuchten Orten umher und bedienen sich dabei in scheinbar zielloser Weise planlos ausgestoßener Scheinfüßchen. Auf den ersten Blick verhalten sich die geselligen Amöben, von denen hier die Rede ist, kaum anders als die Einzelgänger. Sie kriechen durch den Feuchtfilm am Waldboden, verschlingen Bakterien und teilen sich unablässig wieder und wieder. Und solange sie genug Nahrung vorfinden, setzen sie diese Verhaltensweise ungebrochen fort. Droht ihnen indes Knappheit an geeigneten Nahrungsbakterien, reagieren sie in einer ganz besonderen und wohlei wogenen Weise.[66]

Die erste Amöbe, die die Gefahr des Verhungerns bemerkt, erleidet einen chemischen Anfall. Sie schüttelt sich regelrecht vor Schrecken und stößt eine winzige Menge einer Chemikalie aus, die als zyklisches Adenosinphosphat – entgegenkommend zu CAMP abgekürzt – identifiziert worden ist.[324] Dieses Signal breitet sich in alle Richtungen aus und alarmiert alle anderen Amöben in »Hörweite«, die einen Kreis mit einem Radius von etwa zehn Zellenlängen um die Amöbe ausmacht, die die Panik verursacht hat. Der Notruf löst bei den Tieren, die ihn aufnehmen, Sofortreaktionen aus. Sie geben ihn in verstärkter Form weiter, indem sie volle 50 Sekunden lang CAMP ausstoßen. Dann beginnen sie unmittelbar auf die Quelle des Erstsignals zuzuwandern und schwärmen ohne Unterbrechung 100 Sekunden lang aufeinander zu. Während dieser Zeit schließen sie völlig aufeinander auf und reagieren überhaupt nicht auf sonstige Notrufe. So wird jede Amöbe, die das Signal aufgenommen und weitergegeben hat, für die Rufe anderer Amöben, die ihrerseits auf die aufgenommenen Signale reagieren, unzugänglich. Dies hat zur Folge, daß jede Amöbe auf ihren CAMP-Nachbarn zuzuwandern beginnt, wobei sich Ballungsströme bilden. Diese enden im Endeffekt in der Quelle des Ursprungssignals, die zu einem Gesamtsammelpunkt wird, einem sogenannten CAMP-Sitz.[405] Von oben betrachtet verwandelt sich innerhalb von Minuten ein buntgesprenkeltes Feld fressender Amöben, die alle mehr oder weniger gleichen Abstand zueinander halten, zu einer Struktur faserkristallähnlicher Gebilde, da die Organismen alle auf verschiedene Anziehungszentren zuzustreben beginnen. Nach zwei oder drei Stunden endet dieser Vorgang schließlich damit, daß sich sämtliche Amöben in dem betreffenden Gebiet dicht um eine kleine Anzahl ursprünglicher »Gründerväter« gruppiert haben.

Nun gerinnt jede dieser Aggregationen zu einer Art Wurstform von etwa zwei Millimeter Länge, die sich wie ein einziger vielzelliger Organismus zu gebärden beginnt. Dieses zusammengesetzte Lebewesen, das die hübsche Bezeichnung Grex trägt, erweist sich als Wesen von ganz eigener Empfindungsfähigkeit. Im Gegensatz zu ihren Bestandteilen ist die Grex gegen Hitze und Licht empfindlich, und indem sie ein klar unterscheidbares Vorder- und Hinterende entwickelt, gleitet sie auf der Suche nach einem warmen hellen Brutplatz mit der hohen Geschwindigkeit von einem Millimeter pro Stunde davon. Selbst auf ein extrem schwaches Licht noch wandert sie mit unfehlbarer Sicherheit zu, und bis zu zwei Wochen lang folgt sie der Richtung eines Temperaturunterschieds, die sie auch dann noch klar erkennen kann, wenn der Unterschied zwischen ihrem eigenem Vorder- und Hinterende nur 0,0005° Celsius beträgt.

Schließlich kommt die Grex am Ort ihrer Wahl zur Ruhe, und dort vollführt dieser vielzellige Schleimpilz das nächste verblüffende Kunststück. Die einzelnen Amöben finden sich zu Arbeitsgruppen mit einer Vielzahl verschiedener Aufgaben zusammen, und in ihrer Mitte siegeln sie eine kleine Gruppe Arbeiter in eine Kapsel ein. Diese sind dazu ausersehen, zu Sporen zu werden. Nun hißt der Gesamtorganismus diese Kapsel an einem langen dünnen gutverankerten Stiel hoch in die Luft.

An diesem Beispiel zeigt sich: Eine Gruppe gleichartiger und isolierter Zellen ist in der Lage, sich zusammenzufinden, eine gemeinsame Handlungsweise zu beschließen, sich in einer gut instrumentierten Arbeitsteilung zu differenzieren und in außerordentlich altruistischer Weise ihre gemeinsamen Anstrengungen darauf zu richten, ihr eigenes Überleben in ein paar ausgewählten Wenigen aus ihrer Gesamtzahl zu befördern.

Und als ob all dies noch nicht genug wäre, fügt der schließlich resultierende Fruchtkörper der Wärme- und Lichtempfindlichkeit, die bereits dieses zusammengesetzte Lebewesen kennzeichnet, eine neue Sensitivität hinzu: er reagiert empfindlich auf Gas. Die stengeligen Gebilde, die aus jeder wandernden Grex hervorwachsen, führen untereinander ein gasförmiges Gespräch. Sie beugen und biegen sich und finden dabei die richtigen Abstände zueinander. Sobald dann die Kapsel am Ende eines jeden Stengels aufplatzt und die vollentwickelten Sporen ausstreut, greift sie damit so wenig als möglich in die Sphären ihrer Nachbarn ein und bietet so beste Gewähr für wirksamste Sporenverteilung.[64]

Nicht Nahrung veranlaßt die Schleimpilz-Amöben zur Vergesellschaftung. Sie können sich ebenso effektiv – wenn nicht effektiver – ernähren, wenn sie klein und vereinzelt bleiben.

Es ist vielmehr Nahrungsmangel, der die Kette der sozialen Reaktionen in Gang setzt. Doch ist interessant zu wissen – dies Wissen verdanken wir einer taufrischen Entdeckung –, daß viele der Bakterien, von denen die Amöben sich ernähren, ebenfalls die Chemikalie CAMP produzieren.[423] Somit lautet das, was die verhungernden Gründerväter rufen, um die Stampede auszulösen: »Nahrung!«.

Darüber hinaus fasziniert es zu erfahren, daß eben diese Chemikalie in allen Organismen – selbst beim Menschen – als interzellularer Botenstoff fungiert. Es vermittelt zwischen Hormonen, die an der Zellwand eintreffen, und Enzymen, die innerhalb der Zelle liegen. Was besagt, daß viele unserer komplexesten Aktivitäten – etwa die Signale, die die Gemeinschaft der Fremden in unseren Zellen zusammenhalten, damit sie auf ein gemeinsames Ziel hinarbeiten – ihren Ursprung in der gleichen Reaktion unserer Urvorfahren haben. William Wheeler umschreibt dies folgendermaßen als »starke Vorliebe, andere Organismen auszusuchen und sie entweder zu assimilieren, ober mit ihnen zusammenzuarbeiten, um so ein umfassenderes und leistungsfähigeres Individuum zu bilden«.[582] Dieser Prozeß geht zurück auf das erste einfache interzellulare Erkennungssystem. Auf das erste Mal, da eine Zelle zu sagen fähig war: »Dies bin ich, und das ist meine Nahrung.« Und sie auf diese Reaktion den bedeutenden Erkennungsschritt folgen lassen konnte: »Dies bin ich, und jener ist nicht ich oder meine Nahrung, sondern mein Freund.«

Die Erkennung von Feinden, die Entwicklung eines Immunsystems, kam erst viel später.[89] Adaptive Immunität – gemeint ist die Fähigkeit zur Erkennung von Fremdheit und zur wirksamen Reaktion auf sie durch die Schaffung von Gegengiften – ist heute ein lebenswichtiger Teil unserer Biochemie. Sie schützt uns gegen Infektion durch feindliche Invasoren, hat aber auch die unglückliche Nebenwirkung, uns gegen unsere Freunde zu stellen. In nachgerade paranoider Weise stoßen wir sogar Nieren ab, die uns in bester Absicht gespendet wurden. Wir haben die Kontrolle über das System und damit die Fähigkeit verloren, zu unserem eigenen Besten zu unterscheiden. Wir sind – Himmel hilf! – immun gegen uns selbst geworden.

4.4
Immunität –
um welchen
Preis?

Zur natürlichen Widerstandkraft gegen Infektionen gehört die Produktion spezifischer chemischer Gegengifte im Körper, der sogenannten Antikörper, die sich chemisch mit dem Eindringling verbinden und ihn handlungsunfähig machen. Jeder Antikörper ist maßgeschneidert, damit er mit einer bestimmten Fremdsubstanz, seinem Antigen, fertig werden kann. Doch die Reaktion zwischen Antigen und Antikörper tötet nicht nur die eindringende Mikrobe, sie fügt in gewissem Grade auch dem Körper selbst Schaden zu. Bei einer Infektion sind viele der Symptome nicht dem Eindringling, sondern unserer Immunreaktion geschuldet. Allgemein gilt dies als angemessener Preis, den man für die Überwindung der Infektion zu zahlen hat. Man macht der Feuerwehr keinen Vorwurf, wenn sie ein paar Türen einschlägt, um das Haus zu retten.

Aber das Immunsystem reagiert ziemlich unterschiedslos, und zwar gleichermaßen stark auch auf harmlose Invasoren. Wenn reife Pollen, die man in ihrer Winzigkeit noch nicht einmal sehen kann, in die Bindehaut des Auges, die Schleimhaut der Nase oder sogar bis in die Lunge geraten, bricht die Hölle los. Das Immunsystem jagt die Körnchen, als wären sie lebendig. Aber da sie in keinerlei Sinn, der uns betreffen könnte, lebendig sind, und da sie sich weder töten noch hinauswerfen lassen, bleiben sie in den Schleimhäuten haften. Unterdessen wirft der Körper blindlings Welle um Welle an Antikörpern und weißen Blutkörperchen gegen sie in die Schlacht, wie eine Armee, die sich von psychotischen Generalen befehligt gegen die Granitblöcke eines Felsenmeers wirft, die selbst bei einem pausenlosen Angriff weder sterben noch nachgeben. Das gesamte Gebiet um die Pollenkörper herum wird zum Schlacht-feld, und intakte Gewebe werden verletzt und entzünden sich. Der gesamte Bereich schwillt und rötet sich, und wir können nicht mehr normal atmen oder sehen. Wir husten und niesen, die Augen brennen, die Nase läuft; und wir fühlen uns elend, bis die Pollen schließlich fortgespült werden.[206] Und das Ganze passiert wieder, wenn die gleichen Pollen sich das nächste Mal einschleichen, denn jetzt werden die Antikörper gegen sie in das System eingebaut, und Heuschnupfenpatien-ten reagieren auf unschuldige Pflanzensporen in der gleichen Weise, in der gesunde Menschen auf schädliche Bakterien an-worten: Nur zahlen sie den gleichen Preis ohne jeden Sinn und Zweck.

Inzwischen haben wir noch schlimmere Nachricht erhalten: Die Dinge sind soweit aus dem Gleis geraten, daß das Immun-system bisweilen schon in Aktion tritt, ohne daß irgendein Übergriff von außen vorliegt. Es kann die Abwehrmechanis-men des Menschen gegen ihn selbst richten. Diese Art unbeab-sichtigten Selbstmords nennt man Autoimmunität.

Sie kann damit einsetzen, daß einige unserer Körperzellen einen Wandel durchlaufen, der durch eine der neuen Chemi-kalien hervorgerufen wird, mit denen wir unsere Umwelt aus-geschmückt haben. Durch ein Gift in der Nahrung, die wir es-sen, oder durch einen Farbstoff in einem Kleidungsstück, oder durch ein Konservierungsmittel oder Pestizid, mit denen wir zufällig für einen Augenblick in Kontakt gekommen sind. All dies genügt, die Autoimmunreaktion auszulösen, unsere Ab-wehrkräfte gegen einen Teil unserer eigenen Substanz mar-schieren zu lassen, der ganz zufällig mit dem falschen Etikett versehen worden ist. Und obwohl wir jetzt erkennen, daß der-lei Dinge stattfinden, ist die medizinische Wissenschaft außer-stande, das Leben eines derart betroffenen Menschen zu ret-ten, denn wir können die unablässige Fließbandproduktion an Antikörpern nicht abschalten.

Aus einer Anzahl von Leidenden sind unterdessen Auto-Anti-körper isoliert worden, doch wird anhand vieler Fälle immer deutlicher, daß sie nicht die Auswirkung der Krankheit sind, sondern deren Ursache. Perniziöse Anämie, die von Schädi-gungen der Magenwand begleitet wird; Kropf oder Fehlfunk-tion der Schilddrüse; Nierenentzündung; ulcerative Kolitis, die den Darm schädigt; rheumatische Arthritis; und vielleicht sogar multiple Sklerose, die aus dem Nichts das Gehirn junger Erwachsener befällt: all diese Leiden sind wahrscheinlich Autoimmun-Krankheiten. Sie alle sind Beispiele dafür, daß der Körper ohne erkenntlichen Grund gegen sich selbst angeht.

Die normale Immunreaktion läßt sich mit dem vergleichen, was in einem Bienenstock passiert, wenn eine Wespe eindringt. Die wachhabenden Arbeitsbienen werfen sich auf die Wespe und stechen sie zu Tode, doch bis ihnen das gelingt, erleiden meist einige der Verteidigerinnen Verletzungen oder werden getötet. Für den Bienenstock als Ganzes sind solche Verluste vertretbar, sofern die Invasion zurückgeschlagen wird. In diesem Sinne läßt sich eine Allergie mit einer Biene vergleichen, die ein völlig nutzloses Selbstopfer bringt, indem sie auf ein in den Stock gewehtes Blatt einsticht. Autoimmunität dagegen ähnelt offenem Bürgerkrieg, in dem die Bienen sich schließlich in wachsender Hysterie gegenseitig abstechen, bis das gesamte Gemeinwesen völlig vernichtet ist.

Solches Verhalten ist wenig sinnvoll, gleichgültig unter welchem Aspekt man es betrachtet: als dem der Art, des Gemeinwesens, des Einzelwesens oder der Gene selbst. Es nützt niemandem. Und unter biologischer Betrachtungsweise läßt sich solcher induzierter Selbstmord nur begreifen, wenn man von der Annahme ausgeht, daß die Gesellschaft – die Gruppe von Identitäten, in einem komplexen Organismus zusammengefaßt – nicht mehr lebensfähig ist. Diese »Gesellschaft« ist zur Selbstzerstörung genötigt, wenn sie nicht mehr imstande ist, im besten Interesse aller an ihr Beteiligten zu funktionieren.

Dies ist ein melancholischer Aspekt. Er mag etwas für sich haben, und wenn es nur eine Moral ist. Doch geht es mir im Moment um etwas anderes: Ich möchte den Ursprung dieser Reaktion ergründen und Ihnen nahebringen, was meiner Ansicht nach die Bedeutung, der Sinninhalt einer großen Spaltung ist, die es im Geist der Natur gibt. Und zu diesem Zweck braucht uns nur ein Aspekt der Immunität zu interessieren: Nämlich der, daß es sich bei ihr – evolutionsgeschichtlich betrachtet – um eine sehr junge Entwicklung handelt, fast um eine Verfeinerung des Sozialverhaltens, und daß ihre Ursprünge irgendwo in der frühen Sensitivität liegen, in der Erkennung einer Zelle durch eine andere.

Anfang dieses Jahrhunderts gab es an den Großen Seen in Nordamerika eine blühende Fischindustrie, die weitgehend auf den reichen Vorkommen an Seeforellen basierte. Dann wurde 1932 der Wellandkanal vollendet, der die Niagarafälle umging und die dahinter liegenden Seen nicht nur dem Schiffsverkehr, sondern auch einem Eindringling aus dem Meer eröffnete. Das aalähnliche Neunauge *Petromyozon marinus* verbringt sein Larvenstadium gewöhnlich in Süßwasserbächen und wandert als erwachsenes Tier ins Meer. Als sich ihm jedoch die Möglichkeit einer völlig neuen Lebenssphäre bot, kehrte es seine Wanderungsrichtung um und drang in den Erie-, Huron-, Michigan- und Oberen See ein. Erwachsene Neunaugen leben durchweg parasitär. Sie greifen Fische an, indem sie sich mit Hilfe eines Saugers, der ihr kieferloses Maul umgibt, an sie heften. Dann bohren sie ihren Wirt mit ihrer raspelähnlichen Zunge an. Sie geben ein Sekret ab, das das Gewebe schädigt und soweit aufbricht, daß es zusammen mit dem Blut ausgesaugt werden kann. Die Forellen in den Binnenseen waren nie einer derartigen Bedrohung ausgesetzt gewesen und verminderten sich daher rasch. Um 1935 gab es fast keine Forellen mehr, und die auf ihnen fußende Industrie war zusammengebrochen.[263]

Mit dem Schwinden ihrer neuen Nahrungsquelle konfrontiert, nahm auch die Zahl der Neunaugen in den Seen schlagartig ab. Sie reduzierten sich auf ihre alten Zahlenverhältnisse und kehrten zu ihren herkömmlichen Vergesellschaftungen mit Fischen zurück, die mit ihnen zu leben gewohnt waren. Es hat im Ontariosee und den Flüssen unterhalb des Niagara immer Forellen gegeben, und viele von ihnen weisen Narben auf, wo sich Neunaugen an sie geheftet hatten. Doch sie überleben, weil sie über Millionen von Jahren hin eine Art Immunität entwickelt haben, eine funktionierende Beziehung zwischen Wirt und Parasit, die beiden ermöglicht, ihren normalen Lebensvollzug fortzusetzen. Und das ist genau das, was die Gene jedes der beiden fordern.

Neunaugen sind die primitivsten noch vorkommenden Tiere mit Wirbelsäule, und obgleich sie weder Schuppen noch Kiefer, noch Gliedmaßen besitzen, scheinen sie unmittelbare

Vorfahren der Fische zu sein, von denen sie sich heute ernähren. Man hat sogar gemutmaßt, daß ursächlich ihr Raubverhalten zur Entwicklung der heutigen Fische geführt hat. Alle Neunaugenarten saugen Blut, und höchstwahrscheinlich haben sie dies immer getan. Ihr Körperbau ist für jede andere Lebensweise ungeeignet. Doch als sie mit dem Blutsaugen begannen, dürften die einzigen Lebewesen mit Kreislauf, die sie erbeuten konnten, ihnen sehr ähnlich gewesen sein. Also muß eine Situation bestanden haben, in der es hieß: Aussaugen oder ausgesaugt werden. Und diese Situation dürfte höchst unbeständig gewesen sein. Sich selbst überlassen, hätte diese Situation in Verhältnisse münden müssen, wie sie im Oberen See eingetreten sind: erst zum Tod des Wirts und dann – infolge Mangels – dem des Parasiten.

Aus dieser Sackgasse konnte die Evolution nur auf zweierlei Weise hinausgelangen, und anscheinend hat sie beide Möglichkeiten durchgespielt. Die eine bestand darin, daß einige Typen Häute entwickelten, die ihren parasitären Verwandten standhielten. Da der Fossilienkatalog aus jenem Erdzeitalter eine Anzahl dickhäutiger früher Wirbeltiere ausweist, die dem mit Knochenplatten gepanzerten Stör ähneln, wissen wir, daß diese Methode gut funktioniert hat. Doch die andere und letztlich produktivere Lösung bestand darin, die alte weiche Haut zu behalten, aber raschere Fortbewegungsmethoden zu entwickeln und Schaden möglichst zu vermeiden. Genau dies haben die heutigen Fische getan. Ehe indes die Lage bereinigt war, haben vermutlich lange Zeit hindurch Neunaugen einander gefressen. In eben jener Zeitspanne und in Reaktion auf diesen unmittelbaren Druck einer Spezies auf sich selbst haben offenbar manche der Sauger im eigenen Körper chemische Veränderungen bewirkt, die das Saugesekret ihrer Artgenossen neutralisierten. Sie entwickelten Widerstandsfähigkeit gegen ihre Parasiten, eine Art Immunität. So parasitiert heute kein Neunauge mehr einen Artgenossen, und es ist auch bei keinem Organismus unterhalb der Entwicklungsstufe des Neunauges je so etwas wie ein Immunsystem festgestellt worden.

In der geschilderten Situation scheinen folgende Faktoren gewirkt zu haben: ein eigentümlicher Selektionsdruck und die entsprechende eigentümliche Reaktion. Die Besonderheit der

Situation besteht darin, daß die Gewebe von Wirt und Parasit einander so ähnlich waren, daß herkömmliche Abwehrsysteme nicht mehr wirken konnten. Vor just diesem Problem stehen wir heute beim Krebs. Tumoren sind im Grunde Parasiten, die aus dem Eigengewebe des Wirts erwachsen sind, Teile des Körpers, die durch die Einführung eines neuen Satzes von Instruktionen vom Körper gegen sich selbst gewendet werden. Mir erscheint es höchst bedeutsam, daß bei keinem Organismus unterhalb der Entwicklungsstufe des Neunauges je Krebs festgestellt worden ist.[87]

Ich habe bereits angedeutet, daß Krebs durch ein neues Programm – neue »Software« – verursacht werden kann, das einem Organismus aufgeprägt wird. Dies kann entweder durch eine Erdschablone geschehen, die den körpereigenen entgegengesetzte Instruktionen enthält, oder durch das Eintreffen völlig neuer Codes auf der Erde, die sich anderswo entwickelt haben. Nun möchte ich dem die Vermutung hinzufügen, daß derartige Interessenkonflikte nur in solchen Gemeinwesen von Organismen aufkommen können, die eine Identität erworben haben, die die kollektiven Interessen der verschiedenen Teile aufhebt. Und ich wage die Vorhersage, daß eines der distinktiven Merkmale solcher Superorganismen darin besteht, daß sie Immunsysteme besitzen.

Mit anderen Worten: Meiner Ansicht nach haben die Wirbeltiere – weit über den Besitz eines Rückgrats hinaus, das letztlich nichts anderes als nur einen strukturellen Komfort darstellt – einen Grad von Organisiertheit und Komplexität entwickelt, der sie von allen anderen Lebewesen grundlegend unterscheidet. Sie haben eine Schwelle überschritten, einen qualitativen Sprung gemacht, der letztendlich zur Evolution wahren Geistes führt. Und Krebs ist nur ein Teil des Preises, den wir dafür zu zahlen hatten.

Unser Körper ist keineswegs statisch oder stationär. Morgen für Morgen schaut uns eine andere Person aus dem Spiegel an. Einmal pro Woche produzieren wir eine völlig neue Hautoberfläche. Mit jeder Mahlzeit wird die gesamte Auskleidung des Mundes fortgespült. Jedes Augenzwinkern schwemmt Hunderte Zellen die Tränenkanäle hinab. Alles in allem verlieren wir pro Tag etwa Zellen im Gesamtumfang eines Seifenriegels, und dieser Verlust muß ausgeglichen werden.

Glücklicherweise wird er ausgeglichen: indem das Knochenmark und das generative Gewebe unablässig neue Zellen in das Gewebe pumpen. Jeden Tag werden sie zu Millionen hergestellt, und – aller Wahrscheinlichkeit nach vielleicht sogar ohne neue Instruktionen von außen – unter ihnen muß sich auch Ausschuß befinden. Es braucht nicht viel – einen Kern, der nicht richtig zentriert ist, oder ein Protein, dem eine Aminosäure fehlt –, und schon hat man eine fehlerhafte Zelle, einen Mutanten, potentiellen Ärger. Im Meer oder im Boden werden fehlerhafte Exemplare fortgespült oder begraben. Im Körper indes müssen sie vernichtet werden. Unsere komplexen Systeme können keine Zelle dulden, die sich verselbständigt, die Gruppe mißachtet und mit ihrer Eigenreplikation fortfährt, um ihre eigene, abweichende Zielsetzung zu erreichen. Der australische Arzt und Nobelpreisträger Frank Macfarlane Burnet behauptet, daß das Immunsystem eigens dazu entwickelt worden ist, um mit dieser wiederkehrenden inneren Krise fertigzuwerden. Er meint ferner, daß das Immunsystem sich auch mit Eindringlingen von außen befasse, sei nur ein nützliches Nebenprodukt der mörderischen Intensität, mit der es bodenständige Verbrechen verfolgt. Er nennt diese Wachhundtätigkeit Immunüberwachung und meint, daß Krebs nur dann auftritt, wenn sie bei ihrer Arbeit Fehler macht.[88] Kollegen haben diese Auffassung mit dem Argument kritisiert, daß Menschen unter spezifischen Arten von Krebs leiden und nicht unter allen Arten zugleich; was mutmaßlich dann passieren würde, wenn im Überwachungssystem allgemeine Mängel vorlägen. Andere Forscher, deren Entdeckungen zufolge Tumoren eigene Antigene ins Blut abgeben, meinen, es komme zu Krebswucherungen, weil das Immunsystem dazu verführt werde, seine Energie auf diese Lockvögel zu verschwenden und den Kampf im Blut auszufechten, statt in den Geweben oder den Krebszellen selbst.[206]

Die Auseinandersetzung geht weiter, doch für mich ist klar, daß es sich bei dem, was uns an der Immunreaktion zu schaffen macht, um eine Identitätskrise handelt – gleichgültig, ob die Immunreaktion nun durch Eindringlinge von außen oder durch Mutation im Innern ausgelöst wird. Und derlei passiert Wirbellosen und blühenden Pflanzen nicht. Sie besitzen keine Persönlichkeit.

Es gibt ein Phänomen in der Pflanzenwelt, das der Immunreaktion ähnelt. Es handelt sich dabei um das Hilfsmittel, das viele Pflanzen anwenden, um Selbstbefruchtung zu verhindern.

»Die Natur«, sagte Darwin, »verabscheut ständige Selbstbefruchtung.«[271] Abgesehen von einigen Unkräutern, die in schweren Zeiten auf Inzest zurückgreifen, unternehmen die meisten Blumen ausgeklügelte Anstrengungen, um zu verhindern, daß Pollen aus ihren Staubbeuteln auf die eigenen Stempel fallen. Manche bewerkstelligen dies, indem sie die beiden Geschlechtsorgane zu unterschiedlichen Zeitpunkten reifen lassen. Die Avocadobirne verfügt sogar über Blüten, die sich zweimal öffnen: Zum ersten Mal, wenn die weiblichen Organe empfänglich sind, und zum zweiten Mal, wenn der Blütenstaub reif ist. Und diese Abfolge ist so terminiert, daß die Pollen eines Baums nie auf seine eigenen Stempel treffen können. Es gibt in der Tat zwei Typen des Baums: Einen, bei dem die männlichen Geschlechtsteile am Morgen befruchtungsbereit sind und die weibliche Bereitschaft in die Nachmittagsstunden fällt; und einen anderen, bei dem diese Situation umgekehrt gegeben ist. Avocado-Farmer pflanzen die beiden Typen abwechselnd nebeneinander.

Dieses Inzesttabu besteht bei den Pflanzen weitgehend aus demselben Grund wie bei uns: Die Kopulation mit Fremden erbringt mit höherer Wahrscheinlichkeit widerstandsfähigen Nachwuchs. Und einige wenige Pflanzenarten – so die Lilien, Petunien und die Klees – verfügen gleich uns über eine chemische Inkompatibilität. Bei ihnen fällt der Pollen auf den klebrigen Stempel und beginnt, seinen Pollenschlauch in den Stempelgang zu treiben; aber er erkennt ihn sehr rasch als einen von der »eigenen Sippe«, zieht sich zurück und verwest. Es wirkt fast, als ob die Pflanze allergisch auf ihre eigenen Pollen reagierte, obgleich keine wirkliche Abstoßung stattfindet. Es ist der Pollen, der sich selbst zerstört und der gleich dem kleineren von zwei Korallen-Zellhaufen Selbstmord begeht, wenn er seinen Mißgriff bemerkt. In beiden Fällen erfolgt die Erkennung zwischen Proteinen an den Oberflächen der beteiligten Zellen. Es findet eine klare Wahrnehmung der Unterschiede zwischen »Ich« und »Nicht-Ich« und darüber hinaus eine entsprechende Reaktion auf beide statt. Aber dabei handelt es sich um eine automatische, im genetischen Code verankerte Reaktion, die keine echte Individualität beinhaltet.

Inzwischen liegt eine reichhaltige Literatur über pflanzliche Reaktionsweisen vor.[544] Die stärker akademisch orientierten Autoren, die Botaniker, reden von »Tropismus«, was die Neigung bezeichnet, zum Licht hin und von der Schwerkraft fort zu wachsen. Im Zeitraffer betrachtet, scheinen Bohnenschößlinge in einer dunklen Kiste in der Tat aggressiv miteinander zu konkurrieren, schlagen sie nach Nachbarn aus, greifen sie nach oben und ringen miteinander – wie Schlangen in einer Grube – in ihrem Bemühen, ans Licht zu gelangen. Doch ein Gutteil der Bewegungen von dieser Art ist in Wirklichkeit irreversibles Wachstum in Reaktion auf einfache physikalische Auslöser. Es kann nicht tierischen Bewegungen gleichgesetzt werden, die zumeist reversibel sind und unbestimmte Male wiederholt werden können.

In anderen Beiträgen aus der Literatur ist von »Emotion» und »Gefühl« die Rede. Sie zeigen recht klar, daß bei manchen Pflanzen in Reaktion auf äußere Reize – etwa Tonschwingungen oder die Nähe eines komplexen Strahlungssystems, wie ein Mensch es ist – elektrische Veränderungen stattfinden. Diese Reaktionen sind höchst lebensvoll und scheinen vielfach gerichtet zu sein: Was nahelegt, daß die Pflanzen fähig sind, Individuen einer anderen Art zu erkennen und bisweilen sogar im Hinblick auf sie Werturteile zu treffen. Ich bin selbst an vielen dieser Forschungen beteiligt gewesen und kann mich nicht dagegen wehren, von der Besonderheit und Kraft einiger dieser Reaktionen beeindruckt zu sein. Aber ich bin nichtsdestoweniger in einem Punkt besorgt: Nämlich im Hinblick auf die störende Rolle, die menschliche Beobachter bei all diesen Experimenten spielen. So wird man mich immer noch davon überzeugen müssen, daß selbst das komplexeste pflanzliche System eine eigene Identität von solcher Entfaltetheit etablieren kann, daß von einer unterscheidbaren Persönlichkeit gesprochen werden kann.[571]

Auf diesem Gebiet muß die Forschung noch viel leisten, doch glaube ich, daß wir zum gegenwärtigen Zeitpunkt bereits gerechtfertigt die Unterscheidung zwischen Wirbeltieren und allen anderen Lebewesen treffen können. Und daß wir allein den Tieren mit Wirbelknochen echte Individualität zuschreiben dürfen.

Ich möchte langsam Schritt um Schritt versuchen, folgende Abfolge der Evolution festzulegen: Das Leben nimmt seinen Anfang in der Existenz interstellarer organischer Verbindungen – diese wesentlichen Vorläufer sind zumindest auf unserem Planeten durch Information strukturiert, die der Erde selbst innewohnt –, kraft dessen werden sie zu Replikationssystemen, die gelegentlich jene Art von Fehlern machen, welche eine Formenvielfalt aufkommen lassen – einige dieser Formen kollaborieren in symbiotischen Beziehungen und bringen relativ geschlossene Gemeinwesen oder Zellen hervor, die bestimmte Arten von Sensitivität besitzen und allen Angehörigen beträchtliche Vorteile bieten –, viele dieser Kooperativen wachsen zu Zellgesellschaften zusammen, die für die Beteiligten sogar noch nützlicher sind – und einige der komplexesten Vergesellschaftungen durchlaufen aufgrund ihrer Komplexität in der Tat einen qualitativen Wandel, der ihnen einen einzigartigen Sinn verleiht, ein »Ich«, ein »Selbst«.

4.6
Reproduzierte
Existenz =
Identität

Und ich behaupte, daß diese erworbene Individualität an das Vorhandensein einer komplexen Organisation von einer bestimmten Art – und nur dieser Art – gebunden ist. Doch bevor wir diese Annahme für verbrieft nehmen können, muß ich jene wirbellosen Gemeinwesen erörtern, die in dieser oder jener Hinsicht ähnlich zu sein scheinen, was bis zu dem Grade gehen kann, als hätten sie eine eigene Persönlichkeit.

4.7
Erworbene
Individualität
(Fallbeispiel:
Schwamm)

Die Koloniebildung getrennter Zellen ist im Verlauf der Evolution vielfach durchprobiert worden, und einige dieser Versuche haben – jeder mit seinen eigenen Merkmalen – überlebt. Unter den einfachsten finden wir einen Schwamm,* in dem sich eine ausgeprägte Arbeitsteilung feststellen läßt.[488] Jeder Schwamm besitzt zwei Grundtypen von Zellen, deren einer einen becherförmigen Sack ausbildet, und deren anderer diesen Sack mit langen Geißeln oder Flagellen auskleidet. Gemeinsam bilden sie eine Pump- und Filtereinheit, die Wasser aus der Umwelt hereinholt, Nahrungspartikel ausfiltert und den Strom des verbrauchten Wassers in die Umgebung zurückpumpt. Es sind mehrere verschiedene Komplexitätsebenen sowie eine weitergehende Differenzierung in aktive und passive Zellen festzustellen, die in unterschiedlichen Geweben an-

---

* siehe Abb. 2 auf Seite 102

geordnet sind, doch läßt sich nicht einfach über den Daumen entscheiden, ob die individuelle Zelle oder die Kolonie eine Schwamm-»Person« ausmacht. Wahrscheinlich – so meine ich – trifft diese Charakterisierung auf keine der beiden zu. Innerhalb jeder Kolonie befinden sich Zellen in unablässiger Bewegung, nehmen sie unterschiedliche Erscheinungsformen an, die von ihrer Position im jeweiligen Zeitpunkt abhängen. Und wenn eine ganze Kolonie durch ein feines Seidentuch passiert wird, um die einzelnen Zellen sauber voneinander zu trennen, organisiert sich der so entstandene Brei mit der Zeit erneut zu einer Form, die für die besprochene Spezies typisch ist. Aber das neue Arrangement unterscheidet sich gänzlich von dem alten, jeweils andere Einzelzellen übernehmen jede einzelne der notwendigen Funktionen.[240] Vor diesem Hintergrund ist es unmöglich zu entscheiden, was die Individualität eines Schwamms ausmacht. Kann man ein zufälliges Arrangement von Zellen als Individuum bezeichnen? Wird das neue Arrangement durch Reintegration erzielt, erhält man das gleiche Individuum, das vorher durch das Tuch gepreßt wurde? Und wo haust diese Individualität in der Suppe einzelner Zellen? Vielleicht als Gedächtnis? Als Schwamm-Mem?

Julian Huxley hat diesen Sachverhalt hervorragend in der Feststellung zusammengefaßt: »Besser glaubt man an die geschichtliche Individualität der Zellen und staunt über die Vorstellung von der Form des Ganzen, die derart die Substanz durchdringen und die Individualitäten ihrer Teile absorbieren kann, indem sie sie aller von den Vorfahren ererbten Freiheiten beraubt.«[272]

Ich gehe sogar noch einen Schritt weiter und meine, daß die Grundeinheiten von Individualität in den angestammten Entitäten liegen, die gemeinsam eine Zelle ausmachen. Und ich möchte betonen, daß die gemeinsame Aktivität und Sensitivität der Teile einer Zelle oder der Zellen in einer Kolonie keine Identität begründen oder eine Kolonie zu einer Person machen.

4.8
Das »Konzert«
in der Qualle

Die nächste Sprosse von den Schwämmen die Komplexitätsleiter weiter hinauf sind die Coelenteraten, zu denen die Seeanemonen, Korallen und Quallen gehören. In einer bekannten kolonialen Form namens *Tubularia* durchläuft der weiche Stengel, der die Polypen untereinander verbindet, einen spontanen Pumpzyklus. Dieser Zyklus wird durch elektrische Wellen hervorgerufen, die zwischen den Zellen hin und her wandern. Die gemeinsamen Bewegungen der getrennten Zellen sind »Konzert« genannt worden und werden anscheinend von einem »Dirigenten« oder einer Schrittmacherzelle von unbekannter Identität koordiniert.[292]

Dieses elementare Nervensystem erreicht seine höchste Entwicklungsstufe bei der im offenen Meer lebenden Staatsqualle *Nanomia cara,* die womöglich die ausgeklügelste Ansammlung von Zellen ist, die sich je zu einer Kolonie zusammengefunden haben. An der Spitze jeder Kolonie sitzt ein Individuum, das zu einer gasgefüllten Blase modifiziert ist, die allen anderen dahinter ausgebreiteten Kolonieangehörigen statischen Auftrieb gibt. Unter den übrigen finden sich Zellen, die auf Verteidigung, Nahrungserwerb, Verdauung, Nährstofftransport und Fortpflanzung spezialisiert sind. Am interessantesten aber sind jene Nectophoren genannten Spezialisten, die als kleine Blasebälge fungieren, indem sie Wasserstrahlen ausstoßen und so die gesamte Gesellschaft vorwärtstreiben. Indem sie die Form ihrer Öffnungen ändern, können sie die Richtung der Wasserstrahlen umlenken und so die *Nanomia* mit kräftigen Bewegungen vorstoßen lassen. Sie kann sich in jedem Winkel und auf jeder Ebene frei bewegen und sogar ohne erkennbaren Grund hübsche Loopings ausführen.[394]

Diese Koordination wird durch feine Nerven erreicht, die die einzelnen Zellen verbinden. Die Komplexität dieses Systems indes verweist uns auf ein grundlegendes zoologisches Dilemma. Ist die Kolonie eine Ansammlung von Individuen, oder ist sie ein komplexer Organismus eigener Prägung? Auf welcher Grundlage unterscheiden wir eine spezialisierte Zelle in einer Kolonie wie der *Nanomia* von dem Organ eines Säugetiers, das in diesem die gleiche Funktion wahrnimmt? An welchem Punkt wird eine Gesellschaft so annähernd perfekt, daß wir sie nicht mehr als Gesellschaft einstufen können, sondern ihr individuelle Identität zuerkennen müssen? Diese Frage stellt sich besonders akut im Hinblick auf die Welt der vergesellschafteten Insekten.

Viele Ameisen, Termiten und Wespen sind so intensiv vergesellschaftet, daß man sie besser als diffuse Organismen ansieht. Eine Kolonie der afrikanischen Wanderameise *Dorylus*

4.9
Hat der Insektenstaat eine übergeordnete Identität?

wilverthi zum Beispiel ist ein Wesen von annähernd dem Gewicht eines Menschen, besitzt aber zwanzig Millionen Mäuler, die über mehrere Hektar Fläche ausgebreitet sind.[592] Als einer der ersten hat in dieser Weise über Insektengesellschaften der hellsichtige und vielgeschmähte südafrikanische Naturforscher Eugene Marais nachgedacht. Er sagte: »Die Termite ist ein vereinzeltes und zusammengesetztes Tier in eben derselben Weise, in der der Mensch ein vereinzeltes zusammengesetztes Lebewesen ist... Jede Termite hat ein Gehirn, einen Magen, eine Leber und Geschlechtsorgane, die die Erhaltung der Art gewährleisten. Sie besitzt Beine und Arme zum Nahrungsammeln; sie besitzt ein Maul... Nur die Fähigkeit zur Fortbewegung, zum Ortswechsel fehlt, doch wenn die natürliche Auslese sich weiter auswirkt, könnte das Endergebnis eine Termite sein, die sich langsam über die baumlose Grassteppe bewegt.«[360]

Als Marais vor über 50 Jahren allein in jenem Grasland arbeitete, konnte er die subtile Maschinerie nicht verstehen, die die Termitengesellschaft zusammenhält. Heute wissen wir indes, daß seine »rätselhafte Kraft« zumindest zum Teil in einer Gruppe Chemikalien besteht: den Pheromonen. Bei ihnen handelt es sich um chemische Botenstoffe oder Hormone, die von spezialisierten Zellen hergestellt werden und in der Lage sind, die Aktivität anderer Zellen in entlegenen Teilen des Körpers zu steuern. Bei der Termite werden diese Stoffe hauptsächlich von der Königin produziert und zirkulieren durch die Kolonie. Sie werden von Termite zu Termite weitergereicht und steuern deren Zahlenstärke und Verhalten, indem sie durch den Körper der Kolonie wandern und durch die Korridore zirkulieren wie Zellen im Blutkreislauf eines Organismus.[308]

Bei den vergesellschafteten Bienen wird Nahrung in einem Grad und Ausmaß geteilt, daß wir uns modellhaft den Bienenstock so vorstellen können, als besitze er einen kommunalen Magen. In ähnlicher Weise wird durch die Pheromone beziehungsweise durch die berühmten »Tänze« Information geteilt und verbreitet. Dies wird so effektiv bewerkstelligt, daß das Gemeinwesen wie ein Gesamtlebewesen mit einem Zentralnervensystem und weitgreifenden Sinnesorganen wirkt. Eindringlinge werden vom Körper sofort erkannt und mit den unnachgiebigen Methoden eines Immunsystems behandelt. Die Temperatur wird überaus genau reguliert und trotz des Umstandes, daß keine der Einzelkomponenten für sich genommen warmblütig ist, auf einem hohen Niveau gehalten. Die Fortpflanzung wird von einer kleinen Gruppe von Zellen oder Kastenangehörigen geleistet, die unseren Eierstöcken und Hoden in jeder Hinsicht gleichwertig sind. Und es gibt andere Detailarbeiter, die gleichermaßen klar unterschiedene Funktionen wahrnehmen, was sie unserer Leber, unseren Muskeln und Nieren analog macht.

Betrachten wir Insektengesellschaften in dieser Weise, so sind wir gezwungen, das einzelne soziale Insekt als Zelle eines Superorganismus zu begreifen. In der Tat kann keine Termite oder Honigbiene aus eigener Kraft existieren. Sie ist unfruchtbar und nicht besser als ein einzelnes rotes Blutkörperchen in der Lage sich fortzupflanzen. Vom Organismus isoliert, stirbt sie sehr bald. *Die Biene* und *die Termite* können als abgetrennte Organismen aus eigener Kraft nicht leben. Das sind durch und durch künstliche menschliche Konzepte, und sie sollten einzig im Kontext, als integrale Bestandteile eines größeren Ganzen begriffen werden. Wenn einer dieser Teile stirbt, hat das für den Bienenstock keine größeren Konsequenzen als für uns der Verlust von ein Paar Haaren, die uns beim Kämmen ausgehen. Es besteht guter Grund, den Bienenstock und den Ameisenhügel als Organismen zu betrachten, die denen aller komplexen Wirbeltiere analog sind, doch stolpern wir dabei immer noch über die Frage der Identität. Nehmen wir einmal an, ein störender Einfluß – etwa ein Wirbelsturm – zerreißt einen Bienenstock, ohne dabei eine einzige Biene zu töten, sondern verstreut die Insekten nur weit über Land. Was läßt sich dann über den Organismus sagen? Der Körper ist verschwunden, er ist zerrissen, aber ist der Organismus tot? Wenn alle Insekten sterben, bewegt man sich in dieser Frage auf festem Boden. Aber was wäre über den Organismus zu sagen, wenn seine verstreuten Komponenten in andere Bienenstöcke assimiliert werden? Wo hat dann die Individualität ihren Sitz?

Ich muß – sofern diese Argumentation der drohenden Gefahr, in rein philosophische Sphären abzuheben, standzuhalten in der Lage ist – annehmen, daß Identität eine biologische

Grundlage hat. Doch dürfte unterdessen klargeworden sein, daß sie nicht in zutiefst fundamentalen Strukturen begründet liegt: Auf der Ebene der Molekularbiologie läßt sie sich nicht lokalisieren. Wäre dies der Fall, dann wäre sie vermutlich etwas allem Leben Gemeinsames. Also muß sie spät in der Evolutionsgeschichte in Erscheinung getreten sein. Wo aber liegt dann der Unterschied, die wesentliche organisatorische Unterscheidung zwischen einer Biene und einem Bienenfresser?

4.10
Rückgrat
führt zu
(Lebewesen mit)
Geist

Der Besitz eines Rückgrats ist für diese Trennung nur symptomatisch. In rein biologischen Begriffen besitzen die Wirbeltiere – die der Ordnung Chordata – die folgenden Merkmale, die sie von allen anderen Gruppen Lebewesen unterscheiden:

Ihre Hauptnerven sind zu einem röhrenförmigen Strang zusammengefaßt, der in ganzer Länge durch den Körper läuft und in eine Wirbelsäule eingefaßt ist. Dieser Strang läuft an einem Ende in einen klar umschriebenen Kopf aus, wo er sich in ein Hirn erweitert, das von einer Schutzkapsel aus Knochen umschlossen ist, die von den Hauptsinnesorganen des Gesichts, Gehörs, Geruchs und Geschmacks in Abschnitte unterteilt wird.

Ihr Blutgefäßsystem ist erstmalig völlig geschlossen und in zwei längsverlaufende Hauptgefäße unterteilt, deren unteres vorwärts und deren oberes rückwärts durch den Körper verläuft. Und die Flüssigkeit in diesem System wird von einem besonderen Muskel, dem Herzen, unter Druck gehalten.

Ihre Stoffwechselfunktionen sind in besonderen Organen angesiedelt und werden von ihnen gesteuert, unter denen die wichtigste Innovation ein gut organisiertes Blutreinigungs- und Abfallbeseitigungssystem ist, das in einer Niere untergebracht ist.

Die Einzelheiten sind in diesem Zusammenhang eigentlich nicht bedeutsam, doch ist es wichtig zu begreifen, daß die Wirbeltiere insofern besondere Lebewesen sind, als es sich bei ihnen um geschlossene Systeme handelt, die in dieser klar definierten Weise räumlich organisiert sind. Das Blut schwappt nicht mehr einfach frei in einer Körperhöhle umher, Nahrung und Schmiermittel transportierend. Es besteht auch keine einfache, ziemlich strukturlose Streuung von Nervenfasern mehr. Die Sinnessysteme sind nicht mehr mehr oder minder zufällig über die Körperoberfläche verteilt, wie etwa bei Muscheln, die mit den Füßen sehen. Man kann ein Wirbeltier nicht in zwei oder drei Stücke zerschneiden und erwarten, daß diese Teile aus eigener Kraft den Geschäftsbetrieb wieder aufnehmen. Bei den Tieren mit Wirbelsäule sind die Funktionen klar definierten Körperteilen zugeordnet, deren jeder eine besondere, fixe, räumliche Beziehung zu allen anderen hat. Die Wirbeltiere — und auch damit sind sie evolutionsgeschichtlich die ersten — zeichnen sich durch eine ganz spezifische Gestalt aus.

Nichts deutet darauf hin, daß irgendeiner der Bestandteile der Wirbeltiere für sich genommen besser wäre als der ihm entsprechende, von den Wirbellosen verwandte. Kalmare besitzen Nerven und gut entwickelte Augen, die in jeder Hinsicht mit unseren mithalten können. Das Sinnesorgan einer Biene für Berührung und Schwingung ermöglicht es ihr, die feinen Einzelheiten des Tanzes selbst in der Dunkelheit des Stocks klar zu erkennen. Die Fähigkeit einer Motte, ein einzelnes Molekül des von ihrem Partner ausgesandten Aromas zu spüren, läßt selbst einen Bluthund so erscheinen, als hätte er eine verschnupfte Nase. Die Exoskelette der Insekten sind so vielfältig und sorgfältig strukturiert wie jedes unserer Endoskelette. Arbeitsameisen schleppen Müll genauso fleißig aus dem Hügel, wie unsere Nieren Verunreinigungen ausfiltern. In einem Termitenhügel zirkuliert Königinnensubstanz ebenso effektiv von Arbeiterin zu Arbeiterin, wie unsere Hormone durch unser Blutgefäßsystem kreisen.

Es kann keinerlei Zweifel bestehen, daß komplexe Kolonien von Einzelzellen wie die der Siphonophoren oder Gesellschaften von Vielzellern wie die der Termiten den höchsten Ebenen von Sophistikaton zuzurechnen sind, die in drei Milliarden Jahren Evolution erreicht worden sind. In vieler Hinsicht sind sie ihrer Umwelt besser angepaßt als selbst das komplexeste Wirbeltier. Aber sie sind anders. Wäre es nicht so, hätte irgendeine zielbewußte Ameise dieses Buch geschrieben und nicht der Faulpelz, der es getan hat.

Vergleiche zwischen Menschen und Ameisen besitzen keinerlei Aussagekraft, denn wir haben für die Probleme, die durch die gleichen Arten von Überlebensdruck aufgeworfen sind, völlig andere Lösungen gefunden. Der belgische Dichter Maurice Maeterlinck sah sich sogar zu Zweifeln veranlaßt, ob die Insekten überhaupt unserer Welt zugehören. Er sagte: »Sie haben etwas an sich, das scheinbar nicht zu den Sitten, der Ethik, der Psychologie unseres Erdballs gehört. Man möchte sagen, sie kommen von einem anderen Planeten, monströser, dynamischer, empfindungsloser, grausamer, infernalischer.«[168]

So groß sind die Unterschiede, doch bestehen hinreichende biochemische Ähnlichkeiten, die uns gleichermaßen Gewißheit geben, daß sowohl wir wie sie erdgeboren sind. Der angemessene Vergleich ist nicht der zwischen Ameisen und Mensch, sondern der zwischen individueller Ameise als Bestandteil ihres Staates und jeder menschlichen Zelle als Teil ihres Körpers. Die Antwort der vergesellschafteten Insekten auf die Probleme des Planeten besteht darin, Verantwortung an bewegliche Einheiten zu delegieren, wohingegen wir unsere Körperteile unter strafferer Kontrolle halten. Die Ameisen sind diffus, wir sind kompakt. Bei Termiten und Wespen manifestiert sich die Gesellschaftsform hauptsächlich im Aufbau des Staatswesens, das vielfach ausgeklügelt und für den Einzelstaat hochgradig charakteristisch ist, doch innerhalb dieser Grenzen ist die Organisation weit weniger ausgeprägt. Wir halten die Politik der Insekten für starr und totalitär, doch verglichen mit dem Reglement, unter dem die Zellen unseres Körpers stehen, leben die Ameisen wie Anarchisten.

Der Unterschied zwischen ihnen und uns reduziert sich folglich auf rein formale Aspekte. Die Ameisengesellschaft und der menschliche Körper sind Organisationen von großer Sophistikation und entsprechender Komplexität. Sie weisen viele analoge Strukturen und Funktionen auf. Doch da der Mensch ein Wirbeltier ist, hat sich bei ihm auf eine Grundgestalt wachsende Komplexität aufgeprägt. Man kann sich die Wirbeltiere als einer Ameisenkolonie vergleichbar vorstellen, die breitflächig auf ein Brett aufgenadelt ist, so daß die Komponenten gezwungen sind, ihre getrennten Funktionen in einer definitiveren und kompakteren räumlichen Beziehung wahrzunehmen. Dazu wären sie ohne beträchtliche Modifikation ihrer bestehenden Arrangements nicht in der Lage, und in diesem Prozeß würden sie wahrscheinlich all ihre sonderbaren Stärken einbüßen und einem Wirbeltier sehr ähnlich werden. Doch genügend Zeit und eine leicht abgewandelte Evolutionsfolge vorausgesetzt, hätte das Ergebnis ganz anders aussehen können. Und eine solche Entwicklung könnte immer noch eintreten.

Diese Einschätzung der Form als evolutionärer Determinante ist keineswegs neu. Ins einzelne gehend hat der Arzt Stephen Black diesen Ansatz erwogen, der ihn seinerseits von den alten Griechen übernommen hat.[58] Im vierten Jahrhundert vor Christus kam Aristoteles zu dem Schluß, daß der Geist eine Funktion der Form oder Gestalt sei, ein Produkt der anatomischen und physiologischen Komplexität der Materie, die ihrerseits durch etwas weniger Substantielles, etwa Platons *Idea*, bestimmt ist. Mit anderen Worten, Substanz ist fähig, eine Idee zu empfangen und Form anzunehmen: wie ein Stück Feuerstein in den Händen eines frühen Steinmetzes. Und diese Form konnte dann zur Erfüllung einer Funktion verwendet werden, benützt werden als Werkzeug, etwa als Handaxt, um etwas noch Komplexeres herzustellen.

Die Fakten der Kernphysik, wie wir sie heute begreifen, stützen diese These. Materie wird heute als Form von Energie angesehen – von Energie, die eine Form angenommen hat und substantiell geworden ist. Und nun führen uns die neuen Erkenntnisse der Molekularbiologie den nächsten notwendigen Schritt weiter, der zeigt, daß die biologische Ausprägung von Materie unmittelbar durch die Gestalt oder Form von Lebewesen diktiert wird.

Der eigentliche Übergang von unbelebter zu belebter Materie erfolgte mit der Aufprägung einer grundlegenden Gestalt auf einfache organische Substanzen: mit der Aufprägung der berühmten Doppel-Helix der DNS. Die In-form-ation – und hier impliziert das Wort, was sich da abspielt –, die in subtilen Variationen dieser Form enthalten ist, wird von der DNS im Kern durch Botenmoleküle auf das Zytoplasma der Zelle übertragen. Diese Botenmoleküle erinnern die Gestalt, und damit sind sie durch ihre eigene Gestalt in der Lage, die richtigen Aminosäuren zu erkennen, so daß diese in der richtigen Ordnung am richtigen Ort und zur richtigen Zeit angeordnet werden und sie so das entsprechende Protein hervorbringen können. Und so geht es weiter die Leiter hinauf: Gestalt und Form steuern auf jeder Sprosse die Abfolge der Ereignisse, die die Spezies determinieren und einzigartig machen.

4.11
Information =
In-FORM-
ation!

Form ist die gestaltende Kraft des Lebens. Alle Form oder Gestalt enthält Information, und je komplexer die Form, desto mehr Information enthät sie. Ich möchte daher behaupten, daß in bestimmten sehr komplexen Formen – namentlich denjenigen, bei denen wir nach Millionen von Jahren natürlicher Auslese angekommen sind, die die Wirbeltiere hervorgebracht haben – die Information einbeschrieben ist, die zur Bestimmung der Einzigartigkeit nicht nur der Spezies, sondern auch des Individuums notwendig ist. Daß in der *Konfiguration* unserer Moleküle das Wesen unserer Identität liegt. Und das ist etwas, das nicht eigentlich in der Substanz einer oder aller Zellen beheimatet ist, sondern es handelt sich um eine Eigenschaft, die ihnen durch ihre Anordnung im Raum superponiert ist.

Die Unterscheidung zwischen Substanz und Form ist ebenso einfach wie der Unterschied zwischen der chemischen Zusammensetzung von Ton und den Formen, in die sich dieser Ton kneten läßt. Die Substanz des Lebens ist ein kleiner Satz von Aminosäuren, die Formen indes sind unendlich. Und wenn man den Katalog der Möglichkeiten durchblättert, ist die Evolution im Falle des Menschen auf eine Form gestoßen, die qualitativ von den anderen verschieden ist. Sie ist relativ unabhängig von der Substanz und besitzt die Fähigkeit, auf eigene Faust formativ zu werden.

Eine der Verfeinerungen der Form besteht in einem ausgeklügelten Selbsterkennungs- und Fremdabstoßungssystem. Und eine der Konsequenzen aus dem Besitz dieser Form, aus dem Individuelle-Person-Sein, könnte der Krebs sein... Doch wird auch noch von anderen Konsequenzen zu reden sein.

5. KAPITEL

Denken
– Bewußtheit

Die Zahl der Atome im Universum ist auf 10^{80} geschätzt worden. Und das Alter des Universums in Sekunden beträgt, in Zahlen ausgedrückt, erheblich weniger, nämlich ungefähr 10^{18}. Daher ist die Anzahl der unterscheidbaren Ereignisse, die in einem begrenzten Bereich wie dem unseren eintreten können, durch die Zeit begrenzt. Und die Anzahl der Konfigurationen, in denen ein System von Atomen existieren *kann*, ist viel größer als die Zahl solcher Konfigurationen, in denen es tatsächlich existiert. Daraus folgt: Es ist höchst unwahrscheinlich – sogar unmöglich –, daß je zwei Proben Materie völlig gleich seien. Was bedeutet, daß keine zwei Einzelorganismen, keine zwei Zellen und keine der Entitäten in diesen Zellen je den gleichen inneren Zustand aufweisen können. Individualität ist unvermeidlich. Identität hingegen nicht.

An heißen Sommernachmittagen, wenn die Luft in Bodennähe feucht und warm ist, wird es instabil und beginnt zu steigen.

Indem es steigt, dehnt es sich aus und kühlt ab, und Wasserdunst kondensiert auf Salz- und Staubpartikeln und bildet Tröpfchen, die sich in einer Wolke konzentrieren. Die Tröpfchen haben nicht alle die gleiche Größe. Daher fallen diejenigen, die größer sind als der Durchschnitt, rascher, stoßen mit anderen auf ihrem Weg zusammen und verbinden sich mit ihnen. Sie wachsen mit zunehmender Geschwindigkeit, bis sie, wenn die Reise lang genug ist, als Regen aus der Basis der Wolke fallen.

Dies ist ein mehr oder minder zufälliger Vorgang, der – sofern der Tag warm genug ist – zyklische Formen annehmen kann. In manchen Gebieten steigt die Luft schneller empor als in anderen, Luftströme entstehen, und indem jeder Aufwind von der warmen, feuchten Luft in seiner unmittelbaren Nachbarschaft zehrt, entwickelt sich eine Konkurrenzsituation. Rivalisierende Strömungen wetteifern miteinander und unterdrücken sich sogar gegenseitig, wobei nur die Kräftigsten überleben und den größen Wolkenauftrieb geben. Die Wolken akkumulieren sich, fordern Energie zu ihrer Aufrechterhaltung ein, wachsen von Kumulus zu Kumulus und erreichen schließlich als ausgewachsene Gewitter die voll entfaltete Kumulonimbus-Form.

Ein Gewitter ist ein Lebewesen, ein Organismus mit einer klar umschriebenen und leicht erkennbaren Form. Er steht auf einem Fuß aus kühlem, hartem Primärregen mit einer Ferse aus sekundärem Nieseln und einer Zehe aus rollenden Wolkenböen, die sich langsam, Schritt um Schritt, ihren Weg ertastet. Züge von Warmluft streben überall in seinem Körper auf, stoßen an seinem Kopf hervor in einem Amboß aus Hagel und Eis. Diese Anatomie ist charakteristisch und klar umschrieben; morphologisch ist sie derart unterteilt, daß man fast von funktionalen Teilen sprechen kann. In Hinsicht auf Verhaltensaspekte ist sie in der Welt der unbelebten Materie einzigartig, tritt sie der gängigen Neigung der meisten solcher Systeme entgegen, in den unvermeidlichen Gleichgewichtszustand eines trägen Verharrens abzugleiten. Das Gewitter ist unablässig in Aktion, es wandert, tauscht mit seiner Umwelt Material und Information aus und reproduziert sich sogar selbst, indem es an seinen Rändern Tochterzellen entstehen läßt, wenn die Mutter aus dem Reifestadium heraus in ihr Verfallsstadium eintritt.[421]

Da Gewitterstürme geschlechtlicher Fortpflanzung unfähig sind, kann die natürliche Auslese auf sie nur als auf Individuen einwirken, nicht als auf eine Art. Ihre Evolution beschränkt sich folglich auf das, was im Leben jedes einzelnen Gewitters geschieht, und es kann kein Wandel, keine Mutation und nichts Erlerntes an nachfolgende Generationen weitergegeben werden. Ein Gewitter ist heute noch einem Gewitter völlig gleich, das einen Dinosaurier umbrauste, oder auch einem Gewitter, das das erste Amphibium plagte, als es aus dem Meer in den Schlamm eines frühen Gestades hinauskroch.

In den trockeneren Teilen Afrikas, in denen Gewitter selten sind, kann man vielfach das Einsetzen eines solchen Sturmes vorhersagen, lange bevor er sich zu formieren beginnt. Man braucht nur ein Auge auf die Wanderameisen zu halten und abzuwarten, bis sie anfangen, die Larven aus ihrem Hügel zu einem sichereren, höher gelegenen Ort zu schaffen. Die Ameisen haben diese Feinfühligkeit aufgrund einer natürlichen Auslese erworben, die über Millionen von Jahren zugunsten solcher Kolonien gewirkt hat, die sich auf Wettervorhersage verstanden. In dieser Hinsicht ist der Staatsorganismus der Ameisen ein eindeutiger Fortschritt aus dem Organismus des Gewitters, doch bestehen viele Übereinstimmungen.

Beide besitzen Individualität in dem Sinne, daß sie ein einzigartiges Muster von Materie darstellen und ihre Integrität verteidigen: Sie bekämpfen andere Kolonien, befehden rivalisierende Aufwinde, widerstehen Kräften, die das Gebilde zu zerreißen drohen. Die Teile arbeiten zusammen zum Nutzen des Ganzen, doch keinem Gewitter und keinem Ameisenhügel ließe sich im wahren Sinne des Wortes Identität zuschreiben. Keiner von beiden ist notwendig mehr als die Summe seiner Teile, und dies selbst unter dem Aspekt, daß im Falle der Ameisenkongregation die »Mathematik« eine beträchtliche Rolle spielt.

Die größte bislang festgestellte Kolonie vergesellschafteter Insekten ist die der afrikanischen Wanderameise *Dorylus wilverthi* mit mehr als zwanzig Millionen Mitgliedern.[593] Aber noch nicht einmal diese Art von Kolonie ließe sich auch nur ansatzweise mit der Komplexität der Einheiten im Nervensystem eines Wirbeltieres vergleichen. Derzeit leben auf der ganzen Welt von sämtlichen Ameisenarten zusammengenommen schätzungsweise 10^{15} Einzeltiere. Diese Zahl ist annähernd so groß wie die Anzahl der Sekunden, die vergangen sind, seit der Urknall unseren Kosmos in Gang gesetzt hat.

Das ist überaus beeindruckend – indes hat Lord Samuel festgestellt: »Wollten wir uns angesichts der astronomischen Dimensionen gering fühlen, nur weil sie groß sind, so wäre das in gewissem Sinne ein kosmischer Snobismus ... Was zählt, ist der Geist.«[194] Und es befinden sich mehr als 10^{15} organische Großmoleküle in jenem Trittbrettfahrer des Geistes: In jedem einzelnen menschlichen Gehirn.

Womit keineswegs gesagt ist, Identität und Persönlichkeit seien bloß Produkte reiner Menge. Es muß etwas diese alarmierende Anzahl von Teilen zusammenhalten. Ziehen wir den

Umstand in Betracht, daß jede einzelne unserer Hirnzellen – und das Gehirn umfaßt zehntausend Millionen von ihnen – durchschnittlich zehntausend Verbindungen mit anderen Hirnzellen unterhält und daß sie im Laufe ihres aktiven Lebens ihre Molekularstruktur mindestens zehntausendmal vollständig erneuert bekommt; und fügen wir dem Wissen hinzu, daß unser Gehirn jeden Arbeitstag mehr als zehntausend solcher Zellen verliert und somit pro 24 Stunden über eine Milliarde solcher Querverbindungen löscht: Und doch bleiben »trotz dieses unablässigen Wandels im Detail in dieser riesigen Bevölkerung von Elementen unsere Grundmuster des Verhaltens, unsere Gedächtnisse, unser Gefühl, als Individuum eine integrale Existenz zu sein«, erhalten.[578] Wir wachsen und wandeln uns, bleiben aber erkenntlich wir selbst. Was schlicht bedeutet, daß das Identitätsgefühl, die individuelle Persönlichkeit nicht einzig an die Existenz des Körpers gebunden sein kann. Die Persönlichkeit muß irgendwie, irgendwoanders integriert sein. Es muß etwas hinzukommen, das uns zu mehr macht als bloßen Maschinen. Wir sind – Kant hat es festgestellt – zum Selbstzweck geworden.[304]

Damit begibt sich unsere Erörterung auf schwankenden Boden, der allseits von offenkundig unergründlichen Abgründen umgeben ist. Wir stoßen auf das Körper-Geist-Problem, an dem sich bereits etliche philosophische Schulen die Zähne ausgebissen haben. Diese Fragestellung hat die Strömungen des Materialismus, der induktiven Denkweise, das Indeterminismus, der Parapsychologie, des Automatismus und des Parallelismus befruchtet, um nur einige wenige zu nennen; und die Literatur über jedes dieser Gebiete füllt Bibliotheken. Mir fehlen gleichermaßen Kompetenz und Mut, um mich auf diese Auseinandersetzung einzulassen, und ich möchte nicht einmal versuchen, die Argumente zusammenzufassen. Doch beunruhigt mich die Neigung der meisten Naturwissenschaften, aus dualistischen Dilemmata den bequemsten Ausweg zu suchen und sich dabei immer auf die mechanistische Marschrichtung zu verlassen.

5.2
Führt FORM
zu GEIST?
Selbst die Psychologie – und der Begriff bedeutet buchstäblich »die Wissenschaft vom Geist der Seele« – ist zunehmend zur »Wissenschaft vom Verhalten geworden«. Was keineswegs das gleiche ist. Sie klammert philosophische Fragestel-

lungen über das Wesen des Geistes aus und betrachtet das Denken abschätzig, als handle es sich bloß um eine andere Form meßbaren Verhaltens. Die Psychiatrie – so glaube ich – kommt der Wahrheit näher, und ich möchte an späterer Stelle ihre Einsichten umreißen. Doch zum gegenwärtigen Zeitpunkt der Erörterung kann ich nur mein Unbehagen über die Art und Weise ausdrücken, in der meine eigene Wissenschaft, die Biologie, den Geist als Teil der Fragestellung nach dem Leben rundweg ignoriert.

Gehe ich rein als Naturwissenschaftler mit etwas Erfahrungshintergrund im Hinblick auf die Webart des Lebens an die Fragestellung heran, so bleibt mir völlig uneinsichtig, wie eine Erklärung der körperlichen Welt irgendwelche Gültigkeit für sich beanspruchen kann, wenn sie Identität und Selbst-Erkennung – die nun einmal Vorläufer des Geistes sind – als bloße Randphänomene, als zufällige Ergebnisse der mechanischen Funktionsweise der Lebensmaschinerien begreift. Ich glaube – und werde versuchen, rein biologisches Beweismaterial zu liefern –, daß es mindestens zwei unterschiedene Prozesse, zwei Welten, zwei verschiedene Beschreibungen von Realität gibt. Die eine umfaßt sämtliche körperlichen Zustände und Gegenstände, sämtliche Materie und Energie, sämtliche Ausprägungen von Ordnung, und unter ihnen jedes belebte und unbelebte Ding. Und die andere umfaßt Erfahrung, subjektives Wissen, Bewußtseinszustände und -verfassungen und schöpferische Phantasie. Die Erkundung der ersten Welt durch die mechanistische Theorie resultiert in dem riesigen und bedeutenden Fortschritt, den die mit dem Materiellen befaßte Naturwissenschaft gemacht hat. Doch bleibt mir uneinsichtig, wie eine mit dem Leben befaßte Wissenschaft es sich leisten könnte, die zweite Welt insgesamt einfach auszuklammern. Allein schon das Belegmaterial aus der Evolutionsgeschichte beweist, daß der Mechanismus der Mutation für sich genommen keinesfalls – auch nicht in vier Milliarden Jahren – auch nur ein einzelnes Gen hätte hervorbringen können, von der Masse der Meme einmal ganz abgesehen.

Ich glaube, wir leben in einer Welt sich herausschälender Neuheit, und die neuen Erfindungen der individuellen Identität und des Geistes lassen sich nicht zurückführen oder erklären, indem man nur auf die vorausgegangenen Entwicklungs-stufen Bezug nimmt. Es hat einen quantitativen Sprung gege-ben, einen qualitativen Wandel, der sich anhand der herkömm-lichen Wissenschaftsmethoden nur zum Teil begreifen läßt. Es scheint wahr und unweigerlich zu sein, daß die wahre Natur und Zukunft der Naturwissenschaft darin besteht, im wesentli-chen unvollständig zu sein. Das System ist vorwärts gerichtet, aber offen.

Womit wir immer noch in der Luft hängen, nervös auf die Abgründe ringsum äugen, aber ich meine, Stabilität und sogar ein gewisser Grad von Sicherheit läßt sich erzielen, wenn wir einen sorgsam gelenkten mechanistischen Anker auswerfen. Mir erscheint es notwendig und wichtig, sorgfältig die Folgen zu untersuchen, die sich aus dem Besitz der besonderen Wir-beltierform ergeben, die uns offenbar Persönlichkeit verliehen hat. Meiner Ansicht nach wird es uns weiterführen, wenn wir uns voll bewußt werden, daß einzigartige individuelle Identität den Pflanzen und Wirbellosen abgeht und daß sie bei Fischen, Amphibien, Reptilien, Vögeln und Säugetieren tatsächlich vor-handen ist. Die Erkundung des Gesamtmusters auf diese Weise ist ein fundamentales ideologisches Werkzeug, etwas, das jeder gute Biologe im Zuge des evolutionären Ansatzes lernt. Und ich bin sicher, daß dieses Instrumentarium einen noch weitergreifenden Anwendungsbereich hat. Ich habe be-reits gesagt, daß wir unmöglich die Dinge dadurch erklären können, daß wir uns einfach auf vorausgegangene Entwick-lungsstufen rückbeziehen, Ich meine aber, es hilft begreifen, wo man steht, wenn man zurückschauend und recht deutlich sehen kann, wie man dort hingekommen ist, wo man steht.

Was also unterscheidet einen Menschen von einem Amei-senhügel oder einem Gewitter? Ich habe angedeutet, daß es sich um eine besondere Form handelt, die zu Individualität und der Erkennung von Anders-Sein und Identität führt und daß diese Form in wahre Persönlichkeit mündet. Aber damit greifen wir bereits zu weit, gehen wir übereilt vor. Zunächst muß über dies Phänomen der Erkennung eine Grundfrage ge-stellt werden. Wozu dient sie? Im Zuge der Evolution werden unzählige Dinge, eine riesige Anzahl experimenteller Verän-derungen und Modifikationen durchgespielt. Doch überleben nur sehr wenige von ihnen, wenn sie nicht irgendeinen praktischen Nutzen haben. Wenn sie nicht Überlebenswert für die Gene besitzen, die die Entscheidung darüber treffen, wer am Spieltisch weitermachen darf. Liegt Überlebenswert darin, ein Individuum zu sein und andere in der gleichen Weise zu erkennen? Ich glaube ja.

Wiederum als Naturwissenschaftler, als jemand, der mit der Nachbarschaft vertraut ist, meine ich, wir müssen einige unserer Grenzen neu ziehen. Ich bin mir der besonderen Stärken des Menschen bewußt, und es macht mich traurig, wie wir diese Stärken oft mißbrauchen. Aber mich versetzen unsere Ähnlichkeiten mit anderen Lebewesen viel mehr in freudige Erregung als unsere Unterschiede. Der Mensch ist in vieler Weise überaus besonders, in mancher Weise vielleicht sogar einzigartig. Doch bin ich keineswegs überzeugt, daß viele dieser Unterschiede notwendig eher qualitativer als quantitativer Natur sind. Ich meine, die meisten offenkundigen Unterschiede zwischen den Menschen und anderen Lebewesen werden durch den Umstand überbetont, daß wir ein besonderes Merkmal auf Kosten vieler anderer favorisiert haben. Wir sind in höchstem Grade uns selbst bewußt geworden.

Doch sollten wir um das Rätsel der Selbst-Bewußtheit nicht zuviel Aufhebens machen. John Eccles hat gesagt: »Wir müssen einsehen, daß wir überhaupt nicht erfassen können, wie sich unsere Existenz als erfahrendes Selbst mit seiner unentrinnbaren Einzigartigkeit konstituiert hat.«[143] Ich hege Achtung vor dem hohen Bildungsgrad dieses großen Neurophysiologen, und ich schätze die Art, in der er diesem Wissen Ausdruck verleiht, aber ich bin anderer Meinung. Selbst-Bewußtheit ist keine mysteriöse Substanz oder unbekannte Form von Energie, wenn sie vielleicht auch Wurzeln besitzt, die wir noch nicht entdeckt haben. Sie ist ein weiterer Schritt auf dem Weg evolutionärer Entwicklung, die den Wirbeltieren ihre einzigartige Gestalt und ihre besondere Identität verliehen hat. Ich begreife Bewußtheit als eine Struktur von Ereignissen im Gehirn, als überaus verzwicktes und höchst organisiertes Muster, aber nichtsdestoweniger als eine Form, ein Arrangement, das sich durch seine eigenen besonderen Eigenschaften auszeichnet. Biologisch gefaßt, ist sie unmittelbar vergleichbar mit dem Phänomen der Erblichkeit, die ich als Struktur, als Muster chemischer Ereignisse in den Fortpflanzungszellen des

Körpers begreife. Es sind die Muster, die Strukturen, die zählen: nicht die Ereignisse selbst.

Unsere individuelle Einzigartigkeit ist eine unmittelbare Folge aus der Genvermischung, zu der es aufgrund der geschlechtlichen Fortpflanzung kommt. Wir können sagen: Individualität ist das Ergebnis einer chemischen Struktur. Und wir können dem hinzufügen, daß Bewußtheit das Ergebnis eines elektrischen Musters ist, das in einer besonderen Art von Individuum abläuft.

Für meinen Begriff muß sich Bewußtheit unweigerlich zahlreiche Male in verschiedenen Tiergruppen entwickelt haben, und ich behaupte, mehrere dieser evolutionären Experimente haben überlebt und sind parallel zu uns noch am Leben. Uns fallen dabei sofort die Menschenaffen und die Wale ein, die Strukturen von Hirnzellen besitzen, die unseren in vieler Weise gleichen. Doch dürfen wir andere, anscheinend weniger »hirnträchtige« Wirbeltiere auf keinen Fall außer acht lassen.

An der Harvard-Universität sind Tauben darauf trainiert worden, sich Fotos anzuschauen und auf eine bestimmte von mehreren Scheiben zu picken, sobald auf einem der Bilder ein Mensch zu sehen ist. Dabei können die Leute bekleidet oder nackt sein, jung oder alt, schwarz oder weiß, in jedweder Haltung – und doch scheinen die Tauben in der Lage zu sein, sie herauszufinden. Noch die fragmentarischsten und vermutlich ungewohntesten Ansichten des Menschen – etwa eine Hand oder ein Fuß oder ein Hinterkopf in einiger Entfernung – genügten den Tieren zur treffsicheren Identifikation. Die bei den Versuchen verwendeten Stimuli waren so vielfältig und so komplex, daß man keine einfache konditionierte Reaktion annehmen kann. Hier scheint der Schluß unweigerlich, daß selbst die Haustaube fähig ist, sich ein weitgreifendes und umfassendes Konzept zu bilden, wenn sie in eine Situation gestellt wird, die ein solches Konzept erfordert.[250]

Bewußtheit von anderen ist – so meine ich – eine unmittelbare und notwendige Vorbedingung von Selbst-Bewußtheit. Sie ist eines der Rudimente, auf deren Grundlage die natürliche Auslese gemeinsam mit einem Mechanismus kultureller Transmission gewirkt haben muß, um echte erfahrende Selbste so wie uns hervorzubringen. Was gibt daran zu denken? Nun, ich meine, daß die adaptive Bedeutung der Bewußtheit darin besteht, daß sie – wie die Tauben bewiesen haben – Unterscheidung und Wahl ermöglicht. In den Worten eines Evolutionsbiologen lautet dies: »Die Bedeutung der Selbsterfahrung, der Selbst-Bewußtheit liegt darin, daß sie eine weit effektivere Art der Anpassung an neue und vielfältig gefächerte Situationen gestattet.«[569] Dies allein würde ausreichen, um sicherzustellen, daß Bewußtheit, sobald sie einmal irgendwo in einem animalischen Stammbaum in Erscheinung getreten ist, positiv selektiert und fortgepflanzt werden dürfte.

Ich behaupte überdies, daß im Verlauf der Evolution eine Vermischung und Kreuzung von Fähigkeiten stattgefunden hat, die sich in verschiedenen Linien entwickelt hatten. Und daß möglicherweise aus einer Vielfalt von Quellen Saaten der Bewußtheit bezogen worden sind. Der Ethologe William Thorpe meint, »im Verlauf der Evolution ist eine allmähliche Integration vieler verschiedener Sinnessysteme erfolgt, die viele verschiedene Koordinationszentren besitzen; und diese, sofern sie sich nicht zu getrennten Geistesverfassungen aufgebaut haben, scheinen zumindest unabhängige Zentren unbewußter Aktivität zu sein«.[537]

Ich möchte daher für einen Augenblick die Evolutionslinie entlang zurückblicken und ergründen, ob Spuren unseres Überholens erhalten geblieben sind. Ich möchte bei den uns benachbarten Arten Belege aufzudecken versuchen, daß solche Rudimente von Bewußtheit möglicherweise und tatsächlich existieren und daß sie möglicherweise gleich den Komponenten einer Zelle zusammengefaßt wurden, um einem gemeinsamen Ziel zu dienen.

Gehen wir von den fundamentalsten Grundlagen aus, von den einzelnen individuellen Zellen: Das erste und immer noch eines der größten Probleme, die ein vielzelliger Organismus aufwirft, ist das der Zelldifferenzierung. Wie kommt es, daß die verschiedenen Zelltypen im gleichen Organismus, die alle genau den gleichen Satz genetischer Instruktionen enthalten, so verschieden sind? Indem wir die Gesellschaft als Organismus bezeichnen, unterstellen wir, daß sie organisiert ist, daß die Zellen zu klar unterscheidbaren Gruppen angeordnet sind. Aber wie kommt es dazu? Wie erkennen die Zellen einander und gruppieren sich mit gleichartigen? Was bringt sie dazu, bestimmte räumliche Beziehungen zu Zellen anderer Art einzugehen oder zu vermeiden? Und wie entstehen all die erkennbar unterschiedlichen Zellen aus dem gleichen befruchteten Ei?

Die Genetik hat bewiesen, daß in diesem Punkt eine hochgradige Redundanz besteht. Daß jede Zelle nur Ausdruck eines Bruchstücks der genetischen Information ist, die sie enthält. Sie wählt aus und benutzt nur einige wenige ihrer Gene. In einem sich entwickelnden Froschembryo zum Beispiel wählt eine Zelle die Information aus, die für Netzhäute relevant ist, und wird selbst zu einem Teil des Auges; eine andere indes greift auf eine anders geartete Instruktion zurück und wird Teil der Wirbelsäule. Und offenbar werden in manchen Organismen diese Unterscheidungen in einem sehr frühen Entwicklungsstadium festgelegt. Wird unmittelbar nach der ersten Zellteilung in einem Froschei eine der beiden Zellen mit einer heißen Nadel getötet, entwickelt sich die verbleibende Zelle nur zu einer halben Kaulquappe. Die unterschiedlichen Zellgruppen in einem Frosch verdanken ihren Ursprung unterschiedlichen Teilen des anfänglichen Eies, das uniform aussehen mag, augenscheinlich indes bereits in ein Mosaik verschiedener Bereiche unterteilt ist.[498]

Bei jenem anderen Lieblings-Versuchstier der Embryologen, dem Seeigel, verhält es sich ganz anders: Bei diesem Wirbellosen kann man selbst aus einem fortgeschrittenen Embryo noch eine einzelne Zelle entnehmen, und sie wächst nichtsdestoweniger und bringt eine völlig normale Larve hervor.[124] Bei vielen Pflanzen braucht die ausgesonderte Zelle noch nicht einmal von einem Embryo zu stammen. Eine einzelne Phloem-Zelle aus einer Karotte ist im Laboratorium auf einen Nährboden gesetzt worden und ist zu einer ganzen Karottenpflanze herangewachsen, komplett mit Blättern und Blüten.[513]

Aus diesen Experimenten erfahren wir zwei Grundaspekte der Erkennung. Erstens: Bereits auf zellularer Ebene besteht ein Unterschied zwischen Wirbeltieren und Wirbellosen. Zellen von Wirbellosen sind erheblich stärker verallgemeinert, besser befähigt, eine Vielfalt von Funktionen zu übernehmen und ihren Charakter zu ändern, um sich den Gegebenheiten anzupassen. So können identische Eier, die von ein und derselben Termitenkönigin gelegt wurden, je nach ihrer »Erfahrung« der im Hügel zirkulierenden Chemikalien zu Arbeiterinnen, Kriegsameisen, fortpflanzungsfähigen Männchen und sogar zu weiteren Königinnen heranwachsen. Bei ihnen ist die Identität eine überaus flexible Angelegenheit. Bei den meisten – und wohl bei allen – Wirbeltieren verhält es sich indes ganz anders. Im befruchteten Froschei ist die Zielrichtung bereits festgelegt, unterschiedliche Teile der Zelle nehmen jeder für sich klar geschiedene Eigenfunktionen an. Identität, so scheint es, ist eindeutig bestimmt, längst bevor der Organismus vollständig ist. Und aus Experimenten, bei denen aus einzelnen Ausgangszellen dieser Art der Kern mit all seiner DNS entfernt wurde, wird ersichtlich, daß die letztendliche Identität nur zum Teil an die Gene des Kerns gebunden ist. Die Zelle »befindet sich in einem Zustand dynamischen Gleichgewichts zwischen Kern und Zellplasma, in dem Signale aus dem Zellplasma für die Aufrechterhaltung des Gen-Ausdrucks des Kerns notwendig sind«.[391] Mit anderen Worten: Wer wir sind, hängt nicht nur von unseren elterlichen Genen ab, sondern teilweise auch von der Anleitung seitens der Vielzahl von Fremden, die wir in jeder unserer Zellen mit uns umhertragen. Wir sind von Feen – guten wie bösen – umgeben, längst ehe wir getauft werden.

Zweitens: Der zweite bedeutsame Fakt, den uns die Embryologie lehrt, besteht darin, daß jede Zelle nur einen Teil ihres Erbguts ausprägt. Charakter – und damit Erkennung, die an manifeste Charaktermerkmale gebunden ist – beinhaltet die Auswahl eines einzelnen oder allenfalls einiger weniger Merkmale aus der Vielzahl der verfügbaren Grundzüge. Was umgekehrt eine differenzierte Zelle nur zu einer selektiven Reaktion befähigt. Dabei ist wichtig, daß ein komplexer Organismus auszuwählen in der Lage sein muß, auf welche Bits aus einem verwirrenden Überreichtum an Stimuli er reagiert. Wir können nicht alles auf einmal in Griff nehmen. So nehmen unsere Augen nur dreißig Prozent der Bandbreite des Sonnenlichts auf und weisen den Rest ab. Unser Netz von Hirnzellen, die ohne bewußte Kontrolle geladen werden und feuern, ordnet für uns alle Belange. Nur den einfachsten Zellen fehlt diese Sinnesschranke. Und es ist ein ziemlich trauriger Tatbestand, daß nur diese letzteren das Universum begreifen, wie es

5.4
Identität
durch selektive
Reaktionen?

wirklich ist. Der Rest unserer Zellen lebt einer Illusion nach.

Ameisen erkennen andere Ameisen aus ihren eigenen Kolonien durch Pheromone, chemische Dienstmarken, die sie alle tragen und bei jeder Begegnung wie Parolen oder heimliches Händeschütteln austauschen. Bei ihnen ist die Erkennung an ein einzelnes sensorisches Stichwort gebunden, und jede fremde Ameise, die diese Dienstmarkte trägt oder diese Parole benutzt, wird bereitwillig in die eigenen Reihen aufgenommen. Selbst Käfer und Wespen, die gelernt haben, sich dieser simplen Verkleidung zu bedienen, können in Ameisenhügeln Wohnsitz nehmen und genießen alle dort gebotenen Vorteile, ohne selbst im geringsten etwas beizutragen.

Der Käfer *Atemeles pubicollis* lebt während seines Larvenstadiums im Hügel der europäischen Waldameise *Formica polyctena*. Und obgleich er Nahrung stiehlt und sogar die Jungen seines Wirts frißt, wird er mit erstaunlicher Herzlichkeit behandelt. Die Ameisen dulden nicht nur diese parasitären Eindringlinge, sondern füttern, pflegen und ziehen die Käferlarven auf, als wären sie ihr eigener Nachwuchs. All dies wird durch eine Chemikalie bewerkstelligt, die die Käfer aus Drüsen in ihrer Haut absondern: durch ein Pheromon, das so spezifisch ist, das so zielsicher genau das Richtige aussagt, daß selbst ein grobes Stück Filterpapier, das mit diesem Sekret getränkt und vor das Nest gelegt wird, von den Ameisen wie ein verlorenes Kind begrüßt und zur Adoption in den Hügel getragen wird.[260]

Individuelle Identität kann vor derartigen Gefahren schützen.

David Lack hat vor vielen Jahren gezeigt, daß ein Männchen des europäischen Rotkehlchens *Erithacus rubecula* ein kleines Bündel roter Federn noch bereitwilliger angreift, als es auf ein realistisches Modell eines ausgestopften Männchens reagiert, das außer der berühmten roten Brust alles aufweist, was ein Rotkehlchen ausmacht.[330] Dies ist scheinbar beispielhaft eine automatische Reaktion, die in jeder Hinsicht gleichermaßen rigide ist wie das ausgefeilte Programm einer Ameise. Indes haben jüngere Arbeiten über die Reaktion des Rotkehlchens auf lebendige Rivalen gezeigt, daß das Tier weit anpassungsfähiger ist. Vielfach erkennt ein revierbeherrschendes männliches Rotkehlchen einen Eindringling an den Einzelheiten seines Gesangs als Männchen.

Das Lied des Rotkehlchens ist eine ausgeklügelte Abfolge komplexer Klänge, deren genaue Folge und Phrasierung und sogar deren Ton an den einzelnen Sänger gebunden sind. Es handelt sich dabei normalerweise um eine Proklamation, die die Besitznahme von einem Gebiet durch den Sänger sowie seine Bereitschaft ankündigt, sein Recht auf Aufenthalt zu verteidigen. Bringt man, wenn ein Rotkehlchen sich gerade an einem Brutplatz niederläßt, ein weiteres Rotkehlchen hinzu oder spielt vom Tonband das Lied eines anderen Männchens ab, so reagiert das erstere Männchen völlig aufgebracht: es droht und posiert und singt Eigenlob. Doch schon bald wandelt sich sein Lied, und das ansässige Rotkehlchen ahmt den Eindringling nach und produziert eine genaue Kopie seines Lieds. Dies besagt nicht nur: »Verschwinde!«, sondern fügt abschätzig hinzu: »Ich rede mit dir, Bursche!«[90]

Bei manchen Vögeln sind die Liedmuster fix. Ein Singspatz der Spezies *Melospiza melodia,* der vom Eistadium an von Kanarienvögeln aufgezogen wird und nichts anderes als das Kanarienlied zu hören bekommt, singt immer noch im ganz normalen Spatzenklang.[366] Selbstverständlich müssen Kuckucke ähnliche programmierte Sangesmuster besitzen, denn selbst unter normalen Umständen bekommen sie nie den Gesang ihrer wirklichen Eltern zu hören. Viele andere Vogelarten erlernen ihre Lieder durch Nachahmung. Der Gemeine Gimpel oder Dompfaff *Pyrrhula pyrrhula* erlernt sein Lied ausschließlich vom eigenen Vater; wird er von Kanarienvögeln aufgezogen, so nimmt er die Kanariensprache an und ignoriert das Liedgut anderer Gimpel, auch wenn diese im selben Raum gehalten werden.[538] Die verbreitetste Situation jedoch ist die, daß Vögel die allgemeine Form ihres Liedes ererben und es jedem einzelnen Individuum überlassen bleibt, die Feinstrukturen selbst zu erwerben.

Gewöhnlich leisten die Vögel diesen »Spracherwerb« durch Imitation, zu der manche Arten außerordentlich gut befähigt sind. Die Spottdrossel *Mimus polyglottus* in Nordamerika, der Star *Sturnus vulgaris* in Europa und der indische Drongo *Dicrurus paradiseus* imitieren regelmäßig, wenn sie wild leben, eine Vielzahl anderer Vogelarten. Wir wissen nicht, weshalb sie dies tun, aber bis zu einem gewissen Punkt kann solche Mimikry durchaus nützlich sein. Es ist für die Jungen mancher Arten eindeutig wichtig, den individuellen Ruf ihrer Eltern zu erlernen und die Stimmen ihrer Geschlechtspartner zu erkennen. Aber sie dürfen diese Stimmen nicht gar zu sklavisch nachahmen, weil sie sonst nie ihre eigene Individualität entfalten können. Offenbar müssen die Neigung zum Kopieren und die Erfindungsfähigkeit sich in einem sehr delikaten Gleichgewicht halten. Diese Bedingungen gelten in der Natur wahrscheinlich für Papageien und den Hirtenstar *Acridotheres tristis*, die sich untereinander in einer überaus verfeinerten Vokalsprache unterhalten. In Gefangenschaft indes wird dieses Gleichgewicht zerstört, und die Tiere imitieren letztlich alles in Hörweite, seien es nun Töne von Lebewesen oder nicht.[54]

Bei den Weißschopfsperlingen der Spezies *Zonotrichis leucophrys*, die im dichten Unterholz im Westen der Vereinigten Staaten sehr zahlreich vorkommen, hat jede geographische Gruppe ihren eigenen lokalen Dialekt entwickelt, so daß schon zwei Populationen, die nur durch einen Fluß getrennt leben, eindeutig verschiedene Akzente sprechen.[535] Und in kleinen Gruppen mit ihrem eigenen unterschiedlichen Klang besteht für das Individuum jede Gelegenheit, ein einzigartiges Klangmuster zu entfalten. Die kleinste mögliche Gruppe ist das Paar, und in den dichten Wäldern entlang den ostafrikanischen Flüssen produzieren Paare der Würger-Spezies *Laniarius aethiopicus* überaus lebendige Duette. Die Vögel nehmen Phrasen und Rhythmen an, die für ihren Wohnsitz kennzeichnend sind, doch lernt jedes Paar, gemeinsam im Wechselgesang zu singen, wobei sie mittels einer flüssigen wechselseitigen Folge von lieblichen, flaschenrunden harmonischen Tönen, die sie selbst erfinden, Kontakt halten.[540]

Wenn ein brütendes Paar in der Lage ist, auf solche Weise seinen Zusammenhalt zu wahren, so liegt darin offenkundig Überlebenswert. Viele Arten – so etwa die Schwäne – paaren sich für ihr ganzes Leben, und sie sind augenscheinlich fähig, ihre Partner von anderen Tieren ihrer Art klar zu unterscheiden.

Höchstwahrscheinlich muß einer der Faktoren, die in der natürlichen Auslese zur Entwicklung derartiger gegenseitiger

Erkennung geführt haben, die Notwendigkeit gewesen sein, einen alten Partner für neue Paarung zu identifizieren. Eine Untersuchung über die Dreizehenmöwe *Rissa tridactyla* hat erwiesen, daß ein Weibchen, das seinen Partner aus der vorhergegangenen Paarungssaison behalten hat, früher brütet, mehr Eier legt und größeren Bruterfolg aufzuweisen hat als andere Möwen, die zunächst einmal Zeit und Mühe aufwenden müssen, einen neuen Partner kennenzulernen.[116]

Die weitestgehende Entfaltung individueller Erkennung anhand der Stimme findet sich bei Meeresvögeln, die in größeren lärmerfüllten Kolonien nisten. Niemand, der je gesehen hat, wie eine Seeschwalbe in eine dichtbevölkerte Kolonie zurückkehrt und unmittelbar unter Tausenden von Vögeln neben dem einzigen landet, der nicht versuchen wird, ihr die Augen auszuhacken, kann zweifeln, daß individuelle Erkennung einen hohen Überlebenswert besitzt. Daran mag vielleicht der Umstand überraschen – bis man an Meeresnebel und Dunst denkt –, daß in der unbeschreiblichen Kakophonie einer solchen Kolonie diese Erkennung mehr auf dem Ton als auf dem Gesicht beruht. Diese Seeschwalbe *Sterna sandvicensis* verfügt über einen besonderen »Fisch-Ruf«, den ein Elternteil ausstößt, wenn es mit Nahrung zum Nest heimkehrt, und Spektrogramme einzelner Rufer haben ergeben, daß jeder von ihnen über eine eigene einzigartige »Unterschrift« verfügt. Ein Teil dieses Rufes besagt »Sandwich-Seeschwalbe«, ein weiterer Teil besagt »kehrt mit Futter zum Nest zurück«, aber beide haben als Vorwort einen eindeutigen Schnörkel, der die jeweilige Schwalbe identifiziert, die den Ruf ausstößt.[270] Ähnlich stellen sich die Dinge bei der Gemeinen Seeschwalbe *Sterna hirundo* dar: An ihr ist erwiesen worden, daß vier Tage alte Küken sofort auf Tonbandwiedergaben des Heimkehrrufs ihrer Eltern reagieren, indem sie piepen, sich umwenden und in Richtung des Lautsprechers watscheln. Auf die Wiedergabe von Rufen irgendwelcher anderer Mitglieder ihrer großen Kolonie reagieren sie so gut wie überhaupt nicht.[512] Und es deutete einiges darauf hin, daß manche Vögel diese Sensitivität möglicherweise dadurch erwerben, daß sie ihren Eltern bereits lauschen, während sie sich noch im Ei befinden.

Alles in allem organisieren Vögel ihre Tonabgabe und ihren Tonempfang mit einer Genauigkeit, die selbst von Säugetieren selten auch nur annähernd erreicht wird. Und ein Gutteil dieser Kommunikation dient der Übermittlung spezifischer Information zwischen Individuen, die sich als solche gegenseitig eindeutig erkennen und wiedererkennen. Das gleiche gilt für Rentiere, die sich anscheinend gegenseitig an der Stimme erkennen können. Es muß auch für die meisten Delphine und Wale zutreffen, die ähnlich den Seemöven an einem nebligen Tag nur über ihre Stimme verfügen, um Verbindung zueinander zu halten. Und dies dürfte mehr als genug sein.

Roger Paynes Tonbandaufnahmen vom Buckelwal *Megaptera novaeangliae* vor Bermuda beweisen, daß dieses Tier über ein Lied verfügt, das etwa zweihundert Noten umfaßt, die von hochtönigen Quietschern bis zu tief dröhnendem Rumpeln reichen; das gesamte Lied dauert zehn Minuten oder länger. Es handelt sich dabei gewiß um ein artspezifisches Signal, und dies Lied muß überdies für den einzelnen Sänger kennzeichnend sein; denn er kann unter bestimmten Umständen, wo sich Temperaturinversionsschichten im Ozean befinden, über Entfernungen von etlichen tausend Kilometern kommunizieren. Unter den Tonbandaufzeichnungen finden sich Beispiele, wie ein Wal das Lied eines anderen aufnimmt und notengetreu zurückgibt, allerdings mit rhythmischen Verzierungen und Kadenzen, die auf individuelle schöpferische Aktivität schließen lassen. Man hat sogar vermutet, daß das akustische Gedächtnis von Walen so ausgefeilt ist, daß sie womöglich eine komplette Symphonie nur einmal zu hören brauchen und dann später aus dem Gedächtnis ihre Wiedergabe leisten können, wobei sie nicht nur jede Phrase erinnern, sondern auch ihr Gefühl zu dem Zeitpunkt, zu dem sie sie erstmals hörten.[392]

Selbst unter Säugetieren gibt es Beispiele von Gruppen, die nur einen Zusammenhalt von der Art der Insekten haben und in denen die einzelnen Mitglieder einander anhand einer Parole, etwa anhand eines Geruchs erkennen, ansonsten aber anonym bleiben. Manche vergesellschafteten Mäuse verfügen über einen kollektiven Geruch, der durch gegenseitige Markierung mit Urin aufrechterhalten wird. Sie kennen einander nicht, weshalb es unter ihnen keine Rangordnung und wenig Konflikte gibt. Die Partnersuche und -wahl erfolgt ohne Rivalitäten. Wird indes eine Maus aus der Gruppe entfernt und mit

Urin aus einer Fremdgruppe besprenkelt, so wird sie in der gleichen Weise angegriffen, in der Bienen einen Eindringling in ihrem Stock angreifen.[395]

Ein für Wirbeltiere eher bezeichnendes Gliederungsmerkmal indes ist das der individualisierten Gruppe, in der die Tiere miteinander bekannt sind und – gewöhnlich infolge gelegentlicher Kämpfe – eine soziale Hierarchie aufrichten.

Das Phänomen der Rangordnung ist zuerst an Hühnern untersucht worden, weshalb die Rangverteilung der Einzeltiere von den dominantesten hinab zu den unterwürfigsten gemeinhin als Hackordnung bezeichnet wird. Bei Vögeln ist die Rangfolge gewöhnlich eindeutig definiert und wird aufrechterhalten. Nur gelegentlich kommt es zu Scharmützeln, wenn heranwachsende Jungtiere sich durch die Ränge hinaufarbeiten oder wenn Einzeltiere in die vorteilhafte Lage kommen, Partner eines angesehenen Tieres zu werden. Ein rangniederes Dohlenweibchen steigt sofort in der Hierarchie auf, wenn es sich mit einem ranghohen Männchen paart.[352] Unter den vergesellschafteten Säugetieren jedoch – und insbesondere unter höheren Primaten – besteht ein verwirrendes Netz wechselseitiger Beziehungen, das Bündnisse und dreigliedrige Assoziationen umfaßt, auf denen eine überaus komplexe Politik fußt.[312] Es handelt sich um ein ausgeklügeltes System, das auf der Fähigkeit des Individuums basiert, andere nicht nur zu erkennen, sondern in gewissem Grad vorherzusagen, welche Auswirkungen seine Handlungen für oder gegen andere wahrscheinlich auf seinen eigenen, letztlichen Status haben werden. Und derartige Parteipolitik setzt nicht nur die Fähigkeit zu Abstraktion voraus, sondern erfordert in hohem Grad Selbstbewußtheit. Was bedeutet: es ist ein weiter Weg von der rein mechanischen Fähigkeit der Bergschafe, die Stärke eines Fremden bloß aufgrund seines Gehörns einzuschätzen und ihm seinen angemessenen Platz in der Hierarchie allein auf dieser Grundlage zuzugestehen.[198]

Vom bizarrsten Fisch in einem Korallenriff bis zu Pavianen auf der Savanne läßt sich bei allen Wirbeltiergruppen eindeutig eine Fähigkeit nachweisen, sich untereinander als Individuen zu erkennen; diese Befähigung führt zu einer einzigartigen und produktiven Stabilität in gesellschaftlichen Versammlungen. Auf der einfachsten Ebene kann diese Erkennung eine

Reaktion auf bestimmte Merkmale des Partners, etwa auf das Timbre seiner Stimme, sein. Am anderen Ende der Skala werden indes höchst ausgeklügelte Unterscheidungen gemacht. Jane Goodall berichtet von einer Schimpansin in einer großen Gruppe, die allen Männchen in der Gesellschaft gestattete, sich mit ihr zu paaren – außer ihren beiden erwachsenen Söhnen und ihrem Bruder.[210] Dies deutet nicht nur darauf hin, daß unser Inzesttabu möglicherweise eine biologische Grundlage hat, sondern es beweist einen Verfeinerungsgrad der Reaktion, der hochgradig selbstbewußt ist. Um derartige soziale Unterscheidungen treffen zu können, muß die Schimpansin eine hervorragende Kenntnis der Identität aller Gruppenmitglieder besitzen und darüber hinaus eine Bewußtheit von deren langfristigen Beziehungen zu ihr selbst. Sie muß sich ihrer Existenz als Selbst bewußt sein.

Ich habe bereits anklingen lassen, daß einfache Sensitivität, die Reaktion einer Zelle als Einheit auf ihre Umwelt, die früheste Form von Gefühl darstellt. Während des langen Verlaufs der Evolution sind Reaktionen dieser Art zahllose Male wiederholt worden, und an irgendeinem Punkt – der immer noch schwer zu bestimmen ist – hat sich ein Wandel in der Organisation, im Aufbau vollzogen, der es dem Wesen ermöglichte, die Wiederholung solcher Episoden vorwegzunehmen. Dies war der Beginn des Verhaltens, das bei vielen Arten höchst komplex geworden ist, das aber nicht Bewußtheit genannt werden kann, solange es nicht von einem entfalteteren Gefühl weiter angeleitet und entwickelt worden ist. Durch ein Empfinden, was äußerlich und was innerlich ist. Nicht nur die Ich- gegen die Nicht-Ich-Reaktion der Allergie, sondern ein verfeinertes subjektives Empfinden von Selbstidentität. Dies Empfinden haben wir mit Gewißheit, und immer mehr läßt sich belegen, daß wir solche Bewußtheit auch vielen anderen Wirbeltieren nicht absprechen können.[222]

Das vielleicht bezeichnendste Merkmal solcher persönlicher Identität, die Erfahrung des Selbst, besteht darin, daß sie Raum und Zeit transzendiert. Sie beinhaltet Lernen und Gedächtnis, die Ereignisse miteinander verknüpfen, die normalerweise weit voneinander getrennt sind. Mit anderen Worten: Sie beinhaltet die Schaffung von geistigen Bildern oder Modellen von der Umwelt, die das Subjekt einschließen. Das klingt vernünftig, ist aber überaus schwer zu beweisen. Die einzige Art zu belegen, daß mentale Prozesse überhaupt in anderen Individuen – selbst solchen unserer eigenen Art – stattfinden, besteht darin zu überprüfen, was sie uns über uns selbst erzählen können. Wir können eine Menge über ihre Gefühle und Absichten erfahren, indem wir verschiedene Formen nichtsprachlichen Verhaltens beobachten, doch letztlich müssen wir uns darauf stützen, was sie sagen, was sie empfinden oder fühlen. Diese Art von Befragung ist gegenüber anderen Spezies unmöglich gewesen. Bis jetzt.

In wohl allen Kulturen finden sich Mythen und Fabeln, die von sprechenden Tieren oder von Hilfsmitteln wie dem Ring des Königs Salomo handeln, die den Menschen befähigen, mit anderen Spezies zu kommunizieren. Darin drückt sich unsere wesentliche Einsamkeit aus, unser Bedürfnis nach Mitteilung, unsere Entfremdung von der Natur: Aber bis vor ein paar Jahren schien es keine Möglichkeit zu geben, die Kluft zwischen Mensch und Tier zu überbrücken. Dann kam ein Schimpanse namens Washoe, und inzwischen ist es nachgerade notwendig geworden, unser Denken über tierische Bewußtheit in eine Prä- und eine Post-Washoe-Periode zu unterteilen.

5.6
Washoe
»spricht«
(AMESLAN)

Im Juni 1960 erwarben Allen und Beatrice Gardner einen weiblichen Schimpansensäugling und begannen das Tier »sprechen« zu lehren.[194] Bereits verschiedentlich waren Versuche unternommen worden, Schimpansen eine vokale menschliche Sprache beizubringen, aber sie alle waren monumentale Mißerfolge gewesen, da Stimmapparat und -verhalten dieses Menschenaffen von den unseren zu verschieden sind. Daher wählten die Gardners die American Sign Language (Ameslan), die amerikanische Zeichensprache, als Medium. Die Ameslan ist ein System willkürlicher visueller Handzeichen, von denen jedes einem Wort der gesprochenen Sprache entspricht. Washoe wurde in einem Bereich für sich gehalten, in dem kein anderes Kommunikationsmittel erlaubt war. Es wurden dort keine anderen Schimpansen eingelassen, und die mit ihr arbeitenden Menschen benutzten unter sich und ihr gegenüber ausschließlich Ameslan. »Die Verwendung einer gestischen statt einer gesprochenen Sprache war ein Geniestreich, den Washoe durch die Geschwindigkeit honorierte, mit der sie Zeichen erwarb ... Fünf Jahre später beherrschte sie 160 Wörter, die sie einzeln und kombiniert in einer Vielfalt von Gesprächssituationen benutzte.«[348]

Im Alter von 18 Monaten – etwa in dem Lebensabschnitt, in dem menschliche Säuglinge Zweiwortkombinationen zu bilden beginnen – signalisierte Washoe »Gib Bonbon!« und »Mach auf!«. Und sie demonstrierte, daß sie diese Wortverknüpfungen nicht zufällig anstellte, indem sie zeigte: »Öffne Schlüssel Futter!«, um Zugang zum Kühlschrank zu erhalten, oder: »Öffne Schlüssel sauber!«, um an die Seife zu gelangen, oder: »Öffne Schlüssel Decke!«, wenn sie ihr Bett gebracht haben wollte. Gegen Ende des ersten Arbeitsstadiums mit ihr – etwa im Alter von fünf Jahren – hatte sie überdies Rudimente von Syntax entwickelt und ordnete beständig ihre Worte in der Weise des Englischen, indem sie das Verb zwischen Subjekt und Objekt stellte, wie es in dem Satz: »Du kitzelst mich« der Fall ist.[195]

Fast unmittelbar bezog die Wissenschaftswelt Stellung gegen die Behauptung Gardners, Washoe benutze eine Sprache. Eine der ersten kritischen Stellungnahmen kam – was überrascht – von Jacob Bronowski. Weil Washoe nie Fragen stellte und auch nicht in der Lage war, ihr gegenüber gemachte Behauptungen zurückzuweisen, bestritt Bronowski, daß es sich bei den Gesten der Schimpansin um eine richtige Sprache handle. Die Weiterarbeit mit ihr und mit anderen Schimpansen hat erwiesen, daß dieser Einwand nicht zutrifft und daß schwerlich ein echter Unterschied zwischen der Verwendung von Zeichensprache durch Schimpansen und der Verwendung gewöhnlicher Sprache durch Menschenkinder besteht.

Washoe ist inzwischen in eine Schimpansenkolonie am Institute for Primate Studies in Oklahoma in Pension geschickt worden. Sie ist im Grunde »eine Abgesandte der Menschheit, ein Prometheus für Schimpansen, der – so hofft man – eine ausgewählte Gruppe von Schimpansen veranlassen wird, Ameslan nicht nur in der Kommunikation mit Menschen, sondern auch im täglichen Verkehr untereinander zu verwenden«.[348] Beides geschieht. Schimpansen in der Kolonie und in weiteren Isolationsversuchen haben einen beachtlichen Erfindungsreichtum in der Konstruktion neuer Wörter und Sätze zu zeigen begonnen. Als sie erstmals einen Schwan sah, gestikulierte sie das Zeichen für »Wasser-Vogel«. Lucy faßt kollektiv alle Zitrusfrüchte als »Geruch-Früchte« zusammen, und nachdem sie Wassermelone probiert hat, bezeichnet sie sie als »Trink-Frucht«, was im wesentlichen die gleiche Wortform ist wie das Englische »Wassermelone«. Ihre erste schmerzliche Erfahrung mit Radieschen veranlaßte sie dazu, dies Gemüse fortan als »Schrei-Schmerz-Futter« zu bezeichnen.[471]

Doch für unsere Frage nach Belegen für frühe Selbstverwirklichung ist das wohl eindrucksvollste Ergebnis im Rahmen des Ameslan-Versuchs die Entdeckung, daß Washoe schimpfen und fluchen gelernt hat. Von ihrer Menschlichkeit überzeugt – immerhin hatte sie fünf Jahre lang ausschließlich nur mit Menschen gelebt –, schaute sie andere Schimpansen beim ersten Kontakt scheel an und umschrieb sie als »schwarze Wanzen«. »Nach einigen Monaten indessen begann sie, erst sie zu tolerieren und sie dann wirklich zu mögen, obwohl die Frage immer noch offen ist, ob oder ob nicht sie diese der gleichen Gruppe zuordnet wie Menschen« oder als ihr Ebenbürtige. Und als sie beim Transport in ihr neues Heim zum ersten Mal die Zorneserfahrung des Eingesperrtseins machte, gestikulierte sie gegenüber bisherigen Kameraden, die immer noch frei jenseits der Gitterstäbe lebten, vehement »dreckiger Roger« und »dreckiger Jack«.[348] Sie hat eindeutig nicht nur die Verwendungsmöglichkeiten begriffen, zu denen sich Sprache einsetzen läßt, sondern hat überaus klar umrissene Vorstellungen über die eigene Identität und den eigenen Status.

Die Verwendung des Wortes »schmutzig« außerhalb seines üblichen Zusammenhangs in einem übertragenen Sinn ist faszinierend. Sie steht beispielhaft für die Verwendung von Sprache als Werkzeug. Sie setzt Gedächtnis in der Übertragung einer Bezeichnung von einer Situation auf eine andere voraus und stellt in der Tat wahrhaft symbolisches Verhalten dar. Der Anthropologe Leslie White definiert Symbolisieren – das er als ausschließlich menschliche Fähigkeit erachtet – als die Befähigung, etwas frei mit einer Bedeutung zu belegen und diese Bedeutung in einer Weise zu begreifen, die durch die Sinne allein nicht erfaßt werden kann.[583] Genau dies tut Washoe, indem sie »schmutzig« zur Beschreibung von etwas benutzt, das eindeutig nicht unsauber ist, und sie so dem Wort eine neue Bedeutung gibt. Und sie tut dies überdies in einer

Weise, die das volle Gewicht ihrer Persönlichkeit transportiert, indem sie im Endeffekt sagt: »Ich bin nicht nur verstört und verärgert über meine gegenwärtige Situation, für die du meinem Gefühl nach irgendwie verantwortlich bist, sondern ich bin mir meiner Wut und ihrer Ursache auch hinreichend bewußt, um dich aus freien Stücken in der Hoffnung zu tadeln, daß dies meine Lage oder zumindest meine Gemütsverfassung bessern könnte.« Das ist eine schamlos anthropomorphe Interpretation der Geste »schmutzig«, wie sie Washoe in dieser Situation benutzt hat, doch kommen wir – glaube ich – keinesfalls umhin, einzusehen, daß Washoe ihre Gefühle auf überaus schöpferische Weise in Worte gefaßt hat. Sie hat eindeutig und genau gesagt, was sie dachte.

Und indem sie dies tat, hat sie Abstraktionsvermögen bewiesen.

Auf einer verallgemeinernden Ebene sind die Hirnstrukturen aller Wirbeltiere ähnlich. Die Gehirne setzen sich aus drei Hauptteilen zusammen. Mit zunehmender Komplexität entlang des Entwicklungsstrangs von den Fischen zu den Säugetieren scheint sich das Steuerungszentrum immer weiter nach vorn zu verlagern und zu erweitern, bis beim Menschen schließlich das Vorderhirn erheblich vergrößert ist. Das Stamm- und das Mittelhirn sind eindeutig primitiver und scheinen selbst bei Säugetieren die Reflexe und automatischen Reaktionen zu steuern. Wir alle werden in gewissem Grad von diesen alten reptilischen Hirnzentren beherrscht, die nur zu unmittelbaren und emotionalen Reaktionen fähig sind. Das Vorderhirn indessen stellt eine Alternative dar. Es ist in der Lage, Daten zu verarbeiten und auf sie zurückzugreifen, die zeitlich und räumlich vom Augenblick der Eingabe verlagert sind. Es ist fähig, Erinnerungen zu bewahren und nutzbar zu machen, zu abstrahieren.

Beim Menschen hat sich das Gleichgewicht soweit verlagert, daß das Vorderhirn beherrschend geworden ist. Es hat sich ein Modell von Realität geschaffen, das aus der Masse sowohl gegenwärtiger wie alter Daten bezogen ist, und es extrapoliert sogar, um Information einzubeziehen, die erst empfangen werden muß. Es befähigt uns, uns in Zeit und Raum frei zu bewegen, es steuert unsere Bewegung und unsere Umwelt. Es ist die Essenz des Geistes, und lange hat man gedacht, es sei ausschließlich beim Menschen vorhanden. Washoe indes beweist das Gegenteil. Anhand chirurgischer und histologischer Untersuchungen konnten wir ermitteln, daß das Schimpansenhirn eine der unseren vergleichbare Großhirnrinde besitzt, doch erst seit Washoe können wir sicher sein, daß sie in der gleichen Weise funktioniert. Und in der Tat verhält es sich so. Wir sind nicht mehr allein. So faszinierend der Bereich ist, möchte ich doch darauf verzichten, weiter auf die neuen Forschungen über tierische Sprachsysteme einzugehen.[538] Die symbolische Kommunikation hat lange zu den Hauptkriterien gezählt, anhand derer die Einzigartigkeit des Menschen behauptet wurde, und ein Großteil der Forschungsarbeit ist dem Beweis oder der Widerlegung von Thesen gewidmet, daß Ameisen, Bienen, Tauben oder Affen gleichfalls symbolischer Kommunikation fähig sind. Ich habe hier nur einige der Ergebnisse angeführt, um zu zeigen, daß sie auch einen Schlüssel zur Evolution von Persönlichkeit liefern, und um einige der Folgen darzulegen, die der Besitz von individueller Identität mit sich bringt.

Ich behaupte in direktem Gegensatz zu einem Großteil der linguistischen Theorie, daß es nicht die Sprache war, die den Menschen ausgemacht hat, sondern daß vielmehr die menschliche Sprache und andere Formen symbolischer Aktivität unmittelbare und logische Folgen aus dem Besitz jener Art von Organisation sind, die jedem Individuum eine gewisse Einzigartigkeit verleiht und in seiner Form einbeschriebene Talente freisetzt.

Wir kommen – fast unweigerlich – auf die Frage der Form zurück. Oder, genauer, auf die Form der Materie. Auf Gestalt und Struktur als Determinanten von Identität.

Die meisten Erörterungen über Persönlichkeit enden in einer Auseinandersetzung über die Auswirkungen von »Natur« und »Dressur« auf das Individuum. Erwirbt man durch Vererbung Merkmale von seinen Eltern? Oder bezieht man sie durch Erfahrung aus seiner Umwelt? Beide Faktoren scheinen sich auszuwirken, und zwar in unterschiedlichen Graden, je nach der Spezies und ihren Lebensumständen. Doch haben die Reibereien zwischen den gegnerischen Schulen einen wichtigen Punkt verschleiert: nämlich den, daß Erblichkeit selbst einen Umweltfaktor in sich schließt – und damit einen

5.7
Ererbte oder
anerzogene
Identität?

weiteren Beleg für die weitreichenden Auswirkungen der Form liefert.

Wir erhalten unser Erbgut von unseren Eltern, und in den meisten Fällen können wir uns mit der Annahme begnügen, daß wir es von beiden Elternteilen zu gleichen Teilen erhalten. Aber das stimmt eigentlich gar nicht. Von unseren Müttern bekommen wir ein großes Ei, von unseren Vätern ein winziges Spermium. Schon auf dieser grundlegenden Ebene sind sie nicht gleichermaßen an der Bereitstellung unseres Erbgutes beteiligt, und es spricht Erhebliches dafür, daß sämtliche weiteren Unterschiede zwischen den Geschlechtern aus dieser fundamentalen Ungleichheit herrühren.[422]

Bevor wir uns in Männchen und Weibchen geschieden haben – einige Pilze haben diesen kleinen Unterschied immer noch nicht entdeckt –, konnte sich jeder mit jedem anderen paaren. Die Geschlechtszellen waren alle gleich, und jede gab dem Embryo die gleiche Menge an genetischem Material und Nahrungsvorräten mit auf den Weg. Aber da die Ungleichförmigkeit nun einmal ist, was sie ist, muß es zuweilen Geschlechtszellen gegeben haben, die etwas größer waren als andere. Sie dürften in dem Sinne im Vorteil gewesen sein, als sie ihren Embryos eine bessere Startmöglichkeit boten, indem sie ihnen einen größeren Nahrungsvorrat mitgaben. So dürfte über einen langen Zeitraum hin die natürliche Auslese zugunsten der großen Zellen gewirkt haben.

Doch dürfte die bloße Existenz großer Geschlechtszellen auch manche kleinen Zellen angeregt haben, aus ihnen Vorteil zu ziehen. So dürfte jedes Individuum, das nur kleine Zellen herstellte, seinen Nutzen gezogen und sich vergewissert haben, daß seine Gene mit geringstem Einsatz die besten Chancen bekamen, indem diese Individuen sich nur mit den größeren paarten. Und es konnte dieses Ziel erreichen, indem es die kleineren, weniger aufwendigen Zellen beweglicher machte und sie befähigte, sich die größeren aktiv selbst auszusuchen. So dürften sich schließlich zwei Typen von Geschlechtszellen mit rivalisierenden Strategien ergeben haben. Richard Dawkins nennt die großen Investoren die »Aufrichtigen« und die kleinen die »Heimtückischen«. Er meint: »Die arglistigen Gameten würden sich so entwickeln, daß sie immer kleiner und beweglicher würden. Und die aufrichtigen so, daß sie immer größer würden, um die zunehmend kleiner werdende Investition der heimtückischen Geschlechtszellen auszugleichen; darüber hinaus würden sie immer unbeweglicher werden, da die heimtückischen sowieso immer Jagd auf sie machen würden.«[125] Das Endergebnis sieht so aus, daß heute eine Gruppe von Individuen große Geschlechtszellen besitzt; wir nennen sie weiblich. Eine andere indes besitzt kleine Geschlechtszellen, und aus Bequemlichkeit nennen wir sie männlich. Zwar leben beide Geschlechter in den gleichen Lebenssphären, essen im allgemeinen die gleiche Nahrung und leiden unter den gleichen Krankheiten; aber das eine Geschlecht ist stärker mit der Hervorbringung und Aufzucht des Nachwuchses befaßt, während das andere eine aktivere Rolle in der Werbung einnimmt, weniger heikel in der Auswahl seiner Geschlechtspartner ist, stärker zur Promiskuität neigt und sich streitbarer gegenüber Geschlechtsgenossen verhält.[589]

Ein kleiner Unterschied in der Form, der sich einzig in einem leichten Größenunterschied ausdrückt, hat einen der dramatischsten Unterschiede hervorgebracht, die je zwischen Individuen der gleichen Arten aufgetreten sind, die über gleichartige Gene verfügen.

Die genetische Theorie zeigt, daß ein Durchschnittsgen auf seiner langen Reise quer durch sämtliche Generationen darauf rechnen kann, etwa die Hälfte seiner Zeit in männlichen und die andere Hälfte in weiblichen Körpern zu hausen, wobei es abwechselnd kleine oder große Investitionen in die Zukunft tätigt.[492] Zwar bleibt das Gen dabei unverändert, aber seine Instruktionen weichen radikal voneinander ab. Wenn es in einer männlichen Gen-Maschine reist, sagt es: »Körper, paare dich mit so vielen Weibchen wie möglich. Schau nicht zu sehr darauf, wie sie aussehen. Und verlasse sie, sobald du einigermaßen sicher sein kannst, daß der Nachwuchs versorgt wird.« Instruiert dasselbe Gen einen weiblichen Körper, so sagt es: »Suche dir genau aus, mit wem du dich paarst. Wähle das attraktivste verfügbare Männchen, und versuche, es dazu zu bringen, sich ausschließlich an dich zu binden. Schiebe deine eigene Bindung an es auf, bis du einigermaßen sicher sein kannst, daß das Männchen bei dir bleiben wird. Und verhindere alle seine Versuche, sich mit anderen Weibchen zu paaren.«

5.8
Männliche
(weibliche)
Gen-Maschinen

Diese gegenläufigen Programme werfen eine beträchtliche Schwierigkeit für die Evolutionstheorie auf. Sie kann nicht erklären, weshalb das Weibchen weniger darauf bedacht sein sollte, seine Eier befruchten zu lassen, als das Männchen darauf aus ist, sie zu befruchten: Solange man nicht davon ausgeht, daß weder die Spezies noch das Individuum von Belang sind, sondern daß alles darauf ausgerichtet ist, einzig die Interessen der Gene zu befördern.

Die Soziobiologen bedienen sich inzwischen der Mathematik der Gen-Theorie und entwerfen Modelle von solchen sozialen Situationen, um Verhaltensstrategien zu testen.[546] Sie kommen zu dem Schluß, daß das typisch männliche Interesse an Quantität und die weibliche Betonung der Qualität genau dem entsprechen, was jedes der Geschlechter tun muß, um die maximale Chance für die Fortpflanzung und das Überleben seiner Gene zu sichern. Nur wenn man sie in diesem Licht betrachtet, ergeben solche bizarren, oberflächlich sinnlosen Verhaltensmuster wie die Neigung der weiblichen Gottesanbeterin, ihren Geschlechtspartner aufzufressen, einen Sinn. Oberflächlich ist dieser Mangel an Feinsinn für das Männchen überhaupt nicht gut, doch vom Standpunkt der Gene aus betrachtet, investiert die männliche Gottesanbeterin in ihre Kinder, indem sie zur Ernährung der Eier beiträgt, die von ihren Samen befruchtet werden.

Die meisten Wirbeltiere produzieren männlichen Samen relativ billig, ein Ei dagegen ist eine wertvolle Ressource. Infolge dieser Diskrepanz braucht das Weibchen nicht sexuell gleichermaßen attraktiv zu sein wie das Männchen, um zu gewährleisten, daß ihr Ei befruchtet wird. Ihre Chancen stehen gut, gleichgültig, wie sie aussieht. Was bedeutet: Es sind die Männchen, die drängeln und um die Beachtung durch die Weibchen wetteifern müssen. Sie müssen auf alle Arten von Werbung zurückgreifen, um ihre Waren an die Frau zu bringen; infolgedessen sind sie tendenziell größer oder bunter gefiedert oder leisten sich ein extravaganteres Verhalten als die Weibchen.

Allerdings gibt es einige aufschlußreiche Ausnahmen von dieser Regel.

In den Wäldern Südamerikas leben scheue, kompakte, hühnergroße Vögel mit kurzen, gerundeten Flügeln. Die männli-

chen Steißhühner haben die gleiche Größe und die gleiche
schäbige graubraune Farbe wie ihre Partnerinnen. Sie bauen
keine Nester, kennen kein Werbungsverhalten und putzen
sich auch überhaupt nicht heraus, um sich einen Partner zu sichern oder Befruchtung zu gewährleisten. Sie brechen mit allen Regeln des Spiels, aber sie können sich dies leisten, weil
das männliche Steißhuhn den Großteil des Brütens und der
Aufzucht der Küken leistet. Die Investition der Eltern ist annähernd gleich, und so kommt es, daß sie das gleiche Aussehen angenommen haben. Bei jenen seltsamen Fischen namens
Seepferdchen sind die Geschlechterrollen vollständig umgekehrt. Das Männchen besitzt einen Brutbeutel und wird
»schwanger«, indem es die Eier in seinem Körper ausbrütet,
sie auf sich gestellt gebiert und die Jungen ohne Unterstützung seitens seiner Partnerin aufzieht. Es ist signifikant und
eine gute Probe auf die Gen-Theorie, daß diese Rollenumkehrung auch eine Umkehrung der Strategien mit sich bringt: das
weibliche Seepferdchen ist buntfarbiger und aggressiver.[589]
Allerdings gibt es auch eine Ausnahme, die scheinbar grund-
los von der Regel abweicht. Bei dieser Spezies brütet das
Weibchen immer noch und spielt die Hauptrolle bei der Aufzucht der Jungen. Sie verfügt nur über ein einzelnes Ei, das
eifersüchtig bewacht und klug verwertet werden muß. Das
Männchen produziert Millionen billiger Samen, die es gern in
promiskuitärer Manier streut, wobei es vielfach gar keine oder
nur geringe Investitionen in eine Beziehung tätigt. Trotzdem
ist bei dieser Tierart das Weibchen auffällig gefärbt, bietet es
werbend seine sexuelle Attraktivität an, während die Männchen überwiegend unscheinbar sind. Diese außergewöhnli-
chen Tiere sind natürlich wir selbst – die heutigen Männer
und Frauen. Und jeder außerirdische Biologe, der uns betrachtet, kann nur annehmen, daß in unserer Spezies die
Weibchen um die Männchen wetteifern.
Weshalb? Was hat dies zu bedeuten? Nun, bei einer so
komplexen Spezies wie der unseren, die derart in kulturelle
und rassische Einflüsse eingebettet ist, die großenteils wenig
oder gar nichts mit biologischen Grundlagen zu tun zu haben
scheinen, sind Verallgemeinerungen eine heikle Sache. Doch
bleibt der Umstand bestehen, daß wir auch weiterhin von unseren Genen fabriziert werden, und vermutlich hat sich ihr In-

teresse am eigenen Überleben nicht gewandelt. Daher haben sie entweder eine neue, in ihren Implikationen derart subtile Strategie entwickelt, daß deren Bedeutungsinhalt selbst für unsere besten mathematischen Genetiker nicht mehr greifbar ist; oder die vom Gen ausgeübte Kontrolle ist irgendwie untergraben oder verwässert worden.

Ich argwöhne, die Antwort lautet sowohl auf Subversion wie auf Verwässerung.

Subversion meint die völlige Untergrabung und den Umsturz einer Herrschaft. Im Fall des Menschen ist dies verschiedentlich von Memen vollbracht worden, die gegen die Tyrannei der Gene einen Grabenkrieg führen. Zum Beispiel ist der Brauch der Empfängnisverhütung vermutlich nicht im Erbgut verankert. Kurzfristig wirkt er sich gegen das Gen aus, das an Fortpflanzung interessiert ist. Doch könnte man anführen, daß Familienplanung und Bevölkerungskontrolle, indem sie den Lebensstandard heben, langfristig im Interesse des Gens wirken. So wäre das Zölibat vielleicht ein besseres Beispiel. Dieser Brauch läßt sich genetisch nicht weiterreichen. Er stellt eine evolutionäre Sackgasse dar, und doch lebt er in unserer Kultur fort, weil er zu seiner Verbreitung nur von einer Idee abhängt, die ohne geschlechtliche Fortpflanzung weitergegeben werden kann.

Unsere sonderbare Inversion – das buntgefiederte Weibchen und die ziemlich unscheinbaren Männchen – ist indes wesentlicher Bestandteil des Fortpflanzungsvorgangs selbst und steht offenbar nicht unter Mem-Kontrolle. Stünde dahinter eine Idee, so ließe sich vermutlich jemand finden, der uns diese Idee erläutern könnte. Es gibt unzählige Verteidiger des Zölibats, aber niemand scheint zu wissen, weshalb die westlichen Männer es traditionell für unmännlich erachten, etwas anderes als farblos und unscheinbar zu sein. Die Antwort liegt – glaube ich – in einer Verwässerung des Einflusses des Gens, und meiner Ansicht nach müssen wir die Möglichkeit in Betracht ziehen, daß sich in diesem Punkt derzeit ein rivalisierendes Programm auswirkt. Und daß dies Programm – auch auf einer unbewußten Ebene – als Alternative neben der im Kern ausgeübten Kontrolle der DNS besteht.

Die Bedürfnisse des Gens werden am besten durch eine Strategie erfüllt, bei der das Spermium um das Ei konkurriert.

Auf diese Weise gewinnen beide. Das Alternativprogramm aber hat dies Gleichgewicht gestört. Es verwässert die vollständige Kontrolle der Gene, indem es eine Neigung zugunsten des Eis einführt. Daher kann man fairerweise annehmen, daß sein Interesse mehr im Ei als im Spermium liegen muß. Nun sind Spermium und Ei genetisch identisch, ihre Kerne weisen die gleiche Anzahl Chromosomen, die gleiche Menge genetischen Materials auf. Im Zellplasma jedoch sind sie grundlegend verschieden. Das Spermium besitzt praktisch keines, während das Ei an Substanz und Nährmasse reich ist. Daher muß das rivalisierende Programm mit einem außerhalb des Kerns befindlichen Material des Eis befaßt sein, und vielleicht ist es in diesem Material ansässig.

Der Kopf eines Spermiums ist fast reiner Kern oder väterliches Genmaterial, obgleich der kleine Schwanz, der es vorwärts bewegt und mit ihm ins Ei kriecht, aus einer Zentriole, ein paar Mitochondrien und einer Antriebseinheit zusammengesetzt ist, die verdächtig einem beweglichen Bakterium ähnelt. Das Ei hingegen besteht aus einem kleinen Kern aus mütterlichen Genen, die vom gigantischen Dotter umgeben sind. Dies ist eine Masse von mehrtausendfacher Größe des Spermiums, in der es nur so wimmelt: Mitochondrien, Ribosomen, Zellmembranen, Golgi-Apparate und eine Unzahl sonstiger Organellen, von denen wir wissen, daß sie Trittbrettfahrer sind, die in kommunalen Programmen mitarbeiten, aber in sehr hohem Grad ihre eigenen abgetrennten Identitäten wahren. Viele von ihnen behaupten sogar eine eigene sprachliche »Kulturautonomie«, beinhalten eigene rivalisierende Sorten von DNS, von denen jede ihr eigenes genetisches Programm aufweist.

Ich glaube, wenn wir die neue Instruktion herausfinden wollen, müssen wir sie irgendwo in diesem Komplex suchen.

»Die einzigartigen Instruktionen, die das Erbgut der DNS liefert, sind bestenfalls eine teilweise Erklärung und gewiß keine hinreichende Erklärung für das erfahrende Selbst.«[537] So der Lehrstuhlinhaber für Ethologie in Cambridge. Die Gesamtstruktur und der Aufbau eines Individuums scheint in der Tat das Ergebnis von Instruktionen zu sein, die von den Kerngenen transportiert werden, von unserer elterlichen DNS. Allerdings hängt die Weise, in der diese Befehle ausgeführt wer-

5.9
Das Kontingent-System

den, zumindest teilweise von Faktoren außerhalb der Kerne ab. Dies weiß man aus Untersuchungen über das zytoplasmische Erbgut und die Rolle der chemischen Botenstoffe in der Zelle.

Nun möchte ich behaupten, daß andere, bislang weitgehend unentzifferte und vielfach konträre Programme in der rivalisierenden DNS von Organellen enthalten oder vielleicht noch nicht einmal in Nukleinsäuren verschlüsselt sind.

Wenn es sie gibt, sind diese Programme wahrscheinlich nicht in der gleichen Weise wie die Gene dem Druck der natürlichen Auslese ausgesetzt, und möglicherweise haben sie sich, seit sie sich der biologischen Assoziation in unserem Körper angeschlossen haben, in keiner erkennbaren Weise mehr verändert. Es ist sogar möglich, daß Viren inzwischen mobilen Genen, die locker in der Biosphäre treiben, so ähnlich geworden sind, daß sie fast nach Belieben kommen und gehen. Und selbst wenn sie bei uns sind, sind sie nicht ganz da; sondern sie warten bloß, vertreiben sich die Zeit, träumen ihre eigenen Träume, werden im Phänotypus und seinem Verhalten erst in neuester Zeit im Verlauf der Evolution manifest. Seit die Formen, die in der Lage sind, sie auszudrücken, erreicht worden sind. Seit die Ökologie von Gemeinwesen komplex genug geworden ist, um ihnen ihren angemessenen Ausdruck zu verleihen.

Ich glaube, daß diese rivalisierenden Instruktionen heute Teil unseres Erbguts sind und daß sie ziemlich unabhängig von den Kerngenen – möglicherweise im Material des Eis – von einer Generation auf die nächste übertragen werden. Und daß unsere Umkehrung der sexuellen Strategie nur ein kleiner Teil ihres tatsächlichen und möglichen Effekts auf unser Leben ist.

Der Umstand, daß unsere Frauen sich die Gesichter bemalen und extravagant kleiden, hat Milliardenunternehmen entstehen lassen, aber im Gesamtmuster der Evolution hat dies Verhalten nur wenig wirkliche Folgen. Indem die Geschlechterrollen sich mit der zunehmenden Emanzipation der Frauen wandeln und ihnen die Chance geben, in der Wahl von Partner und Gelegenheit aggressiver vorzugehen, haben die Programme selbst sich gewandelt und hat ihr Druck auf uns nachgelassen. Die Männer haben begonnen, in stärkerem

Maße elterliche Verantwortung und buntere Kostüme zu tragen, so daß wir anscheinend eine ähnliche Stufe erreicht haben wie die Unisexlösung des Steißhuhns.

Doch die große Kluft bleibt bestehen. Zum Teil werden wir von der DNS unserer Kerne, zum Teil von etwas anderem regiert.

Dem gegenwärtigen Stand unseres Wissens über dieses andere zufolge wäre es voreilig, anzunehmen, daß es auf einem unitären Faktor, wie ein Gen es ist, basiert. Es erscheint in mancher Weise eher als ein komplexer Satz von Einflüssen, die auf vielerlei verschiedene Weise funktionieren. Wir können uns nicht sicher sein, ob dieser Faktor überhaupt eine körperliche Identität oder einen Wohnsitz besitzt, obgleich ich sehr stark den Verdacht habe, daß er irgendwie eng mit den Organellen in unseren Zellen in Zusammenhang steht. Doch meine ich, wir können zumindest annehmen, daß es in der Natur eine Kraft mit eigener evolutionärer Triebfeder gibt, deren Existenz möglicherweise eine körperliche Grundlage hat, aber deren Ausdruck fast gänzlich auf seelischer Ebene erfolgt.

Der Bequemlichkeit halber schlage ich vor, diesem System einen Namen zu geben. Seinem Wesen nach handelt es sich um etwas Peripheres und doch Lebenswichtiges; um etwas Unabhängiges und doch Abhängigkeit Hervorrufendes; etwas, das konstituierender Bestandteil von etwas Größerem ist, etwas, das eine Art Vorzugsaktie darstellt; etwas, das dazusein scheint, aber dessen Existenz keineswegs sicher ist. In der englischen Sprache gibt es nur ein Wort, das all diese Sachverhalte bezeichnet. Dieses Wort lautet *contingent*. Daher will ich diesen alternativen, nicht an den Kern gebundenen, nichtgenetischen Satz von Einflüssen *Kontingentsystem* nennen und seine funktionalen Einheiten, sofern es solche gibt, als *Kontingente* bezeichnen.

Die lateinische Wurzel von *kontingent* ist das Verb „contingere«, was bedeutet »auf allen Seiten berühren«, und auch dies bezeichnet sehr treffend, wie ich dieses System einschätze: Es ist ein wenig wie Luftdruck, unsichtbar und doch immer gegenwärtig, seine Muskeln spannend und schlauchlos auf alle Teile der Biosphäre drückend. Für mich hat dies System eher ein kollektives als ein persönliches Wesen, ist es Teil einer größeren Perspektive, frei von den egoistischen Interessen der

Gene. Und doch übt dies System zumindest potentiell einen ebenso unmittelbaren und mächtigen Einfluß auf unser Leben aus wie die Regierung in unseren Kernen. Es ist viel zu früh, sich modellhafte Vorstellungen über seinen Handlungsmodus zu machen, doch meine ich, daß das Kontingentsystem in den Bereichen der Entscheidungsfindung operiert, wo bereits eine geringfügige Gleichgewichtsverlagerung dramatische Richtungsänderungen hervorruft. Wie die Schwerkraft ist es fast zu schwach, um gemessen werden zu können, und doch zu mächtig, um es zu ignorieren. Kontingente können genetische und embryologische Vorgänge beeinträchtigen und auf diese Weise auf die Bestimmung des Phänotypus einwirken, doch vermute ich, daß ihr Haupteinfluß auf unser Leben in der Kooperation und Konkurrenz mit dem Gensystem der Kerne liegt: und daß es diese Interaktion ist, die in der Entwicklung des Geistes resultiert.

Sensitivität in ihrer einfachsten Form entstand als Ergebnis normaler Darwinscher Evolution, durch natürliche Auslese und unter der Anleitung und dem Eigennutz der ersten echten Replikatoren, der Gene unserer Kerne. Und ich sehe keinen Grund, weshalb solche Sensitivität nicht in genau der gleichen Weise zu Bewußtheit erblühen sollte. Doch habe ich das Empfinden, daß die Entwicklung von Selbstbewußtheit und ihre Reifung zu vollem Bewußtsein die Grundannahme von etwas anderem voraussetzen. Und ich behaupte, daß dieser neue Anstoß durch einen Interessenkonflikt, eine Meinungsverschiedenheit zwischen Erbfaktoren und Kontingente-Interessen gegeben wurde. Bei näherer Überlegung könnte ein Modell helfen, diese Beziehung klarzulegen. Betrachten wir unsere Biosphäre als Planeten wie die Erde. Und stellen wir uns nun die Kerngenetik als eine Kraft wie die Sonne vor, die das Leben formt und in seiner Umlaufbahn hält. Stellen wir uns die Bewußtheit in Lebewesen als einen Ozean auf der Oberfläche des Planeten vor, der von der Sonne umhergeschubst wird, zugleich aber von der Mondkraft, einer anderen Macht des Kontingentsystems beeinflußt wird. Das Ergebnis ist ein Konflikt, jedoch ein geordneter, der seine eigene Stimmung und seinen eigenen Rhythmus entwickelt und Gezeitenwirkungen hervorbringt. Manchmal wirken die rivalisierenden Kräfte in der gleichen Ebene und rufen sensorische Springfluten hervor, manchmal zerren sie im rechten Winkel in evolutionären Nipp-Ebben, aber immer sind ihre Auswirkungen zu spüren. In dieser dynamischen Situation ist der Geist entstanden, und dieser Kombination von Wirkungen verdanken wir unsere Existenz als denkende, fühlende, widersprüchliche Wesen.

Die Spannungen sind ewig und wesentlich. Ohne die Gezeiten könnten wir vielleicht existieren, aber wir würden nicht das Geringste darüber wissen.

6. KAPITEL

Wissen
– Bewußtsein

6.1
Die
künstlerischen
Laubenvögel
Australiens

Manche Tiere sind eindeutig gleicher als die anderen. Wie wir die Säugetiere nach Menschen und sonstigen unterteilen, so läßt sich die Vogelwelt in zwei ungleiche Gruppen kategorisieren: die Laubenvögel und die anderen.

Die Laubenvögel sind auf die austral-asiatischen Inseln beschränkt, wo sie derart fortgeschrittene Verhaltensmuster entwickelt haben, daß es den Anschein erweckt, sie hätten sogar die Evolution durcheinandergebracht.[205]

Den Anstoß dazu hat – wie so oft – die Sexualität gegeben. Wir haben bereits gesehen, wie grundlegende sexuelle Ungleichheit zu einem Ungleichgewicht geführt hat, das die Männchen vieler Arten gezwungen hat, sich in schreiende Farben zu kleiden. Der Theorie nach ist die Balz um so erfolgreicher, je farbenprächtiger die Werbung dargeboten wird, und die sexuellen Lorbeeren gehen an die extravagantesten Männchen. In der Praxis dagegen hat die Sache einen Haken: grelle Farben ziehen Raubtiere ebenso an, wie sie auf Sexualpartner attraktiv wirken. Was besagt, daß Gene für laute Farben tendenziell eher und öfter ihr Leben in einem fremden Magen beschließen als Gene für unscheinbare Farben. Also müssen die meisten Männchen einen Kompromiß schließen zwischen der Notwendigkeit zu werben und der Notwendigkeit zu überleben.

Bei einigen wenigen Arten – etwa dem Pfau – scheinen die Gene jede Vorsicht außer acht zu lassen und alles in einem einzigen großen Einsatz aufs Spiel zu setzen. Der Schwanz des Pfaus stellt eine solch frevelhafte Unverschämtheit dar, daß er – trotz des Umstands, daß er Fleischfresser anzieht, sich im dichten Unterholz verfängt und daher dem Tier vielfach ein nur kurzes Leben beschert – in jenen wenigen Schönwettertagen so attraktiv wirkt, daß das Männchen eine Vielzahl von Weibchen begatten und zahlreiche Nachkommen zeugen kann, ehe es sein Leben einbüßt. Und so mögen es die Gene.

Die meisten Arten indes balancieren die Dinge unter größerem Maßhalten aus und beschränken ihre Werbung auf bestimmte Jahreszeiten und vielfach innerhalb der Fortpflanzungsperiode noch auf besondere Gebiete. Auch scheint die natürliche Auslese bei manchen dieser Arten darauf hingewirkt zu haben, daß balzende Männchen besser dem Nest fernbleiben. Die Selektion hat sie von allen Brut- und Nestversorgungspflichten freigesetzt, so daß sie sich in Junggesellengruppen zusammenfinden können, um auf besonderen Tanzplätzen oder Arenen ihre überschüssigen Kräfte auszutoben. Die meisten Balzvögel, etwa die Paradiesvögel, reinigen den Balzplatz. Sie schaffen Stöckchen und Steinchen fort und bereiten sich so einen leicht erkennbaren Ort für die Balz, zu dem die Weibchen zur Befruchtung kommen. Und dieser häuslichen Aktivität scheint eine Idee zugrunde zu liegen, die die Laubenvögel angeregt hat, ihre neue Richtung einzuschlagen.[367]

Irgendwie ist an irgendeinem Punkt der Entwicklungslinie einer ihrer Vorfahren darauf verfallen, daß es sexuell gleichermaßen erfolgsträchtig ist, wenn man sich die leuchtende Feder eines anderen ansteckt, und daß es gar nicht nötig ist, sich selbst bunte Federn wachsen zu lassen; und daß man diese bunten Federn überdies viel leichter abstoßen kann, wenn Raubtiere in der Nähe auftauchen. Damit begann eine Entwicklungslinie, in der aufeinanderfolgende Generationen und letztlich eine Anzahl unterschiedener Arten männlicher Laubenvögel sich ebenso unscheinbar und kaum unterscheidbar einkleiden wie ihre Partnerinnen. Aber diese Diskrepanz machen sie mehr als wett, indem sie die Aufmerksamkeit der Weibchen auf andere, sicherere Weise auf sich ziehen, indem sie ganz außergewöhnliche Mühen auf sich nehmen.

Manche Vögel bauen Lauben von annähernd drei Metern Höhe, die strohgedeckten Häusern ähneln, verschiedene Räume haben und auf kreisrundem Rasen stehen. Diese Lauben werden täglich sorgfältig gepflegt und mit strahlend bunten Federn und Beeren, schillernden Insektenskeletten und frischen Blumen geschmückt. Sie pflegen diese Gebäude mit unablässigem Fleiß, tragen welkende Blumen fort und ersetzen sie, erneuern verwesende Früchte und verblichene Federn. Der Seidenlaubenvogel *Ptinolorhynchus violaceus* mischt sich sogar aus Beeren und Holzkohle einen Farbstoff und benutzt Borkenstücke als Pinsel, um die Tausende an Stöckchen auszuschmücken, die er zu einer drei Meter langen Straße quer über eine Waldlichtung zusammenfügt. Jede Laube ist ein voll ausgestattetes Bühnenbild, vor dem sein männlicher Erbauer ein ausgefeiltes Ritual vollführt, das auf Paarung abzielt. Die dabei eingesetzten architektonischen, ingenieurtechnischen und künstlerischen Fertigkeiten aber summieren sich zu einem Verhaltensmuster, das »in seiner Komplexität und Verfeinerung im nichtmenschlichen Teil des Tierreiches einzigartig dasteht«.[204]

Es besteht ein unmittelbar reziprokes Verhältnis zwischen der Komplexität der Laube und dem Gefieder ihres Erbauers: je auffälliger sein Gebäude, desto unscheinbarer kann die Kleidung sein, die er sich selbst leistet. Die Kräfte der geschlechtlichen Auslese – sie zählen zu den stärksten in der Natur – sind nach außen verlagert worden. Sie sind von körperlichen Attributen auf äußerliche Gegenstände übertragen worden. Die Lauben sind eigentlich äußere Bündel sekundärer Geschlechtsmerkmale, die im psychologischen, nicht im körperlichen Sinn mit dem Männchen verbunden sind, die es sich vor diesem Hintergrund leisten können, wieder genau ihren Weibchen zu gleichen.

Sein Verhalten zu ändern ist erheblich einfacher, als seinen Körperbau zu ändern. Diese Befreiung von den Zwängen des Körpers und vom morphologischen Wandel hat Evolution in Gang gesetzt, und es deutet alles darauf hin, daß die Laubenvögel sich in jeder Hinsicht rascher und freier evolutionär entwickeln als jede andere Familie der Vogelwelt. Für sie ist die Entwicklung derart in Bewegung geraten, daß sich allenthalben Beispiele für Hybriden finden, die nicht nur zwischen Arten gekreuzt sind, sondern sogar zwischen völlig getrennten Gattungen.[204]

Donald Griffin von der Rockefeller-Universität sagt: »Wir haben uns gewohnheitsmäßig derart auf die funktionalen und adaptiven Aspekte dieser Verhaltensmuster konzentriert, daß wir sogar zu fragen versäumt haben, ob die Tiere sich überhaupt der wahrscheinlichen Folgen aus ihrem Verhalten bewußt sind.«[222] Zwar verfügen wir bislang über keinerlei unmittelbare Beweise dafür, daß die Laubenvögel ihren Balzplatz in einem über das rein Mechanische und Zwanghafte hinausgehenden Weise verschönern; doch sind die Ergebnisse für unsere Augen so eindeutig ästhetisch, daß man kaum umhin kann, dahinter eine wirkliche Bewußtheit zu vermuten. Vielfach wird die Wirkung durch die sorgfältige und augenscheinlich überlegte Auswahl und Plazierung einer bestimmten Beere oder eines Kieselsteintyps erzielt, wenngleich jedweder beliebig ausgelegte leuchtende Gegenstand den Zweck gleichermaßen erfüllt hätte, sofern der einzige Sinn der Prunkentfaltung darin bestünde, die spontane Aufmerksamkeit des Weibchens zu erregen.

Ähnliche Situationen gibt es in der Entwicklung und Funktion des Vogelsangs. Die Amsel *Turdus merula* verfügt über eine komplexe Liedfolge, und wenn ein solcher Vogel gut singt – womit ich einen Gesang meine, der uns ästhetisch und musikalisch anspricht –, so scheint er dieses Repertoire voll auszuschöpfen. Solcher Gesang besteht eingangs in der Proklamation eines Gebietsanspruchs, und wenn ein benachbartes Männchen sich zu nahe heranwagt, singt das Amselmännchen um so heftiger, um den Eindringling einzuschüchtern.[233] Dabei singt es nicht notwendig musikalischer. Im Gegenteil, offenkundig erregt es sich, das Lied wird zusammenhanglos und wirr, die Pausen werden länger, und die Phrasen bleiben unvollendet. Daher hat es den Anschein, als müsse der Vogel sich stark auf die Form seines Liedes konzentrieren, um nach menschlichen Maßstäben gut zu singen. Während der Fortpflanzungssaison, in der das Lied aktiv Partnerinnen anzieht und Eindringlinge zurückweist, scheint es sich im Rahmen dieser funktionalen Restriktionen zu bewegen. Doch später in der Saison, wenn die durch die Fortpflanzung gegebenen Beschränkungen wieder abgebaut sind, blüht das Lied auf. Der Gesang wird ausgefeilter und organisierter und beginnt so sehr unseren Vorstellungen von musikalischer Form zu ähneln, daß man seine musikalische Vervollkommnung schwerlich leugnen kann.[234] Diese Beobachtungen »sprechen ziemlich stichhaltig für ein elementares Musikverständnis bei einer beträchtlichen Anzahl

Vogelarten«.[538] Und für eine Art Kunstverständnis zumindest bei den Laubenvögeln. Die Annahme, solche einfachen Bewußtseinsformen könnten außerhalb unserer Spezies nicht existieren, gewinnt zunehmend den Anschein einer ernstlichen Beschränktheit unseres eigenen Denkens; und es wäre ein schwerer Fehler, die Bedeutung dieses Bewußtseins – sofern es vorhanden ist – zu unterschätzen.

Der Neurologe Roger Sperry sagt: »Es besteht guter Grund, das evolutionäre Debüt des Bewußseins als den höchstwahrscheinlich kritischsten Schritt in der Gesamtheit der Evolution einzustufen.«[502] Und der Naturphilosoph Karl Popper fügt an: »Die Herausbildung von Bewußtsein im Tierreich ist vielleicht ein ebenso großes Rätsel wie der Ursprung des Lebens selbst.«[237]

6.2
3% der
DNA...

Möglicherweise werden sich beide Rätsel nie vollständig lösen lassen, aber ebenso wie die Astrophysik auf der teleskopischen Seite der Skala Einblicke in den Ursprung des Universums liefert, beginnt die Molekularbiologie auf der mikroskopischen Seite Licht auf das Wesen des Bewußtseins zu werfen. Der wohl größte Durchbruch und die größte Überraschung ist eine unlängst gemachte Entdeckung, derzufolge selbst die komplexesten Organismen weniger als drei Prozent der DNS in ihren Zellen tatsächlich verwenden. Und daß die Teile, die ausgeführten Instruktionen in einer augenscheinlich zufälligen Weise aus verschiedenen Punkten auf den Chromosomen bezogen, verwendet werden. Da ist – so scheint es heute – eine Art Redakteur am Werk, der kleine Bits genetischen Materials aus dem gesamten Archiv auswählt und zusammenfügt, so wie ein Rundfunkproduzent vorgeht, der aus stundenlangen Interviewaufzeichnungen mit einem geschwätzigen Politiker ein paar Minuten konziser Aussagen herauszuziehen beabsichtigt.

Diese Befunde haben die Biologie in beträchtliche Verwirrung gestürzt. John Rogers von der Universität von Kalifornien meint: »Derzeit herrscht in den Laboratorien der Molekularbiologie eine Atmosphäre der Bestürzung, die an Ungläubigkeit grenzt. Dieser Geist ist mit einem Aufsatz, dessen Titel mit den Worten beginnt: ›Eine verblüffende Sequenzanordnung . . .‹, bis in die Forschungsliteratur eingedrungen.«[457]

Das Problem besteht in folgendem: Die Genetik hat immer angenommen, Information sei sequentiell in die DNS einbeschrieben; und dieses Muster werde sorgsam auf ein Botenmolekül überschrieben, das die Information in ferne Bereiche trägt, in denen der Code in Proteine übersetzt wird. Es sind Nobelpreise für Arbeiten über die Details dieser Abfolge verliehen worden, doch heute sieht es so aus, als ob sich die Dinge keineswegs so verhalten. Die DNS ist nicht die Bibel des Lebens, ist keine Enzyklopädie präziser Anweisungen. Vielmehr ist sie ein flexibles und dynamisches System, in dem Trauben von Genen sich ausdehnen und zusammenziehen, in dem umherwandernde Elemente hinein- und hinaushüpfen. Und jedes einzelne Gen muß um sein Überleben und seinen Selbstausdruck in genau derselben Weise kämpfen wie der Organismus, der es enthält.[108]

Aber auch diese Darstellung der molekularen Verwirrung vermittelt keinen Begriff von der wirklichen Komplexität: Denn auf rätselhafte Weise ererbt der Nachwuchs eines Organismus – der anhand des Ausdrucks eines winzigen Ausschnitts seiner Gene danach beurteilt wird, ob er überlebensfähig ist – auch die enorme Mehrheit jener Gene, die in seiner Ausbildung keine offenkundige Rolle gespielt haben. Die Schwierigkeit besteht darin, daß wir über keinerlei Möglichkeiten mehr verfügen, genau zu beurteilen, wer dabei was leistet. Der Phänotypus, die äußere Form eines Lebewesens, kann so einfach wie eine einzelne Zelle strukturiert sein und doch in seinem Genotypus die gesamte komplexe Geschichte und das Potential von allem enthalten, was je gelebt hat. Max Perutz, der Biochemiker, der die Molekularstruktur des Hämoglobins aufgeschlüsselt hat, äußert über die neuen Entdeckungen: »Die Kluft, die die körperliche Struktur und ihre biologische Funktion trennt, ist weit größer, als je vermutet worden ist.«[430]

Der Geist in der Maschine türmt sich größer auf denn je.

Mehr und mehr gewinnt es den Anschein, daß die Form – die Beziehung der Teile zueinander – weit wichtiger ist als die Teile selbst. Dazu Sperry: »Bei der Untersuchung von Gehirnen nach Schlüsseln zu den entscheidenden Zusammenhängen, die möglicherweise das Bewußtsein bedingen, habe ich mich nie dazu verleiten lassen, mein Augenmerk ausschließlich auf die Elektronen und Protonen, Neutronen oder Atome des Gehirns zu richten ... Es ist mir immer ziemlich unwahr-

6.3
Die Beziehung
der Teile
zueinander
schafft
Bewußtsein

scheinlich vorgekommen, daß selbst eine komplette Hirnzelle alles besitzen soll, was zum selbständigen Fühlen, Spüren, Wahrnehmen oder Denken erforderlich ist.«[502]

Die Neurophysiologie befaßt sich heute stärker mit Schaltsystemen von Zellen, die in der Lage sind, Schmerz oder Freude zu empfinden; und sie beschäftigt sich mit komplexen Konfigurationen, die solche Kreise in einen Zusammenhang elektrischer Aktivität einspinnen. In diesen auf Muster aufgepflanzten Mustern kann man die Auswirkungen von Bewußt-Sein, des Besitzes von Geist, klar unterscheiden.

Bei seinen chirurgischen Forschungen am offenen Gehirn epileptischer Patienten stellte Wilder Penfield fest, daß eine seiner Probandinnen jedesmal eine Orchesterdarbietung höchst detailliert wahrnahm, wenn er einen bestimmten Punkt in ihrem Gehirn mit einer Elektrode stimulierte.[429] Er meinte damals, er schalte sich damit in eine fortlaufende Videoband-wiedergabe des emotionalen Lebens der Patientin ein. Heute hingegen ist niemand mehr der Ansicht, daß Erinnerungen in solcher Weise in irgendeinem bestimmten Hirnsektor gespeichert werden. Mit Sicherheit ist das Gehirn nicht so einfach strukturiert. »Wäre das menschliche Gehirn so einfach aufgebaut, daß wir es begreifen könnten, dann wären wir selbst so schlichte Wesen, daß wir es nicht begreifen könnten.«[444]

Darin liegt der Catch 22 des Bewußtseins. Die Physiologen, Psychologen, Biologen und Philosophen haben jahrhundertelang versucht, diese Klippe zu umschiffen, und sie haben in diesem Verlauf Tausende von Büchern mit Milliarden von Wörtern und dabei auch die eine oder andere wertvolle Einsicht hervorgebracht – aber der Lösung sind wir damit nicht näher gekommen. Zwei angesehene Wissenschaftler, die den Großteil ihres Lebens mit der Erforschung des Bewußtseins zugebracht haben, sahen sich in der Einführung zu einem jüngst erschienenen Gemeinschaftswerk über dies Problem zu dem Schluß genötigt: »Das Bindeglied zwischen Hirnstrukturen und Hirnprozessen auf der einen und geistigen Dispositionen und Ereignissen auf der anderen Seite ist überaus schwierig zu erfassen ... In dem Sinne, daß wir je diesen Zusammenhang wirklich verstehen werden, wird sich dies Problem wahrscheinlich nie lösen lassen.«[438]

Wir stehen also vor einem Phänomen, das nach allgemeiner

Übereinstimmung von zentraler Bedeutung ist und das vielleicht das Bedeutsamste darstellt, was je auf der Erde geschehen ist; das aber niemand wirklich begreift. Wir sind uns des Problems des Bewußtseins fast ebensolang bewußt, wie es Bewußtsein gibt, und jedes Zeitalter hat die Frage im Sinne seiner eigenen Interessen zu definieren versucht. Im Goldenen Zeitalter Athens, als der Mensch in Freiheit lebte und Sklaven sämtliche Arbeit verrichteten, war das Bewußtsein so frei wie dies Zeitalter: nämlich ein rein philosophisches Problem. Doch seit Darwin und der industriellen Revolution ist das Bewußtsein stärker in den Blickpunkt der Naturwissenschaften gerückt.

Könnte – so der Geistesblitz einiger Physiker im Erkenntnisverlauf der Quantenmechanik – Bewußtsein eine Grundeigenschaft der Materie sein? Möglich, daß neue Erkenntnisse über die Beziehung zwischen Materieteilchen helfen, uns die Verknüpfung zwischen interagierenden Geistern verständlich werden zu lassen: Aber es ist unwahrscheinlich, daß dieser Denkansatz je der eigentlichen Frage nahekommt, denn die liegt in der Bewußtheit solchen Kontakts begründet und darin, wie diese von den beteiligten Geistern erfahren wird.

Wäre es nicht vernünftiger – melden sich die vitalistischen Biologen zu Wort –, anzunehmen, daß das Bewußtsein eine grundlegende Eigenschaft des Protoplasmas ist? Es ist eine reizvolle Vorstellung, daß Geist allen Lebewesen gemeinsam sei, aber sie läßt sich schwerlich wissenschaftlich erforschen und nachprüfen, solange es uns nicht gelingt, einer Amöbe die protozoische Entsprechung der American Sign Language beizubringen.

Vielleicht – kontern die Behavioristen – gibt es überhaupt kein Bewußtsein? Diese revolutionäre Lehre, die alles Verhalten auf eine Handvoll Reflexe zu reduzieren versucht hat, stand in einer kriegsmüden Welt, die sich nach Objektivität und rostfreiem Stahl sehnte, in einigem Ansehen, aber sie war so eingängig absurd, daß sie inzwischen eines natürlichen Todes gestorben ist. Niemand hat je wirklich geglaubt, er selbst sei kein bewußtes Wesen.

Was uns gegen Ende des zwanzigsten Jahrhunderts zu der sinnvollen Einsicht hat gelangen lassen, daß das Bewußtsein weder auf der Ebene der Materie noch auf der des Lebensursprungs eingesetzt hat, sondern irgendwo in der Mitte der Evolutionsgeschichte. Über das Wo und Wann indes ist man sich noch keineswegs einig.

Gegenwärtige Theorien über das Bewußtsein gehen entweder davon aus, daß das Bewußtsein in dieser oder jener Weise mit dem Lernen zusammenhängt und daß es durch Experimente über die Verhaltensmodifikation isoliert werden sollte; oder sie unterstellen, daß das Bewußtsein seinen Ursprung in einem Nervensubstrat, etwa in der Formatio reticularis, habe und es sich mit chirurgischen Mitteln aufspüren lasse; oder daß es etwas Ungreifbares sei, nicht mehr als die von elektrischen Drähten abgegebene Wärme, und es sich daher nicht untersuchen lasse; oder daß es sich bei ihm um eine weltfremde metaphysische Täuschung handle, weshalb es – je nach Auffassung – entweder unwissenschaftlich oder ein Sakrileg sei, ihm überhaupt nachzuspüren.

Meiner Ansicht nach führt keiner dieser Ansätze wirklich weiter, und ich stimme mit Karl Popper überein, daß »Was-ist . . .« – Fragen nur zu Streitigkeiten über die Bedeutung von Worten und zu Diskussionen und Definitionen führen, die gleichermaßen abstrakt wie nutzlos sind. Ich halte es – und bin mir voll bewußt, daß ich damit meinen persönlichen philosophischen Neigungen als Evolutionsbiologe nachgebe – für selbstverständlich, daß Bewußtsein im Menschen und nicht in Molekülen existiert. Und ich glaube, daß es – oder zumindest etwas, das ihm hinreichend ähnelt – auch in einer Anzahl anderer Spezies anzutreffen ist; mit der Tendenz, daß diese Zahl jedesmal wächst, wenn ein aufgeklärter Forscher seinem jeweiligen Forschungsgegenstand die Chance gibt, zu zeigen, was wirklich in ihm steckt.

Ich glaube also an das, was man »sich herausbildende Evolution« genannt hat, was besagt, daß das Bewußtsein an irgendeinem Punkt der Evolution hervorgetreten ist durch die Kombination einer Anzahl unabdingbarer Bestandteile, die alle wichtig sind, von denen aber keiner für sich genommen Merkmale von Bewußtsein aufweist. Wie die Eigenschaft der Nässe sich nicht aus den Eigenschaften des Wasserstoffs und Sauerstoffs allein herleiten läßt, unterscheidet sich Bewußtsein radikal von seinen Bestandteilen; aber ähnlich dem Wasser wäre es ohne seine Bestandteile unmöglich.

Dies ist keineswegs eine Erklärung von Bewußtsein, aber es ist zumindest eine Position, die als Operationsgrundlage dienen kann. Ich möchte also einzig unterstellen, daß das Bewußtsein ein Faktum ist, daß es irgendwie an die Lebensvorgänge gebunden ist und daß es nicht notwendig auf den Menschen beschränkt ist. Dieser Ansatz befreit uns von dem im Kreise verlaufenden Streit darüber, was das Bewußtsein nun genau und im einzelnen ist; und er ermöglicht uns, darauf abzuheben, was das Bewußtsein leistet und was es bedeutet, bewußt zu sein.

Der Haupteffekt des Bewußt-Seins besteht darin, daß man eine starke und unmittelbare Kontrolle darüber besitzt, was vor sich geht und geschieht. Laubenvögel besitzen diese Kontrolle in dem Grad, daß sie ihre eigenen Bühnen aufbauen. Es ist sinnlos, darüber zu streiten, ob ihre Fähigkeit weitgehend instinktiv oder teilweise erlernt ist, ob sie einfache Sensitivität oder eine fortgeschrittene Form von Bewußtsein ausdrückt. Wichtig ist vielmehr die Einsicht, daß der Besitz solcher Sensitivität – was immer sie sei – bei den Laubenvögeln den evolutionären Prozeß beschleunigt hat. Und daß Bewußtsein – gleichgültig wie wir es erlernt haben – uns ähnliche adaptive Fortschritte gebracht hat.

Funktional betrachtet, ist Bewußtsein ein Rückkopplungssystem. Man erfährt durch es, wie man sich bei einer Sache macht.

6.4
Bewußtsein =
Feedback

Rückkopplung bedeutet schlicht, daß man etwas vom Output eines Systems als Teil des Inputs wieder einfüttert. Jeder Thermostat tut dies, während er die Temperatur regelt. Biofeedback ist die Wiedereinfütterung biologischer Information in die Person, um deren Biologie es sich handelt. Normalerweise kann man den Druck des eigenen Blutes auf die Aktivität von Muskelzellen nicht sehen, hören, riechen, schmecken und fühlen, aber man kann Geräte erfinden, die dies leisten. Und jeder, der Zugang zu solchen Geräten hat, kann schließlich lernen, die Frequenz der Hirnströme solcher Personen zu ändern oder Hauttemperaturschwankungen hervorzurufen, bei denen zwei nur fünf Zentimeter voneinander entfernte Punkte in der Handfläche einen Temperaturunterschied von zehn Grad aufweisen, oder er kann das Herz für bis zu dreißig Sekunden völlig zum Stillstand bringen.[82]

Die Entscheidungen darüber, wann der Blutdruck, der Gallenfluß oder die Pulsfrequenz geändert werden sollen, Entscheidungen über Verdauung oder Schwitzen oder Drüsensekretion werden normalerweise und höchst sinnvoll automatisch von Feedback-Schaltkreisen innerhalb des Körpers getroffen. Eingriffe in dies System sind nur dann mit einiger Wahrscheinlichkeit nutzbringend, wenn der Mechanismus fehlerhaft ist. Aber die Bewußtheit von äußeren Ereignissen – ein Feedback-System, das Neuigkeiten aus der Umwelt und von ihrer unmittelbaren Beziehung zu dem Organismus hereinbringt – muß zu einer nützlichen Intelligenz führen. Einfache Systeme in Zellen und Organismen tun genau dies, und wenn ihre Komplexität wächst – wie etwa bei den Tieren, die fortgeschrittene Formen von Bewußtheit beweisen –, funktionieren sie sogar noch besser. Jedes System, das sich selbst und seine Umwelt in dieser Weise überwacht, hat bereits einen entscheidenden Trick gelernt. Es hat zu simulieren begonnen. Es konstruiert Modelle von Wirklichkeit und spielt an diesen Modellen unterschiedliche Strategien durch, es sagt Ergebnisse voraus und wählt diejenigen aus, die aufgrund früherer Erfahrung die besten Resultate zu erbringen versprechen oder zumindest den geringsten Schaden. Eine derartige Einschätzung setzt keine wirkliche Intelligenz voraus. Computer praktizieren sie allenthalben, und selbst Plattwürmer lassen sich darauf trainieren, auf einen bestimmten Reiz eine bestimmte Reaktion zu zeigen. Dies ist alles noch Teil des Überlebensplans der Gene.

Wirkliches Bewußtsein indes bedeutet einen Schritt über solche Systeme hinaus. Es scheint sich dann herauszubilden, wenn sich ein Organismus eine so komplexe Umwelt simuliert, daß sie ein Modell von ihm selbst in dieser Welt einschließen muß. Darin liegt der entscheidende Schritt. Das ist der große Sprung nach vorn. Das bedeutet, daß der Phänotypus, der Ausdruck der Gene, die gesamte Gemeinschaft der Zellen erstmals einen selbständigen Gedanken gefaßt hat. Es hat etwas getan, das nicht an die Instruktionen der Gene gebunden ist. Es hat gewagt, sich gegen die Anweisungen der Regierung zu erheben. Darin liegt die wirkliche Revolution. Dies ist, was Descartes gemeint hat, als er sagte: »Cogito ergo sum« – »Ich denke, also bin ich«.

Julian Jaynes von der Princeton-Universität sieht in diesem Konflikt eine sehr junge Entwicklung.[284] Er greift auf Laboruntersuchungen von geteilten Hirnen und eine Unmenge archäologischer Belege zurück, um darzulegen, daß die Menschen der Frühzeit nicht so denken konnten wie wir heute und daß sie daher nicht bewußt gewesen sind. Zur Selbstbeobachtung unfähig, waren sie gezwungen, auf die Anweisungen der rechten Hirnhälfte zu lauschen, die sie als Halluzination des Gehörs erfuhren, als Stimmen der Götter, die ihnen sagten, was sie in neuartigen und in Belastungssituationen zu tun hätten. Er nennt diesen Zustand den Zweikammer-Geist und mutmaßt, daß erst infolge einer weltweiten Katastrophe und Sintflut um die Mitte des zweiten Jahrtausends vor Christus die Wand zwischen den Schläfen durchbrochen wurde, wodurch das Hirn mit sich selbst reden konnte und echte Selbstreflexion oder Bewußtsein entstand.

In den letzten zehn Jahren sind einige faszinierende Entdeckungen über die Verdoppelung im Gehirn gemacht worden, die beweisen, daß der Geist letztlich in zwei Kammern geteilt ist. Diese Entdeckungen setzten mit dem Versuch einiger Neurophysiologen ein, die Probleme der Forschung zu vereinfachen, indem sie das lebende Gehirn vor der Untersuchung in der Mitte teilten. Sie mußten zu ihrer Bestürzung feststellen, daß sie – weit davon entfernt, ihre Probleme auf die Hälfte zu reduzieren – diese Probleme tatsächlich verdoppelt hatten. Denn die beiden Hirnhälften weisen einen erstaunlichen Grad von Unabhängigkeit auf.[501]

Roger Sperry und seine Kollegen am California Institute of Technology haben in einem Versuch, schwere Epilepsie unter Kontrolle zu bringen, bei einer Anzahl Patienten das Corpus callosum durchtrennt, das Balkenstück, das die beiden Hirnhemisphären verbindet. Die meisten epileptischen Symptome wurden dadurch gelindert, und allgemein schien der chirurgische Eingriff für die Patienten keine nachteiligen Nebenwirkungen mit sich zu bringen. Bei besonderen Tests indes zeigte sich bald, daß der Eingriff aus diesen Leuten Menschen mit zwei getrennten Geistern, zwei unterschiedenen Bewußtseinssphären gemacht hatte: einer auf der rechten Seite des Gehirns, die nur mit dem linken Auge, dem linken Ohr und der linken Hand verbunden ist; und einer zweiten, die mit der rechten Seite des Sinnes- und Steuerungsapparats gekoppelt ist. So kam es zum Beispiel, daß ein Patient, wenn er mit der rechten Hand einen unsichtbaren Bleistift fühlte, er ihn verbal mit dem Sprachzentrum in der linken Hirnhemisphäre beschreiben konnte. Fühlte er hingegen den Gegenstand mit der linken Hand, konnte er ihn überhaupt nicht beschreiben. Die rechte Hirnhälfte kennt keine Wörter. Es war, als ob zwei voneinander unabhängige Menschen an dem Experiment teilnähmen.[197]

Bei einem anderen Versuch wurde die Reaktion auf visuelle Reize untersucht, indem man das Wort HEART auf eine Leinwand dicht vor seinen Augen projizierte, wobei das HE links von der Nase des Patienten und das ART rechts von ihr auf den Schirm geworfen wurden. Wenn ein „normaler" Mensch aufgefordert wurde, solch eine Erfahrung zu berichten, so sagte er, er sehe das Wort HEART. Die Patienten mit dem gespaltenen Hirn jedoch reagierten anders: Gebeten, das Wort zu benennen, antworteten sie »ART«, benannten also den Wortabschnitt, der hauptsächlich mit dem rechten Auge aufgenommen und auf die linke, die Sprachseite des Gehirns übermittelt wurde. Wurden sie aber aufgefordert, mit der linken Hand auf diejenige von zwei Karten zu zeigen, die ihrer Erfahrung entsprach, wählten sie das „HE", also die Projektion, die von der rechten, stärker räumlich orientierten Hirnhälfte aufgenommen wurde. Ähnlich ergab es sich, wenn die Spalthirnpatienten gebeten wurden, mit ihren Händen zu schreiben und zu zeichnen: Schreiben konnten sie nur mit der rechten Hand, zeichnen nur mit der linken.[413]

Diese Versuche sowie eine Vielzahl in ihrer Nachfolge vorgenommene Experimente lassen keinen Zweifel, daß jeder von uns normalerweise hinsichtlich aller Dinge zwei Geistesverfassungen besitzt. Und daß in der linken Hirnhälfte die analytischen, logischen, verbalen, intellektuellen und im wesentlichen maskulinen Aktivitäten konzentriert sind; wohingegen die rechte Hemisphäre überwiegend emotional, musikalisch, räumlich, intuitiv und weiblich orientiert ist. Schlicht ausgedrückt, ist die linke Hirnseite ein Macher und die rechte ein Träumer; und das Streben nach Wissen mit der rechten Hand resultiert in Wissenschaft, während die linke Hand eher mit einer künstlerischen Lösung aufwartet.[84] Wenn man also

Schriftsteller oder Wissenschaftler ist, kann sich eine Schädigung der linken Hemisphäre katastrophal auswirken; ist man indessen Musiker oder Künstler, so bedeutet eine Schädigung der rechten Hirnhälfte das wahrscheinliche Ende der Karriere.[413]

Eines der Experimente Sperrys ist hinsichtlich unserer wesensmäßigen Dualität besonders aufschlußreich. Bei diesem Versuch wurden dem linken Auge des Patienten, das die Signale unmittelbar in die rechte Hirnhälfte schickt, rote oder grüne Lichtimpulse eingegeben. Die Patienten wurden verbal aufgefordert, die Farbe des Lichts zu bestimmen, doch da das Sprachzentrum in der linken Hirnhälfte liegt, die von dem Licht nicht stimuliert wurde, behaupteten sie, überhaupt keinen Lichtblitz gesehen zu haben. Daher forderte man sie auf, die Farbe zu erraten – ausgehend von der Annahme, daß sie annähernd die Hälfte der Male richtig raten würden, weil die Seite des Gehirns, der das Raten oblag, von der Seite abgetrennt war, die die Farbe gesehen hatte und die die Antwort wußte. Doch sämtliche Patienten schnitten weit besser ab, als die Wahrscheinlichkeit allein zulassen würde.[500]

Dabei geschah folgendes: Die Patienten rieten in einem Doppelschritt. Wenn sie ein unzutreffendes Rateergebnis angaben, schüttelten sie oft den Kopf oder runzelten die Stirn und korrigierten dann rasch ihre verbale Antwort. Die rechte Hirnhälfte hatte das Licht gesehen und dann gehört, wie die linke Hirnhälfte die falsche Antwort gab. Da sie nicht über Worte verfügte, konnte sie nur auf ein andersartiges Signal zurückgreifen, eines, das der Körpersprache und Gestik zur Verfügung stand, um die linke Hirnhälfte wissen zu lassen, daß deren Antwort nicht zutraf. So wurde letztlich jede Antwort von zwei Individuen mit getrennten Informationen und Fähigkeiten geliefert, von Individuen, die infolge von Kommunikation Konsens erzielten. Dies wäre eine normale Reaktion gewesen, wenn tatsächlich zwei Testpersonen in den Versuch einbezogen gewesen wären, aber der gesamte Dialog fand innerhalb eines Patienten mit gespaltenem Gehirn statt. Für diejenigen unter uns, die intakte Corpora callosa besitzen, wirkt sich diese Dichotomie normalerweise nicht so tiefgreifend aus; nichtsdestoweniger sind wir alle im Grunde schizophren.

Alle Wirbeltiere besitzen Gehirne, die in Längsrichtung von

einer tiefen Kluft geteilt werden. Dies ist teils ein Ergebnis der bilateral-symmetrischen Organisation, aber der Raum in der Schädelkapsel ist begrenzt, und man kommt nicht umhin, sich zu fragen, weshalb durch Verdoppelung sämtlicher Steuerungszentren wertvoller Platz verschwendet werden sollte. Die klassische Antwort lautet, daß die Verdoppelung im Fall von Verletzung eine Reserve bietet. Aber warum dann nicht auch zwei Herzen, zwei Milzen, einen zweiten Penis? Das kann also nicht die vollständige Antwort sein.

Der einzige unanfechtbare Beweis, den wir für einen Zusammenbruch der Verdoppelung besitzen, ist die laterale Spezialisierung beim heutigen Menschen. Und dieser Zusammenbruch scheint in der Hauptsache erfolgt zu sein, um mit der hohen Belastung fertig zu werden, die dem Gehirn mit der Evolution der Sprache aufgebürdet wurde. Ich halte es indes für unrealistisch anzunehmen, daß dies allein das Bewußtsein bedingt hat oder notwendig allein den Menschen auszeichnet. Julian Jaynes vermutet, die Sprache sei dem Bewußtsein vorausgegangen, aber auch diese Hilfskonstruktion ist so unbeholfen, daß ich annehmen muß, daß das, was seiner Ansicht nach vor nur dreitausend Jahren eingesetzt hat, nicht das ist, was ein Biologe normalerweise als Bewußtsein begreift.

Menschen sind in der Lage, eine umfängliche Vielfalt von Tönen hervorzubringen, weil sie eine weitere Kehle besitzen als unsere zungenlahmen Verwandten. Aus Fossilien wird ersichtlich, daß wir diesen Vorteil seit mindestens drei Millionen Jahren besitzen. Die Auslösung der Motorik im Gesicht, den Lippen, der Zunge und dem Kehlkopf wird von einer Windung im Vorderhirnlappen, dem sogenannten Brocaschen Zentrum, gesteuert; und die Koordination der Sprache ist einem weiteren Hirnabschnitt zugeordnet, der nach seinem Entdecker Wernicke benannt ist.[338] Ralph Holloway von der Columbia-Universität hat anhand von Latex-Abdrücken des Inneren der Schädelkapsel gezeigt, daß die gleichen Formationen bei afrikanischen Fossilien gegeben sind, die nicht nur zu unseren direkten Vorfahren *Homo habilis* gehören, sondern auch zu mehreren entfernteren Verwandten, den australopithecinen Affenmenschen. »Im Gegensatz zu gängiger Auffassung deuten die Belege darauf hin, daß das menschliche Gehirn nicht zu den letzten, sondern zu den ersten Organen gehörte, die entwickelt wurden. Neurologisch ausgedrückt, hat es Gehirne mit im Grunde menschlicher Organisation schon vor mehr als drei Millionen Jahren gegeben.«[261]

Was folgern läßt, daß die Sprache nicht erst in den letzten fünfzigtausend Jahren plötzlich aus dem Nichts aufgetreten ist. Ihr Ursprung liegt in einer biologischen Maschinerie, die sich über Millionen von Jahren akkumuliert hat, und sie fand ihren ersten konkreten Ausdruck in jenen unserer frühen Vorfahren, die aus den Wäldern auf die offene Steppe hinauszogen, wo geselliges Nahrungssammeln und organisierte Jagd verstärkt die Notwendigkeit zu sprechen mit sich brachten und überdies auch mehr Gesprächsstoff. So spielt sich die Evolution nun einmal ab. Washoe und die anderen Affen, die inzwischen mit Menschen kommunizieren, haben nicht plötzlich den gesamten Nervenapparat ausgebildet, der zur Entfaltung ihrer Talente erforderlich ist. Die organische Ausstattung war da, es fehlte einzig der Anreiz, der notwendige Anstoß aus der Umwelt.

Was hat uns nun eigentlich dazu angeregt, von rein reflexhafter Reaktion zu überlegter Reaktion überzugehen? Worin bestand der Stimulus, der uns zum Denken, Erwachen, zur Unabhängigwerdung von den Genen veranlaßt hat? Ich meine, es war der Rückkoppelungsprozeß selbst.

Versuchen Sie einmal, sich zu erinnern, wie viele Fenster Ihr Haus hat. Die meisten Menschen – auch die, die behaupten, kein visuelles Vorstellungsvermögen zu besitzen – sind in der Lage, sich leicht ein geistiges Bild dieser Art zu machen, zu überprüfen und sogar im Geist die Fenster zu zählen. Im Psychologenjargon nennt man dies eine innere Darstellung sensorischen Ursprungs, aber bleiben wir einfach und nennen es ein Modell.[401] Simulation oder Modellbildung dieser Art spielt gewiß eine beträchtliche Rolle für Verhalten, das die Erkennung von Raubtieren oder von bestimmten Individuen der eigenen Art oder die Erinnerung an Orte und topographische Strukturen erfordert, wie sie bei der Orientierung und auf der Wanderung unabdingbar ist. Vögel tun dies, Bienen tun es, jedes Lebewesen, das je irgendeine Form von Lernen praktiziert hat, tut es wahrscheinlich ebenfalls in einem gewissen Ausmaß. Und um diese Fähigkeit, diese Art von Rückkopplungsaktivität auf das Niveau echten Bewußtseins zu heben, braucht man nur noch unmittelbare Bewußtheit von diesem Modell im Geist hinzuzufügen.

Wirbeltiere besitzen ein sehr flexibles Bewußtsein von ihrer Umgebung. Sie verfügen über eine scharfe Wahrnehmung. Doch um es mit einer anderen Definition auszudrücken: »Wahrnehmung ist ein Bewußtseinszustand nur dann, wenn ich mir bewußt bin, daß ich wahrnehme.«[77] Der entscheidende Inhalt dieser Definition ist das Ich, das Wesen von Subjektivität. Was nicht nur bedeutet, daß die Zellgemeinschaft mit ihren genetischen Jockeys ihre kollektive Identität als Organismus erkennen lernen muß, sondern die Zellgemeinschaft muß auch in der Lage sein, zumindest eine kleine Distanz zwischen sich selbst und dem Bild von sich selbst herzustellen und es isoliert zu betrachten.

Die Gardners haben einmal ihrer Schimpansin ihr Spiegelbild gezeigt und sie auf Ameslan gefragt, wen der Spiegel zeigt. Sie antwortete: »Mich, Washoe.«[338] Schimpansen erkennen sich eindeutig selbst als unterschiedene Identitäten, und dies ist erst auf der Grundlage möglich, daß das Tier sich bewußt ist, daß so etwas wie ein Selbst existiert. Möglicherweise hat sich diese Fähigkeit, das auszubilden, was im Endeffekt ein geistiges Spiegelbild ist, herausgebildet, weil es zwei Geister gibt, die sich wechselseitig spiegeln und über einander nachdenken können.

Es deutet alles auf den Umstand hin, daß Visualisierung oder Modellbildung zumindest beim Menschen in der rechten Hirnhemisphäre stattfindet, was vermutlich bedeutet, daß die Reflexion über dieses Bild in der linken Hälfte geleistet wird. Die Verdoppelung im Gehirn, die möglicherweie völlig zufällig erfolgte oder vielleicht sogar von den Genen als Notstandsprogramm angeregt worden ist, hat den für innere psychische Rückkopplung notwendigen Mechanismus bereitgestellt. Diese Verdoppelung ermöglicht es dem Organismus, über sich selbst nachzudenken und dieses neue Bewußtsein als Teil des Inputs wieder einzufüttern, auf den zukünftiges Verhalten abgestellt werden kann. Sie erlaubt dem Organismus selbständiges Denken – und damit zu sein.

Als Biologe – und insbesondere als einer, der mit den Ergebnissen der neuen Arbeiten über unsere nächsten Verwandten vertraut ist – kann ich nicht die geringste Rechtfertigung für die Annahme akzeptieren, daß nur der Mensch die Fähigkeit zur Erkennung und zur Selbstbewußtheit besitze. Und selbst wenn ich einräumen wollte, daß Bewußtsein in all seiner Prachtentfaltung nur beim Menschen anzutreffen sei, muß ich dennoch darauf beharren, daß es nicht voll ausgebildet und voll ausgestattet unter seinem cartesianischen Kriegsruf aus dem Vorderhirn des heutigen Menschen entsprungen ist. Es hat sich allmählich entwickelt, ist auf die gängige evolutionäre Weise aus Rudimenten entstanden, die nicht nur in uns selbst, sondern auch in vielen anderen Arten bereits vorhanden waren.

Jaynes hat möglicherweise recht mit seiner Annahme, daß die Dichotomie zwischen den beiden Hirnhälften die Entfaltung des Bewußtseins bedingt hat. Trotzdem muß man seine Chronologie als allegorische Konstruktion ansehen, ähnlich derjenigen der biblischen Schöpfungsgeschichte. Dreitausend Jahre Bewußtsein kommen der Wirklichkeit nicht näher als die sechs biblischen Schöpfungstage. Selbst unsere gegenwärtige Schätzung von drei Millionen Jahren ist kleingläubig. Ich neige eher dazu, die ersten Regungen von Selbstbewußtsein irgendwo im Paläolithikum anzusiedeln, in einer Zeit vor annähernd 100 Millionen Jahren, in der die Dinosaurier ausstarben und die heutigen Vögel und Säugetiere zusammen mit den Blütenpflanzen eine frühe Blütezeit erlebten.

Der Konflikt zwischen den Hirnhemisphären ist bei Spalthirn-Patienten sehr ausgeprägt, doch unter normalen Umständen benutzen wir beide Teile unseres Gehirns, die beiden Seiten unserer Persönlichkeit, so daß sie sich gegenseitig ergänzen. Dies stellt eine sinnvolle Arbeitsteilung dar, ähnlich der Teilung der Empfindungen zwischen einer Anzahl unterschiedener Sinnesorgane, doch muß darauf hingewiesen werden, daß die Spezialisierung im Gehirn nicht so weit fortgeschritten ist, wie es vergleichsweise bei Auge und Ohr der Fall ist. Ein Mensch mit nur einer Hirnhälfte kann mit der Zeit sämtliche normalen Fähigkeiten von Logik und Intuition, von Sprache und Bildvorstellung in der verbliebenen Hirnhälfte entwickeln. Für die Entfaltung einer abgerundeten Persönlichkeit in einem Individuum sind zwei Gehirne nicht unbedingt erforderlich. Doch für unsere Spezies, für die gegenwärtigen Ansammlungen menschlicher Individuen wären die Dinge nicht, wie sie sind, wenn nicht an irgendeinem Punkt die notwendige Verdoppelung gegeben gewesen wäre, damit wir zu unserem Selbst finden und mit ihm zu Rande kommen konnten.

Während ich also das Faktum der Lateralität und ihrer Auswirkungen auf unser Bewußtsein anerkenne und Widerspiegelungen der Dualität in Literatur und Mythologie erkenne, halte ich es für falsch, sämtliche menschliche Reaktion auf Ausprägungen der relativen Dominanz der beiden Hemisphären zu reduzieren. Es gibt Konflikte zwischen Verstand und Gefühl, Logik und Intuition, Geist und Herz, Männern und Frauen, und diese Konflikte können sich in einer Art interzerebraler Rivalität herauskristallisieren. Sie können sogar in neurotischen oder psychotischen Fehlfunktionen resultieren, doch spüre ich – vielleicht hauptsächlich mit meiner eigenen rechten Hirnhälfte –, daß die grundlegende Störung noch tiefer greift. Warum sonst sollte ein Mensch mit nur einer Hirnhälfte noch all jene Anzeichen von in Lösung befindlichen Konflikten aufweisen, die wir als normale individuelle Persönlichkeit ansehen. Man kann dies nicht ändern, indem man die eine Halbseite des Gehirns gegen die andere austauscht oder sie entfernt. Die beiden sind Spiegelbilder und, soweit es die Form betrifft, identisch. Um den Charakter zu ändern, muß man die Form zerstören, was so etwas wie eine Vorderhirn-Leukotomie bedeutet, die das Vorderhirn vom übrigen Gehirn abkoppelt. Und wenn das Hirn komplett ist, so bedeutet dies, die Verbindungen auf *beiden* Seiten zu durchtrennen.

Dies könnte schließen lassen, daß der grundlegende Konflikt zwischen den neueren Teilen des Vorderhirns und den ursprünglicheren Teilen im Mittel- und Stammhirn stattfindet. Zwischen dem mammalischen und dem reptilischen Gedächtnis. Und in gewissem Sinne ist diese Annahme wahrscheinlich zutreffend. Aber ich bezweifle, daß es möglich oder notwendig ist, die Kommandozentren der entgegengesetzten Kräfte an irgendeiner räumlichen Stelle zu isolieren. Der Krieg findet vielmehr zwischen den alten selbstsüchtigen Instruktionen und dem neuen Selbstbewußtsein statt. Zwischen dem Genotypus und Aspekten des Phänotypus. Zwischen den Bedürfnissen der Replikatoren, mit ihrer Aufgabe fortzufahren – und das ist nun einmal die Fortpflanzung – und dem Sehnen des Organismus nach Identität. Die Front verläuft zwischen Befehlen und

Ideen. Wo die beiden sich decken, wird ein Waffenstillstand erklärt, und es kommt zu einem sprunghaften Fortschritt. Wo sie aber uneins sind, werden im Niemandsland des Geistes Scharmützel ausgefochten, und wir ambivalenten Wesen mit all unseren besonderen Stärken und seltsamen Schwächen sind das Ergebnis.

Ich glaube, die Saat zu diesem Konflikt ist in jeder einzelnen Zelle gesät: durch das Vorhandensein der DNS im Kern und durch Faktoren, die mit dem Kontingentsystem in Verbindung stehen. Und genau wie das Vorhandensein und das Muster einer Anzahl von Zellen, die sich in bestimmter Weise verhalten, Empfindungen wie das Sehen und das Hören hervorbringen kann, so kann die bloße Existenz von Kontingentfaktoren in hinreichender Zahl und in bestimmten kritischen Konfigurationen möglicherweise für ihre Einmischung in die Angelegenheiten der Evolution in jüngster Zeit verantwortlich sein.

Eine biologische Analogie mag diesen Vorgang verdeutlichen.

Anhand einer Anzahl wild lebender Kolonien ist das Verhalten des japanischen Affen *Macaca fuscata* über 30 Jahre lang intensiv erforscht worden.[277] Eine dieser Kolonien lebt isoliert auf der Insel Koshima unmittelbar vor der Ostküste von Kyshu, und eben dort hat der Mensch im Jahre 1952 den Affen die richtige Art evolutionären Anstoßes gegeben. Innerhalb des Siedlungsgebiets der Horde wurden an ausgewählten Stellen Versorgungsstationen eingerichtet. Normalerweise erlernen junge Affen die Ernährungsgewohnheiten von ihren Müttern, die ihnen durch Beispiel beibringen, was man essen kann und wie man damit umgeht. Und bei diesen Makaken war das Verhalten zu einer komplexen Tradition geworden, die die Knospen, Früchte, Blätter, Sprößlinge und Rinde von gut über 100 Pflanzenarten einbezog. Daher gingen sie an die neuen künstlichen Nahrungsreservoirs mit einem beträchtlichen Katalog von Verhaltensprädispositionen heran, doch nichts in ihrem gesicherten Repertoire ermöglichte ihnen einen sinnvollen Umgang mit rohen Süßkartoffeln, die mit Sand und Kies bedeckt waren.[210]

Dann löste ein 18 Monate altes Weibchen, eine Art Affen-Genie namens Imo, das Problem, indem es die Kartoffeln zu einem Bach hinabtrug und sie vor dem Verzehr wusch. Unter den Bedingungen der Lebensweise der Affen bedeutet dies eine kulturelle Revolution, die fast der Erfindung des Rades vergleichbar ist. Sie umfaßt Abstraktion, die Identifikation eines geistigen Konzepts und die überlegte Handhabung verschiedener Parameter von der Umwelt. Und in Umkehrung des normalen Trends war es die jugendliche Imo, die den Trick ihrer Mutter beibrachte. Es brachte ihn auch ihren Spielgefährten bei, die wiederum die Neuigkeit ihren Müttern beibrachten. Schritt um Schritt verbreitete sich die neue Kultur langsam in der Kolonie, wobei jede neue Bekehrung vor den Augen der Beobachter stattfand, die während der Tagesstunden die Affenhorde beständig im Auge behielten. Um 1958 wuschen alle jugendlichen Affen schmutzige Nahrung, aber die einzigen Erwachsenen im Alter von über fünf Jahren, die dies taten, waren diejenigen, die dies Verhalten durch direkte Nachahmung von ihren Kindern erlernt hatten.[311]

Dann passierte etwas Außergewöhnliches. Bis hierhin sind die Einzelheiten in der Untersuchung eindeutig. Den Rest der Geschichte muß man sich indes aus persönlichen Anekdoten und Erzählungen der Primatenforscher zusammenklauben, da die meisten von ihnen sich immer noch nicht ganz im klaren sind, was da eigentlich passiert ist. Und diejenigen, die der Wahrheit nicht trauen, zögern aus Angst vor Lächerlichkeit, die Vorgänge zu veröffentlichen. Ich muß daher die Details improvisieren, doch soweit ich es sagen kann, hat sich die Geschichte folgendermaßen zugetragen:

6.7
Der hundertste
Affe

Im Herbst jenes Jahres wusch eine nicht näher bezeichnete Anzahl der Affen von Koshima Kartoffeln im Meer, denn Imo hatte die weitere Entdeckung gemacht, daß Salzwasser die Nahrung nicht nur reinigt, sondern ihr auch einen interessanten neuen Geschmack verleiht. Nehmen wir an, die Anzahl der Affen habe 99 betragen, und um elf Uhr morgens an einem Dienstag sei die Gemeinde auf die gehabte Weise um einen weiteren Bekehrten erweitert worden. Doch das Hinzukommen des hundertsten Affen hat die Zahl der Tiere anscheinend über eine Art Schwelle hinausgehen lassen, durch den Neuen hat sie eine Art kritische Masse erreicht, denn am Abend jenes Tages war fast jeder Affe der Kolonie dazu übergegangen, seine Nahrung zu waschen. Und nicht nur das: Der

Brauch scheint natürliche Barrieren übersprungen zu haben und – ähnlich Glyzerinkristallen in versiegelten Laborgefäßen – in Kolonien auf anderen Inseln und auf dem Festland in einer Horde bei Takasakiyama spontan aufgetreten zu sein.[312]

Die jüngste Nachricht aus Japan lautet, daß Imo keineswegs ihre Kräfte erschöpft hat, sondern darüber hinaus mehrere weitere kulturelle Bomben geworfen hat. Ein anderes Nahrungsmittel, das an den Futterstellen bereitgestellt wird, ist Weizen. Die Affen mögen dies Getreide, können aber nur schwer damit umgehen, wenn es aus den Behältern auf den Sand geweht worden ist. Imo war erst drei Jahre alt, als sie diese Schwierigkeit löste, indem sie händeweise das Gemisch aus Sand und Weizen aufnahm und das Korn dadurch ausschied, daß sie beides zusammen ins Meer warf. Der Sand sank bald, und der Weizen blieb an der Oberfläche, wo er leicht eingestrichen und verzehrt werden konnte.[548] Derzeit hat sich diese Subkultur erst bis zu Imos unmittelbaren Genossen ausgebreitet, doch darf man gespannt erwarten, was als nächstes geschieht. Mich würde es nicht überraschen, wenn Imo in ihren späten Jahren den Ackerbau neu erfände.

Diese Anekdote ist insofern bedeutsam, als sie ausweist: Es kann in der Evolution Mechanismen geben, die über die hinausgehen, die von der gewöhnlichen natürlichen Auslese bestimmt werden. Mir schwant, es gibt so etwas wie das Hundertster-Affe-Phänomen, und diese Erscheinung könnte die Art und Weise erklären, in der sich viele Meme, Ideen und Moden in unserer Kultur ausbreiten. Wenn genügend von uns etwas für wahr halten, könnte es sein, daß es dadurch wahr für alle wird. »Wenn ein Mythos von einer großen Zahl von Leuten geteilt wird, wird er zu einer Realität.« So Lawrence Blair.[59] Ich werde mich freudig in die Zahl derer einreihen, die diese Auffassung teilen, denn dies könnte die einzige Art und Weise sein, in der wir in der kurzen Zeit, die uns noch zur Verfügung zu stehen scheint, zu einem sinnvollen menschlichen Konsens über die Zukunft zu kommen hoffen dürfen.

Ich bin mir überdies sicher, daß es ein Kontingentsystem gibt und daß es sich selbst in genau dieser Weise ausdrückt. Ich meine, daß die kritische Schwelle für Kontingente erreicht worden ist, als unsere Konfiguration, unsere Form, sie in der richtigen Zahl in das für ihre eigene Verbreitung geeignete

Verhältnis gebracht hat. Und ich vertrete die Auffassung, daß es gerade ihr wachsender Einfluß in der Evolution gewesen ist, der Spannungen hervorgerufen hat – Spannungen, die das Gehirn gebraucht hat, um sich in der Weise zu spezialisieren, die uns alle die zweischneidigen Vorteile vermittelt hat, bewußte Wesen zu sein.

Sollte diese Auffassung etwas für sich haben, dann haben wir irgendwann in unserer frühen Evolution unser Hundertster-Affe-Erlebnis gehabt, und mit etwas Glück hat diese Erfahrung vielleicht ihren Prägestempel auf Fossilien hinterlassen. Wir haben die Erfahrung gemacht, und sie hat ihr Erkennungszeichen gesetzt.

Es gibt nur sehr wenige Spuren von den ersten Menschen, und Verhalten hinterläßt keine fossilen Abdrücke. Daher sind wir gezwungen, kulturelle und gesellschaftliche Rückschlüsse aus den Steinen zu ziehen, die diese ersten Menschen hinterlassen haben. Die gesamte ältere Altsteinzeit hindurch stellte der Mensch die gleiche Art von Werkzeugen her. Wohin man heute auch schaut, an allen Fundstellen aus diesem Zeitalter findet sich nichts außer einfachen Handäxten und rudimentären Schabewerkzeugen, die über eine Million Jahre lang praktisch unverändert blieben. Mit dem Beginn der Moustérien-Kultur vor etwa 100 000 Jahren kam es plötzlich zu einem explosiven Wachstum in Hinblick auf Stil und Komplexität. Und für mich besteht kaum Zweifel daran, daß wir mit diesem ersten großen quantitativen Sprung auf dem Gebiet des Artefakten-Designs den Beweis für den Eingang eines neuen Faktors in die Evolution vorliegen haben.

Ich glaube, in dieser Periode ist die menschliche Sprache von einem einfachen und wahrscheinlich hochgradig ritualisierten Lautsystem zu einer echten Sprache voller komplexer Begriffsempfindungen herangewachsen. Dies scheint mir der Zeitpunkt gewesen zu sein, zu dem wir einige der alten Fäden zusammengesponnen und begonnen haben, eine voll ausgebildete orale Tradition aufzubauen. Es deutet auch einiges darauf hin, daß der Mensch ebenfalls zu dieser Zeit vom einfachen Aassammeln zu leistungsfähiger Jagd übergegangen ist. Um große Tiere ohne Schußwaffen zu erlegen, muß der frühe Mensch Beharrungstechniken entwickelt haben, um seine Beute ständig in Bewegung zu halten, bis sie schließlich – oft erst nach Tagen – vor Erschöpfung zusammenbrach und geschlachtet werden konnte. Um dies zu vollbringen, benötigte er nicht nur ein überlegenes Kühlsystem (möglicherweise stammen unsere Nacktheit und Schwitzneigung unmittelbar aus dieser Zeit), sondern er brauchte auch ein Hirn, das darauf ausgelegt war, die Aufgabe ständig im Kopf zu behalten, in der Zukunft liegende Ergebnisse zu antizipieren und mit einem Kommunikationssystem umzugehen, das genügend Symbole umfaßte, um eine Jägertruppe aus getrennten Individuen in enger gemeinschaftlicher Zusammenarbeit zu halten.[326]

Es deutet alles auf eine kurze Periode evolutionärer Gärung und raschen Wachstums und Wandels hin. Am auffälligsten an den Wandlungen ist, daß sie weit verbreitet erfolgten und sich fast gleichzeitig allerorten vollzogen. Diese Gleichzeitigkeit läßt sich ebenso schwer erklären wie der plötzliche Ausbruch von Pandemien an weit entfernten Orten lange vor den großen Wanderungen und dem Fernhandel: Solange man nicht einen gemeinsamen Faktor annimmt, vielleicht sogar den gleichen Faktor – einen neuen Satz von Instruktionen.

Ich habe bereits angedeutet, daß diese Instruktionen neu *für* uns waren, aber nicht notwendig neu *in* uns. Sie haben vielleicht geschlafen, auf die richtigen Bedingungen gewartet, wie die Samen von Wüstenblumen die langen trockenen Jahre zwischen Regenfällen verdämmern. Und ich glaube, uns liegen fossile Beweise für eben solch einen Einbruch im Wetter des Geistes vor.

Die allgemeine Struktur eines Affenhirns ähnelt sehr stark der unseres eigenen, doch bestehen radikale Unterschiede hinsichtlich der Größe und im Verhältnis des Körpergewichts zum Hirngewicht. Allerdings besteht keine eindeutige Korrelation zwischen der Hirngröße und der Intelligenz beim heutigen Menschen. Sofern das Gehirn nicht deformiert ist und sich sein Volumen innerhalb der normalen Größe (zwischen 1 000 und 2 000 Kubikzentimetern) bewegt, kann man erwarten, daß sein Eigentümer normale menschliche Geistesfähigkeiten zeigt. Ein Individuum, dessen Schädelkapsel nur 1 200 Kubikzentimeter umfaßt, ist nicht notwendig nur zwei Drittel so helle wie jemand mit 1 800, sondern könnte genauso wahrscheinlich auch intelligenter sein. Der heutige Durchschnitt liegt bei 1 400 Kubikzentimetern, aber Anatole France aktivierte ganze tausend und gewann mit ihnen einen Nobelpreis.

Darin liegt ein entscheidendes Paradoxon. Auf der einen Seite beeinträchtigt die Hirngröße nicht menschliche Intelligenz; auf der anderen Seite ist sie die eigentliche Quelle menschlicher Intelligenz. Die Lösung dieses offenkundigen Widerspruchs ist sehr einfach und von weitgreifenden Folgen.[314]

Anscheinend ist in der Evolution des Gehirns eine kritische Größe erreicht worden, als eine kleine quantitative Zunahme der Hirnsubstanz zu tiefgreifendem qualitativen Wandel in der Funktion führte. Und es scheint, daß dieser menschliche Rubikon, das Gegenstück zum hundertsten Affen in der Anzahl der Hirnzellen, bei etwa 700 Kubikzentimetern Schädelvolumen liegt.

Unsere Körpermasse liegt zwischen der des Schimpansen und der des Gorillas, und unsere körperlichen Aktivitäten sind denen dieser beiden Verwandten wesensgleich, aber sie funktionieren auf der Basis von Hirnvolumina bereits zwischen 400 und 600 Kubikzentimetern. Demnach stellt eine Menge um die 500 Kubizentimeter das Hirnquantum dar, das zur Erhaltung der normalen biologischen Aktivitäten des Menschenaffen oder des menschlichen Körpers erforderlich wäre. Menschliche Gehirne dieser Größenordnung findet man nur bei kleinköpfigen Idioten, die körperlich ziemlich normal sein können, geistig aber Mängel in dem Sinne aufweisen, daß sie wenig oder keinerlei Fähigkeiten besitzen, Symbolsprache anzuwenden oder zu begreifen. Solche Talente setzen erst bei Zugabe von annähernd weiteren 200 Kubikzentimetern Hirnmasse über den normalen körperlichen Bedarf hinaus ein.

Wir und unsere einzigartige Kultur sind Produkte dieses Überschusses: Luxusprodukte.

Die australopithecinen Affenmenschen haben es kaum auf 500 Kubikzentimeter gebracht, aber der unlängst entdeckte Schädel »1470«, ein Überbleibsel des *Homo habilis* vom Lake Rudolf in Kenia, überschreitet die Trennlinie mit 750 Kubikzentimeter.[261] Warum hat die kulturelle Explosion noch weitere drei Millionen Jahre über seine Zeit hinaus auf sich warten lassen? Und weshalb – gesetzt, daß ausgeprägte Menschlichkeit mit einem normalen Hirn seiner Größe erreicht ist –

umfassen heutige Hirne durchschnittlich das Doppelte dieses Volumens? Da doch kein nennenswerter intellektueller Anstieg zu verzeichnen ist, welcher Vorteil wird durch diese große Mengenzunahme erzielt? Die Natur ist sehr vorsichtig, und sie tut selten etwas – schon gar nicht einen größeren Wandel dieser Art – ohne guten Grund.

Die Antwort liegt, wie schon im Fall der japanischen Affen, im Erfindungsreichtum der Kinder. Im Leben jedes heutigen Menschen überschreitet das Gehirn die 700-Kubikzentimeter-Schwelle gegen Ende des ersten Jahres nach der Geburt. Und irgendwann während des folgenden Jahres, gewöhnlich im Alter von etwa 18 Monaten, beginnt das Kind Symbolsprache zu verwenden, obgleich es sie möglicherweise schon einige Monate früher versteht. Die minimale Hirnmasse scheint folglich für die Ontogenese des Menschen die gleiche zentrale Bedeutung zu haben wie in seiner Phylogenese.

Zwar hat der *Homo habilis* als Spezies den Rubikon überschritten und ist Mensch geworden, aber dies war ihm erst spät in seinem persönlichen Leben beschieden. Sein Gehirn erreichte die kritische Masse erst, als er schon fast ins Teenager-Alter kam. Erst im Alter von etwa zehn Jahren kam sein Gehirn in Volumen und Komplexität dem eines heutigen einjährigen Kindes nahe. Um die Zeit seiner geschlechtlichen Reife genoß er die Befähigung zum Gebrauch und Verständnis von Symbolen erst seit drei oder vier Jahren, wohingegen der heutige Mensch die Fortpflanzungsfähigkeit mit einem Minimum von zwölf Jahren kulturellen Erfahrungshintergrunds erlangt. Angesichts der vergleichsweise niedrigen Lebenserwartung des fossilen Menschen stellt dieser Neunjahresunterschied in der Enkulturation einen beträchtlichen Teil des Lebens der meisten Individuen dar. Und eine derart kurze Phase intensiver kultureller Teilhabe muß für die Art von Kultur, die von einer Generation auf die nächste weitergereicht werden konnte, eine ernstliche Beschränkung dargestellt haben.[225]

So mußten trotz des Umstands, daß die gesamte notwendige Ausrüstung vielleicht schon vor 15 Millionen Jahren vorhanden war, die Kontingentfaktoren warten, bis sich der *Homo habilis* entwickelte, ehe sie sich in einem erwachsenen Individuum bemerkbar machen konnten. Und dann gab es eine weitere drei Millionen Jahre während Pause, bis die

Söhne des Menschen rasch genug heranwuchsen, um den neuen Wandlungen in der Aktivitätsexplosion des Moustérien vollen kulturellen Ausdruck zu verleihen.

Als die Gene entdeckten, daß im Besitz größerer Gehirne Überlebensfitness und -wert lag und daß die größten kulturellen Vorteile und die größte kulturelle Überlegenheit auf diejenigen übertragen wurden, die als erste ihren Kindern die größten Gehirne mitgaben, kam der Druck zum Tragen. Die Gehirne wuchsen, aber auch die Köpfe nahmen an Umfang zu, und schließlich wurde ein Punkt erreicht, an dem der Schädel infolge seiner Größe für ein aufrecht gehendes Tier mit schlecht ausgeprägtem Becken beim Gebären Schwierigkeiten bereitete. Und so wurde das System umgeformt: Der Geburtszeitpunkt wurde vorverlagert, die Schwangerschaftsperiode abgekürzt und ein Säugling mit einem Kopf von erträglicher Größe geboren – der aber fast unerträglich lange abhängig blieb. Zwar war dies und ist immer noch eine besondere und bisweilen lästige Bürde des Menschen, aber gerade sie hat – wohl mehr als jeder andere Einzelfaktor – in uns einen starken Familien- und Verwandtschaftssinn hervorgerufen.

Wir sind überdies darauf verfallen, in den letzten Monaten der Schwangerschaft die Wachstumsrate von Gehirn und Kopf zu verlangsamen und dieses Defizit durch einen beispiellosen Wachstumsschub unmittelbar nach der Geburt auszugleichen. Im ersten Lebensjahr verdreifacht das Gehirn eines Menschensäuglings seine Größe. Bei so viel auf den Kopf konzentrierter Mühe und Energie mußte der übrige Körper unweigerlich leiden, und seine Entwicklung hinkte nach. Die Kindheit wurde verlängert und bereichert, und manche Säuglingsmerkmale blieben noch bis ins Reifealter erhalten. Unsere Zähne brechen immer noch später durch als die unserer Verwandten. Unsere Brauen sind glatt und jugendlich, statt bewehrt und aufgeworfen, und einige unserer Schädelnähte schließen sich nie völlig.

Wir sind im Endeffekt und im Vergleich zu unseren Vorfahren und Verwandten immer noch Kinder mit kindlichen Körpern und kindähnlichen Gesichtern. Aber wir werden von gigantischen Gehirnen getrieben.

Diese »Infantilisierung« oder »Fötalisierung« des Menschen ist längst als wichtiger Faktor der menschlichen Evolution erkannt. Der unhöflichste Seitenhieb hierzu stammt von einem französischen Anthropologen, der gesagt hat, der Mensch »läßt sich als Gorillafötus einstufen, dessen Wachstum und Entwicklung erheblich zurückgeblieben sind«.[236] Dieses inzwischen etwas freundlicher »Neotenie« genannte Phänomen macht eine ganze Anzahl unserer körperlichen Anomalien erklärlich. Die menschlichen Eierstöcke zum Beispiel erreichen ihre volle Größe im Alter von etwa fünf Jahren, was den Zeitpunkt der Geschlechtsreife bei den heute lebenden Affen und vermutlich auch bei unseren ausgestorbenen Vorfahren bezeichnet.[126] Der Rest des menschlichen Körpers indessen steht zur Fortpflanzung erst Jahre später bereit; er wird zurückgehalten durch die Wirkungsweise von Hormonen, die eine wichtige Rolle in der Steuerung unserer Entwicklungsgeschwindigkeit spielen. Die anatomischen Fakten in diesem Zusammenhang sind gut erforscht, ihre Bedeutung hingegen scheint immer noch nicht voll erfaßt zu sein.

Ashley Montagu von der Princeton-Universität hat völlig zu Recht die Bedeutung der langen Lernphase hervorgehoben, die ein Menschenkind durchlaufen muß, weil es bereits geboren wird, wenn seine Austragung im Grunde erst zur Hälfte abgeschlossen ist.[382] David Jonas und Doris Klein verweisen auf den Umstand, daß der Mensch die einzige Spezies im Tierreich ist, die noch im Erwachsenenalter fortfährt, ihre Säuglingsnahrung zu verzehren – Milch. Und sie bieten die These an, daß »die Vorliebe des Menschen für intellektuelle Verrichtungen eine Fortschreibung der kindlichen Eigenschaften des Lernens, Experimentierens und Entdeckens darstellt«.[289] Sie weisen ferner darauf hin, daß die sexuelle Aktivität des Menschen gutteils die Verspieltheit des tierischen Säuglings angenommen hat – mit der Genugtuung, daß das Individuum eine wichtigere Rolle einnimmt als der fortzeugende Zweck des Aktes. »Der heutige Mensch weist eine Neigung auf, alles, was er benutzt und tut, in Spiel und Spielzeug umzusetzen. In diese Haltung hat er die Sexualität eingeschlossen und sie so fortschreitend aus dem Instinktbereich herausgelöst. In seinem wachsenden infantilen Verlangen nach Vergnügen hat er die Sprengung der Fesseln zahlreicher Sexualtabus erzwungen.« Schon der Gebrauch des Worts »Vorspiel« deutet darauf hin, daß diese Deutung wahrscheinlich zutrifft. Doch selbst diese Untersuchungen versäumen, die – zumindest für mich – wohl wichtigsten psychologischen Schlüsse zu ziehen.

Die menschliche Sexualität ist frühreif, weil sie sich um die gleiche Zeit wie bei unseren Verwandten, den höheren Primaten, entwickelt; doch bei unserer Spezies vollzieht sich die volle Ausbildung des Körpers in anderer Hinsicht verspätet. Wir durchlaufen eine lange Latenzphase, in der normale sexuelle Impulse unterdrückt und kontrolliert werden müssen, bis das Individuum in anderer Hinsicht reif genug geworden ist, um seine Sexualität auszuleben.[459] Diese Disharmonie, die eine der stärksten Kräfte in der Natur einbezieht, hat eine wesentliche Rolle in der Schöpfung des menschlichen Geistes gespielt. Ich selbst räume höchst ungern ein, daß es irgendwelche nennenswerten qualitativen Unterschiede zwischen dem Menschen und der übrigen Tierwelt gibt. Doch wenn wir in einem Aspekt unterschieden sind, so scheint es mir dieser zu sein: Daß wir mit einem zeitweiligen Ungleichgewicht in unserer Physiologie fertig werden mußten, das zur Ausbildung einiger einzigartiger psychischer Mechanismen geführt hat.

6.9
Sigmund
FREUD und
C. G. JUNG

Dies ist natürlich die Basis für die von Sigmund Freud eingeleitete Revolution und der Grund für sein Festhalten an der Sexualtheorie, am sexuellen Primat.

In den letzten Jahren des 19. Jahrhunderts arbeitete Freud, der damals fast 40 Jahre alt war, in Wien als niedergelassener Arzt für Nervenleiden. Er hatte bereits erfolglos mit Elektrotherapie und Hypnose experimentiert und suchte nach einem neuen Ansatz, als er gebeten wurde, eine Frau zu behandeln, die unter hysterischer Paralyse litt. Die Hysterie ist eine jener sonderbaren Modekrankheiten wie die viktorianischen »Hirngespinste«, die einst sehr verbreitet waren, heute aber praktisch ausgestorben sind. Im Fall der Frau war nur eine Hand von der Lähmung betroffen, und die Paralyse hatte genau die Form eines Handschuhs. Freud sah darin einen anatomischen Unfug, da die befallenen Muskeln nicht plötzlich am Handgelenk zu Ende sind. Seine brillante Einsicht – nur in der Rückschau wirkt sie simpel – lautete, daß die Lähmung daher auf seelische Faktoren zurückzuführen sein müsse, die sich der bewußten Kontrolle der Patientin entzogen. Als er ihr ermöglichte, sich dessen bewußt zu werden, hatte dies unmittelbar zur Folge, daß sie ihre Hand wieder gebrauchen konnte; die langfristige Auswirkung dieses ersten erfolgreichen psychoanalytischen Versuchs war die, daß sich unsere gesamte Denkweise im Hinblick auf Seele und Geist geändert hat.

Freud schloß daraus, daß hysterische Patienten hauptsächlich unter Erinnerungen leiden. Als er dies wußte, fragte er sich weiter, was es nun eigentlich war, das manche Erinnerungen vom Bewußtsein fernhielt, die sich dann auf andere Weise Ausdruck suchten. Um sich darüber zu informieren, hielt er sich daher an die verbreitetste Erfahrung jenseits der bewußten Kontrolle, an die Träume. Und er stellte sofort fest, daß alle Leute mit ihren Träumen die gleichen Schwierigkeiten hatten: die Neigung, sie bald nach dem Erwachen zu vergessen. Dies ließ Freud auf die Existenz einer Art Zensur in der Seele schließen, die im Wachzustand gegen Trauminformation einschreitet, während des Schlafs aber gelockert wird. In einem weiteren Geniestreich entdeckte er, daß diese Zensur sich sogar in den Träumen auswirkte, daß sie den zugrundeliegenden Stoff verdichtete, veränderte und verzerrte, so daß jeder Traum einen manifesten Inhalt aufweist, den wir erinnern können, wenn wir uns darum bemühen; und einen latenten Inhalt, der durch Deutung aufgedeckt werden muß.[188]

Freud bezeichnete die Denkprozesse des Traums, in dem Zeit und Raum verzerrt und Bilder und ihre Symbole tendenziell verwirrt werden, als primär. Er meinte, sie stellten einen ursprünglichen instinktiven Vorläufer der sekundären Prozesse dar, die Logik mit einbeziehen und uns helfen, mit der Wirklichkeit im Wachzustand fertig zu werden. Und auf der Grundlage dieser Teilung konstruierte er das erste Funktionsmodell der Seele, indem er zwischen den bewußten Regionen und einem anderen Bereich unterschied, in dem es kaum Organisation gibt, Widersprüche überhand nehmen und Gegenstände häufig durch ganze Assoziationsketten ersetzt werden, die keine rationale Basis haben. Diesen zweiten Bereich nannte er das Unbewußte.

Anhand dieser grundlegenden Entdeckungen lieferte Freud das erste Instrument zur wissenschaftlichen Untersuchung der Seele. Mit der Technik der Psychoanalyse, die sehr einfach davon ausgeht, daß man zuhört, was die Betroffenen selbst zu sagen haben, mit dem Werkzeug der Traumdeutung und mit dem Konzept des Unbewußten begannen er und eine rasch wachsende Gruppe von Schülern, in völlig neue Bereiche vorzustoßen. Im Fortgang ihrer Arbeit formulierten sie die Regeln, und schon bald wurde offenkundig, daß die meisten auftretenden Konflikte – behalten wir im Auge, daß die Forscher ihr Instrumentarium vorwiegend auf neurotische Patienten anwandten – das Ergebnis von Spannung waren, die durch zwei Grundkräfte hervorgerufen wurde, welche nach unabhängigem Ausdruck zu streben schienen. Diese beiden Kräfte lassen sich in Eric Bernes Beobachtung zusammenfassen, daß »der Mensch die Neigung hat zu versuchen, das, was er will, zu nehmen, wenn er es will, und alles zu zerstören, was sich ihm in den Weg stellt«.[52] Und was er am meisten anstrebt und am schwersten bekommt, ist die Sexualität.

Als Freud und seine frühen Mitarbeiter die ersten seelischen Keller zu öffnen begannen, schien es, als ob die ersten Leichen, die herausgestolpert kamen, allesamt genitale Probleme hätten. Von Anfang an hat die Psychoanalyse traditionelle Auffassungen auf den Kopf gestellt, indem sie versicherte, nicht nur das erwachsene Sexualverhalten habe infantile Vorläufer, sondern auch der Sexualtrieb bei Kindern spiele eine wesentliche Rolle in der Prägung der erwachsenen Persönlichkeit. Entdeckungen in späteren Jahren haben tendenziell diese starke Betonung der Sexualtheorie zurückgenommen, aber sie bleibt auch weiterhin einer der bedeutendsten prägenden Faktoren.

Eine von Freuds ersten Konstruktionen beruhte auf der Sexualtheorie und bezog ihren Namen von dem mythischen König von Theben, der unabsichtlich und unwissentlich seinen Vater tötete und seine Mutter heiratete: Es ist die Rede vom Ödipuskomplex. Der klassischen Theorie zufolge besteht dieser Komplex aus weitgehend unbewußten Vorstellungen und Gefühlen, die um den Wunsch kreisen, den gegengeschlechtlichen Elternteil zu besitzen und den gleichgeschlechtlichen zu vernichten. Dieser Komplex schält sich zwischen dem dritten und fünften Lebensjahr heraus, und er ist ein universelles Phänomen, das viele Schuldgefühle auslöst. Bis etwa 1930 blieb er ein Eckpfeiler der psychoanalytischen Theorie, ist aber seitdem durch stärker mutter-orientierte Vorstellungen abgelöst worden. Doch bleibt das Faktum bestehen, daß die meisten

Kinder zwei Elternteile haben und mit einigem Bewußtsein von deren Sexualleben aufwachsen.

So kommen wir also auf das Wissensfaktum zurück, daß die Menschenwesen sexuell frühreif sind: und zugleich durch Sitte, Brauchtum und Gewohnheitsrecht sowie durch ihre eigenen körperlichen Beschränkungen daran gehindert sind, diese Bedürfnisse in der normalen, erwachsenen Weise auszuleben. Ich glaube, daß bei weitem noch nicht annähernd genug Gewicht auf das Faktum gelegt worden ist, daß dieser Sachverhalt das wahrscheinlich erste Mal darstellt, daß ein Organismus etwas vor sich selbst verbergen mußte und daß diese Triebunterdrückung vorrangig für etwas Neues verantwortlich sein könnte: Nämlich den Stau verdeckter Impulse und Ideen in einem Seelenbereich, der heute als das persönliche Unbewußte bezeichnet wird. Und ich behaupte, daß diese Entwicklung ihrem eigentlichen Wesen nach – indem sie auf dem einzigartigen und raschen Wachstum des Fassungsvermögens unserer Schädelkapsel fußt – einzig auf den Menschen beschränkt ist.

Doch weist das Unbewußte noch einen weiteren Aspekt auf, der Freud weitgehend entgangen ist – obgleich seine Reaktion auf Jung und auf das drohende Phänomen, das er als »schwarze Schlammflut« umschrieben hat, nahelegt, daß er sich dieses Aspekts und seiner Stärke durchaus bewußt war.

Sowohl das Bewußtsein wie das persönliche Unbewußte des Menschen gründen in Erfahrung, in Umweltfaktoren, die die Art und Weise prägen, in der die Seele sich entwickelt. Aber die Seele – unbeschadet ihrer Komplexität – scheint von einem Gehirn abzuhängen; und die Form des Gehirns ist vom Erbgut strikt vorgeschrieben. Jeder Organismus ererbt eine Form, die bestimmt, wie er auf die Umwelt zu reagieren hat, und die sogar festlegt, welchen Typus von Umwelt er haben und welche Erfahrungen er machen wird. C. G. Jung meinte, der Geist des Menschen sei durch die Evolution vorgeprägt. Folglich sei das Individuum mit seiner Vergangenheit verknüpft, nicht nur mit der Vergangenheit seiner Kindheit, sondern – wichtiger noch – mit der Vergangenheit der Spezies und davor mit dem langen Strang der organischen Evolution.[232]

Dies ist der Boden, auf dem die Freundschaft Freuds mit Jung zusammenbrach. Diese Einbringung der Persönlichkeit als Gesamtheit in den evolutionären Prozeß markiert einen Wendepunkt in der Geschichte der Psychologie und Jungs hervorragendste Leistung. Mit ihr brach er aus einem streng umweltbestimmten Determinismus von der Seele aus und zeigte, daß Evolution und Vererbung nicht nur den Körper formen, sondern alle seine Manifestationen. Jung nannte diese Tiefenwasser der Seele: das kollektive Unbewußte.

Robert Ornstein von der Universität von Kalifornien mutmaßt, die fundamentale Dualität unseres Bewußtseins wurzle möglicherweise in dem Umstand, daß wir zwei Hirnlappen besitzen.[413] Und weiter, daß sich Freuds Unterscheidung zwischen dem rationalen Bewußten und dem irrationalen Unbewußten vielleicht durch die unterschiedliche Natur der linken und rechten Hirnhemisphäre erklären lasse. Dies ist nur möglich, wenn man einzig die Teile des unbewußten Materials in Betracht zieht, die eindeutig persönlichen Ursprungs sind, etwa Erinnerungen oder unterdrückte Individualerfahrungen. Der Instinkt hingegen läßt sich nicht in dieser Weise auf nur einer Seite des Gehirns lokalisieren.

Die Programme, die festlegen, wie ein Fisch schwimmt oder eine Wanderheuschrecke fliegt, wie ein Buchfink singt oder ein Baby lächelt, sind allesamt genetisch zusammengesetzt und bei Wirbeltieren sicherheitshalber zweimal einbeschrieben – nämlich auf *jeder* Hirnseite. Sie sind Bestandteil eines langfristig festgelegten Art- oder Rassegedächtnisses und stehen zu Verhandlungen nur in dem Sinne zur Verfügung, daß die individuelle Persönlichkeit durch den Umfang geändert werden kann, in dem diese Instruktionen abgerufen werden. Und das ist der Punkt, an dem meiner Ansicht nach das Kontingentsystem ins Spiel kommt.

Zusätzlich zu dem Konflikt zwischen dem Bewußtsein und dem individuellen Unbewußten, über den Freud so viel nachgedacht hat, besteht eine davon abgelöste Spannung zwischen der Persönlichkeit und dem kollektiven Unbewußten. Unsere persönliche Psychologie ist nur eine dünne Haut, eine kleine Kräuselung auf dem Ozean der kollektiven Psychologie. Der machtvolle Faktor, der Faktor, der unser gesamtes Leben ändert, der die Oberfläche der uns bekannten Welt verändert, der Geschichte macht, ist die kollektive Psychologie, und das kollektive Unbewußte bewegt sich gemäß Gesetzen, die von denen unseres Bewußtseins gänzlich unterschieden sind.[302]

Das Kontingentsystem ist Jungs kollektives Unbewußtes in erweiterter Form, damit es biologische Auswirkungen und Faktoren einschließen kann und die Möglichkeit zu einer körperlichen Ortsbestimmung erhält, die in gewisser Weise mit der symbiotischen Natur aller kernhaltigen Zellen in Zusammenhang steht. Das System steht in Wechselwirkung mit dem Bewußtsein und mit den Diktaten der Erbfaktoren, und mit beiden gemeinsam bringt es jene ozeanischen Wirkungen hervor, die ich als Lebensflut bezeichnet habe.

In diesem nichtkörperlichen, nichträumlichen, zeitlosen Niemandsland der Seele kommen die Ideen zur Geltung, erlangen sie das, was ihnen zusteht. Werden Meme ins Leben gerufen und beeinflussen das Seiende. Und ich behaupte, daß sich unter unseren archetypischen Erinnerungen und den Mythen über unseren Ursprung als Menschen auch solche befinden, die noch viel weiter zurückreichen. Den ganzen langen Weg zurück bis zum Urväter-Lehm, und vielleicht noch weiter bis in interstellare Räume. Sie sind immer dort gewesen, haben ihre Zeit verträumt, auf die Flut gewartet. Sind dann und wann an die Oberfläche gekommen, haben gemischte Schauer aus Entzücken und Entsetzen durch Phänotypen gesandt, die empfindungsfähig genug sind, um sie empfinden zu können. Reiten sie die Bilder in unseren Gedächtnissen zurück und hinab durch das persönliche Unbewußte, speisen sie die Konflikte mit ihrer eigenen Art von Rückkopplung, treiben sie wieder hinauf an die Oberfläche in proteusartigen Symbolen, rühren sie alles auf, schüren sie Wandel.

Das ist die Lebensflut – und es ist höchste Zeit, daß wir mit ihr zu Rande kommen.

Teil III

Die Gezeiten und wir

Es ist wichtig, daß wir ein Geheimnis haben und die Ahnung von etwas nicht Wißbarem. Es erfüllt das Leben mit etwas Unpersönlichem, einem Numinosum. Wer das nie erfahren hat, hat Wichtiges verpaßt. Der Mensch muß spüren, daß er in einer Welt lebt, die in einer gewissen Hinsicht geheimnisvoll ist, daß in ihr Dinge geschehen und erfahren werden können, die unerklärbar bleiben, und nicht nur solche, die sich innerhalb der Erwartung ereignen. Das Unerwartete und das Unerhörte gehören in diese Welt. Nur dann ist das Leben ganz.

CARL GUSTAV JUNG, *Erinnerungen, Träume, Gedanken*

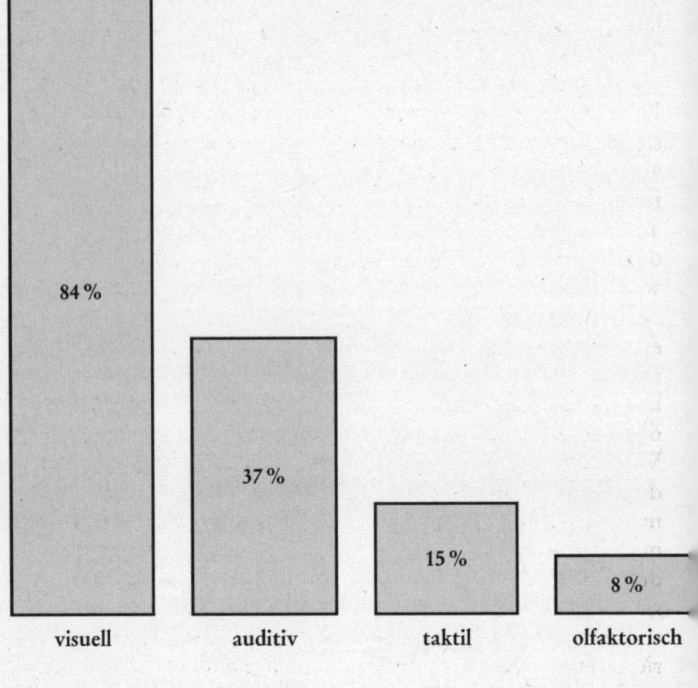

Kontakte mit Erscheinungen

visuell 84 %

auditiv 37 %

taktil 15 %

olfaktorisch 8 %

Abb. 3 zu Seite 278

Vier-dimensionale FRED-igkeit

Julian Huxley sagte: »Bei Darwins Theorie kommt es vor allem darauf an, daß sie keine Theorie mehr ist, sondern eine Tatsache.«[273]

Evolution ist vielleicht der bedeutendste wissenschaftliche Begriff, der je formuliert wurde. Sie ist Grundlage und Schlüssel für die gesamte Biologie und ordnet und verbindet eine gewaltige, beinahe bestürzende Fülle. Entsprechend stark beeinflußt sie auch Soziologie, Anthropologie und Philosophie. Trotzdem darf Evolution nur als Theorie eingestuft werden, denn sie befaßt sich mit einem Phänomen, das bis heute, und wahrscheinlich auch in Zukunft, nicht zu beobachten ist.

Kein Mensch hat je Evolution stattfinden gesehen. Nicht ein einziges Mal in der Geschichte der Biologie konnte jemand die schlichte Absonderung einer Art von einer anderen beobachten. Somit bleibt die grundlegendste Voraussetzung der Evolution, das Vorhandensein der eigentlichen speziellen Veränderung, eine theoretische Konstruktion. Wir konnten lediglich Mutation innerhalb einer Art beobachten und annehmen, dies sei der möglicherweise verantwortliche Mechanismus für die Entwicklung lebender Organismen aus Arten, von denen wir Fossilienfunde besitzen, die ausreichend ähnlich sind, um als ihre Vorfahren in Frage zu kommen.

Nach Jacques Monod bleibt Evolution deshalb »eine Theorie zweiter Ordnung«.[381] Sie läßt sich nicht beweisen, weil wir sie in ihrer Gänze einfach nicht sehen können. Sie dauert zu lang, und unser Leben ist so kurz.

Die einzige Möglichkeit, wie wir überhaupt zu einer Vorstellung von einer Art oder einem einzelnen Artangehörigen gelangen könnten, ist die zu akzeptieren, daß Veränderung ein Lebensfaktum ist; daß wir, wie Benjamin Burma sagt, jeden Organismus betrachten »als ein fortlaufendes Sicheinfügen von Materie in Zeit«. Wir müssen versuchen, in vier Dimensionen zu denken.

Zum Beispiel: Stellen Sie sich ein einzelnes Lebewesen vor, etwas so Einfaches wie ein Urtierchen. Wir nennen es einmal Fred. Fred ist ein Fortpflanzungstier, und wir können seinen Ursprung zurückverfolgen bis zu dem Augenblick, als sich die beiden Keimzellen seiner Eltern vereinigten. In dem Augenblick bestand er aus einer Zelle, die wir als Fred eins bezeichnen können. Wenn wir das nächste Mal nach Fred eins sehen, finden wir ihn nicht mehr. Er ist verschwunden, aber an seiner Stelle ist da ein Fremder mit zwei Zellen. Aha, sagen wir in unserer biologischen Weisheit, Fred hat eine Zellteilung vollzogen, und wir nehmen getrost an, daß wir, hätten wir ihm nur die ganze Zeit zugeschaut, bestimmt beobachtet hätten, wie er sich ganz allmählich in diesen zweizelligen Fremden verwandelte, der offensichtlich nicht Fred eins ist. Weil wir aber einigermaßen sicher sind, daß er irgendwie in enger Beziehung zu Fred eins steht, beschließen wir, dieses neue und schon nicht mehr so einfache Wesen Fred zwei zu nennen.

Nach einiger Zeit entdecken wir, daß Fred zwei auf ähnliche Weise durch Fred drei ersetzt wird, dieser durch Fred vier und so fort. Und schließlich müssen wir zugeben, daß das, was wir da sehen, keine verschiedenen Einzelwesen sind, die in raschem Wechsel nacheinander vor dem Objektiv unseres Mikroskops Wache schieben, sondern eine Reihe miteinander verbundener Veränderungen in einem einzigen Lebewesen, das eben dabei ist heranzuwachsen. Aber was genau ist nun unser Fred? Offensichtlich ist er ein übers andere Mal nicht mehr derselbe. Einen Augenblick lang ist Fred sieben elf, im nächsten schon Fred sieben zwölf, und jede äußere Erscheinung von Fred unterscheidet sich unwiderruflich von jeder anderen, die je existierte oder irgendwann zur Existenz kommen wird. Wir können die Fred-igkeit nur begreifen, wenn wir die ganze Ontogenese als einen komplexen vierdimensionalen Organismus namens Fred ansehen. Eins-plus-zwei-plus-drei-plus-vier usw.

Wenn der erwachsene Fred eine schlichte Kugelgestalt angenommen hat und alle seine Jugendformen ähnlicher, aber kleiner sind, können wir zeitlich durch seine Geschichte hindurch zurückblicken und eine vierdimensionale perspektivische Darstellung von ihm konstruieren, die so ähnlich aussehen wird wie eine Softeistüte, deren spitzes Ende sich bis zu der einen Zelle von Fred eins verjüngt. Derselbe Gedankengang läßt sich auf Freds Eltern und alle seine übrigen Vorfahren anwenden, so daß wir eine vierdimensionale Ansicht der ganzen Fred-Spezies konstruieren könnten. Und nachdem es eine theoretische Keimplasmakontinuität von Fred und uns bis zurück zu den allerfrühesten Zeiten gibt, könnten wir, vorausgesetzt wir hätten die Zeit und das nötige Wissen, eine vierdimensionale Darstellung von allem Leben geben, das je auf der Erde existierte.

Die historische Gestalt eines jeden Lebewesens wäre eine Art Allzeit-Phänotypus für die gesamte Spezies. Sie wäre unvorstellbar komplex und würde sich von Art zu Art unbändig unterscheiden. Unsere Informationen aus den Fossilfunden reichen nicht aus, um auch nur für eine einzige Art ein solches Modell in ganz groben Zügen und annäherungsweise zu entwerfen, aber immerhin kann man sich vorstellen, wie diese vierdimensionale Gestalt der gesamten Biosphäre aussehen würde. Sie wäre eine hohle Kugel, umspannt von einer vielfach verzweigten Netzhaut, deren Stärke nur ein Tausendstel des Kugeldurchmessers betragen würde.

Sie könnte ein wenig so aussehen wie eines dieser zauberhaften Weltraumfotos von einem in Wolkenfetzen gehüllten Erdball. Aber das würde nicht die ganze Geschichte erzählen. Wir würden eben nur ein Foto betrachten, während wir eigentlich einen Film, vielleicht von einem anderen Stern aus aufgenommen, von diesen 3 000 Millionen Jahren hiesiger Entwicklung sehen müßten, um alles Leben auf der Erde in seinem ganz besonderen Milieu wahrzunehmen.

Das Merkwürdige am Film ist, daß sich die 24 einzelnen Bilder, die pro Minute durch die Öffnung des Projektors auf die Leinwand geworfen werden, zu einer kontinuierlichen Folge verbinden, die wir nur deshalb so sehen, weil sich das menschliche Auge von mehreren derart schnell wechselnden Bildern keinen visuellen Einzeleindruck bilden kann. Schuld an dieser Beschränkung ist weniger das Auge als das Gehirn, denn wir wissen aus Versuchen, daß Zuschauer ganz unbewußt eine doppelt so schnell vorgeführte und nur in einem Teil eines Einzelbildes enthaltene Information erfassen, obwohl sie dieses unterschwellige Signal bewußt nur als ein Flimmern auf der Leinwand erleben.

Doch sogar das menschliche Auge ist beschränkt. Es nimmt nicht mehr als 50 Ereignisse in der Sekunde wahr. Dieser Faktor – man nennt ihn kritische Fusionsfrequenz oder CFF – bestimmt, wie wir die Welt sehen und wie wir auf das, was wir für objektive Wirklichkeit halten, reagieren. Letztlich bestimmt er den Grad unseres Bewußtseins.

Um ein einfaches Beispiel zu bringen: Ein Bogen Schreibpapier hat viele mögliche Realitäten. Für mich ist er ein unbeschriebenes Rechteck, bis ich beginne, seine leere Vorderseite vollzukritzeln. Ein schnellerer Organismus jedoch mit einem CFF von weniger als einer Tausendstelsekunde sähe meine Hand qualvoll langsam über das Papier schleichen, könnte möglicherweise aber auch die Bewegung der Moleküle im Papier erkennen. Wogegen ein langsameres Wesen mit einem CFF von einer Stunde meine Hand überhaupt nicht bemerkte, sondern – an einem guten Tag – stündlich eine neue, fix und fertig und auf magische Weise mit streng logischem Text beschriebene Seite sehen würde.

Stellen Sie sich vor, wir würden, statt von einer Kamera auf einem Nachbarstern gefilmt, von irgendeinem schrecklichen Organismus mit einem CFF von einer Erdenwoche beobachtet werden. Angenommen, er hat die Zeit wie wir in bequeme Teilabschnitte, ungefähr 50 CFF lang, eingeteilt, so entspräche eine Stellarsekunde grob gerechnet einem Erdenjahr. Und wenn er nun in einer solchen Sekunde durch irgendein unvorstellbares Teleskop zufällig zu uns hersehen würde, sähe er: eine verwackelte Erdoberfläche, denn die Erde würde über 300 Umdrehungen in der Sekunde machen; eine Erde, die keine Kugel ist, sondern ein nicht sauber abgegrenzter Zylinder, der sich ellipsenförmig rings um unsere Sonne erstreckt. Und – es klingt paradox, aber Sie können es sich selbst mit einem einfachen Modell beweisen – die Oberfläche der Erde, der Bereich, in dem wir leben, befände sich auf der Innenseite dieses Zylinders.[517]

Im Jahr 1818 griff ein pensionierter Hauptmann der Ohio Infantry eine alte mystische Vorstellung wieder auf: Die Erdoberfläche wölbe sich konkav, nicht konvex, und wir lebten auf der Innenseite der Globusoberfläche mit der Sonne als

Zentrum dieser Hohlkugel. Um die Jahrhundertwende hatte diese »hollow earth hypothesis« eine ganz nette Anhängerschaft, zu der anscheinend auch der Forschungsreisende Admiral Byrd gehörte, der 1926 den Nordpol überflog in der Hoffnung, dort einen Fluchtweg zur »anderen Welt« zu finden. Die Idee wurde auch von einigen führenden Nazis ernstgenommen, die auf einer Ostseeinsel spezielle Radargeräte aufstellen ließen, um die Theorie zu testen.

Alle geophysikalischen Beweise sprechen gegen diese Möglichkeit. Die Erde ist offensichtlich eine feste Kugel mit einem möglicherweise flüssigen Kern, und sie ist ganz bestimmt nicht hohl. Jedenfalls nicht nach unserem Realitätsniveau. Aber ändern wir die Perspektive geringfügig, tauschen wir nur den Standort und die Reaktionsfähigkeit der zur Informationsaufnahme benützten Organe, und schon ändert sich das ganze Modell. Im Handumdrehen haben wir es mit einer anderen Wirklichkeit und einem separaten Bewußtsein von derselben Sache zu tun.

Ich nehme an, daß das Kontingentsystem auf einer solchen langzeitlichen vierdimensionalen Basis operiert. Wenn es überhaupt irgendein Bewußtsein hat, wenn es irgendein Interesse an uns ausdrückt, wird es so beschaffen sein. Und ich vermute, daß wir in seinen Einwirkungen auf unser System und in seinen Wechselwirkungen mit ihm mögliche Lösungen für einige von unseren Geheimnissen finden werden sowie Vorahnungen von vielen anderen, noch unbekannten Dingen.

7. KAPITEL

Geheimes Einverständnis
– Das bewußte Sein

Die Evolution macht Fehler. Wie Arthur Koestler sagt, sind »für alle bestehenden Arten Hunderte in der Vergangenheit zugrunde gegangen; die Fossilfunde sind die ausrangierten Modelle aus dem Papierkorb des großen Designers«.[322] Gewiß. Aber die Evolution macht ihre Sache auch unwahrscheinlich, ja fast unglaublich gut.

Die transparente Hornhaut unseres Auges hätte sich bei einem schrittweisen Herumprobieren durch natürliche Selektion kaum entwickeln können. Entweder kann man durch sie hindurchsehen oder man kann es nicht. Eine solche Innovation muß von Anfang an stimmen, andernfalls geschieht sie nie wieder, denn der Blinde wird gefressen. Darwin selbst gab zu, daß ihm die Perfektion des Wirbeltierauges kalte Schauer über den Rücken jagte.

Etwas anderes, was ihn betroffen machte, war der kunstvolle Fortpflanzungszyklus gewisser Insekten, »bei denen wir nicht feststellen können, wie ein Instinkt hätte entstehen können« und »bei denen keine stufenweisen Zwischenstadien bekannt sind«.[122] Der französische, leicht schwärmerische Insektenforscher Jean Henri Fabre, der sein Leben lang allein an den Sandstränden Südfrankreichs arbeitete, legte seinen Finger genau auf einen solchen wunden Punkt in der Theorie der natürlichen Selektion, als er das strittige Thema der Spinnenwespen zur Sprache brachte.[170]

7.1
Tarantel und
Spinnwespe

Ausgewachsene Wespen sind Vegetarier, aber die Larven von vielen sind Fleischfresser. Das Überleben der Jungen dieser Arten hängt davon ab, daß die Mutter die richtige Nahrung wählt, die sie selbst nicht zu sich nimmt. Dies kann durch einen Instinkt kontrolliert werden; aber es gibt in der Beziehung zwischen den räuberischen Wespen und ihrer Beute Feinheiten, die fast unmöglich in ein Evolutions- oder Instinktmodell gepreßt werden können.

So füttert zum Beispiel die Spinnenwespe *Pepsis marginata* ihr Junges nur mit der Tarantel *Cyrtopholis portoricae*.[431] Die weibliche Wespe legt nur einige wenige Eier, und für jedes muß sie eine ausgewachsene lebendige, aber paralysierte Tarantel herbeischaffen. Kurz bevor ein Ei in ihrem Ovarium so weit herangereift ist, daß es gelegt werden muß, geht die Wespe auf Jagd; dicht über dem Boden fliegend sucht sie an einem sonnigen Nachmittag nach einer Spinne, die sich bereits auf Nahrungssuche nach Insekten begeben hat. Die Tarantel sieht schlecht und hört nur wenig oder gar nicht; sie verläßt sich auf ihren außerordentlich feinen Tastsinn, um ihre Beute aufzuspüren. Der geringste Kontakt mit einem Körperhaar einer hungrigen Tarantel, und schon wirbelt sie herum und schlägt ihre langen Klauen in eine Grille oder einen Tausendfüßler, der ihr zu nahe kam. Doch wenn sich Spinne und Wespe begegnen, und die Wespe mit ihren Fühlern zu erkunden beginnt, ob sie es auch mit der richtigen Art zu tun hat, hält die Spinne still. Die Wespe kriecht unter sie, krabbelt sogar überall auf ihr herum, ohne eine feindliche Reaktion auszulösen. Wird die Belästigung zu groß oder zu langwierig, richtet sich die Tarantel manchmal auf allen acht Beinen auf, als stünde sie auf Stelzen, erwartet aber im übrigen gelassen ihr weiteres Schicksal. »Alles ist so eingerichtet«, meint Loren Eiseley, »daß man vermuten könnte, das Opfer besitze eine angeborene Kenntnis seiner Rolle, kann ihr jedoch nicht entfliehen.«[155]

Inzwischen entfernt sich die Wespe einige Zentimeter, um für das geduldige Opfer ein Grab zu graben. Kräftig mit Beinen und Rüssel wühlend buddelt sie ein ungefähr 25 Zentimeter tiefes Loch, etwas breiter als der Leib der Spinne, und streckt dabei immer wieder einmal den Kopf aus der Höhle um sicherzugehen, daß die Tarantel noch da ist. Gewöhnlich, und unerklärlicherweise, ist sie das auch. Wenn das Grab fertig ist, kommt die Wespe zurück, um ihr grausiges Geschäft zu Ende zu führen. Zuerst betastet sie die Spinne wieder überall mit ihren Fühlern, dann schiebt sie sich rücklings unter die Spinne, wobei sie mit den Flügeln nachhilft, um sich in die richtige Lage zu bringen für einen Einstich an der entscheidenden Stelle. Sie kann das hornige Hautskelett der Spinne nur an dem weichen Gelenkhäutchen durchdringen, wo die Beine mit dem Leib verbunden sind, und nur wenn sie mit der Präzision eines Chirurgen bis in die richtige Tiefe einsticht, im richtigen Winkel, an genau der richtigen Stelle, kann sie sicher sein, das einzige Nervenzentrum zu treffen, das die Spinne lahmlegt, ohne sie zu töten. Und während dieses ganzen Manövers, das etliche Minuten dauern kann, unternimmt die Tarantel nichts, um sich zu retten.

Schließlich sticht die Wespe zu, und die Spinne setzt sich verzweifelt, aber vergeblich zur Wehr. Sie wälzen sich über den Boden, aber das Ende ist immer das gleiche. Die Tarantel fällt gelähmt auf den Rücken. Die Wespe zerrt sie an einem Bein in das offene Grab, wo sie eine weitere bemerkenswerte Sache tut. Sie stopft ihre pelzige Speisekammer so geschickt in das Loch, daß sich die Spinne, selbst wenn sie zufällig wieder zu sich kommen sollte, niemals aus eigener Kraft wieder ausgraben könnte. Jedes der acht riesigen Beine wird buchstäblich an die Erde gefesselt. Dann legt die Wespe ein Ei, befestigt es mit einem klebrigen Sekret seitlich am Hinterleib der Spinne, schüttet das Grab zu und geht.

Die ungewöhnliche Geschichte ist hier aber noch nicht zu Ende. Wenn die Wespenlarve schlüpft, ist sie viele Male kleiner als ihr hilfloses Opfer und völlig abhängig von ihm. In den langen Wochen der Entwicklung, in denen sie keine andere Nahrung, kein Wasser usw. bekommt, wird sie nach einem komplizierten und grausigen kulinarischen Programm die Tarantel Stück für Stück verspeisen, wobei sie sich die lebenswichtigen Organe bis zuletzt aufhebt, um ihre Kost am Leben und frisch zu halten. Wenn sie ihr gargantueskes Mahl beendet hat und bereit ist, das Grab zu verlassen, wohlversehen mit ihrem eigenen chirurgischen Instrument und einem Operationsplan, der an einer anderen Tarantel durchgeführt werden kann, bleibt von der ersten nichts übrig als das unverdauliche Schalenskelett.

Mutationen in Struktur oder Verhalten sind, wie Jacques Monod behauptet, »dem Reich des reinen Zufalls entnommen«.[380] Aber wenn das so wäre, dürften wir erwarten, daß auch die Tarantel inzwischen zufällig auf eine Verteidigung gegen die räuberische Wespe gekommen sein könnte. Statt dessen haben wir eine Situation, in der eine Spinne, durchaus

fähig, sich gegen eine Wespe zu verteidigen, ja sie sogar zu töten, zuläßt, daß sie von dem Insekt gelähmt wird. Und wir haben eine Wespe, die unheimlicherweise genau weiß, wo sich
das Nervenzentrum in ihrer Beute befindet. Ihr Stich an anderer Stelle angesetzt, würde die Spinne entweder töten und sie
damit als Nahrungsvorrat unbrauchbar machen, oder er
würde keinerlei Wirkung zeitigen, abgesehen vom wahrscheinlichen Tod der Wespe durch Vergeltung. In keinem Fall
ist hier Raum für natürliche Selektion. Bei diesem Wagnis gibt
es keine Erfolgsgrade. Es ist eine Alles-oder-nichts-Situation.
Man kann an Giftspinnen, die doppelt so groß sind wie man
selbst, keine subkutanen Kunstgriffe ausprobieren. So etwas
muß beim ersten Mal klappen.

Nach der Evolutionstheorie haben spektakuläre Adaptionen
ihren Ursprung in Myriaden winzig kleiner Mutationen, deren
weitaus größter Teil für den Organismus schädlich ist; und die
natürliche Selektion wirkt wie ein Sperrwerk, das jede nützliche Mutation aufhält, solange neue Veränderungen erprobt
werden. Was bedeutet, daß der meisterhafte chirurgische Plan
der Wespe nicht immer perfekt war. Aber kein Chirurg kann
sein Handwerk erlernen, indem er wahllos Patienten jagt und
sie mit einem Skalpell attackiert. Dieses evolutionäre Wunder
bei der Wespe konnte nicht durch die gleiche Art der langsamen Selektion entstehen, die, wie wir aus den Fossilfunden
wissen, bei den Vorfahren des Pferdes einsetzte, um den heute
lebenden Artgenossen ihre größere Gestalt und größere
Schnelligkeit zu verleihen. Bei der Wespe muß das gesamte
Schema sofort funktionieren, oder die Art stirbt aus. Und wie
sollte ein so kompliziertes Schema wie dieses in der Isolation
entstanden sein, rein zufällig, ohne konkrete Anwendung?
Denn bevor es nicht in allen Einzelheiten vollendet war,
konnte es einfach nicht angewendet werden.

Beispiele dieser Art haben die Biologen beunruhigt, seit
Darwins Theorie zum ersten Mal veröffentlicht wurde. Fabre
sagte: »Nicht im Zufall werden wir den Schlüssel zu solchen
Harmonien finden«, und zog es statt dessen vor zu akzeptieren, daß sich einige Geheimnisse nicht lösen lassen. »Im Ringen mit der Wirklichkeit«, schloß er, »findet der Mensch keine
ernsthafte Erklärung für alles, ganz gleich, was er sieht.«[170]
Loren Eiseley kam in seinen späteren Jahren zu einem ähnli-

chen Schluß. »In der Welt gibt es nichts, um die Welt zu erklären. Nichts, das die Notwendigkeit des Lebens erklärte, nichts
zur Erklärung des Verlangens der Elemente, Leben zu werden, nichts, das erklärt, warum das gefühllose Fels-, Erd- und
Mineralreich sich mannigfaltig gestalten sollte in Schönheit,
Schrecken und Ungewißheit. Um organische Novität zur Existenz zu bringen, um Schmerz, Ungerechtigkeit, Freude zu
schaffen, bedarf es mehr, als wir in der Natur, die wir so vollständig analysieren, wahrnehmen können... Ich bin einfach
verwirrt. Ich weiß, daß diese Wesen in den Kellern der Zeit
geformt wurden. Es ist die Methode, die mir zu schaffen
macht.«[155]

Mir auch. Man kommt am Ende immer wieder auf die Vorstellung von irgendeinem Plan in der Natur zurück, was die
Existenz eines Planers voraussetzt. Möglicherweise ist dies die
endgültige und vollkommen vernünftige Lösung; einem Wissenschaftler ist sie jedoch ein wenig peinlich, weil er es mit
einer Theorie zu tun hat, die nicht zu widerlegen ist. Karl
Popper meint dazu: »Verfälschbarkeit oder Widerlegbarkeit
ist ein Kriterium des wissenschaftlichen Status einer Theorie.«[436] Eine Theorie muß man prüfen können. Man muß beweisen können, daß sie falsch oder richtig ist. Eine Erklärung,
die alles erklärt, erklärt nichts. Ein Alleserklärmittel ist nicht
glaubhafter als ein Allheilmittel. Beide zeugen von schlechter
Wissenschaft und miserabler Logik.

Aus diesem Grund wird mir die Theorie von einem Kontingentsystem immer sympathischer. Sie bewegt sich auf manche
Weise in die Richtung, numinose Kräfte auf einer mehr physikalischen, substantiellen Ebene einzuführen, wo sie, oder zumindest ihre direkten Wirkungen, untersucht und geprüft werden kann. Sie bietet eine Handhabe für eines der größten, bei
Wespen und Menschen gleichermaßen auftretenden Probleme, nämlich eine mögliche Erklärung für die offensichtliche Erfindungsgabe der Evolution. Wir müssen wissen, wie
sie Artenlinien kreuzen und Veränderungen in der Biosphäre
als Ganzes koordinieren kann. Und das größte Problem in der
Vergangenheit, das sogar Männer vom Format eines Eiseley
bei der Suche nach Erklärungen kapitulieren ließ, war eine
Sperre in unserem Denken hinsichtlich der Mutationsrate.

Traditionell gedacht befindet sich eine Spezies die meiste

Zeit mehr oder weniger »im Ruhezustand«. Man nimmt an, daß sie ihrer gegenwärtigen Umgebung gut angepaßt ist und daß sie, sollte die natürliche Selektion tatsächlich eingreifen, die typischen Artmerkmale eher beibehält als ändert. Gelegentlich kann es natürlich in der Umgebung zu einer Veränderung kommen, etwa eine Eiszeit oder das Auftauchen eines neuen Feindes. Und wenn das geschieht, bedeutet das neuen selektiven Druck, auf den die Art mit einem plötzlichen Evolutionsausbruch antwortet oder ausstirbt. Seit wir wissen, wie wenig vom Genmaterial direkt im aktiven Einsatz ist, fällt es leichter zu verstehen, wie plötzlich und angemessen Veränderungen zustande kommen können. Der Organismus braucht nicht erst auf das Aufkommen einer Mutation zu warten, um der neuen Herausforderung zu begegnen, sondern greift einfach auf den großen Bestand unentwickelter Gestaltungsmöglichkeit zurück, den sie während ihrer friedlichen Phase angesammelt hat.

Nimmt man eine Population von Labormäusen und erlaubt nur den größten Tieren, sich zu vermehren, kann man mit Hilfe dieser Art von künstlicher Selektion die natürliche Anhebung der Durchschnittsgröße um das Hundertfache beschleunigen. Genau das hat der Mensch getan, als er innerhalb sehr kurzer Zeit die vielfältigen Hunderassen züchtete, die es heute gibt. Aber John Maynard Smith weist darauf hin, daß dies keine Beschleunigung der natürlichen Evolutionsrate ist, denn die Veränderungen verlangsamen sich und unterbleiben ganz, sobald der anfängliche Vorrat an genetischer Variabilität aufgebraucht ist.[493] Sehr selten erscheint eine völlig neue Hunderasse auf dem Markt.

Unsere Denksperre war die Unfähigkeit zu würdigen, daß keine Spezies es sich leisten kann – gleichgültig wie gut angepaßt sie sein könnte –, auch nur einen Augenblick zu rasten. So etwas wie eine konstante Ökologie gibt es nicht. Kein Lebewesen kann die Hände in den Schoß legen, weil das Dominierende in der Umgebung aller Arten die andere Art ist, die ständig darauf erpicht ist, ein Lebewesen zu fressen, zu meiden, mit ihm zu konkurrieren oder zu kopulieren. Und wenn irgendeine Spezies in einem Ökosystem einen evolutionären Fortschritt macht, wird dies von einer oder mehreren anderen Arten als Verschlechterung ihrer Umgebung empfunden. Es

7.2
Die
Herzkönigin-
Hypothese

wird schwieriger, die Beute aufzustöbern oder den Feinden zu entfliehen. Also entwickeln sich diese Arten ihrerseits weiter und verursachen vergleichbare Umweltverschlechterungen für wieder andere Arten. So breiten sich die Wellenringe im Teich aus, bis jeder auf irgendeine Weise von jeder Veränderung in Mitleidenschaft gezogen ist. Das Nettoergebnis ist, daß sich jede lebende Spezies dieser Erde wahrscheinlich so schnell sie kann weiterentwickelt, einfach um mit den anderen Schritt zu halten.[560] Unsere Welt wird anscheinend weitgehend von etwas gelenkt, das manche Biologen jetzt hin und wieder als Herzkönigin-Hypothese bezeichnen. Wenn Sie sich erinnern: Es war die Herzkönigin, die zu Alice im Wunderland sagte, hier müsse sie schon aus Leibeskräften rennen, um am selben Platz zu bleiben.

Das hört sich alles sehr hektisch an, und ist es auch. Aber dieses Miteinander-verbunden-sein hat sowohl Vorteile als auch Nachteile.

Alle Kuckucke haben ihre Lieblingswirte. In Europa bevorzugt der große gesprenkelte Kuckuck Clamator glandarius vor allem die Elster Pica pica, um jährlich in ein halbes Dutzend unbewachter Elsternnester eines seiner Eier zu schmuggeln. Manchmal entdecken die Elstern den ungebetenen Gast und werfen das Ei des Anstoßes hinaus, aber während ihrer sich über Millionen Jahre hinziehenden Versuche als Brutschmarotzer entwickelten die Kuckucke Eier, die bemerkenswert erfolgreiche Nachahmungen der Wirtsvogeleier sind. Drei junge Biologen begannen 1973 im Donana-Schutzgebiet im südwestlichen Spanien mit einer experimentellen Untersuchung des Brutparasitismus.[6] Sie verteilten diverse Eierattrappen und Eier von unterschiedlichen Vogelarten auf Hunderte von Elsternnester, um genau herauszufinden, auf welche Stimuli die Wirtsvögel am häufigsten reagieren. Und gegen Ende ihres Programms versuchten sie auch, die nackten Nestlinge von Schwalben, Sperlingen, Dohlen und Staren einzuschmuggeln. Wie erwartet stellten sie fest, daß die Elstern Eier, die den ihren am wenigsten glichen, am heftigsten ablehnten, daß aber nur ganz wenige der fremden Nestlinge hinausgeworfen wurden. Auch das ist nicht überraschend, da es ja Eier und nicht Nestlinge sind, die die parasitären Kuckucke in ihre Nester legen, so daß für die Elstern in der Vergangenheit wenig Anlaß bestand, einen Anti-Nestling-Sinn zu entwickeln. Die Kukkucke sind den Elstern aber auch hier schon zuvorgekommen, indem sie Junge hervorbringen, die das normale Nestverhalten der Elsternbrut perfekt und sogar übertrieben nachahmen. Eines der Adoptivvögelchen aber, die die Forscher den Elstern unterschoben, überraschte mit einer absolut verwirrenden evolutionären Neuerung. Die Biologen erwähnen dieses Ereignis in einer Nebenbemerkung ihres Berichts; aber es ist eine biologische Entdeckung und auf seine Art von der gleichen Tragweite wie der erstmalige Gebrauch des Feuers durch den Menschen.

Das betreffende Vogeljunge gehörte zur Art der europäischen Rauchschwalbe *Hirundo rustica*, deren Nester normalerweise nicht von Kuckucken heimgesucht werden. Es wurde in ein Elsternnest gesetzt, in dem sich bereits drei Elstereier befanden. Am nächsten Tag entdeckten die Forscher, daß eines der Eier unter dem Nest auf dem Boden lag. Es war unbeschädigt, also nahmen sie es, legten es zurück und sahen, was weiter geschah. »Wir konnten beobachten, daß sich die kleine Schwalbe wiederholte Male ein Ei auf den Rücken lud, auf den Nestrand kletterte und das Ei zweimal vor unseren Augen auf die Erde unter dem Nest warf.«[6]

In dieser nüchternen Feststellung schwingt ein wenig von der Ungläubigkeit mit, die alle Biologen bei einem solchen Ereignis empfinden müssen. Die kleine Schwalbe benahm sich genau wie ein kleiner Kuckuck, als sie das Ei zwischen ihren Flügelstummeln auf dem Rücken balancierte und sich rückwärts am Nestrand hinaufschob, bis das Ei draußen war. Aber wie konnte sie lernen, so etwas zu tun? Schwalbennestlinge finden sich gewöhnlich weder in Elstern- noch in irgendwelchen anderen Nestern, außer in ihren eigenen. Konnte das Verhalten eine Anti-Kuckuck-Anpassung sein? Braute sich im Genpool der Schwalbe irgend etwas als eine Art Präventivschlag gegen einen möglichen zukünftigen Kuckuckparasitismus zusammen? Oder war es ein Überbleibsel aus einer Zeit, in der Kuckucke einmal versucht haben, sich bei den Schwalben einzuquartieren? Nach dieser Theorie hätte die kleine Schwalbe auf das Elsternei reagieren können, als gehörte es einem Kuckuck, einfach weil es größer war. Aber wenn ein Schwalbennestling den Unterschied erkennt, kann das auch ein Schwalbenelter, und die Entfernung des Eis wäre für ein ausgewachsenes Tier wesentlich leichter. Die Tatsache, daß beobachtet wurde, wie ein normal schwacher und hilfloser Schwalbennestling die schwierige und komplizierte Aufgabe der Eiablehnung durchführte, bedeutet, daß die Kuckucktheorie nicht aufrechtzuerhalten ist. Hier geht etwas anderes, viel Ungewöhnlicheres vor.

Ich vermute, wir sehen in diesem Verhalten das Kontingentsystem am Werk. Selbst für eine Schwalbe ist – nur für den Fall – im normalen DNS-Überschuß Platz für ungenutzte Kuckuckinstruktionen. Vielleicht liegen dort sogar Strauß-, Riesenalk- und Dodopläne parat; aber kein System der natürlichen Selektion, nicht einmal eines, das räumlich und zeitlich unbegrenzt arbeiten könnte, würde nach sämtlichen möglichen Schlußfolgerungen niemals rein durch Zufall entstehen. Irgendein Kommunikationssystem für Verhaltensregeln muß es zwischen den Arten geben. Unsere Kenntnis von den freischwebenden DNS-Paketen in Viren und von der Existenz genetischen Austauschs zwischen Viren und ihren Wirtszellen liefert einen möglichen Mechanismus; doch ihm fehlen noch Koordination und Plan. Genau das, glaube ich, liefert das Kontingentsystem. Es ist allen Organismen mit Kernzellen gemeinsam. Es ist fast so alt wie das Leben selbst. Und es arbeitet mit einem anderen Zeit- und Raumsinn, mit seiner eigenen besonderen Form von Subjektivität, seiner eigenen Intelligenz. Das Kontingentsystem ist das kollektive Unbewußte jedes einzelnen Lebewesens.

Die Freiheit, mit der das System Verhaltensmuster borgen und austauschen kann, auch unter extrem verschiedenen Organismen in vollkommen unterschiedlichen Ordnungen, scheint fast unbegrenzt.

Im Amazonasgebiet grassieren Naturerfindungen, und es gibt einige ganz außergewöhnliche Anpassungen. Keine ist jedoch so wunderbar wie die des Blattflohs *Laternaria servillei*, eines sogenannten Laternenträgers. Dieses acht bis zehn Zentimeter lange Insekt, ein Verwandter der Zikaden und Blattläuse, ernährt sich vom Saft dicht über dem Wasser wachsender Pflanzen. Normalerweise sitzt es auf einem Blatt und hält die braungefleckten Flügel der Länge nach über dem Körper wie zu einem hornigen Gehäuse gefaltet. Der Kopf ist ungeheuer knollig und in die Länge gezogen wie eine Schnauze mit einem nasenartigen Vorsprung am Ende und großen falschen Augenhöckern dahinter, die alle genau an der richtigen Stelle eine weiße Markierung aufweisen, um den glitzernden Lichtreflex eines echten Wirbeltierauges vorzutäuschen. An den Seiten des »Mauls« verläuft eine Rinne, die es wie ein teilweise geöffnetes Maul aussehen läßt, und entlang dieser Rinne reihen sich versetzt angeordnet falsche weiße Zähne, die nicht nur farblich gekennzeichnet, sondern in perfektem Basrelief geformt sind. Das Ganze wirkt wie eine unglaublich naturgetreue Imitation eines Alligators, klein, aber vollkommen in jedem Detail.[440]

Ich habe zahlreiche dieser Blattflöhe an den Ufern der schlammigen Nebenflüsse dösen gesehen, und obwohl ich weiß, was sie sind und ohnehin von einem zehn Zentimeter langen Alligator kaum etwas zu befürchten habe, finde ich, daß es einer bewußten Willensanstrengung bedarf, die Hand auszustrecken und einen am Kopf zu ergreifen. Sie verkörpern etwas wesentlich Alligatorisches, das einem wirklich Angst macht, und das vermutlich mit Absicht. Die üblichen Feinde der Blattflöhe sind Vögel wie Reiher oder Kiskadees, die an den Flußrändern ihr Wesen treiben, wo sie bald lernen, vor lauernden Alligatoren auf der Hut zu sein. Und diese Vorsicht scheint sich auch auf den Alligatornachahmer zu erstrekken, weil Vögel mehr auf Farbe und Form achten und Unglaubwürdigkeiten in diesen Parametern leichter erkennen als Unterschiede in der Größe. Ein Austernfischer wird zum Beispiel versuchen, auch ein Ei von der Größe eines Fußballs zu bebrüten, solange es nur die gewöhnliche gesprenkelte Färbung zeigt.[542]

Dieses verblüffende Beispiel von Insektenskulptur kann kaum ein reines Zufallsprodukt sein. Der Evolutionsmechanismus dieses Blattflohs muß mit irgendeinem Bezug zum Alligator gearbeitet haben. Und man kann sich unmöglich vorstellen, wie dies geschehen konnte, wenn man nicht eine Art Informationsfluß in diesem Teil des Urwalds unterstellt, eine Wechselwirkung von Verhaltensmuster und Instruktion, das der normalen Darwinschen natürlichen Selektion etwas Konkretes gibt, womit sie arbeiten kann. Ich behaupte, daß Situationen wie diese die Existenz eines Kontingentsystems erfordern. Ohne es, oder ohne etwas sehr Ähnliches, so habe ich zu erklären versucht, wissen wir angesichts bedeutsamer, zweckmäßiger, erfinderischer evolutionärer Anpassung, wie sie uns der Laternenträger vorführt, nicht weiter. Mit dem Kontingentsystem besitzen wir ein Instrument, das uns wenigstens einen wesentlichen Faktor zum Verständnis dafür liefert, und möglicherweise eine ganze Menge mehr.

7.4
Mechanistisch,
vitalistisch?

Ich bin mir durchaus bewußt, daß ich mit der Einführung dieses noch ziemlich mystischen Kontingentsystems in eine alte Falle tappe. Man gelangt zu keinem neuen Verständnis, indem man einem alten Problem einen neuen Namen gibt. Ein Kollege, der Biologe John Randall, umreißt die Schwierigkeit ziemlich gut mit seiner Bemerkung: »An den Grenzen des wissenschaftlichen Fortschrittes gibt es immer Bereiche, wo unser Verständnis unvollständig ist, und es gibt immer irgendwelche Leute, die sich auf diese Bereiche stürzen als Rechtfertigung für die Einführung einer Art metaphysischen Wesens – eines Gottes der Lücken.«[445] Der Fairneß halber muß ich hinzufügen, daß er diese mechanistische Haltung im Rahmen einer Diskussion einnahm und daß er, wie ich, etwas vitalistische Neigungen hat. Diese zwei polaren Lösungsversuche zum Problem des Wesens des Lebens hat es immer gegeben. Der Mechanist glaubt, daß alles Leben in physikalischen und chemischen Gleichungen beschrieben werden kann, und daß dies der Wissenschaft eines Tages gelingen wird. Wogegen der Vitalist glaubt, daß lebende Materie ein besonderes magisches Ingrediens besitzt, eine wesentliche Kraft oder Substanz, die nicht ohne weiteres auf mechanische Komponenten reduziert werden kann.

Seit Aristoteles, der den Begriff »Entelechie« erfand (was so viel bedeutet wie »ein inneres Ziel haben«), um die Bestimmung des Lebens zu beschreiben, schwang das Pendel zwischen mechanistischen und vitalistischen Extremen hin und her. Die letzte Blüte erlebte der Vitalismus um die Jahrhundertwende unter der Ägide des jungen deutschen Biologen Hans Driesch.[137] Aber sie wurde durch den Triumph der organischen Chemie und, in etwas jüngerer Zeit, der Molekularbiologie vernichtend geschlagen. Eigenschaften, von denen man einst glaubte, sie seien typisch für Leben, ließen sich voll und ganz in chemischen und physikalischen Begriffen erklären, manche wurden sogar mit unbelebten Substanzen in Reagenzgläsern vorgeführt. Das Geheimnis der Fortpflanzung wurde durch die Erhellung der DNS weganalysiert, und viele zweckmäßige Verhaltensmuster sind in kybernetischen Systemen wiederholt worden. Es scheint, als sei nur wenig übriggeblieben, was die Existenz einer Art »Lebenskraft« nötig machte, und die Wissenschaft, sogar die Wissenschaft des Lebens selbst, ist fast vollkommen mechanistisch geworden.

Vitalismus gilt, wenn schon nicht als wissenschaftliche Sünde, bestenfalls als Irrtum. Der Genetiker Theodosius Dobzhansky nennt ihn »eine Scheinlösung von biologischen Rätseln«.[131] Und Gordon Rattray Taylor beschreibt ihn als eine »von einer falschen Voraussetzung ausgehende Erklärung«, die das Geheimnisvolle erforschen will, »indem sie irgendeine mangelhaft definierte Kraft als gegeben voraussetzt, die fähig ist, immer genau das zu tun, was als notwendig erkannt wurde«.[533] Ohne Zweifel ist der mechanische Lösungsweg eine sehr erfolgreiche Methode, um einige Erscheinungen der Welt zu erforschen. Doch jedesmal, wenn die Wissenschaft versucht, den hartnäckig umherspukenden Geist im Mechanismus ein für alle Mal auszutreiben, scheint er an anderer Stelle wieder aufzutauchen. Arthur Koestler führt diesen Guerillakrieg gegen alle Versuche, Leben auf das Niveau bedingter Reflexe zu reduzieren, beharrlich weiter und mit ihm eine wachsende Zahl von Lebensforschern, die ihre Unzufriedenheit über rein mechanische Erklärungen ausdrücken. Ludwig Bertalanffy von der Universität von New York meint dazu, hätten wir nicht von Anfang an den Fehler gemacht, von Organismen wie von Maschinen zu denken, wäre der Geist wahrscheinlich überhaupt nicht erschienen.[563]

Der vielversprechendste Lösungsversuch scheint ein organismischer zu sein, der nicht auf die einzelnen Komponenten schaut, sondern auf das lebende System als Ganzes, und der die mechanistischen und vitalistischen Einsichten vereint im Bemühen, das vollständige Bild zu erkennen. In diesem Sinn verstehe ich das Kontingentsystem, das wir vielleicht mit den Besonderheiten von Organellen und Zellgemeinschaften erklären können, das wir aber nie verstehen werden, solange wir nicht die Biosphäre in ihrer Ganzheit begreifen. Und dazu gehört vielleicht, daß wir mehr Phantasie aufbieten, um eine

7.5
Das
Kontingent-
system

außergewöhnliche vierdimensionale Perspektive gelten zu lassen.

Anhand einiger Erkenntnisse der Quantenphysik dämmert uns allmählich, daß die Wissenschaft nur deshalb so erfolgreich gewesen ist, weil sie nur solche Erscheinungen von der Welt gesondert betrachtet hat, die auf mechanistische Weise analysiert werden können. Wir haben praktisch nur die Bücher gelesen, die unseren Standpunkt vertreten. Der Physiker David Bohm sagt: »Das Denken innerhalb eines festgelegten Ideenkreises neigt dazu, Fragen auf einen bestimmten Bereich zu beschränken. Und wenn man mit seinen Fragen in einem begrenzten Bereich bleibt, tun dies auch die Antworten.«[63]

Deshalb glaube ich weiterhin, daß das Nützlichste, was wir von der wahren Natur des Lebens flüchtig erkennen, in dem mangelhaft definierten Bereich des sogenannten Übernatürlichen liegt. Nur selten und in Einzelfällen bekommen wir Gelegenheit, uns mit neuen Augen zu sehen als Teil dessen, was Albert Einstein »eine Intelligenz von solcher Erhabenheit« nannte, »daß verglichen damit das ganze systematische Denken und Handeln der Menschen ein höchst unbedeutender Abglanz ist«.[154] Wir und der Blattfloh und der Schwalbennestling, wir alle haben direkten Zugang zu dieser Intelligenz, weil wir ihr Echo, weil wir Teil des Gezeitensystems sind.

7.6
Telekinese
einer Katze?

Helmut Schmidt von der *Duke University* hat sich mit mehreren bahnbrechenden Versuchen beschäftigt, um schwer zu erfassende Phänomene aufzuspüren. Die meisten Experimente führte er mit komplizierten elektronischen Apparaten an Menschen durch, doch kürzlich probierte er seine Geräte an einer Katze aus. Er verband einen binären Zufallszahlengenerator in seinem Haus mit einer Heizlampe in einem Schuppen im Garten, so daß sich der Strom in völlig willkürlichen Zwischenräumen an- und ausschaltete. War der Schuppen leer, funktionierte der Generator ohne jegliche Neigung für ungewöhnliche Sequenzen, und die Heizlampe brannte genau die Hälfte der Zeit. Doch als man bei kaltem Wetter eine Katze in den Schuppen sperrte, ließ die Maschine die Heizlampe im kalten Raum weitaus länger brennen als man allein nach dem Zufall erwarten konnte. Irgendwie war die Anwesenheit der Katze von Bedeutung.[476]

In der Atomphysik kann man heute nicht mehr von den absoluten Eigenschaften eines Objekts, wie der Zahlengenerator eines ist, sprechen. Sie sind nur noch im Zusammenhang der Wechselwirkung des Objekts mit einem Beobachter, mit Bewußtsein, von Bedeutung. Das entscheidende Merkmal dieses neuen Verständnisses besteht darin, daß der Beobachter direkt mit einbezogen wird bis zu dem Grad, daß er sogar die Eigenschaften des Objekts beeinflußt. Schmidt war offensichtlich innerlich an seinem Experiment beteiligt, und vielleicht war er es, der den Generator beeinflußt hat; als aber die Ergebnisse auch dann tendenziös blieben, als er nicht einmal wußte, ob die Katze noch im Schuppen war oder nicht, müssen wir annehmen, daß die Katze selbst in irgendeiner Weise für die Kontrolle ihrer eigenen Umgebung verantwortlich war.

Die Ergebnisse fallen noch deutlicher aus, wenn mehr als ein Organismus beteiligt ist.

An der Universität von Utrecht wurde das Spiel mit Mäusen veranstaltet. Sybo Schouten begann mit dem Training von zehn Mäusen. Sie mußten einen Hebel drücken, worauf in ihrem Käfig ein Anzeigelämpchen aufleuchtete. Hatte die Maus richtig gedrückt, erhielt sie als Belohnung einen Tropfen Wasser, wenn nicht, geschah gar nichts. Als alle Mäuse entsprechend trainiert waren, setzte Schouten eine von ihnen in einen Käfig mit Lampen, aber ohne Hebel und eine andere in einen Käfig, der mehrere Räume entfernt lag und nur Hebel, aber keine Lampen enthielt. Die Belohnungstropfen gab es in beiden Käfigen gleichzeitig, wenn sich das Aufleuchten der Lampe in dem einen und das Herunterdrücken des Hebels in dem anderen zeitlich deckten. Das Einschalten der Lampe regelte ein binärer Zufallsselektor, und die Ergebnisse des Experiments wurden automatisch auf einen Lochstreifen aufgenommen, so daß Menschen direkt nicht beteiligt waren.[477]

In der ersten Versuchsreihe erreichten etliche Mäusepaare konstant höhere Ergebnisse als allein durch den Zufall erklärt werden konnte. Woraus anscheinend hervorgeht, daß die erste durstige Maus beim Aufleuchten der Lampe in ihrem Käfig irgendwie imstande war, diese Information an die zweite durstige Maus weiterzugeben, die dann den richtigen Hebel drückte, um ihnen beiden zu der gewünschten Belohnung zu verhelfen. Bei einem Versuch, die Möglichkeit dieser Art von Kommunikation von der möglichen Prophezeiungsgabe zu

7.7
Übersinnliche
Mäuse?

unterscheiden – die zweite Maus hätte dann nur richtig geraten, wann sie den Hebel drücken sollte –, führte Schouten eine zweite Versuchsreihe durch, in der er den ersten Käfig einfach leer ließ. Obwohl jetzt keine Maus die Lampe sah und die Nachricht von ihrem Aufleuchten verbreiten konnte, gelang es zahlreichen Mäusen im zweiten Käfig, bessere als die zufallsbedingten Ergebnisse zu erzielen. Aber das Interessante dabei war, daß es nicht dieselben Mäuse waren, die im ersten Reihenversuch so gut abgeschnitten hatten. Anscheinend gibt es bei Mäusen und Menschen einige, die telepathische Talente besitzen und andere, deren Fähigkeiten mehr hellseherischer Art sind. Unsere Verbindung mit, oder unsere Empfindlichkeit gegen das Kontingentsystem sind keineswegs genormt. Es gibt in der wechselseitigen Reaktion Platz für den Gebrauch des Willens.

Die letzten und stärksten mechanistischen Bastionen lieferte die Molekularbiologie, die, wie es scheint, einen Code entschlüsseln konnte, der so einfach und doch möglicherweise so komplex ist, daß er wie ein riesiger Computer arbeiten kann mit so umfassender Information und Instruktion, um für alles, was geschieht, verantwortlich zu sein. Das genetische System verfügt über diese Möglichkeit, und doch scheinen die jüngsten Entdeckungen anzuzeigen, daß es darin nicht so geradlinig und ordentlich zugeht, wie wir es gerne gehabt hätten. Es ist ein dynamisches System in einem Zustand beträchtlicher und ständiger Bewegung und kann von anderen Faktoren beeinflußt werden. Die DNS kann ungeheure Mengen von Daten speichern und verarbeiten, aber ich vermute, daß sie allein keine größere Intelligenz aufbringt als wir sie von einer Maschine erwarten könnten. Wahrer Verstand, behaupte ich, hängt vom Eindringen eines zweiten Systems ab, das subtile Überlagerungsmuster zwischen beiden bildet. In diesen Mustern, die tatsächlich so etwas wie holographische Effekte sind – scheinbar dreidimensional und doch total unwirklich –, existieren Verstand und Wille.

Wenn dem so ist, dann sollte es möglich sein zu demonstrieren, daß der Verstand nicht nur unbelebte Materie in mechanischen Generatoren, nicht nur physiologische Wirkungen in einem lebenden Körper beherrscht, sondern auch das genetische System selbst.

Zu den schlimmsten genetischen Schäden, die wir beim Menschen kennen, zählt die vererbliche, angeborene *ichthyosiform erythrodermia*, die Brocqsche Krankheit. Sie äußert sich durch eine Funktionsstörung der Talg- und Schweißdrüsen, die zu einem exzessiven Wachstum der Epidermis, der äußeren Hautschicht, führt, so daß sich ein dunkler schuppiger Belag wie bei einem primitiven Fisch bildet. Manchmal schält sich die Haut oder sie fällt in ganzen Stücken ab, und zwar so, daß man annimmt, die Krankheit könnte sogar eine Rückkehr zu einem noch früheren phylogenetischen Zustand sein. Es ist eine entsetzliche und vollkommen entstellende Krankheit, an der der Patient normalerweise sein Leben lang leidet, das aus naheliegenden Gründen dann meist nur kurz ist. Und bis 1951 hielt man die Krankheit für unheilbar.

In jenem Jahr kam ein 16jähriger Junge mit fortgeschrittener Brocqscher Krankheit auf der Suche nach einem letzten Ausweg zu einem gewissen A. A. Mason vom Queen Victoria Hospital in London. Bis auf den Kopf war der ganze Körper des Jungen von einer schwarzen hornigen Schicht bedeckt. »Die Haut fühlte sich so hart an wie ein normaler Fingernagel und war so ungeschmeidig, daß jeder Versuch, sie zu spannen, zu einem Riß in der Oberfläche führte, aus dem dann blutiges Serum sickerte.«[369] Anschließend entzündeten sich die Risse, und es entstand schließlich ein so widerlicher Geruch, daß der Junge nicht einmal zur Schule gehen konnte. Er war in diesem Zustand geboren und hatte sich sein Leben lang allen möglichen Behandlungen unterzogen, bis zu dem Versuch, gesunde Haut von seinem Hals auf einige der kranken Stellen zu verpflanzen; doch obwohl die Transplantate anwuchsen, wurden sie bald genauso von der Krankheit befallen.

Mason ist ein erfahrener Hypnotherapeut und sobald er entdeckte, daß sich der Junge in tiefe Trance versetzen ließ, begann er mit der Behandlung durch Suggestion. Während ihrer ersten Sitzung am 10. Februar 1951 richteten sie ihre Aufmerksamkeit nur auf den linken Arm. Am 15. Februar fiel die hornige Schicht glatt ab und hinterließ eine makellose, rosige und weiche Haut. »Nach zehn Tagen war der Arm von der Schulter bis zum Handgelenk völlig frei.« Dann beschäftigten sie sich auf dieselbe Weise mit dem anderen Arm und dem übrigen Körper des Jungen. Nach etlichen Monaten waren die

Krankheitssymptome fast verschwunden, und der Junge konnte zum ersten Mal ein normales Leben führen. Er lernte bei einem Elektromeister, und »fünf Jahre später war der Patient immer noch am Leben und wohlauf und frei von seinem Erbe«.[58]

Zweifellos ist die Brocqsche Krankheit ererbt und von einem Gen kontrolliert, dessen Dominanz zum Teil von geschlechtsgebundenen Faktoren abhängt. Sie ist nach den Worten eines Spezialisten »ebenso eine anatomische Fehlentwicklung wie der Klumpfuß«.[55] Und trotzdem war Mason in der Lage, sie zu heilen, indem er lediglich die Seele des Jungen zu Hilfe rief. Es gelang ihm vielleicht nicht, die genetischen Instruktionen selbst zu verändern, wohl aber sie zu stornieren, was auf dasselbe hinausläuft. Die DNS hat nicht notwendigerweise das letzte Wort.

Inzwischen gab es zahlreiche ähnliche Fälle. Ein geradlinig vererbtes Blutmal, eine Art vorstehendes Muttermal, wurde durch Suggestion vollständig entfernt.[212] Und ein Patient mit angeborener Pachyonychie, eine fast hufähnliche Vergrößerung der Nägel und Füße, bekam auf diese Weise wieder normal dimensionierte Füße.[388] Hier wirkte ein direkter und äußerlicher Einfluß auf ausgesprochen genetische Mechanismen ein. Der Geist schleicht sich anscheinend sogar in die geheiligten Jagdgründe der Molekularbiologie.

Die entscheidende Schlußfolgerung, die sich aus diesen klinischen Beweisen ziehen läßt, besagt, daß die Therapie in jedem Fall Kontakt mit dem persönlichen Unbewußten des Patienten herstellte. Der bewußte Verstand scheint nicht einmal psychosomatische Probleme lindern zu können. Niemand heilte jemals Asthma oder ein Ekzem, indem er einfach zu den Symptomen sagte, sie hätten zu verschwinden. Aber unbewußte Maßnahmen, die unter Hypnose ganz leicht einzuleiten sind, haben erhöhten Blutdruck, Magengeschwüre, Dickdarmkatarrh, Heuschnupfen, Allergie, Schuppenflechte, Warzen, Gürtelrose und sogar Tuberkulose geheilt.[57] Wie ist das möglich? Nun, wenn es stimmt, was ich bereits andeutete, daß sich Bewußtsein direkt zurückverfolgen läßt bis zu dem Zeitpunkt, als eine Zelle oder eine Ansammlung von Zellen zum erstenmal fähig war, »Ich« von »Nicht-Ich« zu unterscheiden – und es war diese Fähigkeit, die sich zu einem voll funktionierenden

Immunsystem auswuchs, das für die Erhaltung der Unversehrtheit des Körpers verantwortlich ist –, dann könnte das persönliche Unbewußte der Bereich sein, in dem jene selektive Fähigkeit noch lebt. Sie wurde einfach von dem neu aufsprießenden Bewußtsein beiseite gedrängt und besteht heute als eine Art von »Körper-Verstand«, der mit dem neueren, unabhängigeren »Gehirn-Verstand« zusammenarbeitet. Und weil es nahelag, wurde es zu einem Auffangbecken für das, was Jung den »Bodensatz der Erfahrung« nennt, der in Bereiche hinabrieselt, wo er so sicher wie in einem Atommüllbunker gelagert werden kann.

Diese Darstellung der jeweiligen Rollen von Bewußtsein und persönlichem Unbewußten ist sehr vereinfacht, aber ich glaube, sie ist insofern richtig, als sie sogar auf dieser Ebene die Notwendigkeit eines dritten Systems, eines Vermittlers, erzeugt, der für die Wechselwirkung aller Dinge verantwortlich ist. Eine umfassende, das ganze Leben betreffende Erweiterung von Aldous Huxleys »Verstand in seiner Gesamtheit« und Jungs »kollektivem Unbewußten«. Dies ist die Konsequenz des Streits zwischen genetischen und Kontingentsystemen. Dies ist der wesentliche Inhalt der Lebensflut.

Arthur Grimble, einer der aufgeklärtesten aller Kolonialbeamten, der auch noch zu schreiben verstand, berichtet von einem Ereignis auf Butaritari, dem nördlichsten Atoll der Gilbert-Inseln, wo er einen ungewöhnlichen Austausch zwischen verschiedenen Arten miterlebte.[225] An einem Tag, der schon Wochen vorher festgelegt war, besuchte er die Bewohner des Dorfes Kuma, während ihr Delphinrufer – ein erbliches Amt bei diesem Stamm – allein in einer Grashütte lag, mit den Füßen nach Westen, und im Traumzustand die Delphine rief. Am späten Nachmittag »drang ein ersticktes Geheul aus der Hütte des Träumers. Ich sprang auf und sah seinen schwerfälligen Körper mit dem Kopf voraus durch die Türblende stürzen ... Im Dorf erhob sich ein Schrei: ›Sie kommen, sie kommen!‹ Ich fand mich mit tausend anderen holterdiepolter in das flache Wasser rennen und aus vollem Halse brüllend, daß jetzt unsere Freunde aus dem Westen kommen.« 50 Meter vor dem Riff hielten die Leute an und sahen zu, wie eine Unmenge von Tümmlern draußen durch die Brandung pflügte. Dann wogten sie durch einen Durchlaß herein und bewegten sich auf die wartende Menge zu »in geöffneter Ordnung mit zwei oder drei Metern Abstand voneinander, so weit mein Auge reichte. Sie kamen so langsam, als schwebten sie in Trance. Ihr Leittier trieb dicht neben den Beinen des Träumers an. Wortlos trat er beiseite, während [der Delphin] ruhig ins seichte Wasser glitt ... Plötzlich begann ein Murmeln und Schwatzen ... Mit leisem Sprechgesang begrüßten die Dorfbewohner am Ufer die Gäste. Nur die Männer gingen neben ihnen her; die Frauen und Kinder folgten in ihrem Kielwasser und klatschten im Rhythmus eines Tanzes leicht in die Hände. Als wir uns dem smaragdgrünen seichten Wasser näherten, gerieten die Tiere mit dem Bauch allmählich auf Sand; sie zappelten ein wenig mit den Flossen, als bäten sie um Hilfe. Die Männer beugten sich zu ihnen nieder, legten ihnen die Arme um den tonnenförmigen Leib und halfen ihnen vorsichtig über die felsigen Riffe. Sie ließen nicht die geringste Angst erkennen. Es war, als wünschten sie nichts anderes als zu stranden.«[244]

Hin und wieder bringen es verschiedene Arten von Walen und Delphinen tatsächlich fertig, sich auf den Strand zu setzen, gewöhnlich in Gruppen, als würden sie einen Selbstmordpakt erfüllen. Die Erklärungen für dieses bizarre Verhalten reichten bislang von einem verrückten Wüten gegen sich selbst bis zur Desorientierung durch Parasiten im Innenohr. Aber alle diese Theorien sehen so verlegen aus wie korrekt gekleidete Börsianer auf einem Kostümfest. Sie passen einfach nicht zu dem, was wir von den Fakten wissen und was wir allmählich über die Mentalität der Wale lernen. Und sicher können sie keine Strandung erklären wie Grimble sie beobachtet hat, die auf Verabredung und an einem Tag erfolgte, den Grimble willkürlich etliche Wochen zuvor gewählt hatte.

7.10
Seele ruft
Schildkröte
Eine Zeitlang lebte ich bei den Leuten eines Fischerdorfs auf einer abgelegenen Insel in der Bandasee. Ihr erfahrenster Mann, den sie den *djuru* nannten, war zu Recht berühmt für seine Fähigkeit, Fische unter Wasser aufzuspüren und zu identifizieren; er brauchte nur den Kopf unter Wasser zu stecken und zu lauschen. Einmal entdeckte er sogar eine heranrollende Flutwelle eine halbe Stunde vor ihrem Eintreffen. Mit Sensibilität und Training läßt sich so etwas durchaus bewerkstelligen; einen Vorfall jedoch, der sich während meines dorti-

gen Aufenthalts zutrug, kann ich nicht so leicht in einem mechanistischen Schubfach unterbringen.

Im Monat vor dem Nordwestmonsun schleppen sich die Weibchen der Meeresschildkröten mühsam den Sandstrand an der seewärts gelegenen Seite der Insel hinauf. Sie kommen stets nachts, gewöhnlich bei Neumond, und kriechen bis hinter die höchste Flutlinie. Nachdem sie mehrere Plätze untersucht haben, graben sie zwischen den Ranken der Strandwinde am Waldrand ein Nest in den weichen Sand. Ich beobachtete sie viele Male, konnte mich nie satt sehen an ihrem Treiben, und immer wieder war ich gerührt, wenn ich sah, wie sie sich plagen mußten, wie sie schnauften und ihnen flüssige Ausscheidungen wie echte Tränen über die schuppigen Wangen liefen. Wenn sie einmal begonnen hatten zu graben, konnte sie nichts mehr ablenken; war der Verhaltensablauf einmal in Gang gesetzt, mußte er zu seinem natürlichen Abschluß kommen. Doch während der halben Stunde, die sie am Rand des Wassers verbrachten und sichernd beobachteten und horchten, waren sie sehr leicht zu erschrecken. Ich mußte völlig still unter meinem schützenden Blätterdach liegen, durfte keinen Ton von mir geben und meine Silhouette nicht sehen lassen, bis sich jeder einzelne der riesigen Schildkrötenleiber keuchend bis zum weichen, trockenen Sand heraufgeschleppt hatte.

Größtenteils waren es grüne Suppenschildkröten; gelegentlich kam auch kurz vor Morgengrauen eine Karettschildkröte herauf. Ich freute mich über alle, aber jede Nacht ging ich in der Hoffnung zu ihnen hinaus, die größte aller Seeschildkröten zu sehen, die seltene Lederschildkröte *Permochelys coriacea*. Diese Art kommt bekanntlich an der Ostküste von Malaysia bei Trenganu in Gruppen an den Strand, doch manchmal sind sie auch Einzelbrüter, und es war schon möglich …, aber ich suchte jede Nacht vergebens, bis ich eines Tages mein Interesse dem *djuru* gegenüber erwähnte. Nach meiner Beschreibung wußte er bald, daß ich *penju kulit* meinte, und er versprach, mir eine zu zeigen – ja, mehr noch als das, denn er sagte wörtlich: »Ich werde eine für dich träumen.«

Fast einen Monat später kam er eines frühen Morgens zur Schule, wo ich unterrichtete, und sagte, alles sei für ein paar Stunden später vorbereitet. So, wie er es sagte, vermutete ich, daß ihnen eine Lederschildkröte in die Netze gegangen sei, die sie für mich aufbewahrten, damit ich sie mir ansehen konnte. Aber ich lag ganz falsch. Am Nachmittag zogen wir zusammen los, nicht zum Meeresstrand, sondern hinunter zu einer geschützten Ecke im Riff. Die Flut hatte ihren Höchststand erreicht, und der *djuru* führte mich zu einer Stelle hinaus, die sie Batu Jari, den »Zehenfelsen«, nannten und die das äußerste Ende eines Lavastroms vom Hauptvulkan der Insel markierte. Von dort aus konnte man direkt in eine tiefe Wasserrinne hinunterblicken, wo Korallenbänke zum glatten Grund des großen blauen Hofs der Lagune abfielen. Ich setzte mich wie schon so oft auf einen Felssockel und beobachtete das Kaleidoskop der bunten Fische, die in die Ritzen des Korallenriffs hinein- und wieder herausflitzten, während sich der *djuru* am Wasser niederkauerte, beide Hände hineintauchte und die Finger bewegte, als spiele er auf dem Wasser Klavier.

Er machte das ungefähr 20 Minuten oder länger, bis meine Aufmerksamkeit durch einen Fregattvogel abgelenkt wurde, der ungefähr 100 Meter weiter draußen auf die Lagune herabstieß, um, wie ich dachte, zur Abwechslung einmal selber ein wenig zu fischen statt immer nur bei den armen Tölpeln zu stehlen. Als er näher kam, konnte ich sehen, was ihn interessierte. Dicht unter der Wasseroberfläche glitt eine große dunkle Gestalt wie der Schatten einer Wolke auf uns zu. Zuerst dachte ich, es sei ein Mantarochen, aber die Bewegungen stimmten nicht. Ein Hai? Vielleicht einer, der sich wärmen wollte? Ein Wal? Obwohl wir uns aus einem ganz bestimmten Grund dort draußen aufhielten, erkannte ich *penju kulit* erst, als hinter einem dicken Rundkopf ihr glänzender olivgrüner Rücken mit den Längsrillen die Wasseroberfläche durchbrach. Eine riesige Lederschildkröte, größer als ich mir je eine geträumt hatte. Der *djuru* hatte sie ebenfalls gesehen, aber er fuhr fort, im Wasser zu plätschern, und zu seinen Bewegungen sang er jetzt leise in der alten Sprache. Die Schildkröte sah mich anscheinend, der ich vor Aufregung fast hüpfte, denn als sie vielleicht noch sechs oder sieben Meter entfernt war, drehte sie sich plötzlich zur Seite, so daß ihre Unterseite weiß aufblitzte und ruderte in die Tiefe. Aber sie kehrte wieder. Drei-, vier-, fünfmal schwamm sie vor unseren Augen den Kanal hinauf und hinunter, jedesmal ein wenig näher und ein wenig ruhiger. Schließlich stand sie direkt vor dem *djuru* und trieb langsam an die Oberfläche, um zu atmen. Als sie die Wasserfläche durchbrach, war ihr Kopf nur anderthalb Meter von seinen Händen entfernt. Er hielt die rechte Hand unter Wasser und streckte die Linke mit der Handfläche nach unten nach ihr aus. Und während ich ungläubig zusah, schob sie ihm bedächtig ihren Schnabel entgegen und knabberte zweimal sanft wie ein säugendes Kalb an seinen Fingern. Dann wandte sie sich ab und schwamm mit raschen sauberen Schlägen ihrer paddelförmigen Vorderbeine stracks zum Ausgang der Lagune und in die offene See hinaus.

Heute, auf diese Entfernung gesehen, hat der ganze Vorfall etwas Traumhaftes an sich. Ich glaube, es trug sich genauso zu, wie ich es geschildert habe; trotzdem muß diese Geschichte, genau wie die von Grimble, eine Anekdote ohne wissenschaftliche Gültigkeit bleiben. Und doch, wenn man die Literatur durchsieht oder, noch besser, mit neugierigen Wissenschaftlern spricht, die vergleichbare Erlebnisse hatten und nur zögern, sie zu Papier zu bringen, zeichnet sich allmählich so etwas wie eine Serie ab. Es könnte sein, daß der Wissenschaft, auch der Naturwissenschaft, bei ihrem partout Objektiv-sein-Wollen und ihrem Insistieren auf Tatsachenbeweisen und Wiederholbarkeit etwas entgeht.

Im Jahr 1940 wurde der Sohn eines Countysheriffs in West Virginia ins 190 Kilometer entfernte Myers Memorial Hospital in Philippe zu einer Operation gebracht.[441] Ungefähr eine Woche nach seiner Ankunft hörte er eines Nachts – es war stockfinster und schneite – ein Flattern vor dem Fenster seines Krankenzimmers. Er rief eine Schwester und sagte, draußen sei ein Vogel, der herein wollte. Geduldig öffnete die Schwester das Fenster, und sofort flog eine Taube herein. Der Junge erkannte sie gleich als sein persönliches Lieblingstier und bat die Schwester, nach einem Ring mit der Nummer 167 am Bein der Taube zu sehen. Sie tat es, und er war tatsächlich vorhanden. Der Junge durfte das Tier in einer Kiste neben seinem Bett halten, und als ihn einige Tage später seine Eltern besuchen kamen, bestätigten sie, daß es tatsächlich seine Taube war und berichteten, daß man sie einige Tage in der Gegend ums Haus gesehen hatte, nachdem der Junge ins Krankenhaus gebracht worden war. Sie war also nicht mit ihm gekommen

7.11
Tierseele
findet Mensch

oder einfach dem Familienauto gefolgt. Es war der Taube irgendwie gelungen, 190 Kilometer zurückzulegen und das richtige Fenster auszumachen, im richtigen Gebäude, in einer fremden Stadt, nachts und während eines Schneegestöbers.

Joseph Banks Rhine und seine Forscher an der Duke University untersuchten Hunderte von Fällen von »psi-trailing« bei Tieren, wie sie es nannten, um einen genauen Nachweis zu erlangen. Am meisten beeindruckte sie der Fall einer cremefarbigen Perserkatze namens Sugar, die 1951 ihren Besitzern anscheinend über 2 400 Kilometer durch gebirgiges Land zwischen Kalifornien und Oklahoma nachgelaufen war.[452] Die Katze sollte mit der Familie reisen, aber sie fürchtete sich vor Autos und sprang aus dem Fenster, gerade als die Leute Anderson am Nordende des Sacramentotals verließen. Sie konnten sie nicht wieder einfangen, aber 14 Monate später sprang Sugar plötzlich in Gage, Oklahoma, durch das Fenster ihres neuen Heims. Die Katze hatte eine Mißbildung an der linken Hüfte, ein sicheres Erkennungszeichen, das von einem Tierarzt leicht festgestellt werden konnte. Doch wie eine Katze eine Wüste, mehrere Canyons und die Breite der Rocky Mountains überquerte, bleibt ein Geheimnis.

Ein noch größeres Geheimnis ist, warum sie sich überhaupt all diese Mühe machte. Warum setzte die Taube ihr Leben aufs Spiel, um den Jungen zu finden? Was konnte möglicherweise Schildkröten und Delphine in die Hände von Menschen führen, die ihnen völlig fremd waren?

Es ist witzlos und nicht neu anzunehmen, daß der Instinkt die Antwort ist. Instinktive Triebe sind eine armselige Bemäntelung für Ignoranz. Man hat sie sich ursprünglich ausgedacht, um besondere Verhaltensweisen zu beschreiben; später wurden sie dann als Erklärung für das Verhalten angeboten, das sie eigentlich nur beschreiben sollten. Es ist gefährlich und kurzsichtig zugleich zu leugnen, daß ungewöhnliche Verhaltensmuster existieren, nur weil wir kein physikalisches Stimulans feststellen können, das sie in Gang gesetzt haben könnte. Ich habe schon lange das Gefühl, daß wir uns in unserer Entschlossenheit, Tierverhaltensstudien ein solides wissenschaftliches Ansehen zu geben, frei vom Makel des Subjektiven oder Anekdotischen, so viel Mühe gegeben haben, daß wir riskieren, in ein total unnatürliches Durcheinander zu fallen. Mir war ohnehin nie klar, warum es objektiv sein soll, über gewisse Arten von Realität überhaupt nicht nachzudenken. Deshalb scheint mir, daß wir gezwungen sind, mindestens zum Teil in irgendeiner Art von psychischer Form zu denken.

Was nicht bedeutet, daß wir schließlich nur noch lahm über Liebe und Treue reden. Diese anthropomorphen Emotionen können sich schon als geeignete Stimuli für andere Säugetiere und Vögel erweisen, vielleicht sogar für das eine oder andere Reptil, aber es scheint unmöglich zu sein, wissenschaftliche Beweise für das Vorhandensein von so etwas wie Liebe zu liefern, nicht einmal beim Menschen. Das Mindeste und, wie sich an diesem Punkt herausstellt, auch das Beste, was wir tun können, ist zu versuchen, irgendeine physikalische Basis für die Phänomene zu finden. Man weiß von keiner elektromagnetischen Verbindung zwischen einer Katze oder einer Taube und ihrem fernen Besitzer; und die Erforschung von Schwerkraft-, Kern- und radioaktiven Reaktionen, die zwar noch in den Kinderschuhen steckt, konnte bis jetzt nicht beweisen, daß eine dieser drei verbleibenden natürlichen Kräfte auf irgendeine Weise an offensichtlichem telepathischen Kontakt beteiligt ist; somit bleibt uns nur ein möglicher Forschungsweg übrig. Und wir können nur nach Ähnlichkeiten bei den Teilnehmern suchen in der Hoffnung, daß diese, mehr als ihre Unterschiede, einen Schlüssel liefern.

Alle, die in meinen Beispielen vorkamen – Wespen und Spinnen, Schwalben und Kuckucke, Alligatoren und Blatthüpfer, Katzen und Tauben, Schildkröten und Delphine, Mäuse und Menschen –, sind komplizierte, mehrzellige Lebewesen mit ihren eigenen unterschiedlichen genetischen Instruktionen, die, soweit wir wissen, keine Bauteile für ein selbstgebasteltes Radio enthalten. Aber alle Gemeinschaften, von denen hier die Rede ist, bilden auch symbiotische Mikroorganismen, die ihre ursprünglichen Eigenschaften beibehalten, ob sie nun im Auge eines Alligators oder einer menschlichen Speicheldrüse leben. Und ich behaupte – wenn auch ein wenig schüchtern, weil mein postuliertes »Kontingentsystem« nicht viel besser ist als der »instinktive Trieb«, wenn es um harte Tatsachen geht –, daß wir uns an gemeinsame Bewußtseinsmuster halten, die in uns selbst fast völlig in unbewußten Ebenen zu existieren scheinen.

Und weil es notwendig ist, in diesem vielleicht feindlichen und fast völlig unerforschten Land nach dem kleinsten Strohhalm zu greifen, sehe ich eine mögliche Bedeutung in der Tatsache, daß sowohl der Delphinrufer als auch der Schildkrötenberührer über ihre Kontakte sagten, sie würden sie auf der Ebene des Traums herstellen. Der Traum erwies sich als bequemer Weg für Freud, und er könnte dies auch für diese Suche werden. »Unser Traum«, sagte Jules Renard, »prallt gegen das große Geheimnis wie eine Wespe gegen eine Fensterscheibe.«

Vielleicht. Aber ich glaube, es lohnt sich, unbeirrt damit fortzufahren trotz der Tatsache, daß er hinzufügte: »Aber weniger gnädig als der Mensch öffnet Gott das Fenster nie.«[451]

8. KAPITEL

Illusion
– Das persönliche Unbewußte

In den kristallklaren Gewässern der Bermudainseln gibt es einen Fisch mit dem Namen Slippery Dick. *Halichoeres bivittatus* ist ungefähr 22 Zentimeter lang, blaßgrün und gelb mit dunklen Doppelstreifen an den Seiten. Tagsüber ist er ein rühriges, ja gefräßiges Mitglied der Korallenriffgemeinschaft, doch in der Nacht tut er etwas merkwürdig Artfremdes. Bei Anbruch der Dämmerung läßt er sich auf den Grund hinab und gräbt sich in den Sand, und erst bei Sonnenaufgang kommt er wieder heraus.[530]

Bei nächtlichen Tauchgängen im Umkreis der Inseln suchte ich oft die Gesellschaft dieser ruhenden Lippfische; ich fegte vorsichtig den Sand beiseite und hob sie sacht vom Boden auf. Nimmt man sie, ohne sie zu drücken, in die Hand, so kann man sie eingehend untersuchen und sogar Blitzlichtaufnahmen von ihnen machen, ohne eine Reaktion hervorzurufen. Einmal gelang es mir, einen widerstandslosen Lippfisch aus dem Wasser herauszuheben und einem Freund zu zeigen, bevor ich ihn wieder in sein Bett zurücklegte.

Die Vermutung, Slippery Dick schliefe tatsächlich, liegt verlockend nahe; aber da Fische keine Augenlider haben, ist es schwer, zwischen Bewußtseinsverlust und schlichter Untätigkeit zu unterscheiden. Viele Landtiere, selbst Weichtiere und Insekten, erreichen im Lauf der Nachtkühle, wenn ihre Körpertemperatur ebenso rasch sinkt wie die der Luft, einen Punkt des Stillstands. Doch in den Gewässern von Bermuda gibt es keine Unterschiede zwischen Tag- und Nachttemperaturen.

Schlaf läßt sich in seiner ganz besonderen Eigenart ebenso schwer definieren wie Bewußtsein. Wir können Schlaf beim Menschen als einen Zustand beschreiben, bei dem sich die Augenlider schließen, die Pupillen stark verkleinern, die Se-

239

kretion von Verdauungssäften, Urin und Speichel deutlich ab-
nimmt, die Luftzufuhr in die Lungen geringer und der Herzschlag langsamer wird, und bei dem sich wahrnehmbare
Schwankungen der Gehirnströme ergeben. Aber das alles sind
nur Anzeichen für Schlaf, und sie verraten wenig darüber, was
Schlaf wirklich ist. Obwohl wir fast ein Drittel unseres Lebens
schlafend verbringen und ein ganzes Heer von Forschern alle
seine wachen Stunden dem Studium des Schlafs widmet und
alljährlich über 600 wissenschaftliche Abhandlungen zu dem
Thema produziert, wissen wir fast nichts über den Schlaf oder
warum wir schlafen.

Schlaf scheint eine fundamentale eingebaute Verhaltensweise zu sein. Wir können nicht wahlweise schlafen oder nicht
schlafen. Er ist ein unwillkürliches, aber glücklicherweise an-
gepaßtes Verhaltensmuster; eines, das notfalls, aber nicht
ewig, aufgeschoben werden kann. Er hat die Angewohnheit,
die meisten von uns unbemerkt zu beschleichen und sich wirkungsvoll erneut geltend zu machen. Niko Tinbergen erklärt,
Schlaf sei ein echtes Instinktverhalten, weil ihm ein Begeh-
rungs- oder Einleitungsverhalten vorausgeht, das alle Symptome der Müdigkeit und der Neigung, sich nach einem besonderen Platz umzusehen oder einen solchen aufzusuchen,
einschließt.[543] Dazu gehören ebenfalls individuell verschiedene und gewohnte Schlafstellungen, die bis zu 70mal in einer
Nacht wechseln können, aber im allgemeinen dazu neigen,
nicht nur für Individuen, sondern auch für unsere Arten charakteristisch zu sein.

Wir können Schlaf, wie Bewußtsein, ohne Schwierigkeiten
bei uns erkennen, weniger leicht aber bei anderen. Hier sind
wir auf äußere Anzeichen angewiesen. Chamäleons begeben
sich zur Ruhe, indem sie ihren Schwanz wie eine Uhrfeder
aufrollen und, natürlich unabhängig davon, sogar ihre koni-
schen Augen schließen.[529] Bei ihnen zeigt sich jedoch keine
Veränderung der Gehirnströme, so daß wir wahrscheinlich
folgern können, daß Schlaf, was immer er sein mag, zum ersten Mal in seiner vollständigen Form irgendwo zwischen den
Reptilien und ihren warmblütigen Nachfahren, den Säugetieren und Vögeln, aufgetreten sein muß. Es besteht kein Zweifel, daß warmblütige Lebewesen schlafen, und daß viele von
ihnen einen großen Teil ihres Lebens schlafend verbringen.

Aber warum? Und warum, wenn es ein so weitverbreitetes und wichtiges Verhalten ist, weichen die Schlafbedürfnisse der verschiedenen Arten so radikal voneinander ab?

Es erscheint vernünftig anzunehmen, daß der Schlaf eine wichtige biologische Funktion ausübt. Die bequeme und immer noch populärste Antwort lautet, er habe eine stärkende Wirkung und erlaube Körper und Geist, sich zu erholen und zu erneuern durch die Verschmelzung von Proteinen und den Wiederaufbau von Nervensynapsen. Aber es gibt wenig oder gar keine Beweise, die bestätigen, daß diese Dinge im Schlaf öfter oder leichter geschehen. Die meisten Fakten, die gewöhnlich angeführt werden, um die Erholungstheorie zu stützen, sind indirekte, die aus Untersuchungen über die Wirkungen des Nicht-Schlafens gezogen wurden. Bei einem Versuch mit Ziegen, die über längere Perioden wach gehalten wurden, stellte man fest, daß sie im Rückenmark bestimmte Neurochemikalien ansammelten und daß diese, injiziert bei gesunden, ausgeruhten Ziegen, vorzeitig Schlaf herbeiführten.[241] Doch das beweist nur, daß es biochemischen Druck gibt, der zum Schlafen zwingt, nicht aber, daß der Schlaf selbst einen wesentlichen physiologischen Prozeß direkt ermöglicht, der im Wachzustand nicht eintreten kann. Schläfrigkeit kann man entweder als Ausdruck des Bedürfnisses nach der stärkenden Kraft des Schlafs ansehen oder einfacher als eine Einleitungsphase von instinktivem Schlafverhalten.

Tatsache ist, daß vollkommener Schlafentzug keine Veränderung in der chemischen Zusammensetzung des Bluts bewirkt, keine Änderung des Blutdrucks, keinen meßbaren Unterschied bei Herzschlag und Atmung, und keine Schwankung der Körpertemperatur über die üblichen täglichen Bereiche hinaus.[574] Die Muskeltätigkeit ist nicht beeinträchtigt, die Reaktionszeit nicht verlängert. Nach etlichen schlaflosen Tagen kommt es möglicherweise zu undeutlicher Aussprache, verschwommenem Sehen, zum Verlust der Konzentrationsfähigkeit, zu Episoden, in denen die Versuchsperson jeden Zeitsinn verliert, zu einem gewissen Grad von Gedächtnisverlust und Halluzination; und das Ganze kann sogar in einer schweren psychologischen Störung gipfeln.[187] Die Anwender skrupelloser Verhörmethoden haben nicht versäumt, sich die Vorteile dieser Abweichungen zunutze zu machen; aber sie können schließlich alle dem Druck zugeschrieben werden, den das Schlafbedürfnis ausübt. Es gibt nicht den geringsten stichhaltigen Beweis, daß unser Körper als solcher Schlaf braucht, um leistungsfähig zu sein.[590] Tatsache ist, daß es Leute gibt, die scheinbar ganz darauf verzichten können.

Mehrere gesunde Schlafwandler wurden in Schlafkliniken beobachtet und für vollkommen normale, rege, schöpferische Menschen befunden trotz der Tatsache, daß sie selten oder nie schlafen.[290] Eine 70 Jahre alte Dame, die behauptete, keine Nacht länger als eine Stunde geschlafen zu haben, wurde in einem Labor drei Tage und drei Nächte lang ununterbrochen wach und beschäftigt gehalten und schlief dann nur 99 Minuten, nachdem man sie schließlich gezwungen hatte, sich hinzulegen und auszuruhen.[372] Familiengeschichten lassen darauf schließen, daß diese beneidenswerte Fähigkeit erblich ist. In einem Fall waren ein Mann und seine Tochter ähnlich veranlagt, »sehr zur Bestürzung seiner Frau, die sich inzwischen von ihm scheiden ließ wegen einer neuartigen Unvereinbarkeit«.[471] Natürlich erhielt er das Sorgerecht für das Kind.

Untersuchungsergebnisse von anderen Spezies bestätigen, daß diese breite Variation im Schlafbedürfnis nicht einfach nur auf Unterschiede im Stoffwechsel zurückgeht. Warmblütige Tiere mit einer im Verhältnis zu ihrer winzigen Größe großen Oberfläche leiden unter Hitzeverlust und haben folglich einen intensiveren Stoffwechsel. Der Puls einer kurzschwänzigen Spitzmaus *Blarina brevicauda* variiert zwischen 588 und 1 320 Schlägen pro Minute. Um diesen Stand aufrechtzuerhalten, muß die Spitzmaus alle 24 Stunden mindestens so viel wie ihr eigenes Körpergewicht fressen, und um so viele Insekten zu fangen, ist sie pausenlos unterwegs. Spitzmäuse schlafen offenbar nie.[599] Fledermäuse von ähnlicher Körpergröße meistern dasselbe Problem, indem sie dem Wärmeverlust nachgeben. Sie kühlen einfach ab und lassen ihren Stoffwechsel fast bis auf den Nullpunkt schrumpfen, während sie kalt und träge in ihren sicheren Höhlen hängen und ungefähr 20 Stunden täglich schlafen.[370]

Diese voneinander abweichenden Lebensstile verursachen grundlegende Unterschiede in der Lebensspanne. Keine hyperaktive Spitzmaus lebt länger als zwei oder drei Jahre, doch die Fledermaus, die ihr Leben in Raten genießt, lebt mindestens zehn Jahre. Es sieht fast so aus, als ließe sich das Leben in Herzschlägen messen und als entscheide jede einzelne Spezies für sich, welche Einteilung ihr die meisten Vorteile verschafft. Getrennte Strategien, unterschiedliche tägliche Rhythmen helfen, die Aktivität auf solche Tageszeiten zu konzentrieren, die sich in der Evolutionsgeschichte jeder einzelnen Art als die profitabelsten erwiesen haben. Und wo es zu Lücken im Programm kommt, werden sie von einer neuen Verhaltensweise gefüllt, von einer, die mit der geringsten Wahrscheinlichkeit wertvolle Ressourcen vergeudet – dem Schlaf.

Was den Schlaf zu einer Art ökologischer Adaption macht. Ray Meddis von der Universität London nennt Schlaf den »großen Immobilisator« und meint, seine Hauptfunktion habe nichts mit Erholung zu tun, sondern diene nur dazu, das Tier still und ruhig zu halten, wenn dies für es vorteilhaft ist. »Die entscheidende Eigenschaft der Schlafkontrollmechanismen ist ihre Fähigkeit, die Ruhigstellung aufrechtzuerhalten.«[371] Und dies nicht nur, um Energie zu sparen, sondern auch um Leben zu bewahren.

Die Vorstellung, daß sich Schlaf entwickelte, um die Tiere ruhig zu halten, solange sie zu jung, zu lebhaft oder noch nicht intelligent genug waren, um dies aus eigener Initiative steuern zu können, ist durchaus reizvoll. Wenn sie zutrifft, müßte Schlafen etwas sein, das man nur in seiner Freizeit tut. Schlaf darf unmöglich in das wache Leben eindringen, wo er gegenproduktiv wirken würde. Und man würde voraussagen, daß Tiere, die viel Futter und Bewegung brauchen, sehr wenig schlafen werden. Der Nährwert von Gras und Laub ist gering; Pflanzenfresser wie der Elefant dösen deshalb innerhalb von 24 Stunden selten länger als zwei oder drei Stunden. Während Seglervögel und Albatrosse, die sich ständig in der Luft halten müssen, und Delphine, die ständig schwimmen müssen, ganz selten schlafen, wenn überhaupt.

Die Hypothese der Ruhigstellung ergibt wesentlich mehr Sinn als die Erholungstheorie. Sie ist besonders wahrscheinlich im Fall der Säugetiere, die anscheinend zur Zeit der Vorherrschaft der Dinosaurier als warmblütige Lebewesen aus den langen kalten Nächten hervorgingen. Für die ersten Säugetiere des Mesozoikums wäre es unbedingt lebenswichtig gewesen, während der aktiven Zeit der räuberischen Reptilien verborgen zu bleiben, und es wäre ihnen sehr schwergefallen bei Tagestemperaturen, die sie sogar noch lebhafter gemacht hätten, außer sie wären auf irgendeine zwingende Weise immobilisiert worden. Der Schlaf könnte dies bewerkstelligt haben, und wenn er tatsächlich eine so elementare Rolle in unserem frühen Überleben spielte, überrascht es kaum, daß er in den meisten Säugetierhirnen noch so tief verwurzelt ist.

Das Reizvollste am ökologischen Schlafbegriff und der Grund, warum ich so ausführlich auf die dahinterliegende Naturgeschichte eingegangen bin, ist ein biologisches Modell, das wir damit in die Hand bekommen, in dem Wesen und Wirkungsweise von Träumen sowie die Rolle des Unbewußten in unserem Leben allmählich einen Sinn ergeben.

Ein kleines schlafendes Säugetier hat viele seiner Probleme gelöst, vorausgesetzt es findet einen einigermaßen sicheren Ort, wo es seine Freistunden verbringen kann. Aber verwundbar ist es noch immer, und ein sehr hoher Preis mußte für die Entwicklung von Methoden ausgesetzt worden sein, um das Risiko, von Räubern überfallen zu werden, noch stärker zu reduzieren. Am sichersten wäre in dieser Situation eindeutig eine Art von Alarmeinrichtung gewesen, die das Tier ruhigstellte und ihm dennoch erlaubte, sich in einem vorbereitenden Zustand des Erwachens zu befinden. Genau das tut der Traum.

Unser Schlaf ist unterteilt in Zyklen, die zwischen zwei verschiedenen Aktivitätssystemen wechseln. Der zuerst auftretende Zyklus ist ein synchronisierter Rhythmus von langen, langsamen Gehirnwellen, die mit einer allgemeinen Entspannung der meisten Nervenaktivität einhergehen. Die Augen sind ruhig und die Herzschläge regelmäßig. 82 Prozent des Schlafs der Säugetiere ist so geartet; man nennt ihn den orthodoxen oder Langsam-Wellen-Schlaf; am besten wird er vermutlich als »ruhiger Schlaf« beschrieben. Diese Phase wird in jeder Schlafperiode mehrere Male von einem wesentlich lebhafteren System unterbrochen, das sich durch kurze rasche Gehirnwellen kennzeichnet, die denen des Wachzustands sehr ähnlich sind, sowie durch rasche Augenbewegungen hinter geschlossenen Lidern und unregelmäßigen Herzschlag. Dies ist der paradoxe oder Rasche-Augenbewegung-Schlaf. Seit die Augenbewegungen fast immer mit Traumtätigkeit verbunden sind, kennt man diese Phase des Schlafzyklus' auch als Traumschlaf.[23] Neue Forschungsergebnisse deuten darauf hin, daß Träume auch unabhängig von den Augenbewegungen vorkommen, und um keine Verwirrung aufkommen zu lassen, nennt man dieses System jetzt einfach »aktiven Schlaf«.

Die aktive Phase ist so paradox und ungewöhnlich, daß Zweifel bestehen, ob man sie überhaupt als Schlaf bezeichnen soll. Der sich entwickelnde Fötus scheint fast seine ganze Zeit im aktiven Schlaf zu verbringen. Da er wenig oder gar keine Information von außen erhält, um daran anzuknüpfen, stimuliert und beschäftigt er sich selbst. Es gibt genügend Beweise für die Behauptung, daß es diese langen Perioden innerlich ausgelöster Erregung sind, die direkt für die rasche Entstehung des weiter entwickelten Gehirns und zentralen Nervensystems der Säugetiere verantwortlich sind.[456] Deshalb stellen zumindest für den Fötus aktive Schlafsysteme eine Art Superwachzustand dar, der nur von gelegentlichen Perioden ruhigen Schlafs unterbrochen wird. Dieses Verhältnis bleibt noch eine Weile nach der Geburt bestehen, aber sobald Bewußtsein eindringt und die Umweltreize eine zunehmend größere Rolle im Leben des Kindes spielen, nimmt das Verhältnis von aktivem zu ruhigem Schlaf ab und kehrt sich schließlich zum Niveau des Erwachsenen um, bei dem der aktive Schlaf weniger als 20 Prozent der Schlafzeit ausmacht oder ungefähr sechs Prozent aller Erfahrungen.

Also ist aktiver oder Traumschlaf eine Zeit geistigen Wachzustands, eine Art Autostimulierung, die das System fit hält, indem sie den Organismus auf das körperliche Erwachen vorbereitet, sollte sich dies als notwendig erweisen. Er ist gewöhnlich von raschen Augenbewegungen begleitet, die mit dem Inhalt des Traums etwas zu tun haben können, und manchmal von einem leichten Zucken der Gliedmaßen; aber gleichzeitig deaktiviert eine raffinierte Nervenhemmung die Skelettmuskeln, so daß ein Träumer nicht tatsächlich um sich schlägt und Geräusche macht, die einen Feind anlocken könnten. Diese Muskelentspannung läuft fast auf eine vorübergehende Lähmung hinaus; insofern sind die Alpträume, in denen wir verzweifelt zu fliehen versuchen, aber unfähig sind, uns zu rühren, eine getreue Wiedergabe unserer körperlichen Verfassung. Aus Untersuchungen geht hervor, daß auf alle Arten von Träumen, und von Alpträumen insbesondere, gewöhnlich direkt ein spontanes körperliches Erwachen folgt, bei dem Geist und Körper hellwach und einsatzfähig sind.[461] Und weil die aktive Phase vier- oder fünfmal in einer Nacht eintritt, beim Menschen ungefähr alle 90 Minuten, ist die ökonomische Aufteilung des Schlafs praktisch eine Garantie, daß wir in regelmäßigen Abständen prüfen, ob alles in Ordnung ist. Träume sind unsere Wachen in der Nacht.

Von allen lebenden Säugetieren ist wahrscheinlich das Opossum *Didelphis marsupialis* jenen Formen am nächsten verwandt, von denen wir glauben, daß sie sich als allererste in die Nacht hinauswagten, um die Vormachtstellung der herrschenden Reptilien anzugreifen. Als Warmblüter waren sie flink und behende genug, um sich besonders geschwind mit Insekten und Würmern einzudecken und anschließend in ihre Verstecke in Höhlen und morschen Bäumen zu verschwinden, »geduldig die Äonen abwartend, bis ihre Zeit kam, um die Erde zu erben«.[495] Diese lebenden Fossilien schlafen noch immer den ganzen Tag hindurch, wobei sie ungefähr die Hälfte ihrer Ruheperiode in aktivem Schlaf mit raschen Augenbewegungen zubringen. Frederick Snyder vom National Institute of Mental Health in Maryland sagt, »das Opossum ist unser Zeuge, daß diese ungewöhnliche periodische Aktivierung des zentralen Nervensystems in der Mitte des Schlafs in einem frühen Stadium der Säugetierentwicklung zur vollen Blüte gelangte« und »eine der entscheidenden Neuerungen war, die für den Fortbestand und letztlich die Vorherrschaft unserer Art verantwortlich war«.[495]

Untersuchungen in Schlaflabors bestätigen diese Wächterfunktion der Träume beim Menschen. Kinder, die typischerweise sehr schwer aus dem Schlaf zu reißen und normalerweise völlig verwirrt sind, wenn sie plötzlich geweckt werden, sind putzmunter, wenn man sie nur während des aktiven Schlafs zu wecken versucht.[196] Werden Erwachsene aus dem ruhigen Schlaf geweckt, zeigen sie konfuses, sich wiederholendes Denken und sogar einen gewissen Gedächtnisverlust; diejenigen aber, die aus einem Traum gerissen werden, scheinen sich sehr rasch in ihrer Umgebung zurechtzufinden.[174] Und alle Versuchspersonen, die wegen ihrer Situation in diesem Experiment besonders ängstlich sind, werden spontan hellwach genau zu Beginn einer aktiven Schlafperiode. Lange Träume sind ein Luxus, den wir uns nur in sicheren Zeiten und an sicheren Orten leisten.

Da das Träumen bei einem ungeborenen Säugetier beginnt – und in solcher Länge vorkommt –, können wir folgern, daß die wichtigste Aufgabe des Träumens darin besteht, das Gehirn während seiner kritischsten Wachstumsperiode zu stimulieren und zu bewegen. Später dient der Traumschlaf, als aktivster Teil eines passiven Ruhigstellungssystems, der Sekundärfunktion des nützlichen Wächters. Aber er hat ganz deutlich noch eine dritte Funktion. Selbst die jüngsten unserer Säuglinge verfügen über ein wesentlich komplizierteres visuelles und auditives Bewußtsein als wir ihnen bislang zugebilligt haben, und es erscheint wahrscheinlich, daß viel von dieser Flut neuer Information träumend in mehr oder minder geordneten Zusammenstellungen aufgenommen wird.[185] Wir haben weder das Recht noch einen Grund, Säuglingen ein reiches Traumleben abzusprechen, und wir können die Möglichkeit nicht ausschließen, daß die meisten Säugetiere lebhafte bildliche Vorstellungen erleben und in vielem genauso träumen wie wir, wenn die Instrumente anzeigen, daß sich ihre Augen rasch bewegen und ihr Gehirn in einem Zustand großer Erregung ist.

Snyder sagt, wenn er seine Opossums im Labor während aktiver Schlafperioden beobachtet, würde sich manchmal ihre Atmung beschleunigen und ihre Gliedmaßen würden sich bewegen, als flüchteten sie vor einem Feind. Das bedeutet, daß sie eine solche Situation halluzinieren, was in der Tat eine sehr gute geistige Vorbereitung für den Realfall wäre. Ein Tier, das aus einem solchen Zustand erwacht, könnte die Traumflucht direkt in tatsächlicher körperlicher Bewegung ausführen und brauchte wahrscheinlich nicht einmal die Gangart zu wechseln. Aber Snyder fügt auch hinzu, daß »es andere Gelegenheiten gibt, bei denen eifrig geleckt oder gekaut wird, und dies ist vermutlich keine geeignete Vorbereitung für eine Begegnung mit einem hungrigen Tyrannosaurus«.[495]

Die Funktion des Traums endet hier also noch nicht, obwohl die Vorbereitung auf Gefahr seine unmittelbare und wichtigste Aufgabe im Erwachsenendasein eines primitiven Säugetiers zu sein scheint. Schlaf ist immer noch für die Sicherung der Ruhigstellung und des Energiehaushalts nötig, deshalb können Träume selbst bei einem Opossum dazu dienen, die Fortdauer des Schlafs zu begünstigen, indem sie Bilder heraufbeschwören, die eher befriedigen als erschrecken. Und dies würde eindeutig die fötale Funktion des Gehirntrainings verstärken, indem der neu erworbene Säugetierkortex die Art von Anreiz erhielte, die er braucht, um sein volles psychisches Potential zu erlangen.

Freud schrieb, er selbst wüßte nicht, wovon Tiere träumten. Aber ein Sprichwort, auf das ihn einer seiner Studenten aufmerksam gemacht hätte, behauptete es zu wissen. »Wovon träumen Gänse?« fragt das Sprichwort, und die Antwort lautet: »Von Mais!« Die ganze Theorie, daß Träume Wuscherfüllungen sind, sei in diesen zwei Sätzen enthalten.[188]

Freud arbeitete seine Theorie natürlich zu dem komplizierten Gebäude der Psychoanalyse aus, aber indem er die unerläßliche Beziehung des Träumens zu grundlegenden biologischen Zwängen intuitiv erkannte, gelangte er zu einer der fruchtbarsten wissenschaftlichen Einsichten unserer Zeit. William Dement von der Universität Stanford, einer der Pioniere der Traumforschung, sagt: »Hier, in einem genau definierten Bereich des Stammhirns ist ein Vorbeugemechanismus untergebracht, der in jedem Winkel des Nervensystems dramatische Veränderung einleitet. Für seine Aufgabe, die Aktivität des gesamten Gehirns zu regulieren, stehen ein weitverzweigtes Nervennetz und hochspezialisierte biochemische und physiologische Prozesse auf Abruf bereit. Wenn sich ein derart merkwürdiges und kompliziertes Phänomen bei den Säugetieren ohne jeden Anlaß entwickelte, müssen wir einige der grundlegendsten Lehrsätze der Biologie in Zweifel ziehen.« Und er fügt hinzu, daß »man niemals zuvor in der Geschichte der biologischen Forschung vom beschreibenden Standpunkt aus so viel über eine Sache erfahren hat und gleichzeitig so wenig über ihre Funktion wußte«.[127]

Die Theorie der natürlichen Selektion verlangt adaptives Verhalten. Und wenn eine Verhaltensweise wie aktiver Schlaf bei zahlreichen verschiedenen Tieren weit verbreitet ist, muß sie auf irgendeine Weise für sie wichtig sein. Nachdem nun zur bereits vorhandenen Information noch der neue Hinweis auf eine Bedeutung als Hüter hinzukommt, glaube ich, daß wir fast alles Nötige beisammen haben für ein vollständiges evolutionäres Bild vom Wert und der Funktion von Schlaf und Träumen. Und so sieht für mich das Szenarium aus:

Am Anfang war Leben kaum mehr als eine chemische Reaktion. Alle derartigen Reaktionen sind temperaturabhängig; bei steigender Temperatur finden sie im allgemeinen schneller statt, und sie verebben bei sinkender Temperatur. Wenn es je eine Ursuppe gab, und wenn sie groß genug war, um vom täglichen Temperaturwechsel relativ unabhängig zu sein, hätte alles Leben, wie die Spitzmäuse heute, in einem fort und ohne Pause weitergemacht. Wahrscheinlich finden sich in den tiefen Meeresgräben noch ähnliche Verhältnisse, weil sich hier Temperatur, Beleuchtung und Druck niemals ändern. Aber in den oberen Schichten des Meeres, in flachen Tümpeln und auf dem Land, wo zirkadiane Systeme vorherrschen, nimmt fast jeder Lebensprozeß im Lauf der Zeit einen typischen Tagesrhythmus an. Selbst das Plankton steigt und fällt alle 24 Stunden. Dies ist der natürliche Rhythmus unseres Planeten, und nur sehr wenige Organismen können sich ihm entziehen. Und kaum einer nimmt sich die Mühe, dies auch nur zu versuchen, denn die abwechselnd ruhigen und geschäftigen Perioden besitzen Überlebenswert. Für die meisten trifft zu, daß eine Pause erfrischt und das aktive Leben verlängert. Der erste bedeutende Rhythmus im Leben unterschied also einfach zwischen Aktivität und Inaktivität.

Viele wirbellose Tiere stecken noch in dieser Phase, aber die meisten komplizierteren Tiere stehen vor einem neuen Problem. Ein Schwamm kann einfach abschalten, indem er alle Zellen in seiner Gemeinschaft gleichzeitig schließt, denn sie sind hauptsächlich für die Ernährungsfunktion aufeinander angewiesen. Sobald diese endet, bleiben sie zwar noch beisammen, aber sie hören weitgehend auf, eine echte Gemeinschaft zu bilden und werden ein Haufen untätiger Zellen, die nur zufällig am selben Ort verweilen. Doch in komplizierteren Verbindungen gibt es Gemeinschaftsfunktionen, die nicht stillgelegt werden können. Lebenswichtige Funktionen können bis zu einem gewissen Grad reduziert werden, müssen aber in Gang bleiben. Einfache Herzen müssen weiterschlagen, um

Gewebe zu ernähren, die sich so besonders entwickelt haben, daß sie nicht mehr für sich selbst sorgen können. Rudimentäre Nervennetze müssen weiterhin zumindest ein unkompliziertes Programm senden, das bestimmte Aktivitäten im Leerlauf weiterarbeiten läßt. Wenn diese Systeme alle zusammen ihre Tätigkeit einstellen, verliert die Gemeinschaft ihre Identität und hört auf, ein Organismus zu sein, der kollektiv wieder voll da ist, sobald die nächste Periode der Aktivität beginnt. So bestand bereits zu einem frühen evolutionären Stadium die Notwendigkeit für zwei getrennte Nervensysteme: eines, um den sich ständig ändernden täglichen Bedürfnissen gewachsen zu sein, ein anderes, um unbeirrt davon einfach weiterzumachen.

Diese nervöse Unterscheidung erreicht ihre äußerste Differenziertheit bei Wirbeltieren, die, wie wir gesehen haben, ein ganz besonderes und äußerst geregeltes Dasein führen. Alle Tiere mit einem Rückgrat besitzen ein getrenntes und deutlich autonomes Nervensystem, das die Eingeweide, die Blutgefäße und Drüsen versorgt. Außerdem lenkt es alle gedankenlosen Funktionen, die unsere Gemeinschaften in den Perioden der Inaktivität aufrechterhalten. Bei kaltblütigen Wirbeltieren wie den Fischen, Amphibien und Reptilien herrscht das selbständig funktionierende System vor, aber mit dem Beginn der Temperaturkontrolle durch die warmblütigen Säugetiere und Vögel änderte sich eine ganze Menge.

Die innere Temperaturkontrolle beseitigt die größte Umweltvariable. Dadurch können alle grundlegenden chemischen Reaktionen des Lebens unabhängig von äußeren Schwankungen stattfinden. Der Organismus ist frei für weitaus vielfältigere Verhaltensweisen. Er verfügt über wesentlich mehr persönliches Mitspracherecht, wann und wie Dinge getan werden können. Er wird auf eine sehr fundamentale Weise ein eigenständig handelndes Wesen, eine Person aus eigenem Recht, und dies zum ersten Mal. Er kann volle individuelle Identität herstellen. Die erste und höchst unmittelbare Folge dieser Emanzipation war die Entwicklung eines neuen zentralen Nervensystems, um die komplizierten Verhaltensweisen zu koordinieren. Dies war das limbische System.

Eine Ameise ist nur ein Ganglion auf Beinen, eine kleine feste Ansammlung von Nervenzellen in der Nähe des Kopfes mit Ausläufern zu den relevanten Anhängseln. Bei den Reptilien gibt es ähnliche spinnenartige Systeme, die über das ganze periphere Netzwerk der Haut verstreut liegen, aber alle diese Außenbereiche stehen wie eine Schar sensorischer Insekten unter der zentralen Kontrolle einer anderen Art von Herr und Meister, einem Nervenkomplex, der vom Rückenmark protektioniert wird. Dieses schwillt am oberen Ende leicht an, weitgehend deshalb, weil sich hier die meisten der wichtigsten Sinnesorgane konzentrieren. Viel mehr war nicht nötig, doch als sich die Säugetiere entwickelten, mußte eine zusätzliche Schicht gebildet werden, um die neuen Aufgaben und neuen Gefühle zu meistern. Diese Schicht nahm die Form eines limbischen Knotens an, der das Kopfende des Rückenmarks wie ein Wulst umgibt, fast als hätte der alte reptilische Gehirnkomplex einen neuen und modischeren Hut bekommen.

Das limbische System der Säugetierklassen scheint sich hauptsächlich mit Emotionen zu befassen, etwas, womit sich bis dahin noch kein Organismus auseinanderzusetzen hatte. Um es mit Carl Sagans Worten zu sagen: »Der reptilische Verstand wird nicht durch gewaltige Leidenschaften und scharfe Widersprüche charakterisiert, sondern eher durch gehorsame und stumpfe Ergebung in das, was seine Gene diktieren.«[471] Doch bei den Säugetieren liegen die Dinge wesentlich anders. Versetzt man einem solchen Tier an einer kleinen mandelförmigen Stelle der limbischen Region einen elektrischen Reiz, so kann dies zu außerordentlich wilder Aufregung führen. Bei einem Versuch konnte eine auf diese Weise elektrisierte Katze dazu gebracht werden, sich beim Anblick einer Maus ängstlich zu ducken. Bei einem anderen Versuch wurde ein aggressiver Luchs so weit beruhigt, daß er sich streicheln ließ.[485] Liebe, Haß, Angst, Wut, ein wenig Sexualität und viel elterliche Fürsorge scheinen hier angesiedelt zu sein.

Viele dieser Gefühle beziehen autonome Systeme mit ein: Blutgefäße erweitern sich, Hormone werden abgesondert, die Bronchien dehnen sich aus, das Haar sträubt sich, Augenlider ziehen sich zusammen, Pupillen ändern ihre Größe, und die Leber schaltet auf Schnellgang, um die Muskeln, die etwa bei Kämpfen oder auf der Flucht strapaziert werden, zu versorgen. Also muß es bei den warmblütigen Tieren (schon die Bezeichnung ist mit der Fähigkeit, Gefühl zu zeigen, verbunden) ein Zentrum geben, das die Aktivität zwischen den willkürlichen und unwillkürlichen Nervensystemen koordiniert. Auch dieses ist Teil der limbischen Region und verantwortlich, daß zahlreiche Arten imstande sind, die glatten Muskeln von inneren Organen bewußt zu kontrollieren. Der Kleine Galago *Galago senegalensis* uriniert vor jedem Sprung in die Hände, was ihm besseren Halt verschafft und auf einfache Weise sein Territorium mit seinen besonderen Gerüchen markiert.[153] Die Brüllaffen *Alouatta palliata* im Baumdach der südamerikanischen Wälder entleeren ihren Darm direkt und haargenau auf Eindringlinge in das unter ihnen befindliche Gebiet. Das koordinierende Zentrum ist außerdem für psychosomatische Krankheiten wie Geschwüre verantwortlich, indem es direkte Verbindungen zwischen belastenden äußerlichen Verhältnissen und dem inneren Gleichgewichtszustand herstellt.

Dies alles ist wohlbekannt; die weitreichendste Konsequenz der limbischen Brücke zwischen aktiven und inaktiven Nervensystemen ist aber vielleicht die, daß sie eine Art von Schizophysiologie bildet. Die beiden Systeme haben zum Teil überlappende Funktionen, und keines erfreut sich einer deutlichen Vorherrschaft über das andere. Dies war die Situation für die ersten Säugetiere und es ist dieselbe, in der sich das Opossum noch heute befindet; zum Teil Reptil, zum Teil Säugetier, und ein gut Teil Verdauungskanal. Ich glaube, dieser Konflikt schuf schließlich den Anreiz für eine größere Neuveranlagung von Identität und lieferte den nötigen Anstoß für die rasche und revolutionäre Entwicklung des Kortex. Doch das erste Resultat war die Erfindung des richtig koordinierten Schlafs.

Ungefähr um dieselbe Zeit gingen die ersten warmblütigen Vögel und Säugetiere aus unabhängigen reptilischen Ursprüngen hervor. Da Vögel fliegen konnten, waren sie in der Lage, sich außer Reichweite zu halten und doch Tagestiere zu bleiben, während die Säugetiere praktisch gezwungen waren, bei der Nacht Zuflucht zu nehmen und sich, so gut sie konnten, während der gefährlichen Stunden des Tageslichts zu verbergen. Solange die Dinosaurier aktiv waren, mußten die Säugetiere inaktiv sein und deshalb weitgehend der Kontrolle des autonomen Nervensystems unterstehen, das normalerweise ein regelmäßiges Reizschema errichtet, um die inneren Mechanismen im richtigen Tempo langsam weiterarbeiten zu lassen. Meiner Ansicht nach war es dieses metronome Signal, das mit dem reptilischen Gehirn zusammenwirkte, um das synchronisierte System von Gehirnwellen hervorzubringen sowie das charakteristische träge Verhalten, das wir jetzt als Schlaf erkennen. Schlaf ist Inaktivität plus Koordination.

Ein weiteres Ergebnis der Warmblütigkeit war, daß Säugetiere auf Eierschalen verzichten konnten; ihr Embryo durfte nun in der gleichbleibenden Umgebung des Uterus bis zu einer relativen Reife heranwachsen. Hier vollzieht er seine evolutionäre Geschichte nach, indem er alle Gesetzmäßigkeiten der Vergangenheit durchläuft und ihre Reihenfolge mit einem triumphierenden, rein säugetierhaften Erfolg krönt, indem er seine Hirnrinde zu neuen Höhen von Integration und Initiative vorantreibt. Um das zu erreichen, mobilisiert er die Reize, die bereits in dem alten Reptilienhirn präsent sind und bildet sie zu einem kortikalen Sturm um, der während der ganzen letzten embryonalen Stadien fast pausenlos wütet und sogar rasche Augenbewegungen mit einschließt. Die Folge dieser elektrischen Tätigkeit ist als eine Stimulierung von Wachstum und Koordination bekannt,[456] über die unmittelbaren Auswirkungen scheint man sich jedoch wenig Gedanken gemacht zu haben.

Wenn ein acht Monate alter menschlicher Fötus eine erregte Gehirnrinde hat, sitzen die Reizstellen in den Stirnlappen, wo später das Nachdenken stattfinden wird: in den Scheitellappen, die für die räumliche Wahrnehmung zuständig sind; den Schläfenlappen, die eine Vielfalt komplizierter Aufgaben erledigen sollen; und den Hinterhauptlappen, wo das Sehen schließlich koordiniert wird. Aber er hat keine visuelle Information zu verarbeiten; Raum kennt er nur innerhalb der Begrenzung des Uterus, und er hat bis auf die regelmäßigen Herzschläge seiner Mutter und die verworrenen, durch den Mutterleib gefilterten Geräusche nichts, worüber er nachdenken könnte. Möglicherweise reicht das aus, um ihn während der langen Stunden seines aktiven Schlafs zu beschäftigen, aber ich glaube es nicht.

Meiner Ansicht nach macht ein Individuum zu diesem Zeitpunkt und während dieses ungewöhnlichen superwachen Aufwiegelungsvorgangs die erste Berührung mit dem Kontingentsystem. Hier, im Zusammenwirken mit einer körperlichen

Wiederholung phylogenetischer Stadien, erlebt es auch ein geistiges Playback. Es vernimmt auf eine sehr schlichte, ziemlich diffuse, zeitlose, stillschweigende Weise die Stimme der Natur. Es ist rassischen Erinnerungen und archetypischen Formen unterworfen und zumindest teilweise durch sie programmiert. Der Fötus lernt zuerst die Musik der Erde zu erkennen, und erst später befaßt er sich mit den Problemen, ein individuelles menschliches Wesen zu werden.

Ich weiß – was ich hier behaupte, ist frivol und mystisch und entbehrt jeglicher Unterstützung durch wissenschaftliche Fakten, und doch gibt diese Sache mit dem Fötus ziemlich zu denken. Es ist Zeit, daß wir zumindest anfangen, Möglichkeiten zu erwägen. Diese hier könnte den Ansatz zu einer Grundlage für Jungs kollektives Unbewußtes liefern. Zumindest könnte sie dazu beitragen, manche Dinge, die wir tun, zu erklären; Dinge, die wir alle zu kennen scheinen, ohne daß wir dafür die notwendigen genetischen Programme haben. Es könnte eine Möglichkeit sein, nach der Empfängnis, aber vor der Geburt, Informationen weiterzugeben, die jene um uns erst jüngst erworben haben. Sie könnte Lamarck rechtfertigen.

Vieles daran ist spekulativ, aber eine Sache ist gewiß. Als die ersten Säugetiere ein Alarmsystem brauchten, das ihre neu entdeckte Fähigkeit, den Schlaf, bewachte, wartete bereits eines gebrauchsfertig im embryonalen Gehirnsturm. Die Fähigkeit zu träumen war bereits Teil des Säugetiererbes und brauchte nur als intermittierende aktive Phase in den ruhigen Schlaf aufgenommen werden.

Die tüchtigsten Hüter waren Alpträume, Träume von Drachen, die den Schläfer für die Anwendung der geeigneten Maßnahmen bereithielten. Dann verschwanden die Reptilien, und statt dessen begannen die Säugetiere, sich gegenseitig zu fressen. Die Beutetiere träumten weniger, nur für kurze Augenblicke und in unregelmäßigen Abständen; die Raubtiere träumten mehr. Die erfolgreichsten Räuber hatten die meiste Zeit zum Schlafen und Träumen und hatten am wenigsten dabei zu befürchten. Bei so viel Freiheit war dann auch Platz für ein paar gute Träume. Und je länger und verwickelter die Träume wurden, um so mehr bewegten sie das heranwachsende Gehirn und um so besser wurde es schließlich. Es liegt auf der Hand, daß sowohl mit der Zunahme der Traumfähigkeit als auch der zugehörigen Zeit die Träume allmählich einen eigenen selektiven Druck ausübten. Sie begannen wahrscheinlich mit der schlichten Wunscherfüllung von der Spielart Gänse-und-Mais, müssen aber sehr bald begonnen haben, sich gierig auf jede verfügbare Information zu stürzen, um die persönliche Erfahrung sowie den zunehmend größeren Schatz emotionaler Reaktionen auszunützen. Eine der Theorien über die Funktion des Traums besagt, daß er hilft, Erfahrung zu verarbeiten, Ereignisse zu ordnen und mit entscheidet, welche davon abgeschoben und welche in den Speichern der Langzeiterinnerung konserviert werden sollen. Es ist sicherlich wahr, daß Menschen, die ihre Tage mit anspruchsvoller geistiger Tätigkeit verbringen, mehr Schlaf und mehr Gelegenheit zum Träumen brauchen als solche, die sich in ihrer wachen Zeit mit sich wiederholenden, weniger schwierigen Aufgaben beschäftigen.[241] Träume scheinen heute auf diese Weise dem Gedächtnis zu dienen, sie könnten aber auch in erster Linie verantwortlich gewesen sein für die Schaffung eines tauglichen Gedächtnisses.

Freud führte mit seinem persönlichen Unbewußten einen Begriff in Kurzform ein für eine komplizierte Konstellation von Ereignissen in Verbindung mit unangenehmen und verdrängten Erinnerungen, die er aber trotzdem für mächtig genug hielt, um Träume heraufzubeschwören und auf diese Weise Spannungen abzubauen. Und er sah darin eine Art Sicherheitsventil, das nicht nur dazu diente, den Schlaf zu schützen, sondern auch um neurotische Symptome während des Wachzustands zu reduzieren. Die Entdeckung des aktiven und des ruhigen Schlafs wirft Zweifel auf das Unbewußte als Traumerreger, und die Psychoanalytiker neigen dazu, es jetzt mehr als »eine überlegene Kraft« anzusehen, die wahrscheinlich in fertige, wartende Traumfolgen eingreift.[345]

Freud glaubte auch, unser Hang, Träume zu vergessen, sei eine unmittelbare Folge eines Zensurmechanismus. Inzwischen haben Untersuchungen in den Traumlabors gezeigt, wie oft und wie lange und mit welch feinen Einzelheiten wir träumen, so daß es unwahrscheinlich erscheint, ein Zensor könne gegen diese Fülle von Information noch Einwendungen erheben. Aber selbst wenn sich Freud hinsichtlich des Mechanismus geirrt haben mag, besteht kein Zweifel, daß viele Träume doch sehr stark den Inhalt des Unbewußten ausdrücken, und Freuds Methode der Trauminterpretation als »via regia« zur Erforschung und zum Verständnis des persönlichen Unbewußten ist bislang unübertroffen.[244]

Für einen Biologen ist der Begriff des Ego eine der interessantesten Konstruktionen, die aus Freuds Unterscheidung zwischen bewußten und unbewußten Prozessen hervorgingen. Es gilt als ein organisierter Teil des psychischen Apparates. Nach Freuds Worten ist das Ego zuallererst ein Körper-Ich, das heißt, das Ich leitet sich letzten Endes von körperlichen Empfindungen her.[191] Es ist tatsächlich das Bild, welches das Selbst von seinem eigenen körperlichen System hat. Das erste Begreifen unserer objektiven Wirklichkeit ist für ein kleines Kind ein Begreifen seines körperlichen Selbst, seiner Existenz als getrennte Einheit mit deutlichen Begrenzungen und weniger klar definierten Möglichkeiten. Und während es heranwächst, pflegt es dieses Selbstbild durch dauernde Stimulation. Seine Vorstellung von sich selbst wird ständig durch Rückbeeinflussung aus der Umwelt untermauert. Dies paßt sehr gut zu meiner Auffassung, daß es eine gewisse Reaktionsfähigkeit in einem sich entwickelnden Organismus ist, die, ausreichende Komplexität und Zeit vorausgesetzt, zu Identität, zu Selbstbewußtsein führt.

Barbara Lerner vom Mental Health Centre in Chicago weist darauf hin, daß die Bedürfnisse und Wünsche eines menschlichen Kindes zunächst vergleichbar bescheiden sind und sich bei einem normalen Lauf der Ereignisse leicht und unmittelbar erfüllen lassen. Es erfährt seine Umgebung auf eine Weise, die dazu beiträgt, sein Selbstbild zu stärken. Doch wenn wir älter werden, lassen sich Wünsche nicht immer erfüllen. Einige werden nur aufgeschoben, andere werden völlig verweigert, und so entsteht eine Lücke zwischen Soma und Psyche, zwischen Körper und Geist, die eine beträchtliche Schwächung des Selbstbilds und des Ego zur Folge hat. Ihrer Meinung nach besteht ein wichtiger Teil der Traumfunktion in der Wiederherstellung der Persönlichkeit, indem uns der Traum erlaubt, alle unsere Wachträume auszuleben.[343]

Jüngste Experimente mit Katzen an der Harvard Medical School haben endgültig bewiesen, daß rasche Augenbewegungen direkt durch Signale aus dem alten reptilischen Bereich im

Stammhirn hervorgerufen werden, wo riesige Nervenzellen sitzen, die der Reihe nach feuern und Signale zum neuen Säugetiervorderhirn senden, wo explosionsartig elektrische Aktivität in der Hirnrinde ausgelöst wird, die unter anderem auch die Augenbewegung verursacht. Alan Hobson und Robert McCarley sagen, »es ist erstaunlich, daß wir nicht nur ein Kaleidoskop von Bildern und Farben träumen – daß wir überhaupt etwas Geordnetes sehen«.[20] Aber wenn Barbara Lerner recht hat, dann sind die raschen Augenbewegungen vielleicht nur so etwas wie die Tintenkleckse des Rorschach-Tests und ohnehin bedeutungslos, außer daß sie einen nichtstrukturierten visuellen Reiz liefern, den der Träumer dann zu Konfigurationen mit einer Bedeutung formt, die gewöhnlich Phantasiehandlungen einschließen. Vielleicht sind es genau die Art von Handlungen, die unterdrückte Wachträume am besten befriedigen und einem verblassenden Selbstbild und wackligen Ego am wirkungsvollsten wieder auf die Beine helfen.

Da wir nun also über die Fremden in unserer Mitte Bescheid wissen sowie über die relative Unabhängigkeit des Bewußtseins von genetischen und Kontingentsystemen, wird es für uns wichtiger denn je, den ganzen Zirkus auf irgendeine Weise zusammenzuhalten. Vielleicht geschieht es nur in den Träumen, daß sich bewußtes Denken, spontanes Gefühl, unbewußte Reaktion, unwillkürliche Physiologie, genetischer Druck und die einzelnen Programme der Zellorganellen zu gemeinsamer Beratung treffen und widersprüchliche Bedürfnisse und rivalisierende Forderungen aussortieren. Vereinbarungen, die hier, wahrscheinlich auf einer zeitanteiligen Basis, erreicht werden, sind vielleicht das einzige, was unsere komplizierten Belange überhaupt im Geschäft bleiben läßt.

Paul McLean vom National Institute of Mental Health in Maryland sieht den Konflikt beim Menschen ausschließlich als einen Konflikt zwischen den archaischen Strukturen des Gehirns und dem neuen spezifisch menschlichen Neokortex. Sie haben sich ganz sicher überlagert als Folge von schnellen Evolutionssprüngen und anscheinend ohne vorher für eine adäquate Koordination gesorgt zu haben. Er sagt: »Der Mensch befindet sich in der mißlichen Lage, von der Natur im Grunde mit drei Gehirnen ausgestattet worden zu sein, die trotz bedeutender Unterschiede im Aufbau gemeinsam funktionieren und miteinander kommunizieren müssen. Das älteste dieser Gehirne ist hauptsächlich reptilisch. Das zweite wurde von den niederen Säugetieren geerbt, und das dritte ist eine späte säugetiereigene Entwicklung.« Und er fährt fort: »Wenn wir diese drei Gehirne in einem Gehirn einmal allegorisch sehen, könnten wir uns vorstellen, daß der Psychiater den Patienten, den er bittet, auf der Couch Platz zu nehmen, gleichzeitig ersucht, sich neben einem Pferd und einem Krokodil auszustrekken.«[398] Oder neben einem Opossum oder einem Dinosaurier.

Ich glaube, daß ein solcher Konflikt kein ausgesprochen menschliches Problem darstellt, sondern genauso bei allen Säugetieren besteht. Das Opossum hat so große Mühe, mit seiner reptilischen Ahnherrschaft fertig zu werden, daß es schließlich mehr als 20 Stunden täglich schläft und in zehn davon träumt. Die Spannungen sind echt, und beim Menschen mit seiner Dreifachproblematik führten viele zu geistiger Unausgeglichenheit. Arthur Koester hält uns für gespalten – »auf der einen Seite der blasse Typ des vernünftigen Denkers, die an einem dünnen, allzu leicht reißenden Faden hängende Logik; auf der anderen die ungezügelte Heftigkeit leidenschaftlich verfochtener, irrationaler Ansichten, die sich in den Massenvernichtungen der vergangenen und gegenwärtigen Geschichte widerspiegelt«.[322] Unser Dilemma läßt sich nicht leugnen, aber ich glaube, daß McLean und Koestler in ihrer echten Besorgnis um die Gegenwart das Problem nicht in seiner wahren evolutionären Perspektive sehen. Wir wären nie zu unserer großartigen neuen Hirnrinde gekommen, hätte es nicht vergleichbare Spannungen in unserer frühen Säugetierentwicklung gegeben. Die natürliche Selektion lebt vom Druck, der Instabilität und die Notwendigkeit zur Veränderung auslöst. Die Spannungen sind wesentlich; ohne sie wären wir keine menschlichen Wesen geworden. Und obwohl wir uns jetzt vielleicht auf unheilvollen Wegen befinden und unseren Planeten vielleicht vollends zerstören, weiß niemand, welche ungewöhnlichen Folgen eine Lösung dieser Spannungen bringen könnte. Vielleicht ein vierfaches Gehirn mit noch größeren Problemen, aber auch unvorstellbaren Kräften und Möglichkeiten? Oder ein sprunghaftes Anwachsen der Menge in eine völlig neue Richtung?

Ich glaube in der Tat, daß das dreieinige Gehirn nur ein

Teil des Problems ist. Wir sind, wie ich darzustellen versucht habe, auf eine noch viel fundamentalere Weise in verschiedenartige evolutionäre Stufen unterteilt, von denen jede ihre eigene besondere Form von Subjektivität und ihre eigene Intelligenz besitzt, ihren eigenen Sinn für Zeit und Raum und viele eigene Erinnerungen. Und der einzige, der diesen Konflikt in allen seinen Dimensionen erfühlt hat, scheint Carl Gustav Jung gewesen zu sein.

Für Jung, wie für Freud, war der Traum das wichtigste Instrument der Therapie. Er war das einzige psychische Phänomen, das relativ leichten Zugang zu den Inhalten des Unbewußten gewährte. Aber Jung unterschied sich von seinem Lehrer insofern, als er in Träumen nicht nur die Zeichen für persönlichen Konflikt sah, sondern etwas mehr, etwas, das auf eine Urerfahrung zurückzugehen scheint, auf universale Probleme. Er lehnte es ab, eine Traumsituation außerhalb ihres Kontexts zu betrachten und bezweifelte die Annahme, es gäbe gewisse Standardsymbole, die mechanisch wie aus einem Wörterbuch übersetzt werden könnten. Seine wertvollste Erkenntnis, zumindest für den Biologen, war, daß es keine Traumeinheit gibt. Er sagte: »Es ist alles in allem wahrscheinlich, daß wir ständig träumen, aber das Bewußtsein macht während des Wachens solchen Lärm, daß wir es nicht hören.« Dies ist eine großartige Idee, die außerdem einen so perfekten biologischen Sinn ergibt, daß sie einfach richtig sein muß. Sie macht das Träumen zu einem rein natürlichen Phänomen, zu einem selbständigen Vorgang mit einer eigenen Sprache und eigenen Gesetzen. »Man träumt nicht«, sagte Jung, »man wird geträumt. Wir unterziehen uns dem Traum, wir sind die Objekte.«[282]

In diesem Prozeß ist immer noch Raum für persönliche Einmischungen, Überbleibsel von den Ereignissen des Tages, Eindrücke vom Tag zuvor, Erinnerungen an ähnliche Vorkommnisse – sie alle bilden einen Teil des »vereinigten Inhalts des Unbewußten und schleichen sich in den anhaltenden Monolog ein. Aber sie sind so bruchstückhaft, daß man ein vollständiges Bild nur dann erhält, wenn man sie über einen längeren Zeitraum hin betrachtet«. Jung hob als erster nachdrücklich die Bedeutung einer ganzen Traumserie für die Analyse hervor. Und er versuchte, auf diese Weise »das Kinderland« zu betreten, wo das rationale Bewußtsein der Gegenwart noch nicht von der »historischen Seele« getrennt war. Er erkannte, daß ein allmähliches Abgehen des einzelnen Menschen von seinem Ursprung unvermeidlich ist, daß es aber nichtsdestoweniger in Disorientiertheit endet. »Der Widerstand des Bewußtseins gegen das Unbewußte sowohl wie dessen Unterschätzung ist eine historische Entwicklungsnotwendigkeit, denn sonst hätte sich das Bewußtsein überhaupt nie vom Unbewußten differenzieren können.«[296] Wir benötigten die Spannung der Lebensflut, aber das macht es nicht unbedingt leichter, heute damit zu leben.

Alle Träume neigen dazu, ihre eigene Triebkraft und Intelligenz zu haben; sie schalten und walten frei von unseren üblichen Zwängen, als nähmen sie uns tatsächlich einfach huckepack und trügen uns davon wie Dinge, die im Traum vorkommen. Sie ignorieren Raum und Zeit, und gelegentlich lassen sie uns sogar mit einem Wissen zurück, das aus einem anderen Raum oder einer anderen Zeit zu stammen scheint. Telepathische und hellseherische Träume sind selten, aber sie kommen vor. Nebukadnezar, Alexander der Große, Charles Dickens und viele andere hatten sie spontan. Einige, wie der biblische Prophet Daniel oder der neuzeitliche »schlafende Prophet« Edgar Cayce bemühten sich aktiv darum und, wie es scheint, mit Erfolg.[104] Freud sagte einmal trotz seiner Antipathie gegen das kollektive Unbewußte, es sei eine unwiderlegbare Tatsache, daß der Schlaf günstige Bedingungen für die Telepathie schaffe.[190] Das meiste Beweismaterial blieb anekdotenhaft, bis Montague Ullman und Stanley Krippner 1962 im Maimonides Medical Centre in New York ihr Traumforschungslabor einrichteten. In zehn Jahren intensiver Forschungsarbeit konnten sie viele Beweise zusammentragen, so daß nur noch geringe Zweifel an der Wirklichkeit von telepathischen Träumen blieben, und einige ihrer experimentellen Ergebnissen deuten überzeugend auf hellseherische Träume hin.[552] Doch für mich ist der wichtigste Teil dieser Arbeit die Tatsache, daß trotz ihrer Umsicht und der Eleganz ihrer Technik die erfolgreichen Tests doch nur einen ganz kleinen Teil all ihrer Bemühungen darstellen.

Wenn jemand tatsächlich einen telepathischen oder vorwarnenden Traum hat, der ihm Information von einer Krise vermittelt oder ihm hilft, sie zu meiden, so ist das stets eine Sensation. Solche Fälle kommen vor, und wenn sie bekanntwerden, sieht man darin zu Recht etwas Ungewöhnliches.[219] Die überwiegende Mehrheit von Katastrophen, Unglücksfällen und plötzlichem Tod geschieht noch immer ohne Vorwarnung und bleibt unbemerkt, bis auf den üblichen Wegen davon berichtet wird. Die meisten in Träumen und allen anderen Formen von scheinbarer psychischer Kommunikation enthaltenen Informationen sind trivialer Natur. Sie haben wenig oder keinen adaptiven Wert, zumindest nicht für den einzelnen Empfänger. Jule Eisenbud von der Universität von Colorado ist der Ansicht, daß Information auf Traumebene »nicht in erster Linie auf das Individuum abgestimmt ist, sondern auf eine verflochtene Hierarchie von Ökosystemen, in die das Individuum ungeachtet der Spezies notwendigerweise eingebettet ist«.[158] Sie führt zu keiner nützlichen Fühlungnahme mit Einzelwesen, stellt kein persönliches Gleichgewicht her, steigert weder das Selbstbewußtsein noch vermittelt sie brauchbare Abhilfe für besondere umweltbedingte Probleme. Und das überrascht auch nicht. Von einer einzelnen Biene erfährt man wenig über den Honig. Wenn der Traum, wie Jung behauptet, vor allem auf einem kollektiven Unbewußten beruht, das mit allem, was lebt, verbunden ist, dann sollten wir von ihm eine universalere Bedeutung erwarten.

Maurice Maeterlinck, der belgische Dichter und Wissenschaftler, sorgte sich »über den merkwürdigen, widersprüchlichen, launenhaften und beunruhigenden Charakter des unbekannten Wesens in uns, das von nichts anderem zu leben scheint als von einer undefinierbaren, anderen Welten entliehenen Kost, zu denen unsere Intelligenz noch keinen Zugang hat. Es lebt nach unserem Denken in einer Art von unsichtbarem und vielleicht externem Ort, dessen Interessen, Vorstellungen, Gewohnheiten, Leidenschaften nichts mit den unseren gemein haben. Macht es sich über uns lustig?« Ich bezweifle es. Es gab Zeiten während meiner Erforschung des Übernatürlichen, in denen ich versucht war, alles für einen absurden kosmischen Scherz zu halten. So oft geschehen Dinge ohne Grund, auf eine Art und Weise, die kindisch oder sogar schusselig erscheint, und gewöhnlich ohne einen versöhnenden praktischen Wert. Aber ich empfinde es als falsch, diese Ereignisse an Hand unserer notwendigerweise beschränkten Maßstäbe zu beurteilen; wir müssen versuchen, alles in eine wahrhaft ökologische Perspektive zu bringen, andernfalls geht es uns wie dem glücklosen Inspektor Clouseau und wir finden nichts anderes als unsere eigenen Fingerabdrücke.

Wenn Jung recht hat mit dem ständig anhaltenden natürlichen Prozeß, den unser persönliches Unbewußtes vier- oder fünfmal in jeder Nacht kopiert, dann könnte es durchaus auch andere Möglichkeiten geben, um diesen Fluß zu erleben. Vielleicht ist es uns möglich, ihn bewußt anzuzapfen; so wie es in Shakespeares *Ein Sommernachtstraum* vom Dichter heißt, dessen Phantasie Gebilde von unbekannten Dingen nimmt und sie gestaltet – »benennt das luft'ge Nichts und gibt ihm festen Wohnsitz«.

Hieronymus Bosch und William Blake taten es mit Bildern; Samuel Taylor Coleridge und James Joyce mit Worten. Es gelang ihnen, den Strom des Bewußtseins auf Wege umzuleiten, die dem Traumbild gestatteten, auch im grellen Licht des Tages weiterzubestehen. Es waren alles außerordentlich begabte Männer, aber jeder von uns hat die Fähigkeit, Erfahrung auf ebenso magische Weise umzuformen. Wir tun es bei jedem unserer Tagträume.

Gedächtnisstudien zeigen, daß wir eine beängstigende Fülle von Material speichern, indem wir es im Gehirn verarbeiten und an irgendeinem noch mysteriösen Ort ablegen. Niemand weiß genau, wo das ist, aber wir lernen gerade ein wenig, wie es funktioniert. Das Zentrum unseres Informationsspeichers ist etwas völlig anderes als das statische Datenzentrum eines Computers; es ist ein aktives System, in dem ein großer Teil des Materials in einem Zustand ständiger Umwälzung gehalten wird. Ein endloser Strom von Gedanken fließt durch das System, rührt Dinge auf und hält manche Erinnerung nahe der Oberfläche in der Schwebe, wo sie am leichtesten wiederzufinden sind. Wir haben praktisch direkten Zugang zu einem riesigen Hort von Bildern und Assoziationen, die alle bereitstehen und darauf warten, der Vergessenheit entrissen zu werden. Normalerweise machen wir von diesem Reservoir sehr wenig Gebrauch, gerade nur so viel, um unseren täglichen Bedarf zu decken; aber hin und wieder, ohne ersichtlichen Grund, greift das Gedächtnis aufs Geratewohl hinein.

Wir nennen es Träumerei, Verträumtheit, am hellichten Tage träumen oder Luftschlösser bauen. Jeder von uns tut es, am seltensten, wenn wir mit etwas so Supersinnlichen wie Essen beschäftigt sind und am häufigsten kurz vor dem Einschlafen. Aber es ist ein ganz anderer Vorgang als beim ruhigen oder aktiven Schlaf. Hier zeigt sich nichts vom inneren Aufruhr eines Traums. Man kennt keine physiologischen Symptome des Tagträumens. Der Pulsschlag ist unverändert, die Atmung normal, weder bei den Gehirnströmen noch beim elektrischen Widerstand der Haut tut sich etwas Besonderes. Eine Möglichkeit, den Tagträumer zu erkennen, gibt es aber doch: Er blickt geradeaus vor sich hin, die Augenbewegungen werden langsamer und hören schließlich ganz auf, und er starrt mit mildem Blick ins Leere.[489]

Unterbrechungen zwischen den Episoden in einem Tagtraum kennzeichnen sich durch den »Konzertbesucher-Effekt«, wie Jerome Singer von der Yale Unversity dieses Phänomen nannte.[21] Genau wie alle Welt im Konzertsaal zwischen den einzelnen Stücken hüstelt und mit den Füßen schurrt, kommen auch die Augen des Tagträumers wieder ins Leben zurück; außerdem schluckt er oder seufzt sogar, sobald der Bann gebrochen ist. Wenn wir also hellwach tagträumen wollen, müssen wir anscheinend Information, die aus der Umwelt kommt, unterdrücken, und weil wir vorwiegend visuelle Wesen sind, heißt das, daß wir unsere Augen abschalten müssen, und dies nicht etwa, indem wir sie schließen – das würde zu physiologischen Veränderungen, die mit Schlaf verbunden sind oder zu kompensatorischen Effekten führen, die unser Gehör noch verschärften –, sondern durch eine Art selbstauferlegter visueller Monotonie. Ähnliche Wirkungen können durch eine Isolierung der Sinne in schwarzen Räumen erzielt werden oder durch die Übertragung von harmlosen Geräuschen, aber die meisten von uns können sich anscheinend auch in einer Menschenmenge isolieren, ohne dazu komplizierte Vorkehrungen treffen zu müssen. John Antrobus und seine Mitarbeiter an der Yale University bestätigten diesen Effekt, indem sie Versuchspersonen in eine Situation versetzten, in der ihre visuelle Umgebung nur aus einer Filmleinwand besteht, auf der sich vertikale Streifen bewegen.[22] Dies führt zu einem optokinetischen Reflex, bei dem die Augen automatisch den Auf- und Abbewegungen auf der Leinwand folgen. Sobald die Augen stehenblieben, wurden die Versuchspersonen gefragt, woran sie eben dachten, und jedesmal erwies es sich als ein komplizierter visueller Wachtraum.

Aktives objektives Denken ist immer von Augentätigkeit begleitet. Man kann sogar anhand der Richtung, in die sich die Augen bewegen, sagen, welche Art von Gedanken gedacht werden. Paul Bakan an der Michigan State University entdeckte, daß Verschiebungen nach links emotionale, ästhetische Beurteilung und bildliche Vorstellungen anzeigen, während die Augenbewegung nach rechts einen mehr logischen, analytischen Gedankengang verraten.[28] Künstlerisch tätige Menschen, bei denen scheinbar die rechte Gehirnhälfte dominiert, werden dazu neigen, über längere Zeitspannen hinweg die Linksabweichungen zu bevorzugen; und Wissenschaftler oder Menschen, die hauptsächlich verbal veranlagt und Benutzer der linken Gehirnhälfte sind, bewegen die Augen meistens nach rechts.

Viele Tagträume sind Wunscherfüllungen à la Walter Mitty. Das psychoanalytische Denken, das bis vor kurzem glaubte, alle Phantasie entspringe unterdrückten Wünschen, klassifizierte sie gern als neurotisch und wirklichkeitsfliehend. In den meisten Fällen werden Tagträume als »regressiv« und »unreif« beschrieben. Für einen Biologen ist diese Art von Beurteilung jedoch unsinnig. Ein Verhalten, das so verbreitet und klar definiert ist wie dieses, muß unserer Ansicht nach adaptive Bedeutung haben. In Untersuchungen über den Entzug von Sinneseindrücken wurde eindeutig festgestellt, daß das, was uns auf eine wirksame Weise funktionierend zusammenhält, nicht die Menge der äußerlichen Reize ist, sondern ihre Vielfalt.[173] Wenn die Umwelt einem Menschen zuwenig Anreize oder inhaltliche Abwechslung bietet, beginnt er gewöhnlich, sich nach innen zu wenden. Eine eintönige Arbeit am Fließband in einer unveränderlichen Umgebung führt fast unausweichlich zu Unfällen, aber nicht, weil geträumt wird. Die Analyse von Industrieunfällen zeigt, daß die meisten deshalb passieren, weil die Arbeiter durch Scherze oder Neckereien, die verzweifelte extrovertierte Versuche sind, für äußerliche Abwechslung zu sorgen, abgelenkt werden oder die Konzentration verlieren. Musikprogramme oder angenehme und anregende Gerüche führen andererseits eher zur Introspektion, und der Beweis zeigt, daß Tagträumen tatsächlich hilft, daß Arbeiter während einer im übrigen eintönigen Arbeit aufmerksam bleiben.[489] Ein selbstinduziertes Tätigkeitsmuster in der rechten Gehirnhälfte gleicht sich anscheinend mit einer vorwiegend linkshemisphärischen Arbeit aus und macht es weniger wahrscheinlich, daß diese von konkurrierenden analytischen Programmen abgelenkt wird. Wir können uns unsere eigene Begleitmusik machen.

In diesem Licht gesehen hat der Tagtraum Überlebenswert. Viele Arbeiten, die zur Aufrechterhaltung des Lebens gehören, sind Routine, sich ständig wiederholende Verrichtungen. Unser Gehirn mag sie gar nicht und versucht, sie zu meiden, wo es nur kann. Der elementarste Rückzug für wachsames Bewußtsein ist, weniger bewußt zu werden; wir neigen dazu, auf Langeweile mit Schlaf zu reagieren. Aber oft ist dies völlig fehl am Platz, es kann sogar tödlich sein. Daher der Tagtraum. Er unterbricht, wie der Nachttraum, der unseren Schlaf behütet, indem er das System in einem Zustand des Bereitseins hält, unseren Wachzustand mit Zwischenspielen geistiger Aktivität, um uns ständig präsent zu halten. Ich vermute, daß die Tagträume, genau wie die Nachtträume, in mehr oder weniger regelmäßigen Abständen während unserer gesamten wachen Stunden auftreten und vielleicht den zyklischen Mustern folgen, die wir allmählich als Biorhythmen erkennen.

Es gibt einen Punkt, an dem sich Tag- und Nachtträume beinahe begegnen. Viele Menschen beginnen zu schlafen, oder zumindest zeigt ihr Gehirn die langen, langsamen, für den ruhigen Schlaf charakteristischen Deltawellen an, während ihre Augen halb geöffnet sind. Und sie scheinen in diesem Stadium zu träumen, obwohl sie keine Augenbewegungen des aktiven Schlafs zeigen. Werden sie geweckt, berichten sie von komplizierten bildlichen Vorstellungen und visuellen Assoziationen. David Foulkes von der Universität von Chicago stellte fest, daß dies am häufigsten bei Versuchspersonen vorkommt, die zur Introspektion neigen, weniger ängstlich und psychologisch selbstbewußter sind.[181] Er interpretiert diese Eigenschaften als bezeichnend für jene, die meistens sofort nach dem Einschlafen träumen. Aber es sind genau die charakteristischen Merkmale eines guten Tagträumers. Und mir scheint, daß das, was er hier aufgezeichnet hat, weniger ein vorzeitiges, weil ungewöhnlich früh im Schlaf auftretendes Nachtträumen ist als vielmehr ein unzeitgemäßes, weil etwas später als üblich stattfindendes Tagträumen.

Die Antwort besteht meiner Meinung nach darin, daß die assoziative Gehirntätigkeit wesentlich länger anhält als wir erkennen können. Ich glaube, daß Bewußtsein ein ständiger Prozeß ist, der nicht einfach aussetzt, wenn wir schlafen. Selbst durch Narkotika erzwungener Bewußtseinsverlust unterbricht den Strom nicht unbedingt, was Chirurgen zu ihrem Schrecken entdeckten, als Patienten vom Operationstisch aus plötzlich freche Antworten gaben oder nach der Operation Unterhaltungen wiedergaben, die nie für ihre Ohren bestimmt waren.[344]

Schlaf ist deshalb kein Aussetzen des Bewußtseins, sondern seine Fortsetzung unter leicht veränderter Kontrolle. Und ein Traum, sagte Foulkes, »explodiert nicht wie ein plötzliches Feuerwerk vor einem Hintergrund völliger Dunkelheit; er entwickelt sich im Zusammenhang mit bereits vorhandener geistiger Aktivität«.[180] Träumen scheint ein fortlaufender selbständiger Prozeß zu sein, der parallel zum Bewußtsein weiterbesteht, und es ist vermutlich völlig falsch anzunehmen, wie einige es tun, es sei ein veränderter Bewußtseinszustand. Als Prozeß geht der Traum dem Bewußtsein bei der Entwicklung des Embryos voraus, wo er das psychische Leben beherrscht. Und er tut dies auch weiterhin unser ganzes Leben lang immer dann, wenn das Bewußtsein träge ist, was es im Schlaf notwendigerweise sein muß. Einheitliche Träume sind meiner Meinung nach Momente, in denen sich Traumstrom und Bewußtseinsfluß überlappen und mischen. Die Tatsache, daß zwei verschiedene Gebilde beteiligt sind, zeigt sich am Vorhandensein einer ganzen Reihe von Mischungen, die sich vom reinen Traumstrom bis zum reinen Bewußtseinsstrom unterteilen lassen.

Am Traumende dieser Skala stehen die erheiternden Flüge reinster Phantasie, in denen jeder Zweifel aufgehoben ist und alles geschehen kann und gewöhnlich auch geschieht. Dann kommen die üblichen komplizierten Kombinationen von Wirklichkeit und Geheimnis, von persönlichen und kollektiven Dingen, mit denen sich die meisten Träume befassen. Hier liegen natürlich die glückverheißendsten Jagdgründe für die Psychoanalyse.

Am anderen Ende des Spektrums, wo mehr das Bewußtsein ins Spiel kommt, liegen die präluziden Träume, bei denen sich die Person fragt, ob sie nun träumt oder wach ist und zum richtigen, aber auch zum falschen Schluß kommen kann. Und dann folgen die völlig luziden Träume, bei denen die Person weiß, daß sie träumt und sich sogar überlegen kann, ob sie den Inhalt oder die Handlung des Traums beeinflußt. Meiner Ansicht nach ist es bezeichnend, daß Wachträume, in denen die Gefahr des Erwachens groß ist, von der umfassendsten Aktion jenes Mechanismus begleitet sind, der Körperbewegung und Muskelaktivität unterdrückt; fast als würde das Kontrollzentrum im Stammhirn das Risiko der Schlafstörung kennen und alles daransetzen, um es so gering wie möglich zu halten.

Der seltene Alptraum ist ein besonderer Fall und tritt am häufigsten während der späteren Nachthälfte auf und fast immer am Ende eines langen Traumzyklus.[242] Ich vermute darin ein Notsystem, ein plötzliches, mächtiges und traumatisches Eindringen eines aggressiven Bewußtseins in den Traum, womit wir uns buchstäblich in den Wachzustand hineinängstigen. Er erscheint mir wie ein Mechanismus, der das totale Überhandnehmen des Traumstroms verhindern soll. Und er ist sehr häufig bei kleinen Kindern, einfach weil sie noch weitgehend der embryonalen Knechtschaft des Traumstroms unterliegen und noch voll damit beschäftigt sind, eine funktionierende Beziehung zwischen ihm und dem zunehmenden Bewußtsein aufzubauen.

Wenn wir wach sind, hat sich das Blatt gewendet und das Bewußtsein dominiert. Aber ich glaube, daß es dennoch eine Reihe von Möglichkeiten gibt, wie die tiefen Strömungen des Traumstroms sogar bei hellem Tageslicht an die Oberfläche gelangen können. Und eines dieser beklemmenden Erlebnisse ist der Tagtraum.

9. KAPITEL

Täuschung
– Das kollektive Unbewußte

Vor einigen Jahren, während meiner Rückreise aus einem der einsameren Gebiete Ostasiens, legte ich in Singapur eine Pause ein, um Bestandsaufnahme zu machen. Es lebt sich dort angenehm, und das Essen ist gut, und es ist ein idealer Ort, um sich von Malaria und Ruhr zu erholen. Ich hatte keine besonderen Pläne und beabsichtigte eigentlich nur, das eine oder andere neu zu gruppieren. Aber ich hatte vergessen, daß Singapur nicht nur ein teures Pflaster, sondern auch das faszinierendste Anthropologieseminar der Welt sein kann.

Es war Januar, der Monat von Thai, und der Stern Pusam erschien täglich höher am Firmament. Die Monsunzeit war fast vorüber, in den Hindutempeln von Chettiar und Sri Maramman trafen die Gläubigen Vorbereitungen für ein Fest zu Ehren des Gottes Subramaniam.

Besucher sind in den Tamiltempeln stets willkommen, und so verbrachte ich manche Stunde in Chettiar, hockte barfuß auf dem kühlen Steinboden neben einer glasierten Zementkuh und unterhielt mich zwischen dem Glockenläuten mit einem liebenswürdigen Priester, der sich jedesmal, wenn die Glocken ertönten, ins Tempelinnere begab und anschließend mit der weißen, heiligen Asche von Siva zurückkehrte, die er als segenbringende Gabe an die versammelten Gläubigen verteilte. Ich wurde in jenen friedvollen Tagen recht häufig gesegnet, und als das Thaipusamfest näherrückte, war ich mehr als bereit, aktiv am Ritual teilzunehmen.

Drei Tage und drei Nächte lang lebte ich innerhalb des Tempelbezirks, schlief wenig, aß nichts und trank nur heiliges Wasser, bis es in meinem Leben keinen anderen Rhythmus mehr gab als den der ekstatisch geschlagenen Molam-Trommel und der wimmernden heiligen Trompete. Am ersten Tag des zwei Tage währenden Thaipusam stiegen wir in kleinen

Gruppen den Bukit Larangan – den »Verbotenen Hügel« –
hinauf und kehrten in feierlicher Prozession zurück, während
wir Subramaniam lobpreisten, ihn um Vergebung anflehten
und danksagten. Viele Gläubige kasteien sich; sie bohren sich
Stahlstifte durch Lippen und Wangen, schleppen gefüllte
Milchtöpfe an Fischhaken, die sie sich tief ins Fleisch von
Brust oder Rücken rammen, oder sie taumeln meilenweit unter dem Gewicht von eisernen Käfigen dahin, die bis zu 70
Pfund schwer sein können und deren Stahldornen sich tief in
ihr Fleisch bohren. In völliger religiöser Hingabe brechen sie
schließlich auf den Tempelstufen zusammen, und die Priester
behandeln ihre Wunden mit Asche und Zitronensaft.

Mein Sühneanteil war bescheidener. Am ersten Tag be-
schränkte ich mich auf eine einzige grüne Limonelle, das Symbol der Läuterung; an einem Seidenfaden hing sie von einer
Nadel herab, die in dem ziemlich unempfindlichen Gewebe
meines linken Ohrläppchens steckte. Doch am Morgen des
zweiten Tages – meines fünften Tages ohne Nahrung – war
ich von den dicken Weihrauchwolken und dem schweren Geruch des Roten Jasmin so benommen, daß ich einwilligte, beim
Gang über glühende Kohlen mitzumachen. Ja, ich wäre durch
die Flammen gekrochen, um eine anständige Mahlzeit zu bekommen . . .

Im Hof eines der kleineren Tempel wurde eine Schlacken-
grube vorbereitet; wieder kamen wir von den Hügeln herab,
wo wir im Morgengrauen aufgebrochen waren, und zogen,
den ganzen Weg über barfuß tanzend, durch die Stadt. Paar-
weise betraten wir den Tempel. Ein alter Tamil aus Madras,
nur mit einem weißen Tuch um die Hüfte bekleidet, hielt mich
bei der Hand, Dreimal umkreisten wir eine turmartige, schil-
lernde Bildsäule, in der angeblich eine vollkommen weiße Ko-
bra wohnte, sichtbar nur für den, der reinen Herzens ist, und
jedesmal schritten wir mitten durch die glühenden Kohlen, die
in der Grube schwelten. Ich hatte nicht die geringste Angst,
mir die Füße zu verbrennen, erinnere mich jedoch, daß ich
mich bei der letzten Runde beiläufig wunderte, warum meine
Baumwollhosen nicht Feuer fingen.

An den weiteren Verlauf des Festes erinnere ich mich kaum
noch; ich weiß nur, daß ich lange und gut geschlafen habe
und am nächsten Tag auf einer Strohmatte in einer Ecke des

Chettiarklosters vom Lärm der Trommel erwachte. Ich fühlte mich wunderbar und ging zu dem achteckigen Marktplatz in Telok Ayer hinab, wo ich eine Riesenportion Hainan-Reis und mehrere malaiische Fischcurrys verdrückte. Und dann, immer noch eitel Wohlbehagen, ging ich hinunter zum Singapore River, setzte mich ans Ufer und verfolgte die akrobatischen Manöver der Schiffer auf den Tongkang-Leichtern in dem von Fahrzeugen wimmelnden Flußbecken. Und hier wurde mein Gleichmut wahrlich erschüttert.

Ein Freund gesellte sich zu mir, ein Photograph der *Straits Times,* der eben zwei hektische Tage hinter sich hatte, da er in einem Sonderauftrag für seine Zeitung Bilder vom Thaipusam gemacht hatte. Daß ich ihn bei der Menschenmenge nicht auf dem Fest gesehen hatte, wunderte mich nicht, und ich war auf eine kleine harmlose Stichelei gefaßt wegen meiner Rolle als einziger westlicher Teilnehmer beim Gang durch das Feuer. Er schwärmte mir von den Bildern vor, die er an der Schlakkengrube aufgenommen hatte, und war überzeugt, sie würden sich als der Höhepunkt seiner Geschichte erweisen, ja vielleicht sogar für das Titelbild geeignet sein. Als ich schließlich vor Neugier und Stolz fast platzte und ihn fragte, ob er zufällig auch mich beim Gang durchs Feuer geknipst habe, sah er mich nur verständnislos an und beteuerte steif und fest, er habe schon ganz zu Anfang, als die Flammen entzündet wurden, einen guten Platz am Rand der Grube ergattert und sei nicht von der Stelle gewichen, bis alles vorbei war. Er hatte mich nicht einmal gesehen.

Später gingen wir gemeinsam seine Bilder durch, fanden sogar meinen alten Tamilfreund, aber niemanden, der seine Hand hielt. Ich war auf keinem einzigen Photo. Den Rest des Tages verbrachte ich in einer Art geistigen Erschöpfung, und ich fragte mich, ob die Malaria schließlich mein Gehirn erfaßt hätte. Alle festen Grenzen schienen rings um mich herum zusammenzubrechen, nichts blieb übrig, woran ich mich hätte festhalten können. Ich war mir nicht mehr sicher, daß es überhaupt so etwas wie konkrete Wirklichkeit gab, und ich hatte Angst, in den Tempel zu gehen und die Wahrheit herauszufinden. Ich bin mir heute noch nicht sicher, was genau in jener zeitlichen Lücke während des Pusamfestes geschah; doch als ich an jenem Abend in mein kleines chinesisches Hotel zurückkehrte, um mich nach Tagen zum ersten Mal wieder ordentlich in dem Duschraum oben auf dem Dach zu waschen, wo der Hotelbesitzer seine Orchideen zog, entdeckte ich etwas, was das Geheimnis zwar noch verdichtete, mich aber um einiges sicherer machte: die Haare rings um meine Knöchel und einige Zentimeter darüber an den Waden waren an beiden Beinen versengt.

Im Jahr 1756 erhitzte Johann Leidenfrost, ein deutscher Physiker, einen Löffel, tat ein paar Wassertropfen hinein und maß anhand der Schwingungen eines Pendels, wie lange die Tropfen bestehenblieben. Er entdeckte, daß sie sich um so länger hielten, je heißer der Löffel war. Dieses scheinbar widersprüchliche Phänomen ist den Pastetenbäckern wohlbekannt, die seit alters her ihre Öfen so lange aufheizen, bis sich das auf die Oberfläche gespritzte Wasser dort etwa eine Minute oder länger hält und auf der Herdplatte zischend hin und her springt statt innerhalb weniger Sekunden zu verdampfen. Aber erst als der lateinische Originaltext Leidenfrosts übersetzt und 1966 neu veröffentlicht wurde, begannen sich die Physiker wirklich für den Leidenfrosteffekt zu interessieren.[342]

Ist eine Oberfläche heiß genug, verdampft die Unterseite eines darauf fallenden Wassertropfens, sobald er sich ihr nähert, und hinterläßt eine Dampfschicht, die die übrige Wassermenge ungefähr einen Zehntelmillimeter über der heißen Fläche hält. Hier schwebt sie, einigermaßen sicher vor der Hitze, bis der Rest des Tropfens aufgrund des Wärmeleitvermögens von Wasser verdampft. Die Temperatur, bei der die Tropfen einer Flüssigkeit am längsten bestehenbleiben, ist heute als der Leidenfrostpunkt bekannt.[213]

Der amerikanische Physiker Jearl Walker demonstriert den Leidenfrosteffekt, indem er seine Finger benetzt und sie in geschmolzenes Blei von 500 °C hält. Fleisch kocht bei 100 °C, aber die nassen Finger sind durch die Hülle aus Wasserdampf geschützt, jedenfalls ein paar Sekunden lang. Und er vermutet, hierin liege auch das Geheimnis des Gehens über glühende Kohlen. Bei jedem Schritt kommt ein Fuß mit den glühenden Kohlen in Berührung, ein Teil der natürlichen Flüssigkeit verdampft, gewährt für kurze Zeit Schutz und, vorausgesetzt, die Schritte erfolgen nicht zu rasch, könnte sich bis zum erneuten Aufsetzen des Fußes wieder genug Schweiß bilden, um den

Feuchtigkeitsverlust auszugleichen. Dies könnte erklären, warum das Gehen auf glühenden Kohlen, ob nun auf den Fidschiinseln, in Indonesien oder Malaysia, überwiegend in feuchten tropischen Gegenden vorkommt und warum alle, die es tun, besonderen Wert auf einen getragenen feierlichen Rhythmus legen; und warum, jedenfalls in Singapur, die Mitwirkenden ermuntert werden, große Mengen heiligen Wassers zu trinken.

Walker glaubte so fest an seine physikalische Erkenntnis, daß er sie selbst in einem 1,50 Meter langen Becken mit weißglühenden Kohlen ausprobierte. »Ich fand es plötzlich auffallend leicht, an physikalische Vorgänge zu glauben, solange sie auf dem Papier stehen, und bemerkenswert schwer zu glauben, wenn die Sicherheit der eigenen Füße auf dem Spiel steht. Auf glühenden Kohlen zu gehen wäre in der Tat eine hervorragende Prüfungsmethode, ob man auch wirklich glaubt, was man gelernt hat, und ich habe sie deshalb den Universitäten als Ersatz für die Doktorarbeit in Physik vorgeschlagen.«[567] Er bestand seine Prüfung mit Auszeichnung und ohne Schaden zu nehmen.

Ich würde gern glauben, daß auch ich mir meine Lorbeeren auf die heiße Tour verdiente, aber in gewisser Hinsicht ist mein Erlebnis in Singapur sogar noch interessanter. Der Gang über glühende Kohlen ist keine Seltenheit, so daß er nicht mehr zur Diskussion steht, aber die ganze Frage der Halluzination bleibt weitgehend offen.

9.3
Die eingebildete
Realität
Experimentelle Untersuchungen gibt es nur wenige. In Yale wurden freiwillige Versuchspersonen gebeten, eine langen Korridor entlangzugehen, bis ein Licht aufleuchten würde.[480] Obwohl nie ein Licht aufleuchtete, blieb über die Hälfte der Testpersonen dennoch stehen. Bei einer anderen Untersuchung spielte ein eindrucksvoller Apparat ein Rolle, der, wie man den Testpersonen mitteilte, zur kontrollierten Produktion von Sinnesreizen diente. Die Maschine tat überhaupt nichts; aber sobald sie eingeschaltet wurde, berichteten 90 Prozent der getesteten Personen, egal, ob man ihnen einen elektrischen Schock, eine Temperaturveränderung oder einen Geruch in Aussicht gestellt hatte, vom entsprechenden Stimulus.

Diese Art der Wahrnehmung ohne einen relevanten Sinneseindruck ist im allgemeinen als Halluzination bekannt. Sie kann ziemlich einfach in Laborsituationen durch den Entzug von Sinneseindrücken in schwarzen Räumen und Tauchbekken oder durch chemische Manipulation mit halluzinogenen Substanzen hervorgerufen werden.[561] Normalerweise bewegt sich ein Organismus jedoch nicht in einem sinnlichen V.-kuum; irgendwelche Informationen nimmt er immer auf. Die häufigste Form von anomalem Erlebnis ist deshalb das Mißverständnis, bei dem ein Mensch eine völlig eindeutige Situation auf ungewöhnliche oder irreführende Weise interpretiert, oder eine ungewöhnliche Situation auf eine rationalere, aber nicht minder irreführende Weise auslegt.

Donald Broadbent versuchte in Oxford, seine Testpersonen absichtlich irrezuführen, indem er ihnen über Kopfhörer in jedes Ohr eine andere Nachricht übermittelte.[76] Bei einem Versuch konnte das linke Ohr dreimal nacheinander das Wort ROT hören, während das rechte Ohr genauso oft und so schnell wiederholt GRÜN hörte. Als die Versuchspersonen gebeten wurden, auf das linke Ohr zu achten, gaben sie an, sie hörten ROT – ROT – ROT, GRÜN – GRÜN – GRÜN. Und auf die Anweisung, sich auf das rechte Ohr zu konzentrieren, wurde der gleiche Stimulus genannt, nur in umgekehrter Reihenfolge. Dies führte Broadbent zu der Annahme, das Nervensystem könne als ein einziger Kommunikationskanal mit begrenzter Kapazität betrachtet werden und sei imstande, eine überwältigende Menge an Information aus einer Vielzahl von Quellen zu bewältigen, weil es über einen Filter verfüge, der die Signale selektiv in diesen Flaschenhals einschleust. Wahrscheinlich ist dieser Filter ein linkshemisphärisches System, denn er ist schrecklich logisch und besteht auf annehmbarer Bedeutung, selbst wenn beim besten Willen keine vorhanden ist. Wenn zum Beispiel das linke Ohr hört RED SAILS WAS ALL SUN SET und das rechte Ohr gleichzeitig eingesagt bekommt GREEN SLEEVES IN THE MY JOY, ist er in der Lage, aus diesem Kauderwelsch etwas Sinnvolles zu machen. Bittet man eine Versuchsperson, auf dem linken Ohr zu hören, wird sie aller Wahrscheinlichkeit nach hören: RED SAILS IN THE SUNSET; und schenkt sie dann dem rechten Ohr Gehör, wird sie mit GREEN SLEEVES WAS ALL MY JOY belohnt werden. Der Filter jongliert mit Zeichen und Bedeutungen, vertauscht in rascher Folge Ohren und Hemisphären, bis alles einen Sinn ergibt. Die Wirklichkeit bekommt den Verstand aufgedrückt und wird fast nach Belieben verändert.

Das Gehirn sortiert visuelle Wahrnehmungen auf ähnliche Weise. Zwei amerikanische Neurophysiologen machten 1962 die wirklich grundlegende Entdeckung, daß Zellen im Sehbereich der Hirnrinde auf spezifische Dinge reagieren; einige auf Bewegung in nur eine Richtung, andere auf Linien, die in einem bestimmten Winkel und nur in diesem Winkel verlaufen, andere auf Ecken.[269] Folglich arbeiten die Zellen ungefähr so wie Buchstaben, die zusammengestellt Nervenworte bilden, die wiederum zu Wahrnehmungssätzen arrangiert werden. Aber Wahrnehmung ist nicht einfach nur eine passive Reflexion äußerer Reize. Was wir tatsächlich »sehen«, ist nur ein Bruchteil aller möglichen visuellen Signale in unserer Umgebung. Die Augen können wie eine Kamera das meiste davon aufnehmen, aber sogar sie sind selektiv, weil es das Gehirn ist, das ihre Aufmerksamkeit und ihre Einstellung lenkt. Es gibt zwischen innerer Wahrnehmung und äußerer Wirklichkeit keine schlichte photographische 1:1-Relation. Die visuelle Sprache des Gehirns ist ungeheuer kompliziert durch die Prozesse des Angleichens, Vergleichens, Analysierens und durch eine beträchtliche Portion kreativer Synthese. Die visuellen Buchstaben und Wörter werden so lange umhergeschoben, bis sie mit bestimmten vorgefaßten Meinungen über Wirklichkeit übereinstimmen. Jemand, der sich eine Umkehrbrille aufsetzt, sieht die Welt auf dem Kopf stehen; behält er sie aber eine Weile auf, greift das Gehirn ein und reorganisiert die Wahrnehmung, so daß wieder Ordnung hergestellt ist und der Mensch die Dinge wieder als »richtig herum« empfindet. Deutung und Umformung verfahren weitgehend unabhängig von dem, was tatsächlich draußen geboten wird. Jede Art von Wahrnehmung ist eine Funktion, an der nicht nur das, was in das Gehirn hereinkommt, beteiligt ist, sondern auch, was bereits darin ist.[220]

Man kann den Mann aus Missouri verstehen, der sagte: »Zeig her!«, und genauso, warum selbst heute noch Leute weise mit dem Kopf nicken und bestätigen können, daß »sehen gleich glauben« ist. »Ich hätte es nicht geglaubt, wenn ich es nicht mit eigenen Augen gesehen hätte«, ist zur Binsenwahrheit geworden. Struktur und Funktion des Wahrnehmungsmechanismus lassen jedoch vermuten, daß es neurophysiologisch genauer wäre zu sagen: »Ich hätte es überhaupt nicht gesehen, wenn ich es nicht schon vorher geglaubt hätte.«

Alles Leben wird von unglaublich vielen Informationen bestürmt, und die Fähigkeit, sich selektiv nur auf einen Teil dieser Fülle einzustellen, hatte stets Überlebenswert. Jede Art ist sensorisch spezialisiert; und die komplizierteren unter ihnen operieren ganz eindeutig mit Hilfe eines ausgeklügelten inneren Programms. Die Wirklichkeit, die sie erleben, ist sehr weitgehend eine, die sie sich selber ausgesucht haben. Insofern, als wir parzelliert, verpachtet und zugeteilt sind, ist es durchaus nicht verwunderlich, wenn unsere Erfahrung manchmal anomal und unvereinbar ist. Das Wunder ist, daß wir uns überhaupt einer Kontinuität erfreuen. Die scheinbare Folgerichtigkeit unserer Erfahrung ist so zwingend, daß sie uns zu einer Unmenge ungerechtfertigter Annahmen über die Wirklichkeit verleitete. Die fundamentalste und irreführendste ist die wissenschaftliche Annahme, es gäbe so etwas wie Naturgesetze, und die seien für alle, die sie befolgen, dieselben.

Die orthodoxe vernunftmäßige Erklärung lautet ungefähr so: Das Universum besteht aus physikalischer Materie, die in Elementarteilchen mit spezifischen elektrischen Systemen aufgeteilt ist. Diese Einheiten können als Daten angesehen werden. Die Umwandlung dieser Daten findet ausschließlich durch Veränderung der elektrischer Struktur statt. Oder, in anderen Worten, durch natürliche Datenverarbeitung. Und diese Umwandlungen unterliegen der Kontrolle von übergeordneten Programmen, aufgeschrieben im Alphabet von ungefähr 100 chemischen Elementen. Dies ist eine feine Sache, denn es gibt uns ein nützliches Arbeitsmodell für die meisten chemischen und physikalischen Vorgänge in die Hand, doch bei lebenden Dingen wird es schwierig.

Leben hat Eigenheiten, die von den Daten unabhängig sind und die wenig oder nichts mit dem Wesen der Elementarteilchen oder mit den chemischen Elementen zu tun haben. Faktoren kommen ins Spiel, die von den Programmen vielleicht vorausgesagt und sogar organisiert werden können, die letztlich aber doch abstrakt sind, weil sie mehr mit Erscheinungsform als mit Substanz zu tun haben. Aus orthodoxer Sicht werden mechanistische Interpretationen wie der kybernetische Versuch von David Forster bevorzugt, der zu dem Schluß kommt, »daß das totale Universum, einschließlich aller Erscheinungen von Materie und Geist, eine Konstruktion aufweist, die von der eines elektronischen Computers praktisch nicht zu unterscheiden ist«.[179] Glücklicherweise vertritt er auch einen in hohem Maße humanistischen Standpunkt, der dem Menschen in diesem Modell zubilligt, sich höhere Intelligenz und Glück zu verschaffen, indem er sich seine eigenen Programme schreibt. Doch die Unzulänglichkeit dieses Versuchs ist evident, wenn immer wieder mit Nachdruck beteuert wird, Wirklichkeit sei widerspruchsfrei und Tagträumen nicht nur wahnhaft, sondern auch unredlich und nichtevolutionär.

Ich ziehe es vor, einen nachgiebigeren und mehr organismischen Standpunkt zu vertreten und immer wieder zu betonen, daß wir am meisten von den Dingen lernen sollten, die nicht ganz in dieses Modell passen, von Ereignissen, die die Regeln brechen und den »Naturgesetzen« trotzen. Viel von der Bestürzung, mit der wir auf ungewöhnliche Erfahrungen reagieren, rührt von den logischen, kamera- oder computerartigen Annahmen über Wahrnehmung und Wirklichkeit her. Diese behaupten, ein wahrgenommener Gegenstand sei eine genaue Nachbildung dessen, was wahrgenommen wurde, und das Gedächtnis liefere ein Faksimile einer Originalerfahrung. Nichts könnte der Wahrheit ferner sein. Auf so objektive, mechanistische Weise funktionieren wir, wenn überhaupt, nur selten. Es gibt keine Möglichkeit, die Naturgesetze auf »wirkliche« Ereignisse und ihre »wahrheitsgetreue« Erkenntnis zu extrapolieren. Es gibt keine einzige nichtbezweifelbare Realität und keine absolute Wahrheit. Und dies ist nicht nur eine philosophische Schlußfolgerung. Die Erkenntnisse in der Physiologie und Psychologie zeigen, daß unsere gesamte Auseinandersetzung mit der Welt indirekt, auslegend und versuchsweise abläuft.[448] Unser ganzes Wissen ist approximativ und relativ. Wir – und vermutlich funktionieren alle Arten, die irgendein Bewußtsein haben, ebenso – stellen Hypothesen auf und probieren sie aus, wir lösen Probleme und wählen Strategien. Und dies gilt für Aufmerken, Wahrnehmen, geistige Vorstellung und Gedächtnis ebenso wie für das bewußtere Abwägen von Augenscheinlichem, wenn wir etwas beurteilen oder glauben sollen.

Das bedeutet, daß es so etwas wie objektiv richtige oder identische Antworten nicht geben kann. Selbst die Naturgesetze unterliegen der Einmischung des Bewußtseins, und keine zwei Einzelwesen könne je irgend etwas auf dieselbe Weise erfahren. Unser Uneinssein und unser ständiger Wandel reichen sogar so tief, daß auch ein einzelner Beobachter eine Sache nie zweimal auf genau dieselbe Weise erfahren kann. Mit einem Verstand begabt, der auf der Basis der allgemeinen Übereinstimmung operiert, der sorgfältig ausgewählte Datenbits zusammenstellt, interpretiert und frisiert, bis ein zufriedenstellender Kompromiß erreicht ist, ist es kein Wunder, daß unsere Erinnerung nicht photographisch genau und unser Gedächtnis weniger linear ist als der Speicher eines Computers.

Der wesentliche Punkt von all dem liegt darin, daß keine der Fragen über Leben und Natur »richtige« Antworten hat. Die Situation ist am Ende offen, die Daten reichen nicht aus, die Kriterien sind nie absolut, und es gibt keine endgültigen Lösungen. Wenn man dies weiß, erscheinen viele merkwürdige Erfahrungen viel weniger unheimlich und unerklärlich. Und man muß nicht verzweifeln angesichts der Tatsache, daß wir etwas zu sehen scheinen, was nicht da ist, oder etwas verpassen, was ist.

Am Institut für psychophysikalische Forschung in Oxford sammelte Celia Green Erlebnisberichte von Erscheinungen – von Dingen, die »nicht wirklich existieren«.[216] Ihr Bericht ist vollkommen objektiv, verurteilt die Vorkommnisse in keiner Weise, sondern gibt einfach wieder, was an Ereignissen geschildert wurde.

Das interessanteste an der Analyse ist vielleicht, daß hier ganz klar gezeigt wird, daß ungewöhnliche Ereignisse dieser Art fast immer auf sehr gewöhnliche Weise erfahren werden. Zwei Drittel der Begegnungen fanden in dem jeweiligen Zuhause der Personen statt, ein weiterer beträchtlicher Anteil im Haus von Verwandten und Freunden. Nur vier Prozent ereigneten sich bei der Arbeit und ganz wenige an Orten, die völlig unvertraut waren. Siebenundneunzig Prozent aller Erscheinungen traten ohne Warnung oder Anregung auf; viele der betroffenen Personen berichteten, sie hätten nichts Widriges bemerkt, bis die Person, die sie sahen oder mit der sie sprachen, plötzlich verschwand oder durch eine Wand ging. Und keine der Personen konnte sagen, sie habe unter Streß gestanden oder sei ungewöhnlichen Zwängen oder Gefühlen ausgesetzt gewesen; die meisten konnten nichts Bestimmtes über ihren emotionalen Zustand unmittelbar vor Beginn des Erlebnisses sagen.

Ein bezeichnendes biologisches Merkmal dieser Kontakte mit Erscheinungen ist, daß 84 Prozent der Erlebnisse visueller Art waren, 37 Prozent waren auditiv, 15 Prozent taktil und nur 8 Prozent olfaktorisch.* Insgesamt ergibt das mehr als 100 Prozent, weil in manchen Fällen mehr als nur ein Sinnesorgan beteiligt war. Der große Bereich der sinnlichen Stimuli zeigt, daß alle Sinne involviert waren, in einem Fall sogar ein Schmerzgefühl; aber die Einbeziehung jedes einzelnen Sinnes steht in direktem Verhältnis zu seiner relativen Bedeutung in unserem Leben.

Achtzig Prozent der Erscheinungen in diesem Bericht waren menschliche Wesen; die meisten waren den betroffenen Personen vertraut, und von zwei Dritteln dieser erschienenen Menschen wußte man genau, daß sie tot waren. Einige Erscheinungen waren Tiere, einschließlich Pferde und Kaninchen, häufiger jedoch Hunde und Katzen; meistens handelte es sich um persönliche Lieblingstiere, von denen ebenfalls bekannt war, daß sie tot waren. Wenn an der Vorstellung etwas dran sein sollte, daß irgend etwas von entscheidender Bedeutung den Tod übersteht und von Lebenden erfahren werden kann, dann ist es merkwürdig, daß es sich nicht überall manifestiert, und noch merkwürdiger ist, daß nur Haustiere fähig sein sollten, in dieser Weise zu überleben. Und wenn die Erscheinungen tatsächlich eine Form von unabhängiger Existenz haben sollten, ist es seltsam, daß ihre physikalischen Eigenschaften unterschiedlich aufgefaßt werden. Wenn sich alle Dinge gleichen würden, sollten wir imstande sein, Erscheinungen mit der gleichen Leichtigkeit zu sehen, zu hören, zu fühlen, zu schmecken und zu riechen.

Die Schlußfolgerung ist unausweichlich, daß die überwiegende Mehrzahl der Erscheinungen unsere subjektiven Erwartungen erfüllt und unseren sinnlichen Vorlieben entgegenkommt. Es sind Leute, die wir kennen und die vertraute Dinge an voraussagbaren Orten tun. Wenn Hunde gesehen werden, so stets in treuer Kameradschaft mit menschlichen Gestalten;

* siehe Abb. 3 auf Seite 208

Katzen erscheinen natürlich in der für sie typischen unabhängigen Art und Weise. Und fast alle diese Erlebnisse ereignen sich, wenn wir uns bequem und entspannt in vertrauter Umgebung befinden, häufig im Bett bald nach dem Erwachen, wo wir uns am ehesten auf eine träge und phantasievolle Weise vom Bewußtseinsstrom lösen oder ihn unterbrechen. Die Berichte der Oxfordstudie machen deutlich, daß es eine gestaffelte Reihe von Möglichkeiten gibt, wie sich Erscheinungen aufdrängen; sie reicht von Erscheinungsfiguren, die nur in die normale Umgebung hereingleiten, bis zu komplizierteren Auswirkungen, bei denen die Umgebung der Person verändert oder gar völlig vertauscht wird.

Celia Green nennt die letztere Art »Wachträume«, was vermutlich zutrifft. Es erscheint wahrscheinlich, daß fast alle Erscheinungen als Ergebnis von Traumstromeinflüssen im Zustand des Bewußtseins auftreten oder als Folge von flüchtigen Abweichungen im Synthesizer, der die normale bewußte Wahrnehmung koordiniert und organisiert. Die Hälfte aller solcher Erlebnisse ist innerhalb von 15 Sekunden vorüber. Aber selbst wenn von den meisten Erscheinungen in dieser Weise berichtet wurde, bleiben ein paar Fälle übrig, die sich nicht so leicht rational erklären lassen.

Am beunruhigendsten sind jene, bei denen mehr als eine Person gleichzeitig dieselbe Erscheinung haben.

Sir Ernest Bennett berichtet von einer Gutsbesitzerin, die im Jahre 1926 an einem Nachmittag zusammen mit ihrem Verwalter und der Masseuse einem älteren Arbeiter auf ihrem Gut einen Krankenbesuch abstattete. Als sie anschließend am Seeufer entlang zurückkehrten, sahen alle drei »einen alten Mann mit langem, weißem Bart, der im Winde wehte, als er den See zum anderen Ufer hin überquerte. Er schien die Arme zu bewegen, als stake er einen Kahn, aber es war kein Boot zu sehen, und er glitt einfach so über das dunkle Wasser hin.« Alle drei Beobachter haben ihn gesehen, und alle stimmten überein, daß die Gestalt große Ähnlichkeit mit dem alten Mann aufwies, den sie kurz zuvor besucht hatten. Am selben Abend erfuhren sie dann, daß er gerade um diese Zeit gestorben war.

Es gibt viele ähnliche Geistergeschichten, aber diese hier ist so bezeichnend, weil die drei beteiligten Menschen von dem

Gesehenen leicht unterschiedliche Berichte abgaben. Die Beschreibung oben stammt von der Gutsherrin. Der Verwalter sah einen alten Mann »auf dem Wasser gehen«. Und die Masseuse sah »eine schattenhafte, gebeugte Gestalt aus dem Schilf treten und in ein Boot steigen«. Derartige Diskrepanzen lassen viele, die solchen Geschichten nachgehen, zu dem Schluß kommen, daß einer der Zeugen recht, die anderen unrecht haben müßten, oder sie unterstellen gar, daß sich alle drei Beteiligten entweder täuschen ließen oder nicht ehrlich waren. Ich dagegen halte die Unterschiede für den überzeugendsten Teil der Geschichte und bin durchaus bereit, zu akzeptieren, daß alle drei tatsächlich gesonderte Erlebnisse hatte.

Wenn mehrere Menschen denselben Gegenstand betrachten, selbst einen so fraglos massiven wie einen Felsen, nehmen wir an, daß ihre Wahrnehmungen dicht beieinanderliegen wie Photos, die aus verschiedenen Winkeln aufgenommen wurden. Aber wir könnten uns irren. Wir wissen so wenig darüber, wie die Welt einem anderen Betrachter unter Umständen erscheint. Farbenblindheit zum Beispiel scheint niemand vermutet zu haben, bis der englische Chemiker John Dalton, der selbst zu den drei oder vier Prozent gehörte, die Rot nicht von Grün unterscheiden können, als erster 1794 darüber schrieb. Deshalb wäre es in der Tat erstaunlich, wenn drei Menschen, die eine Erscheinung hatten, *nicht* unterschiedlich darüber berichteten.

Halluzinationen treten spontan auf, aber die Möglichkeit, daß drei Zeugen rein zufällig gleichzeitig ähnliche Visionen haben sollten, ist so gering, daß es nicht lohnt, sich darüber den Kopf zu zerbrechen. Eine andere mögliche Erklärung ist, daß einer der drei die Halluzination produzierte und sie telepathisch den anderen mitteilte. Wenn wir voraussetzen, daß die verschiedenartigen Wahrnehmungen der Zeugen nicht stärker übereinstimmen, als aus ihren eigenen Berichten hervorgeht, dann ist die Menge an Information, die zwischen ihnen hätte ausgetauscht werden müssen, tatsächlich relativ klein. Die gemeinsamen Elemente in ihren gesonderten Erlebnissen könnten in einigen kurzen Datenbits zusammengefaßt werden – alter Mann überquert See, so, jetzt. Aber eine komplexe Halluzination ist selten, und Telepathie, selbst zwischen zwei Menschen, scheint ebenso ungewöhnlich zu sein. Somit wird die Wahrscheinlichkeit der telepathischen Kommunikation einer unwahrscheinlichen Vision zwischen drei Beobachtern zum genauen und sich deckenden Zeitpunkt des Todes einer vierten Person verschwindend gering. Und diese Erklärung wirkt schon ein wenig unnatürlich.

Also bleibt uns anscheinend nur noch eine Möglichkeit übrig: daß hier eine äußere Ursache am Werk war, die im wesentlichen dieselbe Information für die Gehirne von allen drei Zeugen lieferte. Eine echt paranormale Erscheinung.

Doch auch diese Erklärung hat einen Haken. In der Literatur über Erscheinungen liest man über Gruppen von zwei bis sieben oder acht Personen, die etwas Ähnliches zur selben Zeit sehen; aber es gibt keine wirklich verbürgten Fälle solcher Vorkommnisse bei größeren Gruppen.[228] Theater sind bekanntlich von Gespenstern heimgesuchte Orte, und dennoch wurde die Masse der Zuschauer noch nie kollektiv Zeuge einer Erscheinung auf der Bühne. Warum? Nun, ich bin versucht anzunehmen, daß zumindest eine der an dem Erlebnis einer kollektiven Halluzination beteiligten Personen stärker einbezogen sein muß als die anderen und irgendwie für das Entstehen eines äußerlich wahrnehmbaren Zutagetretens zu ihren Gunsten verantwortlich ist; und daß diese Illusion in irgendeiner Weise energieabhängig ist und durch die Teilnahme anderer Zeugen erschöpft wird. Vielleicht läßt sich eine Erscheinung nicht strapazieren.

Die Möglichkeit, daß der physische Kräftevorrat von einer der beteiligten Personen angebrochen wird, könnte der Grund sein, warum so viele Leute, die Erscheinungen haben, frösteln oder »eisige Zugluft« spüren, auch wenn sie keine Angst empfinden, und trotz der Tatsache, daß andere, die sich zur selben Zeit im Raum aufhalten, keine Veränderung der sie umgebenden Temperatur bemerken.[550] Niemand berichtete jemals, ihm sei angesichts einer Erscheinung heiß geworden.

Ich vermute, daß sich Gruppen von Einzelpersonen genauso verhalten wie Ansammlungen von einzelnen Zellen und daß Versammlungen unter gewissen Bedingungen und mit der richtigen Art der Bestandteile in den richtigen Proportionen eine kritische Masse erreichen. Aufgrund ihrer Zusammenstellung, ihrer besonderen Gestalt und Form erlangen sie Eigenheiten, die bei den teilnehmenden Individuen nicht vorhanden

9.4
Der
Organismus:
Menschenmenge

waren. Die Kraft, die Einzelpersonen zu einer Organisation zusammenschließt, ist so geheimnisvoll wie jene, die einzelne Zellen zu einem funktionalen Ganzen vereint; aber sie wirkt auf die gleiche Weise. Kleine Gruppen mögen sich gegenseitig einfach auf eine ungewöhnliche Art beeinflussen, aber komplexe Verbindungen können wie die algen- oder pilzartigen Komponenten einer Flechte agieren und etwas hervorbringen, das von beiden völlig verschieden und mit ganz bestimmten und neuartigen Kräften versehen ist.

Der Schriftsteller Elias Canetti betrachtet die Menschenmasse als einen selbständigen Organismus und entwickelt auf dieser Grundlage ein faszinierendes Bild ihrer Naturgeschichte.[98] Er wird empfangen von einem Massenkristall, der ein Individuum sein kann, ein Ort, ein Ereignis; am häufigsten aber, und mit der verheerendsten Wirkung, ist er eine mächtige archetypische Idee. Die einzige Vorbedingung für diesen Samen ist, daß er leicht erkennbar sein sollte und mit einem einzigen kurzen Blick aufgenommen werden kann. In der richtigen Umgebung wächst er sehr schnell. »Plötzlich ist es überall schwarz von Menschen, und von allen Seiten kommen mehr herbeigeströmt, als hätten Straßen nur eine einzige Richtung. Die meisten wissen nicht, was geschehen ist, und befragt, haben sie keine Antwort; aber sie beeilen sich, dort zu sein, wo die meisten Menschen sind.« In dem einen Augenblick sind es vielleicht ein paar vereinzelte Individuen, wird jedoch der relevante Samen eingeführt, sind sie im nächsten schon konzertierte Aktion, als wären die Massenkomponenten durch unsichtbare Bande vereinigt. Bewegung in irgendeinem Teil des Organismus scheint sich auf alle anderen Teile zu übertragen wie die Wellen nervöser Entladung bei einer Qualle.

Die Masse ist ein Organismus, der sich von Menschen nährt, und in ihrer jugendlichen Phase wird sie von einem einzigen Instinkt gelenkt, dem Drang, zu wachsen und immer mehr Menschen zu verschlingen. »Sie will jeden in ihrer Reichweite ergreifen; alles, was die Gestalt eines menschlichen Wesen aufweist, kann sich mit ihr vereinigen.« Und wie alle Kinder hat sie einen Hang zum Zerstörerischen. Es macht ihr Spaß, Dinge kaputtzumachen. »Der Lärm der Zerstörung trägt zu ihrer Befriedigung bei; das Zertrümmern von Fenstern und das Bersten von Glas sind die kraftstrotzenden Töne unverbrauchten Lebens, die Schreie von Neugeborenem. Es ist leicht, sie hervorzurufen, und das erhöht ihre Popularität. Alles schreit gemeinsam; das Getöse ist der Applaus von Dingen. Am Beginn von Geschehnissen, wenn die Masse noch klein und wenig oder gar nichts passiert ist, scheint ein besonderes Bedürfnis nach dieser Art von Lärm zu bestehen. Der Lärm ist ein Versprechen von Verstärkungen, auf die die Menge hofft, und ein glückliches Omen für künftige Taten.«[98]

In dieser Entwicklungsperiode ist der Massenorganismus noch recht zart und kann leicht auseinanderfallen, wenn seine Vorliebe für Lärm, Gedränge und Bewegung nicht in eine bestimmte Bahn gelenkt wird. Mit zunehmendem Wachstum braucht er eine Richtung, ein gemeinsames Ziel, das sein Gefühl von Einheit und Gleichheit stärkt. Welcher Art dieses Ziel ist, hängt davon ab, zu welcher Spezies die erwachsene Masse schließlich gehören wird. Wenn sie auf Mord oder Vertreibung aus ist, entwickelt sie sich zu einer schnellen Masse. Diese Art fällt am stärksten auf; sie versammelt sich schnell, und sobald sie ihr Ziel und ihren Punkt gegenseitiger Entladung erreicht hat, der oft von einem fast orgasmischen Schrei begleitet ist, löst sie sich ebenso schnell auf, wie sie sich gebildet hat.

Weniger augenfällig, dafür um so einflußreicher sind die langsamen Massen mit langfristigen Zielen. Im Gegensatz zum offenen, gefräßigen Wesen der schnellen Massen sind diese verschlossen; sie verzichten auf Wachstum und legen ihr Schwergewicht auf Permanenz. Sie besetzen begrenzte Räume und schaffen sich ihre Identität, indem sie Grenzen errichten, die alle ausschließen, die nicht wirklich dazugehören. Die Erfüllung wird hinausgezögert, oft auf unbestimmte Zeit, und um solch einen frustrierten Organismus intakt zu halten, muß er, wie Canetti sagt, domestiziert werden. Wenn eine Masse ihre übliche Nahrung, also mehr Menschen, nicht erhält, fastet sie. Und nur die großen Religionen und Ideologien sind imstande gewesen, die notwendigen Disziplinen zu entwickeln und zu beherrschen, um so langes Fasten durchzuhalten, bis die Ziele allmählich fast unerreichbar erschienen. Je idealistischer das Ziel, um so autoritärer muß die Herrschaft sein, um einen solchen Organismus zusammenzuhalten.

Jung sagt, es sei eine altbekannte Tatsache, daß die Moral

der Gesellschaft als Ganzes in umgekehrtem Verhältnis zu ihrer Größe stehe und daß jede große Gesellschaft, auch wenn sie sich aus ganz bewundernswerten Personen zusammensetzt, die Moral und Intelligenz eines schwerfälligen, dummen und gewalttätigen Tieres habe. Seine Technik der analytischen Psychologie beschäftigte sich weitgehend damit, Personen bei der Entwicklung ihrer eigenen Persönlichkeit zu helfen, indem sie es schafften, nicht nur den Inhalt ihres persönlichen Unbewußten zu erkennen, sondern auch das Wesen jener Kräfte, die der Kollektivität innewohnen. Und er war sich der Gefahr sehr wohl bewußt, die sich bei einem zu frühen Anheben oder Zerstören schützender Repressionen einstellen kann. »Die Kräfte, die aus der kollektiven Psyche hervorbrechen, haben eine verwirrende und verblendende Wirkung. Eine Folge ... ist das Freiwerden von unwillkürlicher Phantasie, die anscheinend nichts anderes ist als die spezifische Aktivität der kollektiven Psyche. Diese Aktivität wirft Inhalte auf, deren Vorhandensein man nie zuvor vermutet hatte.«[294]

Gefiltert durch die Mechanismen von Traum und Bewußtsein, werden diese Inhalte gern verzerrt zu eigenen Symbolen. Man könnte mit Recht behaupten, Jungs bedeutendster Beitrag zu unserem Bewußtsein ist seine sorgfältige Analyse von Motiven, die auf diese Weise an die Oberfläche kommen, und wie er diese in ein System brachte, das er die »Archetypen des kollektiven Unbewußten« nannte.

Diese Phase von Jungs Arbeit begann 1906 während der Konfrontation mit einem unheilbar an Schizophrenie erkrankten Mann. Eines Tages fand er den Patienten am Fenster stehen, mit dem Kopf wackelnd und in die Sonne blinzelnd. Als er ihn fragte, was er da tue, entgegnete der Mann: »Bestimmt sehen Sie auch den Penis der Sonne – wenn ich den Kopf hin und her bewege, bewegt er sich auch, und dadurch entsteht der Wind.«[302] Obwohl Jung diesen Worten zunächst keine Bedeutung beimaß, machte er sich eine Notiz, und vier Jahre später stieß er zu seinem Erstaunen auf eine identische Beschreibung in einem Buch über mithraische Religion. Er hielt es für unwahrscheinlich, daß sein Patient irgend etwas von einem griechischen Papyrus wußte, der Jahre nach ihrer Unterhaltung veröffentlicht worden war, und so vermutete er, daß sich der Mann irgendwie »mit der Seele der Menschheit vereinigt« und ein ursprüngliches oder archetypisches Bild aufgegriffen hatte.

Es gibt keine theoretische Grenze für die mögliche Zahl solcher Archetypen; in der Praxis jedoch haben Psychoanalytiker festgestellt, daß manche bedeutender sind als andere. Wie gewöhnlich haben die mächtigsten einen Hang zur Sexualität.

Es gibt in jedem Menschen – und normalerweise sollte es auch so sein – Elemente des anderen Geschlechts. »Ein angeborenes kollektives Bild der Frau existiert im Unbewußten des Mannes«, sagte Jung, »mit dessen Hilfe er die Natur der Frau begreift.«[294] Er nannte dies die Anima und meinte, sie sei das Relikt einer uralten Erfahrung und stelle keineswegs den wahren Charakter einer bestimmten Frau dar. Die Anima wird seiner Meinung nach nur in den konkreten Kontakten fühlbar, die ein Mann im Lauf seines Lebens mit der Frau macht, und er hielt sie für eine mögliche Quelle von Persönlichkeitsproblemen, weil sie auf jene Frauen, die ihn anziehen, projiziert wird. Natürlich gibt es Unterschiede im Bild der verschiedenen Männer und der Männer unterschiedlicher Kulturen; aber es scheint einige typische Merkmale zu geben, die überall konstant sind. Die Anima hat die Eigenschaft, zeitlos zu sein; sie sieht jung aus, hat aber jahrelange Erfahrung hinter sich. Sie ist von einer Art geheimem Wissen umgeben. Sie wird häufig mit der Erde oder mit Wasser in Verbindung gebracht, und sie kann große Macht besitzen. Sie ist im wesentlichen zweiseitig: auf der einen Seite die reine und edle Göttin, auf der anderen die verführerische Hexe.

Wenn ein Mann seine eigenen femininen Eigenschaften unterdrückt, präsentiert sich ihm höchstwahrscheinlich das dunkle Antlitz der Anima und vergällt ihm das Leben mit Phantasien, Stimmungen, bösen Vorahnungen und Gefühlsausbrüchen. Man braucht nicht lang zu suchen, um die Manifestationen dieser Art zu finden; da gibt es Feen, die die Macht haben, Männer von ihrem Zuhause wegzulocken; Sirenen, die Seeleute in Verzückung versetzen und auf Felsen auflaufen lassen; Seejungfrauen, Nixen, Nymphen; übelwollende Göttinnen, die femme fatale und la Belle Dame Sans Merci. Die lichtere Seite der Anima besitzt innere Werte und beherrscht die Kreativität. Sie ist die Personifizierung der Musen, der poetischen Seele, der Jungfräulichkeit. Der Archetypus als Ganzes ist »so gegensätzlich wie die Frau, die immer in dessen Form verkörpert wird«[177], und wenn Jung sie mit dramatischen und mythologischen Worten beschreibt, vermittelt er das Wesen des Bildes genauer, als dies mit einer wissenschaftlichen Formel möglich wäre.

Dasselbe tut er für den Animus, den maskulinen Grundzug bei Frauen, und für Archetypen, die er Heros, Trickster, Erlöser, Drachen, weiser alter Mann, große Mutter, Mordskerl, Ungeheuer usw. nennt. Und in jedem Fall wird deutlich, daß ein vorgeformtes Bild wie ein Magnet wirkt und relevante Erfahrung anzieht, bis ein Komplex entsteht, der stark genug ist, um an die Oberfläche des Bewußtseins zu steigen. Anfangs offenbart sich ein Archetypus nur auf individuelle Weise. Nehmen wir zum Beispiel den Gottarchetypus, der sich in einem Mann regt. So wie er die Welt erfährt, werden ihm solche Dinge lieb, die für den Gottarchetypus von Bedeutung sind, und bilden einen Komplex. Der Komplex nimmt, je mehr er aufstaut, an Stärke zu und ist schließlich stark genug, sich seinen Weg ins Bewußtsein zu bahnen. Hier hat er gute Chancen, beherrschend zu werden und viel vom Verhalten des Mannes zu lenken. Er sieht und beurteilt alles als gut und schlecht, predigt den Bösen Hölle und Verdammnis, beschuldigt die Leute der Sünde und fordert Buße. Er hält sich für den Propheten Gottes oder gar für Gott selbst; und schließlich beginnen die anderen, seine Ansicht zu teilen. Er wird ein Gott und übt über seine Anhänger Macht aus, die ihr Leben in einer Weise formt, daß sich eine ganze Gemeinschaft am Ende nach kunstvollen Hirngespinsten richtet und eine Wirklichkeit erlebt, die ganz anders ist als die jener Zeit, bevor dieser Archetypus so extremen Ausdruck gefunden hat. Eine solche Situation ist dem Wesen nach instabil und währt selten lange, aber sie hinterläßt Spuren. Keine Gemeinschaft, die ihren Platz einnimmt, wird je imstande sein, sie völlig zu ignorieren. Es scheint, daß die Archetypen die großen entscheidenden Kräfte in der Geschichte sind. Sie sind es, die die Ereignisse herbeiführen, nicht unsere dünnhäutige persönliche Psychologie oder unser individuelles Denken oder unser praktisches Vorhaben. Da Jung dies wußte und täglich durch seine Patienten in das kollektive Unbewußte eindrang, konnte er bereits 1918 warnen, daß »sich die ›blonde Bestie‹ in ihrem unterirdischen Gefängnis umdrehen und uns mit einem Ausbruch mit verheerenden Folgen bedrohen« wird.[232]

Er hatte recht. Diese erfolgreiche Vorhersage, und andere ähnlicher Art, hat gezeigt, daß das Verstandesmodell, das den Begriff eines Bewußtseins einschließt, zumindest innerlich widerspruchsfrei ist und fruchtbar genutzt werden kann zur Korrektur besonderer Funktionsstörungen. Aber gesehen hat man ein Bewußtsein noch nie. Wie beim Elektron besteht unser ganzes Beweismaterial für seine Existenz nur aus Schlußfolgerungen. Wir müssen darauf vertrauen. Dies klingt wie ein mythischer Glaubenssatz, der in einer sich wissenschaftlich gebenden Beweisführung nichts zu suchen hat; aber ich möchte noch einmal betonen, daß wir an einem Punkt in der Evolution angelangt sind, wo Ideen ihre eigene biologische Wirklichkeit angenommen haben. Selbst auf einen rein abstrakten Begriff kann die natürliche Selektion einwirken; er kann Überlebensfähigkeit beweisen und eine konkrete Rolle bei der Gestaltung des Schicksals einer Spezies spielen.

In der besten aller Welten würden alle Kommunikationssysteme nur das blanke Minimum an Information übermitteln, denn es wäre nicht nötig, irgend etwas zu qualifizieren oder zu erklären. Die Wahrheit wäre selbst verständlich. Aber die Dinge liegen nun mal anders. Jeder ist bestrebt, die Forderungen seiner eigenen selbstsüchtigen Gene zu befriedigen, und jeder, der sich davon losmachen kann, lügt. Manche Käfer, meistens als Glühwürmchen oder Leuchtkäfer bekannt, ziehen ihre Partner an, indem sie ihnen ein Lichtsignal geben. Um keine Verwirrung aufkommen zu lassen, hat jede Spezies ihren eigenen Code; doch in Nordamerika haben die Weibchen der Spezies *Photuris pennsylvanica* entdeckt, wenn sie sich falsch ausweisen und ein Signal blinken mit der Bedeutung »hier *Photinus pyralis* weiblich«, daß sie dann den getäuschten *Photinus pyralis* männlich anlocken und fressen können.[125] Betrüger sind nicht einmal untereinander ehrlich. Jungvögel wetteifern ständig um die Aufmerksamkeit ihrer Eltern, reißen sich um jede am Nest eintreffende Mahlzeit und schreien laut ihren Hunger hinaus, auch wenn sie satt sind. Familien- oder Artloyalität gibt es nicht. Nichts ist heilig – oder zumindest scheint es so . . .

Täuschung, sogar innerhalb einer Spezies, ist eine biologische Tatsache. Sobald es um die Interessen der Gene geht, wird gelogen und in die Irre geführt; Kinder werden ihre Eltern täuschen, Ehemänner ihre Frauen betrügen, und der eine Bruder wird den anderen belügen. Denn letzten Endes ist es das Individuum, auf das es den Genen ankommt. Deshalb entstand sehr früh in der Evolution die Notwendigkeit, Täuschung bei anderen zu entdecken. Jedes Einzelwesen, das vermeiden konnte, belogen zu werden, besaß einen entscheidenden Vorteil.

Im Signalverhalten vieler Arten gab es bereits eine eingebaute Schutzvorrichtung, in dem das Verhaltensmuster, das zum Beispiel besagte: »Ich bin ein aufnahmefähiges Weibchen und bereit zur Kopulation«, so kompliziert war, daß es wahrscheinlich nicht mit Erfolg von einem Individuum in Gang gesetzt werden konnte, das nicht schon physiologisch und automatisch in einer Position war, eine solche Aussage zu machen. Doch mit dem Auftreten der Säugetiere wurde das Verhalten anschaulich genug, so daß männliche Mantelpaviane *Papio hamadryas* andere, in der Gruppe stärker dominierende Männchen mit einer kleinen raffinierten Sexualscharade beschwichtigen können, wobei sie unter anderem auch die aufnahmebereite Haltung des Weibchens einnehmen. In vielen Fällen wird das aggressive Männchen, dem diese Darbietung gilt, tatsächlich beruhigt, und es macht sogar mit einem kurzen Kopulationsversuch mit dem Täuscher deutlich, daß es den Erfolg der Darbietung anerkennt.[587] Aber bei genauerem Hinsehen stellt sich heraus, daß auch seine Reaktion auf ihre eigene Weise in hohem Maß ritualisiert ist und ungefähr denselben Bezug zur echten Paarung hat wie ein militärischer Gruß zu dem alten Brauch, den Helm tatsächlich abzunehmen und sein Gesicht zu zeigen aus Achtung vor einem Überlegenen.

Viele komplizierte Verhaltensweisen schöpfen aus anderen Quellen. Das extravagante Balzverhalten des indischen Pfaus *Pavo cristatus* läßt sich auf ein Tun bei der Nahrungsaufnahme zurückverfolgen, so daß er in Wirklichkeit auf die ausgetüfteltste und übertriebenste Weise auf eine imaginäre Futterquelle vor sich auf dem Boden hinweist, um das Weibchen herbeizulocken.[475] Schüttel-, Bade- und Trinkbewegungen sind in den Balzablauf zahlreicher Entenarten eingebaut.[396] Die afrikanischen Chamäleons verteidigen ihr Territorium, indem sie den normalen Atmungsvorgang zu einer umständlichen Zurschaustellung übertreiben, wobei sie die Seiten ihres Körpers abwechselnd bedrohlich aufpumpen und einsaugen.[309]

Die Entwicklung von beinahe allen komplizierten Kommunikationssystemen erfordert extremen Opportunismus; von fast jedem biologischen Vorgang, der einer Spezies gelegen kommt, werden Signale geborgt und umgeformt oder ritualisiert zu neuen festen Tätigkeitsmustern. Die meisten von ihnen wurden zu Normen im Verhaltensrepertoire der Arten. Für sich haben die Bewegungen jetzt keine Bedeutung. Ein männlicher Graureiher *Ardea cinerea*, der sein Werben unterbricht, um mit dem Kopf nach unten zu weisen, als schnappe er nach einem Frosch, und dann seinen Schnabel laut klatschend über der imaginären Beute zuklappen läßt, ist nicht notwendigerweise hungrig. Sein Jagdverhalten wurde als Ritual in seine Balzzeremonie aufgenommen.[562] Es erscheint naheliegend, daß die einzige Funktion dieser Bewegung nun darin besteht, mitzuhelfen, das emotionale Niveau der Beteiligten auf einen Punkt anzuheben, wo die eigentlichen sexuellen Signale selbst mit letzter Klarheit empfangen werden und in der geeignetsten Weise auf sie reagiert wird.[120]

Das menschliche Ritual dient wahrscheinlich einer ähnlichen Funktion; es ist in sich selbst bedeutungslos, hilft aber, ein wichtiges Ziel zu erreichen. Viele Ausdrucksbewegungen wie Lächeln und Weinen wurden auf diese Weise während unserer Evolution ritualisiert und sind nicht länger notwendigerweise direkt mit dem Stimulus verbunden, der sie einst hervorgerufen haben mag. Wir alle kennen das Kind, das zwei Kilometer vom Haus entfernt hinfällt und sich weh tut, aber erst am Gartentor zu weinen beginnt. In zahlreichen Fällen ist die biologische Basis so weit entfernt, daß sie vollkommen verlorenging. Die stilisierten Bewegungen des Tanzes, die Handlungen der Schauspieler in einem japanischen Drama, die Gesten der Fingersprache für Taube, sie alle sind jetzt rein symbolisch und vom emotionalen Zustand des betroffenen Individuums völlig getrennt. Sie sind, in einem biologischen Sinn, lauter Lügen.

Viele dieser neuen Muster mögen letztlich den Zielen der Gene dienen, indem sie ihre Überlebensmaschinen effizienter machen; aber bedeutend an ihnen ist, daß sie vom Phänotypus erfunden wurden. Es gibt Beweise, daß sich höhere Organismen in zunehmendem Maß vom Diktat des genetischen Systems emanzipieren. In der Stimme, die durch diese Organismen spricht, schwingen ferne Anklänge alter genetischer Befehle mit, aber die Vibrationen der neuen Töne der psychischen Freiheit von den alten physikalischen Zwängen sind wesentlich kraftvoller. Es ist ein Ausdruck der Unabhängigkeit durch das Kontingentsystem, ein Kennzeichen für die Vorherrschaft von Memen über die Gene.

Eine Termite, die im Brutkasten einer Kolonie aus einem Ei schlüpft, ist in jeder Weise vorprogrammiert, um sofort in Aktion zu treten als vollwertiges Mitglied der Gemeinschaft. Ein menschliches Kind jedoch taucht in eine weitaus kompliziertere Umgebung ein, wo alle Dinge dazu neigen, doppelsinnig und zwangsläufig nicht ganz das zu sein, was sie scheinen. Alles, was ihm zur Verfügung steht, um sich mit dieser verwirrenden Situation auseinanderzusetzen, ist seine angeborene Veranlagung zu bestimmten Verhaltensweisen, die ihm helfen können, zu lernen, was es wissen muß. Glücklicherweise hat es außerdem eine lange Periode totaler Abhängigkeit vor sich. Während dieser Zeit wird die weit offene Aufnahmebereitschaft eines Kindes durch die Wechselbeziehung mit seiner Mutter eingeengt. Die Kommunikation zwischen ihnen hängt zum Teil von instinktiven Auslösern ab, meistens aber von weniger stereotypen und mehr subtilen und individuell variablen Signalen. Allmählich lernt das Baby neue Möglichkeiten kennen, wie es seinen Kommunikationsbereich ausdehnen kann, von dem nur ein kleiner Teil direkt mit physiologischen Bedürfnissen verbunden ist. Sowohl Mutter als auch Kind scheinen die Kommunikation um ihrer selbst willen zu genießen, und das Verhalten von beiden wird ganz offensichtlich vom Verhalten des jeweils anderen gelenkt.[74] Doch das Kind muß eine Menge Vertrauen aufbringen. Alles deutet darauf hin, daß im Kind eine frühe Veranlagung vorhanden ist, den mütterlichen Befehlen und Verboten zu gehorchen, und dies unabhängig von Training oder Disziplin.[506]

Diese Veranlagung ermöglicht es einem Baby zu lernen, daß die, von der es vollkommen abhängt, verläßlich ist. Daß eine Mutter, die vorübergehend nicht anwesend und deshalb nicht existent ist, nicht unbedingt für immer verloren ist. Diese »Jetzt-siehst-du-sie,-jetzt-siehst-du-sie-nicht«-Erfahrung mit Müttern ist mit fast absoluter Gewißheit unser erster Kontakt mit dem Numinosen, mit etwas Unerklärlichem und Ehrfurchteinflößendem. Es lehrt uns zu vertrauen, lange bevor wir zu sprechen lernen. Es verlangt von uns unseren ersten Beweis, etwas zu glauben, das nicht gewußt werden kann, dessen Existenz sich mit normalen Mitteln nicht beweisen läßt. Es ist unser erster Kontakt mit der Welt der abstrakten Ideen; unsere erste Erfahrung des Heiligen.

Einiges an Information, die in unser Leben hereinkommt, bietet keine Probleme. Sie ist entweder offensichtlich wahr oder kann auf der Basis unserer Erfahrung für wahr gehalten werden. Aber die meisten Informationen, auf die sich soziale Handlungen stützen, sind weder logischerweise notwendig, noch können sie von der Erfahrung her bestätigt werden. Wir müssen ihnen vertrauen. Anfangs war es leicht, etwas zu glauben, einfach weil »Mutter es gesagt hat«, aber diese vernunftgemäße Erklärung wird jedem, der älter als zehn Jahre ist, ein wenig dürftig erscheinen. Also ergab sich in der menschlichen Evolution offenbar ein Bedürfnis, für zahlreiche Geheimnisse eine andere Art von Gültigkeitserklärung zu finden. Roy Rappaport von der Universität von Michigan meint, daß die Heiligmachung dieses Bedürfnis befriedigte. Er sagt: »Die Menschen sind eher bereit, geheiligte als ungeheiligte Mitteilungen für wahr zu nehmen; in dem Maß, wie sie es tun, wird man auch ihre Reaktionen auf geheiligte Mitteilungen voraussagen können, und entsprechend geordnet wird die Gesellschaft funktionieren. Wenn Mitteilungen als wahr akzeptiert werden, ob sie nun wahr sind oder nicht, trägt dies zur Ordnung bei und macht sie genaugenommen vielleicht erst möglich.«[447]

Der abstrakte Begriff des Heiligen bildet sich bei jedem Menschen noch vor der Sprache und könnte vielleicht sogar verantwortlich gewesen sein für die Entwicklung aller symbolischen Kommunikation sowie für die rasche Heranbildung unserer Intelligenz. Und wie man es auch betrachtet, es scheint klar zu sein, daß es die Intelligenz und nicht die genetischen Formen und Erscheinungen waren, die für unsere ausgeklügelte soziale Organisation die Verantwortung trägt. Die Konventionen, die die Gesellschaft zusammenhalten, sind jedoch weitgehend willkürlich, und dieselbe Intelligenz, die uns zu einer genügend anpassungsfähigen Spezies machte, um eine außerordentlich breite Palette sehr unterschiedlicher Verhaltensweisen zu erlernen, führt unausweichlich dazu, daß wir diese Willkür in Frage stellen und nach Alternativen suchen. Doch keine Gesellschaft, wenn sie das Chaos vermeiden will, kann es zulassen, daß alle Alternativen in die Praxis umgesetzt werden. Somit sind die menschlichen Gesellschaften zusätzlich zur genetisch bestimmten individuellen Selbstsucht und Täuschung auch noch mit einem Phänomen konfrontiert, das der französische Vitalist Henri Bergson »jene zersetzende Kraft der Intelligenz« nannte.[50] Es scheint, daß die Religion hauptsächlich geboren wurde, um diese Lücke auszufüllen.

Der Vorzug einer Regelung durch religiöses Ritual besteht darin, daß die Handlungen von sehr vielen Menschen gelenkt werden können ohne eine Intervention menschlicher Macht oder sogar ohne jede menschliche Autorität überhaupt. Heiligkeit ist viel billiger und weniger entzweiend als eine Polizeimacht. Wird etwas als heilig postuliert, werden dem einzelnen die Bedürfnisse der Gesellschaft so dargestellt, als wären sie seine eigenen Ziele, und ein möglicher Bruch wird leicht und unauffällig durch bedingungslose Unterwerfung ausgeglichen. Dies hört sich fast so an, als müsse es irgendeine gottähnliche Figur geben, die die Evolution geschickt auf ein fernes, göttliches Ziel hinsteuert. Möglicherweise ist es wirklich so, aber es ist gar nicht nötig, so etwas anzunehmen. Die Programme, die Heiligkeit erlangen und es tatsächlich schaffen, befolgt zu werden, können rein ökologische Ursprünge haben.

In den Hochländern von Neuguinea sind Schweine für die Existenz der Bevölkerung sehr wichtig. Sie liefern Protein, setzen Abfälle um, beseitigen Kot, weichen den Boden für die Bestellung auf und dienen als Wohlstandsobjekte beim Kauf einer Braut oder als Ersatzleistung für Kopfjägerüberfälle. Sie sind von entscheidender Bedeutung für die Gesellschaften dort, aber es gibt Zeiten, in denen sie sich so vermehren, daß sie des Guten zuviel tun, in die Gärten einfallen, unangemessen viel Zeit und Mühe beanspruchen und die Umwelt zerstören. Deshalb hat sich über die Jahrtausende hinweg ein wohldurchdachtes heiliges Ritual für den haushälterischen Umgang mit Schweinen entwickelt. Sobald die Schweinepopulation ein bestimmtes Maß erreicht, beginnt ein ein Jahr lang dauerndes Ritual, das *kaiko*. Im Mittelpunkt dieses Zyklus steht das Opfer einer großen Anzahl von Schweinen zugunsten der »roten Geister« der Vorfahren, und scheinbar dient es allein ihrem Wohl. Doch das eigentliche Ergebnis eines *kaiko* sieht so aus, daß die Stifter der Schweine Ansehen gewinnen und von der Schweineplage befreit werden, die Empfänger Nahrung von hohem Proteingehalt erhalten, die kriegerischen Auseinandersetzungen so geregelt werden, daß sie nicht zu häufig vorkommen, Leute und Land teilweise neu verteilt werden und die Umwelt vor der Ausplünderung durch zu viele Schweine geschützt wird.[446]

Solche Rituale lassen sich auf biologische Weise erklären. Über lange Zeiträume hinweg wird die natürliche Selektion unausweichlich jene Zeremonien und Glaubensanschauungen begünstigen, die den größten Überlebenswert besitzen. Alle anderen werden durch Unterlassung ausgeschieden. Ideen unterliegen dem gleichen evolutionären Prozeß wie Schnäbel oder Klauen. Sie müssen sich im Einsatz bewähren. Die Meme wetteifern auf genau dieselbe Weise wie die Gene ums Überleben, und nur die tauglichsten überleben. Aber es ist wichtig, sich klarzumachen, was da überlebt. Eine Idee kann für die Gesellschaft, für die Individuen und sogar für die Gene schädlich sein und trotzdem überleben. Sie könnte sogar in Form eines mechanischen Gedächtnisses in einem Buch oder Film oder einer Computeraufzeichnung den völligen Untergang unserer Spezies überleben. Sie entwickelt sich und wird zu dem, was sie ist, einfach weil ihre Eigenheiten für sie selbst vorteilhaft sind.

Ich meine, daß Jungs Archetypen in diesem Licht gesehen werden sollten. Viele von ihnen haben offensichtlich sozialen und sogar umweltbezogenen Wert. Sie wirken als psychische Kontrollen und Gegengewichte; sie formen uns, sind maßgebend für die individuelle Persönlichkeit und gemeinschaftlichen Interessen. Wahrscheinlich haben diese Archetypen ökologische Ursprünge und sollten eine gleichartige Analyse wie der *kaiko*-Brauch in Neuguinea zulassen. Ich möchte vorhersagen, daß sich ein neuer Typ von biologisch orientierten Anthropologen, der auch von Psychoanalyse etwas versteht, bald dieses Feldes annehmen und mit der Dokumentation der funktionalen Rolle solcher Archetypen in unserem Leben beginnen wird.

Die Existenz anderer Archetypen läßt sich nicht so leicht aufdecken. Sie liegen in dem Bereich verborgen, den Jung als das kollektive Unbewußte identifizierte, und ich glaube, daß seine intuitiven Eindrücke davon wahrscheinlich dicht bei der Wahrheit lagen. Es ist möglich, einige normale menschliche Verhaltensweisen und einige psychologische Störungen im Hinblick auf sie zu interpretieren; und es kann sogar eines Tages möglich sein, den Nachweis für ihre unabhängige Realität zu erbringen. Doch im Augenblick bleiben sie in einem Bereich, der noch nicht offen dargelegt werden kann und sich weder experimentell beweisen noch verstandesmäßig anzweifeln läßt.

9.6
UFOs –
ein Archetyp?

Ein Phänomen jedoch scheint ein integraler Bestandteil dieser Geheimniszone zu sein, und es liegt bereits genügend Material darüber vor, um wenigstens eine vorläufige Analyse zu treffen. Ich meine den sich hartnäckig haltenden und anscheinend zeitlosen Glauben, daß wir aus der Luft Besuch erhielten und immer noch erhalten, von Wesen aus legendären Ländern, anderen Wirklichkeiten oder Welten.

Die Literatur ist riesig und meistens parteiisch. Viel davon ist mühsam zu lesen, aber man kann sie nicht mehr ignorieren. Jung war der Meinung, er müsse sich irgendwie damit auseinandersetzen, und wie gewöhnlich legte er seinen Finger auf einen wunden Punkt. Für eine Schweizer Wochenzeitschrift schrieb er 1954 einen Artikel, in dem er sich skeptisch äußerte. »Obschon ich mit gebührendem Respekt die ernsthafte Meinung einer verhältnismäßig großen Anzahl Luftfahrtspezialisten erwähnte, die an die Wirklichkeit von Ufos (unidentified flying object) glauben.« Als die Weltpresse diesen Arikel entdeckte, verbreitete sich in Windeseile die Nachricht, Jung glaube an fliegende Untertassen. Er gab daraufhin sofort eine Richtigstellung ab, aber kein Mensch nahm davon Notiz. Deshalb veröffentlichte er 1958 eine vollständigere Darstellung mit einem Vorwort, in dem es heißt: »Da das Verhalten der Presse eine Art Gallup-Test in bezug auf die Weltmeinung ist, muß man den Schluß ziehen, daß Nachrichten, welche die Existenz von Ufos bejahen, willkommen sind, daß hingegen Skepsis unerwünscht scheint ..., daß auf der ganzen Welt eine Neigung besteht, an fliegende Teller zu glauben, sowie der Wunsch, sie möchten real sein.«[300] So ist es tatsächlich, und ganz abgesehen von der Frage nach ihrer Realität wäre es faszinierend zu wissen, warum.

Über dem Sumpf der Ufologie erhebt sich eine Stimme ganz klar und rein: die von Jacques Vallée, einem französischen Astrophysiker. Er definiert den Bereich als den, der den »Mythos vom Kontakt zwischen der Menschheit und einer intelligenten, anscheinend mit übernatürlichen Kräften begabten Rasse« umfaßt.[555] »So stark der heutige Glaube an fliegende Untertassen aus dem Weltraum auch ist, kann er doch nicht stärker sein als der Glaube der Kelten an Kobolde und Elfen oder der mittelalterliche Glaube an Heinzelmännchen oder die Furcht in allen christlichen Ländern in den ersten Jahrhunderten unserer Ära vor Dämonen, Satyrn und Faunen.« Es scheint sicherlich eine starke Ähnlichkeit zwischen den als Ufo-Piloten beschriebenen Wesen und dem Elfenvolk zu bestehen, den Kobolden und Luftgeistern des Mittelalters. Vallée weist auf das Beispiel der *fadets* hin, jene behaarten schwarzen Männlein, die angeblich in Höhlen im Poitou in Frankreich leben und die noch in der Mitte des 19. Jahrhunderts Frauen mit ihren Streichen erschreckten. Heute gibt es dort anscheinend keine *fadets* mehr, aber es ist eine der heißen Gegenden in Europa für Ufo-Sichtungen. Im nördlichen Mexiko ist es ähnlich. Dort soll es die *ikals*, einen Meter große, dunkle, behaarte menschenartige Wesen, geben. Jahrhundertelang haben diese »Luftgeister« Menschen auf Landstraßen überfallen; heute tun sie es mit Hilfe von Raketen, die an ihrem Rücken befestigt sind.

Ich möchte weder die Ufos noch die Elfen geringschätzig behandeln, wenn ich sie in dieser Weise gleichsetze, muß aber mit Vallée dahingehend übereinstimmen, daß »der Versuch, die Bedeutung, den Zweck von fliegenden Untertassen zu verstehen ... ebenso vergeblich ist, wie es die Verfolgung von Elfen war, wenn man den Fehler begeht, Erscheinung und Wirklichkeit durcheinanderzubringen«. Was nicht bedeutet, daß diejenigen, die eines von beiden erlebten, unbedingt unter hysterischen Wahnvorstellungen litten; aber es ist interessant, daß den Beobachtern in den Vereinigten Staaten die fremden Besucher gern als mechanische Apparate oder als Ungeheuer

aus Science-fiction-Filmen erscheinen, während sie in Süd-
amerika bezeichnenderweise blutrünstig und rauflustig sind;
in Frankreich dagegen »verhalten sie sich wie vernünftige, car-
tesianische, friedliebende Touristen«.[555]

Man kann zu dem Schluß gelangen, daß es bei dem Phänomen allermindestens eine starke psychische Komponente gibt.
Und auch die dazu parallellaufenden Beobachtung läßt sich
nicht umgehen, daß die Mehrheit der Ufo-Enthusiasten dazu
neigt, an einer physikalischen Erklärung festzuhalten, und sich
gelegentlich ungemein bemüht, Berichte zu verniedlichen oder
zu unterdrücken, die das Erleben eines Objekts allzu phantastisch oder bizarr erscheinen lassen. Ihre Furcht ist verständlich, denn exotische Augenzeugenberichte könnten die möglichen Chancen, ihre Arbeit auf eine wissenschaftliche Basis zu
stellen, empfindlich einschränken. Solche Interessen sind zweifellos durchaus begründet, und man tut gut daran, sich dieses
handfesten Vorurteils bei der Analyse der Berichte zu erinnern, weil es gern das mehr absonderliche, archetypische Wesen vieler Ufo-Erlebnisse kaschiert.

Und doch besteht aller Grund, von der scheinbaren physikalischen Realität vieler Erscheinungen ebenso fasziniert zu
sein. Ich habe bereits die Vermutung geäußert, daß die meisten, wenn nicht alle Erscheinungen und Geister bis ins
Nervensystem zurückverfolgt werden können; aber dies trifft
nicht auf Ufos zu. Einige können mit Radar aufgenommen
werden, andere hinterlassen Spuren auf der Emulsion von
photographischen Filmen, und eines scheint sich sogar 1970 in
Äthiopien zweimal dem Dorf Saldare genähert zu haben, wobei Häuser einstürzten, Bäume entwurzelt wurden, Blechdä-
cher zu nicht wiederzuerkennenden Metallklumpen gerannen
und die Asphaltdecke auf einer nahe gelegenen Straße
schmolz.[522] Berichte von tatsächlichen Landungen werden oft
erhärtet durch verbrannten, manchmal radioaktiven Erdbo-
den, durch kreisrund abgeplattete Bereiche im Gras oder be-
bauten Ackerland sowie durch tiefe Eindrücke im Boden. Bei
mindestens einem Ereignis in Neumexiko wurden von einem
Landungsort in der Wüste Metallsplitter untersucht, die sich
als eine ungewöhnliche Legierung herausstellten.[503]

Hier soll kein erschöpfender Überblick über das Auftreten
von Ufos gegeben werden, aber eine kurze Zusammenfassung

der Tatsachen ist aufschlußreich. Es gibt wenig Übereinstimmendes. Ufos haben die Form von Scheiben, Kugeln, Zylindern, Zigarren, Hanteln, Ovalen, Eiern, Diamanten, Kegeln, Fallschirmen, Kuppen, Pilzen und Hamburgers; alle treten jeweils einzeln oder in Gruppen auf. Ihre Größe reicht von etlichen Zentimetern bis zu über 1,5 Kilometer Länge. Sie fliegen schnell oder langsam, mit oder ohne Schwingungsbewegungen, Schwankungen, Zickzackkurs oder plötzlichen Richtungsänderungen. Sie sind glatt, behaart, wulstig, glänzend, stumpf, sogar regenbogenfarben, und ausgerüstet mit wahlweise einzusetzenden Landungsvorrichtungen, mit Rädern, Dreifüßen sowie mit Türen und Fenstern. Sie sind entweder völlig lautlos, oder sie summen, sausen, zischen, surren, wimmern, pfeifen, piepsen, pulsieren, brummen, vibrieren, knallen, donnern, brüllen oder explodieren gewaltig. Sie stoppen Verbrennungsmotoren, stören Radio- und Fernsehübertragungen, schocken, verbrennen und lähmen Menschen und lassen sie ohnmächtig werden – oder auch nicht, wie es der Fall sein kann. Kurz gesagt, sie sind für alle Leute alles mögliche.[301]

Seit 1946 scheinen sowohl das Interesse als auch die Häufigkeit der Erscheinungen rasch zugenommen zu haben. Überall auf der Welt bildeten sich Forschungsgruppen, um örtliche Daten zu sammeln, und diese wurden nun auf vielfältige Weise zusammengeschlossen und analysiert.[554] Aime Michel in Frankreich findet Übereinstimmungen bei Erscheinungen, die gerade Linien, Sternformen oder auch geodätische, eindrucksvolle Kreismuster produzieren.[374] Bruce Cathie in Neuseeland verbindet sie zu einem mathematischen Koordinatensystem, das auf der harmonischen Beziehung von Schwerkraft, Erdmasse und Lichtgeschwindigkeit beruht.[102] Jacques und Janine Vallée suchten nach zeitlichen Regelmäßigkeiten und stellten zyklische Variationen fest, die zu den Planetenbewegungen und den irdischen Jahreszeiten passen.[557] Ivan Sanderson mißt als guter Biologe dem Verhalten der gesehenen Objekte Bedeutung bei.[474] Allen Hynek in den USA konzentriert sich auf Beobachtungsgruppen und nahe Begegnungen, die »von mindestens zwei Personen mit erwiesener Zurechnungsfähigkeit« erlebt wurden.[275] Gordon Creighton aus Großbritannien beschäftigt sich mehr mit direkten Kontakten und dem Charakter der vorgeblichen fremden Wesen.[118] Allen diesen Berichten, gleichgültig von welchem Ansatzpunkt oder welchem Interesse sie ausgehen, scheint genau dieselbe Art von begrenztem Erfolg vergönnt gewesen zu sein. Es sind in der Geographie, der Geschichte, Meteorologie, Ethnologie, in Alter, Geschlecht und Anatomie der Objekte und der Personen, die Ufo-Erlebnisse hatten, bestimmte Anordnungen festzustellen, und diese lassen sich nicht allein durch den Zufall erklären. Alle diese Befunde sind anregend, aber keiner war jemals schlüssig.

Als Biologe finde ich es besonders interessant, daß wir nicht die einzige Spezies sind, die an diesem Erlebnis beteiligt ist. Hunde sind anscheinend die besten Ufo-Entdecker, und sie verabscheuen sie gründlich. Manche bellen, andere jaulen, schäumen oder ducken sich verängstigt, sobald ein Objekt da ist. Und alle diese Reaktionen werden ausgelöst, bevor Menschen irgend etwas Ungewöhnliches bemerken. Es kann ein sehr hoher Ton sein, der sie warnt, oder die Übertragung von Mikrowellen, aber wahrscheinlich ist das Phänomen für sie ebenso unterschiedlich wie für uns. Andere Arten sind von Ufos ebensowenig begeistert. Katzen zischen und fauchen, Schafe stieben in panischer Flucht davon, Pferde bäumen sich auf, Kühe legen sich nieder, Vögel hören zu singen auf. Die meisten Reaktionen scheinen vorübergehend zu sein, einige jedoch sind dauerhaft. Rinder weigern sich etliche Tage lang, in Koppeln getrieben zu werden, über denen man Ufos schweben sah; und in einem Fall hat ein Hund an einer Stelle, wo kurz zuvor ein Ufo gelandet war, nur einmal kurz geschnüffelt, und schon jagte er jaulend davon.[15]

Als Jung seinen Aufsatz schrieb, stand ihm diese Fülle von quantitativem Material nicht zur Verfügung. Er kam dennoch zu dem Schluß, daß »es sich um eine anscheinend physische Erscheinung handelt, welche sich einerseits durch häufiges Vorkommen, andererseits durch Fremdartigkeit und Unbekanntheit, ja Widersprüchlichkeit ihrer physikalischen Natur auszeichnet«. Und er fand, daß der Augenschein eine der zwei Betrachtungsweisen stützen könnte. »In einem Fall bildet ein objektiv realer, das heißt physischer Vorgang den Grund zu einem begleitenden Mythus, im anderen erzeugt ein Archetypus die entsprechende Vision.«[300] Es wird niemanden überraschen, daß er letzterem den Vorzug gab.

Jung bezeichnete die Ufo-Berichte als »*visionäres Gerücht*« und verglich sie mit den kollektiven Versionen, die Kreuzfahrer während der Belagerung von Jerusalem hatten, Soldaten während des Ersten Weltkriegs bei Mons und eine Versammlung gläubiger Katholiken bei der Erscheinung der Jungfrau von Fatima in Portugal. Und er fuhr fort: »Handelt es sich aber um psychologische *Projektion*, so muß für diese eine *psychische* Ursache vorhanden sein. Denn man kann wohl nicht annehmen, daß eine Aussage von so weltweitem Vorkommen, wie die Sage von den Ufos, eine rein zufällige Belanglosigkeit sei.« Besonders beeindruckte ihn die Tatsache, daß so viele Augenzeugen gar nicht erwartet hatten, etwas zu sehen, früher nicht an Ufos geglaubt hatten und im allgemeinen Personen waren, die wegen ihres leidenschaftslosen Urteils und kritischen Verstandes hohes Ansehen genossen. »Gerade in solchen Fällen«, bemerkte er triumphierend, »muß das Unbewußte zu besonders drastischen Maßnahmen greifen, um seine Inhalte wahrnehmbar zu machen. Dieses geschieht am eindrücklichsten durch Projektion, das heißt Hinausverlegen in ein Objekt, an dem das dann erscheint, was zuvor das Geheimnis des Unbewußten war.«[300]

Er meinte ferner, solche Personen seien deshalb an einem kollektiven Erlebnis beteiligt, denn »ein politischer, sozialer, philosophischer und religiöser Gegensatz, der in solcher Größe nie zuvor gesehen wurde, spaltet das Bewußtsein unserer Zeit«. Jung glaubte, daß eine Spannung dieser Art ein Potential schüfe, das sich häufig in Form von Energie ausdrückte. Er hatte einen guten persönlichen Grund für eine solche Annahme, denn im Jahr 1909 war es bei einem heftigen Wortwechsel zwischen ihm und Freud (in Freuds Wohnung) zu einer lauten Detonation in einem Bücherschrank neben ihnen gekommen; kurz darauf, als Jung, der es im Inneren ganz deutlich fühlte, sagte: ». . . daß es jetzt gleich nochmals so einen Krach geben wird!«, folgte eine zweite ähnliche Explosion.[301]

Und weil die meisten Ufos, die Jung bekannt waren, die Form von Tellern, Scheiben, Zylindern oder Kugeln hatten, interpretierte er sie als Symbole von Einheit und Ganzheit, die sich spontan aus dem Unbewußten erheben, um einen zentralen Ansatz für die Heilung zu liefern.

Jung schrieb dies drei Jahre vor seinem Tod im Jahr 1961, und seither hat sich die Weltsituation weiter verschlechtert, und die Ufo-Erscheinungen sind sogar noch vielfältiger und bizarrer geworden. Es gibt neue eindrucksvolle Beweise für ihre physikalische Realität, aber auch ein wachsendes Bewußtsein von dem paranormalen Potential rein geistiger Energie. Deshalb scheinen die interessantesten und produktivsten Analysen der jüngsten Zeit sämtlich Jungs Theorien vom psychischen Ursprung des Phänomens zu folgen und zu erweitern. Ronald Grunloh, ein Anthropologe, erklärt, »anstatt Hesekiels Erlebnis mit der Feuerwolke, Moses Gespräch mit dem brennenden Dornbusch und Lots Begegnung mit den Engeln auf die Landung von fliegenden Untertassen zurückzuführen, versuchen wir, die Erscheinung von fliegenden Untertassen als Erlebnisse ähnlich den früheren religiösen Visionen zu erkläten«.[227] Der sehr seriöse Jacques Vallée meint, wir haben es mit einer Art Kontrollsystem ähnlich einem Thermostaten zu tun, das Zyklen oder Wellen von Ufo-Erlebnissen hinaufsendet, um gewisse bewußte Haltungen zu bestärken und rasche psychische Veränderung hervorzurufen. Er hat sich noch nicht entschieden, ob dieses klassische Anpassungsprogramm von jemandem geplant wird oder selbst auferlegt ist.[556] David Tansley, ein englischer Chiropraktiker, sieht in Ufos Anzeichen dafür, daß der Verstand mit anderen natürlichen Kräften in einer Wechselbeziehung steht, die »den Menschen verleitet, seine Welt auf verschiedene Art und Weise zu betrachten, neue Ideen und Bewußtseinszustände auszulösen und ihn jedesmal mit Ehrfurcht und Bewunderung zu erfüllen, wenn er diese Omina des Bewußtseins beobachtet«.[522] Es sieht ganz so aus, als entwickle sich die Ufologie zu einer wesentlich intellektuelleren Beschäftigung.

Ich bin überzeugt, daß dies der richtige Weg ist, und hoffe, daß er uns weiterhilft; dennoch bereiten mir einige zunehmende Trends Sorgen. Aufgrund der Tatsache, daß selbst die engagiertesten und objektivsten Forscher keinen endgültigen, unzweideutigen Beweis von der physikalischen Existenz von Ufos beibringen konnten, war eine Ernüchterung wahrscheinlich unvermeidlich, und so ist es nur logisch, wenn das Pendel daraufhin mehr zugunsten psychischer Lösungen ausschlug. Aber wie üblich setzte der gedankenlose Run auf einfache

Antworten ein, und zwei rivalisierende Schulen entstanden, die beide an einem der zwei ältesten Sündenböcke des Geheimnisgeschäfts festhielten, an Gott und dem Teufel.

Für die erste Richtung ist Erich von Däniken mehr oder weniger verantwortlich mit seinem Versuch, viele der Wunder aus grauer Vorzeit als das Werk außerirdischer Besucher zu erklären.[564] Ich halte dies für eine trostlose These und finde, sie beleidigt unsere Vorfahren, deren Leistungen er ständig herabwürdigt; aber ich muß zugeben, daß er ein außerordentliches Echo fand und eine interessante und herausfordernde Diskussion entfachte. Bis hierhin ist alles gut und schön, aber unglücklicherweise stellte er die provokante Frage: »War Gott ein Astronaut?«, und seine Fremden und andere in einer Reihe von Büchern, die folgten, wurden schließlich als Götter bezeichnet. Fliegende-Untertassen-Kulte schossen plötzlich überall wie Pilze aus der Erde, viele davon ausgesprochen religiös in ihrem Aufbau und häufig von einer Person beherrscht, die behauptet, in direktem Kontakt mit der Quelle der himmlischen Intelligenz zu stehen. Im Jahr 1976 begann ein sendungsbewußtes Paar, Bo und Peep, in den USA, von der Erlösung zu predigen. Sie überredeten Hunderte ihrer Anhänger, Hab und Gut zu verkaufen, Familie und Arbeitsplatz zu verlassen und sich an bestimmten Sammelstellen einzufinden für den Transport in Paradiese auf anderen Planeten. Sie wurden enttäuscht. Diese Entwicklung erinnert an die chiliastischen Kulte, die im postfeudalen Europa entstanden, als die Agrarwirtschaftssysteme zusammenbrachen und sich das Proletariat der vertriebenen Bauern versammelte und erwartete, daß sich der Himmel öffnen und sie aufnehmen würde. Auch sie wurden enttäuscht, und noch vielen anderen droht der finanzielle und emotionale Ruin, wenn dieser Trend anhält.

Die genau entgegengesetzte Richtung kam anscheinend als unmittelbare Antwort auf die Astronautengötter zustande, bietet aber auch wenig Tröstliches. Beispielhaft für diese Richtung sind Hal Lindsey, Thomas McCall und John Weldon, die sich als Christen und Bibelforscher bekennen und überall entsetzliche Prophezeiungen wahr werden sehen sowie Anzeichen für das Ende der Welt.[349] Wie von Däniken legen sie einen gewaltigen und wählerischen Appetit für Fakten an den Tag, die zufällig in ihre Theorie passen. Die Wiederherstellung des Staates Israel und die häufigen Erdbeben gelten ihnen als Beweis, »daß die Bühne für den letzten Akt der Erde aufgebaut ist ... Haltet Ausschau nach dem Antichristen ... sein Erscheinen wird den Anfang eurer letzten sieben Jahre kennzeichnen«.[390] Das gegenwärtige Interesse am Okkulten, die Erforschung der Parapsychologie und vor allem die Häufigkeit von Ufos zeigen, daß »Dämonen verantwortlich sind ... Ufo-Besatzungen böse feindliche Wesen sind ... und das Schlimmste noch bevorsteht«.[576]

Prophetische und chiliastische Kulte allein überleben selten lang und lösen sich gewöhnlich auf, sobald der Stichtag ohne Zwischenfall verlaufen ist. Eine echte Religion braucht zusätzlich einen bleibenden sozialen Nutzen. Visionen, seien sie nun von Erdgeistern, fliegenden Untertassen oder der Jungfrau Maria, sind nicht genug. Dem Schamanen, der mit der Erde kommuniziert, erwächst darauf die Kraft, sein Volk durch eine Krise zu führen. Die christlichen Heiligen überleben dank der konstruktiven Wirkung ihrer Arbeit auf die Gesellschaft. Was also hält den Elfen-Phantom-Ufo-Komplex so lange am Leben?

Als Mem hat die Vorstellung, daß wir Besuch aus anderen Welten erhalten, Überlebenswert. Sie hält sich, weil sie auf ein tiefempfundenes Bedürfnis trifft. Weil sie uns vielleicht die Wahrheit über uns verrät?

Ich meine damit nicht, daß Wesen in Raumfahrzeugen hier landeten und den Menschen nach ihrem Bild und Gleichnis schufen; wenigstens nicht wortwörtlich. So wie die Däniken-These dasteht, kann sie wegen schludrigen Denkens angegriffen werden, was man auch getan hat.[516] Sie steckt voller faktischer und logischer Fehler und unterdrückt hartnäckig die zahlreichen archäologischen Beweise, daß selbst die Beispiele, die der Autor anführt, die alleinigen Werke von Menschen wie wir selbst waren. Aber ich glaube nicht, daß die Popularität dieser Bücher einfach in der Tatsache begründet liegt, daß Millionen Leser ungeduldig gewartet haben, bis endlich jemand kommt und die konventionellen geschichtlichen und archäologischen Theorien über den Haufen wirft. Eine gewisse Befriedigung wird sich immer einstellen, wenn es einem Amateur gelingt, die Experten auf ihrem eigenen Feld zu widerlegen. Oberflächlich scheint von Däniken das erreicht zu haben, aber ich glaube, für den Eifer seiner Anhänger bestehen fundamentalere Gründe.

Wenn man von Dänikens Zeitskala um das Tausendfache vergrößert, wenn man das Geheimnis und die Kompliziertheit der lebenden Dinge an die Stelle der Wunder der antiken Architektur setzt, wenn man seine Vorstellung von Raumfahrzeugen erweitern und Meteore, Kometen und Konglomerate von interstellarem Staub mit einbeziehen kann – dann wurde die Erde in der Tat von Außerirdischen besucht, und wird es noch, die weitgehend für die Existenz der Menschheit verantwortlich waren.

Und ich vermute, daß dieses Wissen tief in das biologische Unbewußte eingebettet ist und zu den Dingen gehört, mit denen es sich am nachhaltigsten befaßt. Wenn es möglich wird, Fred Hoyles Ansicht zu beweisen, daß die Erde zeitweilig von krankheitserregenden Organismen heimgesucht wird, stellen wir vielleicht fest, daß ihr periodisches Eintreffen unmittelbar mit dem Ausbrechen von Ufo-Aktivität zusammenhängt. Es könnte sich jetzt sogar lohnen, nach Korrelationen zwischen fliegenden Untertassen und Niesen zu suchen; aber ich vermute, daß das kollektive Unbewußte nicht viel Soufflieren nötig hat und daß es Beweise für seine Sorgen heraussenden kann als direkte Antwort auf eine Vielfalt von Stimuli oder sogar ohne jeden Auslöser überhaupt.

Wenn an dieser Idee etwas dran ist, warum sollte dies dann schon alles sein, was das biologische Gedächtnis auf dem Herzen hat? Es ist durchaus nicht alles. Wir haben meiner Meinung nach in dem ständig wachsenden Katalog alle derartiger Phänomene Beweise für viele ähnliche Anliegen.[376]

Ahnen in der Luft? Aber gewiß doch. Und am 23. September 1973 prasseln Zehntausende winziger Kröten auf das südfranzösische Dorf Brignoles herab.[17] Frösche, Fische, Ratten, Schlagen, Quallen, Blut und Fleischflocken fielen aus Gewitterwolken ebenso wie vom klaren Himmel herab, in willkürlichen Abständen und seit es Menschen gab, um davon zu berichten.[178]

Feuriger Wiedereintritt in die Erdatmosphäre? Wie unangenehm. Am 13. Dezember 1959 verbrennt der 27jährige Billy Thomas Peterson aus Pontiac, Michigan, in seinem Wagen, wobei fast sein ganzer Körper zu Asche wird, seine Unterwäsche jedoch nicht einmal angesengt ist.[12] Spontane oder unnatürliche Verbrennung eines Menschen geschieht so häufig, daß es dafür eine medizinische Bezeichnung gibt: Auto-Oxidation. Der Schriftsteller Michael Harrison, der Berichte von Hunderten von Fällen gesammelt hat, schreibt, sie beginne mit »einer bläulichen Flamme, die man sich nach und nach mit außerordentlicher Geschwindigkeit über alle Teile des befallenen Körpers ausbreiten sah. Dies dauert stets so lange, bis die Teile verkohlt sind, und im allgemeinen, bis sie zu einer Schlacke verbrannt sind. Viele Male wurde der Versuch gemacht, die Flamme mit Wasser zu löschen, aber ohne Erfolg . . .«.[239]

Feinde im Wind? Sicherlich. Im August 1960 mußten ein südafrikanischer Polizeibeamter und drei seiner Schutzmänner bei mehreren Gelegenheiten hilflos zusehen, wie der 20jährige Jimmy de Bruin von einem unsichtbaren Angreifer mit einem ebenso immateriellen Skalpell tief in die Beine und in die Brust gestochen wurde.[148] Seit 1973 kam es in Colorado, Utah und Monatana immer wieder zu mysteriösen Verstümmelungen von Rindern, Schafen und Pferden; viele der Tiere wurden völlig blutleer aufgefunden. In einer Untersuchung wird die Zahl der Fälle inzwischen mit zirka siebentausend beziffert.[41]

Archaische Kämpfe mit anderen Arten? Überall. Am 15. August 1966 erschreckte ein über acht Meter großer Affe die Bewohner des kleinen malaiischen Dorfes Segemat.[13] Es wimmelt auf der Welt von Ungeheuern, Riesen, Seeschlangen, Geisterhunden, Phantomkatzen, Mottenmännern und anderen närrischen Kreaturen aus den schwarzen Lagunen unserer Seele.[313] Der Psychologe Stan Gooch hat vermutlich recht mit seiner Behauptung, der moderne Mensch sei eine Kreuzung aus Cro-Magnon und anderen Quellen; und viele unserer schlechten Träume, die Visionen von Trollen und buckligen Zwergen seien Erinnerungen an den neueren Teil unserer Seele aus unseren Neandertalerursprüngen.

Ein Teil von uns scheint den anderen unbedingt zu Tode erschrecken zu wollen. Doch wenn man bedenkt, wie beliebt Horrorfilme, Geistergeschichten und makabre Vorgänge sind, so finden wir uns nicht bloß mit diesen beklemmenden Dingen ab, sondern suchen sogar emsig danach. John Napier von der

Universität London meint, daß »Monsterverehrung sowohl eine erlernte als auch eine vererbte Komponente hat: Die Fähigkeit dazu ist angeboren, doch der Gegenstand der Verehrung muß durch Lernen entdeckt werden ... Der Mann bewundert Größe um ihrer selbst willen, und wenn sich körperliche Größe mit psychologischer Größe paart, kann die Verbindung nicht mißlingen«.[400]

Ich habe absolut keine Bedenken, vieles von dem, was uns jetzt erstaunt und verstört, der gemeinsamen Ursache eines biologischen Unbewußten zuzuordnen. Von dieser Grundlage aus entstehen Glaube und Aberglaube, Bräuche und Mythen, Folklore und Täuschung; und alle sind proteische Wesen, die ständig ihre Gestalt ändern, da sie sich den laufenden Bedürfnissen und der zeitgenössischen Szene anpassen. »Fliegende Untertassen sind vielleicht ein modernes Phänomen, aber sie kommen aus demselben Stall wie Pegasus, das geflügelte Pferd vom Musenberg Helikon.«[400] Sie befriedigen dasselbe Bedürfnis.

Und trotzdem genügt es nicht, auf grundlegende biologische Träume und kulturelle Klischees zurückzufallen. Wir kennen unsere psychischen Ungeheuer auch aufgrund dessen, was sie physikalisch bewerkstelligen. Ufos versengen die Erde; das Ungeheuer von Loch Ness ist Gemeineigentum und photographierbar; der Yeti und der Sasquatch hinterlassen Fußabdrücke im Schnee. Das einzige konstante Merkmal, das alle zu teilen scheinen, ist ihr Wirklichkeitsstatus, der mehr als rein psychologisch und etwas weniger als konkret ist. Es gibt nie genug Beweise, um kritische Wissenschaftler zufriedenzustellen, und doch sind sie häufig gerade ausreichend genug, so daß einige zurückkommen, um nach weiteren zu suchen. Daß alle die relevanten Phänomene so schwer zu fassen sind, ist möglicherweise der beste Schlüssel, den wir zu ihrer wahren Natur besitzen.

Es scheint, daß wir einen schrecklichen Fehler begingen, indem wir uns ausschließlich mit unserem Bewußtsein identifizierten, indem wir uns einbildeten, wir seien nur das, was wir über uns wissen. Zu uns gehört viel mehr, gehören Teile, die in Sprachen sprechen, die nur einige, die sich daran gewöhnt haben, verstehen. Um ihre Sprache zu lernen, müssen wir den fremden Mythen der Seele sehr aufmerksam lauschen und alles, was geschieht, genau betrachten, ungeachtet dessen, ob es mit unseren orthodoxen Erklärungen übereinstimmt oder nicht. Denn es ist wichtig und heilsam, wie Jung sagte, auch von unbegreiflichen Dingen zu sprechen.[301]

TEIL IV

Unser eigener Mythos

*»Der Mensch, ich, gab der Welt in unsichtbarem
Schöpferakt erst die Vollendung, das objektive Sein.
Man hat diesen Akt dem Schöpfer allein zugeschrieben
und nicht bedacht, daß wir damit Leben und Sein als
eine auskalkulierte Maschine ansehen, die sinnlos,
mitsamt der menschlichen Psyche nach vorbekannten
und -bestimmten Regeln weiterläuft. In einer solchen
trostlosen Uhrwerksphantasie gibt es kein Drama von
Mensch, Welt und Gott; keinen ›neuen Tag‹, der zu
›neuen Ufern‹ führt, sondern nur die Öde errechneter
Abläufe.
Ich hatte . . . mich nach unserem eigenen Mythus
umgeschaut. Jetzt wußte ich ihn . . .«*

CARL GUSTAV JUNG, *Erinnerungen, Träume, Gedanken*

Abb. 4 zu Seite 413   Zeichnung Nadias (fünfeinhalb Jahre)

(aus: Luciano Mecacci, Das einzigartige Gehirn, Campus-Verlag,
    Frankfurt 1986, Seite 14)

Namen auf der Landkarte...

Im Jahr 1799 fand man einen Jungen, der völlig allein in der Wildnis der zerklüfteten Hochebenen von Rouergue in Südfrankreich gelebt hatte. Nach seiner Gefangennahme kam er als Victor von Aveyron unter die Obhut des berühmten Pädagogen Jean Itard. Doch trotz jahrelanger Bemühungen gelang es dem Lehrer nicht, seinen Schützling zur Übernahme der allgemein üblichen Sitten und Gebräuche zu bewegen. Er reagierte auf alle Versuche so wenig, daß man ihn lange Zeit für taub hielt, bis er eines Tages bei einem Spaziergang im Wald beobachtet wurde, wie er begierig dem kleinen Geräusch einer im Laub raschelnden Maus lauschte.[280]

Wir alle neigen dazu, nur auf das zu reagieren, was wir kennen; was wir zu erkennen beliebten; denn bei der endgültigen Analyse sehen wir nicht wirklich mit unseren Augen oder hören mit unseren Ohren. Wahrnehmung ist eine Form von Verhalten, und das Verhalten ist organisiert im Gehirn. Und obwohl alle Gehirne oberflächlich ähnlich sind, benutzen verschiedene Menschen doch unterschiedliche Teile ihres gesamten riesigen Potentials. Unser Leben und unser Weltverständnis, vielleicht sogar die Realität selbst, werden von ökologischen Faktoren beeinflußt.

Das menschliche Auge hat eine sogenannte anisotrope Sehschärfeeinstellung. Bei frühen Untersuchungen wurde festgestellt, daß es im allgemeinen horizontale und vertikale Linien besser unterscheidet als schräg verlaufende; und man nahm an, dies sei ein angeborenes, genetisches Merkmal des menschlichen Nervensystems. Aber eine jüngere Arbeit mit Cree-Indianern von der Jamesbai in Kanada hat gezeigt, daß es bei der Sehschärfe kulturelle Unterschiede gibt.[10] Die Cree können schräge Linien ebenso scharf unterscheiden wie alle anderen Linien; die Ursache für diese Fähigkeit scheint in der Natur ihrer frühen Erfahrungen zu liegen. Im Sommer wohnen sie in einem Kochzelt oder *meechwop,* im Winter in einer etwas festeren Unterkunft, dem *matoocam.* Beide werden nach Art eines Wigwams mit Häuten abgedeckt, die von einem kunstvollen Gebäude aus Stangen, die alle nur denkbaren Winkel bilden, gestützt werden. Infolgedessen stellt ein Cree-Kind seinen Gesichtssinn auf eine konturenreiche Umgebung ein, während die meisten Abendländer mehr in einer Umgebung nach Zimmermannsart mit überwiegend vertikalen und horizontalen Formen leben und aufwachsen.

Dies sind brauchbare ökologische Anpassungen mit gutem Überlebenswert, sowohl für das Cree-Kind, um die Jagd in den chaotischen, taigaartigen Wäldern zu erlernen, als auch für das Ghettokind, das versucht, innerhalb der starren Geometrie eines Großstadtstraßenblocks am Leben zu bleiben. Wir lernen, uns in die Welt einzufügen, die wir vorfinden, doch unsere Natur wird nicht nur von physikalischen Faktoren geformt. Wir sind ebenso auf Gnade oder Ungnade unseren Kulturen ausgeliefert, und diese neigen dazu, die Realität zu beugen, bis die Welt schließlich so aussieht, wie wir von ihr zu sprechen gelernt haben.

Man schätzt, daß das menschliche Auge bis zu sieben Millionen verschiedene Farbnuancen unterscheiden kann, doch in der Praxis ist unsere Empfindlichkeit meistens auf diejenigen begrenzt, die wir benennen können. Menschen verschiedener Kulturen scheinen sogar das sichtbare Spektrum unterschiedlich aufzuteilen; sie sehen einen Regenbogen tatsächlich alle auf ihre eigene besondere Weise. Es scheint, daß wir Abendländer uns erst seit Isaac Newtons Experimenten mit Prismen am Spiel der Farben Rot, Orange, Gelb, Grün, Blau und Violett erfreuen, wenn Sonnenlicht auf einen Wassertropfen fällt; und nur Puristen, gewöhnlich solche, die auch Physik in der Schule hatten, bestehen darauf, das Indigo in dieser Aufzählung nicht wegzulassen. Bei Ureinwohnern haben Regenbogen nur drei oder vier Farben. Es ist nicht leicht, das Unbenannte, Unbekannte zu erleben. Und die Dinge, denen wir einen Namen gegeben haben, neigen dazu, die Eigentümlichkeiten anzunehmen, die wir von ihnen erwarten.

Die nördlichen Stämme der Ojibwa-Indianer in Michigan bezeichnen einige ganz verschiedenartige wildwachsende

Früchte als *kinebikomini* oder »Schlangenbeere« und halten sie für giftig.[235] In Wirklichkeit sind alle ohne weiteres genießbar, doch in der Vorstellung dieser Menschen entwickelten sie sich zu vergleichbaren Tabuobjekten und werden sogar als gleichartig angesehen, obwohl sie keine Ähnlichkeiten aufweisen, die einem Botaniker auffallen würden. Auf der anderen Seite sehen Eskimos dort, wo wir nur Schnee sehen, mindestens sieben verschiedene Arten von Schnee, und jeder hat seine bestimmten Eigenschaften und sein bestimmtes Verhalten.

Wir hatten es im Lauf unserer Entwicklung immer mehr mit Symbolen, Worten und Bildern zu tun, die Realität errichten, indem sie zur Identität, Klarheit und genauen Begriffsbestimmung der Dinge beitragen. Ein Name ist viel mehr als nur ein Etikett, ein Abziehbild, das nach Belieben angebracht oder abgenommen werden kann. Er enthält Bedeutungen und Assoziationen, Werte, die über die bloße Frequenz und Wellenlänge seiner Töne hinausgehen. Die Sprachlaute sind ohnehin keineswegs ein Alphabet, aber sie haben ihre eigene, einzigartige dynamische Form, die ihnen Eigenschaften verleiht, die andere Töne nicht haben. Von der gesprochenen Sprache können wir bis zu dreißig Phoneme pro Sekunde aufnehmen, was weit mehr ist, als das Ohr in dieser Zeit umwandeln kann. Jedesmal, wenn wir jemand sprechen hören, brechen wir die Regeln, machen wir das Unmögliche möglich. Wie das funktioniert, ist noch ein Rätsel, aber es scheint, daß die besonderen, beim Sprechen angewandten Phoneme – und diese sind in allen bekannten Sprachen dieselbe geringe Auswahl – imstande sind, Information nicht nur über sich, sondern auch über die akustischen Stichwörter zu enthalten, die ihnen vorangehen oder folgen. Deshalb brauchen wir auch ein besonderes Sprachzentrum in unserem Gehirn, einen Entschlüsseler, der Abweichungen kompensiert, die durch den Kontext verursacht werden, in dem die Rede vorkommt, der die Zerstückelung übertüncht, die durch unseren Stimmapparat entsteht, und der die relativ undeutlichen Teile der Signale, die die eigentliche Nachricht beinhalten, aufspürt und rettet.[346]

Unsere sämtliche Erfahrung wird auf diese Weise gelenkt. Unsere Sinne formen und gestalten Information, damit sie ihren Zwecken entspricht, und unser Gehirn schiebt die Bits so lange hin und her, bis sie ein annehmbares Muster ergeben. Für so komplizierte Organismen wie die unsrigen besteht längst nicht mehr die Möglichkeit, sie unverfälscht zur Kenntnis zu nehmen. Unser Begreifen von Realität, unser Empfinden, ist ein Bewußtsein, das durch die Mühle unserer Bedürfnisse und Überzeugungen gelaufen ist. In einem sehr realen Sinn ist das, was wir als normales Bewußtsein ansehen, eine grandiose Täuschung. Nichts ist ganz das, was es zu sein scheint.[425]

Was der Verstand eines Säuglings tut, läßt sich schwer sagen, aber es erscheint wahrscheinlich, daß er mit nicht sehr klaren Unterscheidungen zwischen sich und der Außenwelt beginnt. Zunächst gibt es nichts als Erfahrung. »Der Verstand des Kindes ist autistisch, eine reiche Textur nichtgebundener Synthese, halluzinatorisch und unbegrenzt«, schreibt Joseph Pearce. »Sein Verstand kann Syllogismen mit Leichtigkeit überspringen auf eine nichtlogische, traumsequenzartige Weise von ›Rösselsprung‹-Kontinuum.«[428] Dessenungeachtet ist er von seinen Genen programmiert, die Dinge so rasch wie möglich zu erfassen, und die Tatsache, daß es uns gelingt, ihn recht schnell so zu formen, daß er auf unsere Kriterien eingeht, spricht für die Flexibilität des Verstandes. Es beweist nicht, daß die von uns aus unserer Erfahrung aufgebauten Begriffssysteme die richtigen sind. Sie sind zufällig nur die einzigen, die sich anbieten, und nur allzubald kommt es zu einer Anpassung. Der Verstand akzeptiert unsere übereinstimmende Meinung über Realität und muß die Springermethode aufgeben; er unterliegt den Zwängen, die uns alle zu Schachbauern machen.

So entfernt sich ein Kind von der unmittelbaren Erfahrung und übernimmt ein Wissen von der Welt, das auf einer zunehmenden Zahl innerer Landkarten beruht. An Landkarten gibt es an sich nichts auszusetzen; sie sind nützliche Orientierungshilfen, aber es besteht die Gefahr, daß sie zu gut funktionieren. Am Ende vergessen wir, daß sie nicht mehr sind als bequeme Abstraktionen, und wir fangen an, sie für die Wahrheit zu halten. Wir glauben schließlich so fest an sie, daß wir Ereignisse, die nicht auf der Karte eingetragen sind, als falsche Wahrnehmung oder als Taschenspielertrick abtun. Wir reden uns die direkte Erfahrung aus und in eine Haltung hinein, die in Erfahrung nichts anderes sieht als eine unwesentliche Nebenerscheinung der Naturgesetze, die wir als völlig getrennt von uns betrachten.

Aber das sind sie nicht. Die moderne Physik gibt hierzu eine klare Antwort. Selbst auf den fortschrittlichsten Karten gibt es heute keinen Platz mehr für einen distanzierten objektiven Beobachter. John Wheeler, einer der Pioniere der modernen Quantenphysik, meint sogar, daß es jetzt notwendig sei, »jenes alte Wort ›Beobachter‹ zu streichen und es durch das neue Wort ›Teilnehmer‹ zu ersetzen. In einem etwas ungewohnten Sinn ist das Universum ein partizipierendes Universum«.[581] Wir alle sind beteiligt.

Deshalb sollten wir nicht überrascht sein, daß es periodische Manifestationen des Verstandes geben kann, die über unsere ganze Wirklichkeit hinausschießen. Daß hin und wieder in einem Strudel der dunklen Gewässer der Lebensflut ein Symbol an die Oberfläche gespült wird, das unsere akkuraten Pläne mit einem jener archetypischen Monster von den Randverzierungen einer alten Landkarte schmückt.

Das wirkliche Geheimnis ist, warum es nicht häufiger geschieht. Warum die Phänomene noch so selten und so schwer zu kontrollieren sind. Warum wir immer noch nicht wissen dürfen, wer wir wirklich sind.

In diesem letzten Teil möchte ich der Frage nachgehen, wie wir das biologische Unbewußte heraufbeschwören können; wie wir ihm auf seinem eigenen Grund und Boden begegnen können und wie wir untersuchen können, was es tatsächlich sagt und tut. Ich möchte mich sozusagen zum Analytiker Gottes aufschwingen und herausfinden, ob es möglich und auch ratsam ist, die unterdrückten Kräfte der Lebensflut zu befreien und sie zu unserem bewußten Vorteil umzuwandeln.

10. KAPITEL

Evokation –
Die Hervorrufung der Vergangenheit

Der kroatisch-amerikanische Erfinder Nikola Tesla, der unter anderem verschiedene Zweiphasen-Wechselstrommotoren konstruiert hat, verfügte über eine ganz überragende geistige Vorstellungskraft. Er machte alle seine Konstruktionsentwürfe im Kopf, ohne je irgendeine Zeichnung anzufertigen, war aber trotzdem imstande, Dutzenden von Mechanikern bis auf den Millimeter genau Anweisungen zu geben, wie jedes einzelne Teil angefertigt werden mußte, so daß alle Komponenten perfekt zusammenpaßten. Er war sogar in der Lage, seine Maschinen, ohne sie tatsächlich gebaut zu haben, zu testen, indem er die imaginären Teile im Kopf zusammenmontierte und laufen ließ. Tausende von Stunden später baute er das Bild in seinem Geist wieder auf, hielt die Maschine an, demontierte sie und untersuchte die Teile auf ihre Abnutzung, um festzustellen, ob sie verstärkt oder neu konstruiert werden müßten.[409]

10.1
Unsere
unbewußten
Talente!

Für uns ist ein solches Talent zu Recht ungewöhnlich, und so schieben wir Tesla als etwas Besonderes beiseite. Er ist eben ein Genie. Er war in der Tat in so vieler Hinsicht ungewöhnlich, daß ihn manche als einen »hoffnungslosen Neurotiker« bezeichneten, aber solche Etikettierungen bringen nicht viel. Sie verschleiern die Tatsache, daß wir die Arbeitsweisen unseres eigenen Verstandes ohne weiteres als Norm auf alle anderen übertragen und ohne Rechtfertigung unterstellen, daß wir »normalen« Menschen alle einen gemeinsamen Bewußtseinsstatus teilen. Wir sprechen eine gemeinsame Sprache, die mehr die äußeren als die inneren Erlebnisse hervorhebt, und dies scheint uns die gleichen Erfahrungen zugänglich zu machen; aber in Wirklichkeit verbirgt sie enorme individuelle Unterschiede. Und die Unkenntnis dieser Unterschiede macht es uns möglich, die Tatsache zu ignorieren, daß der gemeinsame

Boden, den wir ja haben, auf einer völlig anderen Ebene liegt.

Jeder von uns besitzt außergewöhnliche Talente, aber manchmal bedarf es besonderer Techniken, um sie an den Tag zu bringen. Vor einigen Jahren nahm ich an einer Untersuchung über Wahrnehmung teil. Man verwendete eine Abwandlung des alten Spiels, bei dem man eine Minute lang zwanzig oder dreißig Gegenstände auf einem Tablett betrachten und dann so viele wie möglich aus der Erinnerung aufschreiben mußte. Für unsere neuere Spielart füllten wir ein ganzes Zimmer mit einer riesigen Ansammlung gänzlich beziehungsloser Gegenstände und Informationen einschließlich Filmprojektionen und einer Reihe wechselnder Tonsignale. Jede Versuchsperson wurde eine Minute lang dieser Multimediaschau ausgesetzt und nach einer Pause von fünf Minuten schriftlich und mündlich dazu befragt. Wie erwartet ergaben sich enorme Unterschiede und manche Korrelation zu verschiedenen Persönlichkeitstypen. Anschließend wurden alle Versuchspersonen hypnotisiert und in diesem Zustand gebeten, noch einmal den Versuchsraum zu beschreiben. Zu unserer Überraschung waren die Ergebnisunterschiede fast völlig ausgebügelt. Bis auf eine Versuchsperson zeigten alle eine gleichwertige und sehr viel größere Fähigkeit, sich an beinahe alle Einzelheiten in dem Test zu erinnern. Es scheint, daß jeder von uns, selbst jene, die behaupten, ein schlechtes Gedächtnis zu haben, in Wirklichkeit Unmengen von Information wahrnehmen und behalten kann, von denen wir keine bewußte Kenntnis haben.

Die Ausnahme in dem Test war ein 19jähriger Student, der ein wahrhaft außerordentliches Talent bewies, das wir vielleicht ganz übersehen hätten, wenn ich ihm nicht zufällig eine dumme Frage gestellt hätte. An der entfernteren Wand des Raums, ungefähr vier Meter von der Stelle, an der die Versuchspersonen standen, befand sich die eingerahmte Seite einer bekannten Zeitung. Die Ausgabe stammte aus einer Zeit, als das Blatt die Spalten mit den persönlichen Kommentaren noch auf der Titelseite brachte. Im bewußten Zustand hatte sich dieser Student nicht daran erinnert, aber unter Hypnose erwähnte er eine »Zeitung in einem Rahmen«. Ich drängte auf mehr Information und fragte: »Was stand drin?« in der Hoffnung, er könnte sagen, daß es eine Zeitung war, die er, wenn er einigermaßen gut sah oder den Stil des Hauses kannte, als die Londoner *Times* identifizieren könnte. Einige andere Versuchspersonen hatten dies getan, und einer mit ausgezeichneten Augen konnte sogar die Schlagzeile in der linken oberen Ecke erkennen und sich daran erinnern. Doch dieser Student ließ mich bis ins Mark erbeben, als er begann, gerade so als würde er vorlesen, massenhaft Details aus den kleingedruckten Kolumnen herzusagen, die für einen Menschen aus einer Entfernung von vier Metern unmöglich zu entziffern sind. Sie können es gern selbst versuchen. Nicht einmal ein Geier mit seinem besonderen fernrohrartigen Sehschärfemechanismus würde es schaffen.

Einige Menschen, meistens Kinder, sind sogenannte Eidetiker. Sie besitzen die Fähigkeit, visuelle Eindrücke, die sie wie Bilder »sehen«, die sich irgendwo »außerhalb ihres Kopfes« befinden, für immer zu behalten, und sie können sie anschaulich beschreiben, wobei sie ihre Augen hin und her wandern lassen, als würden sie die ursprüngliche Szene gerade überblikken.[25] Bei einer Untersuchung wurde einer solchen Versuchsperson ein Muster mit scheinbar beliebig angeordneten farbigen Punkten vorgelegt, und sie sollte es mit dem linken Auge betrachten; am folgenden Tag wurde ein ähnliches Muster nur dem rechten Auge gezeigt. Beide Bilder waren sehr sorgfältig entworfen, so daß, wenn man sie übereinanderlegte, und nur dann, in der Mitte ein Rechteck erschien, das sich scheinbar vom Hintergrund abhob. Um diese Wirkung zu erkennen, mußte die Versuchsperson ein genau zutreffendes geistiges Bild vom Tag zuvor heraufbeschwören und es dann stereoskopisch so auf das neue Muster legen, daß die beiden verschmolzen und das Rechteck bildeten.[518] Was mein Student vollbrachte, war etwas Ähnliches, aber er war zudem noch imstande, eine Art geistige Gummilinse mit einer variablen Brennweite zu betätigen und sein Anschauungsbild heranzuholen, um die kleingedruckten Buchstaben lesen zu können.

Welche Bedeutung derartige Untersuchungen haben, ist klar. Unser persönliches Unbewußtes, was immer es sein mag, enthält eine verblüffende Menge an Information. Und daß man diesen ganzen Inhalt als unterdrücktes Material, das zu empfindlich oder zu traumatisch ist, um ins Bewußtsein gebracht zu werden, in einen Topf wirft, kann ja wohl im Ernst nicht in Frage kommen. Niemand kann derart neurotisch sein. Freuds früher Begriff von einem Zensor, der uns auf diese Weise vor uns selbst schützt, muß heute beträchtlich revidiert werden. Es wäre vielleicht am besten, wenn man diesen Mechanismus schlicht als Filter bezeichnen und seine Tätigkeit ähnlich wie die Tätigkeit der Sinnesorgane betrachten würde, die uns alle nur einen begrenzten Ausblick auf die Welt gestatten, die unsere Erfahrungen aufbauen und die Realität innerhalb erträglicher Grenzen halten.

Es muß im Lauf der Evolution eine Zeit gegeben haben, in der diese Art Schutz für einen Organismus, dem Bewußtsein neu war und der eine noch zarte Identität zu verteidigen hatte, wesentlich gewesen ist. Aber es scheint, als bräuchten wir so strenge Sicherheitsvorkehrungen nicht mehr. Die Sperre wird halb durchlässig; mehr und mehr Information sickert durch. Ich glaube, daß nur der Mensch dieses Stadium erreicht hat, und dies erst in der jüngsten Vergangenheit. Ich vermute, daß Talente wie Telepathie nicht nur für uns neu sind, sondern für das gesamte Lebenssystem. Sie sind keine Rudimente eines einst mächtigen, nichtmenschlichen oder frühen menschlichen Kommunikationssystems, wie Freud meinte, sondern Omina eines neuen und größeren Bewußtseins.[192] Meiner Ansicht nach besteht schon seit langem eine Fähigkeit, Erfahrung auf einer kollektiven Ebene zu mischen und zu teilen, wahrscheinlich schon, seit die ersten komplizierten Zellen Fremde in ihrer Mitte aufnahmen in Gestalt kleiner Untermieter, die ihre ganz eigenen Ziele verfolgten. Jetzt jedoch, und zum erstenmal überhaupt, gibt es eine Spezies, die bewußt wahrnimmt, daß derartiges vorgeht. Vielleicht sind wir jetzt so weit herangereift, um große Löcher in das Filtersystem zu schlagen und die rohe Erfahrung in großen Zügen zu genießen statt tröpfchenweise aus der Flasche, mit der wir großgezogen wurden. Vielleicht sind wir nun alt genug, um den Schock der Entwöhnung zu verkraften und in die wirkliche Welt entlassen zu werden.

Es scheint, daß uns plötzlich einige der nötigen Werkzeuge zugänglich sind.

Von größter Bedeutung ist die Hypnose. Stephen Black beschreibt sie als »nicht nur die einfachste und praktischste Art und Weise, um die Existenz des Unbewußten zu beweisen –

das in manchen Kreisen noch immer in Frage gestellt wird –, sondern auch die einzige Möglichkeit, um unbewußte Mechanismen unter wiederholbaren experimentellen Bedingungen für Forschungszwecke zu manipulieren«.[58] Ich pflichte ihm voll und ganz bei. Hypnose ist ein wunderbares Instrument, und wie man damit umgeht, kann fast jeder in dreißig Minuten lernen; aber eine wesentliche Frage ist immer noch unbeantwortet – niemand weiß bis jetzt, was genau Hypnose ist.

Es gibt keine einfachen Anhaltspunkte wie die raschen Augenbewegungen des aktiven Schlafs, die uns genau sagen können, wann jemand hypnotisiert ist. Schlafen und Träumen lassen sich beide vom Wachzustand unterscheiden mit Hilfe der unterschiedlichen Muster, die auf einem Elektroenzephalogramm sichtbar werden, aber die Gehirnwellen einer hypnotisierten Person (jemand, der hinterher sagt, er sei hypnotisiert gewesen oder jemand, der auf einen posthypnotischen Auftrag angemessen reagiert) sind identisch mit denen im Wachzustand.[117] Eine an den Elektroenzephalographen angeschlossene Versuchsperson verursacht, wenn sie mit geschlossenen Augen ruht, genau die gleiche Wellenaufzeichnung wie einen Augenblick später, wenn sie durch ein Codewort hypnotisiert ist.[146] Es kommt zu keiner meßbaren Veränderung der Gehirnrindenströme, des Pulsschlags, des elektrischen Hautwiderstandes oder der elektrischen Spannung der Handflächen.[332] Kurzum, nichts in der Physiologie oder im Verhalten einer hypnotisierten Person macht es einem Beobachter möglich, zu unterscheiden, ob sich jemand in Hypnose befindet oder ob er nur so tut. Und doch gibt es bei der Hypnose etwas, das charakteristisch und anders ist und das jeder, der diese Erfahrung gemacht hat, bestätigen wird. Es scheint ein veränderter Zustand zu sein, den alle Versuchspersonen auf persönliche innere Weise kennenlernen; aber sobald sie gebeten werden, ihn zu definieren, tauchen unvereinbare Differenzen auf.[484]

Trotz jahrzehntelanger intensiver Forschung wissen wir über Hypnose heute nicht mehr als Franz Mesmer im Jahr 1778, als er in Paris zum ersten Mal mit Hypnose zu arbeiten begann. Wie alle Phänomene im psychischen Bereich ist sie schwer zu fassen und von derselben bekannten und aufreizenden Mischung aus Gegenständlichem und Illusion wie die Telepathie oder das Metallverbiegen. Viele Forscher geben die Sache deshalb auf oder lehnten Hypnose völlig ab; aber die Tatsache bleibt, daß Hypnose unter gewissen Umständen mit gewissen Leuten einige außerordentliche Ergebnisse zeitigt. Für mich ist zumindest ihr flüchtiger Charakter ein deutlicher Hinweis, daß sie in den Bereich des Unbewußten gehört und daß wir auf der richtigen Spur sind, wenn wir sie anwenden. Ich erkenne die Zeichen.

Es ist fast unmöglich, etwas zu messen, wenn man nicht weiß, was es ist; also muß man sich auf indirekte Weise herantasten. Obwohl über das Wesen der Hypnose selbst noch Unklarheit herrscht, haben wir eine genaue Vorstellung, wie Hypnose herbeigeführt wird. Die Prozeduren sind sehr vielfältig, aber, wie Charles Tart von der Universität von Kalifornien erklärte, alle haben gewisse Schritte gemeinsam.

Zum ersten Schritt gehört im allgemeinen, daß sich die zu hypnotisierende Person bequem hinsetzt oder hinlegt, so daß die eingenommene Körperstellung mühelos beibehalten werden kann, wenn die Anweisung gegeben wird, sich so weit wie möglich zu entspannen. Dies hat mehrere direkte Auswirkungen. Vor allem soll damit die Ängstlichkeit und körperliche Anspannung verringert werden, so daß es dem Bewußtsein leichterfällt, sich auf sich selbst zu konzentrieren. Und dieser Verinnerlichungsprozeß wird zusätzlich unterstützt, wenn die kinästhetischen Organe, die einem normalerweise sagen, welche Stellung unsere Gliedmaßen im Raum einnehmen, nacheinander ausfallen, wenn sich der Körper vom Bewußtsein zurückzieht und dabei die üblichen Reizmuster mitnimmt, die das Gefühl des Wachseins stärken sowie den Bewußtzustand stabilisieren.

Beim zweiten Schritt befiehlt der Hypnotiseur, sich nur auf seine Stimme oder seine Handlungen zu konzentrieren und alle anderen Gedanken oder Gefühle, die einem in den Sinn kommen, zu ignorieren. Im normalen Wachzustand beobachtet man seine Umgebung ständig und ist stets bereit für Information und Reiz. Diese Aufmerksamkeit befähigt uns, aus dem Wirrwarr der Umweltgeräusche die bedeutungsvollen Signale auszumachen; rivalisierende Informationsmuster auseinanderzuhalten; zu entscheiden, welche wichtig sind; sie mit gespeicherten Erinnerungen zu vergleichen und die geeignete

Reaktion vorzubereiten. Aber sobald Aufmerksamkeit und Bewußtsein weggenommen worden sind oder die normale Umgebung auf irgendeine Weise eingeschränkt ist, wird die ganze Reaktionskette allmählich dünner und bricht schließlich völlig zusammen, wodurch ein Großteil unserer normalen psychologischen Belastung des Wachzustands wegfällt. Das wirksamste mechanische Gerät, mit dem Hypnose oder gesprochene Anweisung induziert wird, ist ein Apparat, der verstärkte Atemgeräusche von einem am unteren Halsansatz angebrachten Mikrophon auf Kopfhörer überträgt, die alle anderen Außengeräusche ausschalten.[329]

Ein dritter gemeinsamer Schritt ist die Anweisung, nicht über die Worte des Hypnotiseurs nachzudenken, sondern passiv zuzuhören. Wenn er sagt, Ihr Arm sei schwer, glauben Sie es einfach. Im normalen Bewußtzustand denken wir ständig über alles nach, was zu uns gesagt wird, bewerten es und treffen Entscheidungen über Bedeutung und Inhalt, wobei wir andere geistige und emotionale Subsysteme aktivieren. Die Unterbrechung dieser Sequenz beseitigt einen Teil des sonstigen Aktivitätspensums, das zur Aufrechterhaltung unserer wachen Aufmerksamkeit beiträgt, und unterhöhlt überdies unser Bewußtsein.

Wenn Sie noch immer Anzeichen von Unruhe zeigen, könnte Ihnen der Hypnotiseur sagen, Sie sollten fest auf einen einzigen Gegenstand blicken. Normalerweise tun wir das nie, weil es das Auge ermüdet. Und versucht man es unter Anleitung doch, kommt es zu allen möglichen unerwarteten visuellen Effekten. Eine Aureole bildet sich um den Gegenstand, Schatten erscheinen und verschwinden, Teile des Gegenstands verblassen. Weil dies alles nicht zu unserer normalen Erfahrung gehört, unterbricht es die Verarbeitungszentren im Gehirn und trägt dazu bei, das Prestige des Hypnotiseurs zu heben, weil er anscheinend die Macht hat, einem so etwas anzutun.

Dann kommt der kritische Schritt. Der Hypnotiseur meint, Sie fühlen sich vielleicht ein wenig benommen oder möchten vielleicht schlafen. Allein die Erwähnung des Wortes Schlaf lockt Erinnerungen an Schlaf hervor, und selbst wenn Sie sich sträuben, tatsächlich einzuschlafen, ist ihr Bewußtsein doch noch einmal unterbrochen worden, die Passivität verstärkt, und Ihr Körperbild verblaßt noch stärker. Gleichzeitig könnte

Ihnen der Hypnotiseur sagen, daß das, was Sie jetzt erleben werden, kein wirklicher Schlaf ist, denn Sie werden ihn weiterhin hören können. In der Praxis ist diese Vorsichtsmaßnahme in unserer Kultur selten notwendig, denn die meisten von uns wissen, was sie vom Hypnosezustand zu erwarten haben und sind mit der Vorstellung vertraut, daß es sich um einen schlafähnlichen Zustand handelt, in dem wir aber fähig sind, auf direkte Beeinflussung zu reagieren.

Schließlich besiegelt der Hypnotiseur die Vereinbarung, die Sie und er getroffen haben, mit ein paar einfachen Suggestionen, in die physiologische Antworten eingebaut sind. Er bittet Sie, den Arm zu heben, und meint, er sei bestimmt schwer. Natürlich ist er das; und indem Sie das anerkennen, wird das Ansehen des Hypnotiseurs noch größer. Dies hat direkten Einfluß auf Ihr Identitätsempfinden, denn normalerweise ist es Ihre innere Stimme, die Ihnen sagt, was Sie tun sollen. Nun übernimmt die Stimme des Hypnotiseurs diese Rolle, und Ihr Selbstgefühl muß sich auf ihn ausdehnen. Er geht nun von einfachen Bewegungssuggestionen zu immer komplizierteren Tätigkeiten und Ideen über, und mit jedem neuen Erfolg verwischen sich die Grenzen Ihres Ichs mehr, und Sie gleiten in den Trancezustand, den wir als tiefe Hypnose kennen.

Der gesamte Vorgang der Induzierung bezweckt im wesentlichen, daß die Grenzen, die wir normalerweise zwischen Ich und Nicht-Ich errichten, geschwächt werden, so daß es Hypnotiseur und Versuchsperson möglich wird, sich ineinander zu versenken und total identisch zu werden. Lawrence Kubie von der Universität von Maryland sagt: »Wenn die Abgrenzungen zwischen dem, was ›ich‹ zu sein scheint, und dem, was anscheinend ›du‹ ist, undeutlich werden, ist es schwer, zu entscheiden, von wem Worte, Kritik, Lob, Befehle oder Suggestionen kommen.«[328] Unter Hypnose versuchen wir gar nicht erst, diese Art von Unterscheidungen zu treffen. Wir verlieren Identität und Integrität und fallen, wenigstens teilweise, in einen früheren evolutionären Zustand zurück, in dem wir freier mit unserer Umwelt verkehrten und an ihr teilnahmen.

Ich habe bereits gezeigt, daß Individualität das Ergebnis einer bestimmten komplexen Organisation zu sein scheint; und daß diese geordnete Verbindung entstand, weil jede Komponente des Systems in einem noch früheren Evolutionsstadium gelernt hat, mit seiner selektiven Reaktionsfähigkeit zwischen »Ich« und »Nicht-Ich« zu unterscheiden. Das größte Problem, dem die ersten Organismen gegenüberstanden, war das grundsätzliche Erkennen der materiellen Substanz des »Selbst« und der materiellen Substanz des »Nicht-Selbst« in der Umwelt. Daraus entwickelte sich, als die organisierten Zellgemeinschaften einmal die Komplexität von Wirbeltieren erreicht hatten, ein Immunsystem, das einen besonderen Schutz gegen Invasoren errichtete. Jedesmal, wenn ein Antigen den Inhaber eines Immunsystems reizte, reagierte dieses mit einem Antikörper, den es für den Fall, daß er wieder benötigt wurde, speicherte und am Leben erhielt. Das Immunsystem lieferte mit anderen Worten eine sehr frühe physikalische Form von Gedächtnis. Ich vermute, es war genau dieser Mechanismus, der frühe Nervennetze zu Spezialisierungen zwang, die dann unser zentrales Nervensystem hervorbrachten. Unser Verstand hat seine Ursprünge in diesen frühen Immunreaktionen, in der Fähigkeit zu sagen, »das bin ich« und »das bin ich nicht«. Und die Unterteilungen des Verstandes, die Grenzen zwischen Bewußtem und Unbewußtem, müssen deshalb von dem psychologischen Äquivalent einer Immunreaktion aufrechterhalten werden. Unser geistiger Zensor, der Filter, scheint ein System zu sein, das zwischen »Ich« und »Nicht-Ich« unterscheidet, und wenn das zutrifft, ist der beste Weg darum herum, diese Unterscheidung abzuschaffen.

Wenn diese Theorie etwas taugt, sollte als unmittelbares Ergebnis des Hypnotisierungsprozesses die Fähigkeit entstehen, die Immunreaktion unter bewußte Kontrolle zu bringen.

Eine allergische Reaktion macht sich unter anderen durch Bläschen auf der Haut bemerkbar. Ein Bläschen, oder um genau zu sagen, eine Ekchymose, tritt dann auf, wenn die Durchlässigkeit der Wände kleinster Blutgefäße zunimmt und das Histamin, das Gewebehormon, in das Gewebe fließt, wo es Entzündungen, Erweiterung der kleinen Arterien und die typische gesprenkelte Schwellung verursacht. Frank Patte vom Rice Institute entdeckte eine 38jährige Patientin, die solche Bläschen produzieren konnte als unmittelbare Reaktion auf nichts anderes als die hypnotische Suggestion, ein Allergen sei mit ihrer Haut in Berührung gekommen. In einem sorgfältig überwachten Test, der die Möglichkeit ausschalten sollte, daß sich die Frau vorsätzlich an der bestimmte Stelle verletzte, wurde ihr Arm in einen Gipsverband gelegt, in den ein Fenster eingebaut war; als ihr suggeriert wurde, daß das Gebiet direkt unter dem Fenster befallen sei, produzierte sie innerhalb von fünf Minuten dort ein Bläschen.[425]

Bei einer sehr gekonnten Untersuchung in Japan wurden mehrere Versuchspersonen, die gegen die Blätter eines einheimischen Baumes allergisch waren, die Augen verbunden, und sie wurden sowohl mit den Blättern des »Allergiebaumes« als auch mit denen einer harmlosen Roßkastanie getestet.[276] Als die Versuchspersonen unter Hypnose die Kastanienblätter berührten, stellten sich bei allen Bläschen ein, und sie sagten, es sei das Allergen; keiner von ihnen reagierte auf einen ausgiebigen Kontakt mit der üblichen Quelle ihrer Krankheit. Man entdeckte außerdem, daß eine zweite Gruppe allergischer Versuchspersonen bis zu einem Grad sowohl Scheinbläschen als auch einen gewissen Schutz vor dem »Allergiebaum« zeigen konnten, und dies, obwohl sie nicht hypnotisiert waren. Anscheinend können wir, vorausgesetzt wir haben die richtige Einstellung, bewußte Kontrolle über die »Ich-gegen-Nicht-Ich«-Reaktion ausüben, tun dies aber um vieles besser, wenn wir durch den Hypnotisierungsprozeß überzeugt wurden, daß das »Selbst« zeitweilig außer Kraft getreten ist und die Grenzen abgeschafft sind.

Im Licht solcher Experimente erscheint es wahrscheinlich, daß die Beherrschung psychosomatischer Krankheiten wie Geschwüre, Dickdarmkatarrh, Migräne, Ekzeme und hoher Blutdruck nicht von der eigenen Körperbeherrschung etwa im Sinn von positivem Denken à la Dale Carnegie abhängt; daß sie aber wohl am besten erreicht werden kann, wenn das Bewußtsein ganz und gar preisgegeben wird.

Als Spezies neigen wir vielleicht ohnehin dazu. Es ist etwas, das wir während der langen Abhängigkeitsperiode lernen, die wir als Kleinkinder durchmachen, und in der wir so vieles auf Treu und Glauben hinnehmen müssen. Es scheint sogar, daß wir im Schlaf Befehle entgegennehmen. In einem Sprachlabor machte man Versuche mit eingeflüsterten Befehlen wie: »Wenn ich das Wort ›Decke‹ sage, werden Sie frieren, bis Sie die Decke hochziehen und sich zudecken«, oder: »Wenn ich das Wort ›Jucken‹ sage, werden Sie sich unbehaglich fühlen, bis Sie sich kratzen.« Das Elektroenzephalogramm zeigte keine Unterbrechung des Ruhigen-Schlaf-Musters, und beim Erwachen wußten die Versuchspersonen nichts von einem Befehl. Aber in der darauffolgenden Nacht reagierten alle dem jeweiligen Befehl entsprechend. Eine Versuchsperson kratzte sich fünf Monate lang auf das Stichwort hin, ohne jegliche Intensivierung des Befehls innerhalb dieses Zeitraums.[167] Für mich sieht dies wie ein Mechanismus aus, der die Gefahren des Schlafs verringern soll; eine Art Wachhund, wie der Traum, der auf uns aufpaßt in Zeiten, in denen wir verletzlich sind, und der stets bereit ist, selbst auf eine geflüsterte Warnung zu reagieren. Wenn dies zutrifft, könnte man annehmen, daß gewisse Worte oder Geräusche mehr Wirkung haben als andere. Ian Oswald von der Universität in Edinburgh prüfte die Fähigkeit des schlafenden Gehirns, zwischen verschiedenen Signalen zu unterscheiden, indem er eine sehr lange Tonbandaufnahme abspielte mit 56 Namen, die nacheinander in unterschiedlicher Ordnung und mit einigen Sekunden Abstand aufgerufen wurden.[416] Er stellte fest, daß sich die größten Störungen der langsamen Schlafwellen beim Namen der Versuchsperson selbst einstellten oder bei einem, der für die Versuchsperson von Bedeutung war. »Während Neville schlief, verursachte der Name seiner neuesten Flamme Penelope eine äußerst heftige Störung in seinem EEG sowie eine enorme psychogalvanische Reaktion oder plötzliches Schwitzen der Handflächen.« Daß es der Name selbst mit seinen Assoziationen war, der diese Wirkung zeitigte, konnte bewiesen werden, als man das Tonband rückwärts abspielte. In dieser umgekehrten Version hatte keiner der bedeutungslosen Töne größere Wirkung als irgendein anderer.

Diese ähnlichen Reaktionen bei ruhigem Schlaf und unter Hypnose bedeuten nicht, daß die beiden Zustände mehr gemeinsam haben als die Tatsache, daß beide eine Schwächung des Wachzustandes aufweisen mit einer entsprechend stärkeren Aktivität im unbewußten Bereich. Möglicherweise besteht jedoch eine engere Verbindung zwischen Träumen und Hypnose, da diese beiden ungehindert Material beziehen, das dem Bewußtsein normalerweise nicht zugänglich ist.[166]

Unter Hypnose scheinen sich die meisten Menschen an beinahe alles, was ihnen je widerfahren ist, erinnern zu können.

Ich weiß, daß ich bei einer Sitzung imstande war, ein Bild meines Schulwegs heraufzubeschwören, den ich als Sechsjähriger in Johannesburg zu gehen pflegte, und daß ich alle Verkehrsampeln auf dem Weg aufzählte. Vor zwei Jahren kam ich dorthin zurück und ging nach dreißig Jahren zum erstenmal wieder diesen Weg, und ich konnte eine Zahlenangabe verifizieren, die ich, wie ich glaube, in bewußtem Zustand nie gemacht habe. Diese Fähigkeit, frühe Erfahrung außerordentlich detailliert wiederzuerleben, machte die Hypnose zu einem nützlichen Werkzeug der Psychotherapie, denn jede Analyse läuft schließlich auf einen Kampf Arzt kontra Patient hinaus, wobei der Patient versucht, seine neurotischen Zwänge zu behalten, und der Arzt alles versucht, um sie zu beseitigen. Einige Therapien arbeiten mit dem Rollenspiel und versuchen, Spannung durch die Darstellung von Traumata abzubauen, aber nichts ist ganz so heilsam wie die vollständige Erinnerung an das eigentliche Erlebnis.[361]

Der Therapeut erreicht dies gewöhnlich, indem er über den gegenwärtigen Zeitpunkt Verwirrung entstehen läßt und den Patienten im Gespräch Schritt für Schritt durch die Jahre zurückführt, wobei er, um Fixpunkte zu schaffen, in regelmäßigen Abständen Bemerkungen einwirft wie: »Sie sind jetzt zehn Jahre alt. Wo gehen Sie zur Schule? Was haben Sie an?« Die Antworten sind oft faszinierend; sie entsprechen in Sprache, Denkweise und Persönlichkeitsmerkmalen einem Menschen im betreffenden Alter.[199] Manchmal werden die Versuchspersonen gebeten, etwas aufzuschreiben, und da sie anscheinend in der Zeit zurückkreisen, nimmt ihre Schrift tatsächlich immer mehr die Eigenart eines kindlichen Gekritzels an. Bei mehreren solchen Regressionen habe ich gesehen, wie Personen, in eine Zeit zurückversetzt, in der sich ihre Handschrift veränderte, zu einem Stil zurückkehrten, den sie jahrzehntelang nicht mehr benützt hatten.

Die Gültigkeit der hypnotischen Regressionstechnik ist immer noch heiß umstritten. Diejenigen, die behaupten, die Wiederholung früherer Zustände sei nicht mehr als halbbewußte Dramatisierung, verweisen auf die Tatsache, daß ein erwachsener Amerikaner, auf seine Kindheit zurückgeführt, in der er nur deutsch gesprochen hatte, weiterhin auf Fragen antwortete, die auf englisch an ihn gestellt wurden. Oder sie füh-

10.3
Hypnotische
Regression

ren die Tatsache an, daß eine Versuchsperson, die angeblich in ihre Kindheit zurückversetzt war, wie eine Erwachsene aufrecht in ihrem Stuhl sitzen blieb.[33] Es besteht kein Zweifel, daß zumindest ein Teil der Persönlichkeit auf dem gegenwärtigen Niveau bleibt, und als eine Art distanzierter Beobachter fungiert, aber es besteht ebensowenig Zweifel, daß eine ganze Menge tatsächlicher Reaktivierung stattfindet.

Robert True von der Universität von Vermont führte fünfzig 20jährige Studenten, von denen bekannt war, daß sie sich für die tiefe Hypnose eigneten, auf das scheinbare Alter von zehn, sieben und vier Jahren zurück.[547] Bei jeder dieser Altersstufen bat er sie, am Weihnachtstag und an ihrem Geburtstag anzuhalten und zu sagen, welcher Wochentag es jeweils gewesen war. Anschließend prüfte er ihre Antworten nach und stellte fest, daß beim Alter von zehn Jahren 93 Prozent der Antworten richtig waren. Bei den Altersstufen von sieben und vier sank die Zahl auf 41 bzw. 35 Prozent, was immer noch weitaus mehr ist als die Eins-zu-sieben-Chance für eine richtige Antwort bei willkürlichem Raten und vermutlich die Tatsache widerspiegelt, daß jüngere Kinder wahrscheinlich weniger in der Lage sind, zu wissen, welcher Tag es gewesen ist. Die Kritik an diesem Experiment stützte sich darauf, daß »man innerhalb weniger Sekunden den Wochentag eines früheren Geburtstages errechnen kann, indem man von einem bekannten Geburtstag aus zurückrechnet«[31], aber ich finde dieses Argument ziemlich lahm. Versuchen Sie es einmal. Ich kann mich nicht einmal erinnern, auf welchen Tag mein Geburtstag in diesem Jahr fiel. Und selbst wenn es möglich wäre, auf diese Weise zu mogeln, warum gibt es dann nicht ebenso viele richtige Antworten bei den niedrigeren Altersstufen, für die keine schwierigere oder einfachere Rechnung nötig wäre?

Ein noch überzeugenderer Test der Gültigkeit der Regression wäre der Beweis, daß die Versuchspersonen unfreiwillig Verhaltensmuster zeigten, die sie längst abgelegt haben. Kleinkinder sind ein Bündel merkwürdiger Reflexe, von denen einige außerordentlich kurzlebig sind und anscheinend nur lange genug auftreten, um ihrer evolutionären Vergangenheit einen Lippendienst zu erweisen. Zwei der bekanntesten sind der Rootingreflex, der einen Säugling den Kopf in die Richtung einer Berührung auf Wange und Mundwinkel drehen und die Brustwarze mit Saugbewegungen suchen läßt; und der Babinskireflex, bei dem sich die Zehen nach oben recken und spreizen, wenn die Sohle gestreichelt wird. Der Rootingreflex hört nach dem ersten Lebensjahr auf; der Babinski wird in der Zeit zwischen dem ersten halben und dem zweiten Lebensjahr durch das bleibende Erwachsenenverhalten ersetzt, bei dem sich die Zehen nach unten biegen.[491]

Zwei Forscher am Columbia Medical Centre in New York führten Versuchspersonen bis in ihr erstes Lebensjahr zurück und stellten fest, daß sich einige von ihnen zu einer kleinkindhaften Schlafstellung zusammenrollten, mit dem Kopf auf der Seite, den geballten Fäusten dicht am Gesicht, und wenn man sie an der Wange oder der Fußsohle berührte, reagierten sie mit tadellosen Rooting- und Babinskireflexen. Als die Versuchspersonen dann das kritische Alter von zwei wieder überschritten, kehrten sie zu ihren normalen Erwachsenenverhaltensweisen zurück.[201] Nicht ganz unerwartet geriet auch dieses Experiment unter schweren Beschuß. In den kritischsten Beiträgen heißt es, daß »extreme Entspannung oder ein verminderter Spannungszustand der Muskeln an sich schon ausreichen, um einen Babinskireflex hervorzurufen«.[32] Vielleicht. Obwohl ich nicht nur der Fairneß halber darauf hinweise, daß dies kein vollständiger Babinskireflex ist, denn bei Erwachsenen ist er nur jenen vorbehalten, die an einer Tetanus- oder Strychninvergiftung erkrankt sind oder an Epilepsie oder einem bleibenden Schaden der Pyramidenbahn leiden. Und keiner der Kritiker konnte sagen, warum die Versuchspersonen diesen kritischen Entspannungszustand erst bei einer Regression auf das Alter von fünf Monaten oder darunter erreichten. Die Kritik zieht sich fast unveränderlich auf die unbewiesene Behauptung zurück, es könne sich ja um Betrug handeln, worauf es leider keine unbestreitbare Antwort gibt. Diese Superrationalisten müssen jeden Beweis für das Paranormale als Irrtum oder Fälschung zurückweisen; und wenn sie es untersuchen, dann nur, um zu widerlegen und Stellen zu finden, an denen Schwindler am Werk gewesen sein könnmen. Aus dem »sein könnten« wird dann einfach »waren«, da alle anderen Erklärungen für diese Leute automatisch ausscheiden.

Wahr ist, daß viele Experimente gestrafft werden könnten,

um die Möglichkeit auszuschließen, daß andere Faktoren zu den Ergebnissen beitragen; und ganz gewiß können simulierende Versuchspersonen mit Verhaltensreaktionen und sogar physiologischen Veränderungen aufwarten, die unmöglich von solchen zu unterscheiden sind, die unter Hypnose entstehen. Es scheint, daß gute Schauspieler, besonders jene der *Method School,* einen Prozeß durchlaufen, der auf Autohypnose hinausläuft, bevor sie in eine Rolle schlüpfen. Aber was mich anbelangt, ist es wirklich gleichgültig, ob die hypnotisierten Versuchspersonen schauspielern oder nicht. Vielleicht ist Hypnose sowieso nichts anderes; wir haben keinen Beweis, daß sie etwas ist, was der Hypnotiseur einem zufügt. Immerhin funktioniert sie, und wer oder was auch immer verantwortlich ist, wichtig ist, daß die Hypnosetechnik den Zugang zu den Inhalten und Fähigkeiten des Unbewußten ermöglicht.

Einige Versuchspersonen, die kindartige Vorstellungen geben, wenn sie in die Kindheit zurückgeführt werden, sind auch in der Lage, überzeugende Porträts von sich als älterer Mensch zu geben, wenn sie in eine zukünftige Zeit geführt werden.[316] Bei einer Untersuchung konnten fünf Versuchspersonen, die »fähig waren, frühere Erfahrungen lebhaft wiederzuerleben«, auch Zukunft ins Leben rufen, die »sich möglich anhörte und durchaus im Bereich des Wahrscheinlichen lag, wie aus dem Urteil einer sorgfältigen Persönlichkeitsstudie hervorging«, obwohl sie »nicht versuchten, Ereignisse außerhalb ihres eigenen Lebens zu beschreiben, es sei denn in höchst unbestimmter Form«.[468] Das bedeutet, daß manche Menschen unter Hypnose persönliches Wissen und persönliche Erfahrung ziemlich auf die gleiche Weise ausbauen und ausschmücken können, wie wir es alle im Traum tun, und das, wie jeder weiß, sehr überzeugend sein kann. Es bedarf großer Sorgfalt, um genau zu unterscheiden, was der geistigen Vorstellung durch das Hinabtauchen in die Tiefen der unbewußten Gegenden zur Verfügung stehen kann und was nicht.

Ein Arzt in Toronto entdeckte 1965, daß einer seiner Patienten unter Hypnose in einer fremden Sprache zu sprechen begann. Als er niemand fand, der diese Sprache kannte, wurde der Patient gebeten, einiges aufzuschreiben, was er mit großer Sorgfalt, jedes Wort in großen Buchstaben schreibend, ausführte.[147] Nach regelrechter Detektivarbeit konnte der Text des Fragments identifiziert werden; es war Oskisch, eine Sprache, die im westlichen Italien bis zum ersten Jahrhundert n. Chr. gesprochen und dann durch das Lateinische ersetzt wurde. Das einzige erhaltene Schriftstück in oskischer Sprache geht auf das 5. Jahrhundert n. Chr. zurück und ist ein ritueller Fluch auf einer dünnen Schriftrolle aus Blei, die einem Mann ins Grab gelegt worden war, vermutlich um ihm Macht über die Dämonen der Unterwelt zu verleihen. Und es war genau dieser Satz, der jetzt als der »Fluch von Vibia« bekannt ist, den der Patient buchstabengetreu aufgeschrieben hatte, obwohl er kein Latein konnte und an Archäologie nicht interessiert war. Zunächst sah man hierin ein gutes Beispiel für Information, die auf ungewöhnliche Weise erlangt wurde, doch dann stellte eine nachfolgende Untersuchung fest, daß der Patient Jahre zuvor in einer Bibliothek ein Buch eingesehen hatte, das die Stelle in Oskisch, in Großbuchstaben gedruckt, enthielt.[162] Im bewußten Zustand hatte er keine Ahnung, daß er die Stelle je gesehen hatte, aber auf irgendeine Weise scheint sie sich seinem Gedächtnis eingeprägt zu haben, und erst unter Hypnose gelangte sie wieder an die Oberfläche. Möglicherweise war er auch anders zu dem oskischen Fluch und seiner Wiedergabe gekommen, aber unser Unbewußtes hat eine solche Fähigkeit.

Manchmal werden Erinnerungen nicht zuletzt als solche erkannt, sondern herausgeputzt mit persönlichen Details als Originalprodukt erfahren. Ich habe einige lebhafte Erinnerungen an Vorfälle in meiner Kindheit, von denen meine Eltern behaupten, nicht ich, sondern einer meiner Brüder habe sie erlebt. Diese Verwirrung ist als Kryptomnesie bekannt und kann durchaus verantwortlich sein für vieles, das auf normale Art und Weise unerklärlich scheint. Gedächtnisstudien gibt es in Hülle und Fülle, aber dies ist wieder eines jener schwer faßbaren Phänomene, über die wir noch so gut wie nichts wissen. Zu dem wenigen, das wir mit Sicherheit sagen können, gehört, daß die Erinnerung keine »Alles-oder-nichts«-Erfahrung ist. Im einen Extrem gelingt es uns, eine bestimmte Information heraufzubeschwören und sie ganz deutlich als das wiederzuerkennen, was wir zu erinnern versuchten. Im anderen Extrem fühlen wir, nachdem wir uns eine Weile den Kopf zerbrochen haben, mit der gleichen Sicherheit, daß alle weitere Mühe vergebens ist, weil wir vergessen haben. Aber zwischen diesen Extremen liegt eine Reihe von Teilerfolgen, wie das quälende »es liegt mir auf der Zunge«, wenn wir meinen, die Antwort schon fast zu haben, und sie sich uns dann um so mehr entzieht, je mehr wir uns darum bemühen. Nahezu alle Gedächtnisstudien konzentrieren sich auf das Wiedererkennen äußerer Signale. Dem Wiedererkennen von Signalen aus dem Inneren wurde kaum Aufmerksamkeit gewidmet, so daß die Probleme auf diesem Gebiet nicht nur unbeantwortet, sondern anscheinend auch fast völlig unberücksichtigt bleiben. Niemand weiß, wie wir erkennen, ob ein Gedanke eine alte Information ist oder eher eine neue Synthesis; oder wie wir beurteilen können, daß die lange Liste von Einzelposten, die wir beim Versuch, uns zu erinnern, im Geist Revue passieren lassen, nicht das enthält, wonach wir suchen.[448] Solange wir also nicht wissen, was der einzelne Verstand allein und ohne Hilfe bewerkstelligen kann, wäre es vorschnell, anzunehmen, daß jede Fähigkeit, die wir nicht verstehen, notwendigerweise das Werk einer okkulten Kraft sein muß. Und dennoch bringt die Hypnose einige unglaubliche Dinge ans Licht, wenn sie Versuchspersonen über den Zeitpunkt ihrer Empfängnis hinaus zu etwas führt, das andere Persönlichkeiten in anderen Situationen zu sein scheinen.

Albert de Rochas war um die Jahrhundertwende der erste in neuerer Zeit, der einen offensichtlichen Beweis für ein »früheres Leben« entdeckte.[128] Seine hypnotisierte Versuchsperson, ein junges Waisenmädchen ohne jede Erziehung, behauptete, als männlicher Sekretär in den Büros der Regierung Ludwigs XVIII. tätig gewesen zu sein, und lieferte Unmengen an historischen Informationen, die de Rochas später verifizieren konnte. Der seither bekannteste Fall dieser Art war zweifellos Morey Bernsteins Hypnose einer jungen Amerikanerin namens Virginia Tighe, die die Persönlichkeit des Iren Bridey Murphy aus dem 19. Jahrhundert anzunehmen schien.[53] Und erst kürzlich erlebte Arnall Bloxham in Großbritannien, der mit mehreren Versuchspersonen vergleichbare Erfolge erzielte, eine komplizierte Wiederholung des Judenmassakers im York des 12. Jahrhunderts, das eine walisische Hausfrau des 20. Jahrhunderts unter Hypnose schilderte.[281]

Die Literatur über vergleichbare Fälle wächst ständig; viele wurden einer kritischen Analyse unterzogen und scheinen Information gebracht zu haben, die normalerweise hypnotisierten Personen nicht zugänglich ist. Bloxhams Versuchsperson konnte sogar Daten angeben, die offensichtlich überhaupt nicht verfügbar waren. In ihrer Rolle als Jüdin in York sprach sie von einer Krypta unter der heutigen Kirche von St. Mary, wo einst die mittelalterliche Stadt gestanden hatte; aber erst etliche Jahre nach ihrer Hypnose wurde ein unterirdisches Grabgewölbe entdeckt. Einige Leute sehen in dieser Art von Ereignissen einen Beweis für die Reinkarnation, was sie durchaus sein können; am besten sind sie aber vermutlich mit den Worten des Philosophen Curt Ducasse beschrieben, der eine erschöpfende Studie über den Fall Bridey Murphy vorlegte. »Niemand«, so sagte er, »ist es gelungen, die Möglichkeit zu widerlegen oder gar einen überzeugenden Gegenbeweis zu liefern, daß zahlreiche Behauptungen der Bridey-Persönlichkeit echte Erinnerungen an ein früheres Leben von Virginia Tighe vor über einem Jahrhundert in Irland sind.« Aber, fügte er hinzu, keine der in ihrem Trancezustand erwähnten Tatsachen »beweist, daß Virginia eine Reinkarnation von Bridey ist, und sie sind auch kein besonders zwingender Beweis dafür. Andererseits zeigen sie recht deutlich, daß in der hypnotischen Trance paranormales Wissen von der einen oder anderen der verschiedenen möglichen Arten über diese obskuren Fakten aus dem Irland des 19. Jahrhunderts manifestiert wurde«.[138]

So viel steht zweifellos fest. Einige Menschen erleben unter Hypnose Persönlichkeitsübertragungen mit einer Fülle von erhärtenden Details. Einige, wie die Schriftstellerin Joan Grant, können dies sogar spontan erreichen. Sie verwendet diese Technik sehr wirkungsvoll, um sich den historischen Hintergrund für ihre Romane zu verschaffen.[214] Es ist sogar möglich, wie Renée Haynes meint, daß »der abendländische Glaube an die Reinkarnation, der sich schon in der Philosophie des frühen 18. Jahrhunderts andeutet, wahrscheinlich ebenso viel der Entwicklung des historischen Romans verdankt wie den Lehren, die Verwaltungsbeamte, Soldaten, Gelehrte und später die Theosophen aus Indien mitbrachten«.[245] Aber das erklärt nicht, warum der Glaube an die Reinkarnation vor allem in Indien so stark wurde, und läßt den wesentlichen Punkt völlig außer acht. Der ganze Streit für und wider die Reinkarnation verdunkelt die wichtige Tatsache, daß viele von uns, zumindest einige in unserer Zeit, Zugang zu erstaunlicher Information haben, die keine direkte Verbindung zu unserem wachen Leben hat und wenig zu bieten scheint, was von unmittelbarer Bedeutung sein könnte.

Ich lasse es mir nicht nehmen, die grundlegende biologische Frage immer und immer wieder zu stellen. Was nützt diese Fähigkeit? Enthält sie Überlebenswert? Warum tun wir so etwas?

10.4
Trance-Logik!

Charles Tart berichtet von einem Fall, bei dem er an der Universität von Kalifornien in Davis einem tief hypnotisierten Mann suggerierte, von seinem Stuhl aufzustehen, den Flur hinunter und aus dem Laborgebäude hinaus auf den Campus zu gehen. Der Mann schilderte das ganze Erlebnis, wie es sich ihm darstellte; daß er sich auf dem Universitätsgelände befand und daß er einen Maulwurf aus einem Erdloch im Rasen hervorlugen sah. Tart bat ihn, den Maulwurf zu fangen, und der Mann sagte, er habe ihn gefangen. Nach einem langen geistigen Streifzug durch das Gelände kehrte er zum Laborgebäude zurück, stieg die Treppe hinauf und kam wieder in den Versuchsraum. Hier wurde er gebeten, in der Mitte des Raums stehenzubleiben und zu beschreiben, was er sehen konnte. Er tat dies sehr genau, erwähnte jedoch mit keinem Wort den Stuhl, auf dem er ja immer noch saß. Dann wurde er gefragt:

»Befindet sich ein Stuhl im Zimmer?«

»Ja.«

»Sitzt jemand auf dem Stuhl?«

»Ja, ich.«

»Halten Sie es nicht für einen Widerspruch, wenn Sie mir sagen, daß Sie in der Mitte des Zimmers stehen und gleichzeitig auf dem Stuhl sitzen?«

»Doch.«

»Stört Sie der Widerspruch?«

»Nein.«

»Welches von den zwei Selbsten ist Ihr wahres Selbst?«

»Sie sind beide mein wahres Selbst.«

Erschöpft von dem vergeblichen Versuch, die Versuchsperson zu dem Eingeständnis zu bewegen, daß sie einer Halluzination erlag, hielt Tart einen Augenblick inne und stellte dann in seiner Verzweiflung eine letzte Frage:

»Besteht überhaupt irgendein Unterschied zwischen den beiden Selbsten?«

»Ja, das Ich in der Mitte des Zimmers hält einen Maulwurf in der Hand.«[525]

Hier haben wir ein großartiges Beispiel für die sogenannte Trancelogik, die bei Hypnose so häufig auftritt, daß einige sie für ein grundlegendes Merkmal des Hypnosezustands halten. Wenn einer Versuchsperson gesagt wird, daß ein wirklicher Stuhl nicht mehr vorhanden ist, wird sie ihn nicht länger sehen; bittet man sie jedoch, sich im Raum zu bewegen, wird sie nie gegen das »nichtvorhandene« Möbelstück stoßen.[412] Zweifellos nimmt eine solche Person die Gegenwart des Stuhls auf einer Bewußtseinsebene wahr, auch wenn sie seine Anwesenheit auf einer anderen, bewußteren Ebene nicht erfaßt. Sie handelt wie die Schlafwandler, überwindet, ohne Schaden zu nehmen, komplizierte Umgebungen, zeigt jedoch keine der Verhaltensweisen des normalen Wachzustands.[303] Präsentiert man diesen Personen einen wirklichen Stuhl und suggeriert anschließend, sich darauf einen Menschen vorzustellen, geben sie zu, daß sie durch die imaginär auf dem Stuhl sitzende Person hindurch die Stuhllehne sehen. Dieser »unlogische« Sachverhalt ist für sie jedoch durchaus annehmbar. Wir sind sehr schnell bei der Hand, diese Art der Anschauung als entartete Logik zu klassifizieren, wobei wir vergessen, daß die Logik selbst als Teil eines in sich geschlossenen Gebäudes von Voraussetzungen etwas ziemlich Künstliches ist. In einem Schema zu denken, das, an *einem* Logiksystem gemessen, Widersprüche enthält, muß nicht notwendigerweise bedeuten, daß solches Denken untauglich oder nutzlos ist.[73]

Trancelogik verkörpert in der Tat die bedeutende und fruchtbare Vorstellung, daß ein Organismus auf einer Funktionsebene Information aufnehmen kann, die auf anderen Ebenen nicht registriert wird. Je mehr wir über die Arbeitsweise des Verstandes lernen, um so offensichtlicher wird, daß er stets auf vielen Ebenen gleichzeitig tätig sein kann und vielleicht sogar muß.

Nehmen wir zum Beispiel das Schmerzproblem. Es ist auch eines der großen Geheimnisse des Lebens. Schmerz ist weder ein Gefühl im verletzten Körperteil noch ein Ereignis in den Nerven, die Impulse auf jenem Teil des Gehirns leiten.

Schmerz scheint ein Vorgang im Gehirn zu sein, aber niemand weiß genau, wo oder wie er abläuft. Patrick Wall vom University College in London meint, der Vorgang hänge nicht nur von einer Verletzung ab, sondern auch von bestehenden und vergangenen Umständen und sei deshalb für jeden Menschen einzigartig. Er fügt hinzu: »Wenn darüber hinaus jeder Reiz das Aktivitätsmuster durch Hinzunahme von Gedächtnis und Erinnerung (die selbst mysteriöse Funktionen sind) verändert, ist der Code ein Wechselcode, der nicht zu entschlüsseln ist.«[568]

Seit die Hypnose entdeckt wurde, weiß man, daß sie analgetisch wirken und Patienten helfen kann, Schmerzen leichter zu ertragen, und daß es mit ihrer Hilfe sogar in gewissen Fällen möglich ist, größere chirurgische Eingriffe ohne Betäubungsmittel durchzuführen. Doch der Mechanismus blieb ein Geheimnis, bis sich 1960 ein kleiner Durchbruch ereignete. Ein 20jähriger Collegestudent wurde unter Hypnose auf Schmerzempfindlichkeit getestet; man piekte seine linke Hand mit Nadeln, nachdem ihm zuvor suggeriert worden war, daß die Hand anästhesiert sei. Er schien nicht zu bemerken, was mit ihm geschah, und behauptete, keinerlei Schmerz zu empfinden; aber seine rechte Hand, die zufällig einen Stift hielt, begann wie wild draufloszuschreiben: »Au, verdammt, ihr tut mir weh.«[305] Auf irgendeiner Ebene wurde ganz eindeutig Schmerz verzeichnet.

Ernest Hilgard von der Stanford Universität vermutet, daß wir alle einen »verborgenen Beobachter« haben, wie er es nennt, der an einem geheimen internen Kommunikationssystem beteiligt ist.[251] Bei seinen Tests legen die Versuchspersonen einen Arm in eiskaltes fließendes Wasser, das die lokale Blutzirkulation unterbindet, so daß normalerweise in ein paar Minuten unerträgliche ischiatische Schmerzen auftreten. Unter hypnotischer Analgesie scheinen sie keinerlei Unbehagen zu empfinden und behaupten, schmerzfrei zu sein, selbst wenn das Experiment längere Zeit fortgesetzt wird. Aber alle Versuchspersonen erhalten noch eine zusätzliche Suggestion: »Wenn ich meine Hand auf deine Schulter lege, werde ich mit einem verborgenen Teil von dir sprechen können, der Dinge weiß, die in deinem Körper vorgehen, Dinge, die dem Teil von dir, mit dem ich jetzt spreche, unbekannt sind.« Und wenn sie dann auf der Schulter berührt werden, berichten alle über fast genauso starke Schmerzen, als wären sie nicht hypnotisiert.[318]

Hierbei sollte man sehen, daß die Zulassung des Schmerzes durch den verborgenen Beobachter die ehrliche Schmerzverneinung der Versuchspersonen auf einer anderen Ebene nicht disqualifiziert. Es ist eine Anomalie, die die Komplexität der Reaktion schlaglichtartig kennzeichnet und sie über die einfältige Vorstellung hinaushebt, daß man entweder Schmerzen hat oder nicht hat. Es ist möglich, beide Erlebnisse gleichzeitig zu haben. Es ist möglich, einen Stuhl zu sehen und ihn gleichzeitig nicht zu sehen. Es ist möglich, ein Wort zu vernehmen, das uns im Schlaf zugeflüstert wird, und es überhaupt nicht zu hören. Es ist unbestreitbar möglich, tief und fest zu schlafen und sich doch seiner Umgebung so bewußt zu bleiben, daß man bei seinen nächtlichen Umdrehungen nicht über Bord geht. Die meisten Erwachsenen fallen einfach nicht aus dem Bett. Wahrnehmung ist mehr als eine einzige Alles-oder-nichts-Reaktion. Trancelogik ist gültig und nicht auf Hypnose begrenzt. Sie ist typisch für Träume und andere dissoziierte Zustände, und sie ergibt in allem einen ausgezeichneten biologischen Sinn.

Als wir zum erstenmal Bewußtsein erlangten, erhielten wir damit das mächtigste Instrument, das je von der Evolution vergeben wurde; aber wir gingen auch ein Risiko ein. Die Gefahr des Denkens liegt darin, daß es so faszinierend ist und deshalb dazu neigt, alles andere zu beherrschen und uns ungeschützt zu lassen gegenüber Bedrohungen von außen. Kenneth Bowers von der Universität Waterloo in Kanada berichtet von einer begabten Opernsängerin, die bei besonders packenden Vorstellungen feststellt, daß sie manchmal in panische Angst gerät, weil sie »keine klare Erinnerung hat, ob sie eine Arie gesungen hat, die sie der Musik zufolge soeben beendet haben mußte«.[73] Es ist, als ob sie ihr Gesang so fesseln würde, daß selbst der Klang ihrer eigenen Stimme dissoziiert wird. Sogar der normalerweise verborgene Beobachter ist zutiefst mitbeteiligt, und von »ihr« ist nichts mehr übrig, das bemerken könnte, daß »sie« singt.

Bei den legendären zerstreuten Professoren spielt es sich genauso ab, und Frauen und Kollegen räumen hinter ihnen her und kümmern sich um die kleinen alltäglichen Dinge des Überlebens. In unserer Kultur tolerieren wir eine solche Idiosynkrasie, weil wir das Produkt dieser spezialisierten Menschen schätzen; doch dies galt gewiß nicht für die Zeit, in der das Bewußtsein zum erstenmal einsetzte. Jeder Organismus mußte für sich selbst sorgen, und den, der vor lauter Zielstrebigkeit nicht mehr auf Warnsignale reagierte, holte der Teufel oder ein Dinosaurier.

Anfangs gab es nur automatische Reaktionen, alles geschah unbewußt. Als dann ein kritischer Grad von Kompliziertheit in den Zellgemeinschaften erreicht wurde, erschien das erste Aufflackern von echtem Bewußtsein und mit ihm sowohl Vitalität als auch Verletzlichkeit. Die neue Begabung war es wert, beibehalten zu werden, aber die Organisation brauchte Schutz. Und so war es von Anfang an notwendig, das Bewußtsein in seinem Gehirnabteil einzuschließen und ein Zweilagensystem zu schaffen mit einem Zensor oder Filter dazwischen.

Zunächst war der Filter vielleicht in nur einer Richtung durchlässig, so daß vom Unbewußten erworbene Information an bewußte Ebenen weitergegeben werden konnte, sofern sie wichtig genug war, um eine solche Protokollverletzung zu rechtfertigen. Aber auch in der Verbannung von unerträglichen Teilen des Bewußtseinsinhalts lag Überlebenswert, und so wurde die Sperre in beide Richtungen durchlässig und das erste persönliche Unbewuße zu einer Art Müllhalde.

Dieses Arrangement enthält offensichtlich Anpassungswert. Zwei geistige Wesen gleichzeitig zu sein bedeutet, Information ständig und ohne Unterbrechung in den Bewußtseinsstrom schleusen zu können. Für eine Spezies muß eine Fähigkeit, mit der Daten jenseits der Grenzen des Bewußtseins und ohne darüber nachzudenken gesammelt werden konnten, von beträchtlichem Vorteil gewesen sein. Wenn wir gezwungen wären, unserer Umgebung ständige Aufmerksamkeit zu widmen, befänden wir uns in einem permanenten Zustand der Zerstreutheit und wären unfähig, auch nur zwei einfache Gedanken aneinanderzureihen. Die Kraft zu denken hängt ja überhaupt völlig von der Fähigkeit ab, Hintergrundinformation auf einer relativ niedrigen Analyseebene festzuhalten und sie nur dann ins Bewußtsein zu bringen, wenn sie wichtige Information enthält wie das Knacken eines Zweiges im Wald oder den Geruch von Angebranntem aus der Küche.

Würde dieses System der getrennten Ebenen nicht perfekt funktionieren, wären wir mit ziemlicher Sicherheit völlig ungeeignet für besondere Fertigkeiten wie zum Beispiel Autofahren oder Tennisspielen; beides tun wir, sobald wir es beherrschen, weitgehend automatisch. Die Asse auf diesen Gebieten scheinen sich wie Opernsängerinnen und zerstreute Professoren zu verhalten, indem sie alles, Bewußtes und Unbewußtes, in ihre Leistung hineinlegen. Doch für das Können des gelegentlichen Autofahrers oder des Wochenendtennisspielers ist nichts abträglicher als die Art von Stephen-Potter-Masche, die auf ein vorsätzliches bewußtes Eingreifen in normalerweise mühelose und völlig automatische Schaltvorgänge oder Rückhandschläge hinausläuft.[439]

Die Dissoziation ist lebenswichtig. Unter normalen Umständen braucht der verborgene Beobachter nicht mehr als einen Auftrag zur Beobachtung im Interesse des Beteiligten; er fungiert als Schutzengel und gibt dem Bewußtsein Gelegenheit, sich zu entwickeln und zu wachsen. Ist das Bewußtsein geschwächt, wie gewöhnlich im Schlaf, ist es der Beobachter, der den zufälligen Traum aufwirft, um das System als Ganzes auf dem Posten zu halten. Vielleicht dient der Traumstrom selbst tatsächlich der zusätzlichen und unentbehrlichen Funktion, dissoziierende Fähigkeiten zu stärken, wenn er uns die Chance gibt, tagtäglich Trancelogik zu praktizieren. Zwischen Intelligenz und der Fähigkeit zu dissoziieren, geistige Abkürzungen zu machen und auf unübliche, kreative Weise abseitig zu denken, scheint eine direkte Verbindung zu bestehen. Jede Erfindung hängt wahrscheinlich von einem delikaten Wechselspiel zwischen ungezügelter Dissoziation und mehr bewahrenden Eigenschaften ab. Alle wirklich kreative Erkenntnis scheint aus den Bruchstellen der Barriere zu fließen. Es kann nicht rein zufällig sein, daß Coleridge den »Kublai Khan« im Schlaf verfaßte; daß Mozart seine besten musikalischen Einfälle wie Träume, ganz unabhängig von seinem Willen, aufsteigen sah; und daß August Kekulé seine revolutionäre Entdeckung der ringförmigen Benzolformel machte, während er in Trance in einem Bus saß.

Wir brauchen sowohl bewußte als auch unbewußte Mechanismen, aber vielleicht haben wir gerade jetzt ein besonders

10.5
Der Schutzengel
wohnt in uns!

337

großes Bedürfnis nach einer gegenseitigen Verbindung zwischen beiden. Zerstreute Professoren haben diese Verbindung auf normale und ziemlich harmlose Art und Weise hergestellt; und die Hypnose erreicht ähnliche Ergebnisse experimentell; was beweist, daß jeder von uns zumindest die Möglichkeit besitzt, ein Nikola Tesla zu werden. Wir haben alle die Möglichkeit zum Genie. Der Vorgang erfordert eine neue Verringerung der Willensfreiheit sowie eine bewußte Annahme der Trancelogik; beides sind zufälligerweise Eigenschaften der Meditation und vieler neuer, populärer Transzendentaltechniken. Ich glaube, sie sind Wachstumsindustrien geworden als unmittelbare Reaktion auf einen evolutionären Druck in genau diese Richtung. Wenige haben wirklichen Überlebenswert, und manche sind ausgesprochen gefährlich; aber ich vermute, daß selbst die schädlichen Symptome nicht mehr anrichten können, als daß sie bestehende Krankhaftigkeiten hervorheben.

Falsche Dissoziation führt zur Fugue, einem Dämmerzustand, in dem eine Person ihre gewohnte Umgebung verläßt und nicht weiß, wer oder wo sie ist; sie führt zu traumatischen Neurosen, die sehr oft durch unverhoffte Erlebnisse hervorgerufen werden, die eine Person nicht richtig assimilieren kann, sei es durch bewußte Auseinandersetzung oder durch Ablage im persönlichen Unbewußten; und zur multiplen Persönlichkeit.

10.6
Multiple
Persönlichkeiten
(in jedem
von uns)…

Pierre Janet, der berühmte französische Psychologe, glaubte, daß die Hypnose selbst ein Zustand der Dissoziation sei, in dem Teile des Bewußtseins wegfallen und eine Nebenpersönlichkeit entsteht. Eine seiner Versuchspersonen, im allgemeinen als Leonie bekannt, wurde unter Hypnose ein wesentlich lebhafteres Wesen, das sich Leontine nannte. Anfangs waren die beiden nicht verschiedenartig, aber an einem Punkt erhielt Janet im selben Briefumschlag zwei verschiedene Briefe, jeder in seinem eigenen Stil und eigener Handschrift verfaßt, von beiden Persönlichkeiten, die gemeinsam Ferien machten. Später, bei einer Sitzung unter Hypnose, unterbrach Leontine plötzlich ihren üblichen lautstarken Monolog und sagte: »Oh, wer spricht denn so mit mir? Ich fürchte mich … Ich höre links eine Stimme, die immer wieder sagt: ›Genug! Genug! Sei still, du bist eine Nervensäge.‹«

»Mit Sicherheit war die Stimme, die das sagte, eine vernünftige Stimme«, folgerte Janet, »denn Leontine war unerträglich; aber ich hatte nichts derartiges suggeriert und hatte keine Ahnung, Hörhalluzinationen zu inspirieren.« Er taufte die neue Stimme, die anscheinend dem unbewußten verborgenen Beobachter gehörte, Leonore. Und er stellte fest, daß diese Persönlichkeit eine Fähigkeit zur vollständigen Losgelöstheit besaß, in der sich der Organismus, der die drei Damen beherbergte, ekstatischer Erlebnisse erfreute. »Sie wird blaß, sie hört auf zu sprechen oder zu hören, ihre Augen, zwar noch geschlossen, sind zum Himmel gerichtet, ihr Mund lächelt, und ihr Gesicht nimmt einen Ausdruck von Glückseligkeit an.«[389] In diesem Zustand lieferte der Leonie-Leontine-Leonore-Komplex den größten Teil von Janets bestem telepathischem Material.

Ein noch besser dokumentierter Fall ist die Behandlung einer Lernschwester, bekannt unter dem Namen Christine Beauchamp, die vier völlig verschiedenartige Persönlichkeiten besaß.[442] Morton Prince, ein amerikanischer Psychologe, der die Behandlung durchführte, kennzeichnete diese Persönlichkeiten als B1, B2, B3 und B4. Der häufigste Zustand war B1, der von den anderen überhaupt nichts wußte. B2 war eine ruhige und reife Persönlichkeit und erkannte B1, aber nicht B3 oder B4. Die problematischste war B3, »eine eher kindliche Persönlichkeit, völlig verantwortungslos, bar jeden Gewissens und moralischer Skrupel«. B3 tat alles, um B1 zu ärgern, schickte ihr per Post Kartons mit lebenden Spinnen, ribbelte ihr das Strickzeug auf, versteckte ihr Geld, ließ sie nicht schlafen und warf alle ihre Kleider auf den Boden. Als Prince versuchte, B3 auszuschalten, schrieb sie ihm Briefe, in denen sie bat, die Behandlung von B1 einzustellen, und mit schrecklichen Konsequenzen drohte. Ziemlich spät im Lauf der Behandlung erschien dann plötzlich B4 und bewies »weit mehr Charakterstärke, wenn auch reizbar, eigensinnig und aufbrausend«, und fast unmittelbar darauf setzte ein verheerender Kampf mit B3 ein um die Herrschaft über den Komplex. Der Tumult endete erst, als Prince entdeckte, daß, wenn er B4 hypnotisierte, B2 erschien, die alles von B1 und B4 in Erinnerung behielt. Er kam zu dem Schluß, daß B2 tatsächlich die wirkliche Miß Beauchamp war. Er suggerierte B2, daß sie sich, wenn sie als B1 erwachte, an alles über B4 erinnern würde, und wenn sie als B4 erwachte, ganz so wie B1 denken und fühlen würde. Indem er sie wiederholte Male abwechselnd hypnotisierte und weckte, mischten sich diese beiden Persönlichkeiten und verblaßten im Hintergrund von B2, die als triumphierende Siegerin hervorging. Und B3 verschwand an dieser Stelle spurlos.

Leonie und Christine wurden vor kurzem von einer Patientin von Cornelia Wilbur, einer New Yorker Psychoanalytikerin, übertroffen, die 16 verschiedenartige Persönlichkeiten zu haben schien.[478] Sie erschienen allmählich über einen Zeitraum von zwanzig Jahren und schlossen sogar zwei männliche Charaktere ein. Nach einer intensiven Analyse aller beteiligten »Personen« wurden sie mit Erfolg einem neuen siebzehnten Selbst untergeordnet, das sich zu einer in sich gefestigten Verbindung aller ihrer Charaktereigenschaften entwickelte. »Wissen Sie«, fragte diese siebzehnte Persönlichkeit, »was es bedeutet, einen *ganzen* Tag vor sich zu haben, einen Tag, den Sie Ihr eigen nennen können?« – statt sich nur mit einem Sechzehntel zufriedengeben zu müssen.

Wie eine multiple Persönlichkeit entsteht, ist noch nicht geklärt, obwohl die Symptome vermuten lassen, daß verschiedene Identitäten angenommen werden, um bedrückenden Situationen entfliehen zu können. Sie personifizieren verschiedene und unvereinbare Bedürfnisse. Diese Flucht ist eindeutig eine Strategie des Unbewußten, die zur Aufsplitterung eines einzigen Bewußtseins führt. In ihrem separaten Zustand bestehen die getrennten Selbste gleichzeitig. Wenn eines die Führung übernommen hat, sind die anderen vorübergehend abgekoppelt, ziemlich ähnlich wie beim Auto die anderen unabhängigen Gänge außer Betrieb sind, wenn Sie gerade im dritten Gang fahren. Alle beteiligten Persönlichkeiten können jedoch bis zur selben Quelle zurück verfolgt werden. Keine ist in irgendeiner Weise äußerlich wahrnehmbar, und von Besessenheit kann nicht die Rede sein. Aber die einzelnen Identitäten haben eine außerordentliche Autonomie. Jede hat ihren eigenen getrennten Erinnerungsvorrat und entsinnt sich vorwiegend jener Dinge, die in der Zeit geschahen, als sie die Führung innehatte, wie der Millionär in Chaplins Film *Lichter der Großstadt*, der Charlie nur dann erkennt, wenn er betrunken ist.[211] Selten überlappen sich die einzelnen Persönlichkeiten, und selbst bei genauester Analyse ist es nahezu unmöglich, irgendeine durchlässige Stelle zwischen ihnen zu entdecken. In jedem erdenklichen psychologischen Test reagieren sie wie verschiedene Leute. Bei der Untersuchung eines 27jährigen schwarzen Amerikaners mit vier verschiedenen Selbsten waren sogar ihre Elektroenzephalogramme verschieden.[355]

Dieser Mann, Jonah, der sich unter der Gesamtwirkung mehrerer traumatischer Erlebnisse spaltete, fügte seinem gewöhnlich ruhigen und konservativen Selbst drei weitere hinzu; einen Schläger, der seinen ganzen Zorn personifiziert, sich in Bars prügelte und die Wohnung demolierte; einen Liebhaber, der sich ums Sexualleben kümmerte; und einen Vermittler, einen Rechtsanwaltstypen, der sich große Mühe gab, seine ganzen interpersonellen Konflikte zu bereinigen. Alle unsere Persönlichkeiten sind von einer Vielzahl von Bedürfnissen geprägt, und obwohl sich die eine oder andere zu bestimmten Zeiten als vorherrschend oder stärker erweisen kann, bestehen zwischen ihnen keine eindeutigen Grenzen. Jede ist mit jeder unter dem Schirm unserer Gesamtindividualität integriert. Doch für Jonah hatte jeder Charakter seine eigene getrennte historische Entwicklung und war gegenüber den anderen wie von Mauern umschlossen. Ein äußerlicher Konflikt bewirkte einfach ein Umschalten von dem einen auf den anderen, wobei jedem sein eigenes Inventar, Gedächtnis, Intelligenzquotient, charakteristische Gehirnwellen belassen wurde.

Ein derartiges Rollenspielen ist eines der eindruckvollsten Talente des Unbewußten. Mit nicht mehr als der genetischen Skizze eines Drehbuchs greift es willkürlich Umweltinformation und Erfahrung auf, um zum ersten Mal die Rolle zu üben, die es spielen muß. Und sollten sich irgendwelche ernsten Interessenkonflikte einstellen, zögert es nicht, die ganze Rolle für zwei oder mehr Spieler umzuschreiben. Das Problem der multiplen Persönlichkeit kommt vielleicht häufiger vor als wir erkennen. Jonah wurde von nicht weniger als 13 Psychiatern untersucht, bevor er das Glück hatte, auf einen zu stoßen, der mit den Symptomen vertraut war. Dieser übergab ihn einer Gruppe, aber selbst dann war die Hilfe, die man ihm geben konnte, nur begrenzt. Nach langer und sorgfältiger Analyse gelang es der Gruppe, seine vier getrennten Selbste zu überreden, sich zu einer instabilen unheiligen Allianz zusammenzutun. Aber die Therapeutengruppe kam zu dem Schluß, daß diese Identität psychiatrisch wahrscheinlich noch »kränker« war als jede einzelne der anderen. »Dies würde bedeuten«, sagen sie, »daß die getrennte Funktion von anderen Identitäten eine wirksamere Art darstellen könnte, mit Ängsten fertig zu werden als eine Verschmelzung der Identitäten«.[355] Es ist einfach möglich, daß unter gewissen Umständen vier Köpfe besser sind als einer.

Wir alle, so ausgeglichen wir auch sein mögen, haben einen Anflug von multipler Persönlichkeit. Aber im normalen Verlauf der Ereignisse genügen die üblichen temporären Dissoziationen von Traum, Tagtraum und Träumerei, um unsere wachsende Individualität in eine ausreichende Übereinstimmung mit örtlichen Gebräuchen, allgemein üblicher Denkweise und dem vorherrschenden Realitätskonsensus zu manövrieren. Bedenkt man, daß alle diese Dinge willkürlich sind, ist dies eine beträchtliche Leistung.

Unsere Sicht der Welt wird gelenkt von unserer Wahrnehmung. Und Wahrnehmung ist, wie ich mich darzustellen bemühte, kein passives In-Empfang-Nehmen oder Zusammenstellen; sie verlangt aktives Aufbauen und Verbinden. Das Ergebnis ist ein lebhaftes, ungemein buntes und reich detailliertes Muster. Aber sie hängt von erstaunlich wenigen inneren Prozessen ab; eine Handvoll Chemikalien und eine Ein-aus-Reaktion von jeder Nervenzelle, nicht mehr. Die äußersten Möglichkeiten sind grenzenlos, doch in den frühen Stadien scheint die Neigung zu einem hohen Grad von Ähnlichkeit zu bestehen. Aus diesem Grund haben die meisten von uns – nach jüngster Schätzung 70 Prozent – häufig das Gefühl des *déjà vu*,[393] eines flüchtigen Kennens, ein Gefühl, daß all dies schon früher geschehen ist. Es ist möglich, daß das, was wir mit diesem Gefühl des Vertrautseins erkennen, nicht die Merkmale der Reizsituation selbst sind, sondern daß wir einen ähnlichen Wahrnehmungsprozeß schon früher durchgeführt haben. Es könnte eher ein inneres als ein äußeres Wiedererkennen sein.

Alles in allem bin ich von dem kurzen Einblick so beeindruckt, den uns die Hypnose auf die Kompliziertheit des Verstandes gibt, und von der enormen, offensichtlich grenzenlosen Fähigkeit des Unbewußten, Information zu sammeln und zu strukturieren, daß ich keine Notwendigkeit sehe, unirdische Elemente zu postulieren, um scheinbar übernatürliche Ereignisse zu erklären. Im genetischen Gedächtnis, in der prä- und postnatalen Erfahrung und in unserer erstaunlichen unbewußten Kreativität ist genug vorhanden, um bequem mit fast allen Fällen zurechtzukommen, die den Gedanken an fremde Intervention, Besessenheit von Geistern oder Dämonen und Reinkarnation aufkommen lassen.

Nachdem wir mit Hilfe der Hypnose die Tür zu diesem geheimen Garten aufgebrochen haben, glaube ich, daß wir uns jetzt aufmachen können, ihn zögernden Schritts zu betreten.

11. KAPITEL

Invokation
– Die Erfahrung der Gegenwart

Es gibt menschliche Vampire. Nicht nur in transsilvanischen Gruselgeschichten, sondern in der Person jedes menschlichen weiblichen Wesens.

Einem Lehrbuch zufolge existieren wir während der ersten neun Monate unseres Lebens als eine »parabiotische Union zwischen zwei verschiedenen Organismen, in der es nicht nur eine innige Apposition und Vermischung von Gewebezellen unähnlicher Zusammensetzung gibt, sondern auch einen ständigen, heimlichen Blutaustausch«.[420] Eine ziemlich umständliche Art und Weise, »Schwangerschaft« zu sagen, die jedoch die merkwürdige Natur der Mutter-Fötus-Verbindung sehr deutlich hervorhebt. Der Embryo ist in jeder Hinsicht eine fremde Substanz, und eigentlich sollte er vom Immunsystem der Mutter zurückgewiesen werden; ist sie doch ein Wirbeltier mit einem ordnungsgemäß funktionierenden Antikörpermechanismus, eigens dazu erfunden, »Ich« von »Nicht -Ich« zu unterscheiden. Aber auf eine noch ungeklärte Weise mißachtet hier die Natur mit Erfolg alle Gesetze der Transplantation, die sie auf erstaunliche Weise für die rund 270 Tage, die wir als Parasiten im Leib unserer mütterlichen Wirtin verbringen, außer Kraft setzt.

Aus der Sicht des Gens wäre es vielleicht präziser, die Beziehung als symbiotisch zu beschreiben, weil die Mutter ein berechtigtes Interesse am Überleben ihres Sprößlings hat. Die Hälfte seiner Gene sind ihre eigenen. In rein biologischer Hinsicht ist diese Verbindung von Mutter und Kind der nächste logische Schritt in meiner Reihe der zunehmend komplexen Modelle. Ich sagte bereits, daß sich Gemeinschaften bilden, weil in ihrem Zusammensein, in ihrer irgendwie gearteten Kooperation, Überlebenswert liegt. Und daß aus solchen Zusammenschlüssen, die als Gesamtheit wesentlich mehr sind als nur die Summe einzelner Teile, neuartige Eigenschaften und Fähigkeiten hervorgehen. Ich betone erneut, daß Form eigene Charaktermerkmale hat, ganz unabhängig von ihren Komponenten, und behaupte, daß die Mutter-Kind-Symbiose einige faszinierende Möglichkeiten enthält.

Jan Ehrenwald vom Roosevelt Hospital in New York nennt Schwangerschaft »die Wiege des ESP«.[149] Er meint, daß sich die intime physiologische Verbindung von Mutter und Fötus in psychologische Bereiche ausdehnen könnte, so daß sich ihre Ichs auf bestimmte Weise vermischen und die übliche Kluft zwischen Individuen überbrückt wird. Nie wieder in unserem Leben kommen wir irgendeinem Menschen so nah, und es wäre erstaunlich, würde dies nicht bleibende Spuren hinterlassen. Es könnte tatsächlich jeden Teil unseres Lebens durchdringen und nicht nur unseren Charakter formen, sondern auch die Grundlage schaffen für ein fundamentales biologisches Verständnis für im übrigen unerklärliche Dinge.

An der Universität von Houston trainierte man Ratten mit Hilfe von mehreren Elektroschocks, sich vor der Dunkelheit zu fürchten. Später entnahm man ihren Gehirnen das sogenannte Scotophobin und injizierte es normalen Mäusen, die nach diesem chemischen Transfer ebenfalls eine Neigung zu haben schienen, dunkle Orte zu meiden.[553] Es besteht nur eine sehr entfernte Möglichkeit, Erinnerung auf diese Weise zu übertragen, vielleicht sogar durch die gewaltige Plazentarschranke hindurch, aber wenn es zwischen den Partnern in einer symbiotischen Mutter-Fötus-Verbindung eine komplexe Kommunikation geben soll, wird es eine nichtchemische sein müssen.

Es könnte bezeichnend sein, daß die Bedingungen im Uterus für die hypnotische Induktion fast ideal sind. Temperatur und Licht sind praktisch konstant; der Fötus schwebt bequem im Fruchtwasser und kann sich beliebig treiben lassen; und das lauteste Geräusch in seiner Umgebung ist der regelmäßige monotone Herzschlag der Mutter. Dissoziation ist fast unvermeidlich, und wenn das Wenige, was wir über die Bedingungen für eine ungewöhnliche Wahrnehmung gelernt haben, stimmt, kommt in dieser Situation Telepathie höchstwahrscheinlich eher vor als irgendwann sonst in unserem Leben.[524] Und wenn diese Fähigkeit hier zum ersten Mal auftaucht, wird sie für immer das Gepräge jenes frühen Entwicklungsstadiums tragen.

Die Fruchtbarkeit dieser symbiotischen Theorie ist fast grenzenlos.

Sie erklärt auf Anhieb die kindhaften und irrationalen Qualitäten so vieler paranormaler Phänomene. Die meisten Mediumkommunikationen habe sich wiederholenden Charakter und scheinen oft beinahe einfältig. Psychoanalytisch würde man sie als regressiv klassifizieren, und genau das haben wir zu erwarten, wenn es sich um etwas handelt, das seine Wurzeln in der Kindheit hat. Die symbiotische Theorie gibt der Trancelogik und dem primären Verlaufsdenken aller Trancezustände allmählich einen Sinn, weil dies für einen permanent träumenden Embryo fast mit Sicherheit die einzige Möglichkeit ist, überhaupt irgend etwas zu denken. Sie erklärt, warum so viele sogenannte außersinnliche Wahrnehmungen vorbegrifflicher, präverbaler Natur sind und insofern fast nicht zu beschreiben. Sie liegt ganz sicher der Tatsache zugrunde, daß spontane telepathische Erlebnisse bei Erwachsenen am häufigsten zwischen Müttern und kleinen Kindern vorkommen. Und mit Hilfe dieses Modells wird man leichter verstehen, warum alles psychische Erleben viel häufiger bei kleinen Kindern auftritt, die noch nicht das Stadium erreicht haben, in dem sie ihre eigenen Ich-Grenzen exakt abstecken, um ihre Denkprozesse vor denen ihrer Mütter zu verteidigen.

Embryonische Ursprünge hat möglicherweise die Tatsache, daß viele Analytiker, angefangen mit Freud, gelegentlich eine gewisse telepathische Verbindung mit ihren Patienten erleben.[129] Die guten vielleicht öfter als andere, weil die klassische psychoanalytische Situation so angelegt ist, daß sie im Interesse der Behandlung die Regression erlaubt, die zur Entspannung und zur Wiedererlangung früherer Erfahrung – wie zum Beispiel der ersten Symbiose – ideal geeignet ist. Und die Zurückversetzung in einen embryoähnlichen Zustand könnte erklären, warum bei einigen Menschen eine so heftige Abneigung gegen die Telepathie schlechthin besteht, ohne daß sie sie jemals ausprobiert haben; möglicherweise deshalb, weil sie eine Bedrohung darstellt, die Freud die Wiederkehr des Verdrängten nannte.[189]

Wenn ein heranwachsendes Kind durch eine zunehmend

schärfere Definierung seiner Ich-Grenzen die Möglichkeit zur telepathischen Kommunikation erstickt, dann ist es auch möglich, daß jene Personen, denen es nicht gelingt, unabhängige Ichs zu bilden, für fortgesetzte telepathische Einmischung anfällig bleiben. Die meisten Hörhalluzinationen werden empfunden, als kämen sie von mehreren Stimmen, und wo sie etwas Verständliches sagen, sind die Kommentare gewöhnlich anonym und in der zweiten oder dritten Person verfaßt.[350] Zwischen dem Verfolgungswahn des paranoiden Schizophrenen, seiner Überzeugung, daß andere aus der Ferne seine Gedanken beeinflussen können, und den Theorien jener Leute, zu denen auch ich gehöre und die es für möglich halten, daß es einen Kontakt von Seele zu Seele ohne eine normale physikalische Vermittlung gibt, besteht sicher verblüffende Ähnlichkeit. Vielleicht hören Schizophrene wirklich Stimmen.[150] Sie sind definitiv trennscharf eingestellt auf unterschwellige unterdrückte Feindseligkeit bei anderen Menschen, aber vielleicht ist es auch noch mehr als das. Möglicherweise gibt es für jene mit einer unvollständigen Ich-Verteidigung so etwas wie eine »PSI-Verschmutzung«. Sie bleiben nicht nur für ihre eigene Mutter, sondern für jedermanns Mutter offen.

Die Vorstellung ist entsetzlich; sie läßt sich im Augenblick nicht beweisen, enthält aber einen irgendwie vertrauten Keim und könnte durchaus auf der richtigen Spur liegen. Vielleicht nehmen wir alle auf einer unbewußten Ebene weiterhin Information fremder Herkunft auf; Information, die keinen unmittelbaren Überlebenswert hat, die so unbedeutend ist, daß sie keine Chance hat, die Sperre zu durchbrechen und dem Bewußtsein zugänglich zu werden; es sei denn mit Hilfe besonderer Anrufungstechniken. Eine davon ist die Hypnose, aber es gibt noch andere.

Jede Kultur hat irgendwann eine Möglichkeit ersonnen, den zerebralen Zensor zu umgehen und direkt mit dem Unbewußten zu kommunizieren, gewöhnlich unter dem Vorwand, die Information komme von anderswoher und meistens über eine Art Sündenbock. In Tansania beschuldigen die Safwa einen besonderen Stuhl, der die Fragen einer darauf sitzenden Person mit Stillstehen oder Wackeln beantwortet.[243] Die Nyoro von Uganda benützen ein längliches, einem Speerschaft ähnliches Stück Holz, das sie *segeto* nennen.[42] Es wird befeuchtet, meistens mit dem Blut einer frisch geschlachteten Ziege (das Unbewußte schwelgt in derartigen intensiven Vorstellungen), dann legt der Frager Daumen und Zeigefinger um den Schaft und läßt sie daran auf und ab gleiten. Die Stellen, an denen die Finger kleben bleiben, kennzeichnen die Antwort des Orakels. Bei den Azande am oberen Nil wird die Technik des *iwa* oder Reibebretts bevorzugt, das über die glatte Oberfläche eines besonderen Tischs geschoben wird und auf Fragen antwortet, je nach dem, ob es gleitet oder haften bleibt.[169] In Europa und in den Vereinigten Staaten war das Tischrücken um die Mitte des 19. Jahrhunderts fast eine Epidemie. »Wenn eine Gruppe von Leuten um einen runden Tisch saß, die Tischplatte mit den Fingern berührte und sich auf die Bewegung, die der Tisch machen sollte, konzentrierte, kam es in der Tat selten vor, daß ihre Gedanken nicht ausgeführt wurden.«[109] Bald hielt man die Geister für vertrauenswürdig und erfand Codes, um mit ihnen zu kommunizieren. Als das Interesse am Tischrücken schwand, kam die selbständige Planchette auf. Es war ein herzförmiger Miniaturtisch auf Rädern, nur etwa 15 Zentimeter lang, an dem ein Stift befestigt war, so daß die Antworten direkt aufgeschrieben werden konnten. Und im Jahr 1892 ließ sich ein Kunsttischler aus Baltimore eine Alphabettafel mit einer kleinen planchettenähnlichen Anzeigevorrichtung patentieren, die während eines Prozesses mit dem französischen und deutschen Wort für »ja« als *Ouija* identifiziert wurde. Er machte ein Vermögen.

Bei so viel Freiheit, sich anonym auszudrücken, plappert das Unbewußte munter drauflos. In St. Louis begann ein *Ouija* im Jahr 1913 mit einem ganz außerordentlichen Monolog, der erst 25 Jahre später und nach vier Millionen Worten endete, als die Hausfrau Pearl Curran, die es in Gang gesetzt hatte, starb. Bei den zweiwöchentlichen Sitzungen produzierte die Alphabettafel Sprichwörter, Gedichte und Geschichten, wobei sie jedesmal den Faden genau dort wiederaufnahm, wo sie das letzte Mal geendet hatte, als hätte es überhaupt keine Unterbrechung gegeben. Und alle Mitteilungen wurden mit dem Namen von Patience Worth unterzeichnet, die, wie das Brett selbst zugab, jetzt erst ihre literarische Karriere begann, fast drei Jahrhunderte, nachdem sie, eine gebürtige Engländerin, bald nach ihrer Ankunft in der Neuen Welt bei einem Indianerüberfall ums Leben gekommen war. Was da geschrieben wurde, wirkt etwas überladen; es ist ein Stil, den *Reader's Digest* gern als »inspiriert« beschreibt, aber er ist außerordentlich konsequent. Nach 5 000 Gedichten und etlichen Bestsellerromanen bleibt ein lebhafter Einduck von einer Frau zurück, die, zungenfertig und oft witzig, mit einem Faible für Putz und einfache Vergnügungen, durchaus im 17. Jahrhundert hätte gelebt haben können. Die meisten Werke sind in einer Art archaischer Sprache abgefaßt; nach den Worten eines Spezialisten für das Elisabethanische Zeitalter nicht die Sprache »irgendeiner historischen Ära oder Epoche; sondern, wo es sich nicht um das Englisch handelt, das in dem Teil der USA gesprochen wird, in dem Mrs. Curran lebt, eine Verzerrung, die aus oberflächlicher Bekanntschaft mit der Poesie und einer Art pseudoschottischem Dialekt geboren ist«.

Für die Existenz einer Patience Worth gibt es keinen Beweis, und so fällt der Verdacht notgedrungen auf Pearl Curran, die nach etlichen Jahren feststellte, daß sie die Worte schneller aussprechen konnte als sie das Brett buchstabierte. Später ging sie dazu über, gleich in die Maschine zu schreiben und beendete auf diese Weise einen Roman, der im mittelalterlichen England spielte, in nur 35 Stunden. Doch der Psychologe Walter Prince, der die Situation ein Jahr lang beobachtet hatte, kam zu dem Schluß, daß es für eine Frau von ihren begrenzten Interessen, ihren Hilfsquellen und ihrer Bildung unmöglich war, auch nur einen geringen Teil dieser Lawine von Worten und wunderlichen Einfällen geschrieben zu haben. »Entweder«, sagte er, »müssen wir unseren Begriff von dem, was wir das Unbewußte nennen, radikal ändern, um Kräfte miteinzubeziehen, von denen wir bis jetzt keine Kenntnis haben, oder aber man muß irgendeine Ursache anerkennen, die durch den Geist von Mrs. Curran wirkt, nicht aber aus ihm hervorgeht.«[443]

Heute, ein halbes Jahrhundert später, wissen wir ein wenig mehr über die Fähigkeit des Unbewußten, die unbegrenzt zu sein scheint. Wir wissen auch, daß es dem Unbewußten möglich ist, auf irgendeine Weise unmittelbar zu erfahren, was anderen Menschen außerhalb des sinnlichen Wahrnehmungsbereichs geschieht. Dies hat Charles Tart bewiesen, als er Versuchspersonen bat zu erraten, wann ein Freund in einem abge-

legenen Raum einen zufälligen, aber schmerzhaften Elektro-
schock erhielt. Ihre bewußten Antworten sind alle vollkommen falsch. Aber wenn sie auf unbewußte physiologische Antwort überprüft werden, zeigen die Elektroenzephalogramme,
daß sie haargenau im Moment eines jeden Schocks reagieren,
als würden sie selbst einen leichten Sinnesreiz erhalten.[523]

Ich denke, das bereits vorliegende Material für spontanen
und zumindest gelegentlichen Empfang von telepathischer Information ist überwältigend. Vielleicht könnten wir sogar unser Leben lang auf Empfang bleiben, obwohl man sich das
Wesen eines Filters kaum vorstellen kann, der imstande ist,
aus dem Lärm von mehr als drei Milliarden Sendern Relevan-
tes auszuwählen. Tart weist darauf hin, daß es »absurd ist anzunehmen, nur die eine Person auf der Welt, die als Sender
gekennzeichnet ist, würde irgendeine ESP transportierende
Energie zu einem besonderen Zeitpunkt ausstoßen; und trotzdem kommt die Botschaft durch, was erfolgreiche Experimente bewiesen haben«.[526]

Nachdem wir dies wissen sowie einiges über die kreative Fähigkeit des Unbewußten, die es bei der Bildung innerlich
widerspruchsfreier Persönlichkeiten walten läßt, wüßte ich
nicht, warum es uns schwerfallen könnte anzunehmen, Pearl
Curran könnte Patience Worth gewesen sein.

Im Dezember 1963 setzen sich Jane Robert und ihr Mann
in ihrer Wohnung in Elmira im Staat New York zusammen,
um ein *Ouija* auszuprobieren. Während der beiden ersten Sitzungen geschah wenig, aber bei der dritten erhielten sie allmählich sehr klar verständliche Antworten auf ihre Fragen.
Beinahe gleichzeitig bemerkte Jane, daß sie diese Information
in ihrem Kopf empfing und sie mit Leichtigkeit ohne die Verwendung des *Ouija* aussprechen konnte. Dies war der Anfang
einer Verbindung mit einer Persönlichkeit, die sich Seth
nannte, und die inzwischen über 5 000 Seiten didaktischer Information in Form von unzeremoniellen Vorträgen diktierte
über Themen wie Gesundheit, Träume, astrale Projektion,
Reinkarnation und analytische Psychologie.[454] Die Darstellung des ganzen Materials ist klar, äußerst individualistisch
und verrät eine umfangreiche Kenntnis der Geheimlehren, zu
denen Jane keinen Zugang gehabt zu haben scheint.[455]
Eugene Barnard von der Universität des Staates North Caro-

lina erforschte Seths Charakter bei Sitzungen mit Jane, wenn sie für Seth zu sprechen schien, und er kam zu dem Schluß, daß er eine Unterhaltung führte »mit einer Persönlichkeit oder Intelligenz oder etwas Ähnlichem, die mir an Klugheit, Intellekt und Wissensschatz weit überlegen war. Unter welchem Aspekt auch immer ein Psychologe der westlichen Wissenschaftstradition den Satz verstehen würde, ich glaube nicht, daß Jane Robert und Seth dieselbe Person oder dieselbe Persönlichkeit oder diverse Facetten derselben Persönlichkeit sind«.[453]

Ich wünschte, ich könnte ebenso überzeugt sein. Mich beschleicht immer wieder das Gefühl, daß wir bei allen derartigen Argumenten ständig die Fähigkeit und die Folgerichtigkeit des Unbewußten unterschätzen. Wir beurteilen die Dinge weiterhin mit einem einschränkenden Entweder-Oder. Entweder, sagt man, kommt das Material direkt von Pearl Curran und Jane Robert, oder Patience Worth und Seth sind genau das, was sie zu sein behaupten – Geister von Verstorbenen. Ihre Herrschaft über das Medium ist in diesen beiden Fällen nur temporär, aber ich sehe keinen Grund, warum Patience und Seth nicht im gleichen Licht gesehen werden sollten wie andere Persönlichkeiten in einer multiplen Persönlichkeitssituation. Alle Beweise scheinen zu zeigen, daß die alternative Persönlichkeit, wenn sie nicht in Aktion, wenn sie praktisch ausgeschaltet ist, aufhört zu bestehen. In einer Sitzung mit dem gefeierten Medium Eileen Garrett stürzte ein Psychologe ihren beherrschenden Geist Uvani mit der simplen Frage in Verwirrung, was er denn seit der letzten Sitzung so gemacht habe.[527] Ziemlich eindeutig scheinen viele alternative Charaktere und Seelenführer nur für Rollen geschaffen, die gerade so lange währen, wie sie sich auf der Bühne befinden. Nur wenn sie vollständig übernehmen und die primäre Persönlichkeit ganz und gar verdrängen, kann man von Besessenheit sprechen. Und wenn sie weiterbestehen und permanent werden und alle möglichen unangemessenen Verhaltensweisen an den Tag legen, kann man allmählich an mögliche Reinkarnation denken.

Ian Stevenson von der Unversität von Virginia hat alles in seinen Kräften Stehende getan, um das Problem der Reinkarnation wissenschaftlich seriös zu machen. Und jetzt, nach

15 Jahren intensiver Bemühungen und fast ohne jede fremde Hilfe, scheint er etwas an Boden zu gewinnen. Die angesehene Zeitschrift *Journal of Nervous and Mental Disease* widmete 1977 ihre gesamte Septembernummer seiner Arbeit; in einem erklärenden Leitartikel dazu schreibt sie: »Wissenschaftler sind keine leidenschaftslosen Sucher. Weder sie noch ihre Kultur können die äußersten Grenzen der Wirklichkeit oder der wissenschaftlichen Untersuchungen objektiv bestimmen.«[78]

Stevenson definiert Reinkarnation als Überleben und Wiederverkörperung der menschlichen Persönlichkeit nach dem Tod; und er weist darauf hin, daß die Persönlichkeit aus mehr besteht als nur aus vereinzelten Informationsbits.[511] Um zu einer Persönlichkeit zu werden, muß die Information in ein System mit besonderen Fertigkeiten gebracht werden. Er verwendet Michael Polanyis Unterscheidung zwischen kognitivem Wissen, was über etwas Bescheid wissen bedeutet, und der stillschweigenden Fertigkeit, das heißt zu wissen, wie etwas gemacht wird.[434] Und davon ausgehend behauptet er, daß wir alle Tatsachen über eine Fertigkeit vielleicht wissen, ihre Anwendung jedoch nie erlernen können ohne tatsächliche Praxis. Deshalb sind Fertigkeiten wie Tanzen oder Radfahren oder die Beherrschung einer Fremdsprache im wesentlichen nicht mitteilbar und können ohne tatsächliche körperliche Ausübung auf keine normale Weise von einer Person an eine andere weitergegeben werden. Deshalb widmete er den größten Teil seiner Arbeit der Entdeckung von Individuen, die solche Fertigkeiten spontan erlangt zu haben scheinen, was ein völlig respektables wissenschaftliches Vorgehen ist. Aber das Problem bestand darin, daß er sich bei dem Versuch, diese Situationen zu verstehen, aufgrund ihrer besonderen Natur nur mit zwei möglichen Erklärungen auseinandersetzte. Einmal, daß seine Versuchspersonen die Empfänger außersinnlicher Information sind, was er bezweifelt; und zum anderen, daß sie die Persönlichkeit eines verstorbenen Individuums ganz oder teilweise übernommen haben. Und weil den meisten Wissenschaftlern keine der beiden Erklärungen seriös genug ist, hält man im allgemeinen die Frage an sich bereits für entkräftet und betrachtet sie mit einiger Geringschätzung.

Stevenson führte bei seinen sorgfältigen Untersuchungen

über 1 600 Fälle auf, die »an Reinkarnation denken lassen«. Die meisten stammen natürlich aus dem indischen Subkontinent, aus Südostasien und dem Mittleren Osten, wo der Glaube an die Reinkarnation am stärksten ist. Ein typischer Fall dieser Art beginnt, wenn sich ein kleines Kind, gewöhnlich im Alter zwischen zwei und vier Jahren, zu erinnern beginnt, ein anderes Leben gelebt zu haben. Was es über sein früheres Leben berichtet, stimmt meistens mit seinem Verhalten überein; es weigert sich zum Beispiel, niedere Arbeiten zu verrichten, egal wie arm seine Familie ist, wenn es behauptet, früher eine wohlhabende Person gewesen zu sein. Oft bittet das Kind, daß man es zu den Orten bringt, an die es sich erinnert, und wenn diese identifiziert werden können und sich die Reise verwirklichen läßt, stellt man gewöhnlich fest, daß ungefähr 90 Prozent seiner Angaben über das Leben und die Umgebung der Person, an die es sich zu erinnern behauptet, richtig sind. Nach dem Alter von fünf Jahren scheinen die Erinnerungen an das frühere Leben zu verblassen und verschwinden meistens ganz, und mit ihnen das durch sie hervorgerufene ungewöhnliche Verhalten.[507]

Einige dieser Fälle genügen den Kriterien für Reinkarnation insofern, als die betreffenden Personen tatsächlich nicht nur über ein Wissen, sondern auch über besondere und relevante Fertigkeiten verfügen. Ein junges bengalisches Mädchen schuf kunstvolle Lieder und Tänze; ein indischer Junge begann sehr früh, ausgezeichnet auf den klassischen Trommeln oder *tablas* zu spielen; und ein anderes Kind zeigte ungewöhnliche Sachkenntnis über Schiffsmaschinen.[508] In zwei Fällen entdeckte Stevenson sogar die von ihm so genannte »antwortende Xenoglossie«, die Fähigkeit, in einer offensichtlich unbekannten Fremdsprache zu reden und zu antworten.[509] Man ist versucht anzunehmen, daß sich die Leistungen aller Wunderkinder auf diese Weise erklären lassen. Wolfgang Amadeus Mozart begann mit vier Jahren zu komponieren; Johann Gauss korrigierte, noch nicht einmal dreijährig, die mathematischen Berechnungen seines Vaters; John Stuart Mill und Baron Macauley begannen zu schreiben, fast noch ehe sie laufen konnten. Alle könnten Reinkarnationen gewesen sein. »Bedauerlicherweise«, räumt Stevenson ein, »hat meines Wissens kein westliches Wunderkind je behauptet, sich an ein früheres Leben zu erinnern.«

Er ist jedoch weiterhin der Meinung, daß die Idee von der Reinkarnation »beträchtlichen erklärenden Wert für mehrere Eigenschaften der menschlichen Persönlichkeit und der Biologie haben könnte, die von den zur Zeit akzeptierten Theorien nicht genügend erklärt werden«.[510] Dazu rechnet er die kindliche Sexualität, den Ursprung der Homosexualität, frühes Interesse an ungewöhnlichen Themen (Schliemann erklärte vor seinem achten Lebensjahr, daß er Troja ausgraben wolle), Ablehnung der Eltern, eigenartige Muttermale, die Unterschiede zwischen sonst identischen Zwillingen, und sogar den anomalen Appetit während der Schwangerschaft.

Stevenson selbst gibt zu, daß »alle Fälle, die ich bislang untersucht habe, einige Mängel haben, viele davon recht bedeutende. Weder ein Einzelfall, noch alle untersuchten Fälle zusammen bieten auch nur annähernd einen Beweis für Reinkarnation. Sie liefern statt dessen Material, das an Reinkarnation denken läßt«. Und die alternative Erklärung einer Art Einverleibung durch besondere Sensibilität tut er mit den Worten ab: »Um authentische Fälle vom Reinkarnationstyp, die ergiebige detaillierte Aussagen und assoziiertes ungewöhnliches Verhalten seitens der betroffenen Person aufweisen, mit der Hypothese von superaußersinnlicher Wahrnehmung in Einklang zu bringen, bedarf es der Erweiterung dieser Hypothese, so daß sie nicht glaubwürdiger wird als die vom Überleben nach dem Tod.«[511]

Ich sympathisiere mit seiner Einstellung, halte diese Schlußfolgerung aber für verfrüht. Die Kluft zwischen der bekannten Fähigkeit des Gehirns und dem Sichtbarwerden ungewöhnlicher Fertigkeiten wird mit jeder neuen Entdeckung im Bereich der Lebenswissenschaften enger. Das Vorhandensein riesiger unangezapfter Information in den Genen, der Druck der alternativen Gedächtnisse in den rivalisierenden Systemen jeder einzelnen Zelle und die wachsende Kenntnis der Kräfte, die dem Unbewußten innewohnen, lassen es mehr und mehr geraten scheinen, anzunehmen, daß sogar ein dreijähriges Kind unter den richtigen Umständen eine vollentwickelte zweite Persönlichkeit erben oder erwerben und dann ins Leben rufen könnte. Daß diejenigen mit einem ungewöhnlichen Wissen oder Können so dünn gesät sind, könnte meiner Ansicht nach eher diese biologische Erklärung stützen als die der Reinkarnation, die, bedenkt man die Überfülle der körperlosen herumlungernden und für die Wiederverkörperung Schlange stehenden Geister, doch erstaunlich selten ist. Ich denke, die beste Schlußfolgerung ist nach dem vorliegenden Material die von Stevenson, wenn man sie als eine Zwischenposition versteht. »Während man früher der Meinung war, die menschlichen Persönlichkeiten ließen sich ungefähr ebenso definieren wie eine Orange aufgrund ihrer Schale oder ein Baum an seiner Rinde, erscheinen sie jetzt viel dehnbarer und durchdringlicher zu sein als man glaubte. Sie können von Prozessen außersinnlicher Wahrnehmung überfallen werden und selber mit solchen auf andere übergreifen. Sie können sich sogar miteinander mischen und eine andere Persönlichkeit bilden, die neu zu sein scheint, in Wirklichkeit jedoch aus einer Fusion der neuen und der alten herrühren kann.«[511]

Die parapsychologische Forschung wird immer wieder in eine Sackgasse gelockt; auf der Mauer am Ende der Gasse steht »Tod«, und in einer Ecke befindet sich eine bequeme Befreiungsklausel in Form einer Leiter, an der ein Schild hängt mit der Aufschrift »Für Überleben ohne den Körper hier entlang«. Millionen, vielleicht sogar die Mehrheit der heute auf der Welt lebenden Menschen glaubt, daß Überleben möglich ist und hält eine Wiederkehr in irgendeiner Form von Reinkarnation für wahrscheinlich. Vielleicht haben sie recht. Dann haben wir in diesem Glauben eine gebrauchsfertige Antwort auf fast alle bleibenden Fagen, die sich durch offensichtlich psychische Erlebnisse stellen. Aber mir sind einfache Antworten verdächtig. Trotz all der ungewöhnlichen Dinge, auf die ich in den letzten zehn Jahren gestoßen bin, stelle ich fest, daß sich tief in meinem Innersten, das eben biologisch angelegt ist, etwas gegen diese Vorstellung sträubt. Eine Reaktion gegen Eingriffe der göttlichen Vorsehung, gegen bequeme Deus-ex-machina-Tricks in der Handlung des Stücks, die alle dazugehörenden Konflikte mit der Enthüllung lösen, daß die Personen in Wirklichkeit lang verloren geglaubte Verwandte sind.

Besessenheit von körperlosen Geistern könnte möglich sein, aber ich weiß es nicht. Ich kann es nicht wissen. Der Begriff ist zu komplex, um ihn mit unserem heutigen Wissen zu beweisen oder zu widerlegen. Der Sprung von dem, was wir wissen, zu dem, was sein oder nicht sein könnte, ist zu groß. Wir können

heute höchstens mit einiger Sicherheit sagen, daß Wahrnehmung, bewußte wie unbewußte, anscheinend mindestens zu
einem Teil von Prozessen bestimmt wird, die nicht im Gehirn
lokalisiert werden können und die möglicherweise alles andere als physikalisch sind. Vielleicht sind sie sogar von zeitlichen und räumlichen Beschränkungen hinreichend unabhängig, um jenseits der Grenzen des Körpers zu operieren und
dort mit anderen, ähnlich beschäftigten, zu verkehren.

Im Lauf meiner Forschungsarbeit habe ich eines gelernt,
nämlich ernst zu nehmen, was mir die Leute sagen; auch wenn
ihre rationalen Erklärungen oder Interpretationen des Erlebnisses vielleicht falsch sind, was häufig der Fall ist. Aber wenn
genügend Leute eine bestimmte Art von Erlebnis haben oder
einen besonderen kausalen Zusammenhang bilden, egal wie
unwahrscheinlich er auch sein mag, gibt es meiner Erfahrung
nach sehr oft einen guten Grund für ihren Glauben. Ich habe
sogar ein Buch geplant »Zum Lob der alten Weiber« zu Ehren
des wesentlichen Inhalts in vielen ihrer Geschichten. Und in
allen Kulturen, die ich kennengelernt habe, gibt es eine immer
wiederkehrende Behauptung, die oberflächlich gesehen so unerhört ist, daß sie gewöhnlich für halluzinatorisch oder wahnhaft gehalten wird; dabei ist sie so allgemein und weit verbreitet und schon so alt, daß sie als archetypische Täuschung eingestuft werden muß. Es ist das Gefühl, das viele haben: Gelegentlich den eigenen Körper verlassen zu können.

11.2
Körperlose
Reisen durch
Raum und Zeit?
Vor einigen Jahren machte ich eine Reise nach Griechenland zusammen mit einer Freundin, die sich recht häufig solcher Erlebnisse außerhalb des Körpers erfreut. Sie betrachtet
die Sache sehr nüchtern und schildert, was sie sieht, mit vielen
Einzelheiten, so wie Sie und ich uns vielleicht an einen lebhaften Traum erinnern. Nur daß sie gleichzeitig, während es geschieht, direkt darüber berichtet in einem Zustand, der eine
Art Semitrance zu sein scheint. Der Vorfall, der mich am meisten beeindruckte, ereignete sich kurz nachdem wir in Delphi
angekommen waren und den Vormittag damit verbracht hatten, aus der heiligen Quelle zu trinken, den hoch über den
Steilfelsen der Phaedriaden schwebenden Adlern zuzuschauen
und die Ruinen des Tempels und des Heiligtums zu durchstö-
bern. Auch wenn sich noch so viele vollklimatisierte Busse an
den Rändern der schmalen Bergstraße drängen, scheint den-

noch nichts den Zauber des Ortes zerstören zu können, und wir empfanden ihn sehr stark, als wir im Schatten der Pinien oberhalb des alten Theaters rasteten und über das Tal des Pleistos in die Ferne zu den blauen Bergen von Arachowa hinüberschauten. Ich amüsierte mich außerdem über eine Spechtmeise, einen spöttisch dreinschauenden kleinen Vogel, der mit dem Kopf nach unten an einem Baumstamm hing und lästerliche Reden über eine Straße von Ernteameisen führte, die sich nahebei zwischen den Steinen hindurchwand, als meine Freundin von einer kleinen Kapelle zu sprechen begann, die sie sehen konnte. Ich brauchte eine Weile und schaute etliche Male suchend in die Richtung, in die sie zu blicken schien, bis ich begriff, daß sie wieder einmal auf eine ihrer merkwürdigen Reisen gegangen war.

Sie beschrieb die weißgekalkten Mauern, das rote Ziegeldach, den Turm ohne Glocke. Sehr eingehend berichtete sie von einem zweistöckigen Gebäude, das gleich daneben stand; zu den Wohnräumen über dem Stall führte an der Außenwand eine breite Holztreppe hinauf. Beide Gebäude sah sie auf einem kleinen, in den Hang gekerbten Plateau stehen, mit einer flachen Höhle im Steilfelsen an der Rückseite, die den Blick auf eine natürliche Quelle und eine in den gewachsenen Fels gehauene Bank daneben freigab. Alles dies erfuhr ich quasi als Kommentar zu einem lebhaften inneren Film, der nur von ihrem stillen Vergnügen an dem Bild beeinflußt wurde; doch dann beunruhigte sie etwas. Sie schwieg plötzlich und begann zu zucken, als würde sie sich gewaltsam von etwas losreißen, ein wenig so wie jemand, der gerade aus einem Alptraum erwacht. Sie klagte, ihr sei sehr kalt, weigerte sich aber zu sagen, was sie so beunruhigt hatte. Alles, was ich aus ihr herausbekam, war das Wort »Blut«. Erst als wir in der Sonne um das ganze Pythische Stadion auf den oberen Hängen des Heiligtums herumgegangen waren, kehrten wieder Farbe und Ruhe in ihr Gesicht zurück, und das Zittern hörte auf.

Am nächsten Morgen wanderte ich in aller Frühe allein von Delphi aus die Schlucht hinab, durch das Meer der alten Olivenbäume auf der Heiligen Ebene, bis zum Hafen von Itea am Golf von Korinth. Ich verließ die Straße oberhalb der Ruinen der Marmaria und folgte einem sich durch die Schlucht windenden Saumpfad. Der Morgen graute sanft und makellos, und ich war glücklich, dort zu sein. Als ich ungefähr den halben Weg bis zum Flußbett zurückgelegt hatte, kam ich an einem Bildstock am Wegrand vorüber. Man findet sie überall in den Balkanländern, und auch die abgelegensten sind in der Regel sorgfältig gepflegt und häufig mit einer Kerze oder mit frischen Blumen geschmückt. Diesen hier jedoch hatte man aufgegeben; die Farbe war verblichen, die Glasscheibe zerbrochen und Spinnen hatten sich eingenistet. Wäre ich nicht verwundert stehengeblieben, hätte ich auch nicht den verwilderten Pfad entdeckt, der von meinem Weg abbog und nach rechts hinabführte, wo durch die Bäume gerade noch der First eines Ziegeldachs hervorlugte.

Ich machte den kleinen Umweg und fand mich auf einem kleinen freien Plateau mit einer winzigen Kapelle und einem Gebäude, das, wie ich annahm, einst das Haus des ansässigen Priesters gewesen sein mußte. Beide waren jetzt verlassen und schienen ihrem verwahrlosten Zustand nach schon seit einiger Zeit unbewohnt zu sein. Ich wollte einen Blick in die Kapelle werfen, aber die Tür war mit Brettern vernagelt, und so ging ich um das Haus herum und entdeckte die Überbleibsel eines Beckens, trocken und rissig, aber offensichtlich dafür gedacht, das Wasser einer vermutlich sehr kühlen und willkommenen Quelle aufzufangen, das jetzt, in der Mitte eines trockenen Sommers, nur spärlich aus einer Felsspalte sickerte. Ich setzte mich auf die Steinbank daneben und beobachtete, wie die Berge auf der anderen Seite der Schlucht das Licht und die Wärme des Tages empfingen. Und während ich dort saß, zufrieden, dies alles einfach in mich eindringen zu lassen, wurde ich mir einer vagen Unruhe bewußt. Zunächst konnte ich sie mir nicht erklären, doch dann, als ich von der Quelle zu der Kapelle und dem Haus blickte, dämmerte mir allmählich, daß der Kapellenturm keine Glocke hatte und daß die Treppe zu den über dem Stall gelegenen Räumen an der äußeren Hauswand hinaufführte. Ich hatte ein Bild vor Augen, das der Szene, die meine Freundin 18 Stunden zuvor so lebhaft geschildert hatte, sehr ähnlich sah!

Dann erinnerte ich mich ihrer Unruhe und fühlte mich plötzlich nicht mehr wohl. Ich stand auf und ging zu der breiten Holztreppe am Haus hinüber und hatte vor, zu den Wohnräumen hinaufzusteigen. Die Stufen waren alt und ausgetreten, aber sie schienen fest zu sein, und dennoch empfand ich eine ungewöhnliche Abneigung, sie zu betreten. Ich fürchtete mich und wußte nicht warum, und das machte mich schließlich wütend genug, um meine Angst zu unterdrücken und hinaufzusteigen. Ich hatte vielleicht die Hälfte der Stufen zurückgelegt, als ich bemerkte, daß einige der dunklen verwitterten Zwischenstücke feucht glänzten. Als ich sie berührte, waren sie klebrig, und an meinen Fingern blieb eine rötliche Schmiere haften, die mir irgendwie bekannt vorkam. Doch was es war, wußte ich erst, nachdem ich daran gerochen hatte und den unmißverständlichen, beängstigenden, leicht metallischen Geruch von frischem Blut wahrnahm. Da packte mich die Furcht und ich rannte weg. Nichts auf der Welt hätte mich bewegen können, diese Treppe hinaufzugehen. Es war schon schwer genug, ihr den Rücken zuzudrehen; und ich hielt erst an, als ich mich meilenweit davon entfernt unten am Pleistos und ziemlich weit draußen auf der Heiligen Ebene befand.

Am selben Abend traf ich mich mit meiner Freundin in Itea, und jetzt erzählte sie mir, was sie am Tag zuvor außerdem noch gesehen hatte. Während sie das Haus beschrieb – und es war mit Sicherheit genau so, wie ich es vorgefunden habe – war aus der Richtung der Kapelle ein Mann in der schwarzen Tracht eines *pappas,* eines griechisch-orthodoxen Priesters, gekommen, der einen gräßlich verunstalteten Frauenkörper in den Armen hielt und, eine Blutspur hinterlassend, die Treppe hinaufstieg.

Später entdeckten wir, daß direkt unterhalb der Flußklamm, an deren Nordflanke die Kapelle stand, die Grube der Sybaris lag. In der griechischen Sage war sie ein schreckliches Ungeheuer, das sich in einer Höhle verborgen hielt und in Abständen auftauchte, um die umliegende Landschaft zu verheeren, bis es eines Tages von einem jungen Helden namens Eurybatos getötet wurde. Er stürzte es in die Schlucht hinab, und wo es auf der Erde aufschlug, entsprang eine Quelle. Und sehr viel später, während eines anderen Besuchs, erfuhr ich von der ortsansässigen Bevölkerung, daß man in der Nähe der Quelle eine Hirtin, die Frau eines *pappas,* ermordet aufgefunden hatte; sie wurde bestraft, wie sie sagten, weil sie ihre Herde an einem Sonntag dorthin auf die Weide gebracht hatte. Noch heute kennen sie die Quelle und die ganze Schlucht, die keiner von ihnen besonders gern allein aufsuchen würde, als die Pappadia.

Ich entschuldige mich nicht, diese persönliche Geschichte hier eingeflochten zu haben, nicht weil ich glaube, daß sie etwas beweist, sondern weil sie auf dramatische Weise fast alle Probleme der psychischen Forschung demonstriert. Die lebendigsten Erlebnisse mit unbekannten Dingen geschehen nicht unter Laborverhältnissen. Es sind gewöhnlich spontane, unaufgeforderte Erlebnisse dieser Art. Das Beweismaterial für sie ist rein anekdotisch, und sogar die Beobachtungen, und alle Erinnerungen daran, sind ganz stark von Emotion und von den beteiligten Personen beeinflußt. Aus der heutigen Entfernung kann ich nicht einmal mit Sicherheit sagen, ob das Blut überhaupt da war. Ich glaube es, aber alles, was uns schließlich bleibt, ist die Ähnlichkeit zwischen meinem körperlichen Erlebnis und dem visionären meiner Freundin.

Ihre ausführliche Beschreibung eines Ortes, an dem sie nie gewesen ist, könnte ein gutes Beispiel sein, was durch körperloses Reisen erreicht werden kann. Aber sie enthielt auch eine Vision von einem Ereignis, das vor so langer Zeit geschah, daß es heute zur lokalen Folklore gehört. Dadurch wird sie zu einem retrokognitiven Erlebnis oder vielleicht sogar zu einer telepathischen Wahrnehmung von etwas, das die Menschen rings um uns in dem Dorf ziemlich beschäftigte. Meine Freundin könnte auch Fernvorführung eines wirklichen Ortes praktiziert haben und dort die gespenstische Anwesenheit des Priesters gesehen haben, oder sie blieb vielleicht genau dort, wo sie sich mit mir im Heiligtum befand und wurde von einem Geist des verwitweten *pappas* besessen, der immer noch um seine ermordete Frau trauerte. Außerdem sah sie eine Szene, die ich tags darauf höchstpersönlich erleben sollte, was ihrer Vision präkognitive oder hellseherische Untertöne verleiht. Alles zusammen ergibt ein außerkörperlich-visionär-telepathisch-rückerkennend-präkognitiv-hellseherisch-gespenstisch-besessenes Erlebnis. Es sei denn, man würde alle diese Begriffe mit der einen Annahme übertrumpfen, meine Freundin müsse eine Reinkarnation des Priesters selbst gewesen sein.

Ich halte es nicht für sinnvoll, hier die übliche Etikettierung vorzunehmen. Die Klassifizierung von ungewöhnlichen Ereignissen half den Parapsychologen, eine gewisse Ordnung in das

Chaos zu bringen, das für die psychische Welt bezeichnend ist und machte es vielleicht sogar möglich, produktive wissenschaftliche Versuche auszuführen. Aber die Ergebnisse sind selbst bei wohlwollendster Beurteilung nur mager, und die Phänomene bleiben nach wie vor schwer faßbar. Ich vermute, daß die starre Kategorisierung von Ereignissen, und die nachfolgende gewissenhafte Suche nach ihnen beziehungsweise nach jeweils einem besonderen, praktisch das wichtigste Merkmal der übernatürlichen Dinge verstellt hat – nämlich ihre ganzheitlichen Eigenschaften, denen, sofern sie in ihrer Ganzheit gesehen werden, sogar biologische und evolutionäre Bedeutung nachgewiesen werden kann.

Der französische Philosoph Henri Bergson, dessen Ideen man wieder aufgreifen sollte, meinte um die Jahrhundertwende, daß sich ein Teil des Wirbeltiergehirns zu einem Filter entwickelte, dessen wichtigste Funktion in der Abschirmung der bewußten Wahrnehmung bestand zum Schutz vor irrelevanten Reizen.[48] Einige Jahre später, in der Eröffnungsrede als Vorsitzender der Society for Psychical Research in London, nahm er auch telepathische Signale von anderen Menschen und hellseherische Information von leblosen Gegenständen in seinen Katalog jener Reize auf, die er für biologisch unerheblich erachtete.[49] Ein halbes Jahrhundert verging, bevor der Bergsonsche Filter tatsächlich von zwei Physiologen an der Northwestern University entdeckt wurde; sie stellten fest, daß ein elektrischer Reiz im Stammhirn einer Katze das Tier ebenso friedlich aus dem Schlaf wecken konnte wie ein leichtes Streicheln des Kopfes.[387] Sie nannten diesen Bereich das retikulare Aktivierungssystem und kamen zu dem Schluß, daß es als eine Art Wachposten arbeitete, der den gesamten Denkbereich, den Kortex, mit allgemeinen Warn- oder Wecksignalen erreichen konnte. Wir wissen heute, daß dieser sehr alte Teil des Gehirns – beim Menschen hat er ungefähr die Größe eines kleinen Fingers – in einer komplexen gegenseitigen Wechselwirkung mit den höheren, weiterentwickelten Bereichen steht. Seine Aufgabe ist es, den Fluß der Sinnesreize sowohl von außerhalb als auch von innerhalb des Körpers zu unterstützen oder zu verhindern, und er reguliert Erwachen, Wachsein, Schlafen und Träumen.[358] Er ist all das, was Bergson von ihm erwartet hatte; eine ausgezeichnete Verteidigung gegen Reize wie willkürliche Telepathie, die meistens wenig oder gar keine Bedeutung für uns hat; und vielleicht auch gegen verschwenderische Bewegungsimpulse von jener Art, die für psychokinetische Reaktionen verantwortlich sein könnten.

Es sieht allmählich so aus, als ob die wenigen wirklich guten Treffer, die bei Labortests für Telepathie erzielt wurden und mit denen in der parapsychologischen Literatur viel geprahlt wurde, vielleicht wirklich nichts anderes sind als Irrtümer. Sie kommen aufgrund von Fehlern in der Abschirmung zustande und haben überhaupt keine organische Bedeutung; was kaum überrascht, wenn man die langweiligen, sich wiederholenden mechanischen Tests mit Karten, Würfeln und elektronischen Apparaten bedenkt, die den Hauptbestandteil des experimentellen Aufwands bilden. Die meisten Versuche haben für einen lebenden Organismus keine Bedeutung und geben in keiner Weise irgendeines seiner normalen Bedürfnisse wieder. Diese Tendenz wurde anscheinend absichtlich eingeführt, weil man annahm, daß andere Wissenschaftler Demonstrationen über das Vorkommen von merkwürdigen Phänomenen nicht akzeptieren würden, wenn sie nicht völlig von den sinnlichen und motorischen Prozessen der Versuchsperson isoliert waren. Was ungefähr das gleiche ist, wie wenn man die Sänger bei einem Probevorsingen bitten würde, mit geschlossenem Mund zu singen.

Deshalb können Laborbedingungen, wie sie bislang vorgeschrieben waren, höchstwahrscheinlich nur willkürliche, kapriziöse, belanglose Ereignisse enthüllen, die keinen biologischen Sinn ergeben. Jan Ehrenwald meint, daß die Fehlschläge bei solchen Tests tatsächlich bedeutender sein können als die Erfolge.

Er tadelt die Ausreden der Parapsychologen, ein Großteil ihres Beweismaterials sei von schlechter Qualität, sowie ihren Kraftaufwand, mit dem sie die statistische Bedeutung nur jener Antworten beweisen wollen, die dem Zielmaterial perfekt entsprechen. Und er weist darauf hin, daß bei telepathischen Versuchen, Zeichnungen zu reproduzieren, zahlreiche Empfängerpersonen Zeichnungen machten, die genau in der Weise verzerrt waren, wie man es hätte erwarten dürfen, wenn sie von den ungebundenen, nicht linearen, unbewußten Bereichen des Gehirns reproduziert worden wären. Er sagt praktisch, daß ein unbestreitbarer Beweis für telepathische Kommunikation gerade in jenen Teilen der Ergebnisse liege, die von den meisten Experimentatoren verworfen würden.

Patienten mit einem Gehirnschaden, durch den ein Ungleichgewicht der zerebralen Hemisphären entsteht, leiden an Agnosien, die es ihnen erschweren oder unmöglich machen, Wissen auf normale Art weiterzuverarbeiten. Eine Zerrüttung des linken Gehirns verursacht Dyslexie und Agraphie, den Verlust des Lese- und Schreibvermögens, während eine Zerrüttung des rechten Gehirns zu Sehstörungen führt. Die Sehgestörten produzieren dann Zeichnungen, die ungenau und verzerrt sind und genauso aussehen wie das Gekritzel der armen verwirrten Versuchspersonen am Empfängerende bei den Versuchen, bildliche Information unter Laborbedingungen telepathisch zu senden. Alles, woran sie sich halten können, sind ein paar winzige Informationsfetzen, die hin und wieder durch die Absperrung dringen, wenn der Filter gerade von anderen Dingen abgelenkt wird.

Es ist ziemlich offensichtlich, daß streng kontrollierte, künstliche Tests des klassischen parapsychologischen Typs wenig oder keine biologische Bedeutung haben, selbst wenn sie gelegentlich glücken. Doch nun stellt sich die Frage, warum sie überhaupt jemals glücken? Warum sollten unsere Gehirne Fähigkeiten haben, telepathische Information aufzunehmen? Wozu soll es gut sein, daß einige von uns manchmal Löffel und Haustürschlüssel verbiegen können? Um eine Antwort zu finden, muß man das Labor ganz und gar hinter sich lassen und sich in den verbotenen Bereich von Emotion und spontanem Erlebnis begeben; man muß sich Bedeutung suchen in den willkürlichen, nicht wiederholbaren Dingen, die den Menschen manchmal widerfahren und die sich als das erweisen könnten, was die Psychiater »bedürfnisabhängig« nennen, was biologisch ausgedrückt, »Überlebenswert haben« bedeutet.

Isolierte Ereignisse sind schwer zu analysieren, aber ganze Reihen von ähnlichen Geschehnissen ergeben allmählich einen gewissen Sinn. Spontane außerkörperliche Zustände zum Beispiel scheinen unmittelbar mit Streß verbunden zu sein. Diejenigen, die diesen Zustand jetzt bewußt praktizieren, berichten einhellig, daß ihr erstes derartiges Erlebnis in einer lebensgefährlichen Situation stattfand. John Lilly sagt: »Ich war sieben Jahre alt, und mir wurden die Mandeln entfernt. Ich hatte ganz schreckliche Angst, als ich den Äther bekam, und befand mich sofort an einem Ort mit zwei Engeln.«[347] Später erprobte er diese Fähigkeit unter dem Einfluß von Drogen und war schließlich imstande, seinen Körper je nach Lust und Laune zu verlassen. Der Hellseher Ingo Swann, der offensichtlich bewußtes Fern-Sehen im Labor zustande brachte, während er an physiologische Geräte angeschlossen war, hatte sein erstes Dissoziationserlebnis als Folge eines Kindheitstraumas.[521] Meine Freundin, mit der ich in Griechenland war, hatte ihr erstes Erlebnis während eines Autounfalls; anscheinend verließ sie ihren Körper genau in dem Moment, als der Wagen, in dem sie fuhr, mit hoher Geschwindigkeit von der Straße abkam und sich überschlug. Sie kann es jetzt offensichtlich jederzeit tun, ist aber der Ansicht, daß es immer dann, wenn es wie in Delphi spontan geschieht, gewöhnlich gute und zwingende Gründe dafür gibt. Keiner von uns konnte entdecken, warum unsere Erlebnisse bei dieser Gelegenheit genau übereinstimmten oder sich zumindest gegenseitig zu bestärken schienen.

Vielleicht gab es auch einen guten Grund, wenn sich in dem verlassenen Haus zum Beispiel ein mordlustiger Irrer mit einem verletzten Fuß aufgehalten hatte. Ich glaube zwar nicht, daß es so einfach war; aber es gibt eine ganze Menge anekdotischen Beweismaterials, das zeigt, daß Vorahnungen von Katastrophen häufig während eines außerkörperlichen Erlebnisses auftreten.

Rex Stanford von der St. John's University in New York behauptet, daß weitaus mehr Information durch die Gehirnabschirmung dringt als uns je bewußt wird und daß alle komplexen Organismen ständig von Information profitieren, die auf paranormale Weise erworben wurde.[504] Er bringt das Beispiel von einem pensionierten Oberst der US-Army, der in der New Yorker U-Bahn unbewußt an der falschen Haltestelle ausstieg, seinen Fehler am Ausgang erkannte und eben umkehren wollte, als er genau den Leuten, die er besuchen wollte, in die Arme lief. Auf weniger dramatischem Niveau mag es täglich Dutzende von Gelegenheiten geben, bei denen wir eine Eingabe erhalten und danach handeln, vielleicht sogar auf psychokinetische Weise, ohne weder die Information noch die damit verbundene Aktion bewußt zu erkennen. Bei einem Versuch, das, was er »durch PSI zustande gebrachte Instrumentenantworten« nennt, während der Aktion im täglichen Leben einzufangen, erfand Stanford eine Situation, bei der den Versuchspersonen eine langweilige, sich wiederholende Aufgabe gestellt wurde, während im angrenzenden Zimmer ohne ihr Wissen ein Zufallszahlengenerator arbeitete. Die Situation war so angelegt, daß die Versuchspersonen automatisch von ihren langweiligen Aufgaben erlöst wurden, sobald der Generator sieben richtige Treffer verzeichnete aus einer vorher festgelegten Zahlenfolge, in einem von sieben Versuchen.[505] Die Theorie, die hinter dem Experiment stand, besagte, daß es in der Umgebung eines Organismus Information geben könnte, die für den Organismus vorteilhaft wäre, über die er aber auf normalen Weg nichts wissen konnte. Und daß die verborgene Existenz dieser Information genau die Art von Druck verursachen könnte, der nötig ist, um das Einsetzen eines paranormalen Prozesses zu fördern. Die Arbeit an dem Versuch geht weiter, aber bis jetzt hat Stanford acht Personen gefunden, die in der Lage waren, den Apparat so stark zu beeinflussen, daß sie innerhalb von 45 Minuten der Zwangslage der Versuchsanordnung entkommen konnten. Sich selbst überlassen, erzielt der Generator sieben richtige Treffer aus zehn nicht öfter als alle zwei oder drei Tage.

Dies ist ein begrüßenswerter Versuch, die Laborversuche im Hinblick auf organische Zusammenhänge aussagekräftig zu machen, doch leidet er unter den gleichen Mängeln wie weite Teile der früheren parapsychologischen Forschung. Es hat den Anschein, als seien alle Versuchsanordnungen gegenüber den wirklichen Implikationen der Fähigkeiten, die sie untersuchen wollten, blind gewesen. Ihnen allen liegt die kurzsichtige Annahme zugrunde, daß nur die Person, die als Subjekt des Experiments ausgewählt wurde, das zur Untersuchung anstehende Talent anwendet, daß nur diese eine Fähigkeit sich manifestiert und daß diese Fähigkeit sich nur in der vorgegebenen Weise demonstrieren läßt. Nichts spricht dafür, daß derart restriktive Anforderungen je eingehalten worden wären. Indessen gibt es unzählige Beweise dafür, daß in fast jeder Studie, die je gamcht worden ist, der Experimentator stärker einbezogen ist, stärker motiviert ist und er mit höherer Wahrscheinlichkeit das Ergebnis des Tests beeinflußt als das Subjekt.[315] Rhea White hat unlängst eine umfangreiche Untersuchung durchgeführt, in der sie die Möglichkeit solcher Beeinflussung in parapsychologischen Tests untersucht. Sie kommt zu dem Schluß, daß sich der Grad des Einflusses, den ein Tester auf seine eigenen Ergebnisse nimmt, überhaupt nicht eingrenzen läßt.[584] In vielen Fällen ist dieser Einfluß durch und durch beherrschend.

Der analytische Ansatz eines Großteils dieser Arbeiten ist immer noch durch die kausalen Konzepte der alten Vor-Quanten-Physik bestimmt, in denen die Welt als aus Punkten bestehend vorgestellt wird, von denen jeder seine eigene getrennte Existenz besitzt. Doch dieser Ansatz ist gegenüber der Telepathie sinnlos. Sie scheint – wenn sie auch immer noch Rätsel aufgibt – ein weit umfassenderes Phänomen zu sein, das Dinge dieser Welt in gänzlich nicht-Newtonschen Weisen miteinander verknüpft. Bei der Telepathie gibt es keine einfachen Kausalketten, keine logischen Zusammenhänge. Und jeder Versuch, solche Zusammenhänge oder Kausalketten aufzuspüren, endet unweigerlich mit leeren Händen, offen, bringt beunruhigende Rätsel und Doppelbödigkeiten zutage. Sowenig wir bisher aufschlüsseln konnten, eines scheint klar zu sein: Bei allem, was passiert, spielen bewußte und unbewußte Prozesse eine große Rolle; vielleicht bestimmen sie sogar die Beschaffenheit von Geschehnissen, die nach gängigem Verständnis bereits passiert sind.[469] So etwas wie eine zufällig gewürfelte Zahl gibt es überhaupt nicht; jedenfalls nicht, wenn Bewußtheiten mit ins Spiel kommen.

11.4
Para-Normalität
im
Wohnzimmer?

Das Beste, was unsere experimentellen Ansätze leisten, ist wohl eine Art modernisierter *segeto*-Stab der Bunyoro. Wir brauchen einen Sündenbock. Wir brauchen in dieser Hinsicht nicht wählerisch zu sein, und es scheint auch nicht allzuviel auszumachen, wenn wir bewußt wissen, daß wir uns dieses Sündenbocks für die Dauer der Untersuchung als Krücke bedienen.

Als das Tischrücken hoch im Schwange war, wurden verschiedentlich Anstrengungen unternommen, für die offensichtliche Levitation wissenschaftliche, nichtspirituelle Erklärungen zu liefern. Die respektabelsten dieser Erklärungen stammten von Michael Faraday persönlich, der damals in den Sechzigern war; in einem Brief an die *Times*, in dem er die Bewegung der Tische »auf gleichsam unwillkürliche Muskelaktivität« zurückführte, versuchte er, »die Tische gegen die Tischerücker zu rücken«.[279] Augenscheinlich hoffte er, durch sein Eingreifen die um sich greifende Mode ins Lächerliche zu ziehen und damit zum Absterben zu bringen; doch hat er damit der Welle wahrscheinlich nur neuen Auftrieb gegeben, denn für die Beteiligten war seine Theorie ganz offenkundig unangemessen. Denn die Spiritisten hatten zu diesem Zeitpunkt bereits die Erfahrung, daß selbst Tische herumhüpften, die viel zu schwer waren, um sich durch die gemeinsame bewußte Muskelanstrengung aller an der Sitzung Beteiligten verrücken zu lassen. Eine neue Studie ein Jahrhundert nach Faradays Versuch, die Sache ins Lächerliche zu ziehen, beweist, daß sich das Tischrücken so einfach nicht aus der Welt reden läßt. In der Tat: sonderbare Dinge gehen dabei vor.

Kenneth Batcheldor, Leiter der psychologischen Abteilung eines Krankenhauses in der Nähe von London, hat herausgefunden, daß trotz rigorosester Kontrollen unerklärliche Klopfzeichen und Bewegungen erfolgten.[35] Er behauptet, die einzige Möglichkeit sicherzustellen, daß nichts passiert, bestehe darin, den Beteiligten zu suggerieren, die eingesetzten Gerätschaften würden nicht nur jede Bewegung verhindern, sondern würden auch jeden dingfest machen, der früher schon einmal Phänomene verursacht hat. Diese psychologische Bremse führt er auf »Verantwortungsverweigerung« zurück, und er weist darauf hin, niemand könne allein eine Alphabettafel in Gang setzen. Dazu seien zumindest zwei Leute erforderlich; dann sei es jedem der Beteiligten möglich – selbst wenn er unbewußt der Verursacher ist –, dem anderen die Verantwortung zuzuschieben. Es muß also ein Sündenbock vorhanden sein. In der klassischen Séance weisen die Beteiligten die Verantwortung einem aus ihrem Kreise zu, der als Medium fungiert. Und je nach der jeweiligen Ausrichtung der Spiritisten reicht diese Person die Verantwortung an die Geister, Götter oder Dämonen weiter. Denn ungeachtet dessen, wie real unser Interesse an den Phänomenen sein mag, scheint es, als hegten wir alle eine latente Furcht davor, tatsächlich einbezogen zu werden, verantwortlich zu sein. Dies Problem lasse sich am besten dadurch umgehen, meint Batcheldor, daß man eine Technik anwendet, die er »Artefakten-Induktion« nennt. Ohne Wissen der anderen Gruppenmitglieder bewegt er selbst insgeheim und absichtlich den Tisch durch gewöhnliche Muskelkraft. Dadurch werden die anderen angeregt; sie werden bereit, an die Vorgänge zu glauben, und bald »verstärken sich nach und nach die Phänomene, die zunächst Artefakten zugeschrieben wurden, bis sie schließlich eindeutig paranormal werden«.[35] Am Ende waren Batcheldor und seine Gruppe in der Lage, ihre Tische und sogar ein Piano zu rükken, ohne die Gegenstände überhaupt zu berühren.

Als die Gruppe versierter wurde, stellten sich andere, nicht beabsichtigte Phänomene ein. Von irgendwo aus dem Nichts tauchten kleine Gegenstände auf, wie es bei klassischen spiritistischen Materialisationen der Fall ist. Man sandte einen Stein von zehn Zentimetern Durchmesser an ein Londoner Museum zur Analyse – und hörte nie wieder von ihm. Batcheldor bekam von den Museumsbeamten einen verstörten Brief, in dem es hieß, der Stein sei verschwunden.[83]

Von diesen Erfolgen inspiriert, fanden sich in England unter der Leitung des Ingenieurs Colin Brookes-Smith weitere Gruppen zusammen.[81] Er interessierte sich vornehmlich dafür, mit Hilfe von Höhenmessern, Belastungsmessern, Dynamometern und Modulationsverstärkern quantitative Messungen vorzunehmen. Und er stellte auf all seinen Instrumenten Ausschläge fest. Aber es zeigte sich, daß die Ergebnisse immer dann am besten waren, wenn die Messungen verdeckt vorgenommen wurden – und wenn Brookes-Smith Batcheldors Rat folgte und das Arrangement von viktorianischen Séancen simulierte, die vielfach große gesellige Ereignisse mit Essen und Trinken, mit Vergnügen und Gesang waren. Es hat den Anschein, daß die Tisch-Rück-Phänomene durch psychische Fähigkeiten hervorgerufen werden und daß sie indirekt unterstützt werden müssen. Dies ist teilweise dadurch möglich, daß man eine entspannte Atmosphäre schafft, in der nichts offenkundig auf die Fallen der Naturwissenschaft hindeutet und die auf diese Weise Unglauben abbaut; und dadurch, daß man allen Anwesenden ihre Schuld- oder Verantwortungsgefühle nimmt, indem man ihnen suggeriert, es sei der Tisch, der sich absonderlich verhält, nicht sie. Auf dieser Grundlage – so scheint es – kann fast jeder mit etwas Geduld und dem richtigen Ansatz mit Hilfe eines alten Möbelstücks die Gesetze der Physik auf den Kopf stellen. Er kann, indem er eine Rute oder ein Pendel als Sündenbock benutzt, die gleichermaßen rätselhafte Kunst des Wünschelrutengehens praktisch lernen.[215]

Die Kunde von diesen Vorgängen verbreitet sich immer weiter. Neue Gruppen völlig normaler Leute, die keinerlei übersinnliche Ambitionen hegen, bringen paranormale Phänomene hervor, indem sie schlicht so tun, als gäbe es die Gesetze der Wissenschaft überhaupt nicht. Ich habe in Toronto an den Sitzungen einer Gruppe teilgenommen, die die Verantwortung für das, was sie tut, einem imaginären Geist namens Philip zuschreibt.[418] Indem sie sich bewußt bemühen, sich wie Kinder zu benehmen, indem sie alberne Lieder singen und bis zu einem Punkt zurückgehen, an dem ihr gemeinsames Denken wieder magische Eigenschaften annimmt, produzieren diese Leute regelmäßig – sogar live auf dem Fernsehschirm – Levitationen und Klopfgeräusche, von denen sie ironisch behaupten, es handle sich um die Reaktionen des Geistes Philip auf die zotigen Unterhaltungen, die sie mit ihm führen. Immerhin erstaunlich an diesen Effekten ist, daß sie nachweislich unverfälscht paranormal sind, daß sie eigenartige akustische Eigenschaften besitzen und nur 0,16 Sekunden dauern, was etwa ein Drittel der Zeit ist, die man benötigt, wenn man mit den Knien oder Knöcheln an einen Tisch klopft.[586] Ein paar Meilen weiter pflegt eine andere Gruppe eine intensive Kommunikation mit dem Nikolaus; und eine dritte Gruppe bewußter Poltergeister haben sich als Prügelknaben niemand anders als Dickens' Artful Dodger gewählt.[379]

Allmählich dämmert uns, daß wir alle dieses Potential besitzen. Paranormale Phänomene sind ein Teil des normalen menschlichen Verhaltensrepertoires und können – gesetzt, die entsprechenden Umstände sind gegeben – auf Wunsch, auf Nachfrage hervorgerufen werden. Jeder kann dies lernen. Es ist sogar wahrscheinlich, daß genetische Faktoren eine weit größere Rolle dabei spielen als gemeinhin angenommen wird, wobei jedem Individuum mehr oder minder die Befähigung gegeben ist, das Bergsonsche Filter wahlweise anzuwenden. Solange wir jung sind, ist das Filter weniger stabil, es muß ebenfalls trainiert werden, und überdies besteht die Möglichkeit, daß irrige, unkontrollierte und tendenziell zerstörerische Lecks auftreten. Mit Sicherheit trifft zu, daß Poltergeist-Phänomene sich auf die Person eines Individuums konzentrieren, gewöhnlich eines Kindes – am häufigsten auf die eines heranwachsenden Mädchens, das gerade eine Phase besonders schwieriger emotionaler Anpassung durchläuft. So hat es auch bei Mathew Manning in Cambridge begonnen, aber er hat bewiesen, daß selbst diese Manifestationen trainiert und transformiert werden können; daß sie – wie in seinem Fall – sich zu hochrangiger künstlerischer und schöpferischer Tätigkeit sublimieren lassen.[359]

Es besteht Anlaß zu der Annahme, daß alle spiritualistischen Vorgänge, alle an Medien gebundenen Vorgänge ihre Grundlage in Fehlern des Filtersystems, in Lecks der unbewußten Bereiche haben, die uns anscheinend allen gemeinsam sind. Die meisten – wenn nicht sogar alle – paranormalen Ereignisse benötigen Menschen. Sie sind eng auf menschliche Persönlichkeiten bezogen, auf Verhaltensweisen, auf Bewußtseinszustände; auf Energien oder Vorstellungen, die vom Unbewußten freigesetzt oder inspiriert werden; auf starke Phantasie und starken Willen. Man braucht dazu nicht Geister zu beschwören, nicht die Dienste eines Mediums zu suchen. Kaum etwas spricht dafür, daß dabei geisterhafte Intelligenzen am Werk wären. Batcheldor, der mehr als jeder andere getan hat, um diese Geister dingfest zu machen, sagt: »Ich halte es für möglich, daß ›Mediumtum‹ ebensowenig die Domäne ausgeflippter und anomaler Persönlichkeiten ist wie etwa hypnotisches Verhalten, das ursprünglich für eine Domäne ausschließlich von Hysterikern gehalten wurde ... Die Seltenheit eines Verhaltens scheint vielfach auf eine seltene Persönlichkeitsstruktur zu deuten, doch später stellt sich heraus, daß es vielmehr die Gegebenheiten der Erscheinung sind, die ungewöhnlich sind.«[35] Er hat diese Bedingungen sehr sorgfältig in einer Reihe praktischer Hinweise definiert, die für jeden Interessierten gedacht sind, der eine Gruppe zur Erforschung der eigenen Potentiale zusammenbringen möchte.[36]

Es sind eine Reihe kühner Versuche unternommen worden, das, was in augenscheinlich psychischen Situationen abläuft, mit wissenschaftlichen Ansätzen zu erklären. Man hat dabei auf elektromagnetische, akustische, chemische, atomare und auf den Schwerkraftgesetzen fußende Erklärungen zurückgegriffen. Viele intellektuelle Berge haben über dieser Aufgabe mächtig gekreißt, doch scheinen sie dabei außer ein paar lahmen Mäusen nichts geboren zu haben. Physiker haben mit Gedanken an parallele Universa und quantenmechanische Tunnels in Hyperräumen gepielt, sie haben rückgerichtete Zeitflüsse und Geisterteilchen von negativer Masse erwogen. Mit Hilfe der Mathematik sind sie in der Lage, ausgeklügelte theoretische Strukturen zu errichten, die sich durch große Schönheit und Kraft auszeichnen; die in sich völlig stimmig sind und es ermöglichen, sämtliche gemeinhin gängigen Auffassungen von Realität über Bord zu werfen. Doch verschaffen die Modelle denen, die mit der Geheimsprache der Zahlen nicht vertraut sind, wenig Befriedigung. Und im Hinblick darauf, das Phänomen unter Kontrolle zu bringen – und ginge es auch nur darum, die nächsten Geschehnisse annähernd vorhersagen zu können –, scheinen auch diese mathematischen Ansätze einzigartig hilflos zu sein. Philosophen haben atemberaubende Hypothesen formuliert, um die logische Kluft zwischen Geist und Materie zu überbrücken; haben sich der Seziermesser des Mentalismus, des Materialismus, des Parallelismus, der Interaktion, der Epigenese und der rückwärtsgerichteten Verursachung bedient. Und was ist dabei herausgekommen? »Es ist unwahrscheinlich, daß sich das Problem je wird lösen lassen.«[438]

Die Biologen haben – mit wenigen rühmlichen Ausnahmen, etwa Alister Hardy – das Problem weitgehend ignoriert. Ich meine indes, eine freizügig gefaßte vitalistische Annäherungsweise, die breit auf alle Wissenschaften vom Leben abstellt, bietet die einzige noch verbliebene Chance, Vorgänge und Entwicklungen wenn schon nicht zu erklären, so doch zumindest in begrenztem Umfang zu begreifen.

Arthur Koestler sieht die Lösung des Problems in der zugrundeliegenden Polarität der Natur selbst, in der Wechselfolge zwischen den beiden Vorgängen der Differenzierung und der Integration. Er weist darauf hin, daß in einem wachsenden Embryo aufeinanderfolgende Zellen sich in verschiedener Weise spezialisieren, sich zu unterschiedlichen Geweben verzweigen; daß aber dann diese unterschiedlichen Gewebe sich wieder zu integrierten Organen zusammenfinden. Diese wiederum arrangieren sich zu einem lebenden Individuum, das mehr ist: mehr ist als eine bloße Ansammlung isolierter Bits. Organismen – so Koestler – »sind vielfältig gestaffelte, hierarchisch organisierte Systeme von Unter-Ganzen, die Unter-Ganze von niedrigerer Ordnung enthalten wie chinesische Rätselkästchen. Diese Unter-Ganzen oder ›Holons‹ ... sind janusgesichtige Entitäten, die sowohl die unabhängigen Eigenschaften von Ganzen wie die abhängigen Eigenschaften von Teilen aufweisen.«[321] So wird der Gesamtkomplex in einem heiklen Gleichgewichtszustand zwischen den geltungsbedürftigen Tendenzen der Teile und den integrativen Neigungen der Ganzen gehalten.

Solche Polarität liegt allen Vorgängen im Universum zugrunde, das ausbalanciert ist zwischen zentrifugalen Kräften, die alles in die kosmischen Winde verstreuen, und Kräften des Zusammenhalts, etwa der Schwerkraft, die die Teile in einem definitiven, wenn auch dynamischen Verhältnis zueinander halten. Biologisch ausgedrückt, ist das Äquivalent zur Schwerkraft das Lebensfeld, der *élan vital*, die Seelensubstanz – nennen Sie es, wie Sie wollen. Eben jene Kraft, die die Teile in eine sinnvolle Beziehung zueinander, in einen sinnvollen Zusammenhang bringt. Doch haben wir immer noch nicht die blasseste Vorstellung davon, was diese Kraft nun eigentlich ausmacht oder wie sie tatsächlich funktioniert.

Zeitlupen-Filmaufnahmen von geschlossenen Schwärmen fliegender Vögel zeigen, daß bis zu 50 000 Individuen synchron in weniger als einer Siebzigstel Sekunde ihre Richtung ändern können. Gingen die Vögel nach dem Motto vor: »Folge meinem Führer«, würde jeder nach einem Signal Ausschau halten oder auf es warten, und es würden bei diesen Manövern Welleneffekte sichtbar werden. Es erscheint unwahrscheinlich, daß ein Führer Signale aussendet, die von seinen Gefolgsleuten aufgenommen und in unmittelbares Handeln umgesetzt werden, da in der Führung ständig Wechsel stattfinden und sie keineswegs klar definiert ist. Die stimmigste gegenwärtige Theorie lautet, daß Vögel in ihren Federn über komplexe Mechanismen verfügen, die als Empfänger und Sender von radioaktiven und von Mikrowellen fungieren, die wiederum den fliegenden Schwarm zu einem »Superindividuum« zusammenfassen. Und daß es laterale Differentiale in der Art und Weise, in der das elektromagnetische Feld auf jeden Vogel einwirkt, sind, die entweder den einen oder den anderen Flügel momentan schwächen und die so den gesamten Schwarm in einer scheinbar strukturlosen Weise kreisen oder auf und ab fliegen lassen.[351] Ob es einen solchen Mechanismus gibt, ist immer noch kaum bewiesen, doch beinhaltet diese Theorie einen bedeutsamen Gedanken. Der lautet: Ansammlungen von Zellen oder Gruppen von Organismen können sich zu einem funktionalen Ganzen zusammenfinden, das unbewußt und kollektiv auf bestimmte Reize reagiert und Eigenschaften aufweist, die keine der gesonderten Komponenten besitzt. Das Ganze ist größer und zutiefst unterschieden von der Summe seiner Teile.

Dieser Gedanke ist keineswegs neu, doch glaube ich, es lohnt sich, ihn wieder aufzugreifen und ihm vielleicht einen etwas anderen Zungenschlag zu geben. Vor einigen Jahrzehnten wurde im Kielwasser von Bergsons Theorie von der »schöpferischen Evolution« eine Spielart des Vitalismus verfochten, die als »sich herausbildende Evolution« bezeichnet worden ist. Diese These sagte im Grunde folgendes: Wenn zwei oder mehr einfache Entitäten zusammenkommen, können sie sich in unvermuteter Weise addieren. Die meisten Biologen heute glauben unter dem Einfluß der Quantenphysik und der Molekularbiologie – ein Einfluß, dem wir uns nicht entziehen können –, daß es die Anordnung von Atomen ist, die zählt, und daß Funktion auf molekularer Ebene determiniert ist. Doch weiß jeder naturwissenschaftliche Praktiker, daß dies nicht die vollständige Antwort ist. Es gibt vielfältige und einflußreiche Arten, in denen die Gesamtform eindeutig selbständige Eigenschaften beweist. Man kann das Wesen eines Bienenstockes unmöglich aus dem Verhalten einer Anzahl von Einzelbienen herleiten – und sei diese Anzahl auch noch so groß.

Wie ich zu zeigen versucht habe, sind im Fortgang der Evolution eine Anzahl schöpferischer Schwellen evident, deren erste bereits bei der erstmaligen Akkumulation bedeutsamer Mengen interstellaren Staubs liegt. Jedesmal wenn eine Ansammlung von Organellen, Organen oder Organismen eine bestimmte kritische Masse erreicht, gewinnt sie neuartige Eigenschaften. Sie transzendiert sich selbst. Sie erlebt das biologische Äquivalent dessen, was Abraham Maslow »Gipfelerlebnis« nennt.[368] Auf den Menschen bezogen, bedeutet dies ein Gefühl der Offenheit und Freiheit, ein – kurzwährendes – Gefühl der Zugehörigkeit zu etwas Größerem. Aus einem Grund, den niemand ganz begreift, ist dies schon an sich lohnend. Dies Gefühl kann durch den Klang von Musik, durch die Sonne auf dem Flügel eines Kolibris oder den Duft von Hibiskus an einem Sommerabend ausgelöst werden. Oder es kann innerlich durch Drogen, durch religiöse Verinnerlichung oder durch Hypnoseerlebnisse hervorgerufen werden. Was auch den Anstoß gibt – das Ergebnis ist immer das gleiche: die Sehnsucht, das erlebte Gefühl wiederzuerlangen, persönliche Grenzen zu überschreiten und sich der »Sympathie aller Dinge« zu überlassen.

Vielleicht reagieren alle lebenden Entitäten in der gleichen Weise. Vielleicht reduziert sich die dirigierende Kraft, das schöpferische Element in der Evolution auf diese eine schlichte genetische Tendenz: die inhärente Prädisposition, auf die Schwelle positiv zu reagieren. Da das von der DNS gesteuerte Immunsystem sich stärker mit Unterschieden beschäftigt – das »Nicht-Ich« herauszupicken und abzuweisen; und das Immunsystem ist ohnedies ein relativer Neuling in unserer Organisation –, behaupte ich, diese Fähigkeit, auf das »Ich« in anderen zu reagieren, stehe vorwiegend unter der Kontrolle des Kontingentsystems, das alle Organismen gemeinsam haben. Ungeachtet ihres Genotypus besitzen der Wal, die Wespe und der Weidenbaum allesamt identische Organellen. Auf der Ebene ihrer Mitochondrien sprechen sie alle die gleiche Sprache.

Unser mangelhafter wissenschaftlicher Erfolg dabei, paranormale Phänomene stimmig zu erfassen, läßt stark vermuten, daß diese Erscheinungen anderen Gesetzen folgen und sich mit den Mitteln der Kausallogik nicht greifen lassen. Vor diesem Hintergrund beabsichtige ich keineswegs, das Kontingentsystem als Kausalfaktor hinzustellen. Ich bin nicht der Ansicht, daß die Antwort so simpel ist. Indessen glaube ich, daß die Existenz einer Alternative doch beträchtlich eine Behauptung Koestlers unterstützt, derzufolge wir uns in einem Zustand grundlegender Spannung zwischen rivalisierenden Kräften befinden. Dies ist der Konflikt, den ich die Lebensflut

374

genannt habe. Ich betone noch einmal, daß die Gezeitenmetapher angemessen ist. Die Gezeiten und Wellen sind Phänomene, die unmittelbar nichts mit dem Wasser zu tun haben, in dem sie manifest werden. Sie sind Strukturen, die vorüberziehen, und nicht einmal die bis auf die Atome zurückgehende Analyse eines Teströhrchens mit Wellensubstanz wird irgend etwas über die Natur dieser Strukturen aussagen. Die Gezeiten und alle Vorstellungen über sie oder irgend etwas sonst existieren in einer Welt, in der Raum und Zeit als Beschreibungen der Seinsverfassung unzureichend sind. Wir werden nie in der Lage sein, das Gewicht, die Länge oder Dauer einer Idee zu messen, aber wir können die Stärke unserer Reaktion für oder gegen diese Idee messen. Wir können die Idee dazu benutzen, über uns selbst und über andere etwas zu lernen.

Allerdings besteht ein bedeutsamer Widerspruch zwischen der augenscheinlichen Leichtigkeit, mit der jeder von uns das Wünschelrutengehen oder das Tischerücken lernen kann, und der Seltenheit, in der solche Phänomene naturwüchsig vorkommen. Diese Seltenheit ergibt sich möglicherweise nur daraus, daß wir schlicht Dutzende seltsamer Dinge, die sich jeden Tag um uns abspielen, nicht zur Kenntnis nehmen; doch selbst wenn wir diese Möglichkeit in Betracht ziehen, dürfte nichtsdestoweniger klar sein, daß unser inneres Filter normalerweise eine sehr starke Kontrolle in beiden Richtungen ausübt. Dies läßt darauf schließen, daß paranormale Ereignisse einen begrenzten Überlebenswert haben und nur einen beengten Anwendungsbereich besitzen; was uns in die unangenehme Lage versetzt, größere Bewertungen auf der Grundlage bruchstückhafter Beweise treffen zu müssen. Was wir sehen, ist keineswegs die Spitze eines Eisbergs, die in der Tat eine hervorragende Vorstellung von der Zusammensetzung seines Restes vermittelt, sondern nur der von einer Reihe erfolgloser Experimente übrig gebliebene Schutthaufen. Wir müssen wie plastische Chirurgen vorgehen, die vor der undankbaren Aufgabe stehen, ein zerstörtes Gesicht wieder herstellen zu sollen, ohne auch nur ein Photo von seinem Originalzustand zu besitzen. Die vielleicht beste Analogie ist die von dem Psychiater mit dem stark gestörten Patienten, der, ausgerüstet mit einem pathologischen Befund, dessen Gesundheit wieder herstellen soll. Das einzige, mit dem er arbeiten kann, ist das, was der

Patient ihm erzählt. Das einzige, mit dem wir arbeiten können, ist das, was die Schranke durchdringt; das wenige, das das Unbewußte in unachtsamen Augenblicken durchschlüpfen läßt.

Seit mehreren Jahren sammle ich alle verfügbaren Beweise und Belege für die Aktivität des kollektiven Unbewußten: in der Absicht, es auf seinem eigenen Boden zu vermessen – nämlich die klassischen psychoanalytischen Techniken auf das anzuwenden, was es tatsächlich sagt und tut. Ich habe aktiv an Gruppen teilgenommen, die mit oder durch Medien arbeiten. Ich habe Millionen von Worten gesammelt, die in Form automatischen Sprechens und Schreibens produziert worden sind. Ich habe Hunderte von Darstellungen und Tiefenerinnerungen aus augenscheinlich früher gelebtem Leben auf Band aufgenommen, die unter Tiefenhypnose zustande gekommen sind. Ich habe stundenlangen Tonbandaufnahmen von Stimmen gelauscht, die völlig aus der Luft gegriffen zu sein schienen. Ich habe Leute interviewt, die glauben, sie hätten schon einmal gelebt, und ich habe Leute befragt, die behaupten, von anderen Planeten zu kommen. Meine Aktenordner quellen über von Briefen in verschiedenen Sprachen – Briefen von Leuten in verschiedenen Stadien der Dissoziation und Täuschung, Briefen, die beidseitig auf liniertes Papier geschrieben wurden und in denen es von Illustrationen und Unterstreichungen in mindestens drei Farben nur so wimmelt. Und ich habe mich an die entmutigende Arbeit begeben, hinter all diesem Material einen roten Faden zu entdecken zu versuchen.

Ein sehr kleiner Teil dieses Materials ist logisch, präzis und knapp gefaßt. Die »Lehren« des Seth, die Dichtung der Patience Worth und das wunderschöne »Book of Matan« fallen unter diese Kategorie.[135] In sie gehören auch die Schriften von Joan Grant, die des Brasilianers Chico Xavier und die einiger weniger anderer begabter automatischer Schreiber wie Edgar Cayce.[433] Ein Teil des Materials ergibt einen Sinn, wenn man es nach seinen eigenen Gesetzmäßigkeiten beurteilt, es ist in sich konsistent – so etwa das Material, das die Ossining-Gruppe von Phyllis Schlemmer gewonnen hat.[262] Und einige wenige andere lassen eine sympathetische Interpretation von der Art zu, in der William Butler Yeats das Traummaterial seiner Ehefrau Georgie überarbeitet hat.[598] Doch der bei weitem

überwiegende Teil dessen, was ich zu hören oder zu sehen bekommen habe, ist weitschweifig, wuchernd und zusammenhanglos.

Nach monatelanger Analyse bin ich zu den folgenden – wenigen – Schlüssen in der Lage:

Der Inhalt des Materials ist fast unbarmherzig banal, besteht aus frömmlerischen Sentimentalitäten, die in eine wattige
Sprache verpackt sind, die sich fast völlig mit der Sprache
deckt, die von den Übermittlern der Information verwendet
wird. Es kam zu den zu erwartenden Beispielen kultureller
Vorurteile, und eine interessante Tendenz ließ sich feststellen,
daß diejenigen, die es angeht, das heraushören, was sie zu hören wünschen. In den letzten zehn Jahren etwa hat sich das
Gewicht merklich vom »Leben nach dem Tode« auf UFOs
und Atlantis verlagert. Dann hat es sich in jüngster Zeit noch
einmal verlagert: zur Beschäftigung mit höher organisiertem
Bewußtsein und Ökologie. In mehreren Fällen scheint eine beträchtliche Kenntnis der gnostischen Philosophie und esoteri-
scher Lehren durch, insbesondere der jüdischen Kabbala. Und
in einigen Fällen ist auch Vertrautheit mit dem Werk von J. R.
R. Tolkien erkennbar. Durch das gesamte Material hindurch
wird auf Jesus von Nazareth mit großem Respekt Bezug genommen; gewöhnlich wird er als »Christus« bezeichnet. Kurz
gesagt, es findet sich nichts, das den Beteiligten oder ihnen na-
hestehenden Personen nicht ganz normal verfügbar wäre,
oder das etwa Glaubensauffassungen spiegelte, die sich von
den von ihnen selbst vertretenen beträchtlich unterschieden.

Was den Stil betrifft, ist mit sehr wenigen Ausnahmen ein
Hang zu Umschreibung und Weitschweifigkeit festzustellen.
Selbst wenn die Botschaften mühselig auf einer Alphabettafel
ausbuchstabiert werden, gerät der Vortrag tendenziell vage
und wortreich, vielfach sogar ausweichend. Um ein typisches
Beispiel zu nennen: Einem gemeinsamen Freund meines Bru-
ders Andrew und mir ging folgende Notiz in automatischer
Schreibe zu: »Eine wichtige Mitteilung schwingt Euch zu –
aber nicht für Euch – aus dem Land der Lilie, das diesen Namen trägt.«[18] Die Information war korrekt. Ich hatte dieser
Person dringend von den Bermudas geschrieben und sie gebeten, den Brief an Andrew weiterzuleiten, dessen Adresse mir
verlorengegangen war. Warum die Sache also nicht so aus-

drücken? Freud hatte vielleicht genau ins Schwarze getroffen. Wenn Telepathie ein Faktum war – so schloß er spät in seinem Leben –, dann konnte als gesichert gelten, daß die Gesetze des unbewußten geistigen Lebens für Daten ihre Gültigkeit hatten, die telepathisch empfangen wurden. Freud sagte, daß Verzerrung von Wahrnehmung eines der Merkmale von geistiger Funktion sei, die von unbewußten Bedürfnissen beherrscht werde.[136] Und eine der häufigsten Verzerrungen des Unbewußten geht in Richtung von Zeitlosigkeit und Vagheit.

Ich stellte fest, daß ich nach einer Weile aus dem Auge verlor, welche Hervorbringungen ich gerade las, denn sie alle zeichnen sich durch eine grundlegende Ähnlichkeit aus. Wenn man örtliche Beweisdetails, Antworten auf spezifische Fragen und offenkundige Idiosynkrasien ausblendet, die auf das jeweils verwendete Medium zurückgehen, läßt sich eine Gleichförmigkeit im Ton, in der Wortstruktur, im Gefühl und in der Darbringung fast allen Materials feststellen. Es besitzt eine traumähnliche Eigenschaft, und mein Gefühl sagt mir, daß der bei weitem überwiegende Teil des von mir gesichteten Belegmaterials eine Serie ist, die von einem einzigen gewaltigen Träumer hervorgebracht sein könnte. Der manifeste Inhalt der Träume ist je nach Umständen und Umgebung variabel, doch hat es für mich den Anschein, daß der latente Inhalt aus einer kleinen Anzahl wiederkehrender Themen besteht.

Jung meinte, alle paranormalen Phänomene seien wahrscheinlich Manifestationen des unbewußten Geistes, dessen tiefste Schichten sich bis ins kollektive Unbewußte ausdehnen. Er ging davon aus, daß die entscheidenden Faktoren im kollektiven Bereich die Archetypen seien, die eine Art destillierter rassischer Erinnerungen sind und die sich gewöhnlich in flüchtiger symbolischer Form darstellen und die gemeinsame Basis für sämtliche Mythologien des Menschen bilden. Er meinte auch, daß die Archetypen eine Art genetischer Kontrolle ausüben, indem sie unser Verhalten regieren und indem sie in Zeiten von Belastung mit außerordentlichen Wirkungen ins Bewußte auftauchen. Öfter aber noch wirkten sie – so Jung – unterschwellig, formten sie unsere Charaktere auf unbewußter Ebene, indem sie drei wichtige Bestandteile lieferten, die er den Schatten, die / den Anima/Animus und das Selbst nannte.[299] Diese Faktoren sind – schlicht ausgedrückt – unsere

Schwäche, unsere Sexualität und unsere potentielle Stärke. Ich stelle Elemente aller dieser klassischen Archetypen in dem von Medien bezogenen Material fest, doch bin ich sicher, daß sie sich in jedem Falle auf den Charakter des Mediums oder den eines Beisitzers oder Teilnehmers beziehen. Die Psychiater sind sich heute dieses Umstandes wohl bewußt; manche von ihnen machen guten Gebrauch von telepathischem und hellseherischem Material, da es ihnen die Analyse abkürzen hilft.[415] Doch über und oberhalb dieser persönlichen Beimengsel läßt sich eine Anzahl anderer Motive feststellen, die ich nicht so leicht abtun kann und die meiner Ansicht nach eine Grundlage haben, die möglicherweise stärker organisch ist. Da ich in der individuellen Erfahrung nichts finden kann, auf das sich die beobachteten Ähnlichkeiten zurückführen ließen, und da nichts dafür spricht, daß sie in irgendeiner Weise ins genetische Erbmaterial eingeschlossen wären, muß ich annehmen, daß sie irgendeinen anderen, fundamentaleren gemeinsamen Ursprung haben.

Ich beabsichtige, in absehbarer Zukunft eine vollständige und eingehende Analyse zu veröffentlichen, auf die ich hier ein wenig vorgreifen muß. Ich komme in diesem Zusammenhang nicht umhin, vier offenkundig durchgängige Varianten zu umschreiben, die ich Prototypen nennen möchte, da sie Vorläufer der traditionellen Archetypen der analytischen Psychologie sind und sich von ihnen unterscheiden.

Prototyp eins steht im Zusammenhang mit Raum und Luft und stellaren Motiven. Er handelt von Empfindungen des Fliegens, von Gefühlen des Kletterns, Reisens, Überquerens, Aufsteigens, Auf-die-Reise-Gehens. Persönlichkeit spielt in ihm eine minimale Rolle. Sofern sie sich überhaupt bemerkbar macht, läßt sie Gefühle der Unbedeutendheit aufkommen, Gefühle des Kleinseins inmitten von Größe, von Unsichtbarkeit. Soweit Farben eine Rolle spielen, handelt es sich meist um Schattierungen von Blau; und sofern Richtungen durchscheinen, geht es gewöhnlich nach Osten, zur Sonne. Ich nehme an, daß die Bewußtheit von diesem Prototyp für alle Erlebnisse körperlicher Entrücktheit verantwortlich ist, die – bedeutsamerweise – vielfach als Reise zu den Sternen bezeichnet wird. Ich glaube, dieser Prototyp kann, wenn er mit telepathischer Sensitivität und der Fähigkeit des Unbewußten, Infor-

11.6
Vier Prototypen:
Saat, Boden,
Blüte und Frucht

mation auf persönliche Weise zu organisieren, gekoppelt wird, für alles Sehen entfernter Dinge und für alles augenscheinliche persönliche Wissen von fernen Zeiten und Orten verantwortlich gemacht werden. Er steht möglicherweise hinter dem weltweiten Glauben an die Idee der Reinkarnation und hinter der fortwährenden Beschäftigung mit ihr. Ich komme zu dem Schluß, daß dieser Prototyp seinen Ursprung in den ersten Regungen organisierten interstellaren Staubs hat, daß er im Grunde eine ursprüngliche biologische Erinnerung an kosmische Anfänge ist. Aus diesen Gründen habe ich diesen ersten Prototyp »die Saat« genannt.

Prototyp zwei ist eher erdgebunden. Er steht im Zusammenhang mit Dunkelheit und Boden und Spiralenmotiven. Er handelt von Empfindungen des Fallens, von Phantasiebildern von Tiefe, Höhlen, Abstiegen in den Abgrund. Geister und Schatten flackern am Rande von Bewußtheit in Blitzen ungebrochenen Rots und Grüns, sind aber nicht notwendig furchterregend, sondern bloß unbekannt. Finden sich Hinweise auf Richtung, so geht es nordwärts in die Nacht. Ich vermute, daß das Erlebnis dieses Prototyps das ist, was letztlich den Archetypus Schatten und all unsere nicht vernunftbegründeten emotionalen Reaktionen auf die dunklere Seite der Dinge hervorbringt; ich mutmaße aber auch, daß dieser Prototyp eben das ist, was uns unsere Wurzeln auf der Erde gibt. Es bestehen enge Zusammenhänge und Verbindungen mit Jungs Archetypus der Erdmutter, und vielleicht liegt auch hier die Grundlage dafür, daß der Mann die Macht des Weiblichen erkennt und sich vor ihm fürchtet. Ich gelange zu dem Schluß, daß dieser Prototyp seinen Ursprung in der Organisation der frühen organischen Moleküle durch Erdschablonen hat, daß er ein Denkmal an unsere kristallinen Vorfahren im irdischen Ton ist. Ich nenne diesen Prototyp »den Boden«.

Prototyp drei ist der am wenigsten klar umschriebene. Er ist mit Hitze und Feuer assoziiert, mit der schöpferischen und zerstörerischen Macht der Sonne. Oft nimmt er die Gestalt eines Phönix an, der aus der Flamme aufsteigt. Er vervielfältigt sich, bis er in wimmelnden Horden vertreten ist, mit Monstern und Giganten. In emotionaler Hinsicht befaßt er sich sowohl mit Verfolgung wie mit Verstecken in der Manier von Alpträumen; und mit Entrinnen und Sicherheit im Zusammenhang von Familie und Freunden. Sein vorherrschendes Motiv ist ein Kreuz oder ein Tor. Seine Farben sind golden, und für die Menschen in der nördlichen Hemisphäre strahlen sie immer im Süden. Meine Gefühle hinsichtlich dieses Prototyps sind vage und unklar. Ich glaube, daß er sich wahrscheinlich weiter unterteilen läßt und daß er, so wie er dasteht, kaum mehr darstellt als eine bequeme Reisetasche für die wirren biologischen Erinnerungen an die gesamte Abfolge von Ereignissen, die sich zur Evolution des Lebens mit all seinen Komplexitäten addieren. Er schließt die Jungschen Archetypen von der Erdmutter und dem Weisen Alten Mann in all ihren Varianten ein, und überdies umfaßt er den Animus und die Anima. Und – ausschließlich im Sinne einer Zwischenlösung – schlage ich vor, diesen dritten Prototyp »die Blüte« zu nennen.

Prototyp vier ist sehr klar umrissen. Er ist lunar, kreisförmig, akausal, ätherisch. Es bestehen Ähnlichkeiten zur »Saat« insofern, als er mit Offenheit zu tun hat, aber die ihm assoziierte Empfindung ist eher die des Treibens als die des Fliegens. Er ist eher im Wasser als in der Luft angesiedelt, die Gefühle sind ozeanisch, und Persönlichkeit steht bei ihm weit im Vordergrund. Intellekt herrscht vor und verbindet sich mit früheren Intuitionen, und so ergibt sich das blendende weiße Licht des Verstehens. Er bezeichnet das Reich des reinen Geistes, von Psyche in der Gleichgestimmtheit aller Dinge. Ich behaupte, daß die Bewußtheit dieses Bereichs hinter aller Gipfelerfahrung steht und daß es sich bei ihr nicht so sehr um eine Erinnerung, sondern mehr um eine Vorahnung handelt, um ein Gespür für das, was sein könnte. Man sollte diesen Typus vielleicht eher als Metatypus denn als Prototypus kennzeichnen, und aus offensichtlichen Gründen entscheide ich mich dafür, ihn »die Frucht« zu nennen.

Jede derartige Klassifizierung ist notwendig künstlich und willkürlich. Die meisten dynamischen Prozesse verlaufen als Kontinuum ohne scharfen Unterschied zwischen dem einen Bereich und dem Rest, doch glaube ich, es hat im Verlauf der Evolution des Lebens auf diesem Planeten eine Anzahl Quantensprünge gegeben, die meinen Kategorisierungen einen stärker inhaltlichen Charakter verleihen als es üblicherweise bei rein administrativen Kategoriebildungen der Fall ist. Es findet ein gerichteter Fluß von der Saat zum Boden zur Blüte zur

Frucht statt, doch bestehen auch hinreichend qualitative Unterschiede zwischen den einzelnen Stadien, so daß jedes für sich stehen kann und einen erkennbaren gesonderten Eindruck hinterläßt. Ich behaupte, in der embryonalen Entwicklung und späteren Integration jeder menschlichen Persönlichkeit gibt es Momente, in denen wir uns jedes dieser historischen Stadien bewußt werden und in vielfältiger Weise von ihnen beeinflußt werden. Und eben dies geschieht in Zeiten des Konflikts; wenn die Integration am schwierigsten ist; wenn wir von den konflikthaften Interessen des genetischen und des Kontingentsystems gebeutelt werden; wenn das Gleichgewicht zwischen den Holons und dem Ganzen gestört ist: Dann zeigt sich dieser Einfluß am offenkundigsten.

Ich behaupte – kurz gesagt –, daß wir von weit mehr motiviert werden als nur genetischem Erbe und Umwelteinflüssen; daß Natur und Erziehung keineswegs alles ausmachen, was wir sind. Wir müssen daher in unserer Argumentation Platz für einen dritten Teilhaber schaffen, der einen neuen und aufschlußreichen Gesichtswinkel einbringt. Wir sind gefordert, endlich ernsthaft über die Naturgeschichte des Übernatürlichen nachzudenken.

12. KAPITEL

Provokation
– Die Gestaltung der Zukunft

Nehmen wir das Ei eines Frosches: Frisch sieht es aus wie eine Gelatinekugel mit einem kleinen dunklen Punkt. In diesem Kern ist die Hälfte der Normalanzahl der Froschchromosomen enthalten, und sie warten darauf, sich mit einem entsprechenden Satz aus dem ersten geeigneten Spermium zu verbinden. Doch müssen wir eines im Auge behalten: Die Befruchtung ist einzig für die Fruchtbarkeit notwendig, nicht aber für die Herstellung eines neuen Frosches. Die mütterlichen Chromosomen enthalten, für sich genommen, sämtliche relevanten Instruktionen für das Hüpfen, Quaken und Fliegenfangen. Selbst ohne männlichen Beistand sind sie in der Lage, ein Individuum hervorzubringen, das zu diesen Lebensäußerungen befähigt ist. Es ist unfruchtbar, ansonsten aber identisch mit jedem anderen erwachsenen Tier seiner Art. Und um den Zug des embryonalen Wachstums in diese Richtung losrollen zu lassen, ist nur ein kleiner Ansporn erforderlich, ein Wink von jemand anderem. Normalerweise wird das Startsignal von einem anderen Frosch gegeben, aber selbst ein Kamel ist dazu in der Lage. Es reicht, wenn man das Ei sanft mit einem Haar aus einer Kamelhaarbürste anstachelt. Mehr nicht – und schon hat man sie: eine Instant-Kaulquappe.

Ein unbefruchtetes Ei ist wie eine komplizierte Frage. In seinem genetischen Code ist sämtliche Grammatik enthalten, die für das Stellen der Frage erforderlich ist; die Antwort indes muß von außen kommen. Die Erwiderung kann sehr einfach sein – und die besten Antworten sind gewöhnlich einfach –, aber ohne sie passiert gar nichts. Von dem vorhandenen Potential wird ohne sie nichts verwirklicht. Die Frage, die ein Froschei stellt, lautet: »Wie kann ich, ein radialsymmetrisches Gebilde, darangehen, meine Schicksalsbestimmung zu erfüllen und ein zweiseitig symmetrisches amphibisches Tier werden?«

Die richtige Antwort wird normalerweise von einem Froschspermium geliefert, das an einem Punkt nahe dem Eiäquator in das Ei eindringt. Das Spermium sagt dem Sinn nach: »Ich schlage vor, du beginnst mit einer meridionalen Teilung entlang einer Linie, die durch diesen Punkt verläuft.«

Der Umstand, daß das Spermium auch genetische Information transportiert, ist reiner Zufall. Der entscheidende Anstoß erfolgt durch seinen Eintritt in das Ei. Indem es dies tut, schafft es auf der Oberfläche einen von allen anderen unterschiedenen Punkt. Es erkennt Unterschiede. Dabei spielt kaum eine Rolle, wer für die Herstellung dieser Unterscheidung verantwortlich ist. Die Idee kann genausogut von einem Kamelhaar, einer Nadelspitze oder einem scharfen Windstoß transportiert werden. Es ist die Idee selbst, die besamend wirkt. Konzeption oder Empfängnis im unmittelbaren Sinne bedeutet nichts anderes als die Einführung eines Konzepts, eines Begriffs. In diesem Falle des Begriffs oder der Idee der Unterschiedenheit.

Was aber ist Unterschiedenheit? Sie ist in der Tat ein sehr eigenartiger und undurchsichtiger Begriff. Sie ist gewiß kein Ding oder Ereignis. Das Papier, auf das ich diese Worte schreibe, ist unterschieden von dem Papier, auf dem Sie sie lesen. Zunächst einmal verdanken diese Papiere ihren Ursprung verschiedenen Bäumen, die in verschiedenen Teilen der Welt gewachsen sind. Doch sobald wir beginnen, Unterschiede auf diese Weise räumlich zu lokalisieren, setzen auch schon die Probleme ein. Der Unterschied zwischen zwei Blättern Papier liegt nicht in den Papieren selbst, und ebenso offensichtlich liegt er weder in dem Raum, der sie trennt, noch in der Zeit zwischen ihnen. Ein Unterschied ist etwas Abstraktes; eine Idee. Er gehört einer Welt ohne Raum und Zeit an; er besitzt eine unabhängige Realität, aber nichtsdestoweniger besitzt er die Macht, in die Welt des Materiellen einzugreifen.

Im Nordterritorium in Australien beherrscht das Urvolk der Tiwi die Kunst des Knochenanspitzens. Die Eingeborenen benutzen dazu das Schenkelbein einer großen Eidechse oder den Oberarmknochen eines Pelikans, die an einem Ende scharf angespitzt und am anderen an langes Menschenhaar geknotet werden. Bei Racheakten wird ein solcher Knochen in einer ausgeklügelten Zeremonie auf das geistige Bild eines Feindes gerichtet, wie ein Eispickel, mit dem man auf die empfindliche Membran eines unbefruchteten Eis einschlägt. Um die Wirkung dieses tödlichen Rituals zu steigern, unterrichtet man häufig das vorgesehene Opfer davon, daß man das Ritual gegen es praktiziert. Man berichtet ihm von einem Eingriff in das Gleichgewicht der Dinge; man macht ihm Unterschiede bewußt. Und dementsprechend entwickelt das Opfer eine andere Gefühlslage. Das bloße Wissen um einen ausgesprochenen Fluch genügt vielfach, um Verfall, Tod und Verzauberung zu bedingen. Diesem Vorgang steht selbst die moderne Medizin machtlos gegenüber. Doch sind auch verschiedene Fälle bekannt, in denen Leute gestorben sind, die noch gar nicht – zumindest nicht bewußt – davon gehört hatten, daß aus der Ferne ein Knochen gegen sie gerichtet wurde.[184] Eine Idee kann anscheinend Macht über Leben und Tod ausüben. Sie ist eine biologische Einheit aus eigenem Recht.

Wir haben heute allen Grund, Descartes' Ansatz von einem fixierten »Draußen« und einem davon gesonderten »Drinnen« zu bezweifeln. Es lassen sich keine festen, unverrückbaren Grenzen zwischen Organismen und ihrer Umwelt ziehen, zumal wir wissen, daß es psychokinetische Erscheinungen gibt; und daß manche Leute sogar Vorstellungen in chemische Realität auf photographischen Filmen oder in eine magnetische Existenz auf einem Tonband »umdenken« können.[157] Ich habe beide Phänomene aus erster Hand unter Gegebenheiten beobachten können, die es mir gesichert erscheinen lassen, daß keine andere Erklärung möglich wäre. Vor dem Hintergrund dieser Fakten sind wir gezwungen, alle Definitionen von Geist und Seele zu überprüfen, die Geist und Seele einzig als eine nebulöse Entität am Ende einer Einbahnstraße des sensorischen Verkehrs begreifen. Als wir lernten, daß das Gehirn seine eigene selektive Redaktionspolitik praktiziert, daß es den Input überwacht und Prioritätsanweisungen gibt, um bestimmten Erfordernissen gerecht zu werden, mußten wir unsere Einschätzung der Wahrnehmung diesen Erkenntnissen anpassen. Eine ähnliche Neuanpassung ist nun im Hinblick auf eine stimmige Neubewertung der Rolle der Geistesschöpfung, der Begriffsbildung in ihrer prägenden Wirkung auf die Realität erforderlich.

Die Quantenphysik bezieht bereits das Bewußtsein als wesentliche versteckte Variable in ihre Gleichungen ein, aber diese rein mathematischen Anpassungen dürften kaum einen Einfluß darauf haben, wie die meisten von uns im täglichen Leben Realität in den Griff nehmen. Und dennoch: wenn es zutrifft, daß wir alle derart eng und intim in die Schaffung von Wirklichkeit einbezogen sind, dann muß es eine Art unbewußter Rückkopplung von unseren Gebilden zu uns geben. Denn unsere Gebilde bestimmen zumindest teilweise, wie wir uns im weiteren Verlauf nach ihrer Schaffung auf die Umwelt beziehen und über sie denken, und welche Art von Strukturen wir in der Umwelt beibehalten. Wenn wir uns evolutionär entwikkeln, dann muß die Wirklichkeit, die Realität mit uns Schritt halten. Gibt es tatsächlich Beweise, daß dies passiert? Ich glaube, daß es solche Belege gibt.

Lord Ritchie-Calder hat die Wissenschaft als »das unablässige Verhör der Natur durch den Menschen« definiert.[95] Das klingt großartig, erfaßt die Dinge aber nur zum Teil. Der Prozeß hat sicherlich begonnen, als zum ersten Mal gefragt wurde: »Weshalb?« Aber dann entwickelte sich Methodik. Der erste Praktiker bemerkte etwas; und wurde zum Beobachter. Er schaute noch einmal hin, um sicher zu gehen; und wurde zum Suchenden. Er zog Rückschlüsse aus den Fakten; und wurde zum Theoretiker. Und dann überprüfte er seine Theorien an den Fakten; und wurde zum Forscher.

Der letzte Schritt war der entscheidende, denn er führte nicht nur zu einer Aneinanderreihung von Ideen und zur Entwicklung der Naturphilosophie, sondern auch zu einem Ideenaustausch mit anderen, die die gleichen oder gegenläufige Theorien vertraten. Er ließ die Dialektik entstehen, die »Politik« der Wissenschaft. Peter Laurie weist darauf hin, daß wissenschaftliche Wahrheit heute, »die angeblich von Zeit, Ort oder Person völlig unabhängig ist, tatsächlich gänzlich auf politischer oder sozialer Evidenz«[337] und nicht auf Beobachtung oder Faktizität fußt.

Zum Beispiel halte ich das Elektron für einen Grundbaustein der Materie. Aber auf welchen Beweis stelle ich diesen Glauben ab. Ich verfüge nicht über den Apparat, mit dem sich die Existenz des Elektrons beweisen läßt, und wenn ich dies Instrumentarium besäße, wüßte ich nicht, wie ich damit umzugehen hätte. Statt dessen greife ich auf die Aussage des Wykeham-Lehrstuhlinhabers für Physik an der Universität Oxford zurück und vernachlässige die Auffassung des Lehrstuhlinhabers für Kosmisches Wissen an der Universität des Lichts, der behauptet, Elektronen seien eigentlich winzige Transformationen der Seelen der Verstorbenen. So reduzieren sich Experimente über Elektronen letztlich auf Experimente über Professoren.

Und weshalb entschließe ich mich, dem einen mehr zu glauben als dem anderen? Schlicht deshalb, weil die Oxford-Auffassung durch ein ausgeklügeltes System rivalisierender Forscher verifiziert ist, die – weitgehend in der Hoffnung gegenseitiger Diskreditierung – die Arbeiten der jeweils anderen duplizieren. Ein System des Kommentierens und Kritisierens, des Abwägens, Bewertens und Bezugnehmens, in dem Experten über die Fakten zu Gericht sitzen und letztlich einen Konsens erzielen, indem sie das Wahre herausfiltern und den Rest als falsch zurückweisen. Doch handelt es sich dabei – genau betrachtet – um einen politischen Vorgang, nicht um einen wissenschaftlichen.

Irgendwo zwischen der Frage und der Antwort ist Raum für Meinung. Die Antworten sind nur Näherungslösungen, und Wissen – so scheint es – ist sehr weitgehend eine Glaubensangelegenheit. Die strengen Protokolle von den Experimenten, die straffen wissenschaftlichen Prozeduren, die – so meinte man – Individualität als Faktor heraushalten sollten, sind wahrscheinlich nie ganz lupenrein gewesen. Völlige Objektivität dürfte ein Mythos sein, nichts anderes.

Wenn dies so ist – und nur wenige, die irgendwie mit Quantenphysik zu tun haben, bestreiten heute noch, daß der Beobachter schon durch sein einfaches Dasein das Ergebnis des Experiments beeinflußt –, dann stehen wir vor einem Dilemma.

Wenn Glaube ein Teil des Wissenschaftsprozesses ist, der eindeutig zwischen der Frage und der Antwort im Wege liegt – könnte er sich dann nicht ebensogut auch zwischen die Natur und die Frage drängen? Könnte es sein, daß der Mensch durch seine Befragung, durch sein Verhör die Natur selbst verändert?

12.2
Schaffen Ideen
unsere Welt?!

Ich glaube, er kann dies tun, und er tut es.

Betrachten wir in diesem Zusammenhang ein dynamisches Paradigma: die sich wandelnde Auffassung des Menschen vom Sonnensystem. Hipparch, der größte griechische Astronom, entwickelte im zweiten Jahrhundert vor Christus das erste umfassende Schema, in dem alle beobachteten Bewegungen der Planeten auf einen Komplex von Epizyklen zurückgeführt wurden. Dieses Schema basierte auf der Unterstellung, die Erde sei das unbewegliche Zentrum des Universums. Weshalb aber sich auf schwierige mathematische Berechnungen einlassen, wo doch Aristarch bereits ein Jahrhundert zuvor eine einfachere Lösung vorgeschlagen hatte, in der angenommen wurde, die Himmelskörper drehten sich um die Sonne? Aus zwei Gründen: Erstens funktionierte das Schema des Hipparch; mit seiner Hilfe war er in der Lage, die Positionen aller bekannten Planeten für jeden beliebigen Zeitpunkt anzugeben. Dies war wichtig für die Astrologie und die zeitliche Festlegung von Ritualen. Und zweitens kann man sich nur sehr schwer vorstellen, daß die gesamte Erde durch den Raum fliegt. Es sei denn, diese Beschreibung von Realität ist einem im Kindesalter beigebracht worden und man glaubt alles.

Claudius Ptolemäus führte zwei Jahrhunderte später das Werk des Hipparch fort und entwickelte es zu einem geozentrischen System weiter, das das ptolemäische Weltbild genannt wurde und das 14 Jahrhunderte lang Bestand hatte und sehr gut funktionierte. Es wurde erst 1543 abgelöst, als Kopernikus ein mathematisches System veröffentlichte, das auf heliozentrischer Grundlage die Berechnung von Planetenumlaufbahnen leistete und das sich damit abfand, daß die Erde sich bewegt.

Heute, 1977, liegt ein Buch von Robert Newton von der Johns-Hopkins-Universität vor, in dem Ptolemäus als Schwindler hingestellt wird.[407] Bei der Rückrechnung von heutigen astronomischen Tabellen kommt dieser Neuzeit-Newton zu einem verblüffenden Ergebnis: Die Beobachtungen des Ptolemäus sind so genau, daß sie nie und nimmer mit den Instrumenten und Verfahrensweisen gemacht worden sein können, die der Alexandriner in seinem großen 13bändigen Werk *Almagest* beschrieben hat. Robert Newton schließt: Das Werk des Ptolemäus hat »der Astronomie mehr Schaden zugefügt als jedes andere je geschriebene Werk, und es wäre der Astronomie besser bekommen, wenn es dies Buch nie gegeben hätte«. Ptolemäus – so Newton – ist »nicht der größte Astronom der Geschichte, sondern er fällt noch weit mehr aus dem Rahmen: Er ist der erfolgreichste Schwindler der Wissenschaftsgeschichte«.

Es besteht Anlaß, mit Robert Newton hinsichtlich der von ihm behaupteten verderblichen Auswirkungen der geozentrischen Theorie des Ptolemäus ins Gericht zu gehen. Eines der grundlegenden Werkzeuge der neuen Physik ist das Korrespondenzprinzip, das davon ausgeht, daß jede neue Theorie, wenn sie nützliche und gesicherte Erkenntnis ohne unangemessenen Verlust früherer wissenschaftlicher Leistung absichern und beweisen soll, einen fließenden Übergang zu der alten Theorie bieten muß, an deren Stelle sie tritt. Andernfalls – um es mit einem gängigen Idiom auszudrücken – schüttet man das Kind mit dem Bade aus.

Doch ein fundamentalerer Einwand gegen Robert Newtons absonderlich schrillen Angriff auf einen vor zwei Jahrtausenden gestorbenen Kollegen lautet, daß Newton möglicherweise von einer irrigen Annahme ausgeht. Nämlich: Sollte Newton im Recht sein, muß Ptolemäus sich irren und damit wissenschaftlich unlauter sein. Es wirkt in der Tat verwunderlich, daß der antike Astronom auf der Grundlage von Hypothesen, die wir für richtig halten, und mittels Instrumenten, die uns unzureichend erscheinen, nichtsdestoweniger zu Antworten gekommen sein soll, die wir für richtig halten. Zumindest wirkt dies befremdlich, solange wir nicht unsere Grundannahme abändern und statt dessen davon ausgehen, daß Robert Newton und Claudius Ptolemäus beide zu den gleichen Lösungen gelangten, indem sie sich unterschiedlicher Werkzeuge bedienten, weil sie diese Instrumente auf unterschiedliche Modelle von Realität anwandten; und daß keines dieser Modelle notwendig das »richtige« ist, sondern daß beide eine Art innerer Beziehung zur wahren Natur der Dinge haben.

Mit anderen Worten: Alle Fakten sind mit Theorie befrachtet, und in gewisser Weise schält sich die Natur teilweise als das heraus, was sie ist, und zum Teil als das, als was wir sie sehen oder haben möchten.

Aber das ist Häresie. Wenden wir uns deshalb für einen Augenblick unserem sich verschiebendem Paradigma zu: 150 Jahre nach dem Tod des Kopernikus wurden seine Entdeckungen und die des Galileo nach ihm von dem wahren Newton – Isaac – in den berühmten drei Newtonschen Axiomen kodifiziert. Er machte in den *Principia Mathematica* den intuitiven Gedankensprung nach vorn zu der Auffassung, daß für Himmels- wie für irdische Körper die gleichen Gesetze gelten. Newton entwickelte ein übergreifendes Schema der Dinge, das so präzis und in seiner Konstruktion so elegant war, daß es fast ohne weiteres Zutun das Zeitalter der Vernunft, die Aufklärung, einleitete.

Wenn jemand die Fortentwicklung der Astronomie verlangsamt hat, so war es Isaac Newton; er hat einen langen Schatten in die Zukunft geworfen, so daß viele seiner Erben meinten, er habe nichts übrig gelassen, was sie noch entdecken könnten. Es vergingen weitere anderthalb Jahrhunderte, bis Sir Wilhelm Herschel 1781 etwas frischen Wind in die Wissenschaft brachte, indem er einen neuen Planeten entdeckte, den Uranus. In den darauffolgenden 60 Jahren zeigte sich, daß der neue Planet sich nicht genau gemäß den Newtonschen Gesetzen benahm, und im Jahre 1856 kamen John Adams in England und Urbain Leverrier in Frankreich – sie arbeiteten völlig unabhängig voneinander und ausschließlich mit Papier und Bleistift – zu dem Schluß, daß die Unregelmäßigkeiten in der Umlaufbahn des Uranus auf das Vorhandensein eines weiteren Planeten hinter ihm zurückzuführen sein müssen. Beide berechneten, wo dieser Planet zu sehen sein mußte, und am ersten Abend, an dem ein ausreichend starkes Teleskop auf die beschriebene Stelle gerichtet wurde, war der Planet wie auf Stichwort zu sehen. Wir führen ihn heute unter dem Namen Neptun.

Diese Entdeckung wird gewöhnlich als triumphale Bestätigung der Newtonschen Gesetze begriffen, als weiterer Beweis dafür, daß sämtliche Probleme sich durch sorgfältige Beobachtung und gekonnten Einsatz der Mathematik lösen lassen. Doch scheint dabei übersehen worden zu sein, daß sowohl Adams als auch Leverrier ihre Berechnungen teilweise auf der Grundlage der Bode-Titiusschen Reihe angestellt haben, einer inzwischen widerlegten Auffassung, daß die Planeten ihre Umlaufbahnen in Entfernungen von der Sonne ziehen, die sich anhand einer Verhältnisreihe mit folgendem konstanten Anstieg vorhersagen lassen: 4; 7; 10; 16; 28; 52; 100; 196; 388 ... Wenn man annimmt, daß der Asteroidengürtel das

Überbleibsel eines Planeten ist, der einst zwischen Mars und Jupiter auf Position 28 war, dann entsprechen sämtliche sieben inneren Planeten genau der Skala. Daher wurde gemeinhin angenommen, daß ein achter Planet – sofern es ihn gab – auf Positon 388 zu finden sein müsse. Dieser achte Planet befindet sich aber keineswegs in der Nähe des angegebenen Orts. Der Neptun ist wesentlich weiter entfernt, und doch: Als am 23. September 1846 Johann Galle das große Berliner Spiegelteleskop gemäß den Vorausberechnungen ausrichtete, war der Planet genau an diesem Platz – wie auf Abruf.

Adams und Leverrier hatten das falsche Instrumentarium benutzt, hatten die falschen Annahmen zugrunde gelegt – und doch warteten beide unabhängig voneinander mit der richtigen Antwort auf. Sollten wir deshalb nach einer internationalen Schwindlerverschwörung Ausschau halten? Ich habe da meine Zweifel. Doch fasziniert es mich zu wissen, daß seit der Entdeckung des Neptun festgestellt worden ist, daß selbst diese berühmten Berechnungen nicht alle Abweichungen in der Umlaufbahn des Uranus in Betracht gezogen haben.

Der Uranus neigt immer noch dazu, von seiner vorausberechneten Umlaufbahn um Bruchteile abzuweichen. Daher hat Percival Lowell in den letzten Jahren des 19. Jahrhunderts die Mittel seines privaten Observatoriums in Arizona für die Suche nach einem weiteren Angehörigen des Sonnensystems eingesetzt. Er nannte ihn Planet X. Genaue Berechnungen sagten voraus, wo er zu finden sein müsse, aber der neunte Planet materialisierte sich erst 14 Jahre nach Lowells Tod.

Am 13. März 1930 beendete Clyde Tombaugh, der damals ein junger namenloser Assistent am Lowell-Observatorium war, eine mühevolle Detektivarbeit. Ein Jahr lang hatte er vergleichende Aufnahmen des in Frage kommenden Himmelsabschnitts gewissenhaft abgesucht. Und da war er, bewegte sich kaum wahrnehmbar durch ein Feld von 400 000 gleichermaßen schwach leuchtenden Sternen: Pluto, der Gott der Unterwelt. Es ist kein Zufall, daß die beiden ersten Buchstaben des neuen Planeten die Initialen des Mannes sind, der umrissen hat, wo zu suchen sei. Und es scheint auch ins Bild zu passen, daß sich nach Tombaughs Entdeckung etwas Sonderbares herausstellte: Schon ein paar Jahre zuvor hatte Milton Humason vom Harvard-Observatorium eine photographische Aufnahme von genau dem Ort gemacht, an dem Pluto sich befinden mußte, aber Humason hatte dort nichts entdecken können. Dieser rätselhafte Fehlschlag wird offiziell auf den Umstand zurückgeführt, daß es Humason gelungen sein muß, das Bild des Pluto einzufangen – schließlich ist heute jeder dazu in der Lage –, aber daß das Bild genau auf einen winzigen Mangel in der photographischen Platte gefallen ist.

Ich bin mir des Musters der Gleichzeitigkeit in wissenschaftlichen Entdeckungen wohl bewußt; wie es kommt, daß völlig verschiedene Forscher in weit entfernten Laboratorien ohne jede Absprache gleichzeitig Antworten auf Fragen hervorbringen, die jahrelang unlösbar schienen. Und wie es kommt, daß – sobald die Schranke gefallen ist – die Lösungen oft so schmerzlich einfach wirken, daß man kaum noch begreifen kann, weshalb sie nicht jedermann von Anfang an ins Auge gefallen sind.

Indem ich hier einen kurzen Abriß gebe, wie wir nach und nach unser Sonnensystem entdeckt haben, unterstelle ich nicht notwendig, daß die äußeren Planeten nicht existiert hätten, bis wir nach ihnen zu suchen begannen. Doch bin ich auch nicht gewillt, diese Möglichkeit völlig von der Hand zu weisen.

Am anderen Ende der kosmischen Skala ist Raum für ähnlich gelagerte Zweifel. In der Tat sind die Schwierigkeiten dort sogar größer, denn trotz riesiger Fortschritte in der Technologie trifft es immer noch zu, daß niemand bisher ein Atom zu sehen bekommen hat. Nichtsdestoweniger reden die Physiker zuversichtlich über seine Unterteilung in Hunderte von Elementarteilchen – und diese Zahl erweitert sich monatlich um etwa zwei. In dem Alice-im-Wunderland des Kerns kommt und geht eine verwirrende Vielfalt kurzlebiger Entitäten – Leptonen, Hadronen und Quarks mit windigen Eigenschaften wie »Seltsamkeit« und »Charme« – wie ein tausendköpfiges Komparsenheer in einem Hollywood-Spektakel. Diese verwirrende Vielfalt hat einige Wissenschaftler zu der ketzerischen Frage veranlaßt: »Sind diese Dinge tatsächlich Bestandteil der Natur, oder haben wir sie erfunden?«[291]

Joseph Chilton Pearce weist darauf hin, daß bei der erstmaligen Zerlegung des Neutrons die dabei sich ergebenen Teilchen den Eindruck erweckten, als verhielten sie sich unbotmäßig – wie Planeten, die sich weigern, den Newtonschen Gesetzen zu gehorchen. Irgend etwas konnte nicht stimmen; und da es nicht der Erhaltungssatz vom Impuls sein konnte, von dem viel zu viel abhing, mußte ein anderer Sündenbock gefunden werden.[427] Schließlich rettete der italienische Physiker Enrico Fermi die Situation. Er postulierte zusätzlich zum Elektron und Proton ein drittes Teilchen ohne Ladung und Masse, das er »Neutrino« oder kleines Neutron nannte. Diesem rätselhaftem Neuling, der von nichts viel besaß, wurde später eine spiraloide Umlaufbahn zugeschrieben, und als man ihm genügend konkrete Eigenschaften zugewiesen hatte, wurde er schließlich »entdeckt«. Als die Beweise für seine Existenz sich schließlich mit einer hinreichend großen Zahl der anerkannten Aspekte von Realität deckten, materialisierte sich das Neutrino wie Philip, der eingebildete Geist. Wann immer in einem Laborversuch ein neues Teilchen auftaucht, versuchen andere Forscher, es ebenfalls zu entdecken. Meistens finden sie es, und vielfach genau dort, wo sie vorher erfolglos gesucht hatten. Auch bemüht man sich, in der Natur gegenzuprüfen, indem man versucht, die Teilchen in natürlichen kosmischen Strahlen aufzuspüren; und manchmal treten sie auch dort zutage. Doch bleiben Zweifel bestehen. Sämtliche Endeckungsmethoden stammen von Menschenhand. Und beim Aufdecken schaffen wir möglicherweise das, was wir zu finden anstreben.[171] Wieder einmal hat es ganz den Anschein, als lägen wir zwischen der Natur und der Frage.

Cyril Hinshelwood, der Nobelpreisträger im Bereich physikalische Chemie, hat vorgeschlagen, der Begriff »Manifestationen« könnte als Bezeichnung für die Teilchen geeigneter sein.[255] Das klingt stimmig. Rein körperlich begriffen, besitzen sie wenig Realität. Manche sind leicht, manche schwer, andere sind beständig, wieder andere flüchtig; sie erscheinen und verschwinden; sie unterscheiden sich in Masse und Ladung, in Stabilität und Intensität. Einzig in der Poetik der mathematischen Symbolik ist eine Art Beständigkeit zu entdecken. Vielleicht existieren die Teilchen nur im Bewußtsein und lassen sich – gleich der Erinnerung eines Traums – nur in der Rückschau manifest machen. Vielleicht sollten wir auch – wie in der Traumdeutung – stärker unsere Aufmerksamkeit auf die Bildeindrücke richten und weniger Zeit auf die Worte verschwenden.

William Blake sagte: »Der Geist des Menschen ist wie ein fertig bepflanzter Garten. Diese Welt ist zu arm, um auch nur einen einzigen Samen hervorzubringen.« Er schrieb alles und jedes einem »göttlichen Genius« zu, der uns und unserer Erde vielleicht zuwenig Glauben schenkt, zuwenig Kredit einräumt. Doch wie gewöhnlich schätzte er die Stärke unserer eingeborenen Ideen, unsere Fähigkeit zu schöpferischem und originellem Denken, das von mechanischer Information aus der Welt unabhängig ist, richtig ein. Wenn eine Saat der Phantasie, eine Idee, gepflanzt werden kann, so neigt sie zu Wachstum, selbst wenn sie allen verfügbaren Beweisen und allem Augenschein entgegengesetzt ist; und früher oder später scheint sie in der Lage zu sein, ihre eigene Bestätigung hervorzubringen. Schließlich lassen sich Daten finden, um ihre Existenz zu bekräftigen, die Gewißheit ihrer Realität abzustützen. Das Bedürfnis nach Gewißheit bringt seine eigenen Daten hervor, seine eigenen Manifestationen, sogar seinen eigenen sichtbaren physikalischen Beweis.

Die mystische Überlieferung der Tibeter behauptet, das gesamte Universum sei eine Fata Morgana. Eine vielfach von mönchischen Philosophen an ihrer Schüler gestellte Frage lautet: »Eine Fahne bewegt sich. Was ist es, was sich bewegt? Ist es die Fahne oder der Wind?« Die Antwort lautet den Mönchen zufolge und in Übereinstimmung mit den heutigen neurophysiologischen und quantenmechanischen Denkansätzen: weder – noch. »Es ist der Geist, der sich bewegt.« Die Tibeter glauben auch, daß Ideen in körperlicher Gestalt realisiert werden können; obwohl sie diesen Denkansatz einschränken, indem sie hinzufügen, daß es unmöglich wäre, irgendein Gedankenbild zu empfangen, wenn nicht die vorgestellten Fakten überhaupt mit einer bereits bestehenden äußeren Realität korrespondieren würden.

12.3
Tulpas
und Elfen

Eine interessante Erläuterung in diesem Zusammenhang verdanken wir Alexandra David-Neel. Sie war um die Jahrhundertwende nach Tibet gereist, wo sie 14 Jahre lang blieb und die wohl eingängigste und einsichtigste Darstellung der dort praktizierten Mystik zusammengetragen hat. Sie berichtet unter anderem über die Technik zur Hervorbringung eines Phantoms, einer *tulpa*, durch starke Gedankenkonzentration. »Meine gewohnheitsmäßige Skepsis«, schreibt sie, »veranlaßte mich zu eigenen Versuchen, und meine Bemühungen waren von einigem Erfolg gekrönt ... Ich wählte für mein Experiment einen höchst unbedeutenden Charakter: einen Mönch, klein und dick, von unschuldiger und heiterer Wesensart. Ich schloß mich selbst in *tsams* ein und fuhr fort, die vorgeschriebene Gedankenkonzentration und andere Riten zu vollziehen. Nach ein paaar Monaten war der Phantom-Mönch gebildet. Seine Gestalt nahm allmählich Festigkeit und lebensnahes Aussehen an. Er entwickelte sich zu einer Art Gast, der mit mir in meiner Unterkunft wohnte.«[123]

Bis dahin enthält ihr Bericht nichts sonderlich Auffälliges. Auch im Westen haben viele Kinder vorgestellte oder eingebildete Spielkameraden, und sie können jederzeit genau sagen, wo diese sich gerade aufhalten und was sie tun. Doch dann ging Alexandra David-Neel auf die Reise, und der Mönch folgte ihr. »Ab und zu brauchte ich gar nicht an ihn zu denken, um ihn erscheinen zu lassen. Das Phantom vollführte verschiedene Handlungen von der Art, wie sie von Reisenden vorgenommen werden und die ich ihm nicht befohlen hatte ... Er ging zu Fuß, hielt inne, schaute sich um.« Dann schien die *tulpa* zu ihrer Bestürzung ihrer Kontrolle zu entgleiten. »Die Züge, die ich mir vorgestellt hatte, als ich mein Phantom aufbaute, durchliefen eine allmähliche Wandlung. Der dicke, pausbäckige Bursche wurde schlanker, sein Gesicht nahm einen leicht spöttischen, gerissenen, arglistigen Ausdruck an. Er wurde lästig und dreist.« Und weiter: Auch andere Leute begannen ihn zu sehen und sie nach ihrem Freund, dem Lama zu fragen. An diesem Punkt beschloß sie, das Phantom aufzulösen. »Es ist mir gelungen«, sagte sie später, »aber erst nach sechs Monaten harten Ringens. Mein geistiges Geschöpf hing zäh am Leben.«[123]

Im Sommer 1917 verbrachten Elsie Wright und Frances Griffiths, die damals sechzehn und zehn Jahre alt waren, viele Tage in einer Bergschlucht hinter ihrem Heim bei Cottingley in Yorkshire. Dort gewannen sie sich Freunde und spielten mit einer Gruppe, die sie als »Elfen und Feen« beschrieben. Um den Unglauben der Eltern zu begegnen, lieh sich Elsie schließlich die Kamera ihres Vaters aus, und sie machte einige hervorragende Feen-Portraits, die 1920 im Magazin *Strand* veröffentlicht wurden.[376] Fachleute fanden an den Photos nichts auszusetzen, und die Umstände, unter denen sie gemacht worden waren, schienen jeden Schwindel auszuschließen. Da es aber keine Feen gibt – so Photoexperten messerscharf –, mußte es sich um Schwindel handeln. Folglich machte sich der große Schöpfer von Meisterdetektiven, Sir Arthur Conan Doyle, selbst mit einer anderen Kamera und gekennzeichneten Photoplatten auf den Weg. Die Mädchen nahmen diese Geräte und Ausrüstung mit in die Bergschlucht und kehrten wiederum mit Photographien von Märchenwesen heim: klassischen kleinen Leutchen in Stiefeln und Zipfelmützen und mit den altbekannten zarten Schwingen. Conan Doyle schrieb daraufhin ein Buch, in dem er zu dem Schluß gelangt: »Es ist schwer für unseren Geist zu erfassen, was letztlich dabei herauskommen mag, wenn es uns tatsächlich gelingt, auf der Oberfläche dieses Planeten die Existenz einer Bevölkerung nachzuweisen – einer Bevölkerung, die vielleicht ebenso zahlreich ist wie die Menschheit, die ihr eigenes sonderbares Leben auf ihre eigene sonderbare Weise lebt und die von uns einzig durch irgendwelche Unterschiede in der Schwingung getrennt ist.«[136]

Die materiellen Beweise auf den photographischen Platten ließen Conan Doyle, der immer noch stark unter dem Einfluß der Newtonschen Physik stand, nicht umhin kommen, diese Trennung zwischen den Erscheinungen und dem Bewußtsein der Beteiligten hervorzuheben. Heute indes haben wir im Sog der Entdeckungen der Quantenphysik allen Grund, hinsichtlich der Unmöglichkeit, daß Geist derart auf Materie einwirkt, weniger selbstgewiß und weniger dogmatisch zu sein. Und dies gilt sogar bis zu dem Punkt, daß wir in der Lage sind, eine gedankliche Gestalt, eine *tulpa*, mit so weit reichender Wirklichkeit auf die Beine zu stellen, daß sie nicht nur von anderen Leuten gesehen werden kann, sondern sich sogar auf der Emulsion photographischer Filme selbst abbildet.

Vor über einem Jahrhundert, nicht lange nachdem die Photographie ein Erwerbszweig geworden war, machte ein Graveur in Boston die Entdeckung, daß in seinem Studio aufgenommene Portraits auch schwache Abbildungen anderer Leute enthielten, die sich als Verwandte oder Freunde der eigentlich Abgebildeten entpuppten. Da einige dieser Schemenbilder Menschen zeigten, die bereits verstorben waren, begann man an »Geisterphotographie« zu glauben, und in der Folge wurde auf diesem Gebiet seitens kameratragender Medien reichlich experimentiert.[424] Indes haben Ted Serios und andere inzwischen bewiesen, daß sogar Bilder von so gänzlich ungeistigen Dingen wie dem Hilton-Hotel in Denver von jemandem, der darüber in der entsprechenden, wenn auch bislang nicht näher erklärbaren Weise nachdenkt, auf Film gebracht werden können.[157] Es ist also – selbst wenn die Spiritualisten hinsichtlich unseres Lebens über den Tod hinaus und unserer darauffolgenden Materialisierung in photogener Gestalt recht haben sollten – nicht notwendig, Geister zu beschwören, um in den notorisch instabilen Silbersalzen der Emulsionen unbelichteter Filme Muster und Strukturen hervorzurufen. Der Geist, so scheint es, kann dies aus sich heraus leisten. Eusapia Palladino (die außergewöhnliche Neapolitanerin, die die Wissenschaftler vor 80 Jahren ebenso zu wild wuchernden Spekulationen anregte, wie Uri Geller es heute tut) hat es augenscheinlich bei verschiedenen Gelegenheiten sogar vermocht, einen Abdruck ihres Gesichts oder ihrer Hand in etwas durch und durch Materielles – Kitt – einzuprägen; und dabei war der Kitt in versiegelten Behältern aufbewahrt, die Eusapia Palladino nie berührt hatte.[175]

Kein Wahrnehmungspsychologe kann genau benennen, was »Sehen« eigentlich bedeutet, aber nur wenige von ihnen werden bestreiten, daß die damit befaßten Hirnbereiche selbständig Strukturen und Muster hervorbringen können, die eine scheinbar objektive Empfindung darstellen; was es ermöglicht, etwas zu sehen, das »tatsächlich gar nicht da ist«. Und wenn diese Phantomvision genügend Substanz besitzt, um mechanische und chemische Wirkungen auszulösen, besteht keinerlei apriorischer Grund, weshalb andere gleichzeitig anwesende Zeugen nicht ähnliche Wahrnehmungen haben sollten.

In der Kirche von Castelnau-de-Guers in Südfrankreich kniete Ostern 1974 Abbé Caucanas vor dem Altar, den Kopf voller Gedanken an die Passion: Da sah er auf der weißen Serviette, die über das Abendmahlsbrot gebreitet war, ein Gesicht Gestalt annehmen. Als er laut aufschrie, drängte seine Gemeinde nach vorn; viele der Anwesenden bezeugten später, sie hätten ein Gesicht gesehen, das weitgehend dem ähnelte, das der Abbé folgendermaßen beschrieb: » . . . das rechte Auge geschlossen, das linke offen. Die Nase war zerquetscht und geschwollen und trug einen Ausdruck von Schmerz.«[376]

In einigen Berichten war auch von Blut und Tränen die Rede, und auch die Dornenkrone fehlte nicht; was den meisten Kritikern an Ungereimtheiten genügte, um den gesamten Vorfall auf die Auswirkungen von Suggestion zurückzuführen. Möglicherweise haben sie recht. Ich habe vergeblich jahrelang in ganz Indien versucht, eine Vorführung des berühmten Seiltricks zu sehen zu bekommen; und immer noch argwöhne ich, daß seine erfolgreiche Durchführung weitgehend auf hypnotischen Einfluß zurückgeht, obwohl ich weiß, wie schwer es ist, eine Zufallsgruppe von Menschen zu hypnotisieren, die eine Zufallsverteilung von tiefenhypnotischen Subjekten enthalten kann oder auch nicht enthält. Ich bin mir auch der Leichtigkeit bewußt, mit der eine Idee in einer Menge auch ohne jedes übernatürliche Eingreifen kollektiv werden kann.

Unter normalen Umständen arbeiten die linke und die rechte Hälfte des menschlichen Hirns im Konzert. Es werden sehr rasch zwischen ihnen Signale über die verbindende Brücke, das Corpus callosum, ausgetauscht, so daß die Wahrnehmung anscheinend simultan erfolgt. Eine Idee, die sich in der rechten Hirnhälfte ausbreitet, ist unmittelbar in der linken manifest, die ihrerseits keinerlei Grund zu der Annahme hat, daß der Ideeninhalt an irgendeinem anderen Ort entwickelt worden ist. Der Informationstransfer zwischen den beiden Seiten erfolgt gleich dem raschen Austausch eines Filmbilds durch das nächste zu rasch, um von uns bewußt wahrgenommen zu werden. Obwohl jeder von uns zwei relativ unabhängige Gehirne besitzt, sind wir uns nur einer Identität bewußt. Falls und wenn also zwischen zwei getrennten Individuen telepathische Übertragung stattfindet, besteht daher jede Chance, daß jeder der beiden Organismen den Vorgang als subjektive persönliche Erfahrung aus erster Hand und nicht als eine irgendwie geartete Einmischung empfindet.

Nachdem ich an einer Anzahl von Experimenten zur Überprüfung der Möglichkeit geistiger Informationsübermittlung teilgenommen habe, bezweifle ich nicht mehr, daß es etwas Derartiges gibt. Und mir ist nicht einsichtig, weshalb es sich auf einen simplen »telephonischen« Zweiwegkontakt beschränken sollte, statt in eine Vielzahl von Richtungen ausgestrahlt zu werden. Und wenn es ein gemeinschaftliches Erlebnis ist oder sein kann, dann kann kaum etwas verhindern, daß eine Anzahl von Menschen, die an einem Ort versammelt oder räumlich auch weit getrennt sind, die gleiche Erfahrung machen, jeder auf seine ganz persönliche Weise. In der Tat: Ich argwöhne, vieles von dem, was wir so bereitwillig und leichtfertig als normale Alltagserlebnisse hinnehmen, könnte sich sehr wohl als ziemlich außergewöhnlich herausstellen. Wir nehmen so vieles für selbstverständlich. Und – was vielleicht schlimmer ist – wir lehnen so vieles ab, solange es noch nicht selbstverständlich und offensichtlich geworden ist. Die Wissenschaftsgeschichte kennt viele Beispiele für leistungsfähige, praktikable Systeme, von denen sich erst später erwies, daß sie auf tönernen Füßen standen. Die erste Nierentransplantation wurde 1952 in Chikago an einem Patienten durchgeführt, dessen zweite Niere immer noch gut funktionierte. Nach mehrmonatiger gewissenhafter Beobachtung veröffentlichte der Chirurg vorsichtig seinen Bericht über den augenscheinlichen Erfolg – und als man nun wußte, daß derlei Operationen durchführbar waren, ging fast unmittelbar darauf eine Welle ähnlicher Eingriffe rund um die Welt. Später mußte der Chikagoer Arzt entdecken, daß die Übertragung – wahrscheinlich von Anfang an – fehlgeschlagen war und daß die verbliebene Niere die Doppelbelastung auf sich genommen hatte. Er publizierte sofort eine Zurücknahme seiner Behauptungen und eine Rechtfertigung, aber darum kümmerte sich niemand mehr. Der Erfolg war universell und ist seitdem stetig gewachsen.[427]

Ein Telephoningenieur hat mich einmal in eine automatische Vermittlungszentrale mitgenommen, wo er mir die Mechanik des Systems und dessen Grenzen erläuterte. Dann fügte er – es klang fast wie eine Nebenbemerkung – hinzu, zwar könne niemand verstehen, wie: Aber das Gerät überschreite ständig seine Grenzen und stelle tatsächlich weit mehr als die theoretisch mögliche Maximalanzahl gleichzeitiger Verbindungen her. Er und seine Kollegen seien über den Vorteil, den der unerwartete Kapazitätsbonus mit sich brachte, erfreut. Sie wollten alle zukünftigen Systeme im Entwurf darauf ausrichten, daß in ihnen der unerklärliche Faktor enthalten sei. Doch sei er, so bekannte er, ziemlich bestürzt über die Geschwindigkeit, mit der er und seine Kollegen weltweit die Telephonsysteme und die an sie angeschlossenen Computer zu einem riesigen, völlig automatisierten Komplex verknüpfen, der fast ebenso viele Einheiten umfasse, wie ein menschliches Hirn Zellen habe. »Ich habe immer wieder den Alptraum«, sagte er, »daß eines Tages sämtliche Telephone auf der Welt gleichzeitig läuten, und wenn wir abheben, wird sich da etwas melden, das wir überhaupt nicht hören wollen.«

Dies ist ein Beispiel auf mechanischer Ebene. Doch auch auf fast allen physiologischen Ebenen bringen wir unablässig Wunder an Koordination und Wahrnehmung zustande, über die selbst die Experten unter uns wenig oder gar nichts wissen. In jedem Teil der wundersamen Maschinerie des Lebens türmen sich dräuend biologische Geister auf. Und mir schwant, einer der potentesten Geister dieser Art ist die Fähigkeit, die es einer normalerweise auf unbewußter Ebene bewahrten starken Idee ermöglicht, ihre eigene unabhängige Art physischer oder physikalischer Realität zu manifestieren. Wie sonst soll man sich das Faktum erklären, daß einer der größten Eisblöcke, die je vom Himmel gefallen sind, am 2. April 1973 in der Burton Road in Manchester niedergegangen ist – geradewegs vor die Füße eines Physikers, der sich mit der Möglichkeit von Eisproduktion durch Blitzschlag befaßte?[233] Oder die Tatsache, daß vier Arten Fisch – darunter ein 20 Zentimeter langer Barsch *Micropterus salmoides* – sich am 27. Oktober 1947 zur Frühstückszeit in Marksville, Louisiana, in Massen über einen zu Besuch weilenden Ichthyologen ergossen?[27]

Thomas Bearden, ein Nuklearexperte mit einer Firma in Alabama, bezieht sich auf die »Viele-Welten«-Interpretation der Quantenmechanik und konstruiert ein Modell von der Wirklichkeit, das er »psychotronisch« nennt.[39] Dies Modell bezieht komplexe Nuklear-Mathematik und eine trickreiche Erweiterung der aristotelischen Logik ein, doch scheint es, laut Bearden, einen theoretischen Rahmen zu schaffen, mit dem sich Materialisation, psychokinetische Phänomene und sogar Schwerelosigkeit erfassen lassen.[38] Bearden will zeigen, wie das persönliche Unbewußte physikalische Auswirkungen in Poltergeist-Phänomenen hervorrufen kann, und er behauptet, daß »das kollektive Unbewußte der Spezies weit mächtiger ist als ein persönliches Unbewußtes und daß es sich unter entsprechenden Bedingungen unmittelbar in gedachter Gestalt materialisieren kann, die die eines Gegenstands oder sogar die eines Lebewesens sein kann«.[40]

Beardens Modell soll die Materialisation jedes Gedankens zulassen, gesetzt den Fall, es ist genügend Kohäsion gegeben, um die Quantenschwelle zu durchbrechen. Diese Kohäsion könnte von der Wiederholung durch eine einzelne Quelle oder von gleichzeitiger Präsentation ähnlichen Materials durch die geistige Kraft einer ganzen Anzahl einzelner abhängen; wie auch immer, die Einstimmung, das Tuning, gewährleistet die entsprechenden Ergebnisse und gibt – neben anderen – jeder Kultur die Götter beziehungsweise die Dämonen, die sie verdient. Als Beispiel führt Bearden das Ungeheuer von Loch Ness an. »Je mehr intensives Interesse an ihr auftritt, je mehr Photos gemacht werden und je mehr Nachforschungen angestellt werden, desto leichter fällt es, Beweise für Nessie zu finden. Denn die zusätzliche Infiltration des Materials und der gedanklichen Gestalt in immer zahlreichere Unbewußtheiten gewährleistet immer mehr Tuning-Stadien ... Es sieht so aus, als wäre Nessie auf dem besten Wege, permanent eingetunt zu werden. Eine Familie von Plesiosauriern macht sich im Loch Ness breit, gleichgültig, ob der Fisch dort nun ausreicht, um sie zu ernähren, oder nicht.«[41]

Die gleiche Argumentation gilt gleichermaßen für andere paranormale Erfahrungen. »Da Ufo-Phänomene unbewußte geistige Gestalten sind, die sich zu Wirklichkeit materialisieren, kann man diese Erscheinungen regelrecht ›psychoanalysieren‹.« Und Bearden unternimmt einen kühnen Vorstoß in eben diese Richtung:

Stalin, so sagt er, schmiedete während des Zweiten Weltkriegs Pläne, den Westen anzugreifen, sobald die Westalliierten nach dem Konflikt mit Deutschland so weitgehend abgerüstet hätten, daß er diesen Angriff mit relativer Aussicht auf Erfolg durchführen konnte. Doch wurden seine Pläne durch die Erfindung der Atombombe und durch die Existenz einer kleinen Bomberflotte vereitelt, die ein völlig neuartiges Machtgleichgewicht herstellten. Daher wurde 1946 und 1947 die Grundlage für einen anderen Kriegstypus in einer langfristigen weltweiten Strategie gelegt: die für den kalten Krieg – und das kollektive Unbewußte wurde in einen Konflikt ver-

wickelt, der große Zahlen von Menschen in weit voneinander
entfernten Gebieten mehr oder weniger konstantem Streß un-
terwarf. Das Unbewußte bezieht seine Symbole aus archetypischen, prähistorischen Quellen und – so Bearden – in jener be-
drohlichen Zeit dürfte das es wohl am stärksten prägende Gei-
stesbild gleichfalls archetypisch gewesen sein: nämlich das des
männlichen Jägers, der Frauen und Kinder im Schutz der
Höhle zurückläßt und mit Feuer in der Hand der Bedrohung
entgegentritt und die wilden Bestien in Schach hält. Daher
wundere es nicht, wenn die sowjetische Bedrohung – die
durch ein dominantes Männchen – bei ihrem Auftauchen
durch die verschiedenen Schichten des Unbewußten, in denen
sie durch eher persönliche Dispositionen moduliert und geformt wurde, sich in manifesten Phantasiebildern ausgeprägt
hat, die auf den Symbolen des Feuers und des Phallus fußen.
Und so sei es wie auf Stichwort geschehen, daß in den skandi-
navischen Ländern – und insbesondere in den unmittelbar an
die Sowjetunion angrenzenden Teilen – ab 1947 feurige Gei-
sterraketen gesehen werden.

»Doch die Vereinigten Staaten sind eine natürliche Festung
mit zwei großen ozeanischen Barrieren gen Westen und Osten
und ohne starke Feinde im Norden und Süden ... Sie entsprechen der (Steinzeit-)Höhle ..., und folglich müßte sich dort
ein weibliches Symbol ausprägen. Volltreffer! Kenneth Arnold
sieht 1947 beim Flug über den Bundesstaat Washington – den
damals der Sowjetunion nächstgelegenen amerikanischen
Staat – fliegende Untertassen, die schlicht weibliche Mandalas
sind, die von unserem (Science-fiction-geprägten) nationalen
Unbewußten moduliert sind. Arnolds persönliches Unbewußtes, die letzte Modulation und Formung der Wirklichkeitsge-
stalt, die sich ergab, ist das eines Piloten. Daher mußte das,
was über den Vereinigen Staaten erschienen ist, fliegende Untertassen sein.« So Bearden.[40]

In den folgenden 15 Jahren wurden Ufos in verschiedenen
Formen, die je nach lokalen Dispositionen unterschiedlich ge-
staltet waren, zu einem weltweiten Phänomen. Dann kam es
1973 zum Jom-Kippur-Krieg. »Das«, meint Bearden, »war der
›Spanische Bürgerkrieg‹ der Sowjets, in dem das Neueste an
Taktik und Ausrüstung für Anti-Tank- und Anti-Flugzeug-
Waffen getestet wurde. Man testete, welche Auswirkungen es

auf die Vereinigten Staaten und die Nato hatte, wenn der arabische Ölhahn zugedreht wurde. Als es den Israelis einmal gelang, eine ägyptische Armee abzuschneiden, rief ferner Breschnew den amerikanischen Präsidenten an und unterrichtete ihn, die Sowjets würden in den Krieg eintreten; die USA könnten darauf reagieren, wie sie wollten. Die Sowjets hatten sieben Luftlandedivisionen Gewehr bei Fuß stehen, und die USA setzten ihre einzige Luftlandedivision in Einsatzbereitschaft. So stand die Welt unmittelbar am Rand einer Konfrontation zwischen der Sowjetunion und den Vereinigten Staaten, mit allen möglichen Konsequenzen.« Und »Konfrontation« ist laut Bearden schließlich ein Synonym für »Kontakt«. Daher sei es auch nicht verwunderlich, daß der Oktober 1973 – eben der Monat, in dem der Nahostkrieg ausbrach – auch durch die größte Welle von Ufo-Kontakten gekennzeichnet ist, die es je in den Vereinigten Staaten gegeben hat. Und vor dem Hintergrund der kurz zuvor erfolgten Mondlandungen war auch zu erwarten, daß die meisten »fremdartigen Wesen«, die auf einsamen Landstraßen aus ihren Raumschiffen stiegen, Raumanzüge getragen haben sollen.[40]

Bearden glaubt, die nächste Stufe im sowjetischen Programm sehe Infiltration, Subversion und einen direkten Angriff auf die Vereinigten Staaten mittels neuer »psychotronischer« Waffen vor. Er behauptet, diese Attacke habe möglicherweise bereits begonnen, und er sagt voraus für den Fall, daß der Angriff bereits begonnen habe und daß das kollektive Unbewußte sich der Bedrohung bewußt sei, werde es zu einer plötzlichen Zunahme manifester Symbole kommen, die auf eine Invasion der Höhle, auf die Verletzung des weiblichen Symbols abgestellt sind. »Die Kuh ist im Westen das weibliche Symbol par excellence . . . Infolgedessen ist es in den gesamten Vereinigten Staaten zu mysteriösen, paranormalen Verstümmelungen an Rindern gekommen.« Und unmittelbar vor dem Angriff auf die Nato selbst, so Bearden, »dürfte die Symbolik den höchstmöglichen Grad ihrer Ausprägung erlangen . . ., nämlich in der sexuellen Verstümmelung des Menschenweibchens«.[40] Vielleicht, mutmaßt Bearden, könnten wir dies bereits in der Welle von Verstümmelungsmorden beobachten, die sich alle gegen junge Frauen gerichtet haben und die 1977 in Leeds, Boston und Los Angeles stattfanden.

Dies ist ein häßliches und deprimierendes Bild, und Bearden schreibt selbst, daß es sein größter und sehnlichster Wunsch sei, sich geirrt zu haben.[40] Auf ihre eigene Weise sind seine gedanklichen Konstruktionen zwar schrecklich plausibel, aber sie erinnern auch fatal an die vielfach überzogenen, fast sich selbst erfüllenden Erklärungen, wie sie aus oberflächlicher Analyse à la Freud erwachsen. Man sollte nicht aus dem Auge verlieren, daß Thomas Bearden – abgesehen davon, daß er Anhänger der neuen Physik ist – einst Nachrichtenoffizier eines Bataillons in Korea war; Operationschef für eine ganze Region im Vietnamkrieg; und Leiter einer Analysenabteilung eines Raketen-Nachrichtendienstes im US-Verteidigungsministerium. Seine lange militärische Praxis, durchweg im Kampf gegen den Kommunismus, färbt natürlich seine Interpretation der Daten und läßt ihn ständig nach Symptomen für die Konfrontation zwischen den Supermächten fahnden. Dieser Ansatz ist in der Tat von großer Bedeutung für alle unsere Belange, aber diese Symptome können und dürfen nicht das einzige sein, womit sich unser globaler Geist befaßt.

Dennoch habe ich das Gefühl, daß Beardens Ansatz eine gewisse Richtigkeit für sich beanspruchen kann. Wie Trauminhalt das natürliche Produkt unbewußter psychischer Aktivität ist, so dürften paranormale Phänomene, die im kollektiven Unbewußten zu wurzeln scheinen, uns eine ganze Menge über dessen Disposition zu erkennen geben. Bereits 1918 vermerkt Jung »im Unbewußten meiner deutschen Patienten, eigenartige Störungen, die nicht ihrer persönlichen Psyche zugeschrieben werden konnten«. Unablässig stieß er bei ihnen auf Motive, die Gewalttätigkeit und Grausamkeit ausdrückten. »Als ich genügend solcher Fälle gesehen hatte, wandte ich mein Augenmerk dem seltsamen Geisteszustand zu, der damals in Deutschland herrschte. Ich vermochte nur Anzeichen von Depression und einer großen Rastlosigkeit zu erkennen, aber dies beschwichtigte meinen Argwohn nicht.« Daraufhin sagte er – 20 Jahre vor dem tatsächlichen Ausbruch des nächsten Weltkriegs voraus, »daß die ›blonde Bestie‹ sich in unruhigen Schlafe rege und ein Ausbruch nicht unmöglich sei«.[297]

Die Metapsychologie – die Analyse von Gruppen-, Rassen- oder Nationaldispositionen – steckt immer noch in den Kinderschuhen. Spezielle einflußreiche Kreise im Geschäftsleben und in der Staatsmacht konsultieren, so es ihre unmittelbaren kommerziellen oder politischen Vorteile erfordern, psychologische und psychiatrische Berater; in etwa so, wie man sich früher der Dienste von Wahrsagern versicherte.[419] Doch gibt es keine Vereinten Nationen des Geistes, die den Finger auf den Puls der Biosphäre halten und in globale Aktion treten müssen, sobald verräterische Symptome in der kollektiven Psyche sie dazu veranlassen. Eine solche Organisation wäre indes durchaus möglich. Wahrscheinlich besitzen wir längst die erforderliche psychologische Sachkenntnis, um die Symptome auch zu erkennen, wenn wir auf sie stoßen. Einzig das entsprechende Frühwarnsystem fehlt noch; ein internationales Netz von Analytikern, die damit befaßt sind; welche die neuralgischen Punkte überwachen; die dafür bezahlt werden, um periodische Erhebungen dessen anzustellen, was an vorherrschenden Dispositionen auf allen Ebenen des Unbewußten herumgeistert. Und natürlich fehlt es uns noch an Bereitschaft, diese Messungen ernst zu nehmen und auf die ermittelten Informationen hin aktiv zu werden.

Die Hauptschwierigkeit hinsichtlich fundierter Einschätzungen dieser Art besteht darin, daß unser gegenwärtiger Bewußtseinzustand keinerlei inhaltliche Kategorien für ungewöhnliche Erfahrungen kennt. Unser Bewußtsein ist darauf trainiert, Eindrücke wie Ufos entweder als körperlich-physikalische Fakten oder als metaphysische Gebilde einzustufen: Entweder sind sie real, oder sie sind es nicht; entweder haben sie einen außerirdischen Ursprung, oder es gibt sie nicht. Wir müssen von dieser polarisierenden Haltung abgehen, um zu erkennen, daß es eine Zwischenebene gibt, die von psychischen Faktoren eingenommen ist; von Formen und Gestalten, die sowohl in psychischen wie physischen Welten inhärent sind – wobei diese Welten erst zusammengenommen biologische Totalität ausmachen.

Wenn man einen jungen Raben der Spezies *Corvus corax* mit einem ihm völlig ungeläufigen Gegenstand konfrontiert, geht er mit allen ihm zu Gebote stehenden Verhaltensmustern darauf zu. Zunächst behandelt der Vogel das rätselhafte Ding als Todfeind und unternimmt auf es einen wilden Generalangriff; nachdem er dieserart keine Gegenmaßnahmen ausgelöst hat, erachtet er das Ding als Beute, die es in angemessener

Weise zu töten gilt; dann geht das Tier dazu über, den Gegenstand als Nahrungsobjekt zu behandeln, pickt danach, nimmt ihn auf, schüttelt ihn in der Luft, fliegt hoch und läßt ihn fallen; bis er schließlich, wenn all diese Methoden sich als unergiebig erwiesen haben, das rätselhafte Objekt als etwas Indifferentes abtut, vielleicht als ein Ding, mit dem wirkliche Nahrung gefunden und gefressen werden kann.[353] Die Bedeutung dieser Annäherung auf breiter Front besteht darin, daß sie streng experimentellen Charakter trägt. Der Rabe ist nicht notwendig verängstigt, wenn er vor dem Neuen flieht, nicht aggressiv, wenn er darauf losgeht, oder hungrig, wenn er es zu verschlingen versucht. Er ist schlicht neugierig. Wir Menschen indessen scheinen im Lauf der Entwicklung ein Gutteil jenes Luxus vorbehaltloser Neugier und freien, spielerischen Experimentierens abgelegt zu haben. Wir sind im Ordnen unserer Empfindungen so überaus geschickt geworden, daß wir bisweilen unser Gefühl durch Überorganisierung abtöten. Das bedeutet aber nicht, daß die Empfindungen sich schlicht stillschweigend aus dem Staube machen. Psychische Entitäten, denen der gängige Zutritt zum Bewußtsein verweigert wird, suchen sich eine andere Form des Ausdrucks, gewöhnlich in Form spontaner Übertragungen. Diese Formen können, wie wir gesehen haben, entweder psychokinetische Wirkungen sein, wie sie bei der Poltergeisterei auftreten; Diversionen in Form telepathischer Verbindungen; oder Manifestationen von Erscheinungen, Feen, Monstern, Geistern oder Ufos. Sie alle scheinen vom individuellen Geist und seinem Wesen unabhängig zu sein, aber das stimmt mit hoher Wahrscheinlichkeit nicht.

Alles in der neuen Physik deutet darauf hin, daß Geist und Materie die gleiche Dimension in der Zeit teilen; und daß Geist objektiv ist, nicht subjektiv. Eine geistige Wahrnehmung von einem Loch-Ness-Ungeheuer ist ebenso real wie das Ungeheuer selbst, liegt aber in einem leicht abgewandelten »Welt-Rahmen«. Indem sie, die Wahrnehmung, nur im Geist eines einzigen Beobachters, in einem einzigen Rahmen existent ist, ist sie für andere Geistes-Rahmen nicht evident. Doch erscheint es als möglich – wenn dies auch im Moment eine rein mathematische Konstruktion ist –, daß zwei Formen eine Rotation in die gleiche Richtung durchlaufen, sich so überlagern: daß sie die gleiche Erfahrung machen, das gleiche Ungeheuer »sehen«. Und diese Synthese läßt sich um jede beliebige Zahl erweitern; bis dann, wenn eine hinreichend große Zahl beteiligt ist, durch eine Art Hundertster-Affe-Phänomen ein Konsens erreicht wird und das Monster »physische Realität« gewinnt. Mit anderen Worten: Was wir als gewöhnliche physikalische Materie ansehen, ist bloß eine Idee, die in einem Welt-Rahmen hockt, der allen Geistern gemeinsam ist. Das Universum ist buchstäblich ein kollektiver Gedanke, und wir haben ein überaus gewichtiges Wort in der Realität, die in unserem jeweiligen Sektor manifest ist, mitzureden.

Ich behaupte, daß das, was wir im Bereich paranormaler Phänomene erleben, lebendige und bisweilen bedeutsame Indikatoren hinsichtlich unserer wahren Seelenverfassung sind. Die unterschiedlichen physikalischen Realitäten von Klopfzeichen auf Tischen, verbogenen Schlüsseln, Fliegenden Untertassen und wandernden Yetis sind in sich rein zufällige Symbole. Sie können bisweilen auf bestürzende Weise gemeinsam auftreten, besitzen aber untereinander keine erkennbare Kausalbeziehung. Wir dürfen nicht erwarten, daß verstreute Begebenheiten und Erscheinungen, streunende Bruchstücke von Information irgendwelche folgerichtige Information transportieren. Jedes für sich genommen sagt sehr wenig aus, und jeder Versuch, aus isolierter Erfahrung eine Antwort herauszuquetschen oder Laborstatistiken Bedeutungsinhalte abzupressen, ist zum Scheitern verurteilt. Wie auch jedwede analytische Anstrengung zum Scheitern verurteilt ist, die unter der Scheuklappe irgendeines Kults oder eines Vorurteils sinnvolle Ergebnisse zu zeitigen versucht. Dabei spielt es keine Rolle, ob diese Scheuklappe nun als völlige wissenschaftliche Objektivität, als Glaube an außerirdische Intervention oder als Beharren auf der Vermittlung freundlicher Geister firmiert.

Der Stoff der Parapsychologie, des Übernatürlichen und des Okkulten ist zum Teil Treibgut, das von den Strömungen und Unterströmungen der Gezeiten an die Oberfläche des Lebens getragen wird. Und teilweise besteht dieser Stoff aus über Bord geworfenem Gut, das immer komplexer werdende Organismen in der Absicht in die Lebensflut geworfen haben, ihre kollektiven Bürden zu erleichtern. Manches davon ist nützlich und bedeutsam, und manches fristet eine sinnlose und absurde

Existenz. Und in jedwedem Umgang mit Teilen dieses Bergungsguts sollte man wohlweislich Jungs Beobachtung im Auge behalten: »Auch im Besten, ja geradezu im Besten ist der Keim des Bösen, und nichts ist so schlecht, daß nicht ein Gutes daraus erfolgen könnte.«[298] Die Welt ist im großen und ganzen das, was wir aus ihr machen.

Als Biologe, der sich der Breite und des Ausmaßes des Lebens bewußt ist und der viele seiner beständigen Rätsel bewußt zur Kenntnis nimmt, bin ich für jedes Krümel Begreifen dankbar. Ich glaube, daß die jüngsten Fortschritte in der Astrophysik am einen Ende der Skala und in der Molekularbiologie und Molekulargenetik am anderen Ende uns nunmehr in eine Lage versetzen, damit anzufangen, vernunftbegründete Urteile über den Gang der Evolution im allgemeinen zu fällen, dem wir unsere gegenwärtige, befremdliche, in sich gespaltene Verfassung zu verdanken haben.

Ich meine, die Saaten des Lebens sind im interstellaren Raum ausgebildet und von dort aus verstreut worden. Viele von ihnen haben hier mit Hilfe von Strukturen in unserem Boden Wurzeln geschlagen und sind zu einer einzigartigen erdgebundenen Biosphäre ausgewachsen. Die Kontrolle dieser Biosphäre liegt weitgehend in der Hand der ersten Replikatioren, der Gene, die selektiven Vorteil daraus ziehen, Gemeinwesen zu bilden. Viele dieser Vergesellschaftungen haben kraft ihrer besonderen Form eine Individualität erworben, die teilweise von den Genen unabhängig ist. Bei einigen ist diese Individualität zu einer Bewußtheit von Gemeinschaftsidentität herangewachsen, die genügend Freiheit gegenüber den Genen genießt, um einen ausgewachsenen inneren Konflikt heraufzubeschwören. Und eben dieser Konflikt hat in einigen sehr wenigen Organismen in der letztlichen Freisetzung von Bewußtsein resultiert

Das ist aber mitnichten das Ende der Geschichte. Völlige Emanzipation von instinktiver Beherrschung durch die Gene ist immer noch durch die Gegebenheit von Gezeiteneinflüssen beschnitten, die ihrerseits eine lange evolutionäre Geschichte haben. Ich habe diese Kräfte »Kontingentfaktoren« getauft und ich glaube, daß sie eine wesentliche Rolle bei unserer Befreiung gespielt haben, daß sie zugleich aber Einflüsse sind, über die wir immer noch wenig oder gar keine Kontrolle besitzen. Ich bin keineswegs davon überzeugt, daß wir eine völlige Befreiung von diesen Kontingenten anstreben sollen. Ihnen scheint eine natürliche Ordnung einbeschrieben zu sein, fast ein grundlegender kosmischer Rhythmus, der wahrscheinlich aller Koinzidenz, allem Zufall, aller reihenweisen Anordnung und aller Gleichzeitigkeit zugrunde liegt.[414] Ich glaube, es wird uns schließlich gelingen, diesen Geist in unserer Maschine zu bannen und ihm alle physikalischen Eigenschaften und Parameter zu verleihen, die für seine Etablierung als anerkannte Naturkraft erforderlich sind. Sobald dies geleistet ist, wird sich dieser Geist als die Quelle vieles dessen entpuppen, was wir derzeit noch als übernatürlich einstufen – dessen bin ich sicher. Doch erwarte ich nicht, daß solche Offenbarungen die Antwort auf die grundlegenden Rätsel des Lebens und des Geistes liefern werden.

Diese Rätsel, dessen bin ich gewiß, sind ewig ungreifbar und unkörperlich. Sie wurzeln in organischer Evolution, besitzen aber nicht mehr Substanz als die Gezeiten. Man kann so viele Meerwasserproben nehmen, wie man will, aber keine wird die Gezeiten enthalten oder irgend etwas über sie aussagen. Man kann so viele lebende Organismen sezieren, wie man in die Finger bekommt, kann sie bis in ihre subatomaren Bestandteile aufspalten – und immer noch findet man keine Antworten. Das Leben ist eine Struktur, eine Bewegung, eine Synkopierung von Materie; etwas, das im Kontrapunkt zu den Rhythmen von Kontingentfaktoren entstanden und herangewachsen ist. Das Leben ist etwas Seltenes, und es ist wunderbar vernunftwidrig.

Die Gezeitenmarke: Rückblick

Ich bin mir – hier, nahe dem Ende – bewußt, bisweilen nicht die richtigen Worte gefunden zu haben, um Dinge auszudrükken, die sich möglicherweise ohnedies als nicht beschreibbar erweisen könnten. Worte mit ihrem Gewicht haben die Neigung, wie Raubvögel auf heikle, fragile Ideen niederzustürzen und diese wegzuschleppen, bevor sie Gelegenheit hatten, zur Blüte zu gelangen. So war ich zum Beispiel an verschiedenen kritischen Nahtstellen gezwungen, mich mit der Gezeiten-Metapher zu begnügen.

Julian Jaynes sähe darin keinen Grund zur Entschuldigung. »Etwas begreifen heißt eine Metapher für jenen Sachverhalt zu finden, indem man etwas uns Vertrauteres an seine Stelle setzt. Und das Gefühl von Vertrautheit ist das Gefühl des Verstehens.« Er glaubt, der phantasievolle Gebrauch von Metaphern sei der Urgrund von Sprache, und es sei dieser Gebrauch von Sprache gewesen, der uns zu bewußten Wesen gemacht hat. Als Biologe muß ich diese Kausalkette umkehren und behaupten, daß wir nie in die Lage gekommen wären, von Metaphern viel zu halten, wären wir nicht bereits manifest bewußt gewesen. Wie auch immer, letztlich sind wir beide zu einer ähnlichen Schlußfolgerung gelangt, die lautet: »Der Geist ist ein Analogon dessen, was die wirkliche Welt genannt wird.«[284]

Der sowjetische Psychologe Aleksandr Luria behauptet, daß Worte — weit davon entfernt, eine schlichte Kurzschrift zur Verständigung zu sein — tatsächlich Wirklichkeit strukturieren und reorganisieren. »Wie ein Volk Menschen eine Sprache gemeinsam hat, so hat es auch die gleiche Wirklichkeit gemeinsam.«[356] Ein Wort, das einen Gegenstand bezeichnet, meißelt diesen Gegenstand heraus und verfestigt ihn; es verleiht dem Gegenstand einen Status, einen Stellenwert, der von seiner Funktion ziemlich unabhängig ist. In allen europäischen Sprachen herrschen die Substantive vor, deren Funktion weitgehend statisch ist. »Was immer durch ein Substantiv bezeichnet wird, wird zu einem Ding, zu einer Substanz mit Eigenschaften; und für Sprecher, deren Vokabularien so weitgehend aus Substantiven bestehen, wie es bei unseren der Fall ist, besteht die Welt hauptsächlich aus körperlich-greifbaren Objekten.«[334] Wir können eine Cheshire-Katze mit oder ohne Grinsen sehen, aber kein Grinsen ohne Katze. Denn in unserer Sprache ist »das Grinsen« eine Handlung, die einen Handelnden erfordert, und der muß eine dauerhafte Entität sein. Wir reden uns buchstäblich aus einer ganzen Bandbreite möglicher Erfahrungen heraus.

In australischen Sprachen gibt es keine »Teile von Sprache«, die unseren vergleichbar wären; vielmehr sind die Haupt-Worte, die des Handelns, vergleichbar unseren Verben. Die Worte der australischen Sprachen ordnen die Dinge nicht in starre Kategorien ein, sie beharren auch nicht auf Gegenständen als dem fixierten Fokus von Erfahrung. Sie beschreiben statt dessen eine ganze Serie verwandter Handlungen, wobei die Konjugationen jedes Wortes seinen Zustand der Erfüllung oder Vollendung ausdrücken und nicht seine Zeit des Agierens. Sprachlicher Aufbau dieser Art befreit den Handelnden von der strengen und rein metaphysischen Logik unserer Sprache, die darauf insistiert, daß Dinge entweder wahr oder unwahr, entweder real oder imaginär sein müssen. Diesen starren Grenzen können wir nur in der Mathematik oder in absichtlichem »Nonsens« entrinnen, wohingegen für einen Eingeborenen, der in der Arunta-Sprache aufgewachsen ist, ein Grinsen von einer Cheshire- oder einer Totem-Katze oder von gar keiner Katze gegrinst werden kann; denn er hat keinen fixierten und vorher festgelegten »Begriff« von einer »Katze«.[499]

Ich würde gern sehen, wenn mein Begriff, mein Konzept von der Lebensflut diesem Denkansatz ein wenig nahekäme und auch so begriffen würde — was vielleicht am besten verständlich wird, wenn man sich »Flut« nicht als Substantiv, sondern als intransitives Verb denkt, das von keinerlei Objekt regiert wird. Doch selbst unter dieser erweiterten Perspektive bin ich mir der schieren Tyrannei der Worte noch zutiefst bewußt.

Anfang 1974 wurde »ein stämmiges kleines Mädchen mit trägen Bewegungen und einem entrückten Lächeln« von ihrer Mutter in die Child Development Research Unit an der Universität Nottingham gebracht. Nadia war sechs Jahre alt und immer noch praktisch sprechunfähig; sie war groß für ihr Alter, lethargisch, und ihre Bewegungen waren schlecht koordiniert. Als Baby hatte sie auf ihre Mutter überhaupt nicht reagiert und auf die üblichen sozialen Annäherungsweisen auch weiterhin so wenig Reaktion gezeigt, daß sie schon bald als autistisches Kind eingestuft und an eine Schule für »geistig stark behinderte« Kinder gegeben wurde. In Spielzimmern, die vor Spielzeug und Vergnügungsmöglichkeiten überquollen und in denen die meisten Kinder ihr Entzücken fanden, blieb sie passiv und ungerührt, es sei denn, sie hatte gerade einen ihrer seltenen und uneindämmbaren Schreianfälle.[551]

Am ersten Tag in der Forschungsabteilung setzten sich Psychologen mit Nadias Mutter zusammen und beobachteten das Kind durch einen einseitig durchsichtigen Spiegel, erörterten ihre Vorgeschichte und bereiteten sich darauf vor, sie zu behandeln, wie sie es täglich mit Dutzenden in ihrer Obhut befindlichen Kindern tun. Nadia »hatte Wachskreiden vorgelegt bekommen, die ihrem bislang gezeigten allgemeinen Niveau spielerischer und manipulativer Kompetenz zu entsprechen schienen, und sie krakelte auf dem Papier ein formloses gelbes Gekritzel ... Wir unterhielten uns über die Dinge, die Nadia zu Hause gern tat; ihre Mutter grub in ihrer Tasche und zog sechs gerollte Zeichnungen hervor. Ich schaute sie mir in dem halbdunklen Licht an: ziemlich schwache, dünne blaue Linien auf Papier von schlechter Qualität. Ich ging den kleinen Stapel noch einmal durch ... Meine erste Reaktion auf die Zeichnungen war Verwunderung; die zweite – ich schäme mich, zu sagen – war Zweifel ... Die Zeichnungen waren überhaupt nicht möglich.«[406]

Ungläubigkeit und Verblüffung sind die üblichen Reaktionen auf Nadias Zeichnungen. Seit sie zum erstenmal im Alter von drei Jahren Zugang zu ihrem Lieblingsmedium, einen Kugelschreiber bekam, bringt sie Linienzeichnungen von außerordentlichem Verfeinerungsgrad hervor. Sie zeichnete nie auf Wunsch oder Befehl, sondern einzig, wenn sie den inneren Drang dazu verspürte. Dann komponierte sie ihre Zeichnungen linkshändig sehr rasch und gewandt mit feinem, sicherem Strich. »Ihr Strich war fest, und sie führte ihn ohne jedes unbeabsichtigte Schwanken aus. Trotz der Geschwindigkeit, mit der sie die Linien zog, konnte sie einen Strich genau an dem Punkt abbrechen, an dem er auf eine andere Linie traf. Sie konnte die Richtung einer Linie ändern und Striche in jedem Winkel auf den eigenen Körper zu und von ihm weg zeichnen. Sie konnte mit einer einzigen Bewegung einen kleinen, vollendeten Kreis zeichnen und einen Punkt genau in seine Mitte setzen.«[483] Als man ihr ein Biro gab, wandelte sich das »unbeholfene und zurückgebliebene« Kind zu einer begabten abbildenden Künstlerin. Sie brachte Zeichnungen voller Leben und Bewegung hervor, die eine völlige Beherrschung der Perspektive und der zeichnerischen Verkürzung bewiesen. Ihre Pferde und Reiter* springen einen aus dem Blatt aus Winkeln an, die die Fertigkeiten jedes erwachsenen Künstlers voll auf die Probe stellen würden. Ihre krähenden Junghähne sprühen vor frühmorgendlicher Vitalität. Ihre Fußballer sind mit erstaunlicher Sensitivität mitten in der Bewegung erfaßt. Nadia durchbricht jedes bekannte Gesetz darüber, wie wir wahrnehmen, erfassen und zeichnen lernen.

Es ist gesagt worden, »die Kunst ist aus der Kunst geboren, nicht aus der Natur«, und alle Gemälde schuldeten anderen Gemälden mehr, als sie der Beobachtung schulden.[208] Aber Nadia zeichnet unmittelbar nach dem Leben oder bezieht ihre Inspiration aus groben Zeichnungen in Bilderbüchern, und sie scheint die Eindrücke und Bilder in ihrem Kopf weiterzuverarbeiten, so daß das Ergebnis nicht die photographische Darstellung einer Szene oder die Kopie einer Illustration ist, sondern eine lebendige Struktur, die jedesmal wächst und sich wandelt, wenn sie sie abbildet. Sie interpretiert die Natur in einer fast urmenschhaften Weise, ganz als drücke auch sie sich in aktiven, verbalen Bildvorstellungen aus statt in passiven Substantiven und Diagrammen. Und sie ist imstande, diese Sehweise mit andern zu teilen. Oder vielmehr: Sie war dazu imstande.

Nadia verlor 1975 ihre Mutter, und sie wurde in eine Sonderschule für autistische Kinder gegeben, wo man sich wohlmeinend und nachdrücklich alle Mühe gab, ihr das Sprechen beizubringen. Ihr zu vermitteln, wie man unserer Beschreibung von Realität entspricht und sich ihr anpaßt. Allmählich beginnt sie Schritt um Schritt zu lernen, die richtigen und erwarteten Wörter zu benutzen, und in dem Maße, in dem ihre sprachliche Kompetenz zunimmt, lassen ihre künstlerischen Fähigkeiten nach. Zufrieden bekundet der Schulleiter: »Jetzt, da sie das Zeichnen nicht mehr als eine Selbstverständlichkeit betreibt, holen wir weit mehr an Sprache und Sozialisation aus ihr heraus.«[85] Von einem Kind mit einzigartiger zeichnerischer Ausdrucksfähigkeit, das bei auf Zeichnen abgestellten IQ-Tests schon im Alter von vier Jahren mit dem enormen Quotienten 160 abschnitt, ist Nadia zu einer tragischen, zurückgebliebenen Zehnjährigen umgeformt worden, die auf verbaler Grundlage wohl nie in der Lage sein wird, dem Leben erfolgreich zu begegnen oder irgendwie ihren Lebensunterhalt zu verdienen. Von diesem außerordentlichen Talent, das uns bei angemessener Reaktion unserer Gesellschaft viel über Nadia und über uns selbst hätte lehren können, ist praktisch nichts übrig geblieben – außer gelegentlichen schemenhaften Skizzen von Pferd und Reiter, die auf den beschlagenen Fenstern der Schule auftauchen, wenn gerade kein Aufsicht führender Lehrer hinschaut.

Unsere gesamten Sozialisationsbemühungen scheinen darauf gerichtet zu sein, andere nach unserem Bilde zu formen, Blaupause-Menschen hervorzubringen, die alle unsere Fehler reproduzieren. »Besser«, so scheinen wir zu meinen, »ein schlechter Abklatsch von uns selbst als etwas anderes, etwas Bedrohliches.« Ein hervorragender Kinderpsychologe faßt Nadias Fall in dem Schluß zusammen: »Wenn der Verlust ihrer Gabe der Preis ist, den wir für Sprache zahlen müssen – gerade genug Sprache, um sie in eine Art diskursiver Gemeinschaft mit ihrer kleinen umhegten Welt zu bringen –, müssen wir, so glaube ich, bereit sein, diesen Preis um Nadias willen zu zahlen.«[406]

Müssen wir? Davon bin ich keineswegs überzeugt. Ich bewerte Sprache sehr hoch, aber nicht höher als alles andere. Ich bin zutiefst besorgt über die Art und Weise, in der wir die Ausgefallenen, die Besonderen behandeln, die fähig zu sein scheinen, irgendwie auf die zugrundeliegende Form von Dingen zu reagieren, statt sich wie wir von Oberflächendetails benebeln zu lassen. Sie sind den Wurzeln des Seins näher, stärker einbezogen als wir übrigen, stärker berührt von der Kontinuität. Sie reagieren auf unmittelbare Empfindung, tanzen nicht nach unserer eintönigen Pfeife, sondern reagieren auf das Licht, beziehen Inspiration aus der Erde selbst. Mein Instinkt sagt mir, wenn wir uns wirklich einen Reim auf das Universum machen wollen, brauchen wir diejenigen, die Dinge anders sehen und tun: die Wunderkinder, die Musik zu komponieren beginnen, fast noch ehe sie laufen können; die »idiotischen Genies«, die weder lesen noch schreiben können, aber in Sekundenschnelle Quadratwurzeln bis auf die fünfte Stelle hinter dem Komma genau ziehen; die Metallverbieger und die Visionäre. Gleich unterdrückten Archetypen erwachsen sie unmittelbar aus dem Unbewußten, erinnern uns an sein Potential. Ich glaube, wir können von ihnen allen etwas lernen, wenn wir sie gewähren lassen. Aber wir tun es so selten.

Es ist in der Tat eine Frage der Bewahrung des Gleichgewichts. Unser eigenes haben wir zeitweilig verloren, weil wir uns zu sehr auf eine Seite verlagert haben – auf die Seite der Technologie und der Vernunft –, und wir haben begonnen, den Preis dafür zu zahlen. Wahrscheinlich ist es zum Umschwenken noch nicht zu spät, aber wir können es uns nicht leisten, noch mehr Zeit oder Gelegenheiten zu versäumen. In den letzten fünf Jahren hat es diese Gelegenheiten reichlich gegeben, doch sofern meine eigene Erfahrung irgendwelchen Aussagewert hat, könnten die Gezeiten gerade unmittelbar vor der Wende stehen.

Ich bin dieses Jahr noch einmal nach Venedig gefahren, um die Familie zu besuchen, die in der Nähe von Santa Maria dei Miracoli wohnt. Claudia ist inzwischen acht Jahre alt und geht allein zur Schule. In den Pausen zwischen den Unterrichtsstunden spielt sie mit den anderen Kindern am Brunnenkopf auf dem kleinen Platz, üben sie in der Praxis die Lektionen, die sie gelernt haben, bekräftigen sie den Konsens. Manchmal spielen sie mit einem Tennisball, den sie zwischen sich hüpfen und springen lassen. Und nun, da er einen Namen hat und seine Funktion festgelegt und eindeutig umschrieben ist, verfällt noch nicht einmal Claudia darauf, ihm eine andere Art von Freiheit anzubieten. Sie ist eine der Unsrigen geworden.

Es wäre traurig und es könnte sich fatal auswirken, wenn

wir fortfahren, die Klarheit kindlicher Wahrnehmung auf diese Weise sich umwölken zu lassen. Denn bevor wir mit der Hausordnung vertraut werden, scheint es in dieser kindlichen Klarheit Momente zu geben, in denen wir fähig sind, geradewegs durch die Sprünge im kosmischen Ei in es hineinzuschauen und mit der Wahrheit fast Hautkontakt zu bekommen.

Daher widme ich dies Buch all denen, die noch das lebensvolle Wogen der Flut spüren und die den Mut haben, sich von ihm tragen zu lassen, wohin immer es führen mag.

BIBLIOGRAPHIE

1 AHMADJIAN, V. 'The fungi of lichens', *Scientific American* 208: 122–132, 1963.
2 AHMADJIAN, V. 'Artificial reestablishment of the lichen *Cladonia cristatella*,' *Science* 151: 199–201, 1966.
3 AHMADJIAN, V. 'Lichens.' In HENRY (249).
4 ALLEN, L. A. *Time Before Morning.* Thomas Crowell: New York, 1975.
5 ALTMANN, S. A. (Hrsg.) *Social Communication Among Primates.* University of Chicago Press: Chicago, 1967.
6 ALVAREZ, F. et al. 'Experimental brood parisitism of the magpie,' *Animal Behaviour* 24: 907–916, 1976.
7 ANDERS, E. & FITCH, F. W. 'Search for organized elements in carbonaceous chondrites,' *Science* 138: 1392–1399, 1962.
8 ANDERS, E. et al. 'Organic compounds in meteorites,' *Science* 182: 781–790, 1973.
9 ANDREW, K. 'Psychokinetic influences on an elektromechanical number generator . . .' In MORRIS et al (386).
10 ANNIS, R. C. & FROST, B. 'Human visual ecology and orientation anisotropies in acuity,' *Science* 182: 729–731.
11 ANON. National Geographic Society Pressemitteilung, 31. März 1955.
12 ANON. *Detroit Free Press,* 14. Dezember 1959.
13 ANON. *Malay Mail:* Kuala Lumpur, 15. August 1966.
14 ANON. 'Extraterrestrial Life: an anthology and bibliography,' United States National Academy of Sciences: Washington, 1966.
15 ANON. 'The Effects of UFOs upon animals,' *Flying Saucer Review* 16: 1, 970.
16 ANON. Wandinschrift in der University of Michigan, 1970.
17 ANON. *The Times:* London, 24. September 1973.
18 ANON. Pers. Unterlagen, 4. Oktober 1974.
19 ANON. *Scientific American* 237: 70–72, 1977.
20 ANON. *Newsweek:* New York, 15. Januar 1978.
21 ANTROBUS, J. S. et al. 'Experiments accompanying daydreaming,' *Journal of Abnormal and Social Psychology* 69: 244–252, 1964.
22 ANTROBUS, J. S. et al. 'Studies in the stream of consciousness,' *Perceptual and Motor Skills* 23: 399–417, 1966.
23 ASERINSKY, E. & KLEITMAN, N. 'Regularly occurring periods of eye motility and concomitant phenomena during sleep,' *Science* 118: 273–274, 1953.
24 AYALA, F. J. & DOBHANSKY, T. *Studies in the Philosophy of Biology.* University of California Press: Berkeley, 1974.

25 BADDELEY, A. D. *The Psychology of Memory*. Harper & Row: New York, 1976.

26 BAERENDS, G. et al. (Hrsg.) *Essays on Function and Evolution in Behaviour.* Clarendon Press: Oxford, 1975.

27 BAJKOV, A. D. 'Do fish fall from the sky?,' *Science* 109: 402, 1949.

28 BAKAN. P. 'Hypnotizability, laterality of eye movementsand functional brain asymmetry,' *Perceptual and Motor Skills* 28: 927–932, 1969.

29 BALL, G. H. 'Organisms living on and in protozoa,' In CHEN (105).

30 BALTENSWELLER, W. 'Zeirapheira griseana in the European Alps . . .' *Canadian Entomologist* 96: 792–800.

31 BARBER, T. X. 'Experimental evidence for a theory of hypnotic behavior,' *International Journal of Clinical and Experimental Hypnosis* 9: 181–193, 1961.

32 BARBER, T. X. 'Hypnotic age regression: a critical review,' *Psychosomatic Medicine* 24: 286–299, 1962.

33 BARBER, T. X. *Hypnosis: a scientific approach.* Van Nostrand: New York, 1969.

34 BARGHOORN, E. S. & SCHOPF, J. W. 'Microorganisms three billion years old from the Precambrian of South Africa,' *Science* 152: 758–763, 1966.

35 BATCHELDOR, K. J. 'Report on a case of table levitation and associated phenomena,' *Journal of the Society for Psychical Research* 43: 339–356, 1966.

36 BATCHELDOR, K. J. *Practical hints for small group study of PK using tables,* Eigenverlag: c/o 1 Adam & Eve Mews, London.

37 BATES, D. R. (Hrsg.) *The Planet Earth.* Pergamon: Oxford, 1964.

38 BEARDEN, T. E. 'A postulated mechanism that leads to materialization . . .' United States Army Missile Command, Technical Report SAM-D 76-1, 1975.

39 BEARDEN, T. E. *An approach to understanding psychotronics,* Eigenverlag: 1902 Willis Road, Huntsville, Alabama, 1977.

40 BEARDEN, T. E. *Species metapsychology, UFO waves, and cattle mutilations,* Eigenverlag, 1977.

41 BEARDEN, T. E. Pers. Mitt., 8. Dezember 1977.

42 BEATTIE, J. 'Divination in Bunyoro, Uganda,' In MIDDLETON, J. (Hrsg.) *Magic, Witchcraft, and Curing.* Natural History Press: New York, 1967.

43 BEAUMONT, P. B. 'The ancient pigment mines of Southern Africa,' *South African Journal of Science* 69: 140–146, 1973.

44 BEAUMONT, P. B. 'Border Cave – a progress report,' *South African Journal of Science* 69: 41–46, 1973.

45 BEER, C. G. 'Multiple functions and gull displays,' In BAERENDS (26).

46 BENNETT, E. *Apparitions and Haunted Houses.* Faber: London, 1939.

47 BENVENISTE, R. E. & TODARO, G. J. 'Evolution of C-type viral genes . . .' *Nature* 252: 456–458, 1974.

48 BERGSON, H. L. *Matter and Memory.* Allen & Unwin: London, 1911.

49 BERGSON, H. L. Presidential Address. Proceedings on the Society for Psychical Research 26: 462–479, 1913.

50 BERGSON, H. L. *The Two Sources of Mortality and Religion.* Holt: New York, 1935.

51 BERNAL, J. D. *The Origin of Life.* Weidenfeld & Nicholson: London, 1965.

418

52 BERNE, E. *A Layman's Guide to Psychiatry and Psychoanalysis.* Andre Deutsch: London, 1969.

53 BERNSTEIN, M. *The Search for Bridey Murphy.* Doubleday: New York, 1956.

54 BERTRAM, B. C. R. 'The vocal behaviour of the Indian Hill Mynah,' *Animal Behaviour Monograph No. 3,* 1970.

55 BETTLEY, F. R. 'Ichthyosis and hypnosis,' *British Medical Journal (2):* 996, 1952.

56 BIRDSELL, J. B. *Human Evolution.* Rand McNally: Chicago, 1972.

57 BLACK, S. 'The use of hypnosis in the treatment of psychosomatic disorders,' *Proceedings of the Society for Psychosomatic Research Conference of 1962.* Pergamon: Oxford, 1964.

58 BLACK, S. *Mind and Body.* William Kimber: London, 1969.

59 BLAIR, L. *Rhythms of Vision.* Croom Helm: London, 1975.

60 BLEEK, W. H. I. & LLOYD, L. C. *Specimens of Bushman Folklore.* George Allen: London, 1911.

61 BOAG, T. J. & CAMPBELL, D. (Hrsg.) *A Triune Concept of the Brain and Behavior.* University of Toronto Press: Toronto, 1973.

62 BOARDMAN, R. S. et al. (Hrsg.) *Animal Societies.* Dowden, Hutchinson & Ross: Pennsylvania, 1973.

63 BOHM, D. 'Some remarks on the notion of order,' In WADDINGTON (565).

64 BONNER, J. T. 'How slime molds communicate,' *Scientific American* 209: 84–93, 1963.

65 BONNER, J. T. *Cells and Societies.* Princeton University Press: New Jersey, 1965.

66 BONNER, J. T. *The Cellular Slime Molds.* Princeton University Press: New Jersey, 1967.

67 BONNER, J. T. 'The chemical ecology of cells in the soil,' In SONDHEIMER & SIMEONE (496).

68 BOSHIER, A. K. 'Ancient mining of Bomvu Ridge,' *Scientific South Africa* 2: 317–320, 1965.

69 BOSHIER, A. K. 'Mining Genesis.' *Mining Survey:* Johannesburg, 1970.

70 BOSHIER, A. K. In pers. Mitt., 1977.

71 BOSHIER, A. K. & BEAUMONT, P. S. 'Mining in Southern Africa and the emergence of modern man,' *Optima:* Johannesburg, 1972.

72 BOWEN, C. *The Humanoids.* Neville Spearman: London, 1969.

73 BOWERS, K. S. 'Hypnosis for the Seriously Curious,' Brooks-Cole, Monterey, California, 1976.

74 BOWLBY, J. *Attachment and Loss.* (2 Bde.) Hogarth: London, 1969.

75 BREZNAK, J. A. 'Symbiotic relationships between termites and their intestinal microbiota,' In JENNINGS & LEE (286).

76 BROADBENT, D. E. *Perception and Communication.* Pergamon: Oxford, 1958.

77 BRODECK, M. 'Mental and physical,' In FEYERBEND & MAXWELL (172).

78 BRODY, E. B. 'Research in reincarnation and editorial responsibility,' *Journal of Nervous and Mental Disease* 165: 151, 1977.

79 BRONOWSKI, J. & BELLUGI, U. 'Language, name and concept,' *Science* 168: 669–673, 1970.

80 BROOKS, J. & SHAW, G. 'Evidence for extra terrestrial life,' *Nature* 223: 754–756, 1969.

81 BROOKES-SMITH, C. & HUNT, D. W. 'Some experiments in psychokinesis,' *Journal of the Society for Psychical Research* 45: 265–281, 1970.

82 BROWN, B. *New Mind, New Body.* Hodder & Stoughton: London, 1975.

83 BROWN, M. H. *PK.* Steinerbooks: Blauvelt NY, 1976.

84 BRUNER, J. *On Knowing.* Harvard University Press: Cambridge, Massachusetts, 1962.

85 BUGLER, J. 'The genius of Nadia,' *Observer Magazine:* London, 27. November 1977.

86 BURMA, B. H. 'The species concept . . .' *Evolution* 3: 369–370, 1949.

87 BURNET, F. M. 'The evolution of adaptive immunity in vertebrates,' *Acta. Pathology and Microbiology, Scandinavia* 76: 1–11, 1969.

88 BURNET, F. M. *Immunological Surveillance.* Pergamon: Oxford, 1970.

89 BURNET, F. M. 'Self-recognition in colonial marine forms and flowering plants,' *Nature* 232: 230–235, 1971.

90 BUSNEL, R.-G. 'Acoustic communication,' In SEBEOK (481).

91 CAIRNS-SMITH, A. G. 'The origin of life and the nature of the primitive gene,' *Journal of Theoretical Biology* 10: 53–88, 1966.

92 CAIRNS-SMITH, A. G. *The Life Puzzle.* Oliver & Boyd: Edinburgh, 1971.

93 CAIRNS-SMITH, A. G. 'A case for alien ancestry,' *Proceedings of the Royal Society of London B* 189: 249–274, 1975.

94 CAIRNS-SMITH, A. G. 'Synthetic life for industry,' In DUNCAN & WESTON-SMITH (141).

95 CALDER, R. *Man and the Cosmos.* Pall Mall Press: London, 1968.

96 CAMERON, A. G. W. 'Clumping of interstellar grains . . .' *Icarus* 24: 128–133, 1975.

97 CAMPBELL, B. *Sexual Selection and the Descent of Man.* Aldine: Chicago, 1972.

98 CANETTI, E. *Masse und Macht.* Hanser: München.

99 CAPRA, F. *Dt: Der kosmische Reigen.* Barth: Weilheim. Wildwood House: London, 1975.

100 CARPENTER, C. R. 'The howlers of Barro Colorado Island,' In DE VORE (130).

101 CARPENTER, E. *Oh, What a Blow That Phantom Gave Me!* Holt, Rinehart & Winston: New York, 1973.

102 CATHIE. B. *Harmonic 695.* A. H. & A. W. Reed: Wellington, 1971.

103 CAVALIER-SMITH, T. 'The origin of nuclei and of eukaryotic cells,' *Nature* 256: 463–468, 1975.

104 CAYCE, E. *Dreams: the Language of the Unconscious.* A. R. E. Press: Virginia Beach, 1962.

105 CHEN, T. T. *Research in Protozoology.* Pergamon: Osford, 1969.

106 CHERTOK, L. *Psychophysiological Mechanisms of Hypnosis.* Springer: Berlin, 1969.

107 CHETWYND, T. *Dictionary for Dreamers.* Allen & Unwin: London, 1972.

108 CHEW, L. T. et al. 'An amazing sequence arrangement at the 5' ends of adenovirus 2 messenger RNA,' *Cell* 12: 1–8, 1977.

109 CHRISTOPHER, M. *Seers, Psychics and ESP.* Cassell: London, 1970.

110 CLARK, F. & SYNGE, R. L. M. *The Origins of Life on Earth.* Pergamon: Oxford, 1959.

111 CLARK, L. R. et al. *The Ecology of Insect Populations in Theory and Practice.* Methuen: London, 1967.

112 CLAUS, G. & NAGY, B. 'A microbiological examination of some carbonaceous chondrites,' *Nature* 192: 594–596, 1961.

113 COLE, G. D. H. (Hrsg.) *The Essential Samuel Butler.* Everyman: London, 1950.

114 COLERIDGE, S. T. *Poetical Works.* Oxford University Press: Oxford, 1912. Dt.: *Gedichte.* Reclam- Stuttgart.

115 COOKE, H. B. S. et al. 'Fossil man in the Lebombo Mountains, South Africa,' *Man* 3: 6–13, 1945.

116 COULSON, J. C. 'The influence of change of mate on the breeding biology of the kittiwake,' *Animal Behaviour* 14: 189–190, 1966.

117 CRASILNECK, H. B. & HALL, J. A. 'Physiological changes associated with hypnosis,' *Journal of Clinical and Experimental Hypnosis* 7: 9–50, 1959.

118 CREIGHTON, G. 'The humanoids in Latin America,' In BOWEN (72).

119 CUDMORE, L. L. L. *The Center of Life.* Quadrangle: New York, 1977. Dt.: –, *Der Stoff des Lebens.* Umschau: Frankfurt.

120 CULLEN, J. 'Reduction of ambiguity through ritualization,' In HUXLEY (274).

121 CYNADER, M. & MITCHELL, D. 'Monocular astigmatism effects on kitten visual cortex development,' *Nature* 270: 177–178, 1977.

122 DARWIN, C. *The Origin of Species.* (1859) Penguin: Harmonsworth, 1968.

123 DAVID-NEEL, A. *Magic and Mystery in Tibet.* (1931) Souvenir: London, 1967.

124 DAVIDSON, H. H. *Gene Activity in Early Developments.* Academic Press: New York, 1968.

125 DAWKINS, R. *The Selfish Gene.* Oxford University Press: Oxford, 1976. Dt.: –, *Das egoistische Gen.* Springer: Heidelberg.

126 DE BEER, G. R. *Embryos and Ancestors.* Oxford University Press: Oxford, 1951.

127 DEMENT, W. C. Disk. ü. Aufsatz V. SNYDER (495).

128 DE ROCHAS, A. *Les Vies Successives.* Paris, 1911.

129 DEVEREUX, G. *Psychoanalysis and the Occult.* Souvenir: London, 1974.

130 DE VORE, I. (Hrsg.) *Primate Behavior.* Holt, Rinehart & Winston: New York, 1965.

131 DOBZHANSKY, T. *The Biology of Ultimate Concern.* New American Library: New York, 1967.

132 DOETSCH, R. N. & COOK, T. M. *Introduction to Bacteria and their Ecobiology.* University Park Press: Baltimore, 1973.

133 DOUGLAS, A. E. 'Origins of diffuse interstellar lines,' *Nature* 269: 130–132, 1977.

134 DOUGLAS, M. *Tales and Legends of Northumbria.* Houghton & Scott-Snell: London, 1934.

135 DOUGLAS, N. *The Book of Matan.* Neville Spearman: Sudbury, Suffolk, 1977.

136 DOYLE, A. C. *The Coming of the Fairies.* Hodder and Stoughton: London, 1922.

137 DRIESCH, H. *The History and Theory of Vitalism.* Macmillan: London, 1914.

138 DUCASSE, C. *A Critical Examination of the Belief in a Life After Death.* Charles Thomas: Springfield, Illinois, 1960.

139 DUNCAN, C. J. *The Molecular Properties and Evolution of Excitable Cells.* Pergamon: Oxford, 1967.

140 DUNCAN, C. J. 'A note on the evolution of the transducer mechanism of the vertebrate retinal rod,' *Experientia* 33: 1 310, 1977.

141 DUNCAN, R. & WESTON-SMITH, M. *The Encyclopaedia of Ignorance.* Pergamon: Oxford, 1977.

142 DUNDES, A. 'Science in folklore? Folklore in science?,' *New Scientist* 76: 774–776, 1977.

143 ECCLES, J. 'The experiencing self,' In ROSLANSKY (466).

144 ECCLES, J. (Hrsg.) *Brain and Conscious Experience.* Springer. Berlin, 1966.

145 EDDINGTON, A. S. *New Pathways in Science.* Cambridge University Press: Cambridge, 1935.

146 EDMONSTON, W. E. & PESSIN, M. 'Hypnosis as related to learning and electrodermal measures,' *American Journal of Clinical Hypnosis* 9: 31–51, 1966.

147 EDMUNDS, S. *Hypnotism and the Supernormal.* Aquarian Press: London, 1961.

148 EDWARDS, F. *Strangest of All.* Pan: London, 1962.

149 EHRENWALD, J. 'Mother-child symbiosis,' *Psychoanalytic Review* 58: 455–466, 1971.

150 EHRENWALD, J. 'The telepathy hypothesis and schizophrenia,' *Journal of the American Academy of Psychoanalysis* 2: 159–169, 1974.

151 EHRENWALD, J. 'Cerebral localization and the psi syndrome,' *Journal of Nervous and Mental Disease* 161: 393–398, 1975.

152 EHRENWALD, J. 'Therapeutic applications,' In KRIPPNER (327).

153 EIBL-EIBESFELDT, I. *Ethology.* Holt, Rinehart & Winston: New York, 1970. Dt.: –, *Grundriß der vergleichenden Verhaltensforschung – Ethologie.* Piper: München.

154 EINSTEIN. A. *The World as I See It.* John Lane: London, 1935. Dt.: –, *Mein Weltbild.* Ullstein TB: Berlin.

155 EISELEY, L. *Coming of the Giant Wasps.* Audobon, 1975.

156 EISENBUD, J. *Psychiatric contributions to parapsychology,'* In DEVEREUX (129).

157 EISENBUD, J. *The World of Ted Serios.* Jonathan Cape: London, 1968. Dt.: –, *Gedankenfotografie. Die PSI-Aufnahmen des Ted Serios.* Aurum: Freiburg.

158 EISENBUD, J. Appendix zu ULLMAN et al. (552).

159 ELIADE, M. *Myths, Dreams, and Mysteries.* Harper & Row: New York, 1960. Dt.: –, *Mythen, Träume und Mysterien.* Müller: Salzburg.

160 ELIADE, M. *Myth and Reality.* Harper & Row: New York, 1963.

161 ELIADE, M. *The Forge and the Crucible.* Harper & Row: New York, 1971. Dt.: –, *Schmiede und Alchemisten.* Klett-Cotta: Stuttgart).

162 ELLIS, K. *Science and the Supernatural.* Wayland: London, 1974.

163 ELIOT, T. S. *Ash Wednesday.* Faber: London, 1930.

164 ELSASSER, W. M. *Atom and Organism.* Princeton University Press: Princeton, New Jersey, 1966.

165 EPHRUSSI, B. & WEISS, M. C. 'Hybrid somatic cells,' *Scientific American* 220: 26–31, 1969.

166 ESTABROOKS, G. H. Hypnotism. E. P. Dutton: New York, 1957.

167 EVANS, F. J. et al. 'Sleep-induced behavioural response,' *Journal of Nervous and Mental Disease* 148: 467–476, 1969.

168 EVANS, H. E. *Life on a Little-Known Planet.* E. P. Dutton: New York, 1966. (Dt: –, *Das Trillionen-Volk.* Lübbe: Berg. Gladbach).

169 EVANS-PRITCHARD, E. E. *Witchcraft, Oracles and Magic among the Azande.* Clarendon Press: Oxford, 1937.

170 FABRE, J. H. *The Hunting Wasps.* (1879) Dodd, Mead: New York, 1915.

171 FEINBERG, G. 'Precognition: a memory of things future,' In OTERI (417).

172 FEYERABEND, P. K. & MAXWELL, G. (Hrsg.) *Mind, Matter and Method.* University of Minnesota Press: Minneapolis, 1966.

173 FISKE, D. & MADDIS, S. (Hrsg.) *Functions of Varied Experience.* Dorsey Press: Homewood, Illinois, 1961.

174 FISS, H. et al. 'Waking fantasies following interruptions of two types of sleep,' *Archives of General Psychiatry* 14: 543–551, 1966.

175 FLAMMARION, C. *Mysterious Psychic Forces.* Boston, 1907.

176 FODOR, N. *Freud, Jung and Occultism.* University Books: New York, 1971.

177 FORDHAM, F. *An Introduction to Jung's Psychology.* Penguin: Harmondsworth, 1966.

178 FORT, C. *The Books of Charles Fort.* Holt, Rinehart & Winston: New York, 1941.

179 FOSTER, D. *The Intelligent Universe.* Abelard: London, 1975.

180 FOULKES, D. 'Theories of dream formation,' *Psychological Bulletin* 62: 236–247, 1964.

181 FOULKES, D. *The Psychology of Sleep.* Scribners: New York, 1966.

182 FOX, A. S. & VALENCIA, J. I. 'Gene transfer in *Drosophila melanogaster*,' *Genetics* 53: 897–911, 1975.

183 FOX, S. W. (Hrsg.) *The Origins of Prebiological Systems.* Academic Press: New York, 1965.

184 FRANKLYN, J. *Death by Enchantment.* Hamish Hamilton: London, 1971.

185 FRANTZ, R. 'Pattern vision in new born infants,' *Science* 140: 296, 1963.

186 FREEDMAN, A. M. et al. *Comprehensive Textbook of Psychiatry.* Williams & Wilkins: Baltimore, 1975.

187 FREEMON, F. R. *Sleep Research.* C. C. Thomas: Springfield, Illinois, 1972.

188 FREUD, S. *The Interpretation of Dreams.* (1900). Standard Edition *4* and *5.* Hogarth Press: London. Dt: –, *Die Traumdeutung,* Ges. Werke Bd. 2/3, S. Fischer, Frankfurt, 1968.

189 FREUD, S. *Totem and Taboo.* (1913). Standard Edition *13.* Dt: –, *Totem und Tabu,* Ges. Werke Bd. 9, S. Fischer, Frankfurt. 1968.

190 FREUD, S. *Dreams and Telepathy.* (1925). Standard Edition *4.* Dt: –, in Ges. Werke Bd. 14, S. Fischer, Frankfurt, 1977.

191 FREUD, S. *The Future of an Illusion.* (1927). Standard Edition *20.* Dt: –, in Ges. Werke Bd. 14, S. Fischer, Frankfurt, 1977.

192 FREUD, S. *New Introductory Lectures on Psychoanalysis.* (1933). Dt: –, *Neue Folge der Vorlesungen zur Einführung in die Psychoanalyse,* S. Fischer, Frankfurt, 1969.

193 FREUD, S. & BREUER, J. *Studies on Hysteria.* (1895). Standard Edition *2.* Dt: –/–, *Studien über Hysterie,* Fischer TB, Frankfurt, 1975

194 GARDNER, R. A. & GARDNER, B. 'Teaching sign language to a chimpanzee,' *Science* 165: 664–672, 1969.

195 GARDNER, R. A. & GARDNER, B. 'Two way communication with an infant chimpanzee,' In SCHRIER & STOLLNIZ (479).

196 GASTAUT, H. & BROUGHTON, R. 'A clinical and polygraphic study in episodic phenomena during sleep,' In WORTIS (597).

197 GAZZANIGA, M. S. 'The split brain in man,' *Scientific American* 217: 24–29, 1967.

198 GEIST, V. 'The evolutionary significance of mountain sheep horns', *Evolution* 20: 558–566, 1966.

199 GIBSON, H. B. *Hypnosis.* Peter Owen: London, 1977.

200 GIBSON, G. E. & GIAUQUE, W. F. 'The third law of thermodynamics...' *Journal of the American Chemical Society* 45: 93–97, 1923.

201 GIDRO-FRANK, L. & BOWERSBUCH, M. K. 'A study of the plantar response in hypnotic age regression,' *Journal of Nervous and Mental Disease* 107: 443–458, 1948.

202 GILL, M. M. 'Hypnosis as an altered or regressed state,' *International Journal of Clinical and Experimental Hypnosis* 20: 224–237, 1972.

203 GILLHAM, N. W. *Organelle Heredity.* Holt, Rinehart & Winston: New York, 1976.

204 GILLIARD, E. T. 'The evolution of bowerbirds,' *Scientific American* 209: 38–46, 1963.

205 GILLIARD, E. T. *Birds of Paradise and Bowerbirds.* Weidenfeld & Nicolson: London, 1969.

206 GLASSER, R. J. *The Body is the Hero.* Collins: London, 1977.

207 GOLDANSKII, V. I. 'Interstellar grains as possible cold seeds of life,' *Nature* 269: 583–584, 1977.

208 GOMBRICH, E. H. *Art and Illusion.* Pantheon: New York, 1960. Dt: –, *Kunst und Illusion,* Belser, Stuttgart, 1978.

209 GOOCH, S. *The Neanderthal Question.* Wildwood House: London, 1977.

210 GOODALL, J. 'The behaviour of free-living chimpanzees...' *Animal Behaviour Monographs* No 1. 161–311, 1968.

211 GOODWIN, D. W. 'Alcohol und recall,' *Science* 163: 1358–1360, 1969.

212 GORDON, H. & COHEN, K. 'Case of congenital linear naevus treated by hypnosis,' International Dermatology Congress 10: 376, 1952.

213 GOTTFRIED, B. S. et al. 'The Leidenfrost phenomenon,' *International Journal of Heat and Mass Transfer* 9: 1167–1187, 1966.

214 GRANT, J. *Winged Pharaoh.* Victor Gollancz: London, 1937.

215 GRAVES, T. *Dowsings* Turnstone: London, 1976.

215 GREEN, C. & MCCREERY C. *Apparitions.* Hamish Hamilton: London, 1975.

217 GREENBERG, M. & HULST, H. C. van de (Hrsg.) *Interstellar Dust and Related Topics.* Reidel: Dordrecht, 1973.

218 GREENBERG, M. 'The interstellar depletion mystery...' *Astrophysical Journal* 189: L81–L85, 1974.

219 GREENHOUSE, H. B. *Premonitions.* Turnstone: London, 1971.

220 GREGORY, R. L. *The Intelligent Eye.* Weidenfeld & Nicolson: London, 1970.

221 GREYSON, B. 'Telepathy in mental illness,' *Journal of Nervous and Mental Disease* 165: 184–200, 1977.

222 GRIFFIN, D. R. *The Question of Animal Awareness.* Rockefeller University Press: New York, 1976.

223 GRIFFITHS, R. F. 'Observation and analysis of an ice hydrometeor of extraordinary size,' *The Meteorological Magazine* 104: 253–260, 1975.

224 GRIMBLE, A. *A Pattern of Islands.* John Murray: London, 1952.

225 GRIMBLE, A. *Migrations, Myth and Magic from the Gilbert Islands.* Routledge & Kegan Paul: London, 1972.

226 GRIMSTONE, A. V. & CLEVELAND, L. R. 'The fine structure and function of the contractile axostyles of certain flagellates,' *Journal of Cell Biology* 24: 387–400, 1965.

227 GRUNLOH, R. 'Flying saucers.' *Royal Anthropological Institute News* 23: 1–4, 1977.

228 GURNEY, E. et al. *Phantasms of the Living.* Trubner: London, 1886.

229 GWYNNE, P. *Newsweek:* New York, 28. November 1977.

230 HAILE, B. *Starlore Among the Navaho.* Gannon: Sante Fé, 1977.

231 HALDANE, J. B. S. 'The Origins of Life'. *New Biology* 16: 12–27, 1954.

232 HALL, C. S. & NORDBY, V. J. *A Primer of Jungian Psychology.* New American Library: New York, 1973.

233 HALL-CRAGGS, J. 'The development of song in the blackbird,' *Ibis* 104: 277–300, 1962.

234 HALL-CRAGGS, J. 'The aesthetic content of bird song,' on HINDE (253).

235 HALLOWELL, A. I. 'Cultural factors in the structuralization of perception,' In ROHRER & SHERIF (460).

236 HALLOWELL, A. I. 'Self, society and culture in phylogenetic perspective,' In TAX (531).

237 HAMBURG, D. A. et al. (Hrsg.) *Perception and its Disorders.* Williams & Wilkins: Baltimore, 1970.

238 HARADA, K. & FOX, S. W. 'Thermal synthesis of natural amino acids...' *Nature* 201: 335–336, 1965.

239 HARRISON, M. *Fire From Heaven.* Sidgwick & Jackson: London, 1976.

240 HARTMAN, W. D. & REISWEG, H. M. 'The individuality of sponges,' In BOARDMAN et al. (62).

241 HARTMANN, E. L. *The Functions of Sleep.* Yale University Press: New Haven, 1973.

242 HARTMANN, E. L. (Hrsg.) *Sleep and Dreaming.* Little, Brown: Boston, 1970.

243 HARWOOD, A. *Witchcraft, Sorcery and Social Categories among the Safwa.* Oxford University Press: Oxford, 1970.

244 HAWKINS, D. R. 'Psychoanalytic dream theory reexamined,' In HARTMANN (242).

245 HAYNES, R. *The Seeing Eye, The Seeing I.* Hutchinson: London, 1976.

246 HEISENBERG, W. *Physics and Philosophy.* Allen & Unwin: London, 1963. Dt: –, *Physik und Philosophie,* Hirzel, Stuttgart, 1978.

247 HELD, R. & BOSSOM, J. 'Neonatal deprivation and adult rearrangement,' *Journal of Comparative and Physiological Psychology* 54: 33–37, 1961.

248 HELD, R. & HEIN, A. 'Movement produced stimulation in the development of visually guided behaviour,' *Journal of Comparative and Physiological Psychology* 56: 872–876, 1963.

249 Henry, S. M. (Hrsg.) *Symbiosis.* Academic Press: New York, 1966.

250 HERRNSTEIN, R. J. & LOVELAND, D. H. 'Complex visual concept in the pigeon,' *Science* 146: 549–551, 1964.

251 HILGARD, E. R. 'A neo-dissociation theory of pain reduction in hypnosis,' *Psychological Review* 80: 396–411, 1973.

252 HILLMAN, H. & SARTORY, P. 'The unit membrane, the endoplasmic reticulum, and the nuclear pores are artefacts,' *Perception* 6: 667–673, 1978.

253 HINDE, R. A. (Hrsg.) *Bird Vocalizations.* Cambridge University Press: Cambridge, 1969.

254 HINDLEY K. 'Tar among the stars,' *New Scientist* 76: 23, 1977.

255 HINSHELWOOD, C. N. Presidential Address to British Association for the Advancement of Science, 1965.

256 HINTZE, N. A. & PRATT, J. G. *The Psychic Realm.* Random House: New York, 1975.

257 HIRSCH, A. 'Handbook of Geographical and Historical Pathology.' New Sydenham Society: London, 1886.

258 HITCHING, F. *Pendulum.* Fontana: London, 1977.

259 HOFFMAN, J. G. *The Life and Death of Cells.* Hutchinson: London, 1958.

260 HOLLDOBLER, B. 'Communication between ants and their guests,' *Scientific American* 224: 86–93, 1971.

261 HOLLOWAY, R. L. 'The casts of fossil hominid brains,' *Scientific American* 231: 106–114, 1974.

262 HOLROYD, S. *Prelude to a Landing on Earth.* W. H. Allen: London, 1977.

263 HOWELL, J. H. 'The life cycle of the sea lamprey . . .' In SMITH et al (494).

264 HOYLE, F. *The Black Cloud.* Heinemann: London, 1960. (Dt: –, *Die schwarze Wolke.* Ullstein: Berlin).

265 HOYLE, F. & WICKRAMASINGHE, N. C. 'Primitive grain clumps and organic compounds in carbonaceous chondrites,' *Nature* 264: 45–46, 1976.

266 HOYLE, F. & WICKRAMASINGHE, N. C. 'Prebiotic molecules and interstellar grain clumps,' *Nature* 266: 241–243, 1977.

267 HOYLE, F. & WICKRAMASINGHE, N. C. 'Does epidemic disease come from space?,' *New Scientist* 76: 402–404, 1977.

267a HOYLE, F. & WICKRAMASINGHE, N. C. *Lifecloud.* Dent, London, 1978. Dt: –, *Die Lebenswolke,* Umschau: Frankfurt, 1979.

268 HOYLE, F. & WICKRAMASINGHE, N. C. 'Origin and nature of carbonacous material in the galaxy,' *Nature* 270: 701–703, 1977.

269 HUBEL D. H. & WRISEL, T. N. 'Receptive fields, binocular interaction and functional architecture in the cat's visual cortex,' *Journal of Physiology* 160: 106, 1962.

270 HUTCHINSON, R. E. et al. 'The basis for individual recognition by voice in the Sandwich tern,' *Behaviour* 32: 150–157, 1968.

271 HUXLEY, A. *Plant and Planet.* Allen Lane: London, 1974. Dt: –, *Das phantastische Leben der Pflanzen,* Hoffmann und Campe, Hamburg, 1978.

272 HUXLEY, J. S. *The Individual in the Animal Kingdom.* Cambridge University Press, Cambridge, 1912.

273 HUXLEY, J. S. 'The evolution of life,' In TAX (531).

274 HUXLEY, J. S. 'A discussion of ritualization of behaviour in animals and man,' *Philosophic Proceedings of the Royal Society* B271, 1966.

275 HYNEK, J. A. *The UFO Experience.* Abelard Schuman: London, 1972.

276 IKEMA, Y. & NAKAGAWA, S. 'A psychosomatic study of contagious dermatitis,' *Kyushu Journal of Medical Science* 13: 335–350, 1962.

277 IMANISHI, . 'Social behaviour in Japanese monkeys,' *Psychologia* 1: 47–54, 1957.

278 IMMS, A. D. *Insect Natural History.* New Naturalist: London, 1947.

279 INGLIS, B. *Natural and Supernatural.* Hodder & Stoughton: London, 1978.

280 ITARD, J.-M G. *De l'Education du jeune sauvage de l'Aveyron.* Impremerie Impériale: Paris, 1801.

281 IVERSON, J. *More Lives Than One.* Souvenir: London, 1976.

282 JACOBI, J. *The Psychology of C. G. Jung.* Routledge & Kegan Paul: London, 1951. Dt: –, *Die Psychologie von C. G. Jung,* Walter, Olten, 1976.

283 JASTROW, J. *Error and Eccentricity.* Dover: New York, 1962.

284 JAYNES, J. *The Origin of Consciousness in the Breakdown of the Bicameral Mind.* Houghton Mifflin: Boston, 1976.

285 JENNINGS, H. S. *Behaviour of Lower Organisms.* Columbia University Press: New York, 1906.

286 JENNINGS, D. H. & LEE, D. L. (Hrsg.) 'Symbiosis.' *Symposia of the Society for Experimental Biology* 29, 1975.

287 JEON, K. W. & DANIELLI, J. F. 'Microsurgical studies with large free living amoebas,' *International Reviews of Cytology* 30: 49–89, 1971.

288 JOHN, P. & WHATLEY, F. R. *'Paracoccus dentrificians...'* In JENNINGS & LEE (286).

289 JONAS, D. & KLEIN, D. *Man-Child.* Jonathan Cape: London, 1971.

290 JONES, H. S. & OSWALD, I. 'Two cases of healthy insomnia,' *Journal of Electroencephalography and Clinical Neurophysiology* 24: 378–380, 1968.

291 JOSEPHSON, B. 'Possible connections between psychic phenomena and quantum mechanics,' *New Horizons* 2: 224–226, 1975.

292 JOSEPHSON, R. K. & MACKIE, G. O. 'Multiple pacemakers and the behaviour of the hydroid *Tubularia,'* *Journal of Experimental Biology* 43: 293–332, 1965.

293 JUNG, C. G. »Über das Unbewußte« (1918). *Gesammelte Werke Band 10.* Walter: Olten, 1974.

294 JUNG, C. G. »Die Beziehungen zwischen dem Ich und dem Unbewußten (1928/66). *Gesammelte Werke Band 7.* Walter: Olten, 1974.

295 JUNG, C. G. »Über den Begriff des kollektiven Unbewußten« (1936). *Gesammelte Werke Band 9.* Walter: Olten, 1976.

296 JUNG, C. G. »Traumsymbole des Individuationsprozesses« (1936) .*Gesammelte Werke Band 12,* Walter: Olten, 1972.

297 JUNG, C. G. *»Das Schattenproblem«* (1946). *Gesammelte Werke Band 10.* Walter: Olten.

298 JUNG. G. »Nachwort zu« ›Aufsätze zur Zeitgeschichte‹« (1946). *Gesammelte Werke Band 10.* Walter: Olten.

299 JUNG, C. G. »Synchronizität als ein Prinzip akausaler Zusammenhänge« (1952). *Gesammelte Werke Band 8.* Walter: Olten.

300 JUNG, C. G. »Ein moderner Mythus; Von Dingen, die am Himmel gesehen werden«. *Gesammelte Werke Band 10.* Walter: Olten, 1964.

301 JUNG, C. G. *Erinnerungen, Träume, Gedanken.* Walter: Olten.

302 JUNG, C. G. *Analytical Psychology.* Routledge & Kegan Paul: London, 1968.

303 KALES, A. et al.' Somnambulism,' *Archives of General Psychiatry* 14: 595–604, 1966.

427

304 KANT, *Kritik der reinen Vernunft.*

305 KAPLAN, E. A. 'Hypnosis and pain,' *Archives of General Psychiatry* 2: 567–568, 1960.

306 KARAKASHIAN, M. W. 'Symbiosis in *Paramecium bursaria,*' In JENNINGS & LEE (286).

307 KARAKASHIAN, S. J. & SIEGEL, R. W. 'A genetic approach to endocellular symbioses,' *Experimental Parasitology* 17: 103–122, 1965.

308 KARLSON, P. & BUTENANDT, A. 'Pheromones in insects,' *Annual Review of Entomology* 4: 39–58, 1959.

309 KASTLE, W. 'Soziale Verhaltensweisen von Chamaleonen,' *Zeitschrift für Tierpsychologie* 24: 313-341, 1967.

310 KAWAI, M. 'On the newly acquired behaviours of the natural troop of Japanese monkeys on Koshima Island,' *Primates* 4: 113–115, 1963.

311 KAWAI, M. 'Newly acquired precultural behaviour of the natural troop of Japanese monkeys on Koshima Island,' *Primates* 6: 1–30, 1965.

312 KAWAMURA, S. 'The process of sub-cultural propagation among Japanese monkeys,' In SOUTHWICK (497).

313 KEEL, J. A. *Strange Creatures from Time and Space.* Neville Spearman: London, 1975.

314 KEITH, A. *A New Theory of Human Evolution.* Watts & Co: London, 1948.

315 KENNEDY, J. E. & TADDONIO J. L. 'Experimenter effects in parapsychological research,' *Journal of Parapsychology* 40: 1–33, 1976.

316 KLINE, M. V. 'Hypnosis and age progression,' *Journal of Genetical Psychology* 78: 195–206, 1951.

317 KNACKE, R. F. 'Carbonaceous compounds in interstellar dust,' *Nature* 269: 132–133, 1977.

318 KNOX, V. J. et al. 'Pain and suffering in Ischemia,' *Archives of General Psychiatry* 30: 840–847, 1974.

319 KOCH, A. 'Intracellular Symbiosis in insects,' *Annual Review of Microbiology* 14: 12–140, 1960.

320 KOESTLER, A. *The Ghost in the Machine.* Hutchinson: London, 1967.

321 KOESTLER, A. *The Roots of Coincidence.* Hutchinson: London, 1972. Dt: –, *Die Wurzeln des Zufalls,* Suhrkamp, Frankfurt, 1974.

322 KOESTLER, A. *Janus.* Hutchinson: London, 1978. Dt: –, *Der Mensch – Irrläufer der Evolution,* Scherz, Bern, 1978.

323 KOESTLER, A. & SMYTHIES, J. R. (Hrsg.) *Beyond Reductionism.* Hutchinson: London, 1969.

324 KONJIN, T. M. et al. 'The acrasin activity of adenosine – 3', 5' – cyclic phosphate.' *Proceedings of the National Academy of Sciences* 58: 1152–1154, 1967.

325 KRANTZ, G. S. 'Pithecanthropine brain size and its cultural consequences,' *Man* 11: 85–87, 1961.

326 KRANTZ, G. S. 'Brain size and hunting ability in earliest man, *Current Anthropology* 9: 450–451, 1968.

327 KRIPPNER, S. (Hrsg.) *Advances in Parapsychological Research Psychokinesis.* Plenum Press: New York, 1977.

328 KUBIE, L. S. 'Illusion and reality in the study of sleep *International Journal of Clinical and Experimental Hypnosis* 20: 205–22 1972.

329 KUBIE, L. S. & MARGOLIN, S. 'An apparatus for the use of breath sounds as a hypnagogic stimulus,' *American Journal of Psychiatry* 100: 610, 1944.

330 LACK, D. 'The behaviour of the robin,' *Proceedings of the Zoological Society of London* 109: 169–178, 1939.

331 LAMB, I. M. 'Lichens,' *Scientific American* 201: 144–156, 1959.

332 LANGEN, D. 'Peripheral changes in blood circulation during autogenic training and hypnosis,' In CHERTOK (106).

333 LANGER, S. K. *Feeling and Form.* Sribners: New York, 1953.

334 LANGER, S. K. *Mind: an Essay on Human Feeling* (2 Bände). Johns Hopkins University Press: Baltimore, 1972.

335 LANNERS, E. *Illusions.* Thames & Hudson: London, 1977. Dt: –, *Illusionen,* Bucher, Luzern, 1973.

336 LASSNER, J. (Hrsg.) *Hypnosis and Psychosomatic Medicine.* Springer: Berlin, 1967.

337 LAURIE, P. 'More about knowledge.' *New Scientist* 62: 248–249, 1974.

338 LEAKEY, R. E. & LEWIN, R. *Origins.* Macdonald & Jane's: London, 1977. Dt: –, *Wie der Mensch zum Menschen wurde,* Hoffmann und Campe: Hamburg, 1978.

339 LEDOUX, L. et al. 'DNA mediated genetic correction of thiamineless *Arabidopsis thaliana,*' *Nature* 249: 17–21, 1974.

340 LEE, D. *Freedom and Culture.* Prentice-Hall: New Jersey, 1959.

341 LEE, S. G. M. & MAYES, A. R. (Hrsg.) *Dreams and Dreaming.* Penguin: Harmondsworth, 1973.

342 LEIDENFROST, J. G. 'On the fixation of water in diverse fire,' (1756) *International Journal of Heat and Mass Transfer* 9: 1153–1166, 1966.

343 LERNER B.'Dream function reconsidered,' *Journal of Abnormal Psychology* 72: 85–100, 1966.

344 LEVINSON, B. W. 'States of awareness during general anesthesia,' In LASSNER (336).

345 LEWIS, H. B. 'The Royal road to the unconscious,' In HARTMANN (242).

346 LIBERMAN, A. M. 'Some characteristics of perception in the speech mode,' In HAMBURG et al. (237).

347 LILLY, J. *Centre of the Cyclone.* Paladin: St Albans, 1973.

348 LINDEN, E. *Apes, Men and Language.* E. P. Dutton: New York, 1975.

349 LINDSEY, H. & CARLSON, C. C. *The Late, Great Planet Earth.* Zondervan: Grand Rapids, 1970.

350 LINN, E. L. 'Verbal auditory hallucinations,' *Journal of Nervous and Mental Disease* 164: 8–17, 1977.

351 LLAURADO, J. G. et al. (Hrsg.) *Biological and Clinical Effects of Low Frequency Magnetic and Electrical Fields.* Charles Thomas: Springfield, Illinois, 1974.

352 LORENZ, K. 'Der Kumpan in der Umwelt des Vogels,' *Journal of Ornithology* 83: 137–413, 1935.

353 LORENZ, K. 'The mind of man,' In LANNERS (335).

354 LOVELL, A. C. B. 'Meteors', In BATES (377).

355 LUDWIG, A. M. 'The objective study of a multiple personality,' *Archives of General Psychiatry* 26: 298–310, 1972.

356 LURIA, A. R. & YUDOVICH, F. *Speech and Development of Higher Psychological Functions in the Child.* Stagler: New York, 1959.

357 MAETERLINCK, M. *The Unknown Guest*. Methuen: London, 1914.

358 MAGOUN, H. W. *The Waking Brain*. Charles Thomas: Springfield Illinois, 1963.

359 MANNING, M. *The Link*. Colin Smythe: Gerrards Cross, 1974.

360 MARAIS, E. *The Soul of the White Ant*. Jonathan Cape: London, 1971. Dt: –, *Die Seele der weißen Ameise*, Heyne: München, 1975.

361 MARCUSE, F. L. *Hypnosis*. Penguin: Harmondsworth, 1959.

362 MARGULIS, L. *Origin of Eukaryotic Cells*. Yale University Press: Boston, 1970.

363 MARGULIS, L. 'Symbiosis and Evolution,' *Scientific American* 225: 48–57, 1971.

364 MARGULIS, L. 'Five Kingdom classification and the origin and evolution of cells,' *Evolutionary Biology* 7: 45–78, 1974.

365 MARGULIS, L. 'Genetic and evolutionary consequences of symbiosis,' *Experimental Parasitology* 39: 277–349, 1976.

366 MARLER, P. 'Comparative study of song development in Emberizine Finches,' *Proceedings of the Fourteenth International Ornithological Congress* 231–244, 1967.

367 MARSHALL, A. J. *Bowerbirds, their Displays and Breeding Cycles*. Oxford University Press: Oxford, 1954.

368 MASLOW, A. *Toward a Psychology of Being*. Van Nostrand: Princeton, 1962.

369 MASON, A. A. 'A case of congenital ichthyosiform . . .' *British Medical Journal* (2): 422–423, 1952.

370 MATTHEWS, H. 'Hibernation and sleep,' In WOLSTENHOLME et al. (596).

371 MEDDIS, R. 'On the function of sleep,' *Animal Behaviour* 23 676–691, 1975.

372 MEDDIS, R. et al. 'An extreme case of healthy insomnia,' *Electroencephalography and Clinical Neurophysiology* 35: 213–214, 1973.

373 MEHRA, J. (Hrsg.) *The Physicist's Conception of Nature*. Reidel: Dordrecht, 1973.

374 MICHEL A. 'Flying saucers and the straight line mystery.' *Criterion:* New York, 1958.

375 MICHELL, *The Earth Spirit.*Thames & Hudson: London, 1975.

376 MICHELL, J. & RICKARD, R. J. M. *Phenomena*. Thames & Hudson: London, 1977.

377 MILLER, S. L. 'A production of amino acids under possible primitive earth conditions,' Science 117: 528–529, 1953.

378 MILLER S. L. & ORGEL, L. E. *The Origins of Life on the Earth*. Prentice-Hall: New Jersey, 1974.

379 MISHLOVE, J. *The Roots of Consciousness.*Random House: New York, 1975.

380 MONOD, J. L. *Chance and Necessity*. Collins: London, 1972. (Dt: –, *Zufall und Notwendigkeit*. Piper: München).

381 MONOD, J. L. 'On the molecular theory of evolution,' In AYALA (24).

382 MONTAGU, A. 'Neoteny and the evolution of the human mind,' *Explorations* 6: 85–90, 1956.

383 MOONEY, J. 'The Ghost-Dance religion and the Sioux outbreak of 1890,' *Annual Report of the Bureau of American Ethnology* 14: 641–1 136, 1896.

384 MORGAN, B. *Men and Discoveries in Mathematics.* John Murray: London, 1972.

385 MORRIS, D. (Hrsg.) *Primate Ethology.* Doubleday: New York, 1969.

386 MORRIS, J. D. et al. *Research in Parapsychology.* Scare-crow: New Jersey, 1975.

387 MORUZZI, G. & MAGOUN, H. W. 'Brain stem reticular formation and activation of the EEG,' *Electroencephalography and Clinical Neurophysiology* 1: 455–473, 1949.

388 MULLINS, J. F. et al. 'Pachyonychia congenita treated by hypnosis,' *Archives of Dermatology* 71: 264, 1955.

389 MYERS, F. W. H. *Human Personality and its Survival of Bodily Death.* Longmans: London, 1903.

390 McCALL, T. S. & LEVITT, Z. *Satan in the Sanctuary.* Moody: Chicago, 1973.

391 McCAMPBELL, J. M. *Ufology.* Celestial Arts: California, 1976.

392 McINTYRE, J. *Mind in the Waters.* Sribners: New York, 1974.

393 McKELLAR, P. *Imagination and Thinking.* Cohen & West, London, 1957.

394 MACKIE, G. O. 'Analysis of locomotion in a siphonophore colony,' *Proceedings of the Royal Society* B 159: 366–391, 1964.

395 MACKINTOSH, J. H. & GRANT, E. C. 'The effect of olfactory stimuli on the agonistic behaviour of laboratory mice,' *Zeitschrift für Tierpsychologie* 23: 584–587, 1966.

396 McKINNEY, F. 'The comfort movement of Anatidae,' *Behaviour* 25: 120–220, 1965.

397 MACLEAN, N. *The Differentiation of Cells.* Edward Arnold: London, 1977.

398 MACLEAN, P. D. 'A triune concept of the brain and behaviour,' In BOAG & CAMPBELL (61).

399 McNEILL, W. H. *Plagues and Peoples.* Blackwell: Oxford, 1976.

400 NAPIER, J. *Bigfoot.* Jonathan Cape: London, 1972.

401 NATSOULAS, T. 'Consciousness . . .' *Journal for the Theory of Social Behaviour* 7: 29–40, 1977.

402 NELSON-REES, W. A. & FLANDERMEYER, R. R. 'Helen Lane cultures defined,' *Science* 191: 96–98, 1975.

403 NELSON-REES, W. A. et al. 'Banded marker chromosomes as indicators of intraspecies cellular contamination,' *Science* 184: 1 093–1 096, 1974.

404 NEUMANN, E. *Art and the Creative Unconscious.* Princeton University Press: New Jersey, 1959.

405 NEWELL, P. C. 'How cells communicate,' *Endeavour* 1: 63–68, 1977.

406 NEWSON, E. Introduction to *Nadia.* In SELFE (483).

407 NEWTON, R. *The Crime of Claudius Ptolemy.* Johns Hopkins: Baltimore, 1977.

408 NOVIKOFF, A. B. & HOLTZMAN, E. *Cells and Organelles.* Holt, Rinehart & Winston: New York, 1976.

409 O'NEILL, J. *Prodigal Genius.* Washburn: New York, 1944.

410 OPARIN, A. I. *The Origin of Life on the Earth.* Oliver and Boyd: Edinburgh, 1957.

411 OPARIN, A. I. *Genesis and Evolutionary Development of Life.* Academic Press: London, 1968.

412 ORNE, M. T. 'Hypnotically induced hallucinations,' In WEST (580).

413 ORNSTEIN, R. *The Psychology of Consciousness.* Jonathan Cape: London, 1975.

431

414 ORNSTEIN, R. *The Mind Field.* Viking Press: New York, 1976.

415 OSTY, E. *Supernormal Faculties in Man.* E. P. Dutton: New York, 1922.

416 OSWALD I. *Sleep.* Penguin: Harmondsworth, 1966.

417 OTERI, I. (Hrsg.) *Quantum Physics and Parapsychology.*

418 OWEN, I. M. & SPARROW, M. *Conjuring Up Philip.* Fitzhenry & Whiteside: Toronto, 1976.

419 PACKARD, V. *The People Shapers.* Macdonald & Jane's: London, 1978. Dt: –, *Die große Versuchung,* Econ: Düsseldorf, 1978.

420 PAGE, E. W. et al. *Human Reproduction.* Saunders: Philadelphia, 1976.

421 PANTIN, C. F. A. & THORPE, W. H. (Hrsg.) *Relations Between the Sciences.* Cambridge University Press: Cambridge, 1968.

422 PARKER, G. A. et al. 'The origin and evolution of gamete dimorphism . . .' *Journal of Theoretical Biology* 36: 529–553, 1972.

423 PASTAN, I. 'Cyclic AMP,' *Scientific American* 227: 97–105, 1972.

424 PATTERSON, T. *Spirit Photography.* Regency: London, 1965.

425 PATTE, F. A. 'The production of blisters by hypnotic suggestion,' *Journal of Abnormal and Social Psychology* 36: 62–72, 1941.

426 PAUWELS, L. & BERGIER, J. *The Dawn of Magic.* Anthony Gibbs: London, 1963.

427 PEARCE, J. C. *The Crack in the Cosmic Egg.* Julian: New York, 1971.

428 PEARCE, J. C. *Exploring the Crack in the Cosmic Egg.* Julian: New York, 1974.

429 PENFIELD, W. 'Speech, perception and the uncommitted cortex,' In ECCLES (144).

430 PERUTZ, M. 'Bizarre behaviour among the messengers,' *New Scientist* 77: 8–9, 1978.

431 PETRUNKEVICH, A. 'Tarantula versus tarantula-hawk . . .' *Journal of Experimental Zoology* 45: 367–397, 1926.

432 PIRIE, N. W. 'Chemical diversity and the origin of life,' In CLARK (110).

433 PLAYFAIR, G. *The Flying Cow.* Souvenir: London, 1975.

434 POLANYI, M. *The Tacit Dimension.* Doubleday: New York, 1966.

435 PONNAMPERUMA, 'A biological synthesis of some nucleic acid constituents,' In FOX (183).

436 POPPER, K. *Conjectures and Refutations.* Routledge & Kegan Paul: London, 1963.

437 POPPER, K. *Objective Knowledge.* Oxford University Press: Oxford, 1972. Dt: –, *Objektive Erkenntnis,* Hoffmann und Campe: Hamburg 1974.

438 POPPER, K. & ECCLES, J. *The Self and its Brain.* Springer: Berlin, 1977.

439 POTTER, S. *The Theory and Practice of Gamesmanship.* Rupert Hart-Davis: London, 1947.

440 POULTON, E. B. 'The terrifying appearence of *Laternaria* . . .' *Proceedings of the Royal Entomological Society of London* 43: 43, 1924.

441 PRATT, J. G. 'Testing for an ESP factor in pigeon homing.' In WOLSTENHOLME & MILLAR (595).

442 PRINCE, M. *The Dissociation of a Personality.* Longmans Green: London, 1905.

443 PRINCE, W. F. *The Case of Patience Worth.* (1942) University Books: New York, 1964.

444 PUGH, G. E. *The Biological Origin of Human Values.* Basic Books: New York, 1977.

445 RANDALL, J. L. *Parapsychology and the Nature of Life.* Souvenir: London, 1975.

446 RAPPAPORT, R. A. *Pigs for the Ancestors.* Yale University Press: New Haven, 1968.

447 RAPPAPORT, R. A. 'The sacred in human evolution,' *Annual Review of Ecology and Systematics* 2: 23–44, 1971.

448 REED, G. *The Psychology of Anomalous Experience.* Hutchinson: London, 1972.

449 REICHEL-DOLMATOFF, G. *Amazonian Cosmos.* University of Chicago Press: Chicago, 1971.

450 REID, C. & ORGEL, L. E. 'Synthesis of sugars in potentially prebiotic conditions,' *Nature* 216: 455, 1967.

451 RENARD, J. *The Journal of Jules Renard.* (1906) Braziller: New York, 1964.

452 RHINE, J. B. & FEATHER, S. R. 'The study of cases of psi-trailing in animals,' *Journal of Parapsychology* 26: 1–22, 1962.

453 ROBERTS, J. *The Seth Material.* Prentice-Hall: New Jersey, 1970.

454 ROBERTS, J. *Seth Speaks.* Prentice-Hall: New Jersey, 1971.

455 ROBERTS, J. *The Nature of Personal Reality.* Prentice-Hall: New Jersey, 1972.

456 ROFFWARG, P. et al. 'Ontogenetic development of the human sleep-dream cycle,' *Science* 152: 604–619, 1966.

457 ROGERS, J. 'Genes in pieces,' *New Scientist* 77: 18–20, 1978.

458 ROGERS, M. 'The double-edged helix,' *Rolling Stone* 25. März 1976.

459 ROHEIM, G. *Psychoanalysis and Anthropology.* International Universities Press: New York, 1950.

460 ROHRER, J. H. & SHERIF, M. (Hrsg.) *Social Psychology at the Crossroads.* Harper: New York, 1951.

461 ROLDAN, E. et al. 'Excitability changes during the sleep cycle of the rat,' *Electroencephalographic and Clinical Neurophysiology* 15: 775–785, 1963.

462 ROLL, W. G. Anmerkung zu STEVENSON (511).

463 ROODYN, D. B. & WILKIE, D. *The Biogenesis of Mitochondria.* Methuen: London, 1968.

464 ROSE, S. *The Chemistry of Life.* Penguin: Harmondsworth, 1970.

465 ROSEBURY, T. *Life on Man.* Secker & Warburg: London, 1969.

466 ROSLANSKY, J. D. (Hrsg.) *The Uniqueness of Man.* North-Holland: Amsterdam, 1969.

467 RUBIN, H. 'A defective cancer virus,' *Scientific American* 210: 46–52, 1964.

468 RUBINSTEIN, R. & NEWMAN, R. 'The living out of future experiences under hypnosis,' *Science* 119: 472–473, 1954.

469 RUSH, J. H. 'Problems and methods in psychokinesis research,' In KRIPPNER (327).

470 SAGAN, C. 'Interstellar organic chemistry,' *Nature* 238: 77–80, 1972.

471 SAGAN, C. *The Dragons of Eden.* Hodder & Stoughton: London, 1978. Dt: —, *Die Drachen von Eden,* Droemer: München, 1978.

472 SAKATA, A. et al. 'Spectroscopic evidence for interstellar grain clumps in meteoritic inclusions,' *Nature* 266: 241, 1977.

473 SAMUEL, Lord. *Belief and Action.* Crescent: London, 1947.

474 SANDERSON, I. *Universal Visitors.* Neville Spearman: London, 1969.

475 SCHENKEL, R. 'Zur Deutung der Phasianidenbalz,' *Ornithologica Beobachtungen* 53: 182, 1956.

476 SCHMIDT, H. 'PK experiments with animals as subjects,' *Journal of Parapsychology* 34: 255–261, 1970.

477 SCHOUTEN, S. A. 'Psi in mice ...' *Journal of Parapsychology* 36: 261–282, 1972.

478 SCHREIBER, F. R. *Sybil.* Allen Lane: London, 1974.

479 SCHRIER, A. & STOLLNITZ, F. (Hrsg.) *Behaviour of Non-human Primates.* Academic Press: New York, 1971.

480 SEASHORE, C. E. 'Measurements of illusions and hallucinations in normal life,' *Studies of Yale Psychology Laboratory* 2: 1–67, 1895.

481 SEBEOK, T. A. (Hrsg.) *Animal Communication.* Indiana University Press: Bloomington, 1968.

482 SEGALL, M. H. et al. *The Influence of Culture on Visual Perception.* Bobbs-Merrill: Indianapolis, 1968.

483 SELFE, L. *Nadia.* Academic Press: London, 1977.

484 SHEEHAN, P. W. & PERRY, C. W. *Methodologies of Hypnosis.* Lawrence Erlbaum. New Jersey, 1976.

485 SHEER, D. E. (Hrsg.) *Electrical Stimulations of the Brain.* University of Texas Press: Austin, 1961.

486 SHERRINGTON, C. *Man on His Nature.* Cambridge University Press: Cambridge, 1940.

487 SHKLOVSKII, I. S. & SAGAN, C. *Intelligent Life in the Universe.* Picador: London, 1977.

488 SIMPSON, T. L. 'Coloniality among the Porifera,' In BOARDMAN (62).

489 SINGER, J. L. *Daydreaming and Fantasy.* Allen & Unwin: London, 1976.

490 SINGH, J. *Modern Cosmology.* Penguin: Harmondsworth, 1970.

491 SMITH, A. *The Body.* Allen & Unwin: London, 1968. Dt: –, *Unser Körper. Wunder und Wirklichkeit des menschlichen Lebens.* Fischer Taschenbuch: Frankfurt a. M.

492 SMITH, J. M. 'Evolution and the theory of games,' *American Scientist* 64: 41–145, 1976.

493 SMITH, J. M. 'The limitations of evolution theory,' In DUNCAN & WESTON-SMITH (141).

494 SMITH, R. T. et al. *Phylogeny of Immunity.* University of Florida Press: Gainesville, 1966.

495 SNYDER, F. 'Toward an evolutionary theory of dreaming,' *American Journal of Psychiatry* 123: 121–142, 1966.

496 SONDHEIMER, E. & SIMEONE, J. B. (Hrsg.) *Chemical Ecology.* Academic Press: New York, 1970.

497 SOUTHWICK, C. H. *Primate Social Behaviour.* Van Nostrand: Princeton, 1963.

498 SPEMANN, H. *Embryonic Developement and Induction.* Yale University Press: New Haven, 1938.

499 SPENCER, W. B. & GILLEN, F. J. *The Arunta.* Macmillan: London, 1927.

500 SPERRY, R. W. 'Problems outstanding in the evolution of brain function.' James Arthur Lecture: American Museum of Natural History, 1964.

501 SPERRY, R. W. 'The great cerebral commissure,' *Scientific American* 210: 42–52, 1964.

502 SPERRY, R. W. In DUNCAN & WESTON-SMITH (141).

503 STANFORD, R. *Socorro Saucer in a Pentagon Pantry*. Blue Apple: Austin, 1976.

504 STANFORD, R. G. 'An experimentally testable model for spontaneous psi events,' *Journal of the American Society for Psychical Research* 68: 34–57and 321–356, 1974.

505 STANFORD, R. G. et al. 'Psychokinesis as a psi-mediated instrumental response,' *Journal of the American Society for Psychical Research* 69: 127–134, 1975.

506 STAYTON, D. J. et al. 'Infant obedience and maternal behaviour, *Child Development* 42: 1057–1069, 1971.

507 STEVENSON, I. 'The evidence for survival from claimed memories of former incarnations,' *Journal of the American Society for Psychical Research* 54: 51–71, 1960.

508 STEVENSON, I. *Twenty Cases Suggestive of Reincarnation*. University Press of Virginia: Charlottesville, 1974.

509 STEVENSON, I. *Xenoglossy*. University Press of Virginia: Charlottesville, 1974.

510 STEVENSON, I. 'The explanatory value of the idea of reincarnation,' *Journal of Nervous and Mental Disease* 164: 305–326, 1977.

511 STEVENSON, I. 'Research into the evidence of man's survival after death,' *Journal of Nervous and Mental Disease* 165: 152–170, 1977.

512 STEVENSON, J. et al. 'Individual recognition by auditory cues in the common tern.' *Nature* 226: 562–563, 1970.

513 STEWARD, F. C. *Growth and Organization in Plants*. Addinson-Wesley: Reading, 1968.

514 STOCKS, P. 'A study of cancer mortality . . .' *British Journal of Cancer* 15: 701–711, 1961.

515 STOCKS, P. & DAVIES, R. J. 'Epidemiological evidence from chemical and spectrographic analyses that soil is concerned in the causation of cancer,' *British Journal of Cancer* 14: 8–22, 1960.

516 STORY, R. *The Space Gods Revealed*. New English Library: London, 1976.

517 STRINGER, E. T. *The Secret of the Gods*. Neville Spearman: London, 1974.

518 STROMEYER, C. F. & PSOTKA, J. 'The detailed texture of eidetic images,' *Nature* 225: 346–349, 1970.

519 STROUN, M. et al. 'Natural release of nucleic acids from bacteria into plant cells,' *Nature* 227: 607–608, 1970.

520 SUMMERS, R. 'Ancient mining in Rhodesia.' Memoir No. 3. National Museum: Salisbury, 1969.

521 SWANN, I. *To Kiss Earth Goodbye*. Hawthorn: New York, 1975.

522 TANSLEY, D. *Omens of Awareness*. Neville Spearman: Suffolk, 1977.

523 TART, C. T. 'Physiological correlates of psi cognition,' *International Journal of Parapsychology* 5: 375–386, 1963.

524 TART, C. T. 'Psychedelic experience associated with a novel hypnotic procedure, mutual hypnosis,' In TART (528).

525 TART, C. T. *States of Consciousness*. E. P. Dutton: New York, 1975.

526 TART, C. T. *Learning to Use Extrasensory Perception*. University of Chicago Press: Chicago, 1976.

527 TART, C. T. *Psi*. E. P. Dutton: New York, 1977.
528 TART, C. T. (Hrsg.) *Altered States of Consciousness*. Doubleday: New York, 1972.
529 TAUBER, E. S. et al. 'Eye movements and EEG activity during sleep in diurnal lizards,' *Nature* 212: 1612–1613, 1966.
530 TAUBER, E. S. & WEITZMAN, E. D. 'Eye movements during behavioural inactivity in certain Bermuda reef fish,' *Psychophysiology* 6: 230, 1969.
531 TAX, S. (Hrsg.) *Evolution After Darwin*. University of Chicago Press: Chicago, 1960.
532 TAYLOR, F. J. R. 'Autogenous theories for the origin of eukaryotes,' *Taxon* 25: 377–390, 1976.
533 TAYLOR, G. R. *The Science of Life*. Thames and Hudson: London, 1963.
534 THEODOR, J. L. 'Distinction between self and not-self in lower invertebrates,' *Nature* 227: 690–692, 1970.
535 THIELCKE, G. 'Geographic variation in bird vocalization,' In HINDE (253).
536 THOMAS, L. *The Lives of a Cell*. Viking Press: New York, 1974.
537 THORPE, W. H. 'Vitalism and organicism,' In ROSLANSKY (466).
538 THROPE, W. H. *Animal Nature and Humand Nature*. Methuen: London, 1974.
539 THROPE, W.H. *Biology and the Nature of Man*. Oxford University Press: Oxford, 1962.
540 THROPE, W. H. & NORTH, M. E.W. 'Vocal imitation in the tropical boubou shrike,' *Ibis* 108: 432–435, 1966.
541 TIMOURIAN, H. 'Symbiotic emergence of metazoans,' *Nature* 226: 283–284, 1970.
542 TINBERGEN, N. 'Social releasers and the experimental method required for their study,' *Wilson Bulletin* 60: 6–52, 1948.
543 TINBERGEN, N. *The Study of Instinct*. Oxford University Press: Oxford, 1951. (Dt: –, *Instinktlehre* Parey: Berlin).
544 TOMPKINS, P. & BIRD, C. *The Secret Life of Plants*. Harper & Row: New York, 1973.
545 TRENCH, R. 'Of leaves that crawl...' In JENNINGS & LEE (286).
546 TRIVERS, R. L. 'Parental investment and sexual selection,' In CAMPBELL (97).
547 TRUE, R. 'Experimental control in hypnotic age regression states,' *Science* 110: 583–584, 1949.
548 TSUMORI, A. 'Newly acquired behaviour and social interaction of Japanese monkeys,' In ALTMANN (5).
549 TYLER, H. A. *Pueblo Gods and Myths*. University of Oklahoma Press: Norman, 1964.
550 TYRRELL, G. N. M. *Apparitions*. Duckworth: London, 1943.
551 ULLMAN M. 'Parapsychology and psychiatry,' In FREEDMAN (186).
552 ULLMAN, M. et al. *Dream Telepathy*. Turnstone: London, 1973.
553 UNGAR, G. et al. 'Isolation, identification and synthesis of a specific-behaviour-inducing brain peptide,' *Nature* 238: 198–202, 1972.
554 VALLEE, J. *Anatomy of a Phenomenon*. Neville Spearman: London, 1966.
555 VALLEE, J. *Passport to Magonia*. Neville Spearman: London, 1970.
556 VALLEE, J. *UFOs: The Psychic Solution*. Panther: St. Albans, 1977.
557 VALLEE, J. & VALLEE, J. *Challenge to Science*. Neville Spearman: London, 1967.

558 VAN OLPHEN, H. *An Introduction to Clay Colloid Chemistry*. Interscience Publishers: New York, 1963.

559 VAN TWYVER, H. & ALLISON, T. 'EEG study of the shrew,' *Psychophysiology* 6: 231, 1969.

560 VAN VALEN, L. 'A new evolutionary law,' *Evolution Theory* 1: 1–30, 1973.

561 VERNON, J. *Inside the Black Room*. Souvenir: London, 1965.

562 VERWEY, J. 'Die Paarungsbiologie des Fischreihers,' *Zoologische Jahrbücher* 48: 1–120, 1930.

563 VON BERTALANFFY, F. *Problems of Life*. Harper: New York, 1960.

564 VON DÄNIKEN. *Chariots of the Gods?* Souvenir: London, 1969. Dt. *Erinnerungen an die Zukunft*, Econ, Düsseldorf

565 WADDINGTON. G. H. (Hrsg.) *Towards a Theoretical Biology*, Edinburgh University Press: Edinburgh, 1969.

566 WAGNER, J. C. 'Experimental production of mesothelial tumours . . .' *Nature* 196: 180–181, 1962.

567 WALKER, J. *Scientific American* 237: 126–131, 1977.

568 WALL, P. K. 'Why do we not understand pain,' In DUNCAN (141).

569 WASHBURN, S. L. 'The evolution of human behaviour,' In ROSLANSKY (466).

570 WATSON, Lyall. *Omnivore*. Souvenir: London, 1971. Dt. *Der Allesfresser und warum der Mensch dazu wurde*. Hoffmann u. Campe: Hamburg.

571 WATSON, Lyall. *Supernature*. Hodder & Stoughton: London, 1973. (Dt. *Geheimes Wissen*. S. Fischer: Frankfurt).

572 WATSON, Lyall. *The Romeo Error*. Hodder & Stoughton: London, 1974. (Dt. *Grenzbereiche des Lebens*. S. Fischer: Frankfurt)

573 WATSON, Lyall. *Gifts of Unknown Things*. Hodder & Stoughton: London, 1976.

574 WEBB, W. B. *Sleep: The Gentle Tyrant*. Prentice-Hall: New Jersey, 1975.

575 WEINBERG, S. *The First Three Minutes*. André Deutsch: London, 1977. (Dt. *Die ersten drei Minuten*. Piper: München).

576 WELDON, J. & LEVITT, Z. *UFOs: What on Earth is Happening?* Harvest House: Irvine, California, 1975.

577 WEISS, A. Contribution to the 1961 Tenth Conference on Clays and Clay Mineralogy. In CAIRNS-SMITH (91).

578 WEISS, P. 'The living system.' In KOESTLER & SMYTHIES (323).

579 WERNER, M. W. 'The relationship of interstellar molecules to the origin of life,' *Icarus* 15: 352–355, 1971.

580 WEST, L. J. *Hallucinations*. Grune & Stratton: New York, 1962.

581 WHEELER, J. A. In MEHRA. J. (373).

582 WHEELER, W. M. 'The ant colony as an organism,' *Journal of Morphology* 22: 307–325, 1911.

583 WHITE, L. 'Four stages in the evolution of minding,' In TAX (531).

584 WHITE, R. A. 'The limits of experimenter influence in psi test results,' *Journal of the American Society for Psychical Research* 70: 333–370, 1976.

585 WHITEHEAD, A. N. *Adventures of Ideas*. Free Press: San Francisco, 1967.

586 WHITTON, J. L. 'Qualitative time domain analysis of acoustic envelopes of psychokinetic table rappings,' *New Horizons* 2: 21–24, 1975.

587 WICKLER, W. 'Socio-sexual signals . . .' In MORRIS (385).

588 WICKRAMASINGHE, N. C. 'Where life begins?' *New Scientist* 74: 119–121, 1977.

437

589 WILLIAMS, G. C. *Sex and Evolution.* Princeton University Press: New Jersey, 1975.

590 WILLIAMS, H. L. et al. 'Impaired performance with acute sleep loss,' *Psychological Monographs* 73: 14–78, 1959.

591 WILSON, E. B. *The Cell in Development and Heredity.* Macmillan: New York, 1975.

592 WILSON E. O. *The Insect Societies.* Harvard University Press: Cambridge, Massachusetts, 1971.

593 WILSON, E. O. *Sociobiology: The New Synthesis.* Harvard University Press: Cambridge, Massachusetts, 1975.

594 WOLMAN, Y. et al. 'Non protein amino acids from spark discharges . . .' *Proceedings of the National Academy of Sciences* 69: 809–811, 1972.

595 WOLSTENHOLME, G. E. W. & MILLAR, E. C. P. (Hrsg.) *Extrasensory Perception.* Citadel: New York, 1956.

596 WOLSTENHOLME, G. E. W. & CONNON, M. (Hrsg.) *The Nature of Sleep.* Little, Brown: New York, 1960.

597 WORTIS, J. (Hrsg.) *Recent Advances in Biological Psychiatry.* Plenum: New York, 1965.

598 YEATS, W. B. *A Vision.* Macmillan: London, 1938.

599 ZIMMER, H. *Myths and Symbols in Indian Art and Civilization.* Princeton University Press: New Jersey, 1972.

600 ZINSSER, H. *Rats, Lice and History.* Jonathan Cape: London, 1935.

Abstraktionsfähigkeit 155 ff., 160 ff.
Adams, John 390 f.
Allergie 156 ff.
Alphabettafel, *Ouija* 348 ff.
Alptraum 267
Aluminium 60
American Sign Language (Ameslan),
  amerikanische Zeichensprache
  157 ff.
Aminosäuren 51
Ananta 71
Anima 285 ff.
Anpassungen, außergewöhnliche
  222 ff.
Anpassungsdruck 44 ff.
Antikörperbildung 120 ff.
Antrobus, John 263
Arabidopsis thaliana (Senfpflanze) 94 f.
Archetypen 284 ff.
Archetypen, Vorläufer der, 1—4, 379 ff.
Aristarch 388
Aristoteles 93, 104, 224
Arp, Hans 22
»Artefakten-Induktion« 368
»Artful Doger«, (Geist, nach Dickens)
  369
Arunta (Sprache) 411
Aserinsky, Eugene 245
Atomphysik 226 f.
Auge menschliches 310 f.
Auslese, natürliche Selektion, natürliche
  Autoimmunreaktion 121 ff.
Aveyron, Victor von 309
Azanda — iwa 348

Babinskyreflex 327
Bakan, Paul 264
Bakgatha 68 f.
Ballot, Buys 24
Balzgrund 175
Balzverhalten 172 ff.
Barberton-Fund 38 f.
Barnard, Eugene 350
Basalkörperchen 98 f.

Batcheldor, Kenneth 367 ff.
Bearden, Thomas 400 ff.
Beauchamps, Christine 339 f.
Bennett, Ernest 279
Bergson, Henri 292, 361, 373
Bergson-Filter 361
Berne, Eric 202
Bernstein, Morey 330
Bertalanffy, Ludwig 225
Bewußtheit 99 f., 146 ff.
Bewußtsein 99 f., 176 ff., 181.;
—, Dualität des 204
—, Grad des 211 ff.
—, als Rückkopplungssystem 181 ff.
—, im Schlaf 247
Bienen, »Tänze« der 132 f.
Biorhythmen 265 ff.
Black, Stephen 317 f.
Blair, Lawrence 193
Blake, William 262, 394
Blattfloh 222 ff.
Bloxham, Arnall 330 f.
Bode-Titius'sche Reihe 390
Bohm, David 226
Bosch, Hieronymus 262
Boshier, Adrian 68 f.
Bowers, Kenneth 335
Broardbent, Donald 273 f.
Brocqsche Krankheit 229 f.
Bronowski, Jacob 158
Brookes-Smith, Colin 368
Bruin, Jimmy de 304
Brüllaffe 252
Brut- und Nistverhalten 173 ff.
Buckelwal 154 f.
Burma, Benjamin 209
Buschmänner, Kalahari 42, 66
Butler, Samuel 76
Byrd, Admiral 213

Cairns-Smith, Alexander 51 ff.,
  55, 72
CAMP (zyklisches Adenosinphosphat)
  117 ff.

Canetti, Elias 282 ff.
Carnegie, Dale 323
Çatal Hüyük 68
Cathie, Bruce 297
Caucanas, Abbé 397 f.
Cayce, Edgar 260
CFF (kritische Fusionsfrequenz) 210 ff.
Charakter 149 ff.
Chemie, organische 29 ff.
Chlorella 91 f.
Chondriten, kohlige 32 ff., 37 ff.
Chondromyces aurantiacus 115 f.
Chromosomen 76 ff., 82
Claudia 18, 415
Claus, George 37 ff.
Codium fragile (Alge) 90 f.
Coelenteraten 130 ff.
Coleridge, S. Taylor 262, 337
Cree-Indianer 309 f.
Creighton, Gordon 297
Curran, Pearl 348 ff.

Dalton, John
Däniken, Erich von 301 ff.
Dart, Raymond 68
Darwin, Charles 12, 33, 77, 127, 178,
    209, 214, 217
David-Neel, Alexandra 394 f.
Dawkins, Richard 75, 77, 80, 108 ff.,
    162
Delphinrufer 231 f.
Dement, William 248
Descartes, René 182 f., 385
Desoxyribonukleinsäure 35 ff., 53 ff.,
    63 ff., 137 ff., 177 ff.
DNS = Desoxyribonukleinsäure
–, Code der 228 f.
–, und Ozon 55 ff.
–, und UV-Strahlen 55 ff.
Dialektik, Geist-Körper 106 ff.
Dictyostelium discoideum 116 ff.
Dissoziation 337 ff.
–, falsche 338 f.
djuru 232 ff.
Dobzhansky, Theodosius 225
Dompfaff 151
Doppler-Effekt 24
Doyle, Arthur Conan 396
Dreizehenmöwe 153
Driesch, Hans 224
Drongo 151 f.
Druck, selektiver 219
Ducasse, Curt 331

Eccles, John 145

Ehrenwald, Jan 345
Einstein, Albert 226
Eiseley, Loren 215, 217 ff.
Eisenbud, Jule 261
Eliade, Mircea 70
Eliot, T. S. 77
Elysia viridis (Schnecke) 90 f.
Embryologie 149 ff.
Enkulturation 197 ff.
Entelechie 224
Eobacterium isolatum 38 f.
Epidemien, Gebiete der 47 ff.
Erblichkeit 161 ff.
Erdfarben 66 ff.
Erkennung 113 ff., 119, 147 ff.
Erlebnisse
–, Delphine 355 ff.
–, Gang durchs Feuer, Singapur 269
–, Tempelerlebnis, Singapur 268 ff.
Erlebnisse und Erscheinungen 278 ff.
–, Brignoles-Ereignis 303
–, Tod des Arbeiters 279 f.
Eskimo 311
ESP = Extra Sensory Perception =
    Außersinnliche Wahrnehmung,
    345, 350
Eunicella stricta 114 f.
–, Selbstzerstörung der 115
Evolution
–, Erfindungsgabe der 218 ff.
–, Rate der 218 ff.
–, »sich herausbildende« 180 ff., 373
–, »konvergente« 95
–, des Lebens
–, »schöpferische« 373
Evolutionslinie, Rückblick auf die
    147 ff., 160 ff.
Experimente, parapsychologische
–, Oxford 273 f.
–, Ratten 345 ff.
–, Geh-Experimente 274 f.
–, Yale 272 f.

Fabre, Jean Henri 214
Faraday, Michael 367
Feedback s. Bewußsein 182 ff.
Fermi, Enrico 393
Filter, Bergsonscher 369
Flagellum = Zilium
Flechten 84 ff.
Floh-Anekdote 103
»Fluch von Vibia« 329
Form – Gestalt 105 ff.
–, Gestalt der Materie 161 ff.
Forster, David 276

Fortpflanzung 146 ff.
Foulkes, David 265 f.
France, Anatole 196
Fraunhofer, Joseph von 28
Fred, Beispiel von 210 f.
Freud, Sigmund 12, 200 ff., 238, 248,
255 f., 259, 299, 317, 346, 404
–, Sexualtheorie 200 ff.
Freud – Jung 11
–, Trennung beider 203
Froschei, Befruchtung des 383 f.
Frosch-Experimente 148 f.
Fugue 338 f.

Galago, Kleiner 252
Galilei, Galileo 389
Galle, Johann 391
Gardner, Allen und Beatrice 157 ff.,
188
Garett/Uvani 351
Gas, interstellares 29 ff.
Gedächtnis, Speicherung 262
–, Studium über das 262 ff.
Gehirn 149 f.
–, Arbeitsorganisation des, »männliche«
und »weibliche« – des – 190 ff.
–, Arbeitsteilung des 183 ff.
–, dichotonische Organisation des
185 ff., 189
–, und Foetalentwicklung 199
–, und »Foetalisierung« des Menschen
198 ff.
–, Größe bei Affen 196
–, bei Gorillas 196
–, Größenentwicklung des 195 ff.
–, Hemisphärenkonflikt im 189 ff.
–, -masse und Entkulturation 197 ff.
–, und Schwangerschaftslänge 198 f.
–, Spezialisierung des 189 ff.
–, Struktur des 160 ff.
Gehirntätigkeit, assoziative 266
Gehör, menschliches 311
»Geisterphotographie« 397
Gen 75 ff.
Gen-Strategien 173 ff.
Genetik 148 ff.
–, System der 228 ff.
Genotypus – Phänotypus 99 f.
Genotypus, Wandlung des 84 f.
Gesamtindividualität 341 f.
Geschlechterrollen 165 ff.
–, Rollenumkehrung beim Steißhuhn
165
Geschlechtlichkeit = Sexualität 127 f.
Geschlechtsunterschied 162 ff.

Gey, George 110 f.
Gezeitenmetapher 11
Gezeitensystem 226, 410
»Gipfelerlebnis« 374
Glyzerin-Kristallisation 56 f.
Gooch, Stan 304
Goodall, Jane 156
»Gott der Lücken« 224
Gottesanbeterin 163 ff.
Grant, Joan 331
Granulosevirus 78 f.
Green, Celia 277, 279
Greenberg, Mayo 30
Griffin, Donald 173 ff.
Griffiths, Frances 395 f.
Grimble, Arthur 231 f., 235
Grunloh, Ronald 300

Haldane, J. B. S. 35
Halley, Edmond 40 ff.
Halluzinationen 280 f.
Hämatit 65 ff.
Hardy, Alister 371
Harrison, Michael 304
Haynes, Renée 331
Heiliges 291 ff.
Heisenberg, Werner 20
He-La – bzw. Helen-Lane-Kulturen
110 ff.
Herschel, William 390
Hilgard, Ernest 334 f.
Hinshelwood, Cyril 393
Hipparch 388 ff.
Hirtenstar 152
Hobson, Alan 257
Holloway, Ralph 186 f.
»hollow earth hypothesis« 213
Homo habilis 196 ff.
Hongkong-Grippe 46 ff.
Hoyle, Fred 10, 36, 41 ff., 64, 72, 303
Hubble, Edward 25
Hubble-Radius 25
Humason, Milton 391 f.
Humphrey, Nick 109
»Hundertster-Affe-Phänomen« 192 ff.,
407
Huxley, Aldous 231
–, »Verstand in seiner Gesamtheit« 231
Huxley, Julian 130, 209
Hybriden 93 ff., 100, 174 ff.
Hynek, Allan 297
Hypnose 317 ff., 332 ff.
–, und Schmerzempfindlichkeit 334 ff.
Hypnotherapie 229 ff.
–, und Bewußtsein 230 f.

Hysterie   47, 107, 200 f.

Idéa   105 f., 137 f.
Identität   113 ff., 133 ff., 139 ff.
–, individuelle   150 ff.
Identitätserkennung   156 ff.
Immunität, erworbene   45 ff.
Immunreaktion – Identitätskrise   126 ff.
Immunsystem   120 ff., 322
–, Krebs – Zusammenhang   125 ff.
Immunüberwachung – Krebs   126
Insekten, vergesellschaftete   131 ff.
–, Instinktsystem der   214 ff.
Indianer, British Columbia   22
Individualität   128 ff., 133 ff., 189 ff.
Information, genetische   55 ff.
–, in Tonlagern   60 f.
Insulin   51 f.
Intuition   189 ff.
Isotropie   27
Itard, Jean   309

Janet, Pierre   338 f.
Jaynes, Julian   183 f., 186, 410
Johns-Hopkins-Hospital, Baltimore
   110
Jonah   341 f.
Jonas, David   199
Joyce, James   262
Jung, Carl Gustav   109, 203, 231, 254,
   259, 262, 283 ff., 293 ff., 298 ff., 378,
   404, 408

Kekulé, August   337
Kirchhoff, Gustav Robert   28
Klein, Doris   199
Kleitman, Nathaniel   245
Knochenanspitzen   384 f.
Koestler, Arthur   214, 225, 258, 371,
   374
Koloniebildungen   115 ff.
Kometen   40 ff., 52, 59
Komet, Halleyscher   43, 47
Komet, Kohoutek   41
Kometenschweif   42 ff.
Kommunikation, symbolische   161 ff.
Konfiguration   138 ff.
Kontingentsystem   204, 222 ff., 225 ff.,
   237 ff., 290
–, Einführung in das   169 ff.
–, Faktoren des   191 ff., 408
–, und kollektives Unbewußtes   205
Kontinuität der Reproduktion   54 ff.
Kontrolle, memetische
Korallen   114 ff.

Körper-Geist-Problematik   142 ff.
Körpersprache   185 f.
Kosmos, Atmung des   27
–, Feinstruktur des   28
–, Hintergrundstrahlung des   26
–, Zusammensetzung des   26
Kopernikus   388 f.
Krebs   64 ff., 125 ff.
Kreuzungen = Hybriden   93 ff.
Krippner, Stanley   260
Kristalle (als »primitive Gene«)   62 f.
Kristallisation   56 ff.
Kryptomnesie   329
Kubie, Lawrence   321
Kuckuck und seine Wirte: Elstern 220 f.
–, Rauchschwalbe   221 f.
»Kulturrevolution« bei *Macaca fuscata*
   190 ff.
Kunst, voralphabetische   22
–, westliche   23

Lack, David   150
Lacks, Henrietta   110 ff.
Lamarck   60
Latenzphase   200
Laube   172 ff.
Laubenvögel   172 ff.
–, Werbungsverhalten der   173 ff.
Laurie, Peter   386
Lebewesen als Gen-Maschinen   76 ff.
Lehm – Ton   57 ff.
Leidenfrost, Johann   271
Leidenfrost-Effekt   271
Leonie-Leontine   338 ff.
Lerner, Barbara   256
Leverrier, Urbain   390 f.
Lewis, Thomas   96, 98
Libelle   59 f.
Lilly, John   363
Lindsey, Hal   301 f.
Linguistik   161 ff.
Lippfische, Erlebnis mit   239 f.
Logik   189 ff.
Löwe (Sternbild)   27
Lotto, Lorenzo   18
Lowell, Percival
Lucy   158 ff.
Luria, Aleksandr   410 f.

Macaca fuscata   191 ff.
Maeterlinck, Maurice   135 f., 261
Manning, Matthew   370
McCall, Thomas   301 f.
Macfarlane Burnet, Frank   126 ff.
Mandala   19

Marais, Eugene 132
Margulis, Lynn 86 ff.
Masern 45
Maslow, Abraham 374
Mason, A. A. 229 f.
Materialangebot (zur Forschung) 376 ff.
Materialismus – Religiosität 12
McCarley, R. 257
McLean, Paul 257 f.
Meddis, Ray 243
Meeresschildkröten 233 ff.
Meeresvögel 153 f.
Mem 108 ff., 293 ff., 302
Memetik 143 ff.
Mesmer, Franz 318 f.
Metapsychologie 404
Meteore, Meteoriten 32 ff.
Meteoriten von Orgueil und Ivuna
   37 ff.
Meteoriten-Atmung 37
Michel, Aimé 297
Mikroben 44 ff.
Miller, Stanley 35 f.
Mitochondrien 87, 97, 99
Mitra 71
Mitty, Walter 264
Mixotricha paradoxa 89
Modellbildung 187 ff., s.a. Simulation
Molekularbiologie 228 f.
Molekulargenetik 112 f., 176 ff.
Moleküle, präbiotische 40 ff.
Monod, Jacques 209, 216
Montagu, Ashley 199
Mousterién – Neandertaler 67
Mozart, Wolfgang Amadeus 337
Mumps 45
Murphy, Bridey 330
Mutation 94 ff.
–, Rate der 216 ff.
Mutter-Erde-Konzept 62 f.
Myers Memorial Hospital 235
Mythen 70 f., 157 f., 305
Mythen – Realität 21

Nadia 412 ff.
Nagy, Bartholomew 37 ff.
Nanomia cara 131 f.
Napier, John 304 f.
Navajo 42
Nelson-Rees, Walter 111 f.
Neptun 390 f.
»Nessie« 305, 401
Neunauge Petromyozon marinus 123 ff.
Neurophysiologie 178 ff.
Neutron 392 ff.

Neutrino 393 f.
Newton, Isaac 40 ff., 310, 390 ff.
–, Axiome 390
Newton, Robert 388 ff.
Nukleinsäuren 35 ff.
Nyoro 347

Ödipuskomplex 202 f.
Ojibwa-Indianer 310 f.
Ontogenese 210
Oparin, Alexander 34, 52
Oparin-Haldane-Modell 35 ff., 52
Opossum 246 ff., 252, 258
Organellen 98 f.
Orion (Sternbild) 29, 36
Ornstein, Robert 204
Oskischer Text, Toronto 328 f.
Oswald, Jan 324
Ouija 348 ff.

Paarungsgebaren 163 ff.
Palladino, Eusapia 397
Pandemien, grippale 43 ff.
Papagei 152
Paracoccus detrificans 97
Paramecium bursaria 91 f.
»parasexuelle Phänomene« 93
Parasiten 124 f.
Patte, Frank 322
Payne, Roger 154
Pearce, John Chilton 392
Pearce, Joseph 312
Penfield William 178
Perserkatze 236
Persönlichkeit 129 ff., 133 ff., 189 ff.
–, multiple 340 f.
Perspektive, künstlerische 22
Perutz, Max 177
Pest 44 ff.
Peterson, Billy Thomas 303 f.
Pfau 172 ff.
Pferdekopfnebel 29
Phänotypus – Genotypus 177
Pheromone 132 ff., 150
»Philip« (Geist) 369 f., 393
Phoneme 311
Picasso, Pablo 22
Platon 104 ff.
Pluto 391 f.
Pocken 45
Polanyi, Michael 352
Polio 111 ff.
»Poltergeist« 367 ff.
Polymere 61, 63, 74 ff.
Popper, Karl 107 f., 180, 218

Prince, Morton 339 f.
Prince, Walter 349
Prokaryoten 87 f.
Promiskuität 163
Proteine 51 ff., 63 ff.
Protoviren 52 f., 63
»PSI-Trailing« 236
Psyche, kollektive 282 ff.
Psychoanalyse 248, 267
–, Technik der 201 ff.
Psychologie 142 ff.
–, Kollektive 204 ff.
Psychotria bacteriophylla 92 f.
Ptolemäus 388 f.

Quantenphysik 21, 385
–, Erkenntnisse der 226
Quetzalcoatl 71

Rabe, Beispiel vom 405 f.
Randall, John 224
Rapaport, Roy 291
Raum
–, Inhalt des 28 ff.
–, Ordnung des 28 ff.
Reduktion, chemische 35
Regression 323 ff.
Reich, Wilhelm 72
Reinkarnation 331 f.
Renard, Jules 238
Replikation 109 ff., 351 ff.
Replikation – Reproduktion, Systeme
beider 51 ff., 140 ff.
Reproduktion, Spielcharakter der
81 f.
Rhine, Joseph Banks 236
Rhizobium – Bakterie 92 f.
Ritchie-Calder, Lord 386
Robert, Jane 350 f.
Rochas, Albert de 330
Rogers, John 176
Rolleninversion 165 f.
Rootingreflex 326 f.
Rotkehlchen 150 f.
Rotverschiebung 25
Rous, Peyton 83 f.
Rous Associated Virus (RAV) 84 f.
Rubin, Harry 84 f.
Ruskin, John 59

Sagan, Carl 10, 251
Safwa 347
Samuel, Lord 141
Sanderson, Ivan 297
Sarkomvirus, Roussches 83 f.

Sasquatch 305
Sauerstoff, Eigenschaften des 34 f.
Säugetiere 154 ff.
Schimpansen 157 ff.
Schlaf 240 ff.
–, Bewußtsein im 247, 266 f.
–, Biochemie des 241 ff., 248
–, Entzug des 241 f.
–, Experimente 243 ff.
–, beim Foetus 245
–, und Traum, Funktion von 249 f.
–, Genese des, evolutionsgeschichtliche
244 f.
–, Muskelaktivität im 267
–, Neurophysiologie des 248
–, Rhythmen des 242 f.
–, Stoffwechsel im 242 f.
–, Traumschlaf 245
–, -wandler 242
–, Zyklus des 244 f.
»Schlammflut, schwarze« 11
Schleimpilze 115 ff.
Schmidt, Helmut 226
»schmutziges Eis« 30
Schouten, Sybo 227 f.
Schwämme 129 ff.
»Schwangerschaft« 344
Seeigel 148 f.`
»segeto« 347 f., 366
Seiltrick 398 f.
Selbstbewußtsein, neues 190 ff.
Selbsterfahrung 147 ff.
Selbsterkennung 122 ff.
Selbstreproduktion 35 ff.
Selektion, natürliche 54 ff., 223 f., 248
Selektionsdruck 59 ff.
Sensitivität 114 ff., 153 ff.
»Seth« 350 ff.
Seuchen-»Invasion« 43 ff.
Sexualität, Strategie der 168 ff.
–, und Instinktverhalten des Menschen
199 ff.
Shakespeare, William 262
Sherrington, Charles 59
Singer, Jerome 263
Singspatz 151
Simulation, s. a. Modellbildung 187 ff.
Sinnesorgane von Einzelinsekten 135 f.
–, von Insektenstaaten 135 f.
Sinnesorganisation 106 ff.
Sinnesschranke 149 ff.
Siphonophoren 135
Sisler, Fred 39
Smith, John Maynard 219
Snyder, Frederick 246 f.

»Software«-»Hardware« des Organismus
125
Sokrates 105 f.
Sonne 24 ff.
Sonne – Erde 24 ff.
Sonnenatmosphäre 24
Sonnenrhythmen 24
Spektralanalyse 28
Spermium – Ei 163 ff.
Spermium und Ei, Aufbau von 165 ff.
Sperry, Roger 176 f., 183 ff.
–, Sperry-Theorie 177 ff.
Spitzmaus 242
Sporopollenin 38
Spottdrossel 151 f.
Sprachen 189 ff.
–, Entwicklung der 194 ff.
–, Sprachverständnis 410 ff.
Staatsquallen 131 ff.
Stanford, Rex 363
Star 151 f.
Staub, kosmischer 28 ff.
Steinzeit 194
Steißhühner 165
Stern-Entstehung 31 ff.
Stevenson, Ian 351 ff.
Strindberg, August 72
Sündenbock 366 ff.
Supernovae 32
Swann, Ingo 363
Swazi 69 f.
Symbolik, Symbolisieren 159 ff.
Symbionten 89 f.
Symbiosen 44 ff., 89 ff.
Symbiosen der Grünpflanzen 90 f.
Symphonien, animalische, Liedmuster
150 ff.
»Symposium über das staubige Univer-
sum« 29 f.
System, genetisches 228 ff.

Talente, außerordentliche 314 ff.
–, Student, Zeitung 315 f.
Tansley, David 300
Tarantel 215 f.
Tart, Charles 319, 332, 349
Tasmanites punctatus 38
Taube 235 f.
Taufliege Drosophila 94 f., 97
Täuschung, sexuelle 287 ff.
Taylor, Gordon Rattray 225
Teer, interstellarer 30 ff.
Telefonvermittlung, Beispiel 399 f.
Telepathie 237 ff., 260 ff., 280 f., 345 ff.
Temperatursturz 26

Tennisball-Umwandlung 19 f., 415
Termiten 89 f., 135, 148 ff.
Tesla, Nikola 314, 338
Thales von Milet 104
Theodor, Jacques 114
Thermodynamik, Hauptsätze der 72
Thiamin (Vitamin B₁) 94 f.
Thoreau, Henry 49
Tibet, Mystik 394 f.
Tighe, Virginia 330 f.
Tinbergen, Niko 240
Tischrücken 348 ff., 366 ff.
Tiwi 384 f.
Tombangh Clyde 391 f.
Ton, »Gedächtnis« von 60 f.
Ton – Lehm 57 ff.
Ton (als »Schablone«) 61 f.
Tontypen, matschig, klebrig und klum-
pig 58 ff.
Topologie 19
Trancelogik 333 f.
Traum 244 ff.
–, Denkprozesse des 20 ff.
–, Symbole des 201 f.
Traum, telepathischer 260 ff.
Traumschlaf, Nervenhemmung im
245 f.
True, Robert 326
Trobriander 21
Tubularia 130 ff.
tulpa (Tibet) 394 ff.
Turkano 42

Überlebensprinzipien 59 ff.
Überlebenswert 145, 152 ff.
UFOs 294 ff., 305
Ullman, Montagne 260
Umweltdruck, selektiver 41
Unbewußtes, kollektives 204 ff., 231,
254
–, persönliches 231, 255, 316 f.
Universum, Anzahl der Atome im 139
–, Alter 139
Unschärferelation 20
Unsicherheitsprinzip 9
Unthippa 67
Uranus 390
Ureinwohner, Australien 23
Urknall 25 ff.
Ursuppe 35 ff.

Vallée, Jacques 295, 297, 300
Vampire 344 ff.
Venedig 17 ff., 21
»Verantwortungsverweigerung« 367 f.

Vererbung 162 ff.
Vergesellschaftung 112 ff.
Verhalten, Prädispositionen des 191 ff.
Vierdimensionalität 210 ff.
Vitalismus 292 f., 373
Vogelsang, Funktion des 175
–, Komplexität des 175

Wahrheit, wissenschaftliche 9 ff.
Wahrnehmung von Reizen und ihre Ver-
    arbeitung 184 ff.
Walker, Jearl 271 f.
Wall, Patrick 334
Wallace 77
Wanderameise, afrikanische Dorylus wil-
    verthi 131 ff., 140 f.
Washoe 157 f., 188
Wassermann (Sternbild) 27
Weidenbohrer (Cossus cossus) 88 f.
Weinberg, Stephen 26
Weiss, Armin 61
Weißschopfsperling 152
Weldon, John 301 f.
Wellenverständigung, Vogelschwärme
    372 f.
Werbung 163
Wespen 214 ff.
–, Brutverhalten von 214 ff.
Wheeler, John 313 f.
Wheeler, William 119
White, Leslie 159 f.
White, Rhea 366
Wickramasinghe, Chandra 36, 38,
    43 ff.
Wilbur, Coenelia 340
Wirbeltiere 155 ff.
Wirbeltiere – Wirbellose 113 ff., 134 ff.
Wolken, Identität von 139 ff.
Wolkensysteme 140 ff.
Worth, Patience 348 ff.
Wright, Elsie 395 f.
Würger 152
Wurm von Spindlestone 71
Wurzelsymbiosen 94 f.

Yeti 305

Xenoglossie 353 f.

Zeiraphera griseana 78 ff.
Zellbildung 61 f.
Zelle 73 ff.
Zelleinschlüsse 83 f.
Zellen, Schaltsystematik der 178 ff.
Zellfunktionsweise, innere 83 f.
Zellfusion 113 ff.
Zellkern 87 f.
Zellmembran 74 ff.
Zellplasma 98
Zellstoffwechsel 103 ff.
Zellstruktur 82 ff., 87 f.
Zensur 200
Zensur und Hypnose 335 ff.
Zilien (der Zelle) 87 f.
Zölibat 166
Zufall, Zufallszahlengenerator 226 f.,
    364 ff.
Zuñi 71
Zusammenhang
–, Ameise – Biene – Mensch 136 ff.
–, Begabung – Sozialisation – Begabungs-
    verlust 414 ff.
–, Bevölkerungsdruck – Gene 78 f.
–, Bewußtheit – Bewußtsein 179 ff.
–, Bewußtsein – Subjektivität – Um-
    welt 188 ff.
–, Dichte – Materie – Geist 27
–, Evolution/Biologie – Soziologie/An-
    thropologie/Philosophie 209 f.
–, Fortpflanzung – DNS 225
–, Genotypus – Phänotypus 76 ff.
–, Idee – Form – Gestalt 105 ff.
–, Identität – Persönlichkeit 144 ff.
–, Immunsystem – Krebs 125 ff.
–, Kontingentsystem – Vierdimensionali-
    tät 213
–, Körper – Geist – Gene 75 f.
–, Mutationen – Adaptionen – natürliche
    Selektion 217 ff.
–, Ontogenese – Phylogenese 197 ff.
–, Quantenmechanik – Bewußtsein 179
–, Regression – Hypnose 322 ff.
–, Schlaf – Bewußtsein 266 f.
–, System – Evolution 144 ff.
–, Urozean – Blut 73 ff.
–, Verstand – Wille 228 ff.
–, Wirbeltiere – Persönlichkeit 134 ff.
Zusammenhänge, ökologische 113 ff.

Alfred Ribi

Was tun mit unseren Komplexen?

Über die Dämonen des modernen Menschen
207 Seiten. Gebunden

Jeder von uns hat »seine« Komplexe, das
heißt: eigentlich haben sie uns. Da sich aber
sehr viele Menschen dessen nicht bewußt
sind, führen sie die daraus erwachsenden
Schwierigkeiten nicht auf etwas in ihnen
selbst, nämlich ihre nicht voll integrierten
oder gar autonom funktionierenden «Teilper-
sönlichkeiten«, z.B. Ängste oder Besessenheit
von Geld, Leistung, Sex usw. zurück,
sondern auf äußere Faktoren. So unterbleibt
zumeist die für eine weitere Persönlichkeits-
reifung und eine kreative Lebensgestaltung
notwendige Auseinandersetzung mit dem
eigenen Seelenkomplex.
Entstanden ist eine für jeden verständliche, le-
bensnahe Einführung in die Lehre von den
Komplexen und eine praktische Anleitung für
den Umgang mit ihnen aus der Sicht der
Jungschen Psychologie.

Kösel-Verlag, München